Manfred Breisch

make und nmake

Helmut Herold

UNIX und seine Werkzeuge
make und nmake

Software-Management
unter UNIX und MS-DOS

 ADDISON-WESLEY PUBLISHING COMPANY

Bonn • Paris • Reading, Massachusetts • Menlo Park, California • New York
Don Mills, Ontario • Wokingham, England • Amsterdam • Milan • Sydney
Tokyo • Singapore • Madrid • San Juan • Seoul • Mexico City • Taipei, Taiwan

Die Deutsche Bibliothek – CIP-Einheitsaufnahme

Herold, Helmut:
make und nmake : Software-Management unter UNIX und MS-DOS /
Helmut Herold. – Bonn; Paris; Reading, Mass. [u.a.] :
Addison-Wesley, 1994
 (Reihe UNIX und seine Werkzeuge)
 ISBN 3-89319-662-5

© 1994 Addison-Wesley (Deutschland) GmbH
1. Auflage 1994

Satz: Alexandra Kugge für SomeTimes GmbH, München. Gesetzt aus der Palatino 10/12 Pkt.
Belichtung: Synergy Verlag GmbH, München
Druck und Bindung: Bercker Graphischer Betrieb, Kevelaer
Produktion: Margrit Müller, München/Bonn
Umschlaggestaltung: Justo Garcia Pulido AGD, Bonn

Das verwendete Papier ist aus chlorfrei gebleichten Rohstoffen hergestellt und alterungsbeständig. Die Produktion erfolgt mit Hilfe umweltschonender Technologien und unter strengsten Auflagen in einem geschlossenen Wasserkreislauf unter Wiederverwertung unbedruckter, zugeführter Papiere.

Text, Abbildungen und Programme wurden mit größter Sorgfalt erarbeitet. Verlag, Übersetzer und Autoren können jedoch für eventuell verbliebene fehlerhafte Angaben und deren Folgen weder eine juristische Verantwortung noch irgendeine Haftung übernehmen.
Die vorliegende Publikation ist urheberrechtlich geschützt. Alle Rechte vorbehalten. Kein Teil dieses Buches darf ohne schriftliche Genehmigung des Verlages in irgendeiner Form durch Fotokopie, Mikrofilm oder andere Verfahren reproduziert oder in eine für Maschinen, insbesondere Datenverarbeitungsanlagen, verwendbare Sprache übertragen werden. Auch die Rechte der Wiedergabe durch Vortrag, Funk und Fernsehen sind vorbehalten.

Inhaltsverzeichnis

Kapitel 1	Einleitung	9
	Übersicht zu diesem Buch	9
	Hinweis zur Buchreihe: UNIX und seine Werkzeuge	10
Kapitel 2	**Die Modultechnik**	**13**
2.1	Historische Entwicklung von der Maschinensprache bis zur Modultechnik	13
2.1.1	Erste Rechenmaschinen und Maschinensprachen	14
2.1.2	Assembler und Unterprogrammtechnik	14
2.1.3	Programmiersprachen und Prozedurtechnik	17
2.1.4	Modultechnik und Information Hiding	19
2.2	Beispiel zur Modultechnik: Bau eines Assemblers	24
2.2.1	Beschreibung des Assemblers	24
2.2.2	Modulstruktur für das Assembler-Programm	26
2.2.3	Schnittstellen-Spezifikation für Assembler-Programm	28
2.2.4	Implementation des Assembler-Programms	32
2.2.5	Generierung des Assembler-Programms	40
2.2.6	Testen des Assemblers	41
2.2.7	Erweiterungswünsche für den Assembler	42
2.2.8	Abhängigkeiten der Module im Assembler-Programm	45
2.2.9	Notwendigkeit eines Tools zur automatischen Programmgenerierung	46
Kapitel 3	**Der Programmgenerator make von UNIX**	**49**
3.1	Kurze Einführung zu make	49
3.1.1	Das Makefile	50
3.1.2	Einfache Aufrufformen von make	55
3.1.3	Einige wichtige make-Fehlermeldungen	60
3.2	Makros	62
3.2.1	Selbstdefinierte Makros	63
3.2.2	Vordefinierte Makros	69
3.2.3	Makrodefinitionen auf der Kommandozeile	71
3.2.4	Makrodefinitionen über Shell-Variablen	72
3.2.5	Prioritäten für Makrodefinitionen	73

3.2.6	String-Substitution beim Makrozugriff	75
3.2.7	Interne Makros	77
3.3	Kommandozeilen in Makefiles	84
3.3.1	Allgemeine Regeln für Kommandozeilen in Makefiles	85
3.3.2	Spezielle Regeln für Shell-Konstruktionen in Makefiles	86
3.4	Abhängigkeitsbeschreibungen	102
3.5	Suffix-Regeln	104
3.5.1	Einfaches Beispiel für Suffix-Regeln in Makefiles	104
3.5.2	Die Angabe von eigenen Suffix-Regeln	106
3.5.3	Vordefinierte Suffix-Regeln	109
3.6	make-Optionen und spezielle Zielangaben	155
3.7	Techniken für Projekt-Management mit make	167
3.7.1	Konfigurations-Management mit Pseudozielen	167
3.7.2	Arbeiten mit Synchronisations-Dateien	171
3.7.3	Projekte mit Modulen in mehreren Directories	173
3.7.4	Bedingte Kompilierung und variierende Compiler-Aufrufe	184
3.7.5	Die include-Anweisung	201
3.8	Die wichtigsten make-Fehlermeldungen	202
3.9	Makefile-Generierung mit cc-Option -M	208
3.10	Die wichtigsten Unterschiede bei make-Versionen	210
3.11	Einige Weiterentwicklungen von make	216
3.11.1	imake	216
3.11.2	GNU make	216
3.11.3	nmake	217
Kapitel 4	**Borlands MAKE unter MS-DOS**	**219**
4.1	Kurze Einführung zu make	219
4.1.1	Das Makefile	220
4.1.2	Einfache Aufrufformen von make	224
4.1.3	Einige wichtige make-Fehlermeldungen	231
4.2	Makros	233
4.2.1	Selbstdefinierte Makros	233
4.2.2	Makrodefinitionen auf der Kommandozeile	239
4.2.3	Makrodefinitionen über DOS-Variablen	239
4.2.4	Prioritäten für Makrodefinitionen	239
4.2.5	String-Substitution beim Makrozugriff	241
4.2.6	Vordefinierte Makros	244
4.2.7	Interne Makros	244
4.3	Kommandozeilen in Makefiles	248
4.3.1	Allgemeine Regeln für Kommandozeilen in Makefiles	249
4.3.2	Spezielle Regeln für Kommandozeilen in Makefiles	250
4.4	Abhängigkeitsbeschreibungen	262
4.5	Suffix-Regeln	263

	4.5.1	Einfaches Beispiel für Suffix-Regeln in Makefiles	263
	4.5.2	Die Definition von eigenen Suffix-Regeln	265
	4.5.3	Die Abarbeitung der Suffix-Regeln durch make	266
	4.6	Direktiven im Makefile	269
	4.6.1	Die Punkt-Direktiven	270
	4.6.2	Direktiven zur bedingten Ausführung	275
	4.6.3	Löschen von Makrodefinitionen mit !undef	279
	4.6.4	Einkopieren anderer Dateien mit !include	279
	4.6.5	Abbruch und Ausgabe einer eigenen Fehlermeldung mit !error	280
	4.7	make-Optionen	280
	4.8	Die Datei BUILTINS.MAK	288
	4.9	Techniken für Projekt-Management mit make	291
	4.9.1	Konfigurations-Management mit Pseudozielen	291
	4.9.2	Rekursive make-Aufrufe	294
	4.9.3	Bedingte Kompilierung und variierende Compiler-Aufrufe	298
	4.10	Die wichtigsten make-Fehlermeldungen	306
Kapitel 5		**Microsofts NMAKE unter MS-DOS**	313
	5.1	Kurze Einführung zu nmake	313
	5.1.1	Das Makefile	314
	5.1.2	Einfache Aufrufformen von nmake	319
	5.1.3	Einige wichtige make-Fehlermeldungen	324
	5.2	Makros	326
	5.2.1	Selbstdefinierte Makros	326
	5.2.2	Vordefinierte Makros	334
	5.2.3	Makrodefinitionen auf der Kommandozeile	336
	5.2.4	Makrodefinitionen über DOS-Variablen	337
	5.2.5	Prioritäten für Makrodefinitionen	339
	5.2.6	String-Substitution beim Makrozugriff	342
	5.2.7	Interne Makros	344
	5.3	Kommandozeilen in Makefiles	351
	5.3.1	Allgemeine Regeln für Kommandozeilen in Makefiles	352
	5.3.2	Spezielle Regeln für Kommandozeilen in Makefiles	353
	5.4	Abhängigkeitsbeschreibungen	369
	5.5	Suffix-Regeln	371
	5.5.1	Einfaches Beispiel für Suffix-Regeln in Makefiles	372
	5.5.2	Die Angabe von eigenen Suffix-Regeln	374
	5.5.3	Vordefinierte Suffix-Regeln	379
	5.5.4	Die Abarbeitung der Suffix-Regeln durch nmake	382
	5.6	Direktiven im Makefile	396
	5.6.1	Die Punkt-Direktiven	397
	5.6.2	Präprozessor-Direktiven	398
	5.7	Aufrufmöglichkeiten und Optionen von nmake	409

5.7.1	nmake-Optionen	410
5.7.2	nmake-Kommandodateien	423
5.8	Die Datei TOOLS.INI	424
5.9	Techniken für Projekt-Management mit make	428
5.9.1	Konfigurations-Management mit Pseudozielen	428
5.9.2	Arbeiten mit Synchronisations-Dateien	433
5.9.3	Projekte mit Modulen in mehreren Directories	434
5.9.4	Bedingte Kompilierung und variierende Compiler-Aufrufe	446
5.10	Die wichtigsten nmake-Fehlermeldungen	457
Kapitel 6	**Programm zur Makefile-Generierung**	**465**
6.1	Einsatz des Makefile-Generators makemake	466
6.1.1	Einfache Aufrufformen von makemake	466
6.1.2	Automatischer Aufruf von makemake im Makefile	469
6.2	Realisierung des Makefile-Generators makemake	473
6.2.1	Globale Konstanten- und Typdefinitionen (in glob.h)	474
6.2.2	Kommandoprozessor (in kdoproz.h und kdoproz.c)	474
6.2.3	Datei-Scanner (in scanner.h und scanner.c)	478
6.2.4	Symboltabelle (in symtab.h und symtab.c)	484
6.2.5	Fehler-Melder (in melder.h und melder.c)	488
6.2.6	Das Hauptmodul makemake.c	490
6.2.7	Das Makefile zur Generierung von makemake	491
Anhang A	**Gegenüberstellung von UNIX-make, Borland-make und Microsoft-nmake**	**493**
Anhang B	**Kommandoreferenz**	**495**
	Stichwortverzeichnis	**551**

Kapitel 1
Einleitung

Der Vogel kämpft sich aus dem Ei.
Das ist die Welt.
Wer geboren werden will, muß eine Welt zerstören.

aus Klingsors letzter Sommer, Hesse

Das Werkzeug make wurde in den 70er Jahren von Stuart I. Feldman für die automatische Generierung von Programmen unter UNIX entwickelt. Um welchen wertvollen Beitrag zur praktischen Softwareentwicklung es sich dabei handelte, läßt sich am besten daran erkennen, daß dieses Tool inzwischen auch auf anderen Betriebssystemen angeboten wird, wie z.B. das make von Borland oder das nmake von Microsoft, die beide für das Betriebssystem MS-DOS geschrieben wurden. Das Werkzeug make ist heute so weit verbreitet, daß es (oder zumindest ein ihm verwandtes Werkzeug) in fast jedem größeren Softwareprojekt eingesetzt wird.

Wenn dieses Buch auch weitgehend den Einsatz von make in der Softwareentwicklung beschreibt, so kann make doch sehr wohl auch in anderen Bereichen, in denen sich zeitliche Abhängigkeiten ergeben, eingesetzt werden. Beispiele für solche Einsatzgebiete sind z.B. die automatische Generierung von Dokumenten und Manuals, die automatische Aktualisierung von Datenbeständen jeder Art (wie z.B. Adreßlisten) oder Projektüberwachung.

Übersicht zu diesem Buch

Kapitel 2 dieses Buchs stellt die Modultechnik vor. Dazu skizziert es zunächst anhand einiger wichtiger Meilensteine die Geschichte der Softwareentwicklung von ihren Anfängen bis zur heute weit verbreiteten Modultechnik, bevor es dann anhand eines konkreten Beispiels die Modultechnik verdeutlicht. Als Beispiel wird dabei ein einfacher Assembler für eine hypothetische Maschine unter Verwendung der Modultechnik entwickelt. Anhand dieses Beispiels werden nicht nur die wichtigsten Schritte nachvollzogen, die ein Softwareprojekt von der Entwurfs- bis zur Testphase durchläuft, sondern es soll dem Leser auch die Notwendigkeit eines Tools wie make verdeutlicht werden.

Die **Kapitel 3**, **4** und **5** stellen dann ausführlich und systematisch eine der folgenden make-Varianten vor:

- Kapitel 3:   make unter UNIX
- Kapitel 4:   Borlands make unter MS-DOS
- Kapitel 5:   Microsofts nmake unter MS-DOS

Alle drei Kapitel sind dabei gleich strukturiert und verwenden zum Teil auch die gleichen Beispiele. Diese Modularität garantiert eine Unabhängigkeit zwischen den drei Kapiteln und ermöglicht so dem Leser, sich die make-Variante auszuwählen, die für ihn von Interesse ist, ohne daß er sich mit den beiden anderen make-Varianten beschäftigen muß.

Bei allen drei Kapiteln wird zunächst eine kurze Einführung in die jeweilige make-Version gegeben, die den Leser mit dem prinzipiellen Aufbau von Makefiles und einfachen make-Aufrufformen vertraut macht. Die nächsten Teilkapitel stellen dann alle Details der jeweiligen make-Variante vor. Anhand zahlreicher Beispiele werden dabei die einzelnen Konstrukte beschrieben, die für einen professionellen Umgang mit make notwendig sind.

Am Ende aller drei Kapitel werden fortgeschrittene Techniken für das Projekt-Management mit make gezeigt. Eine Liste der wichtigsten make-Fehlermeldungen bildet den Schluß.

Kapitel 6 stellt ein Programm vor, mit dem man sich Makefiles automatisch generieren lassen kann.

Im **Anhang** befindet sich eine kurze Gegenüberstellung der drei hier vorgestellten make-Varianten, die in Form einer Tabelle zeigt, welche Konstrukte in den einzelnen make-Varianten vorhanden sind bzw. fehlen.

Im wesentlich umfangreicheren zweiten Teil des Anhangs befinden sich Kurzfassungen zu allen drei vorgestellten make-Varianten, um dem Leser ein schnelles Nachschlagen der jeweiligen Konstrukte zu ermöglichen. Zusätzlich befinden sich dort auch Kurzfassungen zu den für die Softwareentwicklung unter UNIX unentbehrlichen Werkzeugen wie der Bibliothekar **ar**, der C-Compiler **cc** oder der Linker ld.

Hinweis zur Buchreihe: UNIX und seine Werkzeuge

Diese Buchreihe soll

- den UNIX-Anfänger systematisch vom UNIX-Basiswissen über die mächtigen UNIX-Werkzeuge bis hin zu den fortgeschrittenen Techniken der Systemprogrammierung führen.

▶ dem bereits erfahrenen UNIX-Anwender – durch ihren modularen Aufbau – eine Vertiefung bzw. Ergänzung seines UNIX-Wissens ermöglichen.

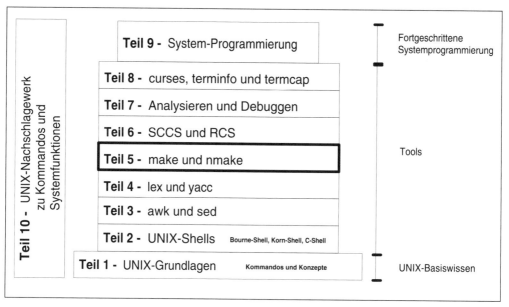

Bild 1.1: Die Buchreihe »UNIX und seine Werkzeuge«

Kapitel 2
Die Modultechnik

Du mußt verstehn!
Aus Eins mach Zehn,
Und Zwei laß gehn,
So bist du reich.
Verlier die Vier!
Aus Fünf und Sechs -
so sagt die Hex -
Mach Sieben und Acht,
So ists vollbracht:
Und neun ist Eins,
Und Zehn ist keins.
Das ist das **Hexen-Einmaleins!**

aus Faust, Goethe

Hier wird zunächst anhand einiger wichtiger Meilensteine die Geschichte der Softwareentwicklung von ihren Anfängen bis zur heute weit verbreiteten Modultechnik kurz skizziert. Im zweiten Teil wird dann ein praktisches Beispiel zur Modultechnik angegeben. Dazu wird ein einfacher Assembler für eine hypothetische Maschine unter Verwendung der Modultechnik entwickelt. Anhand dieses Beispiels werden die wichtigsten Schritte nachvollzogen, die ein Softwareprojekt von der Entwurfs- bis zur Testphase durchläuft.

2.1 Historische Entwicklung von der Maschinensprache bis zur Modultechnik

Seit ihren Anfängen irgendwann in den 50er Jahren beschäftigt sich die Softwareentwicklung mit einer zentralen Frage: Wie kann qualitativ gute Software kostengünstig hergestellt werden ?

Im Laufe dieser Zeit haben sich die Entwicklungsmethoden und Gliederungsstrukturen immer weiter entwickelt. Die wichtigsten Meilensteine, die die Softwareentwicklung von Beginn an durchlief, werden nachfolgend kurz vorgestellt.

2.1.1 Erste Rechenmaschinen und Maschinensprachen

Die ersten Computer wurden Mitte der 40er Jahre gebaut. Computer bedeutete damals: Maschinen, die dem Menschen das Rechnen abnehmen. Zu diesem Zeitpunkt gab es bei den Ingenieuren, die diese Maschinen bedienten, noch keine Trennung zwischen Hardware- und Software-Ingenieuren. Wollte jemand die Maschine programmieren, so mußte er deren innere Struktur genau kennen; er mußte also die Hardware der Maschine genauso gut kennen wie die speziell auf diese Maschine zugeschnittene Maschinensprache. Damals durfte ein guter Programmierer nicht problemorientiert, sondern er mußte maschinenorientiert denken, da das Erstellen von guten Programmen nur dann möglich war, wenn der Ingenieur seine Maschine in- und auswendig kannte.

2.1.2 Assembler und Unterprogrammtechnik

Sehr bald erkannte man, daß das Schreiben von Programmen in einer speziellen Maschinensprache viele Nachteile hatte. Neben der Tatsache, daß das Programmieren nur einem kleinen Personenkreis, nämlich Ingenieuren mit detaillierten Maschinenkenntnissen vorbehalten war, stand das Problem der äußerst schwer lesbaren Maschinenprogramme, da diese meist durch Folgen von Bitmustern angegeben wurden. Solche Sequenzen von Bitmustern waren zwar für die Maschine verständlich, aber für Menschen äußerst schwer lesbar. Änderungen an umfangreichen Maschinenprogrammen, die durch endlose Sequenzen von Bitmustern angegeben wurden, waren somit äußerst schwierig.

Assembler

Es war also nur folgerichtig, daß man versuchte, sich von dieser starken Maschinenabhängigkeit etwas zu lösen. Man erfand die maschinenorientierten Sprachen, auch Assembler genannt.

Assembler-Sprachen waren zwar immer noch maschinenabhängig, da jede Maschine ihren eigenen Assembler hatte. Trotzdem bedeutete die Einführung von Assembler-Sprachen einen ersten Abstraktionsschritt, da beim Programmieren nicht mehr mit Bitmustern hantiert werden mußte, sondern bereits mnemotechnische Begriffe wie z.B. *add* (zum Addieren) oder *mov* (zum Umspeichern von Werten) verwendet werden konnten.

Ein Programmierer mußte also nicht mehr alle Internas einer Maschine kennen, sondern es reichte aus, wenn er die zugehörige Assembler-Sprache erlernte und sich zusätzlich noch einige grundlegende Kenntnisse über die Architektur des betreffenden Rechners (wie Wortbreite, Registeranzahl, usw.) aneignete. Die Einführung von mnemotechnischen Begriffen führte natürlich zu wesentlich leichter lesbaren Programmen. Auch entfiel das Kontrollieren von endlosen Bitmustern. Stattdessen konnte sich der Programmierer nun schon mehr auf das eigentlich zu lösende Problem konzentrieren, da er sich nicht mehr mit detaillierten Maschinenbeschaffenheiten herumschlagen mußte.

Unterprogrammtechnik

Die zuvor erwähnten Vorteile des Assemblers führten natürlich dazu, daß man versuchte, immer komplexere Aufgaben zu programmieren. Die Folge waren sehr lange Assemblerprogramme. So bestand z.B. das IBM-System OS/360 aus Millionen von Assemblerzeilen. Sehr bald erkannte man, daß sich oft gewisse Befehlsfolgen in einem größeren Assemblerprogramm wiederholten.

Man war folglich bestrebt, in einem Programm solche mehrfach vorkommenden Codesequenzen auszugliedern, an einem Platz zusammenzufassen und diese Programmstellen dann bei Bedarf aufzurufen (meist mit *call subroutine*). Dies nannte man die Subroutinen- oder Unterprogrammtechnik.

Dies war ein zweiter wichtiger Abstraktionsschritt: Man kapselte hierbei nämlich eine Befehlsfolge gegen außen ab, die nur bei Bedarf aufgerufen wurde. Da in größeren Softwareprojekten mehrere Programmierer am gleichen Programm arbeiten mußten, brachte diese Technik den entscheidenden Vorteil, daß unterschiedliche Programmteile von verschiedenen Leuten geschrieben werden konnten.

Ein anderer Programmierer rief dann bei Bedarf solche von fremden Personen erstellten Unterprogramme auf, ohne unbedingt zu wissen, wie sie im einzelnen programmiert waren. Den Aufrufer interessierte dabei nur, was diese Subroutinen taten und nicht, wie sie es taten. Daß die fremden Unterprogramme das Erwartete richtig taten, mußte natürlich vorher von deren Ersteller ausgetestet werden. Diese Unterprogrammtechnik brachte zwar eine große Platzersparnis mit sich, hatte aber auch große Nachteile:

Nachteile der Unterprogrammtechnik

1. keine Parameter
Zu Subroutinen zusammengefaßte Programmteile mußten in unterschiedlichen Situationen oft auch geringfügig Unterschiedliches leisten. Nehmen wir z.B. eine einfache Subroutine, die beim Aufruf den Umfang eines Kreises berechnen soll. Da Subroutinen kein Parameterkonzept kannten, wurden globale Variablen als Parameter mißbraucht. Für obige Aufgabenstellung hat man also z.B. eine globale Variable r eingeführt, die vor jedem Aufruf der Subroutine mit dem entsprechenden Radius gesetzt worden war, und die Subroutine hat dann immer aus dieser globalen Variablen den jeweils aktuellen Radius gelesen.

Globale Variablen haben aber den großen Nachteil, daß sie im ganzen Programm »vogelfrei« sind; d.h. daß an jeder beliebigen Stelle im Programm (von anderen Programmteilen) in diese Speicherplätze geschrieben werden kann. Die Folgen eines solchen versehentlichen Überschreibens von nicht geschützten globalen Speicherbereichen sind meist verheerend und das Auffinden des Missetäters ist meist sehr schwierig.

2. keine Rückgabewerte
Da die Subroutinen nicht nur keine Parameter, sondern auch keine Rückgabewerte kannten, entstand ein weiteres Problem des Datenaustauschs zwischen dem aufrufenden Programmteil und der Subroutine. Nehmen wir wieder das vorherige Beispiel des Kreisumfangs, so stellt sich die Frage, wie diese Subroutine den berechneten Kreisumfang an den Aufrufer zurückgeben konnte. Auch hier gab es wieder nur eine Lösung, nämlich globale Daten, auf die auch der Aufrufer zugreifen konnte. Die Subroutine schrieb also den berechneten Umfang an eine Speicherstelle, aus der der Aufrufer ihn lesen konnte. Es entstanden also auch hier wieder die bereits zuvor beschriebenen Probleme, die bei Verwendung von globalen Daten auftreten können.

3. keine lokale Daten
Um eine bestimmte Teilaufgabe in einer Subroutine zu lösen, benötigt man fast immer temporäre Speicherplätze. Man denke nur an die Hilfsvariable beim Vertauschen von 2 Variablen oder an die Laufvariablen bei Schleifen. Nach Erfüllung der jeweiligen Teilaufgabe werden solche temporären Variablen meist nicht mehr gebraucht. Da die Subroutinentechnik aber keine lokalen Daten zuließ, mußte man auch hier globale Daten benutzen, was wieder die zuvor erwähnten Gefahren mit sich brachte.

Unterprogrammtechnik in einigen höheren Programmiersprachen

Obwohl die Unterprogrammtechnik aus der Assemblerzeit stammte, wurde dieses Konzept zwar etwas verändert, aber doch mit allen seinen Nachteilen von einigen höheren Programmiersprachen einfach übernommen. Hier seien zwei renomierte Beispiele genannt:

- **BASIC**, wo die entsprechende Subroutine mit **GOSUB** *zeilennr* angesprungen wird, und
- **COBOL**, wo die entsprechende Subroutine mit **PERFORM** *subroutine_name* angesprungen wird.

Obwohl solche Programmiersprachen inzwischen bessere Konzepte anbieten, so hat doch auch diese »blinde Übernahme« der Subroutinentechnik viel dazu beigetragen, daß man in Softwarekreisen auf diese Sprachen nicht gut zu sprechen ist.

2.1.3 Programmiersprachen und Prozedurtechnik

Einer der großen Nachteile der Assembler-Programmierung war, daß man sich beim Programmieren immer noch zu sehr auf die Maschine mit allen ihren Registern und Speicheradressen konzentrieren mußte.

Beim Umsetzen seiner Ideen in ein Assembler-Programm mußte der Programmierer dem Computer jeden auszuführenden Schritt vorschreiben; dabei ging viel wertvolle Zeit und Energie verloren. Man war also bestrebt, etwas Effizienteres zu finden, bei dem sich der Programmierer mehr auf das eigentliche Problem konzentrieren konnte und sich nicht mit der Umsetzung seiner Ideen in maschinennahe Anweisungen herumschlagen mußte. Aus diesem Bestreben entstanden dann Ende der 50er und Anfang der 60er Jahre die ersten problemorientierten höheren Programmiersprachen wie FORTRAN und ALGOL.

Problemorientierte höhere Programmiersprachen

Problemorientierte höhere Programmiersprachen ermöglichten dem Programmierer, seine Problemlösung in einer höheren mathematischen Notation anzugeben. Der Übersetzer, auch Compiler genannt, sorgte dann für das Umsetzen eines solchen in einer höheren Programmiersprache geschriebenen Programms in Maschinenanweisungen. Die Erfindung der höheren Programmiersprache war sicher einer der wichtigsten Evolutionsschritte in der Geschichte der Softwareentwicklung, denn das Programmieren in einer höheren Programmiersprache brachte viele Vorteile mit sich:

Leichte Portierbarkeit
Man hatte sich endgültig von der darunterliegenden Maschine gelöst. Ein Programmierer, der sein Programm in einer bestimmten Sprache geschrieben hatte, konnte dieses leicht auf eine andere Maschine übertragen (portieren) und dort zum Laufen bringen. Vorraussetzung war immer nur, daß auf dieser Maschine ein Compiler für die entsprechende Sprache verfügbar war.

Gute Lesbarkeit
Programme, die in einer höheren Programmiersprache geschrieben wurden, waren wesentlich leichter lesbar als Assemblerprogramme, weil die Anweisungen in einer dem Menschen viel verständlicheren Form angegeben werden konnten.

Hohe Effizienz
Da sich der Programmierer jetzt ganz auf die Lösung seiner Aufgabe konzentrieren konnte und sich nicht mehr mit Maschineninstruktionen herumschlagen mußte, konnte er zu gegebenen Problemstellungen in wesentlich kürzerer Zeit die erforderlichen Programme erstellen. Die Entwicklungszeit von umfangreichen Programmen zu komplexen Aufgabenstellungen konnte um den Faktor 10 bis 100 und noch mehr reduziert werden.

Prozedurtechnik

Neben der mathematischen Schreib- und Denkweise, die dem Menschen mehr liegt als die Assembler-Anweisungen, verdanken wir den höheren Programmiersprachen (vor allen Dingen ALGOL) noch eine weitere große Errungenschaft: die Prozedurtechnik. Die Prozedurtechnik ist eine konsequente Weiterentwicklung der Subroutinentechnik, wobei jedoch deren Nachteile ausgemerzt wurden. Prozeduren sind nämlich parametrisierbare Subroutinen, die die Deklaration von lokalen Variablen zulassen und einen Rückgabewert liefern.

Neben dem Begriff »Prozedur« wird oft noch der Begriff »Funktion« verwendet. Leider sind diese beiden Begriffe nicht in allen Programmiersprachen gleich definiert. In PASCAL spricht man z.B. dann von einer Funktion, wenn die betreffende Subroutine einen Rückgabewert liefert, und von einer Prozedur, wenn sie dies nicht tut. Andere Sprachen kennen nur Prozeduren (wie z.B. MODULA-2) oder nur Funktionen (wie z.B. C). In solchen Sprachen wird dann zwischen Prozeduren bzw. Funktionen mit oder ohne Rückgabewert unterschieden. Hier soll »Prozedur« als Überbegriff stehen für:

Parametrisierbare Subroutinen, die lokale Variablen zulassen und einen Rückgabewert liefern.

Schwachstellen der Prozedurtechnik

Es wurde viel über die Vorteile von höheren Programmiersprachen und ihrem Prozedurkonzept gesprochen, jedoch hat das Prozedurkonzept auch einige Nachteile:

1. Versteckte Kommunikation mit Außenwelt weiterhin möglich
Die Kommunikationspunkte einer Prozedur mit der Außenwelt sind nur an der Parameterliste und dem Rückgabetyp erkennbar. Wird aber innerhalb einer Prozedur auf eine globale Variable zugegriffen, so wird auch an dieser Stelle mit der Außenwelt kommuniziert. Werden solche versteckte Kommunikationen verwendet, so ist dies nicht sofort aus dem Prozedurkopf ersichtlich, sondern kann erst beim genauen Durcharbeiten der einzelnen Anweisungen einer Prozedur entdeckt werden. Ein solcher Zugriff auf globale Variablen birgt natürlich wieder die bereits früher erwähnten Gefahren in sich. Wenn auch erfahrene und gute Softwareentwickler solche globalen Zugriffe immer vermeiden werden, so können doch weniger erfahrene Programmierer wieder in die alte Subroutinentechnik verfallen und mit globalen Variablen arbeiten, da ihnen die Prozedurtechnik dies nicht verbietet.

2. Zu sehr auf Ein-Mann-Programme zugeschnitten
Die Prozedurtechnik war noch zu sehr auf Ein-Mann-Programme zugeschnitten. In der praktischen Softwareentwicklung müssen aber meist mehrere Entwickler (bis zu Hunderte) gleichzeitig am selben Softwareprojekt arbeiten. Mit der reinen Prozedurtechnik konnte solchen Anforderungen nur begrenzt Rechnung getragen werden.

3. Austauschen von ganzen Programmteilen nur schwer möglich
Das leichte Austauschen von Programmteilen wird bei der Prozedurtechnik nur begrenzt unterstützt, da die logischen Bestandteile alle in ein umfangreiches Programm fest eingebettet sind. Ändern bedeutet hierbei immer, daß in einem »riesigen« Programm geändert werden muß. Und dieses Programm, das eventuell Tausende und Abertausende von Befehlszeilen enthält, mußte dann immer wieder als Ganzes neu kompiliert werden. Dies war natürlich nicht sehr effizient. Schwerwiegender noch war aber der folgende Nachteil: Da das Zusammenspiel zwischen den einzelnen Programmteilen hier nur sehr schwer überschaubar war, konnte es leicht vorkommen, daß von Änderungen versehentlich auch bereits fertige und gut ausgetestete Programmteile betroffen wurden, was verheerende Folgen haben konnte.

Diese doch schwerwiegenden Nachteile bewogen die Softwareentwickler dazu, über bessere Entwicklungsmethoden nachzudenken. Es dauerte auch nicht allzu lange, bis eine solche Methode gefunden wurde, nämlich das Modulkonzept.

2.1.4 Modultechnik und Information Hiding

Die Idee der Modultechnik ist, eine Aufgabenstellung nicht als Ganzes zu lösen, sondern diese zunächst in kleine, überschaubare Teilaufgaben zu zerlegen. Die Lösungen der einzelnen Teilaufgaben ergeben zusammengefaßt die Gesamtlösung. Programmtechnisch bedeutet dies, daß jede einzelne Teilaufgabe als eigenständiges Programmteil realisiert wird. Ein solches Programmteil nennt man dann ein Modul.

Das Modul

Ein Software-Modul kann z.B. mit einem elektronischen Bauteil wie etwa einer Steckkarte für einen Computer verglichen werden:

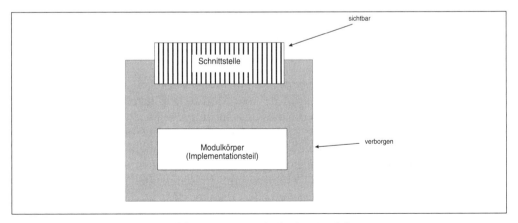

Bild 2.1: Die Bestandteile eines Moduls

Ein Modul besteht aus einer nach außen sichtbaren Schnittstelle und der internen Realisierung. Die Schnittstelle ist vergleichbar mit der Steckerleiste der PC-Steckkarte, über die die Kommunikation zwischen Prozessor und Steckkarte stattfindet.

Die Realisierung entspricht der auf der Steckkarte installierten elektronischen Schaltung. Eine Realisierung nennt man in der Softwareentwicklung auch die Implementation. Für den Gebrauch der Computer-Steckkarte reicht es vollkommen aus, wenn die Schnittstelle genau beschrieben ist.

Ihr interner Aufbau kann im Normalfall niemals verändert werden, da er meist nicht bekannt und zudem auch fest verdrahtet ist. Ähnlich verhält es sich mit Software-Modulen. Auch hier kann – bei Beachtung einiger weniger programmtechnischer Regeln – die Implementation von außen nicht verändert werden.

Information Hiding

Alle Deklarationen und Definitionen von Daten und Operationen innerhalb eines Moduls sollten nämlich, soweit sie nicht in der Schnittstellenbeschreibung vorkommen, für die Außenwelt unsichtbar sein. Das Verstecken der eigentlichen Implementation nennt man Information Hiding. Die konsequente Anwendung der Modultechnik führt dazu, daß man Programme erhält, die sich aus weitgehend autonomen Modulen zusammensetzen, die untereinander nur über die definierten Schnittstellen miteinander kommunizieren. Die »wilde« und mit großen Nachteilen verbundene Kommunikation über globale Daten gibt es also nicht mehr, wenn Software nach dieser Methode entworfen und entwickelt wird.

Eigenschaften eines Moduls

Nachfolgend sind die Charakteristika eines Moduls zusammengefaßt.

Modul = Schnittstelle + Implementation
Jedes Modul besteht aus einer nach außen sichtbaren Schnittstelle und einer nach außen unsichtbaren Implementation, die voll unter Kontrolle des jeweiligen Moduls liegt und somit von keinem fremden Modul manipuliert werden kann.

In der Schnittstelle sind Typen, Konstanten und Prozeduren deklariert
Im Sinne des Information Hiding wird in einer Modul-Schnittstelle nur gerade soviel nach außen sichtbar gemacht, wie für die Verwendung des Moduls notwendig ist. So wird man beispielsweise für eine von anderen Modulen aufrufbare Prozedur nur deren Name, die Typen der Parameter und den Typ eines möglichen Rückgabewerts in der Schnittstelle angeben. Wird ein eigener Typ beim Aufruf einer solchen Prozedur benötigt, so muß auch dessen Definition im Schnittstellenteil angegeben sein. Als Beispiel möge ein Modul *tel_manager.c* (in C) dienen, das für die Verwaltung eines

Telefonbuchs zuständig ist. Dazu bietet es in der Header-Datei *tel_manager.h*[1] z.B. folgende Schnittstellen an:

```
typedef   struct {
               char name[30];
               char vorname[30];
               char titel[30];
               char telnr[30];
} tel_komp;

extern int tel_eintragen(tel_komp eintrag);
      /* die einzutragende Komponente (Name, Vorname, Titel, Telnr)
         wird ueber die Strukturvariable eintrag uebergeben.
         tel_eintragen sorgt dann dafuer, dass diese in einer
         internen Datenstruktur (Telefonbuch) festgehalten werden.
         Spaeter koennen diese Daten dann wieder abgefragt werden.
         tel_eintragen liefert 1, falls tel_eintragen erfolgreich
         verlief, ansonsten liefert tel_eintragen den Wert 0 zurueck */

extern int tel_nr_suchen(char *name, tel_komp *eintraege[], int max);
      /* sucht im Telefonbuch alle Eintraege zu name.
         Die zugehoerigen Daten werden vom Modul tel_manager.c im
         Array 'eintraege' hinterlegt. Der Aufrufer ist fuer die
         Bereitstellung dieses Arrays (Speicherplatz) zustaendig.
         Wieviele Eintraege im bereitgestellten Array maximal möglich
         sind, muß der Aufrufer noch ueber den Parameter 'max' dieser
         Routine mitteilen.
         Wieviele Eintraege zu dem angegebenen 'name' wirklich
         existieren, gibt diese Routine als Rueckgabewert zurueck:
         Ist diese zurueckgegebene Anzahl groeßer als 'max',
         so konnte diese Funktion nicht alle existierenden Eintraege zu
         'name' (wegen Mangels an Speicherplatz) im Array 'eintraege'
         hinterlegen. Ein Rueckgabewert 0 zeigt an, dass kein Eintrag
         zu 'name' existiert.                                         */
```

An dieser Schnittstellen-Spezifikation ist erkennbar, daß die Verwaltung des gesamten Telefonbuchs voll unter der Kontrolle des Moduls *tel_manager.c* liegt. Will ein anderes Modul einen neuen Eintrag in das Telefonbuch machen, so kann es dies nicht direkt tun, da die Telefonbuch-Daten für ihn nicht sichtbar sind, sondern es muß dazu immer die dafür angebotene Routine *tel_eintragen(...)* mit den entsprechenden Parametern aufrufen. Wie die Telefonbuch-Daten im Modul *tel_manager.c* aufgehoben werden, ob sie z.B. als Binärbaum oder über eine Hash-Tabelle organisiert sind, entzieht sich der Kenntnis des Aufrufers. Er kann lediglich die über *tel_manager.h* nach außen angebotenen Operationen des Moduls *tel_manager.c* verwenden, um auf die internen Daten dieses Moduls zuzugreifen. Um z.B. die zu einem Nachnamen der im

---

[1] In C wird die Schnittstelle zu einem Modul üblicherweise über eine zugehörige Header-Datei angegeben.

Telefonbuch eingetragenen Daten (Vorname, Titel, Telefonnummer) zu erfahren, müßte ein Modul die dafür angebotene Routine *tel_nr_suchen(...)* benutzen. Ein solches Modul entspricht also einer Art black box, über deren Innenleben ein Außenstehender nicht Bescheid weiß. Will er auf interne Daten des Moduls zugreifen, so muß er dazu die nach außen sichtbaren Knöpfe (Operationen) benutzen:

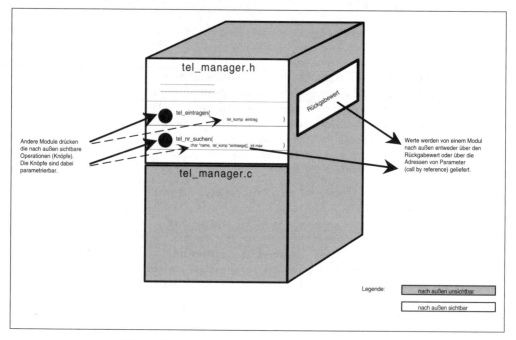

Bild 2.2: Ein Modul entspricht einer Black Box mit Knöpfen

Modul-Implementation enthält die Realisierung
Die Modul-Implementation besteht zum einen aus modul-lokalen Deklarationen von Datentypen, Konstanten und Variablen. Zum anderen enthält sie die globalen Definitionen (Realisierungen) der nach außen sichtbaren Routinen (wie z.B. *tel_eintragen(...)*). Daneben beinhaltet eine Modul-Implementation noch die Definition von lokalen Hilfsroutinen, die Hilfsfunktionen für die global sichtbaren Prozeduren ausführen. Solche lokalen Prozeduren sollten nicht global zugänglich sein. In C erreicht man dies z.B. dadurch, daß man bei der Definition einer lokalen Funktion das Schlüsselwort **static** voranstellt; das gleiche gilt im übrigen auch für die Definition von lokalen Variablen in einem C-Modul.

Ein Modul ist getrennt kompilierbar
Getrennt kompilierbar bedeutet, daß ein Modul für sich allein erfolgreich kompiliert werden kann. Bei der Kompilierung eines Moduls müssen von den anderen Modulen, mit denen es kommuniziert, lediglich deren Schnittstellen bekannt sein. In einem C-

Modul erreicht man das Bekanntmachen der Schnittstellen durch **#include** auf die Header-Dateien[2] der entsprechenden Module, mit denen es kommuniziert.

Ein Modul ist für sich allein nicht ablauffähig
Ein Modul ist zwar getrennt kompilierbar, aber für sich allein nicht ablauffähig, da es ja nur einen Teil eines ablauffähigen Programms darstellt. In der Modultechnik wird also klar unterschieden zwischen der Kompilierung der einzelnen Module und dem Zusammenbinden (Linken) der einzelnen Module zu einem Programm.

Modularer Entwurf
Während in der Prozedurtechnik grundsätzlich nur die top-down-Methode (schrittweise Verfeinerung) angewandt wurde, liegt der Schwerpunkt beim modularen Design in der Suche nach einer geeigneten Zerlegung der gestellten Aufgabe in einzelne Module. Eine Zerlegung ist dann geeignet, wenn sie leichte Änderbarkeit und hohe Wiederverwendbarkeit garantiert. Dies wird durch eine Mischform zwischen top-down- und bottom-up-Entwurf erreicht. Nachfolgend sind einige Fragen gegeben, die ein Programmierer sich stellen sollte, wenn er eine vernünftige Modulstruktur erhalten möchte:

Welche Aufgaben und Daten gehören zusammen?
Ein Beispiel dazu ist ein zentrales Fehlermodul, das alle Fehlermeldungen beinhaltet und zusätzlich noch Routinen anbietet, die für die Ausgabe von Fehlermeldungen zuständig sind. Ein solches Design ist sicher besser, als ein undurchsichtiger Entwurf, bei dem jedes einzelne Modul selbst die Fehlermeldungen ausgibt, und eventuell bei fatalen Fehlern selbst für das Verlassen des gesamten Programms sorgt.

Wie gehören die einzelnen Aufgabenstellungen logisch zusammen und welche Schnittstellen sind dabei nach außen erforderlich?
Ein Beispiel ist unser Telefonmanager, der als Einziger für die Verwaltung der Telefon-Datenbank verantwortlich ist. Ein solches zentrales Verwalten ist sicher einer verteilten Verwaltung vorzuziehen.

Bei welchen Programmteilen sind in Zukunft Änderungen zu erwarten?
Denken Sie dabei nicht nur an solche offensichtliche Daten, wie z.B. Mehrwertsteuer oder Zinssatz, sondern auch an zukünftig mögliche Erweiterungen, wie z.B. Umstellung von der Tastatureingabe auf mausgesteuerte Eingabe. Es sollte also bereits beim Design darauf geachtet werden, daß Änderungen leicht möglich sind.

Welche Aufgaben werden in ähnlicher oder gleicher Form wieder benötigt?
Ein gutes Beispiel hierfür ist eine Firma, die sich auf den Compilerbau spezialisiert hat. Eine solche Firma wird vernünftigerweise den Code-Generator nicht direkt an die

---

2 enthalten die Schnittstellen-Spezifikationen der jeweiligen Module.

lexikalische und syntaktische Analyse koppeln, sondern dazwischen einen Zwischencode-Generator schalten, der die vom Compiler-Frontend (lexikalische und syntaktische Analyse) gelieferten Daten zunächst in einen eigenen Zwischencode übersetzt. Ein solches Design hat viele Vorteile, da für die verschiedenen Sprachen (PASCAL, C, ADA, usw.) nur ein Code-Generator geschrieben werden muß, der den Zwischencode in den wirklichen Maschinencode übersetzt; das sogenannte Backend wäre also für alle Compiler dieser Firma identisch. Dies hat zusätzlich den Vorteil, daß bei einer notwendigen Portierung der Compiler auf einen anderen Prozessor nur dieses Backend umgeschrieben werden muß, und schon sind alle Compiler auf dem anderen Rechner verfügbar.

Dies war nur ein Ausschnitt einiger wichtiger Gesichtspunkte, die ein Softwareentwickler beim modularen Entwurf berücksichtigen sollte.

Zum Schluß sei noch angemerkt, daß die Modultechnik trotz ihrer vielen Vorzüge doch auch einige Nachteile hat. An dieser Stelle wollen wir zwar hierauf nicht näher eingehen, aber doch nicht unerwähnt lassen, daß diese Nachteile durch die objektorientierte Programmierung, die eine Weiterentwicklung der Modultechnik ist, beseitigt wurden. Nichtsdestotrotz wird weiterhin und auch mit viel Erfolg mit der Modultechnik gearbeitet.

Das folgende Kapitel 2.2 beinhaltet ein Beispiel für die Anwendung der Modultechnik.

2.2 Beispiel zur Modultechnik: Bau eines Assemblers

In unserem Beispiel wird ein Assembler für einen hypothetischen Computer mit der Programmiersprache C entwickelt.

2.2.1 Beschreibung des Assemblers

Dieser hypothetische Computer, auf dem unser Assembler laufen soll, besitzt einen Akkumulator, 10 Instruktionen und einen WORD-adressierbaren Speicher von 500 Wörtern. Der Einfachheit halber wird angenommen, daß ein WORD im Speicher 5 Dezimalziffern aufnehmen kann.

Wenn ein WORD eine Instruktion beinhaltet, dann legen die ersten beiden Ziffern die auszuführende Operation (den Operationscode) fest, und die letzten 3 Ziffern bilden die Adresse.

Dieser einfache Assembler bietet folgende Instruktionen an:

Operations Code	Instruktion	Bedeutung
01	get	Lies eine Zahl von der Eingabe in den Akkumulator
02	put	Gib Inhalt des Akkumulators aus
03	ld M	Lade Inhalt der Speicheradresse M in den Akkumulator
04	st M	Speichere Akkumulator-Inhalt an der Speicheradresse M
05	add M	Addiere Inhalt der Speicheradresse M auf den Akkumulator
06	sub M	Subtrahiere Inhalt der Speicheradresse M vom Akkumulator
07	jpos M	Springe an Speicheradresse M, wenn Akkumulator positiv ist
08	jz M	Springe an Speicheradresse M, wenn Akkumulator 0 ist
09	j M	Springe an Speicheradresse M
10	halt	Beende Programmausführung
	const C	Pseudo-Instruktion, um eine Konstante C zu definieren

So bedeutet z.B. der WORD-Inhalt 05724: Addiere den Wert, der an Speicheradresse 724 steht, auf den momentanen Wert des Akkumulators.

Ein Assembler-Programm ist dann eine Folge von Anweisungen, wobei jede Anweisung in einer eigenen Zeile steht und sich aus 3 Feldern zusammensetzen kann:

Marke   Operation   Operand

Ein Feld kann dabei auch leer sein.

Marken müssen immer in der ersten Spalte beginnen.

Im Assembler-Programm können dabei auch Kommentare enthalten sein. Diese müssen immer mit # eingeleitet werden.

Nachfolgend ist mit *sum.asm* ein Beispiel für ein Assembler-Programm gegeben, welches unserem Assembler vorgelegt werden könnte. In diesem Assembler-Programm *sum.asm* wird die Summe einer Folge von einzugebenden ganzen Zahlen berechnet und ausgegeben. Das Eingabeende soll dabei mit der Zahl 0 angezeigt werden:

```
$ cat sum.asm ⏎
# Berechnen und Drucken der Summe von eingegebenen ganzen Zahlen;
# Eingabe wird durch 0 beendet
        ld null   # sum mit 0 initialisieren
        st sum
loop    get       # Einlesen einer Zahl in den Akkumulator
        jz fertig # Eingabeende, wenn eingegebene Zahl gleich 0
        add sum   # Addiere sum auf den Akkumulator-Inhalt
        st sum    # Speichere neuen Wert aus Akku zurueck nach sum
        j loop    # Springe zurueck und lies naechste Eingabezahl
```

```
fertig  ld   sum # Gib sum aus
        put
        halt

null    const 0
sum const
$
```

Unser Assembler soll nun dieses Programm in eine Sprache übersetzen, die von der Zielmaschine verstanden wird. Das in der entsprechenden Maschinensprache generierte Programm ist dann eine Folge von ganzen Zahlen, die beim Start dieses Maschinenprogramms in den Hauptspeicher geladen werden. Wenn die Option -l beim Assembler-Aufruf angegeben wird, so soll der Assembler zusätzlich ein Assembler-Listing erzeugen. Für das obige Beispiel sollte unser Assembler z.B folgendes Listing generieren:

```
 0: 03010              ld     null
 1: 04011              st     sum
 2: 01000   loop       get
 3: 08007              jz     fertig
 4: 05011              add    sum
 5: 04011              st     sum
 6: 09002              j      loop
 7: 03011   fertig     ld     sum
 8: 02000              put
 9: 10000              halt
10: 00000   null       const  0
11: 00000   sum        const
```

Bei diesem Listing enthält das erste Feld die Speicherplatznummer, das zweite Feld ist das eigentliche Maschinenprogramm und enthält die codierten Assembler-Instruktionen. Die restlichen 3 Felder geben die zugehörige Zeile des Assemblerprogramms (ohne Kommentar) wieder.

Nach der Beschreibung der Funktionalität wollen wir uns nun an die Realisierung des Assemblers machen.

2.2.2 Modulstruktur für das Assembler-Programm

Als erstes wollen wir uns mit der Zerlegung der Gesamtaufgabe in Einzelaufgaben beschäftigen. Natürlich existieren in einem solchen Fall viele verschiedene Zerlegungsmöglichkeiten. Hier wollen wir die Aufgabenstellung in 5 Teilaufgaben untergliedern, wobei für jede Teilaufgabe ein Modul zuständig sein soll:

Die Modultechnik

Pass1 (*pass1.h* und *pass1.c*)

Unser Assembler wird mit 2 Durchläufen, auch Pässe genannt, arbeiten. Im ersten Pass führt er die notwendige lexikalische Analyse durch. Er arbeitet dabei die einzelnen Zeilen des Assembler-Programms wie folgt ab: Für jede relevante Zeile hinterlegt er die Marke, die Operation und den zugehörigen Operanden mit Zeilennummer in einer zentralen Symboltabelle. Für die Verwaltung dieser Symboltabelle soll dabei ein eigenes Modul, der Symboltabellen-Manager verantwortlich sein. Das heißt, daß dieser Manager eine Routine anbieten muß, die das Hinterlegen von Daten in der Symboltabelle ermöglicht.
Andere nicht relevante Daten, wie Kommentare und Leerzeilen werden von diesem ersten Pass einfach überlesen.

Pass2 (*pass2.h* und *pass2.c*)

Der zweite Pass ist sowohl für die Umformung des Assembler-Programms in Maschinencode als auch für die Generierung eines Listings (bei Option -l) zuständig. Dazu muß dieses Modul die vom ersten Pass in der Symboltabelle hinterlegte Information abrufen und zusätzlich die einzelnen Operations-Codes erfragen, welche ebenfalls unter der Kontrolle des Symboltabellen-Managers liegen sollen. Dieses Modul ist also wieder darauf angewiesen, daß der Symboltabellen-Manager ihm entsprechende Routinen zur Verfügung stellt.

Symboltabellen-Manager (*symb_tab.h* und *symb_tab.c*)

Dieses Modul ist für die Verwaltung folgender zentraler Datenstrukturen zuständig: Symboltabelle, Operations-Codes und dem Speicher (bei der Ablauf-Simulation des Assembler-Programms). Zum Eintragen bzw. Abrufen von Informationen in diese Datenstrukturen bietet es entsprechende globale Routinen an.

Fehler-Manager (*fehler.h* und *fehler.c*)

Dieses Modul ist für die Ausgabe von Fehlermeldungen zuständig. Die möglichen Fehlermeldungen aller anderen Module sind in diesem Modul zentral hinterlegt und werden unter Angabe von Fehlerkennungen ausgewählt. Zur Ausgabe selbst bietet dieses Modul eine eigene globale Routine an, die die anderen Module zur Ausgabe von Fehlermeldungen aufrufen sollten.

Hauptmodul (*assemb.c*)

Dies ist das Treibermodul, von dem aus alle notwendigen Operationen zum Übersetzen und Ablaufen des Assembler-Programms aufgerufen werden. Vor dem Aufrufen der einzelnen Routinen soll es jedoch immer zuerst die vom Benutzer eingegebene

Kommandozeile abarbeiten. Nachdem diese Strukturierung der Aufgabenstellung vorgenommen wurde, können wir uns an die Schnittstellen-Spezifikation der einzelnen Module machen.

2.2.3 Schnittstellen-Spezifikation für Assembler-Programm

Schnittstellen werden in C üblicherweise in den zugehörigen Header-Dateien angegeben. Das Design der Schnittstellen sollte mit allen Verantwortlichen der einzelnen Module abgesprochen werden. Jeder Beteiligte nennt seine Forderungen an die anderen Module. Solange die Schnittstellen nicht geklärt sind, sollte nicht mit der Implementation begonnen werden. Erst nachdem die Schnittstellen von allen Beteiligten in sogenannten Design-Reviews akzeptiert wurden, sollte mit der Implementierung der einzelnen Module begonnen werden. Natürlich wird es in der praktischen Softwareentwicklung immer wieder vorkommen, daß Schnittstellen aufgrund von nicht vorhersehbaren Problemen nachträglich geändert werden müssen. Solche gewünschten Änderungen (change requests) müssen jedoch wieder in einem gemeinsamen Design-Review besprochen und ratifiziert werden. Absolut verheerend für jedes größere Software-Projekt sind bilaterale Schnittstellen-Änderungen, von denen der Rest der Projekt-Beteiligten nicht informiert wird. Nun aber zu den Schnittstellen-Spezifikationen für unseren Assembler:

Globale Daten

Hierbei handelt es sich eigentlich nicht um ein »echtes« Modul, sondern nur um eine Header-Datei, in der global verwendbare Konstanten, Makros und Datentypen definiert sind.

```
$ cat global.h ⏎
/*========================================================================*/
/*=====    g   l   o   b   a   l . h                                    */
/*========================================================================*/
/*       definiert global verwendbare Konstanten, Makros und Datentypen.
                                                                        */

/*—— Global gueltige Makros ——————————*/
#define GLEICH(a,b)     (bool)( !strcmp((a),(b)) )

/*—— Global verwendbare Datentypen ——————*/
typedef unsigned char bool;

/*—— Boole'sche Konstanten ——————————*/
#define TRUE    1
#define FALSE   0
$
```

Schnittstellen-Spezifikation für das Modul Pass1

```
$ cat pass1.h ⏎
/*====================================================================*/
/*=====    p  a  s  s  1  .  h                                        */
/*====================================================================*/
/*          Dieses Modul ist fuer die lexikalische Analyse des
            Assembler-Programms zustaendig.
            Dazu bietet es die globale Funktion 'pass1_scan' an, welche
            erkannte Daten- und Programmstrukturen in der
            zentralen Symboltabelle hinterlegt.
---------------------------------------------------------------------*/

extern void  pass1_scan( char *datei );
      /* pass1_scan fuehrt die lexikalische Analyse fuer das vorgelegte
         Assembler-Programm durch. Es liest dieses aus der Datei 'datei'  */
$
```

Schnittstellen-Spezifikation für das Modul Pass2

```
$ cat pass2.h ⏎
/*====================================================================*/
/*=====    p  a  s  s  2  .  h                                        */
/*====================================================================*/
/*          Dieses Modul ist (nach der lexikalischen Analyse) fuer die
            Umformung in den Maschinen-Code zustaendig.
            Dazu bietet es die globale Routine
            'pass2_uebersetze_in_maschincode' an.
---------------------------------------------------------------------*/

extern void  pass2_uebersetze_in_maschincode( char *listing_name );
      /* pass2_uebersetze_in_maschincode liest die von 'pass1_scan' in
         die Symboltabelle hinterlegten Eintraege und generiert hieraus
         fuer jede einzelne Assembler-Anweisung den entspr. Maschinencode.
         Falls ein Listing erwuenscht ist, muss der Name der Listing-Datei
         (listing_name) beim Aufruf angegeben werden; wird hierfuer ein
         NULL-Zeiger angegeben, so wird auch kein Listing von dieser
         Routine erstellt                                              */
$
```

Schnittstellen-Spezifikation für das Modul Symboltabellen-Manager

```
$ cat symb_tab.h ⏎
/*====================================================================*/
/*=====    s  y  m  b  _  t  a  b  .  h                               */
/*====================================================================*/
/* Dieses Modul ist fuer die Verwaltung zentraler Datenstrukturen zustaendig:
```

        - Verwaltung der zentralen Symboltabelle (lokale Datenstruktur)
          Dazu bietet es externe Operationen (Funktionen) an, um Symboltabelle
          zu fuellen und auch wieder Information aus ihr abzufragen.
        - Verwaltung der Operations-Codes
        - Verwaltung des Speichers (beim Programmablauf)
                                                                              */

extern void   st_speichere_zeile(char *marke, char *operation, char *operand, int zeilnr);
    /*
          speichert Marke, Operation, Operand und Zeilennummer
          in Symboltabelle.   */

extern int   st_symb_tab_groesse(void);
    /*
          liefert die momentane Anzahl der Elemente in Symboltabelle;
          Zaehlung beginnt dabei ab 0   */

extern void   st_hole_zeile(int nr, char *marke, char *operation, char *operand, int *zeilnr);
    /*
          liefert bei Vorlage der Indexnr. (nr) ueber Parameter die
          zugehoerig. Marke, Operation, Operand und Zeilennummer
          aus Symboltabelle. Indexnummer für Aufrufe: 0, dann 1, 2, 3,... */

extern int   st_suche_marke(char *marke);
    /*
          liefert die Adresse, die durch eine uebergebene Marke bezeichnet wird.
          Der Rueckgabewert -1 zeigt an, dass die Marke nicht gefunden wurde. */

extern int   st_hole_opcode(char *instruktion);
    /*
          liefert Operations-Code zu einer uebergebenen Assembler-Instruktion.
          Der Rueckgabewert -1 zeigt an, dass uebergebene Assembler-Instruktion
          ungueltig ist.   */

extern void   st_speichere_maschinencode(int adr, long int code);
    /*
          speichert den entsprechenden Maschinen-'code' unter Adresse 'adr'. */

extern void   st_befehl_ausfuehren(int *pc);
    /*
          fuehrt den Befehl aus, der an Adresse pc (program counter) steht.
          Da die Ausfuehrung eines Befehls dazu fuehrt, dass der
          program counter veraendert wird, muss hier die Adresse des
          program counters (call-by-reference) uebergeben werden.   */
$

Schnittstellen-Spezifikation für das Modul Fehler-Manager

```
$ cat fehler.h ⏎
/*========================================================================*/
/*=====    f e h l e r . h                                               */
/*========================================================================*/
/*         Dieses Modul ist fuer die Ausgabe von Fehlermeldungen zustaendig.
           Dazu bietet es die globale Funktion 'fehler' an.
           Hier werden globale Fehlernummern definiert.
                                                                         */

/*—— Fehler-Kennungen fuer einzelne Module —*/
#define ASSEMB              0
#define SYMBOL_TABELLE      1
#define PASS1               2
#define PASS2               3

/*—— Fehlermeldungen fuer Hauptnodul asm ——*/
#define ILLEGAL_AUFRUF      0

/*—— Fehlermeldungen fuer Modul symb_tab ——*/
#define ZUVIELE_BEFEHLE     0
#define ILLEGAL_ZUGRIFF     1

/*—— Fehlermeldungen fuer Modul pass1 ———*/
#define ILLEGAL_DATEI       0
#define ILLEGAL_OPERATION   1
#define ILLEGAL_ANGABE      2
#define ILLEGAL_ZEICHEN     3

/*—— Fehlermeldungen fuer Modul pass2 ———*/
#define MARKE_FEHLT         0
#define ILLEGAL_LISTNAME    1

extern void  fehler( int modul, int fehler_nr, int zeilnr, char *string);
        /* globale Fehlerroutine, die von allen anderen Modulen zur
           Ausgabe einer Fehlermeldung aufgerufen werden sollte.
           Der Aufruf dieser Routine bewirkt, dass nach Ausgabe der entspr.
           Fehlermeldung das Programm mit exit beendet wird.            */
$
```

Hauptmodul *assemb.c* **hat keine Schnittstellen.**

Nachdem nun die Schnittstellen-Spezifikation abgeschlossen ist, können sich die einzelnen Entwickler an die Implementierung ihrer Module machen.

2.2.4 Implementation des Assembler-Programms

Ruft ein Modul *a.c* Routinen aus einem anderen Modul *b.c* auf, so sagt man, daß *a.c* von *b.c* abhängig ist. Eine solche Abhängigkeit läßt sich in der Implementation leicht daran erkennen, daß im Modul *a.c* die Schnittstellen-Beschreibung von Modul *b.c* mit **#include "b.h"** in *a.c* übernommen wird. Nehmen wir z.B. folgenden Ausschnitt aus *pass2.c*:

```
#include "fehler.h"
#include "symb_tab.h"
```

Hieran läßt sich leicht erkennen, daß das Modul *pass2.c* Routinen aus den beiden Module *fehler.c* und *symb_tab.c* benutzt.

Nun aber zu den Implementationen der einzelnen Module.

Implementation des Moduls Pass1

```
$ cat pass1.c ⏎
/*======================================================================*/
/*=====    p a s s 1 . c                                                */
/*======================================================================*/
/*         Dieses Modul ist fuer die lexikalische Analyse des
           Assembler-Programms zustaendig.
                                                                       -*/

#include <stdio.h>
#include <ctype.h>
#include "pass1.h"
#include "global.h"
#include "fehler.h"
#include "symb_tab.h"

   /*------ Lokale Typdefinitionen und Datenstrukturen ---------------*/
   typedef enum { marke, operation, operand, ende, kommentar } modus_typ;

#define PUFFER_LAENGE 50  /* maximale Laenge fuer Marken-, Operations-,
                             Operanden-Namen und sonstige Worte */
static   char marken_name[PUFFER_LAENGE]="",
              operation_name[PUFFER_LAENGE]="",
              operand_name[PUFFER_LAENGE]="",
              wort[PUFFER_LAENGE]="";
static FILE *dz;

   /*------ Lokale Routinen ------------------------------------------*/
   static void wort_einlesen( char *puffer, char z )
   {
      while (isalnum(z)) {
```

Die Modultechnik

```
         *puffer++=tolower(z);
         z=fgetc(dz);
      }
      *puffer='\0';
      ungetc(z, dz);
}

 /*===== Globale Routinen =======================================*/
void   pass1_scan( char *datei )
{
      modus_typ   modus=marke;
      char        zeich;
      bool        zeile_da=0; /* zeigt an, ob relevanter Code in Zeile vorhanden */
      int         zeilnr=1;

      if ((dz=fopen(datei,"r"))==NULL)
         fehler(PASS1, ILLEGAL_DATEI, 0, datei);
      while (TRUE) {
         zeich=fgetc(dz);
         if (zeich=='\n') {   /* Neue Zeile: modus in Anfangszustand setzen */
            modus=marke;
            if (zeile_da) /* Gelesene Daten einer Zeile in Symboltab. festhalten */
               st_speichere_zeile(marken_name, operation_name, operand_name, zeilnr);
            zeile_da=0;
            ++zeilnr;
            marken_name[0]=operation_name[0]=operand_name[0]=wort[0]='\0';
         } else if (zeich==EOF) {   /* Scannen bei EOF beenden */
            break;
         } else if (zeich=='#') {   /* modus auf kommentar setzen */
            modus=kommentar;
         } else if (modus==kommentar) {   /* Kommentar ueberlesen */
            ;
         } else if (isspace(zeich)) { /* Bei Leer-/Tabzeichen: Modus umschalten */
            if (modus==marke)            modus=operation;
            else if (modus==operation)   modus=operand;
            else if (modus==operand)     modus=ende;
            while (isspace(zeich=fgetc(dz))) /* Restl. Leer-/Tabzeichen ueberlesen */
               ;
            ungetc(zeich, dz);
         } else if (isalnum(zeich)) {   /* (Marke, Operation, Operand) einlesen */
            zeile_da=1;
            switch (modus) {
               case marke:
                    wort_einlesen(marken_name, zeich);
                    break;
               case operation:
                    wort_einlesen(operation_name, zeich);
```

```
                    if (st_hole_opcode(operation_name)==-1)
                        fehler(PASS1, ILLEGAL_OPERATION, zeilnr, operation_name);
                    break;
                case operand:
                    wort_einlesen(operand_name, zeich);
                    break;
                case ende:
                    wort_einlesen(wort, zeich);
                    fehler(PASS1, ILLEGAL_ANGABE, zeilnr, wort);
                    break;
            }
        } else {
            wort[0]=zeich; wort[1]='\0';
            fehler(PASS1, ILLEGAL_ZEICHEN, zeilnr, wort);
        }
    }
    fclose(dz);
}
$
```

Implementation des Moduls Pass2

```
$ cat pass2.c ⏎
/*========================================================================*/
/*=====    p  a  s  s  2 . c                                           */
/*========================================================================*/
/*         Dieses Modul ist (nach der lexikalischen Analyse) fuer die
           Umformung in den Maschinen-Code zustaendig.
           Dazu bietet es die globale Routine
           'pass2_uebersetze_in_maschincode' an.
  ─────────────────────────────────────────────────────────────────────*/


#include <stdio.h>
#include <ctype.h>
#include "pass2.h"
#include "fehler.h"
#include "symb_tab.h"

    /*──── Lokale Datenstrukturen ──────────────────────────────────*/
#define PUFFER_LAENGE  50   /* max. Laenge fuer Marken-, Operations-, Operanden-Namen */
static char   marken_name[PUFFER_LAENGE]="",
              operation[PUFFER_LAENGE]  = "",
              operand[PUFFER_LAENGE]    = "";
```

```
/*===== Globale Routinen =======================================*/
void pass2_uebersetze_in_maschincode( char *listing_name )
{
    FILE     *dz;
    int      adr_wert, opcode, i, zeilnr, symb_tab_laenge;
    long int code;

    if (listing_name!=NULL)
       if ((dz=fopen(listing_name,"w"))==NULL)
          fehler(PASS2, ILLEGAL_LISTNAME, 0, listing_name);
    symb_tab_laenge = st_symb_tab_groesse();
    for (i=0 ; i<=symb_tab_laenge ; i++) {
       adr_wert=0;
       st_hole_zeile(i, marken_name, operation, operand, &zeilnr);
       if (*operand)
          if (isalpha(*operand)) {
             if ((adr_wert=st_suche_marke(operand)) == -1)
                fehler(PASS2, MARKE_FEHLT, zeilnr, operand);
          } else
             adr_wert = atoi(operand);
       opcode = st_hole_opcode(operation);
       code = 1000*opcode+adr_wert;
       st_speichere_maschinencode(i, code);
       if (listing_name!=NULL)
          fprintf(dz, "%5d: %05ld %15s %15s %15s\n",
                    i, code, marken_name, operation, operand);
    }
    if (listing_name!=NULL)
       fclose(dz);
}
$
```

Implementation des Moduls Symboltabellen-Manager

```
$ nl -ba symb_tab.c ⏎
 1 /*==========================================================*/
 2 /*=====  s y m b _ t a b . c                              */
 3 /*==========================================================*/
 4 /* Dieses Modul ist fuer die Verwaltung zentraler Datenstrukturen zustaendig:
 5      - Verwaltung der zentralen Symboltabelle (lokale Datenstruktur)
 6        Dazu bietet es externe Operationen (Funktionen) an, um Symboltabelle
 7        zu fuellen und auch wieder Information aus ihr abzufragen.
 8      - Verwaltung der Operations-Codes
 9      - Verwaltung des Speichers (beim Programmablauf)
10  ──────────────────────────────────────────────────────────── */
11 #include <stdio.h>
```

```
12 #include <string.h>
13 #include "symb_tab.h"
14 #include "global.h"
15 #include "fehler.h"
16
17 /*—— Lokale Konstanten ————————————————————————*/
18 #define MAX_BEFEHLE         200
19 #define SPEICHER_GROESSE    500
20
21 /*—— Lokale Datenstrukturen ————————————————————*/
22 #define PUFFER_LAENGE  50  /* max. Laenge fuer Marken- u. Operanden-Namen */
23
24 static struct {              /*—— Symboltabelle ————————————*/
25    char  marke[PUFFER_LAENGE];
26    char  operation[PUFFER_LAENGE];
27    char  operand[PUFFER_LAENGE];
28    int   zeilnr;
29 } symb_tab[MAX_BEFEHLE];
30 static int  symb_tab_groesse = -1;
31
32 typedef enum { CONST=0,   /*—— Symb. Konstanten fuer Operationscodes ——*/
33               GET=1,   PUT=2,
34               LD=3,    ST=4,
35               ADD=5,   SUB=6,
36               JPOS=7,  JZ=8,
37               J=9,     HALT=10 } TOKEN;
38
39 static struct {   /*—— Assembler-Instruktionen mit entspr. Operations-Code -*/
40    char *name;
41    int   op_code;
42 } op_tabelle[] = {
43      {"const",CONST}, {"get",GET}, {"put",PUT}, {"ld",LD},
44      {"st",ST},       {"add",ADD}, {"sub",SUB}, {"jpos",JPOS},
45      {"jz",JZ},       {"j",J},     {"halt",HALT}
46 };
47 #define BEFEHLS_ZAHL   sizeof(op_tabelle) / sizeof(op_tabelle[0])
48
49 /*—— Speichernachbildung ueber Array ————————————————*/
50 static long int  speicher[SPEICHER_GROESSE];
51
52 /*===== Globale Routinen ==========================================*/
53 void st_speichere_zeile( char *marke, char *operation, char *operand, int zeilnr)
54 {
55    if (++symb_tab_groesse>=MAX_BEFEHLE)
56       fehler(SYMBOL_TABELLE, ZUVIELE_BEFEHLE, zeilnr, "Assemblerlauf abgebrochen");
57    strcpy(symb_tab[symb_tab_groesse].marke, marke);
58    strcpy(symb_tab[symb_tab_groesse].operation, operation);
```

```
 59     strcpy(symb_tab[symb_tab_groesse].operand, operand);
 60     symb_tab[symb_tab_groesse].zeilnr = zeilnr;
 61 }
 62
 63 int st_symb_tab_groesse( void )
 64 {
 65     return(symb_tab_groesse);
 66 }
 67
 68 void st_hole_zeile( int nr, char *marke, char *operation, char *operand, int *zeilnr )
 69 {
 70     if (nr>symb_tab_groesse || nr<0)
 71         fehler(SYMBOL_TABELLE, ILLEGAL_ZUGRIFF, nr, "Interner Programmfehler");
 72     strcpy(marke, symb_tab[nr].marke);
 73     strcpy(operation, symb_tab[nr].operation);
 74     strcpy(operand, symb_tab[nr].operand);
 75     *zeilnr = symb_tab[nr].zeilnr;
 76 }
 77
 78 int st_suche_marke(char *marke)
 79 {
 80     int i;
 81     for (i=0 ; i<=symb_tab_groesse ; i++)
 82       if (GLEICH(marke,symb_tab[i].marke))
 83           return(i);
 84     return(-1);
 85 }
 86
 87 int st_hole_opcode( char *instruktion )
 88 {
 89     int i;
 90     for (i=0 ; i<BEFEHLS_ZAHL ; i++)
 91       if (GLEICH(instruktion,op_tabelle[i].name))
 92           return(op_tabelle[i].op_code);
 93     return(-1);
 94 }
 95
 96 void st_speichere_maschinencode( int adr, long int code )
 97 {
 98     speicher[adr] = code;
 99 }
100
101 static long int akku;
102 void st_befehl_ausfuehren( int *pc )
103 {
104     int    adresse;
105     long int   maschinen_wort;
```

```
106     TOKEN code;
107
108     maschinen_wort = speicher[*pc];
109     adresse = maschinen_wort % 1000L;
110     code    = maschinen_wort / 1000L;
111     (*pc)++;
112     switch (code) {
113        case GET:  scanf("%ld", &akku);              break;
114        case PUT:  printf("= %ld\n", akku);          break;
115        case ST:   speicher[adresse] = akku;         break;
116        case LD:   akku = speicher[adresse];         break;
117        case ADD:  akku += speicher[adresse];        break;
118        case SUB:  akku -= speicher[adresse];        break;
119        case JPOS: if (akku>0) *pc = adresse;        break;
120        case JZ:   if (akku==0) *pc = adresse;       break;
121        case J:    *pc = adresse;                    break;
122        case HALT:
123        default:   *pc = -1;                         break;
124     }
125 }
$
```

Implementation des Moduls Fehler-Manager

```
$ cat fehler.c ⏎
/*==========================================================================*/
/*=====    f e h l e r . c                                                */
/*==========================================================================*/
/*          Dieses Modul ist fuer die Ausgabe von Fehlermeldungen zustaendig.
            Dazu bietet es die globale Funktion 'fehler' an.
            Dazu ist hier die globale Fehler-Routine 'fehler' implementiert.
                                                                          */
#include <stdio.h>
#include "fehler.h"

  /*------ Lokale Datenstrukturen ------------------------------------------*/
static char *asm_fehler[] = {
        "Zeile %d: usage: %s [-l] datei\n",
        "Index %d: Unerlaubter Zugriff auf Symboltabelle (%s)\n",
        ""  };
static char *symb_tab_fehler[] = {
        "Zeile %d: Zuviele Befehle ('%s')\n",
        "Index %d: Unerlaubter Zugriff auf Symboltabelle (%s)\n",
        ""  };
static char *pass1_fehler[] = {
        "Zeile %d: Datei '%s' kann nicht geoeffnet werden\n",
        "Zeile %d: Illegale Operation '%s'\n",
```

```
                "Zeile %d: Illegale Angabe '%s'\n",
                "Zeile %d: Illegales Zeichen '%s'\n",
                ""  };
static char *pass2_fehler[] = {
                "Zeile %d: Marke '%s' existiert nicht\n",
                "Zeile %d: Datei '%s' fuer Listing kann nicht geoeffnet werden\n",
                ""  };
static char **fehl_meld[] = {
                asm_fehler,
                symb_tab_fehler,
                pass1_fehler,
                pass2_fehler,
                NULL };
 /*===== Globale Routinen =========================================*/
void fehler( int modul, int fehler_nr, int zeilnr, char *string)
{
    fprintf(stderr, fehl_meld[modul][fehler_nr], zeilnr, string);
    exit(1);
}
$
```

Implementation des Hauptmoduls *assemb.c*

```
$ cat assemb.c ⏎
/*===========================================================================*/
/*=====  a s s e m b . c                                                    */
/*===========================================================================*/
/*  Hauptmodul:
        Dies ist das Treiber-Modul, von dem aus alle notwendigen Operationen
        (aus den anderen Modulen) aufgerufen werden:
        - pass1_scan (zur lexikal. Analyse des Assembler-Programms)
        - pass2_scan (zur Umformung der Anweisungen in den Maschinencode)
        - st_befehl_ausfuehren (uebergeben wird der program counter)
                                                                           */
#include <stdio.h>
#include <string.h>
#include "global.h"
#include "fehler.h"
#include "pass1.h"
#include "pass2.h"
#include "symb_tab.h"
main( int argc, char *argv[] )
{
   char *progname=argv[0],
        *listing_name=NULL,
        *datei=NULL;
```

```
    char   puffer[50];
    int    pc;
    bool   listing_gewuenscht;
    /*————— Abarbeitung der Kommandozeile ————————————————————*/
    if (argv[1]!=NULL && GLEICH(argv[1],"-l")) {
       strcpy(puffer, "l");
       strcat(puffer, argv[2]);
       listing_name=puffer;
       listing_gewuenscht=TRUE;
       datei = argv[2];
    } else {
       datei = argv[1];
       listing_gewuenscht=FALSE;
    }
    if (argc==1 || (listing_gewuenscht && argc==2))
       fehler(ASSEMB, ILLEGAL_AUFRUF, 0, progname);
    /*————— Lexikalische Analyse fuer Assembler-Programm ——————*/
    pass1_scan(datei);
       fprintf(stderr, "......Pass1 erfolgreich\n");
    /*————— Uebersetzen des Assembler-Programms in Maschinencode ———*/
    pass2_uebersetze_in_maschincode(listing_name);
       fprintf(stderr, "......Pass2 erfolgreich\n");
    /*————— Evtl. Meldung, dass Listing erzeugt ————————————*/
    if (listing_gewuenscht)
       fprintf(stderr, "  Listing in Datei '%s' geschrieben........\n", listing_name);
    /*————— Programmausfuehrung simulieren ————————————————*/
    fprintf(stderr, "\n......Programm wird nun gestartet\n");
    pc = 0;  /* program counter vor Ausfuehrung auf 0 setzen */
    while (pc>=0)
       st_befehl_ausfuehren(&pc);
    fprintf(stderr, ".........Programm-Ende\n");
    exit(0);
}
$
```

2.2.5 Generierung des Assembler-Programms

Um das Assembler-Programm zu generieren, müssen die einzelnen Module zunächst getrennt kompiliert werden, bevor die vom Compiler erzeugten Objekt-Module mit dem Linker zu einem ablauffähigen Programm *assemb* zusammengebunden werden können.

Als erstes wollen wir alle Module des Assembler-Programms einzeln kompilieren:

Die Modultechnik

```
$ cc -c assemb.c ⏎    3
assemb.c
$ cc -c pass1.c ⏎
pass1.c
$ cc -c pass2.c ⏎
pass2.c
$ cc -c symb_tab.c ⏎
symb_tab.c
$ cc -c fehler.c ⏎
fehler.c
$
```

Nachdem die Module nun alle fehlerfrei kompiliert wurden, können wir sie alle mit dem Linker zu einem Programm zusammenbinden:

```
$ cc -o assemb assemb.o pass1.o pass2.o symb_tab.o fehler.o ⏎
$
```

Nachdem auch das Linken erfolgreich verlief, können wir unseren Assembler *assemb* testen.

2.2.6 Testen des Assemblers

Um unseren Assembler zu testen, legen wir ihm das bereits früher vorgestellte Assembler-Programm *sum.asm* vor:

```
$ assemb -l sum.asm ⏎
......Pass1 erfolgreich
......Pass2 erfolgreich
  Listing in Datei 'lsum.asm' geschrieben........
......Programm wird nun gestartet
4 ⏎
20 ⏎
33 ⏎
100 ⏎
0 ⏎
= 157
$
```

Unser Assembler scheint also zu funktionieren. Schauen wir uns nun noch zu Testzwecken das von ihm erzeugte Listing an:

```
$ cat lsum.asm ⏎
   0: 03010              ld         null
```

---

[3] Die Angabe der Option **-c** beim **cc**-Aufruf bedeutet, daß die entsprechende C-Datei nur zu kompilieren (und nicht zu linken) ist. Alle möglichen Optionen von **cc** sind im Anhang genau beschrieben.

```
 1: 04011                    st          sum
 2: 01000      loop          get
 3: 08007                    jz          fertig
 4: 05011                    add         sum
 5: 04011                    st          sum
 6: 09002                    j           loop
 7: 03011      fertig        ld          sum
 8: 02000                    put
 9: 10000                    halt
10: 00000      null          const       0
11: 00000      sum           const
$
```

Auch das erzeugte Listing scheint korrekt zu sein. Dieser Test würde in der Praxis natürlich bei weitem nicht ausreichen, um die Funktionsfähigkeit unseres Assemblers zu garantieren. Uns soll dieser Test genügen.

2.2.7 Erweiterungswünsche für den Assembler

Nachdem unser Assembler zu funktionieren scheint, wollen wir einmal testen, wie gut unser modularer Entwurf bezüglich leichter Änderbarkeit ist. Der Assembler soll deshalb nun um folgende Instruktionen erweitert werden:

Operations-Code	Instruktion	Bedeutung
10	mul M	Multipliziere Inhalt der Speicheradresse M mit Akkumulator
11	inc	Addiere 1 auf den Wert des Akkumulators (Increment)
12	dec	Subtrahiere 1 vom Wert des Akkumulators (Decrement)
13	halt	Beende Programmausführung

Während die ersten 9 Assembler-Instruktionen von diesen Änderungen unbetroffen bleiben, wird der Operations-Code für **halt** von 10 auf 13 geändert, da die 3 neuen Instruktionen **mul**, **inc** und **dec** hinzugekommen sind.

Bei genauerer Betrachtungsweise unserer Module entdecken wir, daß lediglich das Modul *symb_tab.c* von diesen Änderungen betroffen ist. Zur Demonstration wird hier zunächst *symb_tab.c* nach *symb_ta2.c* kopiert, wo dann die notwendigen Änderungen durchgeführt werden. Die vorzunehmenden Änderungen werden hier im **diff**-Format[4] angegeben:

---

[4] Der Aufruf des UNIX-Kommandos **diff** *a b* bewirkt, daß die Unterschiede zwischen den beiden Dateien *a* und *b* am Bildschirm ausgegeben werden. **diff** zeigt dabei die Änderungen an, die an Datei *a* vorzunehmen sind, um sie mit Datei *b* identisch zu machen.

Die Modultechnik

```
$ diff  symb_tab.c  symb_ta2.c ⏎ ⁵
37c37,39
<                 J=9,      HALT=10 } TOKEN;
---
>                 J=9,      MUL=10,
>                 INC=11,   DEC=12,
>                 HALT=13              } TOKEN;
45c47,48
<       {"jz",JZ},       {"j",J},      {"halt",HALT}
---
>       {"jz",JZ},       {"j",J},      {"mul",MUL},  {"inc",INC},
>       {"dec",DEC},     {"halt",HALT}
121a125,127
>       case MUL:  akku *= speicher[adresse];        break;
>       case INC:  akku++;                           break;
>       case DEC:  akku--;                           break;
$
```

Nach diesen minimalen Änderungen müssen wir dann dieses Modul *symb_ta2.c* kompilieren:

```
$ cc -c  symb_ta2.c ⏎
symb_ta2.c
$
```

Die restlichen Module müssen nicht wieder kompiliert werden, da in diesen nichts geändert wurde.

Nun müssen wir lediglich noch linken:

```
$ cc -o assemb2  assemb.o  pass1.o  pass2.o  symb_ta2.o  fehler.o ⏎
$
```

Nun ist unser neuer Assembler *assemb2* fertig und kann mit dem folgenden Assembler-Programm *potenz.asm* getestet werden:

```
$ cat potenz.asm ⏎
# Berechnen und Drucken der Potenz von zwei Zahlen
# ─────────────────────────────────────────────
#
#     Eingabe:
#        Die erste einzugebende Zahl ist die Basis und
#        die zweite einzugebende Zahl ist die Potenz
```

---

[5] Die Ausgabe **37c37,39** bedeutet, daß in *symb_tab.c* die Zeile 37 durch die Zeilen 37 bis 39 aus *symb_ta2.c* zu ersetzen sind. Danach wird die Zeile 37 aus *symb_tab.c* mit einem vorangestellten < ausgegeben, bevor dann die Zeilen 37 bis 39 aus *symb_ta2.c* mit vorangestellten > ausgegeben werden. Die Ausgabe **45c47,48** bedeutet dann, daß in *symb_tab.c* die Zeile 45 durch die Zeilen 47 bis 48 zu ersetzen sind. Die entsprechenden Zeilen werden dabei wieder angezeigt. Die Ausgabe **121a125,127** bedeutet, daß nach der 121. Zeile in *symb_tab.c* die Zeilen 125 bis 127 aus *symb_ta2.c* einzufügen sind. Die einzufügenden Zeilen aus *symb_ta2.c* sind danach mit einem vorangestellten > angegeben.

```
#       Ausgabe:
#           Ergebnis von (basis hoch potenz)

    #―――― Initialisierung
            ld      eins    # ergeb mit 1 initialisieren
            st      ergeb

    #―――― Basis und Potenz einlesen
            get             # Einlesen einer Zahl in den Akkumulator
            st      basis   # Speichere eingegeb. Zahl in 'basis'
            get             # Einlesen einer Zahl in den Akkumulator
            st      potenz  # Speichere eingegeb. Zahl in 'potenz'

    #―――― Ergebnis der Potenz (basis hoch potenz) berechnen
loop        ld      potenz  # Falls potenz gleich 0 ist,
            jz      fertig  # Sprung auf fertig
            dec             # potenz um 1 dekrementieren
            st      potenz  #
            ld      basis   # basis in Akku laden
            mul     ergeb   # und dann Akku-Inhalt mit ergeb multiplizieren
            st      ergeb   # Speichere neuen Wert aus Akku zurueck nach ergeb
            j       loop    # Springe zurueck und fahre mit Algorithmus fort

    #―――― Ausgabe des Ergebnis und Programmende
fertig      ld      ergeb   # Gib ergeb aus
            put
            halt

eins    const   1
basis   const
potenz  const
ergeb   const
```

$ **assemb2 -l potenz.asm** ⏎
......Pass1 erfolgreich
......Pass2 erfolgreich
  Listing in Datei 'lpotenz.asm' geschrieben........

......Programm wird nun gestartet
3 ⏎
5 ⏎
= 243
$

Zu Testzwecken wollen wir uns noch das erzeugte Listing *lpotenz.asm* anschauen:

```
$ cat lpotenz.asm ⏎
   0: 03017                       ld      eins
   1: 04020                       st      ergeb
```

Die Modultechnik

```
 2: 01000              get
 3: 04018              st       basis
 4: 01000              get
 5: 04019              st       potenz
 6: 03019     loop     ld       potenz
 7: 08014              jz       fertig
 8: 12000              dec
 9: 04019              st       potenz
10: 03018              ld       basis
11: 10020              mul      ergeb
12: 04020              st       ergeb
13: 09006              j        loop
14: 03020     fertig   ld       ergeb
15: 02000              put
16: 13000              halt
17: 00001     eins     const    1
18: 00000     basis    const
19: 00000     potenz   const
20: 00000     ergeb    const
$
```

Dieses Listing scheint korrekt zu sein.

Dieses Beispiel sollte zeigen, wie leicht ein Programm erweitert werden kann, wenn es eine geeignete Modulstruktur besitzt.

2.2.8 Abhängigkeiten der Module im Assembler-Programm

Hier wollen wir wieder mit unserem ursprünglichen Assembler *assemb* arbeiten, der noch nicht die Erweiterungen **mul**, **inc** und **dec** kannte.

Ruft ein Modul *rufer.c* Routinen aus einem anderen Modul *diener.c* auf, so sagt man, daß *rufer.c* von *diener.c* abhängig ist. Eine solche Abhängigkeit läßt sich in der Implementation leicht daran erkennen, daß im Modul *rufer.c* die Schnittstellen-Beschreibung von Modul *diener.c* mit **#include "diener.h"** in *rufer.c* übernommen wird.

Nehmen wir z.B. folgenden Ausschnitt aus *pass2.c*:

```
#include "fehler.h"
#include "symb_tab.h"
```

Hieran läßt sich leicht erkennen, daß das Modul *pass2.c* Routinen aus den beiden anderen Modulen *fehler.c* und *symb_tab.c* benutzt.

Die Abhängigkeiten der einzelnen Module läßt sich mithilfe eines sogenannten Abhängigkeitsbaums (dependency tree) veranschaulichen. Für unser Assembler-Programm ergibt sich z.B. folgender Abhängigkeitsbaum:

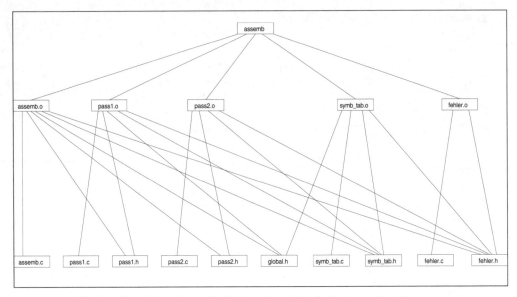

Bild 2.3: Abhängigkeitsbaum für die einzelnen Module des Assembler-Programms

Dieser Abhängigkeitsbaum ist vor allen Dingen für die Generierung des Assemblers wichtig. Ändert man z.B. *pass1.c*, dann ist aus dem Abhängigkeitsbaum ablesbar, daß zunächst *pass1.o* neu erzeugt werden muß:

cc -c pass1.c

Damit hat sich *pass1.o* geändert und es muß erneut gelinkt werden, um die Änderungen aus *pass1.o* im ablauffähigen Assembler *assemb* zu übernehmen:

cc -o assemb assemb.o pass1.o pass2.o symb_tab.o fehler.o

Bei Änderungen, die nur die Implementation eines Moduls (wie z.B. *pass1.c*) betreffen, aber keinerlei Auswirkungen auf die Schnittstellen (Header-Dateien) haben, sind die erforderlichen Generierungs-Schritte (Compiler- und Linkerläufe) also noch relativ leicht erkennbar. Bei Schnittstellen-Änderungen sind dagegen die erforderlichen Generierungs-Schritte meist nicht mehr so offensichtlich.

2.2.9 Notwendigkeit eines Tools zur automatischen Programmgenerierung

Hier nehmen wir rein hypothetisch einmal an, daß bei unserem Assembler-Programm die Schnittstelle in *pass1.h* wie folgt geändert würde:

Von: *extern void pass1_scan(char *datei);*
Nach: *extern void pass1_scan(FILE *dz);*

Anstelle des Dateinamens übergibt der Aufrufer also einen *FILE*-Zeiger einer Datei, die er zuvor selbst eröffnet hat. Von dieser Änderung sind nun, wie aus dem Abhängigkeitsbaum ablesbar ist, die beiden Module *pass1.o* und *assemb.o* betroffen. Nachdem also in den Implementationen dieser beiden Modulen (*pass1.c* und *assemb.c*) die durch diese Schnittstellen-Modifikation erforderlich gewordenen Änderungen vorgenommen wurden, müssen folgende Kommandos zur Generierung des neuen Assembler-Programms eingegeben werden:

cc -c pass1.c
cc -c assemb.c
cc -o assemb assemb.o pass1.o pass2.o symb_tab.o fehler.o

Obwohl bereits etwas schwieriger, so sind die durch die Änderungen erforderlich gewordenen Generierungs-Schritte hier doch noch relativ leicht zu erkennen. Nehmen wir nun aber einmal an, daß wir folgende Änderungen in *global.h* (wieder rein hypothetisch) vornehmen:

Von:
```
/*—— Global verwendbare Datentypen ——————*/
typedef unsigned char bool;

/*—— Boole'sche Konstanten ——————*/
#define TRUE   1
#define FALSE  0
```

Nach:
```
/*—— Global verwendbare Datentypen ——————*/
typedef  enum { FALSE=0, TRUE=1 } bool;
```

Diese Änderungen würden also keine Änderung der Implementation eines Moduls notwendig machen. Nichtsdestotrotz müßten aber alle von *global.h* abhängigen Module neu kompiliert werden, damit sie diese neue Typdefinition übernehmen. Da unser Assembler-Programm nur wenige Module umfaßt, sind zwar für dieses Beispiel die durch Änderungen erforderlich gewordenen Generierungs-Schritte noch relativ leicht aus dem Abhängigkeitsbaum ableitbar:

cc -c assemb.c
cc -c pass1.c
cc -c symb_tab.c
cc -o assemb assemb.o pass1.o pass2.o symb_tab.o fehler.o

In der Praxis werden sich aber Programme oft aus Hunderten von Modulen zusammensetzen und dann ergeben sich in solchen Fällen folgende Generierungs-Probleme:

1. Ein Abhängigkeitsbaum für Hunderte von Modulen wird völlig unübersichtlich und äußerst schwer handbar werden.

2. Trotz der Erkennung der Abhängigkeiten muß der Entwickler immer noch die erforderlichen Generierungs-Schritte, sprich Compiler- und Linker-Aufrufe per Hand eingeben. Dies ist sicherlich nicht nur sehr störend und zeitaufwendig,

sondern birgt auch die Gefahr in sich, daß der Entwickler die notwendige Rekompilierung eines Moduls vergißt, was dann zur Generierung eines falschen Programms führt. Der Entwickler sucht dann vergeblich den Fehler in der Logik seines Programms, obwohl der Grund für das falsche Programm lediglich eine inkonsistente Generierung ist.

Was lag demnach näher, als ein Tool zu schaffen, dem man die Beschreibung des Abhängigkeitsbaums vorlegt und das automatisch die erforderlichen Compiler- und Linkerläufe anstößt. Und dieses Tool heißt **make**.

Kapitel 3
Der Programmgenerator make von UNIX

Ein gutes Mittel gegen die Manager-Krankheit:
Stecke mehr Zeit in deine Arbeit als Arbeit in deine Zeit.

Dürrenmatt

make ist ein Werkzeug zur Generierung von Programmen. **make** wurde von Stuart I. Feldman für die Softwareentwicklung unter UNIX entwickelt. Um welchen wertvollen Beitrag zur praktischen Softwareentwicklung es sich dabei handelte, läßt sich am besten daran ermessen, daß inzwischen verschiedene Versionen dieses Tools auch unter MS-DOS angeboten werden, wie z.B. das **make** von Borland oder das **nmake** von Microsoft.

Wie wir im vorherigen Kapitel gesehen haben, spielt sich in der tagtäglichen Praxis der Softwareentwicklung immer wieder folgendes Szenario ab: Ein Softwareprojekt besteht aus einer bestimmten Anzahl von Modulen, welche zunächst für sich getrennt kompiliert werden müssen, bevor die daraus resultierenden Objektdateien mit dem Linker zu einem ablauffähigen Programm zusammengebunden werden können. Wenn nun die Schnittstelle (Header-Datei) eines Moduls geändert wird, dann müssen alle von diesen Schnittstellen abhängigen Module neu kompiliert werden, bevor wieder gelinkt werden kann. Da die Abhängigkeiten der einzelnen Module untereinander in einem großen Softwareprojekt äußerst komplex sein können, ist es meist nicht offensichtlich, für welche Module bei Änderungen von Schnittstellen eine erneute Kompilierung durchgeführt werden muß. Mit dem Tool **make** kann dieses Problem gelöst werden. **make** muß dazu eine Datei vorgelegt werden, in der die Abhängigkeiten der Module untereinander beschrieben sind. **make** sorgt dann dafür, daß alle von den Änderungen betroffenen Module automatisch kompiliert werden, bevor das ablauffähige Programm mit dem Linker zusammengebunden wird.

3.1 Kurze Einführung zu make

Hier wird eine kurze Einführung in **make** gegeben. Dazu werden zunächst grundlegende Regeln vorgestellt, die beim Erstellen eines Makefiles (make-Beschreibungsdatei) zu beachten sind, bevor dann einige Aufrufformen von **make** und wichtige **make**-Fehlermeldungen vorgestellt werden.

3.1.1 Das Makefile

Im vorherigen Kapitel wurde ein sogenannter Abhängigkeitsbaum (dependency tree) für die einzelnen Module des Assembler-Programms aufgestellt. Nachfolgend ist dieser Baum nochmals abgebildet.

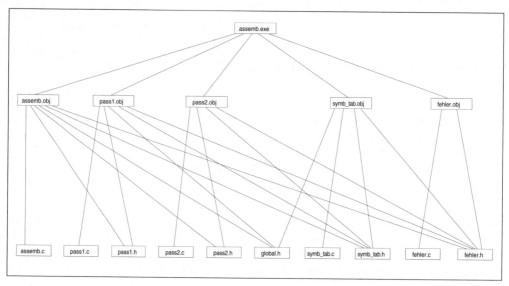

Bild 3.1: Abhängigkeitsbaum für die einzelnen Module des Assembler-Programms

Solche Abhängigkeiten werden beim Arbeiten mit **make** in einer Beschreibungsdatei, dem sogenannten *Makefile* angegeben. Zu obigen Abhängigkeitsbaum könnte z.B. folgendes *makefile*[1] angegeben werden:

```
$ nl -ba makefile ⏎          2
     1  #——— Makefile fuer das Assembler-Programm ———
     2  #————————————————————————————————————————————
     3
     4  #...........Linker-Teil.........................
     5  assemb : assemb.o pass1.o pass2.o symb_tab.o fehler.o
     6      cc -o assemb assemb.o pass1.o pass2.o fehler.o symb_tab.o
     7
     8  #...........Kompilierungs-Teil..................
     9  assemb.o :  assemb.c global.h pass1.h pass2.h symb_tab.h fehler.h
    10      cc -c assemb.c       # Option -c bedeutet: nur Kompilieren
    11
    12  pass1.o :  pass1.c pass1.h global.h symb_tab.h fehler.h
    13      cc -c pass1.c
```

---

[1] Es ist sowohl der Name *Makefile* als auch *makefile* für die **make**-Beschreibungsdatei erlaubt.
[2] Statt dem Namen *makefile* könnte auch der Name *Makefile* verwendet werden.

```
14
15 pass2.o :   pass2.c pass2.h symb_tab.h fehler.h
16     cc -c pass2.c
17
18 symb_tab.o :   symb_tab.c symb_tab.h global.h fehler.h
19     cc -c symb_tab.c
20
21 fehler.o :   fehler.c fehler.h
22     cc -c fehler.c
$
```

Anhand dieses Makefiles lassen sich bereits einige grundlegende Regeln aufstellen:

Leerzeilen werden von make ignoriert

Zwecks besserer Lesbarkeit können beliebig viele Leerzeilen in einem Makefile angegeben sein. **make** überliest solche Leerzeilen einfach.

Kommentare werden mit # eingeleitet

Alle Zeichen ab # bis zum Zeilenende werden von **make** als Kommentar interpretiert und folglich ignoriert. Kommentar kann in einem Makefile als eine eigene Zeile angegeben werden, er kann aber auch am Ende einer für **make** relevanten Zeile stehen.

Ein Eintrag besteht aus Abhängigkeitsbeschreibung mit Kommandos

Einträge in einem Makefile setzen sich aus 2 Komponenten zusammen:
Abhängigkeitsbeschreibung (dependency line) und den
dazugehörigen Kommandozeilen
Zwischen diesen beiden Komponenten darf keine Leerzeile angegeben werden. Im obigen Makefile sind 6 Einträge angegeben. So handelt es sich z.B. bei den Zeilen 18 und 19 im obigen Makefile um einen Eintrag:

```
symb_tab.o:   symb_tab.c symb_tab.h global.h fehler.h
     cc -c symb_tab.c
```

Es sei hier angemerkt, daß neben solchen Abhängigkeits-Einträgen noch andere Angaben erlaubt sind, wie z.B. Makrodefinitionen; dazu aber später mehr.

Abhängigkeitsbeschreibung darf nicht mit Tabzeichen beginnen

Eine Abhängigkeitsbeschreibung muß immer vollständig in einer Zeile angegeben werden, wobei folgende Syntax einzuhalten ist:

ziel : objekt1 objekt2 ....

Eine solche Zeile beschreibt, von welchen *objekten* das *ziel* (target) abhängig ist. Vor dem *ziel* darf dabei nie ein Tabulatorzeichen angegeben sein und es muß mit Doppelpunkt von den *objekten* getrennt sein. Die einzelnen *objekte* müssen mit Leer- oder Tabulatorzeichen voneinander getrennt angegeben werden. Als Beispiel möge die 15. Zeile aus obigen Makefile dienen:

```
pass2.o :   pass2.c pass2.h symb_tab.h fehler.h
```

Diese Zeile besagt, daß die Objektdatei *pass2.o* von den Dateien *pass2.c*, *pass2.h*, *symb_tab.h* und *fehler.h* abhängt. Solche Zeilen beschreiben also die Abhängigkeiten entsprechend dem Abhängigkeitsbaum[3].

Kommandozeilen sind mit Tabulator einzurücken

Die direkt nach einer Abhängigkeitsbeschreibung angegebenen Kommandozeilen müssen immer mit mindestens einem Tabulatorzeichen eingerückt sein[4]. Da das UNIX-**make** jede Zeile, die mit einem Tabulatorzeichen beginnt, als Kommandozeile interpretiert, ist es äußerst wichtig, daß Kommandozeilen immer mit Tabulatorzeichen eingerückt sind. Andere Zeilen dagegen sollten nie mit einem Tabulatorzeichen beginnen, denn **make** meldet in solchen Fällen immer einen Fehler, selbst wenn es sich um Leerzeilen handelt oder um Zeilen, in denen nur ein Kommentar angegeben ist. Da die falsche oder fehlende Angabe von Tabulatorzeichen ein häufiger Fehler ist, und die dann von **make** gelieferten Fehlermeldungen nicht sehr aussagekräftig sind, sollte man sein Makefile in solchen Fällen in einer Form auflisten, welche die Tabulatorzeichen erkennen läßt. Dazu empfiehlt sich der folgende Aufruf:

cat -vt -e makefile

Tabulatorzeichen werden dann mit ^I (Option **-vt**) und das Zeilenende wird mit $ (Option **-e**) angezeigt.
Diese Sonderregelung für Tabulatorzeichen gilt nur am Zeilenbeginn, an allen anderen Stellen können beliebig Tabulatorzeichen angegeben werden.

Abhängigkeits-Überprüfung anhand der Zeitmarken

Die zu einer Änderungsbeschreibung angegebenen Kommandozeilen werden von **make** immer dann ausgeführt, wenn eines der in der Abhängigkeitsbeschreibung angegebenen *objekte* eine neuere Zeitmarke (time stamp) besitzt als *ziel* oder wenn das *ziel* noch nicht existiert. Eine Zeitmarke für eine Datei enthält immer das Datum und die Zeit der letzten Änderung an dieser Datei. Die aktuellen Zeitmarken für Dateien können immer mit **ls -l** aufgelistet werden.

Anhand dieser vom Betriebssystem eingetragenen Zeitmarken ist es für **make** ein leichtes zu prüfen, ob eines der *objekte* in einer Abhängigkeitsbeschreibung jünger ist

---

[3] vergleiche dazu Bild 3.1.
[4] Diese Forderung gilt nur für das UNIX-**make**. Bei den beiden DOS-Versionen (Borlands **make** und Microsofts **nmake**) müssen zwar die Kommandozeilen auch eingerückt sein, aber anstelle von Tabulatorzeichen können auch Leerzeichen zum Einrücken verwendet werden.

als das *ziel*. Bevor **make** aber den Vergleich der Zeitmarken in einer bestimmten Abhängigkeitsbeschreibung durchführt, prüft es noch, ob eines der dort erwähnten *objekte* eventuell in einer anderen Abhängigkeitsspezifikation als *ziel* angegeben ist. Trifft dies zu, so wird erst diese Änderungsbeschreibung bearbeitet. Auf den Abhängigkeitsbaum bezogen bedeutet dies, daß **make** die Zeitmarken der einzelnen Knoten in diesem Baum von unten nach oben überprüft. Erst wenn eine Ebene vollständig aktualisiert ist, wird die nächste Ebene bearbeitet. Man spricht oft auch von direkten und indirekten Abhängigkeiten. So besteht z.B. zwischen *assemb* und *pass2.o* oder zwischen *pass2.o* und *pass2.c* eine direkte Abhängigkeit. Eine indirekte Abhängigkeit würde hier z.B. zwischen *assemb* und *pass2.c* bestehen. Bedient man sich dieser Definition, dann kann man sagen, daß **make** zuerst immer alle indirekten Abhängigkeiten abarbeitet, bevor es die direkten Abhängigkeiten bearbeitet. Bevor **make** also den ersten Eintrag im obigen *makefile* bearbeitet, überprüft es zuerst, ob eine der Objektdateien *assemb.o, pass1.o, pass2.o, fehler.o, symb_tab.o* aufgrund von Schnittstellen-Änderungen oder Änderungen in den Implementationen neu kompiliert werden muß. Nehmen wir z.B. an, daß *pass2.c* geändert wurde, so wird **make** zuerst die Kompilierung von *pass2.c* veranlassen:

cc -c pass2.c

bevor es dann die einzelnen Module zu einem ablauffähigen Programm *assemb* linken läßt:

cc -o assemb assemb.o pass1.o pass2.o fehler.o symb_tab.o

Zusammenfassend kann gesagt werden, daß **make** erst dann, wenn alle Module auf der rechten Seite einer Abhängigkeitsbeschreibung aktualisiert sind, die dazu angegebenen Kommandozeilen ausführt.

Das Zeilen-Fortsetzungszeichen \

Abhängigkeitsbeschreibungen müssen, wie bereits erwähnt, in einer Zeile angegeben werden. Da in größeren Projekten ein *ziel* von sehr vielen *objekten* abhängen kann, erhält man oft sehr lange Beschreibungszeilen. Aus Gründen der besseren Lesbarkeit ist es deshalb erlaubt, eine solche Beschreibung über mehrere Zeilen zu erstrecken. Dazu muß am Ende jeder Zeile (außer der letzten) das Fortsetzungszeichen \ angegeben werden. **make** fügt dann solche Zeilen zu einer Zeile zusammen. So könnte z.B. der Eintrag

```
symb_tab.o :   symb_tab.c symb_tab.h global.h fehler.h
    cc -c symb_tab.c
```

auch wie folgt angegeben werden:

```
symb_tab.o :   symb_tab.c \
      symb_tab.h \
      global.h \
      fehler.h
    cc -c symb_tab.c
```

Dabei ist zu beachten, daß das Fortsetzungszeichen \ wirklich das letzte Zeichen der Zeile ist, und keine Leer-, Tabulator- oder sonstige Zeichen danach angegeben sind. Fortsetzungszeichen am Ende eines Kommentars werden ignoriert.

Mehrere Kommandozeilen zu einer Abhängigkeitsbeschreibung

Zu einer Abhängigkeitsbeschreibung können auch mehr als eine Kommandozeile angegeben werden. In diesem Fall sind die Kommandozeilen direkt untereinander anzugeben und immer mit Tabulatorzeichen einzurücken, wie z.B.

```
symb_tab.o :   symb_tab.c symb_tab.h global.h fehler.h
       echo "symb_tab.o wird generiert"
       cc -c symb_tab.c
```

Falls *symb_tab.o* neu erzeugt werden muß, dann wird zuerst die Meldung *symb_tab.o wird generiert* ausgegeben, bevor der Compiler zur Übersetzung von *symb_tab.c* aufgerufen wird.

Abhängigkeitsbeschreibung und Kommandozeilen in einer Zeile

Eine Abhängigkeitsbeschreibung und die dazugehörigen Kommandozeilen können auch in einer Zeile angegeben werden, wenn sie mit Semikolon voneinander getrennt sind:

ziel : objekt1 objekt2 ... ; kdozeile1; kdozeile2 ....

So kann man z.B. den folgenden Eintrag aus obigen *makefile*

```
fehler.o :fehler.c fehler.h
       cc -c fehler.c
```

auch wie folgt angeben:

```
fehler.o : fehler.c fehler.h ;   cc -c fehler.c
```

Dies ist im übrigen die einzige Ausnahme, bei der eine Kommandozeile nicht mit einem Tabulatorzeichen beginnen muß.

Ein gleiches *ziel* kann mehrmals angegeben werden

Der gleiche Name kann in mehreren Abhängigkeitsbeschreibungen als *ziel* auftauchen. So können die unterschiedlichen Arten von Abhängigkeiten hervorgehoben werden. Z.B. kann im obigen *makefile* der Eintrag

```
symb_tab.o :   symb_tab.c symb_tab.h global.h fehler.h
       cc -c symb_tab.c
```

wie folgt aufgetrennt werden:

```
symb_tab.o :   symb_tab.c         # Implementations-Abhängigkeit
        cc -c symb_tab.c
        .......
        .......
        .......
symb_tab.o :   symb_tab.h global.h fehler.h   # Schnittstellen-Abhängigkeit
        .......
        .......
```

Der zur Generierung von *symb_tab.o* erforderliche Compileraufruf (**cc -c symb_tab.c**) ist dabei nur bei der ersten Abhängigkeitsbeschreibung angegeben. Nichtsdestotrotz wird die Kompilierung von *symb_tab.c* nicht nur bei Änderung von *symb_tab.c*, sondern auch bei Änderungen in den Header-Dateien *symb_tab.h*, *global.h* und *fehler.h* durchgeführt. Allgemein gilt: Wenn ein gleiches *ziel* mehrmals verwendet wird, dann dürfen Kommandozeilen nur bei einer Abhängigkeitsbeschreibung angegeben sein.

3.1.2   Einfache Aufrufformen von make

Nachfolgend werden mögliche Aufrufformen von **make** mit einigen wichtigen Optionen vorgestellt.

make-Aufruf ohne Angabe von Argumenten

Um unser Assembler-Programm mit obigen *makefile* generieren zu lassen, muß **make** ohne jegliche Argumente aufgerufen werden:

```
$ make ⏎
   cc -c assemb.c      # Option -c bedeutet: nur Kompilieren
assemb.c            [Compiler-Meldung, dass assemb.c kompiliert wird]
   cc -c pass1.c
pass1.c             [Compiler-Meldung, dass pass1.c kompiliert wird]
   cc -c pass2.c
pass2.c             [Compiler-Meldung, dass pass2.c kompiliert wird]
   cc -c symb_tab.c
symb_tab.c          [Compiler-Meldung, dass symb_tab.c kompiliert wird]
   cc -c fehler.c
fehler.c            [Compiler-Meldung, dass fehler.c kompiliert wird]
   cc -o assemb assemb.o pass1.o pass2.o fehler.o symb_tab.o
$
```

Wie zu sehen ist, gibt **make** jedes Kommando aus, bevor es dieses zur Ausführung bringt. Wird **make** ohne jegliche Argumente aufgerufen, so bestimmt der erste Eintrag, was zu erzeugen ist. Da in unserem Fall

```
assemb :  assemb.o pass1.o pass2.o symb_tab.o fehler.o
        cc -o assemb assemb.o pass1.o pass2.o symb_tab.o fehler.o
```

als erstes angegeben ist, wird das Assembler-Programm *assemb* erzeugt, wobei zuvor alle notwendigen Kompilierungen der einzelnen Module durchgeführt werden. Würde man dagegen z.B. die Zeilen 12 und 13

```
pass1.o : pass1.c pass1.h global.h symb_tab.h fehler.h
     cc -c pass1.c
```

als ersten Eintrag im obigen *makefile* angeben, dann würde der Aufruf von **make** (ohne jegliche Argumente) lediglich die Objektdatei *pass1.o* erzeugen:

```
$ make ⏎
    cc -c pass1.c
pass1.c
$
```

make-Aufruf mit Angabe von Zielen

Unabhängig von der Reihenfolge der Einträge kann man durch die Angabe von *zielen* beim **make**-Aufruf erreichen, daß ausschließlich diese *ziele* erzeugt werden. Dazu muß man

make *ziel1 ziel2* ....

aufrufen. Soll z.B. nur die Objektdatei *symb_tab.o* generiert werden, so lautet der Aufruf wie folgt:

```
$ make symb_tab.o ⏎
    cc -c symb_tab.c
symb_tab.c
$
```

Sollen z.B. nur die Objektdateien *fehler.o* und *pass2.o* generiert werden, ist folgender Aufruf notwendig:

```
$ make fehler.o pass2.o ⏎
    cc -c fehler.c
fehler.c
    cc -c pass2.c
pass2.c
$
```

Um das Assembler-Programm *assemb* (unabhängig von der Reihenfolge der Einträge) vollständig generieren zu lassen, wird folgende Aufruf verwendet:

make assemb

Angenommen unser Assembler-Programm soll in zwei Versionen angeboten werden: *assemb* und *assemb2*. Bei der zweiten Version *assemb2* soll es sich um eine erweiterte Version handeln, die mehr Kommandos kennt[5] und deshalb anstelle des Moduls

---

[5] siehe dazu auch Kapitel 2.2.7.

symb_tab.c das Modul *symb_ta2.c* verwendet. Beide können über dasselbe *makefile* generiert werden:

```
$ nl -ba makefile ↵
     1  #------ Makefile fuer das Assembler-Programm ------
     2  #----------------------------------------------------
     3
     4  #...........Linker-Teil.............................
     5  assemb : assemb.o pass1.o pass2.o symb_tab.o fehler.o
     6       echo "assemb wird nun gelinkt........"
     7       cc -o assemb assemb.o pass1.o pass2.o fehler.o symb_tab.o
     8
     9  assemb2 : assemb.o pass1.o pass2.o symb_ta2.o fehler.o
    10       echo "assemb2 wird nun gelinkt........"
    11       cc -o assemb2 assemb.o pass1.o pass2.o fehler.o symb_ta2.o
    12
    13  #...........Kompilierungs-Teil......................
    14  assemb.o : assemb.c global.h pass1.h pass2.h symb_tab.h fehler.h
    15       cc -c assemb.c        # Option -c bedeutet: nur Kompilieren
    16
    17  pass1.o : pass1.c pass1.h global.h symb_tab.h fehler.h
    18       cc -c pass1.c
    19
    20  pass2.o : pass2.c pass2.h symb_tab.h fehler.h
    21       cc -c pass2.c
    22
    23  symb_tab.o : symb_tab.c symb_tab.h global.h fehler.h
    24       cc -c symb_tab.c
    25
    26  symb_ta2.o : symb_ta2.c symb_tab.h global.h fehler.h
    27       cc -c symb_ta2.c
    28
    29  fehler.o : fehler.c fehler.h
    30       cc -c fehler.c
    31
    32  #...........Cleanup.................................
    33  cleanup :
    34       echo "Folgende Dateien werden nun geloescht:"
    35       echo "      " *.o
    36       /bin/rm -f *.o
$
```

Die gegenüber unserem ursprünglichen Makefile neu hinzugekommenen Zeilen sind im obigen Listing fett gedruckt. Möchten wir nun die erste Version des Assemblers *assemb* erzeugen, so brauchen wir nur

make assemb

aufrufen. Möchten wir dagegen die zweite Version des Assemblers *assemb2* generieren, so muß

make assemb2

aufgerufen werden. Es kann also ein und dasselbe Makefile für die Generierung unterschiedlicher Versionen oder eventuell sogar verschiedener Programme benutzt werden.

Abhängigkeitsangaben ohne Abhängigkeiten

Es sind auch Abhängigkeitsbeschreibungen erlaubt, bei denen nur das *ziel* (mit Doppelpunkt) ohne *objekte* angegeben ist. Im vorherigen *makefile* wurde beim Ziel *cleanup* hiervon Gebrauch gemacht:

```
cleanup :
        echo "Folgende Dateien werden nun geloescht:"
        echo "      " *.o
        /bin/rm -f *.o
```

Um nun alle Objektdateien des working directory zu löschen, müßte z.B. nur

make cleanup

aufgerufen werden. Fehlende Abhängigkeiten in einer Abhängigkeitsbeschreibung bedeutet nämlich, daß die zugehörigen Kommandozeilen bei Anforderung immer ausgeführt werden. Bei obigen Aufruf muß darauf geachtet werden, daß keine Datei mit dem Namen *cleanup* im working directory existiert, denn in diesem Fall werden nicht, wie wir im nächsten Kapitel sehen, die *cleanup*-Kommandozeilen ausgeführt, sondern **make** meldet, daß die Datei *cleanup* bereits auf dem neuesten Stand (*up to date*) ist.

Die Option -s

Wird beim Aufruf von **make** die Option **-s** (*silent*) angegeben, so gibt **make** die Kommandos nicht nochmals explizit vor ihrer Ausführung aus:

```
$ make -s cleanup ⏎
Folgende Dateien werden nun geloescht:
      assemb.o fehler.o pass1.o pass2.o symb_ta2.o symb_tab.o
$
```

Die Option -n

Wird **make** mit der Option **-n** aufgerufen, so zeigt es an, welche Kommandozeilen es ausführen würde, führt diese aber nicht aus:

```
$ make -n ⏎           [Nur anzeigen, was zu generieren ist]
   cc -c assemb.c      # Option -c bedeutet: nur Kompilieren
```

```
        cc -c pass1.c
        cc -c pass2.c
        cc -c symb_tab.c
        cc -c fehler.c
        echo "assemb wird nun gelinkt........"
        cc -o assemb assemb.o pass1.o pass2.o fehler.o symb_tab.o
$ make -s assemb ⏎
assemb.c
pass1.c
pass2.c
symb_tab.c
fehler.c
assemb wird nun gelinkt........
$ make -n assemb2 ⏎
        cc -c symb_ta2.c
        echo "assemb2 wird nun gelinkt........"
        cc -o assemb2 assemb.o pass1.o pass2.o fehler.o symb_ta2.o
$ make assemb2 ⏎
        cc -c symb_ta2.c
symb_ta2.c
        echo "assemb2 wird nun gelinkt........"
assemb2 wird nun gelinkt........
        cc -o assemb2 assemb.o pass1.o pass2.o fehler.o symb_ta2.o
$
```

Simulation des Arbeitens mit make

Wir wollen nun Änderungen an Dateien simulieren wie sie während der Softwareentwicklung in der Praxis ständig vorkommen. Dazu ändern wir nicht wirklich den Inhalt einer entsprechenden Datei, sondern lediglich deren Zeitmarke mit dem Kommando **touch**.

Das Kommando **touch** trägt immer die aktuelle Zeit als neue Zeitmarke für eine Datei ein und simuliert so eine Änderung an einer Datei:

```
$ touch global.h ⏎
$ make -n assemb ⏎
        cc -c assemb.c        # Option -c bedeutet: nur Kompilieren
        cc -c pass1.c
        cc -c symb_tab.c
        echo "assemb wird nun gelinkt........"
        cc -o assemb assemb.o pass1.o pass2.o fehler.o symb_tab.o
$ make -s assemb ⏎
assemb.c
pass1.c
symb_tab.c
assemb wird nun gelinkt........
```

```
$ touch symb_ta2.c ⏎
$ make -n assemb2 ⏎
    cc -c symb_ta2.c
    echo "assemb2 wird nun gelinkt........"
    cc -o assemb2 assemb.o pass1.o pass2.o fehler.o symb_ta2.o
$ make -s assemb2 ⏎
symb_ta2.c
assemb2 wird nun gelinkt........
$ touch fehler.c ⏎
$ make -n assemb ⏎
    cc -c fehler.c
    echo "assemb wird nun gelinkt........"
    cc -o assemb assemb.o pass1.o pass2.o fehler.o symb_tab.o
$ make -s assemb ⏎
fehler.c
assemb wird nun gelinkt........
$ touch fehler.h ⏎
$ make -n assemb ⏎
    cc -c assemb.c        # Option -c bedeutet: nur Kompilieren
    cc -c pass1.c
    cc -c pass2.c
    cc -c symb_tab.c
    cc -c fehler.c
    echo "assemb wird nun gelinkt........"
    cc -o assemb assemb.o pass1.o pass2.o fehler.o symb_tab.o
$ make -s assemb ⏎
assemb.c
pass1.c
pass2.c
symb_tab.c
fehler.c
assemb wird nun gelinkt........
$ make -n assemb2 ⏎
    cc -c symb_ta2.c
    echo "assemb2 wird nun gelinkt........"
    cc -o assemb2 assemb.o pass1.o pass2.o fehler.o symb_ta2.o
$ make -s assemb2 ⏎
symb_ta2.c
assemb2 wird nun gelinkt........
$
```

3.1.3 Einige wichtige make-Fehlermeldungen

Nachfolgend werden einige wichtige **make**-Fehlermeldungen vorgestellt und die Gründe für solche Meldungen erläutert.

`ziel' is up to date.

Falls seit dem letzten **make**-Aufruf keine direkt oder indirekt abhängigen Module modifiziert wurden, so erkennt **make**, daß nichts zu generieren ist und gibt obige Fehlermeldung aus.

Nehmen wir z.B. an, daß seit dem letzten **make**-Aufruf keine Änderungen an den Modulen oder deren Header-Dateien vorgenommen wurden, dann geben die folgenden **make**-Aufrufe obige Fehlermeldung aus:

```
$ make ⏎
'assemb' is up to date.
$ make -n pass1.o ⏎
'pass1.o' is up to date.
$ make pass2.o fehler.o ⏎
'pass2.o' is up to date.
'fehler.o' is up to date.
$
```

Die obige Meldung erscheint allerdings auch, wenn beim **make**-Aufruf ein Name angegeben wird, der zwar in keiner Abhängigkeitsbeschreibung des Makefiles als *ziel* auftaucht, aber dafür der Name einer Datei im working directory ist:

```
$ make -n sum.asm ⏎
'sum.asm' is up to date.
$ make fehler.h ⏎
'fehler.h' is up to date.
$ make -s makefile potenz.asm ⏎
'makefile' is up to date.
'potenz.asm' is up to date.
$
```

Don't know how to make *objekt*. **Stop.**

Existiert der beim **make**-Aufruf angegebene Name weder als *ziel* im *makefile* (bzw. *Makefile*) noch als Datei im working directory, so wird folgende Meldung ausgegeben:

```
$ make -n pas1.o ⏎
make: Don't know how to make pas1.o.  Stop.
$ make -s asemb ⏎
make: Don't know how to make asemb.  Stop.
$ make make ⏎
make: Don't know how to make make.  Stop.
$ make love ⏎
make: Don't know how to make love.  Stop.
$
```

No arguments or description file. Stop.

Falls **make** im working directory kein *makefile* oder *Makefile* findet, so gibt es folgende Fehlermeldung aus:

```
$ mv makefile mfile ⏎
$ make ⏎
make: No arguments or description file. Stop.
$ make assemb pass1.o ⏎
'assemb' is up to date.        [Es existiert zwar kein makefile oder Makefile, aber dafür]
'pass1.o' is up to date.       [ existieren die beiden Dateien assemb und pass1.o]
$ make pas1.o ⏎
make: Don't know how to make pas1.o. Stop.
$ mv mfile makefile ⏎
$
```

Nach dieser kurzen Einführung zu **make** sollte weder das Erstellen eigener Makefiles noch die einfache Benutzung von **make** größere Probleme bereiten. Nachfolgend werden wir uns mit allen Details von **make** und Makefiles beschäftigen. Dabei werden wir viele Möglichkeiten kennenlernen, die zum professionellen Umgang mit **make** notwendig sind.

3.2 Makros

Das Makefile des letzten Kapitels enthielt einige Wiederholungen. Da in größeren Softwareprojekten die einzelnen *ziele* von sehr vielen *objekten* abhängen können und dort oft auch ein Makefile die Generierung für mehrere Versionen des gleichen Produkts enthält, kann es zu sehr vielen Wiederholungen in Makefiles kommen.

Dies bedeutet nicht nur viele unnütze Tipparbeit, sondern hat auch den Nachteil, daß derartig aufgeblähte Makefiles nicht gut lesbar sind. Durch die Verwendung von Makros können nicht nur diese Nachteile vermieden werden, sondern auch flexiblere Makefiles erstellt werden, die eine leichtere Anpassung eines Makefiles an neue Gegebenheiten zulassen. Man denke dabei nur an die Debug-Option **-g** beim Kompilieren und Linken.

Soll z.B. während der Entwicklung eines Programms kurzfristig Debug-Information für ein Programm erzeugt werden, so müssen alle entsprechenden Kommandozeilen im Makefile geändert werden. Bei Benutzung eines Makros dagegen ist nur die Änderung dieses Makros im Makefile notwendig um das Makefile für die Generierung von Debug-Information auszustatten.

3.2.1 Selbstdefinierte Makros

Unter Verwendung von Makros können wir unser *makefile* aus dem letzten Kapitel wie folgt schreiben:

```
$ nl -ba makefile ⏎
     1  #——— Makefile fuer das Assembler-Programm ———
     2  #————————————————————————————————————————————
     3
     4  #............Makrodefinitionen..................
     5  CC = cc
     6  CFLAGS = -c
     7  LD = cc     # ld ist der eigentliche UNIX-Linker (ld=Abk fuer loader)
     8  LDFLAGS = -o
     9  DEBUG =  # jetzt leer; fuer Debugging auf -g setzen
    10
    11  EXT = o
    12  BASISOBJS = assemb.${EXT} pass1.${EXT} pass2.${EXT} fehler.${EXT}
    13  OBJS1     = $(BASISOBJS) symb_tab.${EXT}
    14  OBJS2     = $(BASISOBJS) symb_ta2.${EXT}
    15  ZIEL1 = assemb
    16  ZIEL2 =assemb2
    17
    18  CLEANAKTION =                                                        \
    19      echo "Folgende Dateien werden nun geloescht:"; \
    20      echo "     " *.o; /bin/rm -f *.o
    21
    22
    23  #............Linker-Teil........................
    24  ${ZIEL1} : ${OBJS1}
    25      echo "${ZIEL1} wird nun gelinkt........"
    26      ${LD} ${DEBUG} ${LDFLAGS} ${ZIEL1} ${OBJS1}
    27
    28  ${ZIEL2} : ${OBJS2}
    29      echo "${ZIEL2} wird nun gelinkt........"
    30      ${LD} ${DEBUG} ${LDFLAGS} ${ZIEL2} ${OBJS2}
    31
    32  #............Kompilierungs-Teil..................
    33  assemb.o :  assemb.c global.h pass1.h pass2.h symb_tab.h fehler.h
    34      ${CC} ${DEBUG} ${CFLAGS} assemb.c
    35
    36  pass1.o :  pass1.c pass1.h global.h symb_tab.h fehler.h
    37      ${CC} ${DEBUG} ${CFLAGS} pass1.c
    38
    39  pass2.o :  pass2.c pass2.h symb_tab.h fehler.h
    40      ${CC} ${DEBUG} ${CFLAGS} pass2.c
    41
```

```
42  symb_tab.o :  symb_tab.c symb_tab.h global.h fehler.h
43      ${CC} ${DEBUG} ${CFLAGS} symb_tab.c
44
45  symb_ta2.o :  symb_ta2.c symb_tab.h global.h fehler.h
46      ${CC} ${DEBUG} ${CFLAGS} symb_ta2.c
47
48  fehler.o :  fehler.c fehler.h
49      ${CC} ${DEBUG} ${CFLAGS} fehler.c
50
51  #............Cleanup.........................................
52  cleanup :
53      ${CLEANAKTION}
$
```

Zunächst wollen wir einmal dieses *makefile* testen:

```
$ make -s cleanup ⏎
Folgende Dateien werden nun geloescht:
     assemb.o fehler.o pass1.o pass2.o symb_ta2.o symb_tab.o
$ make fehler.o ⏎
   cc -c fehler.c
fehler.c
$ make -s ⏎
assemb.c
pass1.c
pass2.c
symb_tab.c
assemb wird nun gelinkt........
$ make -s assemb2 ⏎
symb_ta2.c
assemb2 wird nun gelinkt........
$
```

Dieses *makefile* scheint das gleiche zu leisten wie das *makefile* aus dem vorherigen Kapitel.

Anhand dieses Makefiles wollen wir nun die für Makros geltenden Regeln erarbeiten.

Definition von Makros mit *makroname = string*

Eine Makrodefinition ist eine Zeile, die ein Gleichheitszeichen = enthält[6]:

makroname = string

Mit dieser Definition wird dem *makronamen* der nach dem = angegebene *string* zugeordnet.

---

[6] Dieses Gleichheitszeichen darf natürlich nicht in einem Kommentar stehen.

Der Programmgenerator make von UNIX

Die Definition eines Makros erstreckt sich dabei vom Zeilenanfang bis zum Zeilenende bzw. bis zum Start eines Kommentars (#).

Links und rechts vom = müssen keine Leer- oder Tabulatorzeichen angegeben werden; sind aber doch welche angegeben, so werden diese von **make** ignoriert.

Zum *string* gehören alle Zeichen vom ersten relevanten Zeichen bis zum Zeilenende bzw. bis zum Start eines Kommentars. Relevant bedeutet hier: Zeichen, die keine Leer- oder Tabulatorzeichen sind. **make** ignoriert nämlich alle führenden Leer- und Tabulatorzeichen zu einem *string*.

Ein *string* muß nicht mit Anführungszeichen ".." oder Apostrophen '..' geklammert sein. Sind aber in einem *string* diese Zeichen angegeben, so gehören sie zum *string* selbst. Das nachfolgende Makefile verdeutlicht dies nochmals:

```
$ cat Makefile ⏎
BAYER =      Servus,      # sueddeutscher Gruss
SCHWEIZER = "Gruezi,  "   # Schweizer Gruss
bay :
    echo "${BAYER}" Sepp
ch :
    echo '${SCHWEIZER}' Toeni
$ make -s bay ⏎
Servus,      Sepp
$ make -s ch ⏎
"Gruezi,  "    Toeni
$
```

Damit **make** eine Makrodefinition von einer Kommandozeile unterscheiden kann, darf eine Zeile, die eine Makrodefinition enthält, niemals mit einem Tabulatorzeichen beginnen.

Wenn auch Makrodefinitionen überall in einem Makefile angegeben werden dürfen, so ist es dennoch empfehlenswert, alle Makrodefinitionen am Anfang eines Makefiles anzugeben. Dies erleichtert das Auffinden und Ändern von Makros.

Makronamen sind Folgen von Buchstaben, Ziffern und Unterstrichen

Bei der Vergabe von Makronamen sind Buchstaben[7], Ziffern und Unterstriche (_) erlaubt. So sind z.B. die folgenden Makrodefinitionen erlaubt:

```
BIBOPT = -lcurses
objekte = main.o eingabe.o bild.o
323 = dreihundert und dreiundzwanzig
12_drei_gsuffa = Lasst uns Einen heben
LIBDIR = /usr/lib
```

---

[7] keine Umlaute oder ß.

make ist case-sensitiv, d.h. es unterscheidet Klein- und Großbuchstaben. So sind z.B. *Option* und *option* zwei verschiedene Makronamen. Wenn auch Kleinbuchstaben in Makrodefinitionen erlaubt sind, so ist es doch Konvention, daß man für Makronamen nur Großbuchstaben verwendet. Obwohl neben Buchstaben, Ziffern und Unterstrichen noch andere Zeichen für Makronamen erlaubt sind, so ist von der Benutzung anderer Zeichen abzuraten, da hieraus oft vermeidbare Fehler resultieren. Werden z.B. Shell-Metazeichen wie ", > oder ; benutzt, so führt dies fast immer zu einer falschen Interpretation durch **make**.

Zugriff auf Makros mit $(*makroname***) oder ${***makroname***}**

Auf den Wert (*string*) eines Makronamens kann zugegriffen werden, indem der Makroname mit runden oder geschweiften Klammern umgeben und dieser Klammerung dann ein $ vorangestellt wird:

$(*makroname*) oder
${*makroname*}

Dafür wird von **make** der zugehörige *string* aus der Makrodefinition eingesetzt. Obwohl sowohl runde als auch geschweifte Klammern bei einem Zugriff auf einen Makronamen angegeben werden können, empfiehlt es sich im allgemeinen, geschweifte Klammern zu verwenden, denn so können die runden Klammern für Bibliotheksmodule benutzt werden. Genaueres dazu werden wir später erfahren. Bei Makronamen, die nur aus einem Zeichen bestehen, ist die Angabe von runden bzw. geschweiften Klammern beim Zugriff nicht erforderlich. Wenn z.B. folgende Makrodefinition existiert:

C = /usr/rbin/cc

so kann auf den String des Makros C mit

$C, $(C) oder ${C}

zugegriffen werden.

Zugriff auf leere oder undefinierte Makros liefert Leerstring

Ist in einer Makrodefinition nach dem = kein *string* angegeben, wie z.B.

```
DEBUG =
```

dann wird einem solchen Makro der Leerstring zugewiesen. Ein Zugriff auf ein solches Makro, wie z.B. nachfolgend

```
CC = cc
CFLAGS = -c
DEBUG =
.......
.......
${CC} ${DEBUG} ${CFLAGS} fehler.c
```

bewirkt, daß an dieser Stelle der Leerstring, also Nichts, eingesetzt wird, so als ob diese Konstruktion ${DEBUG} gar nicht angegeben wäre:

```
cc -c fehler.c
```

Das gleiche passiert auch, wenn auf ein Makro zugegriffen wird, dessen Name nirgends definiert ist. Wenn z.B. nirgendwo das Makro *VORSCHUB* definiert ist, so würde das folgende Makefile:

```
ausgabe:
    echo ${VORSCHUB} Seite1 ${VORSCHUB} Seite2
```

beim Aufruf

make ausgabe

folgende Ausgabe liefern:

```
Seite1 Seite2
```

make meldet beim Zugriff auf undefinierte Makros niemals einen Fehler, sondern setzt dafür immer den Leerstring ein.

Das Fortsetzungszeichen \ bei einer Makrodefinition

Da eine Makrodefinition eventuell sehr lang werden kann, ist es erlaubt, sie unter Verwendung des Zeilen-Fortsetzungszeichen \ über mehrere Zeilen zu schreiben. Das Fortsetzungszeichen \ muß dazu am Ende jeder Zeile (außer der letzten) angegeben werden. **make** fügt solche Zeilen zu einer Zeile zusammen, die die Makrodefinition darstellt. Wird am Ende einer Zeile ein Fortsetzungszeichen \ angegeben, so setzt **make** beim Zusammenfügen hierfür genau ein Leerzeichen ein und entfernt in der Folgezeile alle am Anfang stehenden Leer- und Tabulatorzeichen. Nachfolgendes Beispiel soll dies nochmals verdeutlichen:

```
$ cat Makefile ⏎
NAM = "Hans       \
                Meier"
STR = "Bergstr.\
192b"
ORT = "91091\
      Grossenseebach"
adresse: wohnort
    echo ${ORT}
wohnort: strasse
    echo ${STR}
strasse:
    echo ${NAM}
$ make -s adresse ⏎
```

```
Hans    Meier
Bergstr. 192b
91091 Grossenseebach
$
```

Es ist unbedingt darauf zu achten, daß nach dem Fortsetzungszeichen \ keine weiteren Zeichen wie etwa Leer- oder Tabulatorzeichen angegeben sind, da **make** sonst einen Fehler meldet.

Zugriff auf andere Makros ist bei Makrodefinition erlaubt

Im *string* einer Makrodefinition darf auch auf andere Makros zugegriffen werden. Diese Makros müssen dabei nicht unbedingt vorher, sondern können auch später definiert werden. Wenn z.B. in einem Makefile die folgenden Makrodefinitionen (in der angegebenen Reihenfolge) vorliegen:

```
BASISOBJS = assemb.${EXT} pass1.${EXT} pass2.${EXT} fehler.${EXT}
EXT = o
```

dann wird ein Zugriff mit $\{BASISOBJS\}$ von **make** zu folgenden String expandiert:

```
assemb.o pass1.o pass2.o fehler.o
```

Wenn auch in Makrodefinitionen der Zugriff auf später definierte Makros erlaubt ist, so gilt dies nicht für Abhängigkeitsbeschreibungen. Wird nämlich in einer Abhängigkeitsbeschreibung auf ein Makro zugegriffen, bevor es definiert ist, so wird dort der Leerstring und nicht der *string* aus der späteren Makrodefinition eingesetzt. Nachfolgend wird dies anhand von Beispielen nochmals verdeutlicht:

```
$ cat makefile ⏎
version: ${DATEI}
    echo  Versions-Datei veraltet

DATEI = nummer
$ touch version ⏎
$ touch nummer ⏎
$ make version ⏎
'version' is up to date.
$ cat makefile ⏎        [Makrodefinition nun nach vorne gezogen]
DATEI = nummer

version: ${DATEI}
    echo  Versions-Datei veraltet
$ make -s version ⏎
Versions-Datei veraltet
$
```

Wird dagegen in einer Kommandozeile auf ein Makro zugegriffen, das erst später definiert wird, so wird bereits dort der erst später definierte *string* eingesetzt.

```
$ cat makefile⏎
version: nummer
    echo ${DATEI} ist neuer als version
DATEI = nummer
$ touch nummer⏎
$ make -s version⏎
nummer ist neuer als version
$
```

Vorsicht ist geboten, wenn ein Makro mehrmals definiert wird. In diesem Fall gilt immer die zuletzt angegebene Definition. Der zuletzt definierte *string* wird bei allen, auch bei den zuvor angegebenen Zugriffen auf dieses Makro eingesetzt. Dazu wieder ein Beispiel:

```
$ cat makefile⏎
VORNAM = Emil
NACHNAM = Meier
NAME = ${VORNAM} ${NACHNAM}
ausgabe:
    echo ${NAME}
NACHNAM = Zimmermann
$ make -s ausgabe⏎
Emil Zimmermann
$
```

Die rekursive Definition von Makros ist nicht erlaubt. **make** erkennt solche rekursiven Definitionen und meldet einen Fehler, wie nachfolgendes Beispiel zeigt:

```
$ cat makefile⏎
A = $B $C
B = X
C = $A Y
ausgabe:
    echo $A
$ make ausgabe⏎
make: infinitely recursive macro?.  Stop.
$
```

3.2.2 Vordefinierte Makros

make definiert von sich aus Makros. Diese sogenannten vordefinierten Makros sind nachfolgend aufgelistet:

```
AR = ar
ARFLAGS = rv
```

```
AS      = as
ASFLAGS =
CC      = cc
CFLAGS  = -O
F77     = f77
F77FLAGS =
GET     = get
GFLAGS  =
LD      = ld
LDFLAGS =
LEX     = lex
LFLAGS  =
MAKE    = make
MAKEFLAGS = b
YACC    = yacc
YFLAGS  =
$       = $
```

Für jedes vordefinierte Makro, das ein Kommando enthält, ist zusätzlich noch ein Makro mit entsprechenden Optionen vordefiniert.

Da das Makro *CC* bereits vordefiniert ist, können wir es in unserem Makefile verwenden, ohne es explizit selbst definieren zu müssen:

```
$ nl -ba makefile ⏎
    1  #―― Makefile fuer das Assembler-Programm ――
    2  #―――――――――――――――――――――――――――――――――――――――――
    3
    4  #..........Linker-Teil.........................
    5  assemb:  assemb.o pass1.o pass2.o fehler.o symb_tab.o
    6      echo "assemb wird nun gelinkt........"
    7      ${CC} -o assemb assemb.o pass1.o pass2.o fehler.o symb_tab.o
    8  assemb2 : assemb.o pass1.o pass2.o fehler.o symb_ta2.o
    9      echo "assemb2 wird nun gelinkt........"
   10      ${CC} -o assemb2 assemb.o pass1.o pass2.o fehler.o symb_ta2.o
   11
   12  #..........Kompilierungs-Teil..................
   13  assemb.o : assemb.c global.h pass1.h pass2.h symb_tab.h fehler.h
   14      ${CC} -c assemb.c
   15  pass1.o :  pass1.c pass1.h global.h symb_tab.h fehler.h
   16      ${CC} -c pass1.c
   17  pass2.o :  pass2.c pass2.h symb_tab.h fehler.h
   18      ${CC} -c pass2.c
   19  symb_tab.o :  symb_tab.c symb_tab.h global.h fehler.h
   20      ${CC} -c symb_tab.c
   21  symb_ta2.o :  symb_ta2.c symb_tab.h global.h fehler.h
   22      ${CC} -c symb_ta2.c
   23  fehler.o :  fehler.c fehler.h
```

```
    24      ${CC} -c fehler.c
    25
    26  #..........Cleanup..............................................
    27  cleanup :
    28      echo "Folgende Dateien werden nun geloescht:    "; echo *.o
    29      /bin/rm -f *.o
$
```

3.2.3 Makrodefinitionen auf der Kommandozeile

Makrodefinitionen können **make** auch über die Kommandozeile mitgeteilt werden. Dazu ist die entsprechende Makrodefinition als ein Argument beim Aufruf anzugeben. Bei folgendem Makefile zum Kopieren eines ganzen Directorybaumes

```
$ cat makefile ⏎
cpbaum:
    ( cd ${VON}; find . -print -depth | sort | cpio -pd ${NACH} )
$
```

ist erkennbar, daß auf zwei undefinierte Makros *VON* und *NACH* zugegriffen wird. Diese Makros können beim Aufruf von **make** definiert werden:

```
$ make cpbaum VON=.. NACH=/tmp ⏎
    ( cd ..; find . -print -depth | sort | cpio -pd /tmp )[8]
$
```

Mit diesem Aufruf wird der komplette Baum des parent directory in das Directory */tmp* kopiert. Mit der Angabe von Makrodefinitionen auf der **make**-Kommandozeile ist es demnach möglich, ein Makefile beim Aufruf entsprechend zu parametrieren. Bei der Angabe von Makrodefinitionen auf der Kommandozeile ist zu beachten, daß diese immer als Argument angegeben werden müssen. Dies bedeutet, daß die Makrodefinition bei Vorkommen von Trennzeichen wie Leer- oder Tabulatorzeichen mit ".." bzw. '..' zu klammern ist, damit die betreffende Shell eine solche Definition als Argument erkennt. Nachfolgend dazu ein Beispiel:

```
$ cat makefile ⏎
ausgabe:
    echo ${NAME}
$ make -s ausgabe "NAME = Frieda Meier, geb. Mueller" ⏎
Frieda Meier, geb. Mueller
$
```

Im folgenden lernen wir noch eine andere Möglichkeit kennen, um Makrodefinitionen an ein Makefile zu übergeben.

---

[8] Die hier ausgegebene Warnung kann ignoriert werden.

3.2.4 Makrodefinitionen über Shell-Variablen

Auch über Shell-Variablen kann eine Makrodefinition einem Makefile mitgeteilt werden. Dazu muß lediglich sichergestellt sein, daß die entsprechende Shell-Variable in der für **make** gestarteten Subshell verfügbar ist. Dies kann man auf zwei verschiedenen Arten erreichen:

Exportieren von Shell-Variablen

Um den Wert einer Shell-Variablen einer Subshell zur Verfügung zu stellen, muß man in der Bourne- und Korn-Shell diese zuvor mit dem Kommando **export** exportieren, wie z.B.

```
$ cat makefile ⏎
cpbaum:
    ( cd ${VON}; find . -print -depth | sort | cpio -pd ${NACH} )
$ export VON NACH ⏎
$ VON=.. ⏎
$ NACH=/tmp ⏎
$ make cpbaum ⏎
    ( cd ..; find . -print -depth | sort | cpio -pd /tmp )
$
```

In der C-Shell dagegen müßte man den Shell-Variablen mit **setenv** den entsprechenden *string* zuweisen:

```
$ setenv VON   .. ⏎
$ setenv NACH  /tmp ⏎
$ make cpbaum ⏎
    ( cd ..; find . -print -depth | sort | cpio -pd /tmp )
$
```

In einem Makefile kann man demnach auf alle Shell-Variablen zugreifen, die in der globalen Umgebung (Environment) für Shells und Subshells (mit **export** bzw. **setenv**) eingetragen sind. Man muß dabei nur beachten, daß ein Zugriff auf den Inhalt einer solchen Shell-Variablen nicht wie in der Shell mit $*variable*, sondern mit ${*variable*} oder $(*variable*)[9] erfolgt.

Zuweisungen an Shell-Variablen direkt vor make

Bei einem Aufruf eines Kommandos ist es erlaubt, unmittelbar vor dem Kommandonamen Zuweisungen an Shell-Variablen vorzunehmen. Solche Zuweisungen an Shell-Variablen gelten dann nur für die Dauer der Subshell, die durch diesen Aufruf gestartet wird.

---

[9] Besteht der Name der *variable* nur aus einem Zeichen, so ist auch der Zugriff mit $*variable* gestattet.

```
$ cat makefile ⏎
cpbaum:
    ( cd ${VON}; find . -print -depth | sort | cpio -pd ${NACH} )
$ VON=.. NACH=/tmp make cpbaum ⏎
    ( cd ..; find . -print -depth | sort | cpio -pd /tmp )
$
```

Diese Form der Übergabe von Shell-Variablen an Makefiles ist jedoch nur in der Bourne- und Korn-Shell erlaubt.

3.2.5 Prioritäten für Makrodefinitionen

Wie wir gesehen haben, gibt es mehrere Möglichkeiten, um Makros zu definieren. Wenn nun ein Makro auf verschiedene Arten mehrmals definiert wird, so muß **make** einer dieser Makrodefinitionen Vorrang gewähren.

Voreingestellte Prioritäten der Makrodefinitionen

Welche Prioritäten die einzelnen Makrodefinitionen dabei untereinander haben, ist nachfolgend von der niedrigsten bis zur höchsten Priorität angegeben:
1. Vordefinierte Makros.
2. Über Shell-Variablen definierte Makros.
3. Selbstdefinierte Makros.
4. Auf Kommandozeile als Argumente angegebene Makrodefinitionen.

An dieser Liste ist erkennbar, daß vordefinierte Makros immer durch eigene Makros ersetzt werden können. In einem Makefile angegebene Makrodefinitionen haben zwar immer höhere Priorität als Makrodefinitionen in Shell-Variablen, können aber durch Argumente, die Makrodefinitionen sind, jederzeit ersetzt werden.

Diese Prioritäten wurden entsprechend den Erfordernissen im praktischen Umgang mit **make** aufgestellt. So ist es beispielsweise üblich, in einem Makefile Makrodefinitionen anzugeben, die eine Default-Einstellung für das Makefile enthalten, aber jederzeit durch Makrodefinitionen (Argumente) auf der Kommandozeile geändert werden können und so die Parametrierung eines Makefiles auf eine spezielle Anwendung ermöglichen. Das nachfolgende Beispiel soll dies verdeutlichen:

```
$ cat makefile ⏎
SRC = assemb.c pass1.c pass2.c symb_tab.c symb_ta2.c fehler.c \
      global.h pass1.h pass2.h symb_tab.h fehler.h
DIR = ../sicher
sichern:
    cp ${SRC} ${DIR}
```

```
$ make sichern⏎
    cp assemb.c pass1.c pass2.c symb_tab.c symb_ta2.c fehler.c global.h pass1.h pass2.h
symb_tab.h fehler.h ../sicher
$ make sichern DIR=$HOME/backup⏎
    cp assemb.c pass1.c pass2.c symb_tab.c symb_ta2.c fehler.c global.h pass1.h pass2.h
symb_tab.h fehler.h /user1/egon/backup
$ make sichern SRC=pass1.c⏎
    cp pass1.c ../sicher
$
```

Andere Prioritäten bei Verwendung der Option -e

In einigen wenigen Anwendungsfällen kann eine höhere Priorität für Makros aus Shell-Variablen erwünscht sein. Wenn z.B. ein Entwickler mit den Default-Einstellungen der gruppenweit zur Verfügung gestellten Makefiles nicht zufrieden ist, so müßte er bei jedem **make**-Aufruf seine eigenen default-Makrodefinitionen als Argumente übergeben. Dies ist sicherlich sehr ärgerlich und nicht äußerst effizient.

Eine Lösung zu diesem Problem bietet die Option **-e**. Wird **make** mit dieser Option **-e** aufgerufen, so gelten folgende Prioritäten (von niedrigsten bis zur höchsten):
1. Vordefinierte Makros.
2. Selbstdefinierte Makros.
3. Über Shell-Variablen definierte Makros.
4. Auf Kommandozeile als Argumente angegebene Makrodefinitionen.

Hierzu wieder ein Beispiel. Nehmen wir dazu wieder das obige Makefile:

```
$ cat makefile⏎
SRC = assemb.c pass1.c pass2.c symb_tab.c symb_ta2.c fehler.c \
      global.h pass1.h pass2.h symb_tab.h fehler.h
DIR = ../sicher
sichern:
    cp ${SRC} ${DIR}
$
```

An diesem Makefile soll uns nun die Voreinstellung des Makros *DIR* mißfallen. Wir hätten hierfür lieber eine andere Einstellung. Was dabei zu tun ist, wird nachfolgend (für Bourne- und Korn-Shell) gezeigt:

```
$ DIR=$HOME/mbackup⏎
$ export DIR⏎
$ make -e sichern⏎
    cp assemb.c pass1.c pass2.c symb_tab.c symb_ta2.c fehler.c global.h pass1.h pass2.h
symb_tab.h fehler.h /user1/egon/mbackup
$
```

Wenn man dagegen beim **make**-Aufruf nicht die Option **-e** angibt, dann wird beim Zugriff **${DIR}** nicht der String aus der Shell-Variablen, sondern der im Makefile für **DIR** definierte String eingesetzt:

```
$ DIR=$HOME/mbackup
$ export DIR
$ make sichern
    cp assemb.c pass1.c pass2.c symb_tab.c symb_ta2.c fehler.c global.h pass1.h pass2.h
symb_tab.h fehler.h ../sicher
$
```

3.2.6 String-Substitution beim Makrozugriff

Die hier vorgestellte String-Substitution ist nur beim **make** von System V, aber nicht beim **make** von BSD 4.3 verfügbar.

String-Substitution bedeutet, daß bei einem Makrozugriff die Suffixe von Wörtern aus dem Makro-String durch eine neue Zeichenkette ersetzt werden können. Dazu muß folgende Konstruktion angegeben werden:

${*makroname:altsuffix=neusuffix*}

Dazu nun einige Beispiele. Bei folgender Makrodefinition:

MODULE = assemb.c pass1.c pass2.c fehler.c

gibt das Kommando

echo ${MODULE:.c=.h}

folgendes aus:

assemb.h pass1.h pass2.h fehler.h

Bei folgender Makrodefinition:

MODULE = assemb.c pass1.o pass2.o fehler.c

gibt das Kommando

echo ${MODULE:.c=.h}

folgendes aus:

assemb.h pass1.o pass2.o fehler.h

String-Substitution wird nur unmittelbar vor einem Leer- oder Tabulatorzeichen, oder aber am Ende eines Makro-Strings durchgeführt. Bei folgender Makrodefinition:

SILVA = waldmeister birkenwald maerchenwald waldbauer

gibt das Kommando

echo ${SILVA:wald=baum}

folgendes aus:

```
waldmeister birkenbaum maerchenbaum waldbauer
```

Bei der String-Substitution darf der Ersetzungsstring nach dem = auch weggelassen werden. Es wird dann hierfür der Leerstring angenommen. Bei der zuletzt genannten Makrodefinition:

SILVA = waldmeister birkenwald maerchenwald waldbauer

gibt das Kommando

echo ${SILVA:wald=}

folgendes aus:

```
waldmeister birken maerchen waldbauer
```

Der zu ersetzende String vor dem = muß immer angegeben werden.

Die Verwendung von String-Substitution erleichtert das Ändern von Makefiles, da für zusammengehörige Dateien, wie z.B. C-Programme (.c) und ihre zugehörigen Objektdateien (.o), nur ein Makro angegeben werden muß. Ändert man dieses eine Makro, so sind damit automatisch auch die Zugriffe auf die zugehörigen verwandten Dateien sofort angepaßt. Unter Verwendung von String-Substitution können wir unser Makefile für das Assembler-Programm z.B. wie folgt angeben:

```
$ cat makefile ⏎
#------ Makefile fuer das Assembler-Programm ------
#------------------------------------------------

#...........Makro-Definitionen...................
SRC1 = assemb.c pass1.c pass2.c fehler.c symb_tab.c
SRC2 = assemb.c pass1.c pass2.c fehler.c symb_ta2.c

#...........Linker-Teil..........................
assemb1: ${SRC1:.c=.o}
     echo "assemb1 wird nun gelinkt........"
     ${CC} -o assemb1 ${SRC1:.c=.o}
assemb2: ${SRC2:.c=.o}
     echo "assemb2 wird nun gelinkt........"
     ${CC} -o assemb2 ${SRC2:.c=.o}

#...........Kompilierungs-Teil...................
assemb.o : assemb.c global.h pass1.h pass2.h symb_tab.h fehler.h
     ${CC} -c assemb.c
pass1.o : pass1.c pass1.h global.h symb_tab.h fehler.h
     ${CC} -c pass1.c
pass2.o : pass2.c pass2.h symb_tab.h fehler.h
     ${CC} -c pass2.c
```

Der Programmgenerator make von UNIX

```
symb_tab.o :   symb_tab.c symb_tab.h global.h fehler.h
    ${CC} -c symb_tab.c
symb_ta2.o :   symb_ta2.c symb_tab.h global.h fehler.h
    ${CC} -c symb_ta2.c
fehler.o : fehler.c fehler.h
    ${CC} -c fehler.c

#..........Cleanup...........................................
cleanup1:
    echo "Folgende Dateien werden nun geloescht:      "
    echo ${SRC1:.c=.o}
    /bin/rm -f ${SRC1:.c=.o}

cleanup2:
    echo "Folgende Dateien werden nun geloescht:      "
    echo ${SRC2:.c=.o}
    /bin/rm -f ${SRC2:.c=.o}
$
```

Es sei hier darauf hingewiesen, daß in den unterschiedlichen **make**-Versionen meist noch weitere Formen von String-Substitutionen angeboten werden.

3.2.7 Interne Makros

make kennt neben den vordefinierten Makros noch die sogenannten internen Makros. Interne Makros werden dynamisch beim Lesen einer Abhängigkeitsbeschreibung immer wieder neu definiert. Durch die Verwendung von internen Makros werden Makefiles nicht nur vereinfacht, sondern sie können auch leichter geändert werden. Nachfolgend sind die internen Makros vorgestellt:

$@   Name des aktuellen *ziel*

Für das Makro $@ setzt **make** immer das momentane *ziel* aus der aktuellen Abhängigkeitsbeschreibung ein. Ein möglicher Einsatz von $@ wird am nachfolgenden Ausschnitt unseres Makefiles gezeigt:

```
#..........Makro-Definitionen...............................
SRC1 = assemb.c pass1.c pass2.c fehler.c symb_tab.c
SRC2 = assemb.c pass1.c pass2.c fehler.c symb_ta2.c

#..........Linker-Teil.......................................
assemb1: ${SRC1:.c=.o}
    echo "$@ wird nun gelinkt........"
    ${CC} -o $@ ${SRC1:.c=.o}
assemb2: ${SRC2:.c=.o}
```

```
        echo "$@ wird nun gelinkt........"
        ${CC} -o $@ ${SRC2:.c=.o}
```

Diese beiden Einträge werden dann von **make** wie folgt expandiert:

```
#............Linker-Teil............................................
assemb1: assemb.o pass1.o pass2.o fehler.o symb_tab.o
        echo "assemb1 wird nun gelinkt........"
        cc -o assemb1 assemb.o pass1.o pass2.o fehler.o symb_tab.o
assemb2: assemb.o pass1.o pass2.o fehler.o symb_tab.o
        echo "assemb2 wird nun gelinkt........"
        cc -o assemb2 assemb.o pass1.o pass2.o fehler.o symb_ta2.o
```

Auf $@ kann auch String-Substitution angewendet werden, wie der nachfolgende Ausschnitt aus unserem Makefile zeigt:

```
assemb.o:  ${@:.o=.c} global.h pass1.h pass2.h symb_tab.h fehler.h
        ${CC} -c ${@:.o=.c}
```

Dieser Eintrag wird dann von **make** wie folgt expandiert:

```
assemb.o:  assemb.c global.h pass1.h pass2.h symb_tab.h fehler.h
        cc -c assemb.c
```

Die Verwendung von $@ bringt jedoch erst dann sehr große Vorteile mit sich, wenn mehr als ein Ziel in einer Abhängigkeitsbeschreibung angegeben ist. Dies ist nämlich erlaubt, wie folgendes Beispiel zeigt:

```
$ cat makefile ⏎
add crossref menugen termkop: add.c crossref.c menugen.c termkop.c
        echo "$@ ist nicht auf den neuesten Stand...."
        cc -o $@ $@.c
$ make -s menugen ⏎
menugen ist nicht auf dem neuesten Stand....
menugen.c
$ make -s termkop crossref ⏎
termkop ist nicht auf dem neuesten Stand....
termkop.c
crossref ist nicht auf dem neuesten Stand....
crossref.c
$ make -s ⏎
add ist nicht auf dem neuesten Stand....
add.c
$
```

Sind mehrere Ziele in einer Abhängigkeitsbeschreibung angegeben, so kann man sich mit $@ auf das aktuelle Ziel beziehen.

Statt $@ kann auch ${@} oder $(@) angegeben werden.

$$@   Name des aktuellen *ziel* **in einer Abhängigkeitsbeschreibung**

Für das Makro **$$@** setzt **make** genau wie bei **$@** immer das momentane *ziel* der aktuellen Abhängigkeitsbeschreibung ein. **$$@** wird immer dann verwendet, wenn an einer großen Zahl von »autarken Programmen« gearbeitet wird, die nur von ihrem Quell-Programm abhängen und sonst keine Abhängigkeiten zu anderen Modulen (Header-Dateien) aufweisen. Nehmen wir z.B. das folgende Makefile:

```
$ cat makefile ⏎
add: add.c
    cc -o add add.c
crossref: crossref.c
    cc -o crossref crossref.c
menugen: menugen.c
    cc -o menugen menugen.c
termkop: termkop.c
    cc -o termkop termkop.c
$
```

Mit **$$@** kann dieses Makefile erheblich vereinfacht werden:

```
$ cat makefile ⏎
PROGS = add crossref menugen termkop

${PROGS}:  $$@.c
    $(CC) $@.c -o $@
$ make crossref ⏎
    cc crossref.c -o crossref
crossref.c
$ make -s termkop menugen ⏎
termkop.c
menugen.c
$ make ⏎
    cc add.c -o add
add.c
$
```

Es sei hier noch darauf hingewiesen, daß die Verwendung von **$$@** nur in Abhängigkeitsbeschreibungen Sinn macht. In Kommandozeilen sollte ein Zugriff über dieses Makro nicht angegeben werden.

$*   Name des aktuellen *ziel* **ohne Suffix**

Für das Makro **$*** setzt **make** immer das momentane *ziel* aus der aktuellen Abhängigkeitsbeschreibung ein. Anders als bei **$@** wird hierbei jedoch ein eventuell vorhandenes Suffix (wie z.B. *.o, .c, .a,* usw.) entfernt, wie der folgende Ausschnitt aus unserem Makefile zeigt:

```
pass1.o:  pass1.c pass1.h global.h symb_tab.h fehler.h
    ${CC} -c $*.c
```

Dieser Eintrag wird von **make** wie folgt expandiert:

```
pass1.o:  pass1.c pass1.h global.h symb_tab.h fehler.h
    cc -c pass1.c
```

$* darf jedoch nicht in der Abhängigkeitsbeschreibung, sondern nur in den zugehörigen Kommandozeilen verwendet werden. So ergibt z.B. die folgende Beschreibung beim Aufruf von **make** einen Fehler:

```
pass1.o:  $*.c pass1.h global.h symb_tab.h fehler.h
    ${CC} -c $*.c
```

$? **Namen von neueren** *objekten*

Für das Makro **$?** setzt **make** aus der aktuellen Abhängigkeitsbeschreibung immer die *objekte* der rechten Seite ein, die neuer als das Ziel sind. Wenn wir z.B. folgenden Eintrag in einem Makefile haben:

```
graphbib:  kreis.o linie.o quadrat.o
    ar r $@ $?
```

und die Objektdateien *kreis.o*, *linie.o* und *quadrat.o* gerade das erstemal generiert wurden, dann sind diese in jedem Fall neuer als *graphbib*, so daß beim **make**-Aufruf dann folgendes Kommando ausgeführt wird:

```
ar r graphbib kreis.o linie.o quadrat.o
```
10

Nun nehmen wir an, daß wir *linie.c* geändert und mit **cc -c linie.c** ein neues *linie.o* generiert haben. Dies bedeutet dann, daß *linie.o* die einzige Objektdatei ist, die neuer als *graphbib* ist. Demnach ruft **make** folgendes Kommandos auf:

```
ar r graphbib linie.o
```

In *graphbib* wird nur *linie.o* ersetzt, die beiden anderen Module *kreis.o* und *quadrat.o* dagegen nicht, und dies macht auch Sinn. **$?** darf nicht in einer Abhängigkeitsbeschreibung, sondern nur in den zugehörigen Kommandozeilen benutzt werden.

$< **Name eines neueren** *objekts* **entsprechend den Suffix-Regeln**

Auf dieses Makro werden wir erst in einem späteren Kapitel (siehe 3.5.2) genauer eingehen, wenn wir die Suffix-Regeln von **make** kennenlernen.

$% **Name einer Objektdatei aus einer Bibliothek**

Um Objektdateien aus Bibliotheken zu benennen, muß folgende Syntax verwendet werden:

---

10 Das Archivierungs-Kommando **ar** ist vollständig im Anhang beschrieben.

bibliothek(objektdatei)

Um z.B. die Objektdatei *linie.o* in der Bibliothek *graphlib* anzusprechen, wird folgendes angegeben:

```
graphlib(linie.o)
```

Während das Makro $@ in diesem Fall den Bibliotheksnamen *graphlib* liefert, liefert das Makro $% den Namen der entsprechenden Objektdatei *linie.o* aus der Bibliothek. Diese Beschreibung soll hier vorerst genügen. Wir werden später bei der Beschäftigung mit Bibliotheken auf dieses interne Makro $% zurückkommen (siehe 3.5.3).

Die Modifikatoren D und F für interne Makros

Die beiden hier vorgestellten Modifikatoren **D** und **F** werden nicht von allen **make**-Versionen angeboten. Bei allen internen Makros außer $?[11] können zusätzlich die beiden sogenannten Modifikatoren **D** und **F** angegeben werden. Ihre Angabe bewirkt, daß ähnlich den Kommandos **dirname** und **basename** von einem Pfadnamen entweder nur der Directorypfad (**D**) oder der Dateiname (**F**) genommen wird. Hierzu wieder ein Beispiel:

```
$ cat makefile ⏎
SICH_DIR = ${HOME}/sicher
SRC = assemb.c pass1.c pass2.c

${SICH_DIR}: ${SRC}
    echo "Dateien:"
    echo "   $?"
    echo "      werden im Subdirectory ${@F}"
    echo "         des Directory ${@D} gesichert"
    cp $? $@
$ make -s ⏎
Dateien:
   assemb.c pass1.c pass2.c
      werden im Subdirectory sicher
         des Directory /user1/egon gesichert
$ touch pass2.c ⏎
$ make -s ⏎
Dateien:
   pass2.c
      werden im Subdirectory sicher
         des Directory /user1/egon gesichert
$
```

Der Modifikator **F** ist für folgende Makros erlaubt[12]:

---

[11] Manche **make**-Versionen lassen die Verwendung der Modifikatoren D und F jedoch auch für das Makro $? zu.

[12] Anstelle von geschweiften Klammern können auch runde Klammern verwendet werden.

${@F}	Dateiname des aktuellen Ziels.
$${@F}	Dateiname des aktuellen Ziels in einer Abhängigkeitsbeschreibung.
${*F}	Dateiname des aktuellen Ziels ohne Suffix.
${<F}	Dateinamen von neueren *objekten* (entsprechend den Suffix-Regeln).
${%F}	Dateiname einer Objektdatei aus einer Bibliothek.
	Diese Angabe ist zwar erlaubt, aber nicht sinnvoll, da in einer Bibliothek sowieso nur der Dateiname und nicht der Pfadname eingetragen ist.
${?F}	Dateinamen von neueren *objekten*.
	Diese Angabe ist nicht in allen **make**-Versionen verfügbar.

Der Modifikator **D** ist für folgende Makros erlaubt:

${@D}	Directorypfad des aktuellen Ziels.
$${@D}	Directorypfad des aktuellen Ziels in einer Abhängigkeitsbeschreibung.
${*D}	Directorypfad des aktuellen Ziels ohne Suffix.
${<D}	Directorypfade von neueren *objekten* (entsprechend den Suffix-Regeln).
${%D}	Directorypfad einer Objektdatei aus einer Bibliothek.
	Diese Angabe ist zwar erlaubt, aber nicht sinnvoll, da in einer Bibliothek sowieso nur der Dateiname und nicht der Pfadname eingetragen ist.
${?D}	Directorypfad von neueren *objekten*.
	Diese Angabe ist nicht in allen **make**-Versionen verfügbar.

Wird Modifikator **D** für ein internes Makro verwendet, das nur einen Dateinamen ohne Directorypfad enthält, so liefert ein solcher Zugriff den Punkt (working directory). Das folgende Beispiel verdeutlicht dies:

```
$ cat makefile ⏎
ZIEL = winter

${ZIEL}:
    echo "Ziel: $@"
    echo "Directorypfad: ${@D}"
    echo "Dateiname: ${@F}"
$ make -s ⏎
Ziel: winter
Directorypfad: .
Dateiname: winter
$ make -s ZIEL=/usr/include/header ⏎
Ziel: /usr/include/header
Directorypfad: /usr/include
Dateiname: header
$
```

Makefile für das Assembler-Programm mit internen Makros

Wir wollen hier nun unser vorheriges Makefile zum Assembler-Programm unter Verwendung von internen Makros angeben. Dieses neue Makefile dient dabei vor allen Dingen Demonstrationszwecken. In diesem Makefile wird dafür gesorgt, daß bei jeder Generierung eines Moduls die Generierungs-Zeit immer in einer entsprechenden Datei festgehalten wird. Der Name dieser Datei ist der Modulname mit dem Suffix *.gen*.

```
$ cat makefile ⏎
#———— Makefile fuer das Assembler-Programm ————
#————————————————————————————————————————————

#...........Makro-Definitionen.........................
MODULE = assemb.o pass1.o pass2.o symb_tab.o symb_ta2.o fehler.o
OBJ1   = assemb.o pass1.o pass2.o symb_tab.o fehler.o
OBJ2   = assemb.o pass1.o pass2.o symb_ta2.o fehler.o

#...........Linker-Teil................................
assemb1: ${OBJ1}
    echo "$@ wird nun gelinkt........"
    cc -o $@ ${OBJ1}
    date >>$@.gen
assemb2: ${OBJ2}
    echo "$@ wird nun gelinkt........"
    cc -o $@ ${OBJ2}
    date >>$@.gen

#...........Kompilierungs-Teil.........................
assemb.o:   assemb.c global.h pass1.h pass2.h symb_tab.h fehler.h
pass1.o:    pass1.c pass1.h global.h symb_tab.h fehler.h
pass2.o:    pass2.c pass2.h symb_tab.h fehler.h
symb_tab.o: symb_tab.c symb_tab.h global.h fehler.h
symb_ta2.o: symb_ta2.c symb_tab.h global.h fehler.h
fehler.o:   fehler.c fehler.h
${MODULE}:
    cc -c $*.c
    date >>$*.gen   # Generierungs-Zeit in datei.gen speichern

#...........Cleanup....................................
cleanup1:
    echo "Folgende Dateien werden nun geloescht:    "
    echo ${OBJ1}
    /bin/rm -f ${OBJ1}
cleanup2:
    echo "Folgende Dateien werden nun geloescht:    "
    echo ${OBJ2}
    /bin/rm -f ${OBJ2}
$ make -s cleanup1 ⏎
Folgende Dateien werden nun geloescht:
assemb.o pass1.o pass2.o symb_tab.o fehler.o
$ make -s cleanup2 ⏎
Folgende Dateien werden nun geloescht:
assemb.o pass1.o pass2.o symb_ta2.o fehler.o
$ make -s assemb1 ⏎
```

```
assemb.c
pass1.c
pass2.c
symb_tab.c
fehler.c
assemb1 wird nun gelinkt........
$ make -s assemb2 ⏎
symb_ta2.c
assemb2 wird nun gelinkt........
$
```

Im folgenden werden wir uns genauer mit den Kommandozeilen in Makefiles beschäftigen. Dabei werden wir einige Regeln kennenlernen, die bei der Angabe von Kommandozeilen in Makefiles eingehalten werden müssen.

3.3 Kommandozeilen in Makefiles

Zu einer Abhängigkeitsbeschreibung können alle Kommandos angegeben werden, die auch auf Shell-Ebene erlaubt sind. Dabei kann auch von Shell-Konstruktionen wie z.B. Dateinamen-Expandierung, Pipes oder Ein-/Ausgabeumlenkung Gebrauch gemacht werden. Dazu ein Beispiel:

```
$ cat makefile ⏎
buch.wort:  buch
    tr -cs "[a-z][A-Z][0-9]" "[\012*]" <buch | tr "[A-Z]" "[a-z]" | sort | uniq -c
$
```

Ein Aufruf wie

make buch.wort

erstellt dann in der Datei *buch.wort* eine Wortstatistik zu der Datei *buch*. Diese Statistik gibt zu allen verschiedenen Wörtern aus *buch* die Anzahl ihres Vorkommens in der Datei *buch* an. Diese Wortliste ist auch sortiert.

Solange man nur solche einfachen Shell-Konstruktionen verwendet, ist keine Vorsicht bei der Angabe von Kommandozeilen in Makefiles geboten. Wenn man jedoch versucht, ganze Shell-Skripts in Makefiles einzubetten, muß man einige spezielle Syntaxregeln beachten.

Die Kenntnis dieser speziellen Syntaxregeln ist nicht notwendig, wenn man die betreffenden Kommandozeilen nicht explizit im Makefile, sondern in einer eigenen Datei angibt, und diese Kommandodatei dann vom Makefile aus mit

sh *kdodatei*

startet. Bei dieser Vorgehensweise ist das Makefile aber immer vom entsprechenden Shell-Skript *kdodatei* abhängig, was oft nachteilig ist, da solche internen Abhängigkeiten, z.B. beim Kopieren des Makefiles in ein anderes Directory oder auf eine Kunden-Diskette, leicht vergessen werden. Deshalb ist die Einbettung der entsprechenden Shell-Kommandos in ein Makefile die bessere Methode. Für einen professionalen Umgang mit **make** ist eine detaillierte Kenntnis über die Syntax von Kommandozeilen in Makefiles unverzichtbar.

3.3.1 Allgemeine Regeln für Kommandozeilen in Makefiles

Die speziell in Makefiles geltenden Regeln für Kommandozeilen wurden bereits in Kapitel 3.1.1 erwähnt, und sollen zum Zwecke der Erinnerung nochmals wiederholt werden.

Kommandozeilen müssen Abhängigkeitsbeschreibung direkt folgen

Einträge in einem Makefile, die keine Makrodefinitionen sind, setzen sich aus 2 Komponenten zusammen:
  Abhängigkeitsbeschreibung (dependency line) und den
  dazugehörigen Kommandozeilen
Zwischen diesen beiden Komponenten darf keine Leerzeile angegeben werden.

Kommandozeilen sind mit Tabulator einzurücken

Die direkt nach einer Abhängigkeitsbeschreibung angegebenen Kommandozeilen müssen immer mit mindestens einem Tabulatorzeichen eingerückt sein. Andere Zeilen dagegen sollten nie mit einem Tabulatorzeichen beginnen, selbst wenn es sich um Leer- oder Kommentar-Zeilen handelt. Diese Sonderregelung für Tabulatorzeichen gilt nur am Zeilenbeginn, an allen anderen Stellen können beliebig Tabulatorzeichen angegeben werden.

Mehrere Kommandozeilen zu einer Abhängigkeitsbeschreibung

Zu einer Abhängigkeitsbeschreibung können auch mehr als eine Kommandozeile angegeben werden. Die Kommandozeilen sind dann direkt untereinander anzugeben und immer mit Tabulatorzeichen einzurücken.

Abhängigkeitsbeschreibung und Kommandozeilen in einer Zeile

Eine Abhängigkeitsbeschreibung und die dazugehörigen Kommandozeilen können auch in einer Zeile angegeben werden, wenn sie mit Semikolon voneinander getrennt sind:

ziel : objekt1 objekt2 ... ; kdozeile1; kdozeile2 ....

Dies ist die einzige Ausnahme, bei der eine Kommandozeile nicht mit einem Tabulatorzeichen beginnen muß.

3.3.2 Spezielle Regeln für Shell-Konstruktionen in Makefiles

Für die Verwendung bestimmter Shell-Konstruktionen in Makefiles müssen einige Besonderheiten beachtet werden, die im folgenden erläutert werden.

Dateinamen-Expandierung deckt auch führenden Punkt ab

Die Shell-Metazeichen für Dateinamen-Expandierung

* ? [ ]

können in Makefile-Kommandozeilen verwendet werden und haben bis auf eine Ausnahme die gleiche Bedeutung wie unter der Shell. Wenn z.B. folgender Eintrag in einem Makefile angegeben ist:

```
cleanup:   *.o
    echo "Folgende Dateien werden nun geloescht:"
    echo *.o
    /bin/rm -f *.o
```

dann würden beim Aufruf

make cleanup

alle Objektdateien (Dateien, deren Name mit *.o* endet) des working directory gelöscht. Obwohl solche Angaben erlaubt sind, ist es empfehlenswert, in Abhängigkeitsbeschreibungen und Kommandozeilen die betreffenden Dateien explizit anzugeben, und dies nicht der Shell zu überlassen, denn so hat das Makefile die volle Kontrolle über die betreffenden Dateien und es werden nicht unerwünschte Dateien in eine Generierung einbezogen. Trotzdem soll hier auf einen Unterschied hingewiesen werden. Anders als in der Shell decken nämlich die Metazeichen * und ? in einem Makefile auch einen eventuell führenden Punkt ab. Dazu wieder ein Beispiel:

```
$ cat makefile ⏎
ausgabe: *file
    ls $?
$ make -s ausgabe ⏎
makefile
$ touch .makefile ⏎
$ ls *file ⏎
makefile
$ make -s ausgabe ⏎
.makefile
makefile
$
```

Für jede Kommandozeile wird eine eigene Subshell gestartet

make startet für jede in einem Makefile angegebene Kommandozeile eine Subshell. Deshalb ist Vorsicht geboten mit Makefiles wie dem folgenden:

```
$ cat makefile ⏎
tmpclean:
    cd /tmp
    rm *
$
```

Ein Aufruf wie

make tmpclean

kann dazu führen, daß alle Dateien des working directory gelöscht werden. Der Grund dafür ist, daß das Wechseln mit *cd /tmp* in einer Subshell ausgeführt wird und somit keine Auswirkung auf die Shell-Umgebung von **make** hat. Nach der Rückkehr aus dieser Subshell befindet man sich wieder im working directory, für welches dann *rm ** (Löschen aller Dateien) ausgeführt wird. Viele **make**-Versionen melden jedoch glücklicherweise bereits beim **cd**-Kommando einen Fehler:

```
$ make tmpclean ⏎
    cd /tmp
Make: Cannot load cd.  Stop.
*** Error code 1
$
```

Mehrere Kommandos in einer Zeile sind mit Semikolon zu trennen

Um zu erreichen, daß mehrere Kommandos von einer Subshell ausgeführt werden, müssen sie mit Semikolon voneinander getrennt in einer Zeile angegeben werden. Die obige Aufgabenstellung kann somit mit folgenden Makefile gelöst werden:

```
$ cat makefile ⏎
tmpclean:
    cd /tmp; rm *
$
```

Nun wird eine Subshell gestartet, in der zunächst zum Directory */tmp* gewechselt wird, bevor dort mit *rm ** alle Dateien gelöscht werden, für die die entsprechenden Zugriffsrechte vorliegen.

Mehrere Kommandos mit \ zu einer Zeile zusammenfassen

Wie wir wissen, müssen mehrere Kommandos in einer Zeile angegeben sein, damit sie von einer Subshell ausgeführt werden.

Um die Lesbarkeit eines Makefiles zu erhöhen, können sie aber doch in verschiedenen Zeilen angegeben werden, wenn bei allen betreffenden Kommandozeilen (außer der letzten) als letztes Zeichen das Zeilen-Fortsetzungszeichen \ angegeben wird. **make** fügt dann solche Zeilen wieder zu einer Zeile zusammen.

Bei Kommandos ist jedoch zu beachten, daß sie trotz des Fortsetzungszeichen mit Semikolon voneinander getrennt sein müssen. Zur obigen Aufgabenstellung können wir somit auch folgendes Makefile angeben:

```
$ cat makefile ⏎
tmpclean:
    cd /tmp; \
    rm *
$
```

Zugriff auf Shell-Variablen mit $$ (doppeltes $)

In einem Makefile können auch Shell-Variablen benutzt werden. **make** erkennt immer, ob es sich bei einer Angabe wie

name=string

um eine Makrodefinition oder um eine Zuweisung an eine Shell-Variable handelt. Dazu hält sich **make** an die folgende Regel.

Taucht eine solche Angabe in einer Kommandozeile zu einer Abhängigkeitsbeschreibung auf, so handelt es sich bei *name* um eine Shell-Variable. Ist eine solche Zeile jedoch als ein eigener Eintrag, also nicht in einer Kommandozeile einer Abhängigkeitsbeschreibung angegeben, dann liegt eine Makrodefinition vor. Bei der Verwendung von Shell-Variablen in Makefiles sind einige Punkte zu beachten:

1. Soweit Shell-Variablen nicht mit **export** bzw. **setenv** exportiert werden, sind sie anderen Subshells nicht bekannt. Dies bedeutet, daß Zuweisungen an Shell-Variablen in der gleichen Zeile anzugeben sind, in welcher die Shell-Variablen dann auch benutzt werden.

2. Beim Zugriff auf Shell-Variablen in einem Makefile muß dem Variablennamen nicht wie in der Shell ein $, sondern ein doppeltes Dollar $$ vorangestellt werden. Dies ist notwendig, damit **make** einen Zugriff auf ein Makro von einem Zugriff auf eine Shell-Variable unterscheiden kann. Bei einem doppelten Dollar entfernt **make** zuerst ein $-Zeichen, bevor es den Rest der ausführenden Shell übergibt.

Im nachfolgenden Beispiel werden Shell-Variablen verwendet, um die Zeitstempel zu einem *ziel* und seinem zugehörigen *objekt* zu ermitteln und auszugeben, wenn das *ziel* nicht auf dem neuesten Stand ist.

```
$ cat makefile ⏎
menugen: menugen.c
    ZIEL_ZEIT=`ls -l $@ | awk `{print $$8}'`; \
    ZIEL_DATE=`ls -l $@ | awk `{print $$6,$$7}'`; \
```

Der Programmgenerator make von UNIX

```
        ABH_ZEIT=`ls -l $@.c | awk `{print $$8}' `; \
        ABH_DATE=`ls -l $@.c | awk `{print $$6,$$7}' `; \
        echo "$@: $$ZIEL_ZEIT $$ZIEL_DATE"; \
        echo "$@.c: $$ABH_ZEIT $$ABH_DATE"
$ touch menugen.c ⏎
$ make -s menugen ⏎
menugen: 09:40 Mar 01
menugen.c: 14:38 Mar 02
$
```

Die Shell-Variable $$, welche immer die Prozeßnummer der aktuellen Shell liefert, wird oft für die Vergabe von eindeutigen Namen an temporäre Dateien verwendet. Wenn man nun in einem Makefile die Shell-Variable $$ benutzt, so müßte man $$$$ angeben. Dazu ein etwas komplexeres Beispiel.

```
$ nl -ba mkfile ⏎
     1  OUTPUT = makefil
     2  ZIEL = assemb
     3  SRC = assemb.c pass1.c pass2.c symb_tab.c fehler.c
     4
     5  deptree: ${SRC}
     6       #——— Alle Zeilen der Form #include "... herausfiltern
     7       #——— und dann alle include und Anfuehrungszeichen aus
     8       #——— aus diesen Zeilen entfernen. ———————————————
     9       grep '^#[ ]*include[ ]*"' ${SRC} |           \
    10       sed 's/#[ ]*include[ ]*//'       |           \
    11       sed 's/["]//g'        >/tmp/deptree.$$$$;    \
    12       echo >>/tmp/deptree.$$$$ # Leerzeile anhaengen \
    13       #——— Unter Verwendung der temporaeren Datei deptree.$$$$ \
    14       #——— ein Makefile mit awk generieren ——————————— \
    15       awk 'BEGIN { FS=":";                         \
    16                    printf("%s: %s\n", "${ZIEL}", "${SRC:.c=.o}"); \
    17                    printf("\tcc -o %s %s\n\n",     \
    18                           "${ZIEL}", "${SRC:.c=.o}"); \
    19                  }                                 \
    20            { sub(/.c$$/, "", $$1);                 \
    21              if ($$1 != name) {                    \
    22                if (name!="")                       \
    23                   printf("\n\tcc -c %s.c\n", name); \
    24                if ($$1 == "")                      \
    25                   exit;                            \
    26                printf("\n%s.o: %s.c", $$1, $$1);   \
    27                name=$$1;                           \
    28              }                                     \
    29              printf(" %s", $$2);                   \
    30            }' /tmp/deptree.$$$$   >${OUTPUT};      \
    31       rm /tmp/deptree.$$$$
$
```

Dieses Makefile *mkfile* generiert automatisch ein Makefile für unser Assembler-Programm. Da es sich um ein komplexes Makefile handelt, soll sein Inhalt im folgenden näher erläutert werden:

In den Zeilen 9 bis 11

```
 9    grep '^#[ ]*include[    ]*"' ${SRC} |        \
10    sed  's/#[    ]*include[    ]*//'      |      \
11    sed  's/["]//g'      >/tmp/deptree.$$$$;      \
```

werden zunächst mit **grep** aus den C-Dateien des Assembler-Programms alle Zeilen herausgefiltert, welche die Präprozessor-Anweisung **#include** *"header-datei"*[13] enthalten. Die so ermittelten Zeilen werden dann über eine Pipe an ein **sed**-Skript übergeben, das aus diesen Zeilen jedes **#include** (mit allen direkt folgenden Leerzeichen) entfernt, bevor die so behandelten Zeilen über eine Pipe an ein weiteres **sed**-Skript weitergereicht werden, das alle Anführungszeichen entfernt.

Somit erhält man Zeilen mit folgendem Aussehen:

```
assemb.c:global.h
assemb.c:fehler.h
assemb.c:pass1.h
assemb.c:pass2.h
assemb.c:symb_tab.h
pass1.c:pass1.h
pass1.c:global.h
pass1.c:fehler.h
........
```

Diese Zeilen werden aber nicht am Bildschirm ausgegeben, sondern unter Verwendung von Ausgabeumlenkung in eine Datei mit Namen *deptree.$$* geschrieben; für *$$* wird dabei die Prozeßnummer der aktuellen Shell eingesetzt.

In der Zeile 12

```
12    echo >>/tmp/deptree.$$$$   # Leerzeile anhaengen   \
```

wird am Ende dieser temporären Datei *deptree.$$* aus programmtechnischen Gründen noch eine Leerzeile angehängt.

In den Zeilen 15 bis 30 befindet sich ein **awk**-Skript, das die zuvor erzeugte Datei *deptree.$$* verwendet, um daraus automatisch ein Makefile zu generieren. Alle Ausgaben von diesem **awk**-Skript werden in die Datei *makefil* geschrieben, da in Zeile 30 mit >${OUTPUT} die Ausgabe dorthin umgelenkt wird. Schauen wir uns nun dieses **awk**-Skript doch etwas genauer an:

Zunächst befindet sich in den Zeilen 15 bis 19 ein **BEGIN**-Teil:

---

[13] Es ist zu beachten, daß Zeilen, in denen **#include** *<header-datei>* angegeben ist, nicht herausgefiltert werden.

```
15      awk 'BEGIN { FS=":";                                   \
16                   printf("%s: %s\n", "${ZIEL}", "${SRC:.c=.o}"); \
17                   printf("\tcc -o %s %s\n\n",                \
18                          "${ZIEL}", "${SRC:.c=.o}");         \
19                 }                                            \
```

In diesem Teil wird zunächst mit *FS=":"* festgelegt, daß als Trennzeichen für die einzelnen Felder der Doppelpunkt zu verwenden ist, da in *deptree.$$* die Dateinamen mit Doppelpunkt voneinander getrennt sind (siehe auch oben). Mit den beiden *printf* wird dann die Abhängigkeitsbeschreibung mit entsprechendem Linker-Aufruf für *assemb* ausgegeben. Die Zeilen 20 bis 29 führt **awk** für jede einzelne Eingabezeile aus:

```
20             { sub(/.c$$/, "", $$1);                         \
21               if ($$1 != name) {                            \
22                 if (name!="")                               \
23                   printf("\n\tcc -c %s.c\n", name);         \
24                 if ($$1 == "")                              \
25                   exit;                                     \
26                 printf("\n%s.o: %s.c", $$1, $$1);           \
27                 name=$$1;                                   \
28               }                                             \
29               printf(" %s", $$2);                           \
```

Diese Zeilen sind für die Generierung der Abhängigkeitsbeschreibungen mit zugehörigen Compiler-Aufruf verantwortlich.

Da der Name des obigen Makefiles weder *makefile* noch *Makefile* ist, muß man **make** beim Aufruf den Namen dieses Makefiles *mkfile* unter Verwendung der Option **-f** mitteilen. So bedeutet z.B. der folgende Aufruf

make -f mkfile

daß **make** nicht ein eventuell vorhandenes *Makefile* bzw. *makefile*, sondern das Makefile mit dem Namen *mkfile* benutzen soll.

Das durch unser *mkfile* automatisch generierte Makefile für das Assembler-Programm befindet sich dann in der Datei *makefil*.

```
$ make -s -f mkfile ⏎
$ cat makefil ⏎
assemb: assemb.o pass1.o pass2.o symb_tab.o fehler.o
    cc -o assemb assemb.o pass1.o pass2.o symb_tab.o fehler.o

assemb.o: assemb.c global.h fehler.h pass1.h pass2.h symb_tab.h
    cc -c assemb.c

pass1.o: pass1.c pass1.h global.h fehler.h symb_tab.h
    cc -c pass1.c

pass2.o: pass2.c pass2.h fehler.h symb_tab.h
    cc -c pass2.c
```

```
symb_tab.o: symb_tab.c symb_tab.h global.h fehler.h
    cc -c symb_tab.c

fehler.o: fehler.c fehler.h
    cc -c fehler.c
$
```

Dieses automatisch generierte *makefil* entspricht vollkommen dem Makefile, das wir in Kapitel 3.1.1 noch per Hand erstellt haben.

Die Angabe eines doppelten Dollar $$ ist nicht notwendig für globale mit **export** bereitgestellte Shell-Variablen oder für Shell-Variablen, die beim **make**-Aufruf auf der Kommandozeile definiert werden, da diese Makrodefinitionen enthalten, wie wir in Kapitel 3.2.4 gesehen haben.

**Shell-Programmierung unter Verwendung von Semikolon und **

Shell-Kommandos, die zur Ablaufsteuerung eines Shell-Skripts verwendet werden, erstrecken sich meist über mehrere Zeilen. Man denke dabei nur an Kommandos wie **if**, **for** oder **while**. Werden solche Kommandos in Makefiles verwendet, dann müssen Semikolons und das Zeilen-Fortsetzungszeichen \\ verwendet werden, um sie von der Shell als eine Kommandozeile interpretieren zu lassen.

Dabei sollten folgende Regeln beachtet werden:

1. Sollen ein oder mehrere Kommandos von derselben Subshell abgearbeitet werden, dann sind sie in einer Zeile anzugeben. Da Kommandos wie **if**, **for** oder **case** immer von einer Subshell auszuführen sind, müssen sie zwangsläufig in einer Zeile angegeben sein.

2. Werden ein oder mehrere Kommandos in einer Zeile angegeben, so verlangt die Shell-Syntax, daß sie durch Semikolon voneinander zu trennen sind. Ausnahmen dazu sind z.B. Schlüsselwörter wie **do** oder **then**[14]. Als Beispiel dazu ein Makefile, in dem eine Datei *buch* von 5 Dateien *kap1*, *kap2*, *kap3*, *kap4* und *anhang* abhängt. Jedesmal wenn ein Kapitel oder der Anhang geändert wird, soll die Datei *buch* neu erstellt werden, indem die einzelnen Kapitel zusammengefügt werden.

   ```
   $ cat makefile ↵
   KAPITEL = kap1 kap2 kap3 kap4 anhang

   buch: ${KAPITEL}
       date >buch    # Als erstes das Datum in buch eintragen
       for i in ${KAPITEL}; do  cat $$i >>buch;  done
   $
   ```

3. Werden nun Kommandozeilen unter Verwendung des Zeilen-Fortsetzungszeichen \\ über mehrere Zeilen erstreckt, so handelt es sich für die Shell immer noch um

---

[14] Im 2. Band dieser Reihe »UNIX-Shells« sind weitere Ausnahmen angegeben.

Der Programmgenerator make von UNIX   93

eine Zeile. Es müssen also auch hier nach den entsprechenden Kommandos Semikolons angegeben werden, um die einzelnen Kommandos voneinander zu trennen. Unter Verwendung des Zeilen-Fortsetzungszeichen \ kann das obige Makefile auch wie folgt geschrieben werden.

```
$ cat makefile ⏎
KAPITEL = kap1 kap2 kap3 kap4 anhang

buch: ${KAPITEL}
    date >buch    # Als erstes das Datum in buch eintragen
    for i in ${KAPITEL}; \
    do \
        cat $$i >>buch; \
    done
$
```

Mit dieser Kenntnis könnten wir nun unser Makefile für das Assembler-Programm z.B. wie folgt angeben:

```
$ nl -ba makefile ⏎
  1 #----- Makefile fuer das Assembler-Programm -----
  2 #----------------------------------------------------
  3
  4 #...........Makro-Definitionen.........................
  5 MODULE = assemb.o pass1.o pass2.o symb_tab.o symb_ta2.o fehler.o
  6 OBJ1   = assemb.o pass1.o pass2.o symb_tab.o fehler.o
  7 OBJ2   = assemb.o pass1.o pass2.o symb_ta2.o fehler.o
  8
  9 #...........Linker-Teil................................
 10 assemb1: ${OBJ1}
 11 assemb2: ${OBJ2}
 12 assemb1 assemb2:
 13     echo "$@ wird nun gelinkt........"; \
 14     if [ "$@" = "assemb1" ]; \
 15     then cc -o $@ ${OBJ1}; \
 16     else cc -o $@ ${OBJ2}; \
 17     fi
 18     date >>$@.gen
 19
 20 #...........Kompilierungs-Teil..........................
 21 assemb.o:    assemb.c global.h pass1.h pass2.h symb_tab.h fehler.h
 22 pass1.o:     pass1.c pass1.h global.h symb_tab.h fehler.h
 23 pass2.o:     pass2.c pass2.h symb_tab.h fehler.h
 24 symb_tab.o:  symb_tab.c symb_tab.h global.h fehler.h
 25 symb_ta2.o:  symb_ta2.c symb_tab.h global.h fehler.h
 26 fehler.o:    fehler.c fehler.h
 27 ${MODULE}:
 28     cc -c $*.c
```

```
   29     date >>$*.gen    # Generierungs-Zeit in datei.gen speichern
   30
   31  #...........Cleanup..................................................
   32  cleanup1 cleanup2:
   33     echo "Folgende Dateien werden nun geloescht:      "
   34     if [ "$@" = "cleanup1" ]; \
   35     then ldatei="${OBJ1}"; \
   36     else ldatei="${OBJ2}"; \
   37     fi; \
   38     for i in $$ldatei; do \
   39        if [ -s "$$i" ]; then echo ......$$i; /bin/rm -f $$i; fi; \
   40     done
$
```

Kommandozeilen, die nach einem \ angegeben sind, müssen nicht mit Tabulatorzeichen eingerückt werden. So kann z.B. obiges Makefile auch wie folgt angegeben werden:

```
$ cat makefile ⏎
KAPITEL = kap1 kap2 kap3 kap4 anhang

buch: ${KAPITEL}
    date >buch      # Als erstes das Datum in buch eintragen
    for i in ${KAPITEL}; \
do \
cat $$i >>buch; \
done
$
```

Eine solche Angabe ist zwar erlaubt, sollte aber nicht verwendet werden, da die Lesbarkeit eines Makefiles stark darunter leidet.

Builtin-Kommandos haben nur Auswirkung in einer Kommandozeile

Builtin-Kommandos einer Shell wie z.B. **cd**, **export** oder **exit**[15] haben in einem Makefile nur Auswirkung in der Zeile, in der sie angeben sind. Der Grund dafür ist offensichtlich, denn für jede einzelne Kommandozeile in einem Makefile wird eine Subshell gestartet. Somit wirken builtin-Kommandos nur in der Subshell, in der sie aufgerufen werden. Dazu wieder ein Beispiel:

```
$ cat makefile ⏎
ausgabe:
    exit;
    echo Hallo
    GRUSS=Tschuess; export $$GRUSS
```

---

[15] Im 2. Band dieser Reihe »UNIX-Shells« sind alle builtin-Kommandos zur Bourne-, Korn- und C-Shell angegeben.

```
        echo ──── $$GRUSS ────
$ make -s ausgabe[↵]
Hallo
──── ────
$
```

An diesem Beispiel ist zu erkennen, daß **exit** nicht den Abbruch des **make**-Aufrufs, sondern lediglich den Abbruch seiner eigenen Subshell bewirkt. Darüber hinaus erkennt man, daß **export** nur für die eigene Subshell, und nicht für danach gestartete Subshells ausgewertet wird. Wenn das Beispiel wie folgt aussieht, dann würden die beiden Kommandos wenigstens für ihre eigenen Subshells eine Auswirkung haben:

```
$ cat makefile[↵]
ausgabe:
    exit; echo Hallo
    GRUSS=Tschuess; export $$GRUSS; echo ──── $$GRUSS ────
$ make -s ausgabe[↵]
──── Tschuess ────
$
```

@ vor Kommando schaltet automatische Ausgabe durch make aus

make gibt normalerweise alle Kommandozeilen nochmals am Bildschirm aus, bevor es sie ausführen läßt. Soll diese automatische Ausgabe vollständig ausgeschaltet werden, so muß, wie wir bereits wissen, beim Aufruf von **make** die Option **-s** angegeben werden.

Das vollständige Ausschalten der automatischen Ausgabe von Kommandos vor ihrer Ausführung erreicht man im übrigen auch durch die Angabe der folgenden Zeile in einem Makefile:

.SILENT:

In diesem Fall ist dann für dieses Makefile die automatische Ausgabe durch **make** immer ausgeschaltet, selbst wenn beim **make**-Aufruf nicht die Option **-s** angegeben wird.

Daneben gibt es aber noch eine andere Möglichkeit, die automatische Ausgabe von Kommandozeilen zu unterdrücken. Dazu muß als erstes Zeichen in einer Kommandozeile das Zeichen @ angegeben werden. In diesem Fall wird die automatische Ausgabe von **make** nur für diese Zeile und nicht wie bei der Option **-s** oder bei der Angabe von *.SILENT:* für alle Kommandozeilen eines Makefiles ausgeschaltet.

Wenn z.B. in unserem Assembler-Makefile vor den beiden *cleanup*-Kommandozeilen ein @ angegeben wird, dann wird nur für diese beiden Zeilen die automatische Ausgabe durch **make** ausgeschaltet.

```
$ nl -ba makefile⏎
..........
..........
   30
   31  #...........Cleanup.................................................
   32  cleanup1 cleanup2:
   33      @ echo "Folgende Dateien werden nun geloescht:       "
   34      @ if [ "$@" = "cleanup1" ]; \
   35         then ldatei="${OBJ1}"; \
   36         else ldatei="${OBJ2}"; \
   37      fi; \
   38      for i in $$ldatei; do \
   39         if [ -s "$$i" ]; then echo ......$$i; /bin/rm -f $$i; fi; \
   40      done
$ make cleanup1⏎
Folgende Dateien werden nun geloescht:
......assemb.o
......pass1.o
......pass2.o
......symb_tab.o
......fehler.o
$
```

Das Zeichen @ darf nur am Anfang einer Kommandozeile angegeben werden. Im obigen Ausschnitt aus einem Makefile sind z.B. nur 2 Kommandozeilen vorhanden, wobei sich die letzte Kommandozeile bedingt durch die Angabe von Zeilen-Fortsetzungszeichen \ über mehrere Zeilen erstreckt.

- vor Kommando schaltet automatischen make-Abbruch bei Fehler ab

Wenn die Ausführung eines Kommandos aus einem Makefile nicht erfolgreich war[16], so bricht **make** sofort ab. Dies ist zwar in den meisten Fällen wünschenswert, aber in bestimmten Situationen liegen Kommandos vor, von deren erfolgreicher Ausführung der Rest des Makefiles nicht unbedingt abhängig ist. Um **make** mitzuteilen, daß es mit der Abarbeitung eines Makefiles fortfahren soll, selbst wenn eine bestimmte Kommandozeile nicht erfolgreich ausgeführt werden kann, ist in dieser Kommandozeile als erstes Zeichen ein Querstrich - anzugeben. Nehmen wir dazu folgendes Beispiel. Ein Entwickler arbeitet gleichzeitig an mehreren Programmen und hat sich deshalb ein Makefile für die Generierung aller Programme geschrieben:

```
$ cat makefile⏎
.SILENT:
PROGS = add crossref menugen termkop

programme: ${PROGS}
```

---

[16] Kommando liefert einen exit-Status verschieden von 0.

```
${PROGS}: $$@.c
    cc $@.c -o $@
$ make ⏎
add.c
add.c(45) : error .....
*** Error code 1
Stop.
$
```

Da bereits bei der Kompilierung des ersten C-Programms *add.c* ein Fehler auftritt, bricht **make** sofort ab und versucht erst gar nicht die restlichen C-Programme zu kompilieren. Stellt man dagegen dem Compiler-Aufruf **cc** einen Querstrich - voran, dann bricht **make** nach einem fehlerhaften Compiler-Lauf nicht ab, sondern fährt mit der Kompilierung der anderen C-Programme fort.

```
$ cat makefile ⏎
.SILENT:
PROGS = add crossref menugen termkop

programme: ${PROGS}

${PROGS}: $$@.c
    - cc $@.c -o $@
$ make ⏎
add.c
add.c(45) : error .....
*** Error code 1 (ignored)
crossref.c
menugen.c
termkop.c
$
```

Die Angabe eines Querstrichs vor einer Kommandozeile bewirkt, daß **make** beim Auftreten eines Fehlers in dieser Kommandozeile nicht abbricht, sondern mit der Ausführung des nächsten Kommandos fortfährt. Trotzdem ist es in vielen Situationen empfehlenswert, einen möglichen Fehler selbst durch ein **if**-Kommando abzufangen und dann eine entsprechende Fehlermeldung auszugeben. Folgendes Beispiel zeigt diese Vorgehensweise.

```
$ cat makefile ⏎
.SILENT:
PROGS = add crossref menugen termkop

programme: ${PROGS}

${PROGS}: $$@.c
    if cc $@.c -o $@ 2>/dev/null; \
    then  echo "$@.c erfolgreich kompiliert....."; \
    else  echo ".....$@.c nicht erfolgreich kompiliert."; \
    fi
```

```
$ make⏎
.....add.c nicht erfolgreich kompiliert.
crossref.c erfolgreich kompiliert.....
menugen.c erfolgreich kompiliert.....
termkop.c erfolgreich kompiliert.....
$
```

Ein Fehler beim **cc**-Kommando bewirkt in diesem Makefile keinen Abbruch, da es in einem **if**-Kommando angegeben ist. Der exit-Status eines **if**-Kommandos ist immer der exit-Status des zuletzt ausgeführten Kommandos im **if**-Kommando. Da hier sowohl im **then**- als auch im **else**-Teil ein **echo**-Kommando ausgeführt wird, ist der exit-Status des entsprechenden **echo**-Kommandos der exit-Status des ganzen **if**-Kommandos, und der ist hier immer 0, also erfolgreich. Somit bricht **make** beim Auftreten eines Kompilierungs-Fehlers nicht ab.

-@ oder @- darf auch einem Kommando vorangestellt werden

Wenn für eine Kommandozeile gleichzeitig folgendes gelten soll:
▶ keine Ausgabe der Kommandozeile vor ihrer Ausführung und
▶ kein **make**-Abbruch beim Auftreten eines Fehlers

dann kann man dieser Kommandozeile entweder -@ oder @- voranstellen. Dazu wieder ein Beispiel:

```
$ cat makefile⏎
PROGS = add crossref menugen termkop
programme: ${PROGS}
${PROGS}: $$@.c
    @- cc $@.c -o $@
$ make⏎
add.c
add.c(45) : error .....
*** Error code 1 (ignored)
crossref.c
menugen.c
termkop.c
$
```

.IGNORE: und Option -i bewirken das Ignorieren von allen Fehlern

Soll **make** beim Abarbeiten eines Makefiles grundsätzlich alle auftretenden Fehler ignorieren und niemals vorzeitig abbrechen, so muß **make** mit der Option **-i** aufgerufen werden. Ein Aufruf von **make** unter Angabe dieser Option **-i** bewirkt das gleiche, wie das Voranstellen eines Querstriches vor jeder Kommandozeile. Eine andere Möglichkeit, **make** mitzuteilen, daß es beim Auftreten von Fehlern niemals vorzeitig abbrechen soll, ist die Angabe der folgenden Zeile in einem Makefile:

.IGNORE:

In diesem Fall bricht **make** niemals bei fehlerhaften Kommandos ab, selbst wenn beim **make**-Aufruf die Option **-i** nicht angegeben ist. Im folgenden zwei Beispiele dazu:

```
$ cat makefile ⏎
.SILENT:
PROGS = add crossref menugen termkop
programme: ${PROGS}
${PROGS}: $$@.c
    cc $@.c -o $@
$ make -i ⏎
add.c
add.c(45) : error .....
*** Error code 1 (ignored)
crossref.c
menugen.c
termkop.c
$ touch add.c crossref.c menugen.c termkop.c ⏎
$ cat makefile ⏎
.IGNORE:
.SILENT:
PROGS = add crossref menugen termkop
programme: ${PROGS}
${PROGS}: $$@.c
    cc $@.c -o $@
$ make ⏎
add.c
add.c(45) : error .....
*** Error code 1 (ignored)
crossref.c
menugen.c
termkop.c
$
```

Die Verwendung von *.IGNORE:* oder der Option **-i** ist jedoch nicht ratsam, da ein Fortfahren mit der Abarbeitung eines Makefiles beim Auftreten von unerwarteten Fehlern katastrophale Folgen haben kann. Man denke z.B. nur daran, daß in einem Makefile C-Programme immer in ein anderes Directory umkopiert werden, bevor sie im working directory gelöscht werden. Schlägt nun das Umkopieren fehl, da z.B. das entsprechende Directory gar nicht existiert oder weil es schreibgeschützt ist, dann sind die betreffenden C-Programme nirgends gesichert, werden aber trotzdem gelöscht.

Option -k bewirkt den Generierungs-Abbruch für nur ein *ziel*

Hat man in einem Makefile mehrere voneinander unabhängige *ziele* angegeben, dann kann die Option **-k** sehr nützlich sein. Wird nämlich die Option **-k** beim **make**-Aufruf angegeben, dann bricht **make** beim Auftreten eines Fehlers zwar die Generierung dieses *ziels*, bei dem ein Fehler aufgetreten ist, und auch aller *objekte* ab, von denen dieses Ziel direkt oder indirekt abhängig ist, aber es fährt mit der Generierung anderer *ziele* fort. So wird alles generiert, was fehlerfrei generiert werden kann, während der Rest unverändert bleibt.

make meldet dabei, was nicht erfolgreich generiert werden kann.

Als Beispiel wieder ein Makefile zum Assembler-Programm:

```
$ cat makefile ⏎
#------ Makefile fuer das Assembler-Programm ------
#-----------------------------------------------------
#............Makro-Definitionen..................................
OBJ1 = assemb.o pass1.o pass2.o symb_tab.o fehler.o
OBJ2 = assemb.o pass1.o pass2.o symb_ta2.o fehler.o

#............Linker-Teil.........................................
assemb1: ${OBJ1}
    echo "assemb1 wird gelinkt......"
    cc -o $@ ${OBJ1}
assemb2: ${OBJ2}
    echo "assemb2 wird gelinkt......"
    cc -o $@ ${OBJ2}


#............Kompilierungs-Teil..................................
assemb.o:  assemb.c global.h pass1.h pass2.h symb_tab.h fehler.h
    cc -c assemb.c
pass1.o:  pass1.c pass1.h global.h symb_tab.h fehler.h
    cc -c pass1.c
pass2.o:  pass2.c pass2.h symb_tab.h fehler.h
    cc -c pass2.c
symb_tab.o:  symb_tab.c symb_tab.h global.h fehler.h
    cc -c symb_tab.c
symb_ta2.o:  symb_ta2.c symb_tab.h global.h fehler.h
    cc -c symb_ta2.c
fehler.o:  fehler.c fehler.h
    cc -c fehler.c
$ vi symb_tab.c ⏎    [Einbau eines künstlichen Syntax-Fehler in symb_tab.c]
......
......
$ make -sk assemb1 assemb2 ⏎
assemb.c
pass1.c
pass2.c
symb_tab.c(1) : error .....
*** Error code 1
fehler.c
'assemb1' not remade because of errors
```

```
symb_ta2.c
assemb2 wird gelinkt......
$ vi symb_tab.c ⏎    [künstlichen Syntax-Fehler in symb_tab.c wieder entfernen]
......
......
$
```

Obwohl die Generierung von *assemb1* aufgrund eines Fehlers in *symb_tab.c* fehlschlug, wurde das zweite auf der Kommandozeile angegebene Ziel *assemb2* erfolgreich generiert.

Makro SHELL enthält zu verwendende Shell für Kommandozeilen

Wie bereits erwähnt wird für jede in einem Makefile angegebene Kommandozeile eine eigene Subshell gestartet. Da unter UNIX mehrere Shells existieren, wie z.B. Bourne-Shell, Korn-Shell oder C-Shell, mag mancher Benutzer eine Vorliebe für die eine oder andere Shell haben. Wenn nicht anders vereinbart, so benutzen die meisten **make**-Versionen die Bourne-Shell zur Ausführung der in Makefiles angegebenen Kommandozeilen.

Sollen die Kommandozeilen aber von einer anderen Shell ausgeführt werden, so muß der Benutzer in seinem Makefile dem Makro **SHELL** den Namen der betreffenden Shell zuweisen. Will er die C-Shell in seinem Makefile benutzen, so gibt er die folgende Zeile dort an:

SHELL =/bin/csh

Wird keine solche Angabe in einem Makefile gemacht, so liegt meist folgende default-Einstellung vor:

SHELL = /bin/sh

Im folgenden Beispiel wird die C-Shell benutzt.

```
$ cat makefile ⏎
SHELL = /bin/csh
KAPITEL = kap1 kap2 kap3 kap4 anhang

buch: ${KAPITEL}
    date >buch
    set i = ( ${KAPITEL} ); \
    cat $$i >>buch
$ make -s ⏎
$
```

Da die default-Einstellung für das Makro **SHELL** von System zu System unterschiedlich sein kann, ist es empfehlenswert, am Anfang eines Makefiles dem Makro **SHELL** immer den Pfadnamen der Shell zuzuweisen, die in den Kommandozeilen des Makefiles benutzt wird. So ist man dann immer von der default-Einstellung des Makros **SHELL** unabhängig.

Einfache Kommandozeilen führt make direkt ohne Shell-Aufruf aus

Kommandozeilen, die keine Metazeichen von Shells (wie >, `..` oder *), keine builtin-Kommandos von Shells (wie **exit, export** oder **cd**) und auch keine Programmier-Kommandos von Shells (wie **if, for** oder **while**) enthalten, werden ohne Zuhilfenahme eines Shell-Programms direkt von **make** ausgeführt[17]. Betrachten wir folgendes Makefile:

```
$ nl -ba makefile⏎
    1  BEGRIFF = "Synapse"
    2
    3  stichworte:  fuzzy.txt neuronet.txt unix.txt
    4      sort fuzzy.txt neuronet.txt unix.txt >/tmp/stiworte
    5      mv /tmp/stiworte stichworte
    6      grep ${BEGRIFF} stichworte | lp
$
```

Hier werden von den 3 Kommandozeilen nur die Zeilen 4 und 6 durch die mit dem Makro **SHELL** festgelegte Shell ausgeführt, während die 5. Zeile direkt von **make** ohne Aufruf einer Shell ausgeführt wird. Kann also in einem Makefile auf Metazeichen, builtin-Kommandos und Shell-Programmier-Kommandos verzichtet werden, dann ist ein solches Makefile vollständig unabhängig von einer bestimmten Shell. Zudem wird ein solches von einer Shell unabhängiges Makefile schneller abgearbeitet, da **make** selbst für den Aufruf des entsprechenden Kommandos sorgt, und nicht erst eine eigene Subshell startet, die dann ihrerseits für den Aufruf des entsprechenden Kommandos sorgt. Im nächsten Kapitel sind alle Punkte zusammengefaßt, die es bei der Angabe von Abhängigkeitsbeschreibungen zu beachten gilt.

3.4 Abhängigkeitsbeschreibungen

Obwohl wir schon das meiste über Abhängigkeitsbeschreibungen wissen, blieben einige Eigenschaften von Abhängigkeitsbeschreibungen bisher unerwähnt. Fassen wir die bekannten Punkte nochmals zusammen:

▶ Eine Abhängigkeitsbeschreibung muß immer vollständig in einer Zeile angegeben sein:
ziel : objekt1 objekt2 ....

---

[17] Alle Metazeichen, builtin-Kommandos und Programmier-Kommandos der Bourne-, Korn- und C-Shell sind im 2. Band »UNIX-Shells« dieser Reihe angegeben.

Eine solche Zeile beschreibt, von welchen *objekten* das *ziel* (target) abhängig ist.

▶ Unter Verwendung des Fortsetzungszeichens \ kann eine Abhängigkeitsbeschreibung auch über mehrere Zeilen erstreckt werden.

▶ Vor dem *ziel* darf niemals ein Tabulatorzeichen angegeben sein und es muß mit Doppelpunkt von den *objekten* getrennt sein.

▶ Die einzelnen *objekte* müssen mit Leer- oder Tabulatorzeichen voneinander getrennt angegeben werden.

▶ Es sind auch Abhängigkeitsbeschreibungen erlaubt, bei denen nur das *ziel* (mit Doppelpunkt) ohne *objekte* angegeben ist. Erinnern Sie sich dabei nochmals an das Ziel *cleanup* in einem früheren Makefile. Fehlende Abhängigkeiten in einer Abhängigkeitsbeschreibung hat zur Folge, daß die zugehörigen Kommandozeilen bei Anforderung immer ausgeführt werden.

▶ Eine Abhängigkeitsbeschreibung und die dazugehörigen Kommandozeilen können auch in einer Zeile angegeben werden, wenn sie mit Semikolon voneinander getrennt sind:
ziel : objekt1 objekt2 ... ; kdozeile1; kdozeile2 ....

▶ Mehrere Abhängigkeitsbeschreibungen können zwar das gleiche *ziel* haben, es dürfen aber nur bei einer Abhängigkeitsbeschreibung dieser *ziel*-Gruppe Kommandozeilen angegeben sein.

▶ In einer Abhängigkeitsbeschreibung darf auch mehr als ein *ziel* angegeben werden.

Darüber hinaus kann anstelle eines einfachen auch ein doppelter Doppelpunkt in einer Abhängigkeitsbeschreibung angegeben werden.

Der doppelte Doppelpunkt :: in Abhängigkeitsbeschreibungen

Will man für die verschiedenen *objekte,* von denen ein *ziel* abhängig ist, unterschiedliche Kommandos ausführen lassen, so muß der doppelte Doppelpunkt :: in der Abhängigkeitsbeschreibung verwendet werden. Wird nämlich der einfache Doppelpunkt angegeben, dann dürfen zwar auch mehrere gleichnamige *ziele* angegeben werden, aber Kommandozeilen dürfen nur bei einem *ziel* angegeben sein.

Dazu folgendes Beispiel, bei dem Objektdateien unterschiedlich kompiliert werden sollen, bevor sie in eine Bibliothek *graphbib* übernommen werden:

```
$ cat makefile ⏎
graphbib :: kreis.c
    cc -c -DMITTPKT kreis.c
    ar r $@ kreis.o
    rm -f kreis.o

graphbib :: quadrat.c
    cc -c -DBESCHRIFT quadrat.c
```

```
    ar r $@ quadrat.o
    rm -f quadrat.o
$
```

Falls **make** mit diesem Makefile aufgerufen wird, so würde *kreis.c* anders kompiliert als *quadrat.c*, wenn dies aufgrund von neueren Zeitmarken notwendig ist.

Wenn in einer Abhängigkeitsbeschreibung ein doppelter Doppelpunkt :: angegeben ist, so darf dieses *ziel* nicht in einer anderen Abhängigkeitsbeschreibung mit einem einfachen Doppelpunkt : angegeben werden.

Im nächsten Kapitel werden wir uns mit Suffix-Regeln beschäftigen. Die Kenntnis von Suffix-Regeln trägt erheblich dazu bei, daß Makefiles kürzer und einfacher werden.

3.5 Suffix-Regeln

Unter UNIX gibt es gewisse Suffix-Regeln, die bei der Vergabe von Dateinamen einzuhalten sind. So müssen z.B. Namen von Dateien, die C-Programme enthalten, mit dem Suffix *.c* enden, damit **cc** diese als C-Dateien akzeptiert. Andere Beispiele für solche Suffix-Regeln sind Objektdateien, deren Name immer mit *.o* endet, oder Assembler-Programme, deren Name immer mit *.s* enden sollte.

3.5.1 Einfaches Beispiel für Suffix-Regeln in Makefiles

Die von UNIX vorgegebenen Suffix-Regeln macht sich **make** zunutze, um die zur Generierung eines Objekts notwendigen Kommandos automatisch zu ermitteln und dann zur Ausführung zu bringen. Nehmen wir z.B. das folgende Makefile:

```
$ cat makefile ⏎
motorsimul :  eingabe.o berechnen.o ausgabe.o main.o mathfunk.o
    @ echo "motorsimul wird gelinkt"
    cc -o motorsimul eingabe.o berechnen.o ausgabe.o main.o mathfunk.o
eingabe.o :  eingabe.c
    cc -c eingabe.c
berechnen.o :  berechnen.c
    cc -c berechnen.c
ausgabe.o :  ausgabe.c
    cc -c ausgabe.c
main.o :  main.c
    cc -c main.c
mathfunk.o :  mathfunk.s
    as -o mathfunk.o mathfunk.s
$
```

Dieses Makefile könnte unter Ausnutzung von Suffix-Regeln wesentlich vereinfacht werden:

```
$ cat makefile ⏎
OBJS = eingabe.o berechnen.o ausgabe.o main.o mathfunk.o

motorsimul : ${OBJS}
    @ echo "motorsimul wird gelinkt"
    cc -o $@ ${OBJS}
$
```

Nun wollen wir testen, ob dieses Makefile das Geforderte leistet:

```
$ make motorsimul ⏎
    cc -O -c eingabe.c
eingabe.c
    cc -O -c berechnen.c
berechnen.c
    cc -O -c ausgabe.c
ausgabe.c
    cc -O -c main.c
main.c
    as -o mathfunk.o mathfunk.s
motorsimul wird gelinkt
cc -o motorsimul eingabe.o berechnen.o ausgabe.o main.o mathfunk.o
$
```

Zum Generieren von *motorsimul* muß **make** zuerst überprüfen, ob *eingabe.o* auf dem neuesten Stand ist. Dazu sucht **make** im working directory entsprechend den vordefinierten Suffix-Regeln nach dem Namen einer Datei, aus der *eingabe.o* generiert werden kann. Mögliche solche Namen sind z.B. *eingabe.c* (C-Programm), *eingabe.f* (FORTRAN-Programm) oder *eingabe.p* (PASCAL-Programm). Für unseren Fall wird **make** das C-Programm *eingabe.c* finden. Wenn **make** nun feststellt, daß *eingabe.c* jünger als *eingabe.o* ist, oder daß *eingabe.o* etwa noch gar nicht existiert, dann ruft **make** automatisch den C-Compiler (*cc -O -c eingabe.c*)[18] auf, um aus *eingabe.c* die Objektdatei *eingabe.o* generieren zu lassen. Wenn dagegen eine Datei *eingabe.f* bzw. *eingabe.p* im working directory gefunden wird, dann ruft **make** zur Generierung von *eingabe.o* den FORTRAN- bzw. den PASCAL-Compiler auf.

Für die Objektdatei *mathfunk.o* findet **make** z.B. die Datei *mathfunk.s*. Aus dem Suffix *.s* kann **make** schließen, daß es sich hierbei um ein Assembler-Programm handelt. Deswegen ruft es zur Generierung der Objektdatei *mathfunk.o* den Assembler **as** mit einer entsprechenden Kommandozeile auf. Diese für **make** vordefinierten Suffix-Regeln machen es möglich, daß das obige kurze Makefile ausreicht, um alle erforderlichen

---

[18] Die Option **-O** ist im vordefinierten Makro *CFLAGS* angegeben (siehe Kapitel 3.2.2) und wird deshalb hier in der automatisch generierten Kommandozeile eingesetzt. Möchte der Benutzer keine Optionen aus *CFLAGS* in der **cc**-Kommandozeile haben, so muß er nur dem Makro *CFLAGS* den Leerstring zuweisen.

Generierungsschritte für das Programm *motorsimul* durchzuführen. Bei diesen Makefiles ist es im übrigen auch möglich, nur einen Teil der Generierungsschritte durchführen zu lassen. Dazu müssen beim **make**-Aufruf die zu generierenden Ziele angegeben werden. Das nachfolgende Beispiel zeigt dies für unser obiges Makefile:

```
$ touch eingabe.c berechnen.c ausgabe.c main.c ⏎
$ touch mathfunk.s ⏎
$ make eingabe.o ⏎
    cc -O -c eingabe.c
eingabe.c
$ make -n main.o ⏎
    cc -O -c main.c
$ make berechnen.o ausgabe.o ⏎
    cc -O -c berechnen.c
berechnen.c
    cc -O -c ausgabe.c
ausgabe.c
$ make mathfunk.o ⏎
    as -o mathfunk.o mathfunk.s
$ make motorsimul ⏎
    cc -O -c main.c
main.c
motorsimul wird gelinkt
cc -o motorsimul eingabe.o berechnen.o ausgabe.o main.o mathfunk.o
$
```

3.5.2 Die Angabe von eigenen Suffix-Regeln

Es existieren eine ganze Reihe von Suffix-Regeln, die für **make** vordefiniert sind. In den nachfolgenden Kapiteln werden wir diese vordefinierten Suffix-Regeln schrittweise kennenlernen. Ein **make**-Benutzer kann jedoch auch seine eigenen Suffix-Regeln definieren. Wie eine solche eigene Definition aussehen kann, zeigt das nachfolgende Beispiel:

```
$ nl -ba makefile ⏎
    1  .SUFFIXES: .o .c .s
    2  .c.o:
    3      @ echo "$@ wird kompiliert...."
    4      @ cc -c $< 2>/dev/null
    5  .s.o:
    6      @ echo "$@ wird assembliert...."
    7      @ as -o $@ $<
    8
    9  OBJS = eingabe.o berechnen.o ausgabe.o main.o mathfunk.o
   10  motorsimul : ${OBJS}
```

```
    11      @ echo "motorsimul wird gelinkt...."
    12      @ cc -o $@ ${OBJS}
$
```

Nun rufen wir **make** auf, um zu sehen, welche Generierungen durch dieses Makefile durchgeführt werden:

```
$ touch eingabe.c berechnen.c ausgabe.c main.c ⏎
$ touch mathfunk.s ⏎
$ make motorsimul ⏎
eingabe.c wird kompiliert....
berechnen.c wird kompiliert....
ausgabe.c wird kompiliert....
main.c wird kompiliert....
mathfunk.s wird assembliert....
motorsimul wird gelinkt....
$
```

Dieses Makefile leistet also nahezu das gleiche wie das vorherige Makefile, nur daß eigene Suffix-Regeln definiert wurden.

Das spezielle Ziel .SUFFIXES

Die 1. Zeile des obigen Makefiles

.SUFFIXES: .o .c .s

hat die Form einer Abhängigkeitsbeschreibung. Die nach dem Doppelpunkt angegebenen Suffixe legen dabei fest, welche Suffixe beim Bearbeiten dieses Makefiles von Bedeutung sind. An der 1. Zeile unseres Makefiles läßt sich sofort erkennen, daß in diesem Makefile mit C-Programmen (*.c*), Assembler-Programmen (*.s*) und Objektdateien (*.o*) gearbeitet wird. Wenn eine Datei, von der ein Ziel direkt oder indirekt abhängig ist, mit einem Suffix aus dieser Liste endet, und zu dieser Datei nirgends im Makefile Kommandozeilen zur Generierung angegeben sind, dann sucht **make** nach einer entsprechenden Suffix-Regel. Findet **make** eine solche Suffix-Regel, dann führt es die dort angegebenen Kommandozeilen aus.

Suffix-Regeln

Eine Suffix-Regel ist grundsätzlich wie folgt aufgebaut:

```
.von.nach:
    kommandozeilen
```

Zunächst legt eine solche Regel fest, welche Suffix-Abhängigkeiten gelten, nämlich daß Dateien mit dem Suffix *.nach* immer aus Dateien mit dem Suffix *.von* generiert werden. Die dazu notwendigen Generierungsschritte werden immer über die *kommandozeilen* angegeben.

So legt z.B. die erste Suffix-Regel (Zeile 2 bis 4) folgendes fest:

```
2  .c.o:
```

Aus C-Programmen werden Objektdateien generiert. Was bei einer solchen Generierung durchzuführen ist, legen die nachfolgend angegebenen Kommandozeilen fest.

```
3      @ echo "$@ wird kompiliert...."
4      @ cc -c $< 2>/dev/null
```

Diese beiden Kommandozeilen werden von **make** immer dann ausgeführt, wenn eine der Objektdateien *eingabe.o, berechnen.o, ausgabe.o, main.o* gegenüber dem entsprechenden C-Programm *eingabe.c, berechnen.c, ausgabe.c, main.c* veraltet ist.

Die zweite Suffix-Regel (Zeile 5 bis 7) legt folgendes fest:

```
5  .s.o:
```

Aus Assembler-Programmen (*.s*) werden Objektdateien (*.o*) generiert. Was bei einer solchen Generierung durchzuführen ist, wird über die beiden Kommandozeilen in den Zeilen 6 und 7 festgelegt.

```
6      @ echo "$@ wird assembliert...."
7      @ as -o $@ $<
```

Diese beiden Kommandozeilen werden von **make** immer dann ausgeführt, wenn die Objektdatei *mathfunk.o* gegenüber dem Assembler-Programm *mathfunk.s* veraltet ist.

Das interne Makro $<

Das interne Makro $< darf nur in Suffix-Regeln benutzt werden. Dieses Makro $< enthält ähnlich dem Makro $? immer die Namen von neueren Objekten zu einem veralteten Ziel. Nehmen wir z.B. die erste Suffix-Regel aus obigen Makefile:

```
2  .c.o:
3      @ echo "$@ wird kompiliert...."
4      @ cc -c $< 2>/dev/null
```

Wird diese Suffix-Regel von **make** z.B. auf die Datei *eingabe.o* angewendet, dann wird für $< der Name *eingabe.c* in der zweiten Kommandozeile eingesetzt, wenn *eingabe.c* neuer als *eingabe.o* ist. Wird dagegen diese Suffix-Regel von **make** auf die Datei *berechnen.o* angewendet, dann würde für $< der Name *berechnen.c* eingesetzt. Als weiteres Beispiel soll die zweite Suffix-Regel dienen:

```
5  .s.o:
6      @ echo "$@ wird assembliert...."
7      @ as -o $@ $<
```

Wendet **make** diese Suffix-Regel auf *mathfunk.o* an, dann wird für $< der Name *mathfunk.s* und für $@ der Name *mathfunk.o* in der zweiten Kommandozeile eingesetzt, da nach dieser Suffix-Regel das Ziel *mathfunk.o* von der Datei *mathfunk.s* abhängig ist.

Die internen Makros $<, $*, $@ und $$@ sind in Suffix-Regeln erlaubt

Das obige Makefile kann auch ohne Verwendung von $< angegeben werden, wenn wir z.B. das interne Makro $* (Name des aktuellen Ziels ohne Suffix) benutzen:

```
$ nl -ba makefile ⏎
     1  .SUFFIXES: .o .c .s
     2  .c.o:
     3      @ echo "$*.c wird kompiliert...."
     4      @ cc -c $*.c 2>/dev/null
     5  .s.o:
     6      @ echo "$*.s wird assembliert...."
     7      @ as -o $@ $*.s
     8
     9  OBJS = eingabe.o berechnen.o ausgabe.o main.o mathfunk.o
    10  motorsimul : ${OBJS}
    11      @ echo "motorsimul wird gelinkt...."
    12      @ cc -o $@ ${OBJS}
$
```

In Suffix-Regeln dürfen neben $< und $* noch die beiden internen Makros $@ und $$@ benutzt werden. Dagegen darf das interne Makro $? nicht in Suffix-Regeln, sondern nur in Abhängigkeitsbeschreibungen benutzt werden.

3.5.3 Vordefinierte Suffix-Regeln

Die für **make** vordefinierten Suffix-Regeln nennt man auch *Default-Suffix-Regeln*. Diese vordefinierten Suffix-Regeln enthalten die Aufrufe der wichtigsten Werkzeuge, die für die Softwareentwicklung unter UNIX benötigt werden. So sind durch die Suffix-Regeln die unter UNIX üblichen Compiler-Aufrufe ebenso abgedeckt wie Aufrufe von gängigen Programmier-Werkzeugen, wie z.B. **lex** oder **yacc**. Anhand der nachfolgend angegebenen Suffixe kann **make** erkennen, um welche Art von Datei es sich handelt, und dann die erforderlichen Generierungen dazu durchführen:

.o	Objektdatei
.c	C-Programmdatei
.c~	SCCS C-Programmdatei
.f	FORTRAN-Programmdatei
.f~	SCCS FORTRAN-Programmdatei
.s	Assembler-Programmdatei
.s~	SCCS Assembler-Programmdatei
.l	lex-Programmdatei
.l~	SCCS lex-Programmdatei
.y	yacc-Programmdatei
.y~	SCCS yacc-Programmdatei

.h	Header-Datei
.h~	SCCS Header-Datei
.sh	Shellskript-Datei
.sh~	SCCS-Shellskript-Datei

Im folgenden werden die Suffix-Regeln für die entsprechenden UNIX-Werkzeuge detailliert besprochen.

Vordefinierte Suffix-Regel für den C-Compiler

Für den C-Compiler ist z.B. folgende Suffix-Regel von **make** vordefiniert:

```
.c.o:
    $(CC) $(CFLAGS) -c $<
```

Die beiden Makros CC und CFLAGS sind von **make** wie folgt vordefiniert:

```
CC = cc
CFLAGS = -O
```

Da bei allen Default-Suffix-Regeln von solchen vordefinierten Makros Gebrauch gemacht wird, kann der Benutzer durch Umdefinieren dieser Makros die Suffix-Regeln seinen eigenen Bedürfnissen anpassen. Nehmen wir z.B. an, daß ein Benutzer beim **cc**-Aufruf die voreingestellte Option **-O** (für Optimierung) nicht wünscht, so gibt er nur CFLAGS= im Makefile oder beim **make**-Aufruf auf der Kommandozeile an.

Wünscht ein Benutzer z.B., daß Debug-Information dazu kompiliert wird, so gibt er CFLAGS=-g entweder im Makefile an

```
$ cat makefile ⏎
CFLAGS = -g
OBJS = eingabe.o berechnen.o ausgabe.o main.o mathfunk.o

motorsimul : ${OBJS}
    @ echo "motorsimul wird gelinkt"
    cc -o $@ ${OBJS}
$ make motorsimul ⏎
    cc -g -c eingabe.c
eingabe.c
    cc -g -c berechnen.c
berechnen.c
    cc -g -c ausgabe.c
ausgabe.c
    cc -g -c main.c
main.c
    as -o mathfunk.o mathfunk.s
motorsimul wird gelinkt
cc -o motorsimul eingabe.o berechnen.o ausgabe.o main.o mathfunk.o
$
```

oder auf der Kommandozeile beim **make**-Aufruf:

```
$ cat makefile ⏎
OBJS = eingabe.o berechnen.o ausgabe.o main.o mathfunk.o

motorsimul : ${OBJS}
    @ echo "motorsimul wird gelinkt"
    cc -o $@ ${OBJS}
$ touch eingabe.c berechnen.c ausgabe.c main.c mathfunk.s ⏎
$ make CFLAGS=-g motorsimul ⏎
    cc -g -c eingabe.c
eingabe.c
    cc -g -c berechnen.c
berechnen.c
    cc -g -c ausgabe.c
ausgabe.c
    cc -g -c main.c
main.c
    as -o mathfunk.o mathfunk.s
motorsimul wird gelinkt
cc -o motorsimul eingabe.o berechnen.o ausgabe.o main.o mathfunk.o
$
```

So kann der Benutzer sein Programm sehr flexibel entsprechend den momentan anstehenden Anforderungen generieren lassen. Will ein Benutzer mehrere Optionen einem Makro zuweisen, so verwendet er Apostrophe oder Anführungszeichen , wie z.B.

make "CFLAGS=-g -DTEST" .....

Vordefinierte Suffix-Regeln für den FORTRAN-Compiler

Für den FORTRAN-Compiler ist, abhängig davon welcher FORTRAN-Compiler installiert ist, eine der folgenden Suffix-Regeln definiert:

```
.f.o:
    $(F77) $(F77FLAGS) -c $*.f $(LDFLAGS)
```

oder

```
.f.o:
    $(FC) $(FFLAGS) -c $<
```

Die Makros *FC*, *F77*, *FFLAGS* und *F77FLAGS* sind dabei wie folgt definiert:

```
FC = fc     # eventuell auch: FC = f77
FFLAGS =
F77 = f77
F77FLAGS =
```

FORTRAN hat seit seinen Anfängen eine tiefgreifende Entwicklung durchgemacht. Die meisten **make**-Versionen, aber nicht alle, haben sich diesen Weiterentwicklungen von FORTRAN angepaßt. In den Suffix-Regeln von einigen **make**-Versionen wird immer noch der alte FORTRAN-Compiler **fc** anstelle des neueren Compilers **f77** aufgerufen. Sollte Ihre **make**-Version z.B. immer noch mit dem vordefinierten Makro

```
FC = fc
```

arbeiten, so können Sie dies leicht auf den neueren FORTRAN-Compiler umstellen, indem Sie entweder im Makefile oder auf der Kommandozeile

```
FC = f77
```

angeben. Eine weitere Altlast von vielen **make**-Versionen ist, daß sie FORTRAN-Programme, deren Name mit *.F*[19] endet, nicht als FORTRAN-Programme akzeptieren. Auch dies kann leicht behoben werden, indem man alle Suffix-Regeln für *.f* entsprechend nochmal eigens für *.F* definiert und zusätzlich noch das Suffix *.F* in der Liste nach *.SUFFIXES* hinzufügt. Dazu müssen Sie lediglich folgendes im Makefile angeben:

```
SUFFIXES: .F

.F.o:
    $(FC) $(FFLAGS) -c $*.F $(LDFLAGS)
```

Manche **make**-Versionen bieten auch Suffix-Regeln für die kaum mehr benutzten RATFOR- und EFL-Präprozessoren an. Erkennbar sind solche Regeln an den Suffixen *.r* und *.e*.

Vordefinierte Suffix-Regeln für den PASCAL-Compiler

Wenn auf Ihrem UNIX-System ein PASCAL-Compiler verfügbar ist, so ist folgende Suffix-Regel von **make** vordefiniert:

```
.p.o:
    $(PC) $(PFLAGS) -c $<
```

Die beiden Makros *PC* und *PFLAGS* sind dann wie folgt vordefiniert:

```
PC = pc
PFLAGS =
```

Vordefinierte Suffix-Regeln für den UNIX-Assembler

Für den UNIX-Assembler ist folgende Suffix-Regel von **make** vordefiniert:

```
.s.o:
    $(AS) $(ASFLAGS) -o $@ $<
```

---

[19] FORTRAN-Programme, die zuerst vom C-Präprozessor vorverarbeitet werden.

Die beiden Makros *AS* und *ASFLAGS* sind von **make** wie folgt vordefiniert:

```
AS = as
ASFLAGS =
```

Falls Ihr System über einen Makro-Assembler verfügt, wie z.B. SCO-UNIX, so ist noch folgende Suffix-Regel von **make** vordefiniert:

```
.asm.o:
    $(MASM) $(MASMFLAGS) -o $@ $<
```

Die beiden Makros *MASM* und *MASMFLAGS* sind dann von **make** wie folgt vordefiniert:

```
MASM = masm
MASMFLAGS =
```

Null-Suffixe für Kompilieren mit anschließendem Linken

Bei einigen **make**-Versionen können auch Suffix-Regeln definiert werden, bei denen nur ein Suffix (anstelle von zwei) angegeben ist. Anstelle von

.von.nach:

wird dann nur

.von:

angegeben. *.nach* wird also hierbei nicht angegeben. Ein solches nicht angegebenes Suffix bezeichnet man auch als Null-Suffix.

So ist z.B. für C-Programme von den meisten **make**-Versionen die folgende Suffix-Regel vordefiniert:

```
.c:
    $(CC) $(CFLAGS) $< $(LDFLAGS) -o $@
```

Solche Suffix-Regeln sind besonders dann von Vorteil, wenn sich Programme aus nur einem Modul zusammensetzen. Ruft man z.B. auf

make *programm*

dann ruft **make** automatisch **cc** mit folgender Kommandozeile auf:

cc *-O programm*.**c** *-o programm*

Kompilieren und Linken wird, da die Option **-c** nicht vorhanden ist, mit einem **cc**-Aufruf durchgeführt. Die obige vordefinierte Suffix-Regel ermöglicht also die Generierung von Programmen, ohne daß hierfür ein Makefile erstellt werden muß. Wenn z.B. im working directory die C-Dateien *add.c, crossref.c, menugen.c* und *termkop.c* vorhanden sind, dann bewirkt ein entsprechender **make**-Aufruf die Generierung der entsprechenden Programme, selbst wenn kein Makefile vorhanden ist.

```
$ cat makefile⏎
cat: cannot open makefile
$ make add crossref menugen termkop⏎
   cc -O add.c   -o add
add.c
   cc -O crossref.c  -o crossref
crossref.c
   cc -O menugen.c  -o menugen
menugen.c
   cc -O termkop.c  -o termkop
termkop.c
$
```

Bei den meisten **make**-Versionen ist für FORTRAN eine weitere Suffix-Regel vordefiniert:

```
.f:
   $(F77) $(F77FLAGS) $< $(LDFLAGS) -o $@
```

bzw.

```
.f:
   $(FC) $(FFLAGS) $< $(LDFLAGS) -o $@
```

Falls auf Ihrem System ein PASCAL-Compiler verfügbar ist, so wird darüber hinaus folgende Suffix-Regel angeboten:

```
.p:
   $(PC) $(PFLAGS) $< $(LDFLAGS) -o $@
```

Vordefinierte Suffix-Regeln für lex und yacc

lex und **yacc** sind zwei UNIX-Tools[20], die für die lexikalische und syntaktische Analyse eingesetzt werden. Sie erleichtern erheblich den Bau von Scannern und Parsern. Bei **lex** und **yacc** handelt es sich um Tools, von denen jedes über eine eigene Sprache verfügt. Sie fungieren als eine Art Compiler, indem sie die vorgelegten lex- bzw. yacc-Programme in C-Programme *lex.yy.c* bzw. *y.tab.c* umformen. Diese C-Programme müssen dann noch mit **cc** kompiliert werden. Nach UNIX-Konvention sollten lex-Programme mit dem Suffix *.l* und yacc-Programme mit dem Suffix *.y* enden.

Für die Umformung eines lex-Programms in ein C-Programm ist folgende Suffix-Regel von **make** vordefiniert:

```
.l.c:
   $(LEX) $(LFLAGS) $<
   mv lex.yy.c $@
```

---

[20] Diese beiden Tools sind im 4. Band "lex und yacc" dieser UNIX-Reihe ausführlich beschrieben.

Die beiden Makros *LEX* und *LFLAGS* sind von **make** wie folgt vordefiniert:

```
LEX = lex
LFLAGS =
```

Für die Umformung eines yacc-Programms in ein C-Programm ist folgende Suffix-Regel von **make** vordefiniert:

```
.y.c:
    $(YACC) $(YFLAGS) $<
    mv y.tab.c $@
```

Die beiden Makros *YACC* und *YFLAGS* sind von **make** wie folgt vordefiniert:

```
YACC = yacc
YFLAGS =
```

Zu diesen Suffix-Regeln wollen wir hier ein Beispiel angeben:

```
$ cat makefile ⏎
graphik: graphik.o

graphik.o: graphik.c

graphik.c: graphik.l

$ make graphik ⏎
    lex graphik.l
    mv lex.yy.c graphik.c
    cc -O -c graphik.c
graphik.c
$
```

Wir können in diesem Beispiel aber auch ohne jegliches Makefile ausgekommen. Dazu wird **make** zweimal aufgerufen.

```
$ cat makefile ⏎
cat: cannot open makefile
$ make graphik.c ⏎      [Zuerst muß graphik.c generiert werden]
    lex graphik.l
    mv lex.yy.c graphik.c
$ make graphik ⏎
    cc -O graphik.c -o graphik
graphik.c
$
```

Beim ersten Aufruf wendet **make** die folgende (bereits oben gezeigte) vordefinierte Suffix-Regel an:

```
.l.c:
    $(LEX) $(LFLAGS) $<
    mv lex.yy.c $@
```

Beim zweiten Aufruf wendet es dann die folgende vordefinierte Null-Suffix-Regel an:

.c:
. $(CC) $(CFLAGS) $< $(LDFLAGS) −o $@

Allgemein arbeitet **make** intern nach dem in Bild 3.2 gezeigten »Suffix-Baum«:

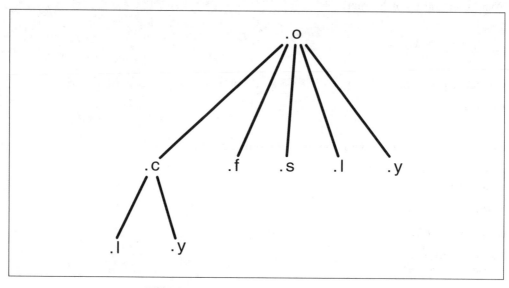

Bild 3.2: Von make vordefinierter Suffix-Baum

Wenn für Suffixe zwei Pfade im Baum existieren, wie z.B. *.o --- .c --- .l* und *.o ---.l*, dann wird der längere Pfad nur dann von **make** genommen, wenn eine Datei existiert, deren Name mit dem dazwischenliegenden Suffix endet. So wird z.B. der Pfad *.o --- .c --- .l* für unser obiges Beispiel nur dann benutzt, wenn *graphik.c* existiert, ansonsten würde der Pfad *.o ---.l* benutzt.

```
$ cat makefile ⏎
cat: cannot open makefile
$ ls graphik.c ⏎
graphik.c
$ touch graphik.l ⏎
$ make graphik ⏎
    lex graphik.l
    mv lex.yy.c graphik.c
    cc −O graphik.c  −o graphik
graphik.c
$ touch graphik.l ⏎
$ rm graphik.c ⏎
$ make graphik ⏎
'graphik' is up to date.
$
```

make bietet daneben für **lex** und **yacc** noch weitere vordefinierten Suffix-Regeln an, in welchen nach dem lex- bzw. yacc-Aufruf die nachfolgende Kompilierung eingeschlossen ist.

Für **lex** ist dazu von **make** folgende Suffix-Regel vordefiniert:

```
.l.o:
    $(LEX) $(LFLAGS) $<
    $(CC) $(CFLAGS) -c lex.yy.c
    rm lex.yy.c
    mv lex.yy.o $@
```

Für **yacc** ist ähnlich dazu folgende Suffix-Regel von **make** vordefiniert:

```
.y.o:
    $(YACC) $(YFLAGS) $<
    $(CC) $(CFLAGS) -c y.tab.c
    rm y.tab.c
    mv y.tab.o $@
```

Dazu zunächst wieder unser obiges Beispiel unter Angabe eines Makefiles:

```
$ cat makefile ⏎
graphik: graphik.o
    cc -o $@ $?
$ touch graphik.l ⏎
$ make graphik ⏎
    lex graphik.l
    cc -O -c lex.yy.c
lex.yy.c
    rm lex.yy.c
    mv lex.yy.o graphik.o
    cc -o graphik graphik.o
$
```

Oft kommt es vor, daß das vollständige von **lex** generierte C-Programm *lex.yy.c* mit *#include* in einem yacc-Programm eingebettet wird:

#include "lex.yy.c"

In diesem Fall bieten sich z.B. die folgenden Angaben in einem Makefile[21] an:

```
$ cat makefile ⏎
bann: bann.o
    cc -o $@ $? -ly -ll -lm
bann.o: lex.yy.c bann.y
lex.yy.c: bann.l
    lex bann.l
$ make bann ⏎
```

---

[21] Ein Beispiel aus dem 4. Band "lex und yacc" dieser Buchreihe.

```
    lex bann.l
    yacc bann.y
    cc -O -c y.tab.c
y.tab.c
    rm y.tab.c
    mv y.tab.o bann.o
    cc -o bann bann.o -ly -ll -lm
$ touch bann.y ⏎
$ make bann ⏎    [lex muß hier nicht aufgerufen werden]
    yacc bann.y
    cc -O -c y.tab.c
y.tab.c
    rm y.tab.c
    mv y.tab.o bann.o
    cc -o bann bann.o -ly -ll -lm
$ touch bann.l ⏎
$ make bann ⏎    [nun muß zuerst lex aufgerufen werden]
    lex bann.l
    yacc bann.y
    cc -O -c y.tab.c
y.tab.c
    rm y.tab.c
    mv y.tab.o bann.o
    cc -o bann bann.o -ly -ll -lm
$
```

Die Angabe von **-ll** und **-ly** ist beim Linken notwendig, um die entsprechenden Funktionen aus der lex- bzw. yacc-Bibliothek dazubinden zu lassen. In diesem Beispiel werden zusätzlich, bedingt durch die Angabe von **-lm**, noch Funktionen aus der mathematischen Bibliothek dazugebunden. Neben dieser Methode der Kommunikation zwischen **lex** und **yacc** mit *#include "lex.yy.c"* existiert eine andere Kommunikationsmöglichkeit. Bei dieser alternativen Methode muß **yacc** mit der Option **-d** aufgerufen werden, damit es automatisch eine Header-Datei *y.tab.h* erzeugt, in der es für alle im yacc-Programm vorkommenden Token eine symbolische Konstante mit **#define** definiert. Diese Token-Namen macht sich bei dieser Vorgehensweise dann das lex-Programm mit

#include "y.tab.h"

bekannt. Hier ist demnach das lex-Programm vom yacc-Programm abhängig und nicht umgekehrt, wie bei der vorherigen Methode. Deswegen muß hierbei die folgende Reihenfolge für die Programm-Generierung eingehalten werden:

yacc -d *yacc-programm*   [muß wegen y.tab.h vor lex-Aufruf erfolgen]
lex *lex-programm*
cc ......

Bei dieser Vorgehensweise kann ein Makefile wie folgt aussehen:

Der Programmgenerator make von UNIX

```
$ cat makefile⏎
YFLAGS = -d
tischrech          : rechpars.o rechscan.o
    cc -o $@ rechpars.o rechscan.o -ly -ll -lm
rechpars.c y.tab.h : rechpars.y
rechscan.o         : y.tab.h
$ make tischrech⏎
    yacc -d rechpars.y
    mv y.tab.c rechpars.c
    cc -O -c rechpars.c
rechpars.c
    lex rechscan.l
    cc -O -c lex.yy.c
lex.yy.c
    rm lex.yy.c
    mv lex.yy.o rechscan.o
    cc -o tischrech rechpars.o rechscan.o -ly -ll -lm
$
```

Wird nun z.B. *rechscan.l* geändert, dann ist nicht die vollständige Generierung von *tischrech* notwendig:

```
$ touch rechscan.l⏎
$ make tischrech⏎
    lex rechscan.l
    cc -O -c lex.yy.c
lex.yy.c
    rm lex.yy.c
    mv lex.yy.o rechscan.o
    cc -o tischrech rechpars.o rechscan.o -ly -ll -lm
$
```

Wird dagegen *rechpars.y* geändert, dann muß aufgrund der Abhängigkeit des lex-Programms *rechscan.l* von *rechpars.y* (*y.tab.h*) neben **yacc** auch noch **lex** aufgerufen werden, bevor das gesamte Programm gelinkt werden kann.

```
$ touch rechpars.y⏎
$ make tischrech⏎
    yacc -d rechpars.y
    mv y.tab.c rechpars.c
    cc -O -c rechpars.c
rechpars.c
    lex rechscan.l
    cc -O -c lex.yy.c
lex.yy.c
    rm lex.yy.c
    mv lex.yy.o rechscan.o
    cc -o tischrech rechpars.o rechscan.o -ly -ll -lm
$
```

Bibliotheken in Makefiles

Mit dem Kommando **ar**[22] können Archiv-Bibliotheken erstellt und unterhalten werden.

Allgemeines zu Bibliotheken

Bibliotheksdateien haben unter UNIX immer das Suffix *.a*. Nehmen wir z.B. an, daß wir zwei C-Dateien *eckig.c* und *rund.c* haben, für die folgendes gilt:
- *eckig.c* enthält die Funktionen *dreieck*, *viereck* und *polygon*.
- *rund.c* enthält die Funktionen *kreis* und *ellipse*.

Kompilieren wir nun diese beiden C-Dateien mit
cc -c eckig.c
cc -c rund.c
so erhalten wir zwei Objektdateien *eckig.o* und *rund.o*, welche jeweils mehrere Objektmodule enthalten. Die Namen der Objektmodule sind dabei entweder identisch zu den entsprechenden Funktionsnamen, oder aber den Funktionsnamen ist ein Unterstrich vorangestellt. Welche dieser beiden Namens-Konventionen für Objektmodule gilt, ist compilerabhängig.

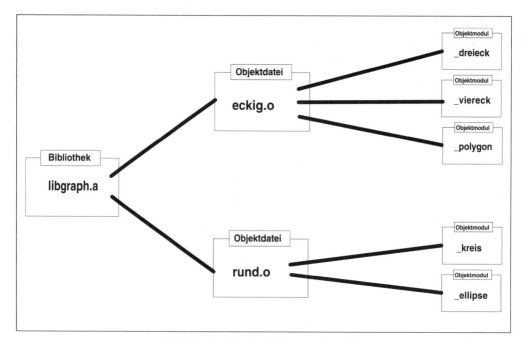

Bild 3.3: Struktur der Bibliothek libgraph.a

---

[22] **ar** ist ausführlich im Anhang beschrieben.

Wenn wir annehmen, daß ein Unterstrich dem Funktionsnamen vorangestellt wird, so gilt dann folgendes:

- *eckig.o* enthält die Objektmodule *_dreieck*, *_viereck* und *_polygon*.
- *rund.o* enthält die Objektmodule *_kreis* und *_ellipse*.

Erstellen wir nun mit dem Kommando **ar** die Bibliothek *libgraph.a*:

ar r libgraph.a eckig.o rund.o

dann ergibt sich die in Bild 3.3 gezeigte Struktur für die Bibliothek *libgraph.a*.

Es sei hier angemerkt, daß nur Objektdateien und nicht einzelne Objektmodule in einer Bibliothek durch neue ersetzt werden können. Will man z.B. das Objektmodul *_dreieck* in *libgraph.a* durch eine neuere Version ersetzen, so muß man die ganze Objektdatei *eckig.o* austauschen.

Nun soll ein erstes Beispiel für ein Makefile zu Bibliotheken gegeben werden:

```
$ cat makefile ⏎
libgraph.a:   eckig.o rund.o linie.o
    ar r $@ $?
$
```

Aufgrund der vordefinierten Suffix-Regeln reicht dieses kurze Makefile aus, um bei jeder Änderung in einer der C-Dateien *eckig.c*, *rund.c* oder *linie.c* die entsprechende C-Datei automatisch kompilieren zu lassen, bevor die daraus resultierende Objektdatei in die Bibliothek übernommen bzw. dort ersetzt wird.

```
$ make libgraph.a ⏎
    cc -O -c eckig.c
eckig.c
    cc -O -c rund.c
rund.c
    cc -O -c linie.c
linie.c
    ar r libgraph.a eckig.o rund.o linie.o
$
```

Ändern wir *rund.c*, dann wird auch nur *rund.o* in der Bibliothek *libgraph.a* ersetzt.

```
$ touch rund.c ⏎
$ make libgraph.a ⏎
    cc -O -c rund.c
rund.c
    ar r libgraph.a rund.o      [Nur rund.o wird in der Bibliothek ersetzt]
$
```

Bibliotheken können auch rechts vom Doppelpunkt in einer Abhängigkeitsbeschreibung angegeben werden.

```
$ cat makefile⏎
libgraph.a:  eckig.o rund.o linie.o
    ar r $@ $?

cardesign: main.o eingabe.o zeichnen.o libgraph.a
    ${CC} -o $@ main.o eingabe.o zeichnen.o libgraph.a
$ make cardesign⏎
    cc -O -c main.c
main.c
    cc -O -c eingabe.c
eingabe.c
    cc -O -c zeichnen.c
zeichnen.c
    cc -o cardesign main.o eingabe.o zeichnen.o libgraph.a
$
```

Wenn nun *eckig.c* geändert wird, aber *cardesign* keine Routine aus *eckig.c* aufruft, dann wird bei diesem Makefile trotzdem *cardesign* neu generiert, obwohl dies völlig überflüssig ist.

```
$ touch eckig.c⏎
$ make cardesign⏎
    cc -O -c eckig.c
eckig.c
    ar r libgraph.a eckig.o
    cc -o cardesign main.o eingabe.o zeichnen.o libgraph.a
$
```

cardesign wird deshalb neu generiert, da im Makefile angegeben ist, daß es von der gesamten Bibliothek *libgraph.a* abhängig ist, und *libgraph.a* ist in diesem Fall wegen dem Ersetzen von *eckig.o* jünger als *cardesign*.

Auswahl von Objektdateien aus Bibliotheken mit *bibliothek(objektdatei)*

Im vorherigen Beispiel ist demnach eine Angabe wünschenswert, mit der eine spezielle Objektdatei aus einer Bibliothek explizit angesprochen werden kann. Einige **make**-Versionen erlauben eine solche Form der Angabe. Dazu muß direkt nach dem Bibliotheksnamen die entsprechende Objektdatei aus der Bibliothek in Klammern angegeben werden:

bibliothek(objektdatei)

Mit dieser Form der Angabe können wir nun unser Makefile verbessern:

```
$ cat makefile⏎
libgraph.a:  eckig.o rund.o linie.o
    ar r $@ $?

cardesign: main.o eingabe.o zeichnen.o libgraph.a(rund.o) libgraph.a(linie.o)
    ${CC} -o $@ main.o eingabe.o zeichnen.o libgraph.a
$
```

Zuerst wollen wir die Bibliothek *libgraph.a* vollständig neu erstellen lassen.

```
$ touch eckig.c rund.c linie.c ⏎
$ make libgraph.a ⏎
   cc -c -O eckig.c
eckig.c
   cc -O -c rund.c
rund.c
   cc -c -O linie.c
linie.c
   ar r libgraph.a eckig.o rund.o linie.o
ar: creating libgraph.a
$
```

Nun soll noch *cardesign* neu erstellt werden:

```
$ touch main.c eingabe.c zeichnen.c ⏎
$ make cardesign ⏎
   cc -O -c main.c
main.c
   cc -O -c eingabe.c
eingabe.c
   cc -O -c zeichnen.c
zeichnen.c
   cc -o cardesign main.o eingabe.o zeichnen.o libgraph.a
$
```

Nun wollen wir wie zuvor *eckig.c* ändern und **make** erneut aufrufen:

```
$ touch eckig.c ⏎
$ make cardesign ⏎
'cardesign' is up to date.    [cardesign wird also nicht unnötigerweise neu generiert]
$ make libgraph.a ⏎
   cc -O -c eckig.c
eckig.c
   ar r libgraph.a eckig.o
$
```

Jetzt weiß **make**, daß *cardesign* nur von den beiden Objektdateien *rund.o* und *linie.o* aus der Bibliothek *libgraph.a* abhängig ist und deswegen generiert es trotz der Änderung von *eckig.c* das Programm *cardesign* nicht neu. In einer Angabe *bibliothek(objektdatei)* dürfen keine Leerzeichen vorkommen und es darf in den Klammern auch immer nur eine Objektdatei angegeben sein. Sollen mehrere Objektdateien aus einer Bibliothek benannt werden, so ist für jede einzelne Objektdatei die obige Konstruktion anzugeben.

Auswahl von Modulen aus Bibliotheken mit *bibliothek((modul))*

Bei einigen **make**-Versionen können auch doppelte Klammern angegeben werden, um ein Objektmodul (anstelle einer ganzen Objektdatei) aus einer Bibliothek zu benennen:

bibliothek((objektmodul))

So kann z.B. das Objektmodul *_dreieck* (in *eckig.o*) aus der Bibliothek *libgraph.a* wie folgt angesprochen werden:

libgraph.a((_dreieck))

Welche Konvention ein Compiler bei der Namensvergabe an Objektmodule benutzt (mit oder ohne führenden Unterstrich), kann im übrigen leicht mit dem Kommando **nm**[23] festgestellt werden. Dazu muß **nm** nur mit dem Namen einer Bibliothek oder einer Objektdatei aufgerufen werden.

Vordefinierte Suffix-Regeln für Bibilotheken

Für Bibliotheken (Dateien, die mit Suffix *.a* enden) sind die folgenden von **make** vordefinierten Suffix-Regeln von Bedeutung:

```
.c.a:
    $(CC) -c $(CFLAGS) $<
    $(AR) $(ARFLAGS) $@ $*.o
    rm -f $*.o

.f.a:
    $(F77) $(F77FLAGS) -c $*.f $(LDFLAGS)
    $(AR) $(ARFLAGS) $@ $*.o
    -rm -f $*.o
```

Falls Ihr System einen PASCAL-Compiler anbietet, so ist noch folgende Suffix-Regel von **make** vordefiniert:

```
.p.a:
    $(PC) $(PFLAGS) -c $*.p $(LDFLAGS)
    $(AR) $(ARFLAGS) $@ $*.o
    -rm -f $*.o
```

Die beiden Makros *AR* und *ARFLAGS* sind von **make** wie folgt vordefiniert:

```
AR = ar
ARFLAGS = rv
```

Wichtig ist, daß diese vordefinierten Suffix-Regeln für **make** nur dann wirksam werden, wenn eine spezielle Objektdatei mit *bibliothek(objektdatei)* oder ein bestimmtes Objektmodul mit *bibliothek((objektmodul))* aus einer Bibliothek ausgewählt werden.

So werden z.B. diese Suffix-Regeln für das folgende Makefile von **make** nicht angewendet, da diese Bedingung nicht erfüllt ist.

```
$ cat makefile ⏎
libgraph.a:  eckig.o rund.o linie.o

cardesign:  main.o eingabe.o zeichnen.o libgraph.a
    ${CC} -o $@ main.o eingabe.o zeichnen.o libgraph.a
```

---

[23] **nm** ist ausführlich im Anhang beschrieben.

```
$ touch rund.c ⏎
$ make cardesign ⏎
    cc -O -c rund.c
rund.c
    cc -o cardesign main.o eingabe.o zeichnen.o libgraph.a
$
```

Wenn wir dagegen spezielle Objektdateien aus der Bibliothek *libgraph.a* in unserem Makefile spezifizieren, dann wendet **make** die vordefinierten Regeln für Bibliotheken an und generiert ein konsistentes *cardesign*.

```
$ cat makefile ⏎
libgraph.a:  eckig.o rund.o linie.o

cardesign:  main.o eingabe.o zeichnen.o libgraph.a(rund.o) libgraph.a(linie.o)
    ${CC} -o $@ main.o eingabe.o zeichnen.o libgraph.a
$ touch rund.c ⏎
$ make cardesign ⏎
    cc -O -c rund.c
rund.c
    ar rv libgraph.a rund.o
r - rund.o    [Meldung von ar]
    rm -f rund.o
    cc -o cardesign main.o eingabe.o zeichnen.o libgraph.a
$ touch eckig.c ⏎
$ make cardesign ⏎
'cardesign' is up to date.
$
```

Aufgrund der vordefinierten Suffix-Regeln können wir obiges Makefile sogar noch weiter verkürzen:

```
$ cat makefile ⏎
cardesign:  main.o eingabe.o zeichnen.o libgraph.a(rund.o) libgraph.a(linie.o)
    ${CC} -o $@ main.o eingabe.o zeichnen.o libgraph.a
$ touch rund.c ⏎
$ make cardesign ⏎
    cc -O -c rund.c
rund.c
    ar rv libgraph.a rund.o
r - rund.o    [Meldung von ar]
    rm -f rund.o
    cc -o cardesign main.o eingabe.o zeichnen.o libgraph.a
$ touch eckig.c ⏎
$ make cardesign ⏎
'cardesign' is up to date.
$
```

Hier wurde folgende vordefinierte Suffix-Regel benutzt:

```
.c.a:
    $(CC) -c $(CFLAGS) $<
    $(AR) $(ARFLAGS) $@ $*.o
    rm -f $*.o
```

Die internen Makros werden dabei von **make** wie folgt gesetzt:

```
$@ = libgraph.a
$< = rund.c
$* = rund
```

Bei den Suffix-Regeln für Bibliotheken gelten besondere Regeln:

1. Jedes Modul, von dem eine Bibliothek abhängig ist, wird einzeln überprüft. Für jedes neuere Modul wird dann die obige Suffix-Regel angewendet, wobei $< und $* immer entsprechend gesetzt werden.

2. Für $@ wird in den vordefinierten Suffix-Regeln für Bibliotheken immer der Bibliotheksname eingesetzt.

3. Bei Angaben wie *bibliothek(objektdatei)* bzw. *bibliothek((objektmodul))* kann auf *objektdatei* bzw. *objektmodul* mit dem internen Makro $% zugegriffen werden; $@ enthält hierbei immer den Namen der *bibliothek*.

FLAGS-Makros sind nicht für die Option -l geeignet

In den vordefinierten Suffix-Regeln werden die Makros, die Optionen für Compiler- und Linker-Aufrufe enthalten, wie z.B. *CFLAGS*, *FFLAGS* oder *LDFLAGS*, immer direkt nach dem Kommandonamen angegeben, wie z.B.

```
$(CC) $(CFLAGS) -c $<
```

Dies ist für die meisten Optionen auch sinnvoll, aber für die Option **-l**, über die Bibliotheken für den Linker spezifiziert werden, funktioniert die angegebene Reihenfolge nicht. Deswegen müssen Sie die Option **-l** explizit im Makefile angeben und nicht über ein Makro wie *CFLAGS* oder *LDFLAGS* festlegen. Wir hatten dies bereits in einem früheren Beispiel gezeigt.

```
$ cat makefile ⏎
bann: bann.o
    cc -o $@ $? -ly -ll -lm
bann.o: lex.yy.c bann.y
lex.yy.c: bann.l
    lex bann.l
$
```

Die yacc-, lex- und mathematische Bibliothek muß hier also am Ende des **cc**-Aufrufs angegeben werden.

Suffix .a darf bei Bibliotheksnamen weggelassen werden

Obwohl die vordefinierten Suffix-Regeln von einem Suffix .a für Bibliotheken ausgehen, so muß dieses Suffix nicht unbedingt für Bibliotheken auf der rechten Seite einer Abhängigkeitsbeschreibung angegeben sein. Obiges Makefile kann man auch wie folgt angeben:

```
$ cat makefile ⏎
cardesign: main.o eingabe.o zeichnen.o libgraph(rund.o) libgraph(linie.o)
    ${CC} -o $@ main.o eingabe.o zeichnen.o libgraph.a
$ touch rund.c ⏎
$ make cardesign ⏎
    cc -O -c rund.c
rund.c
    ar rv libgraph rund.o
r - rund.o      [Meldung von ar]
    rm -f rund.o
    cc -o cardesign main.o eingabe.o zeichnen.o libgraph.a
$
```

Generieren und Unterhalten von Bibliotheken

Für das Generieren und Unterhalten von Bibliotheken genügen meist einfache Makefiles, wie z.B.

```
$ cat makefile ⏎
libgraph.a: libgraph(eckig.o) libgraph(rund.o) libgraph(linie.o)
    @echo "......Bibliothek $@ ist nun auf den neusten Stand."
$ touch rund.c ⏎
$ make -s libgraph.a ⏎
rund.c
r - rund.o
......Bibliothek libgraph.a ist nun auf den neusten Stand.
$
```

Es ist auch möglich, die Konstruktion *bibliothek(objektdatei)* auf der Kommandozeile beim **make**-Aufruf anzugeben. In diesem Fall ist zu beachten, daß die Klammern, die eine Sonderbedeutung für die Shell haben, mit Quoting ausgeschaltet werden. Dazu ein Beispiel:

```
$ cat makefile ⏎
libgraph.a: libgraph(eckig.o) libgraph(rund.o) libgraph(linie.o)
    @echo "......Bibliothek $@ ist nun auf den neusten Stand."
$ touch eckig.c ⏎
$ make -s libgraph.a\(eckig.o\) ⏎
eckig.c
r - eckig.o
$ make 'libgraph.a(eckig.o)' ⏎
'eckig.o' is up to date.
```

```
$ touch rund.c ⏎
$ make -s "libgraph.a(rund.o)" ⏎
rund.c
r - rund.o
$
```

Es sei hier angemerkt, daß Angaben wie

```
libgraph.a(rund.o):   rund.c global.h
```

erlaubt sind. In diesem Fall wird bei einer Änderung von *rund.c* oder *global.h* die Datei *rund.c* neu kompiliert, bevor das neue *rund.o* in der Bibliothek *libgraph.a* aufgenommen wird. Bei solchen Angaben sind die beiden internen Makros **$@** und **$%** sehr nützlich, wie folgendes Beispiel zeigt.

```
$ cat makefile ⏎
libgraph.a(rund.o): rund.c
    cc -c $*.c
    ar rv $@ $%
    @echo "Objektdatei $% in Bibliothek $@ aktualisiert..."
$ touch rund.c ⏎
$ make ⏎
    cc -c rund.c
rund.c
    ar rv libgraph.a rund.o
r - rund.o
Objektdatei rund.o in Bibliothek libgraph.a aktualisiert...
$
```

Vorsicht ist geboten mit Angaben wie

```
libgraph.a(rund.o):   rund.o
```

Solche Angaben haben nicht den gewünschten Effekt. Bei einer Änderung von *rund.c* kompiliert **make** weder automatisch *rund.c* neu noch übernimmt es *rund.o* in die Bibliothek *libgraph.a*.

Der Einsatz von doppeltem Doppelpunkt :: für Bibliotheken

Der doppelte Doppelpunkt :: kann immer dann in einer Abhängigkeitsbeschreibung verwendet werden, wenn man für die verschiedenen *objekte*, von denen ein *ziel* abhängig ist, unterschiedliche Kommandos ausführen lassen möchte. Die Hauptanwendung des doppelten Doppelpunktes liegt bei Bibliotheken, wenn Objektdateien unterschiedlich zu kompilieren sind, bevor sie in eine Bibliothek übernommen werden. Dazu das folgende Beispiel:

```
$ cat makefile ⏎
libgraf.a ::  kreis.c
    cc -c -DMITTPKT kreis.c
    ar r $@ kreis.o
    rm -f kreis.o
```

```
libgraf.a ::   quadrat.c
    cc -c -DBESCHRIFT quadrat.c
    ar r $@ quadrat.o
    rm -f quadrat.o
$
```

Falls **make** mit diesem Makefile aufgerufen wird, so wird *kreis.c* anders kompiliert als *quadrat.c*, wenn dies aufgrund von neueren Zeitmarken notwendig ist. Folgendes ist dabei sehr wichtig: Wenn in einer Abhängigkeitsbeschreibung ein doppelter Doppelpunkt :: angegeben ist, so darf dieses *ziel* nicht in einer anderen Abhängigkeitsbeschreibung mit einem einfachen Doppelpunkt : angegeben werden.

Vordefinierte Suffix-Regeln für SCCS und RCS

SCCS steht für *Source Code Control System*[24]. SCCS ist ein UNIX-Tool, das für die Verwaltung von unterschiedlichen Versionen eines Softwareprodukts konzipiert wurde. Neben SCCS existiert für die Versionsverwaltung noch **RCS** (Revision Control System), das unter BSD-UNIX entwickelt wurde, und ebenfalls sehr häufig bei der Softwareentwicklung unter UNIX eingesetzt wird.

Allgemeines zu SCCS

Zunächst wollen wir uns hier mit SCCS beschäftigen, von dem leider zwei leicht verschiedene Versionen existieren: eine von AT&T und eine von U.C.Berkeley. Die meisten **make**-Versionen unter UNIX System V sind auf die ältere Version von AT&T ausgerichtet.

Während die ältere SCCS-Version (von AT&T) die unterschiedlichen Versionen zu den einzelnen Modulen eines Softwareprodukts immer im gleichen Directory hinterlegt, in dem sich die Quelldateien befinden, werden diese in der neueren SCCS-Version (von U.C.Berkeley) immer in einem Subdirectory mit dem Namen *SCCS* hinterlegt.

SCCS-Dateien lassen sich immer daran erkennen, daß sie mit dem Präfix *s.* beginnen. Wenn man z.B. ein C-Modul *linie.c* an SCCS übergibt, so legt SCCS dafür eine Datei mit dem Namen *s.linie.c* an.

Besonderheiten von Suffix-Regeln, die für SCCS vordefiniert sind

Suffix-Regeln, die für SCCS definiert sind, kann man leicht am Vorkommen des Tilde-Zeichens ~ erkennen. Nehmen wir z.B. die folgende vordefinierte Suffix-Regel:

```
.c~.o:
    $(GET) $(GFLAGS) $<
    $(CC) $(CFLAGS) -c $*.c
    -rm -f $*.c
```

---

[24] SCCS wird im 6. Band "SCCS und RCS" dieser Buchreihe ausführlich beschrieben.

Die Makros *GET* und *GFLAGS* sind von **make** wie folgt vordefiniert:

```
GET = get
GFLAGS =
```

Bei der obigen Suffix-Regel deckt **.c~** Dateien mit dem Namen **s.***dateiname***.c** ab, aus welchen die beiden Dateien *dateiname*.**c** mit **get** und *dateiname*.**o** mit **cc** generiert werden.

Dazu wollen wir ein Beispiel angeben, in dem wir zunächst für die Datei *symb_tab.c* (aus unserem Assembler-Programm) mit dem SCCS-Kommando **admin** eine SCCS-Datei kreieren.

```
$ admin -isymb_tab.c  s.symb_tab.c ⏎
No id keywords (cm7)
$
```

Nun können wir *symb_tab.c* löschen, da es mit SCCS in *s.symb_tab.c* gesichert ist.

```
$ ls s.* ⏎
s.symb_tab.c
$ rm symb_tab.c ⏎
$
```

Später können wir dann *symb_tab.o* wieder neu generieren lassen. Dazu benötigen wir wegen der obigen vordefinierten Suffix-Regel kein Makefile.

```
$ ls [mM]akefile ⏎
[mM]akefile not found
$ make symb_tab.o ⏎
    get s.symb_tab.c      [Generiert symb_tab.c aus s.symb_tab.c]
1.1                       [  SCCS-Meldungen  ]
125 lines                 [  .....           ]
No id keywords (cm7)      [  .....           ]
    cc -O -c symb_tab.c
symb_tab.c
    rm -f symb_tab.c
$
```

Man kann sich auch nur *symb_tab.c* (anstelle von *symb_tab.o*) generieren lassen.

```
$ make symb_tab.c ⏎
    get s.symb_tab.c      [Generiert symb_tab.c aus s.symb_tab.c]
1.1                       [  SCCS-Meldungen  ]
125 lines                 [  .....           ]
No id keywords (cm7)      [  .....           ]
$
```

Dies ist möglich wegen der Existenz der folgenden vordefinierten Suffix-Regel:

```
.c~.c:
    $(GET) $(GFLAGS) $<
```

Das **get**-Kommando von SCCS liefert immer die aktuellste Version eines Moduls. Über eine entsprechende Definition des Makros *GFLAGS* kann man sich auch eine frühere Version holen lassen. Was dabei im einzelnen zu tun und zu beachten ist, wird im 6. Band dieser Buchreihe »SCCS und RCS« beschrieben.

Das interne Makro $* hat bei den für SCCS vordefinierten Suffix-Regeln eine spezielle Bedeutung. Anstelle des aktuellen Ziels ohne Suffix enthält $* bei den SCCS-Regeln den Namen des Ziels ohne Präfix *s.* und ohne Suffix. Nehmen wir z.B. die folgende vordefinierte Suffix-Regel:

```
.c~.o:
    $(GET) $(GFLAGS) $<
    $(CC) $(CFLAGS) -c $*.c
    -rm -f $*.c
```

Wird z.B.

make symb_tab.o

aufgerufen, dann leitet **make** aus dieser Regel die folgenden Kommandozeilen her:

get s.symb_tab.c   [$< = s.symb_tab.c]
cc -O -c symb_tab.c   [$* = symb_tab (s.symb_tab.c)]
rm -f symb_tab.c   [$* = symb_tab (s.symb_tab.c)]

Falls die neuere SCCS-Version, die die Dateien in einem Subdirectory *SCCS* ablegt, auf einem System installiert ist, aber **make** noch auf die alte SCCS-Version ausgerichtet ist, so muß man in den Makefiles die folgende Zeile einfügen:

VPATH = SCCS

VPATH ist ein vordefiniertes Makro, über das der Benutzer **make** mitteilen kann, in welchen Directories die Dateien zu suchen sind, von denen ein Ziel abhängig ist. In Kapitel 3.7.3 werden wir uns noch genauer mit dem Makro *VPATH* beschäftigen.

Suffix-Regeln für C-Programmdateien unter SCCS-Kontrolle

Von **make** sind meist die folgenden Suffix-Regeln für C-Dateien, die sich unter SCCS-Kontrolle befinden, vordefiniert:

```
.c~.o:
    $(GET) $(GFLAGS) $<
    $(CC) $(CFLAGS) -c $*.c
    -rm -f $*.c
.c~.c:
    $(GET) $(GFLAGS) $<
.c~.a:
    $(GET) $(GFLAGS) $<
    $(CC) -c $(CFLAGS) $*.c
```

```
$(AR) $(ARFLAGS) $@ $*.o
rm -f $*.[co]
```
.c~:
```
$(GET) $(GFLAGS) $<
$(CC) $(CFLAGS) $*.c $(LDFLAGS) -o $*
-rm -f $*.c
```
.h~.h:
```
$(GET) $(GFLAGS) $<
```

Sie sehen, daß auch Suffix-Regeln vordefiniert sind, um aus C-Programmen, die unter SCCS-Kontrolle sind, direkt Bibliotheken (**.c~.a**) oder auch direkt ablauffähige Programme (**.c~**) generieren zu lassen. Daneben ist eine Suffix-Regel (**.h~.h**) vordefiniert, die es erlaubt, Header-Dateien, die sich unter SCCS-Kontrolle befinden, wiederherstellen zu lassen.

Suffix-Regeln für FORTRAN-Programme unter SCCS-Kontrolle

Für FORTRAN-Programmdateien, die sich unter SCCS-Kontrolle befinden, sind folgende Suffix-Regeln von **make** vordefiniert:

.f~.o:
```
$(GET) $(GFLAGS) $<
$(F77) $(F77FLAGS) -c $*.f $(LDFLAGS)
-rm -f $*.f
```

.f~.f:
```
$(GET) $(GFLAGS) $<
```

.f~.a:
```
$(GET) $(GFLAGS) $<
$(F77) $(F77FLAGS) -c $*.f $(LDFLAGS)
$(AR) $(ARFLAGS) $@ $*.o
-rm -f $*.[fo]
```

.f~:
```
$(GET) $(GFLAGS) $<
$(F77) $(F77FLAGS) $< $(LDFLAGS) -o $*
-rm -f $*.f
```

Suffix-Regeln für Assembler-Programme unter SCCS-Kontrolle

Für Assembler-Programme, die sich unter SCCS-Kontrolle befinden, sind folgende Suffix-Regeln von **make** vordefiniert:

.s~.o:
```
$(GET) $(GFLAGS) $<
$(AS) $(ASFLAGS) -o $*.o $*.s
-rm -f $*.s
```

.s~.s:
    $(GET) $(GFLAGS) $<

.s~.a:
    $(GET) $(GFLAGS) $<
    $(AS) $(ASFLAGS) -o $*.o $*.s
    $(AR) $(ARFLAGS) $@ $*.o
    -rm -f $*.[so]

Falls Ihr System über den Makro-Assembler **masm** verfügt, so ist noch folgende Suffix-Regel von **make** vordefiniert:

.asm~.asm:
    $(GET) $(GFLAGS) -p $< > $*.asm

Suffix-Regeln für lex-Programme unter SCCS-Kontrolle

Für lex-Programme, die sich unter SCCS-Kontrolle befinden, sind folgende Suffix-Regeln von **make** vordefiniert:

.l~.o:
    $(GET) $(GFLAGS) $<
    $(LEX) $(LFLAGS) $*.l
    $(CC) $(CFLAGS) -c lex.yy.c
    rm -f lex.yy.c $*.l
    mv lex.yy.o $*.o

.l~.c:
    $(GET) $(GFLAGS) $<
    $(LEX) $(LFLAGS) $*.l
    mv lex.yy.c $@
    -rm -f $*.l

.l~.l:
    $(GET) $(GFLAGS) $<

Suffix-Regeln für yacc-Programme unter SCCS-Kontrolle

Für yacc-Programme, die sich unter SCCS-Kontrolle befinden, sind folgende Suffix-Regeln von **make** vordefiniert:

.y~.o:
    $(GET) $(GFLAGS) $<
    $(YACC) $(YFLAGS) $*.y
    $(CC) $(CFLAGS) -c y.tab.c
    rm -f y.tab.c $*.y
    mv y.tab.o $*.o

.y~.c:
    $(GET) $(GFLAGS) $<
    $(YACC) $(YFLAGS) $*.y

```
        mv y.tab.c $*.c
        -rm -f $*.y
.y~.y:
        $(GET) $(GFLAGS) $<
```

Suffix-Regeln für Shell-Skripts

Einige **make**-Versionen bieten auch Suffix-Regeln für Shell-Skripts an. Sie setzen dabei voraus, daß die Dateien, in denen sich die Shell-Skripts befinden, mit dem Suffix *.sh* enden. So ist z.B. oft die folgende Suffix-Regel vordefiniert:

```
.sh:
        cp $< $@; chmod 0777 $@
```

Für Shell-Skripts, die sich unter SCCS-Kontrolle befinden, sind dann meist noch die beiden folgenden Suffix-Regeln von **make** vordefiniert:

```
.sh~.sh:
        $(GET) $(GFLAGS) $<

.sh~:
        $(GET) $(GFLAGS) $<
        cp $*.sh $*; chmod 0777 $@
        -rm -f $*.sh
```

Suffix-Regel für markfile

Bei vielen **make**-Versionen ist noch die folgende Suffix-Regel vordefiniert:

```
markfile.o: markfile
        A=@;echo "static char _sccsid[] = \042'grep $$A'(#)' markfile'\042;" > markfile.c
        $(CC) -c markfile.c
        rm -f markfile.c
```

Mit dieser Suffix-Regel ist es möglich, Versions-Information in eine ausführbare Datei einzutragen. Da von dieser Suffix-Regel nur äußerst selten Gebrauch gemacht wird, soll hier auf eine genauere Erläuterung verzichtet werden.

Suffix-Regeln für Makefiles unter SCCS-Kontrolle

Falls **make** aufgerufen wird, und im working directory existiert kein *makefile* bzw. *Makefile*, so sucht **make** nach Dateien *s.makefile* bzw. *s.Makefile*, um diese dann zu benutzen.

Anpassung von make an RCS

Falls Sie **RCS** benutzen, dann müssen Sie entsprechende Suffix-Regeln selbst definieren. Anders als bei SCCS werden bei RCS die Dateien mit dem Suffix **,v** gekennzeichnet. Wenn man z.B. ein C-Modul *linie.c* an RCS übergibt, so legt RCS dafür eine Datei mit dem Namen *linie.c,v* an.

Um **make** an RCS anzupassen, müssen Sie folgende Art von Suffix-Regeln schreiben:

```
CO = co       # co = check out (entspricht in etwa dem get von SCCS)
.c,v.o:
   $(CO) $<
   $(CC) $(CFLAGS) -c $*.c
   -rm -f $*.c
.c,v.c:
   $(CO) $?
........      # Für FORTRAN-, Assembler-, lex-Programme, usw.
........      # muessten dann entsprechende Regeln angegeben werden.
```

Ausgeben aller vordefinierten Suffix-Regeln mit Option -p

Um sich alle von **make** vordefinierten Makros und Suffix-Regeln anzeigen zu lassen, müssen Sie die Option **-p** beim **make**-Aufruf angeben.

Um sich eine reine Liste von Voreinstellungen ausgeben zu lassen, die nicht durch eventuelle Definitionen aus einem speziellen Makefile verfälscht ist, empfiehlt sich der folgende Aufruf:

make -p -f - </dev/null 2>/dev/null >makedefault

Mit der Option **-f** *datei* ist es möglich, eine *datei* mit einem anderen Namen als *Makefile* bzw. *makefile* von **make** bearbeiten zu lassen. Wird für *datei* ein Querstrich - angegeben, so liest **make** die Spezifikationen für ein Makefile von der Standardeingabe. Da aber hier mit *</dev/null* eine leere Eingabe aus der Standardeingabe geliefert wird, arbeitet **make** bei diesem Aufruf mit einem leeren Makefile.

Die Angabe *2>/dev/null* bewirkt, daß die Ausgabe von Fehlermeldungen unterdrückt wird. Da in der C-Shell eine solche Angabe nicht erlaubt ist, muß man dort auf diese Angabe verzichten, und erhält folglich die Fehlermeldungen am Bildschirm angezeigt. Das ist etwas störend, hat aber sonst keine Auswirkungen.

Da die durch den obigen Aufruf bewirkte Ausgabe sehr lang ist, wurde die Standardausgabe zunächst mit *>makedefault* umgelenkt. Man kann sich dann mit dem Kommando

lp makedefault

die Liste aller Default-Einstellungen ausdrucken lassen. Wir wollen diese Liste hier nochmals vollständig mit **cat** ausgeben[25]:

```
$ cat makefdefault ⏎
ENV = /user1/egon/.ksh_env   [Makro-Definitionen über Shell-Variablen]
```

---

[25] Dies sollten Sie nicht tun, da die umfangreiche Datei niemals auf den Bildschirm paßt. Wenn Sie sich diese Liste am Bildschirm anzeigen lassen möchten, so sollten Sie anstelle von **cat** das Kommando **pg** benutzen.

```
PWD = /user1/egon/make/src     [  Diese Shell-Variablen sind in der Environment der Shell  ]
HOME = /user1/egon             [  (hier die Korn-Shell) definiert                           ]
HISTSIZE = 150
SHELL = /bin/ksh
PS4 = Zeile $LINENO:
PS1 = !>$PWD:
MAIL = /usr/spool/mail/egon
LOGNAME = egon
EDITOR = emacs
CDPATH = :/user1/egon:/usr:/user1/graphgruppe
MAILPATH = /usr/lib/uucp/mail:/usr/spool/mail/egon
PATH = /bin:/usr/bin:/user1/egon/bin:.
FPATH = /user1/egon/flib
HZ = 60
_ = /bin/make

YFLAGS =                       [Von make vordefinierte Makros]
YACC = yacc
LDFLAGS =
LD = ld
LFLAGS =
LEX = lex
GFLAGS =
GET = get
F77FLAGS =
F77 = f77
CFLAGS = -O
CC = cc
MASMFLAGS =
MASM = masm
ASFLAGS =
AS = as
ARFLAGS = rv
AR = ar
MAKE = make       [Das Makro MAKE wird für rekursive Makefiles gebraucht; dazu gleich mehr]
$ = $             [Das Makro $ wird für den Zugriff auf Shell-Variablen benötigt]
MAKEFLAGS = b     [Dieses Makro werden wir später noch genauer beschreiben]

markfile.o: markfile           [Von make vordefinierte Suffix-Regeln]
    A=@;echo "static char _sccsid[] = \042'grep $$A'(#)' markfile'\042;" > markfile.c
    $(CC) -c markfile.c
    rm -f markfile.c

.h~.h:
    $(GET) $(GFLAGS) $<

.s~.a:
    $(GET) $(GFLAGS) $<
    $(AS) $(ASFLAGS) -o $*.o $*.s
```

```
        $(AR) $(ARFLAGS) $@ $*.o
        -rm -f $*.[so]
.c~.a:
        $(GET) $(GFLAGS) $<
        $(CC) -c $(CFLAGS) $*.c
        $(AR) $(ARFLAGS) $@ $*.o
        rm -f $*.[co]
.c.a:
        $(CC) -c $(CFLAGS) $<
        $(AR) $(ARFLAGS) $@ $*.o
        rm -f $*.o
.l.c:
        $(LEX) $(LFLAGS) $<
        mv lex.yy.c $@
.y~.y:
        $(GET) $(GFLAGS) $<
.y~.c:
        $(GET) $(GFLAGS) $<
        $(YACC) $(YFLAGS) $*.y
        mv y.tab.c $*.c
        -rm -f $*.y
.y.c:
        $(YACC) $(YFLAGS) $<
        mv y.tab.c $@
.l~.o:
        $(GET) $(GFLAGS) $<
        $(LEX) $(LFLAGS) $*.l
        $(CC) $(CFLAGS) -c lex.yy.c
        rm -f lex.yy.c $*.l
        mv lex.yy.o $*.o
.l~.l:
        $(GET) $(GFLAGS) $<
.l~.c:
        $(GET) $(GFLAGS) $<
        $(LEX) $(LFLAGS) $*.l
        mv lex.yy.c $@
        -rm -f $*.l
.l.o:
        $(LEX) $(LFLAGS) $<
        $(CC) $(CFLAGS) -c lex.yy.c
        rm lex.yy.c
        mv lex.yy.o $@
```

```
.y~.o:
    $(GET) $(GFLAGS) $<
    $(YACC) $(YFLAGS) $*.y
    $(CC) $(CFLAGS) -c y.tab.c
    rm -f y.tab.c $*.y
    mv y.tab.o $*.o

.y.o:
    $(YACC) $(YFLAGS) $<
    $(CC) $(CFLAGS) -c y.tab.c
    rm y.tab.c
    mv y.tab.o $@

.sh~.sh:
    $(GET) $(GFLAGS) $<

.s~.s:
    $(GET) $(GFLAGS) $<

.s~.o:
    $(GET) $(GFLAGS) $<
    $(AS) $(ASFLAGS) -o $*.o $*.s
    -rm -f $*.s

.s.o:
    $(AS) $(ASFLAGS) -o $@ $<

.f~.o:
    $(GET) $(GFLAGS) $<
    $(F77) $(F77FLAGS) -c $*.f $(LDFLAGS)
    -rm -f $*.f

.f~.f:
    $(GET) $(GFLAGS) $<

.f~.a:
    $(GET) $(GFLAGS) $<
    $(F77) $(F77FLAGS) -c $*.f $(LDFLAGS)
    $(AR) $(ARFLAGS) $@ $*.o
    -rm -f $*.[fo]

.f.o:
    $(F77) $(F77FLAGS) -c $*.f $(LDFLAGS)

.f.a:
    $(F77) $(F77FLAGS) -c $*.f $(LDFLAGS)
    $(AR) $(ARFLAGS) $@ $*.o
    -rm -f $*.o

.asm.o:
    $(MASM) $(MASMFLAGS) -o$@ $<

.asm~.asm:
    $(GET) $(GFLAGS) -p $< > $*.asm
```

```
.c~.o:
    $(GET) $(GFLAGS) $<
    $(CC) $(CFLAGS) -c $*.c
    -rm -f $*.c
.c~.c:
    $(GET) $(GFLAGS) $<
.c.o:
    $(CC) $(CFLAGS) -c $<
.f~:
    $(GET) $(GFLAGS) $<
    $(F77) $(F77FLAGS) $< $(LDFLAGS) -o $*
    -rm -f $*.f
.f:
    $(F77) $(F77FLAGS) $< $(LDFLAGS) -o $@
.sh~:
    $(GET) $(GFLAGS) $<
    cp $*.sh $*; chmod 0777 $@
    -rm -f $*.sh
.sh:
    cp $< $@; chmod 0777 $@
.c~:
    $(GET) $(GFLAGS) $<
    $(CC) $(CFLAGS) $*.c $(LDFLAGS) -o $*
    -rm -f $*.c
.c:
    $(CC) $(CFLAGS) $< $(LDFLAGS) -o $@
```

[Von make vordefinierte Prioritäten für die Suffixe][26]
```
.SUFFIXES: .o  .c  .c~  .y  .y~  .l  .l~  .s  .s~  .h  .h~  .sh  .sh~  .f  .f~  .asm  .asm~
$
```

Zu dieser Ausgabe ist anzumerken, daß die Reihenfolge, in der die Suffix-Regeln ausgegeben werden, ohne jegliche Bedeutung ist. Welche Prioritäten die einzelnen Suffix-Regeln untereinander haben, wird – wie wir im nächsten Teilabschnitt sehen werden – über .SUFFIXES festgelegt.

Falls Sie einige Voreinstellungen in einem Makefile durch eigene Definitionen verändert haben und prüfen möchten, ob **make** ihre Änderungen auch übernehmen wird, so empfiehlt sich der folgende Aufruf:

make -pns 2>/dev/null >makevorein

---

[26] Hierauf werden wir bald noch genauer eingehen.

In *makevorein* befinden sich die gültigen Voreinstellungen für **make**, falls es mit dem entsprechenden Makefile aufgerufen wird. Falls man ein Makefile bearbeiten lassen möchte, das weder den Namen *makefile* noch *Makefile* hat, so muß man zusätzlich noch die Option **-f** *makefilename* beim Aufruf angeben:

make -pns -f *makefilename* **2>/dev/null >makevorein**

Wird bei einem **make**-Aufruf die Option **-p** angegeben, so werden zuerst alle für diesen Lauf gültigen Makrodefinitionen angezeigt, bevor die Abhängigkeitsbeschreibungen mit den zugehörigen Kommandozeilen aus dem entsprechenden Makefile ausgegeben werden. Bei dieser Ausgabe werden Abhängigkeitsangaben von **make** umsortiert, wobei die Makros in den Abhängigkeitsbeschreibungen bereits expandiert sind, jedoch nicht die zugehörigen Kommandozeilen (diese werden genauso ausgegeben, wie sie im entsprechenden Makefile angegeben sind). Nehmen wir z.B. das Makefile für unser Assembler-Programm:

```
$ cat makefile ⏎
#―― Makefile fuer das Assembler-Programm ――
#―――――――――――――――――――――――――――――――――――――――――

#...........Makro-Definitionen......................
MODULE = assemb.o pass1.o pass2.o symb_tab.o symb_ta2.o fehler.o
OBJ1   = assemb.o pass1.o pass2.o symb_tab.o fehler.o
OBJ2   = assemb.o pass1.o pass2.o symb_ta2.o fehler.o

#...........Linker-Teil..............................
assemb1: ${OBJ1}
assemb2: ${OBJ2}
assemb1 assemb2:
        echo "$@ wird nun gelinkt........"; \
        if [ "$@" = "assemb1" ]; \
        then cc -o $@ ${OBJ1}; \
        else cc -o $@ ${OBJ2}; \
        fi
        date >>$@.gen

#...........Kompilierungs-Teil.......................
assemb.o:   assemb.c global.h pass1.h pass2.h symb_tab.h fehler.h
pass1.o:    pass1.c pass1.h global.h symb_tab.h fehler.h
pass2.o:    pass2.c pass2.h symb_tab.h fehler.h
symb_tab.o: symb_tab.c symb_tab.h global.h fehler.h
symb_ta2.o: symb_ta2.c symb_tab.h global.h fehler.h
fehler.o:   fehler.c fehler.h
${MODULE}:
        cc -c $*.c
        date >>$*.gen    # Generierungs-Zeit in datei.gen speichern

#...........Cleanup..................................
cleanup1 cleanup2:
        echo "Folgende Dateien werden nun geloescht:       "
```

```
    if [ "$@" = "cleanup1" ]; \
    then ldatei="${OBJ1}"; \
    else ldatei="${OBJ2}"; \
    fi; \
    for i in $$ldatei; do \
       if [ -s "$$i" ]; then  echo ......$$i; /bin/rm -f $$i; fi; \
    done
$
```

Nun wollen wir **make** für dieses Makefile mit der Option **-p** aufrufen:

```
$ make  -pns  2>/dev/null  >makevorein ⏎
$ cat makevorein ⏎
                       [Makro-Definitionen]
OBJ2 = assemb.o pass1.o pass2.o symb_ta2.o fehler.o
OBJ1 = assemb.o pass1.o pass2.o symb_tab.o fehler.o
MODULE = assemb.o pass1.o pass2.o symb_tab.o symb_ta2.o fehler.o
ENV = /user1/egon/.ksh_env
........
........

cleanup2:     [Umsortierte und teilweise expandierte Abhängigkeitsangaben]
    echo "Folgende Dateien werden nun geloescht:       "
    if [ "$@" = "cleanup1" ]; \
then ldatei="${OBJ1}"; \
else ldatei="${OBJ2}"; \
fi; \
for i in $$ldatei; do \
   if [ -s "$$i" ]; then  echo ......$$i; /bin/rm -f $$i; fi; \
done

cleanup1:
    echo "Folgende Dateien werden nun geloescht:       "
    if [ "$@" = "cleanup1" ]; \
then ldatei="${OBJ1}"; \
else ldatei="${OBJ2}"; \
fi; \
for i in $$ldatei; do \
   if [ -s "$$i" ]; then  echo ......$$i; /bin/rm -f $$i; fi; \
done

symb_ta2.o: symb_ta2.c  symb_tab.h  global.h  fehler.h
    cc -c $*.c
    date >>$*.gen   # Generierungs-Zeit in datei.gen speichern

assemb2: assemb.o  pass1.o  pass2.o  symb_ta2.o  fehler.o
    echo "$@ wird nun gelinkt........"; \
if [ "$@" = "assemb1" ]; \
then cc -o $@ ${OBJ1}; \
```

```
      else cc -o $@ ${OBJ2}; \
      fi
         date >>$@.gen
      fehler.o: fehler.c  fehler.h
         cc -c $*.c
         date >>$*.gen   # Generierungs-Zeit in datei.gen speichern
      symb_tab.o: symb_tab.c  symb_tab.h  global.h  fehler.h
         cc -c $*.c
         date >>$*.gen   # Generierungs-Zeit in datei.gen speichern
      pass2.o: pass2.c  pass2.h  symb_tab.h  fehler.h
         cc -c $*.c
         date >>$*.gen   # Generierungs-Zeit in datei.gen speichern
      pass1.o: pass1.c  pass1.h  global.h  symb_tab.h  fehler.h
         cc -c $*.c
         date >>$*.gen   # Generierungs-Zeit in datei.gen speichern
      assemb.o: assemb.c  global.h  pass1.h  pass2.h  symb_tab.h  fehler.h
         cc -c $*.c
         date >>$*.gen   # Generierungs-Zeit in datei.gen speichern
      assemb1: assemb.o  pass1.o  pass2.o  symb_tab.o  fehler.o
         echo "$@ wird nun gelinkt........"; \
      if [ "$@" = "assemb1" ]; \
      then cc -o $@ ${OBJ1}; \
      else cc -o $@ ${OBJ2}; \
      fi
         date >>$@.gen
      .h~.h:                    [Suffix-Regeln]
         $(GET) $(GFLAGS) $<

      .s~.a:
         $(GET) $(GFLAGS) $<
         $(AS) $(ASFLAGS) -o $*.o $*.s
         $(AR) $(ARFLAGS) $@ $*.o
         -rm -f $*.[so]
      .........
      .........
      .SUFFIXES: .o  .c  .c~  .y  .y~  .l  .l~  .s  .s~  .h  .h~  .sh  .sh~  .f  .f~  .asm  .asm~
      $
```

Im folgenden wollen wir uns mit dem speziellen Ziel .SUFFIXES beschäftigen.

Prioritäten der Suffix-Regeln werden über .SUFFIXES festgelegt

Nehmen wir z.B. das folgende Makefile:

```
$ cat makefile⏎
graphik: graphik.o
    cc -o $@ $?
$
```

Wenn nun *graphik.o* nicht existiert oder bezüglich *graphik* veraltet ist, so muß **make** *graphik.o* erst generieren, bevor es *graphik* neu erstellen lassen kann. Existieren mehrere Quelldateien, aus denen *graphik.o* generiert werden kann, wie z.B.:

```
$ ls graphik.*⏎
graphik.c
graphik.f
graphik.l
graphik.s
$
```

dann stellt sich die Frage, welche von den folgenden vordefinierten Suffix-Regeln anzuwenden ist:

```
.c.o:
.f.o:
.s.o:
.l.o:
```

In solchen Fällen legt die Reihenfolge der Suffix-Angaben nach *.SUFFIXES:* die Prioritäten der einzelnen Suffix-Regeln fest:

```
.SUFFIXES: .o  .c  .c~  .y  .y~  .l  .l~  .s  .s~  .h  .h~  .sh  .sh~  .f  .f~
```

Diese vordefinierte Angabe legt fest, daß **make** zuerst nach einer Datei mit Suffix *.c*, dann nach einer *.c~*-Datei (C-Datei unter SCCS-Kontrolle), dann nach einer Datei mit Suffix *.y*, usw. sucht. Wird eine Datei mit einem entsprechenden Suffix gefunden, so wird auf diese die betreffende Suffix-Regel angewendet. In unserem Beispiel wird *graphik.c* und nicht eine der drei anderen Dateien *graphik.f*, *graphik.l* oder *graphik.s* ausgewählt. Folglich wird hier folgende vordefinierte Suffix-Regel angewendet:

```
.c.o:
    $(CC) $(CFLAGS) -c $<
```

Probieren wir aus, ob dies wirklich zutrifft:

```
$ make graphik⏎
    cc -O -c graphik.c      [Anwendung der vordefinierten Suffix-Regel zu .c.o]
graphik.c
    cc -o graphik graphik.o
$
```

Somit ist über diese Prioritätsliste nach *.SUFFIXES:* sichergestellt, daß bei Anwendung der Suffix-Regeln nur die wirklich notwendigen Generierungen von **make** durchgeführt werden. Wenn wir nun *graphik.c* löschen, so sollte die Suffix-Regel *.l.o:* angewendet werden:

```
$ rm graphik.c ⏎
$ touch graphik.l ⏎        [um sicherzustellen, dass graphik.l neuer als graphik.o ist]
$ make graphik ⏎
   lex graphik.l
   cc -O -c lex.yy.c
lex.yy.c
   rm lex.yy.c
   mv lex.yy.o graphik.o
   cc -o graphik graphik.o
$
```

Was passiert aber nun, wenn ein *graphik.l* und *graphik.c* existiert, wobei *graphik.l* aber neuer als *graphik.c* ist? In diesem Fall muß zuerst **lex** aufgerufen werden. Probieren wir es einmal:

```
$ touch graphik.c ⏎
$ touch graphik.l ⏎        [graphik.l ist somit neuer als graphik.c]
$ make graphik ⏎
   lex graphik.l
   mv lex.yy.c graphik.c
   cc -O -c graphik.c
graphik.c
   cc -o graphik graphik.o
$
```

Es funktioniert tatsächlich. Dies läßt sich auch erklären: bevor **make** *graphik* (aus *graphik.o*) generiert, prüft es, ob eventuell auch *graphik.o* neu generiert werden muß. Zur Generierung von Dateien, die mit dem Suffix *.o* enden, existieren die folgenden Suffix-Regeln, die hier bereits entsprechend ihrer über *.SUFFIXES* festgelegten Priorität geordnet sind:

```
.c.o:
.c~.o:
.y.o:
.y~.o:
.l.o:
.l~.o:
.s.o:
.s~.o:
.f.o:
.f~.o:
```

Zunächst prüft **make**, ob *graphik.c* neuer als *graphik.o* ist. Dies ist bereits der Fall, also muß **make** die Suffix-Regel zu *.c.o:* benutzen:

```
.c.o:
   $(CC) $(CFLAGS) -c $<
```

Bevor es dies tut, prüft **make**, ob *graphik.c* zuvor noch neu generiert werden muß. Zur Generierung von Dateien, die mit dem Suffix *.c* enden, existieren die folgenden Suffix-Regeln, die hier bereits entsprechend ihrer über *.SUFFIXES* festgelegten Priorität geordnet sind:

.c~.c:
.y.c:
.y~.c:
.l.c:
.l~.c:

Zunächst prüft **make**, ob *s.graphik.c*, *graphik.y* oder *s.graphik.y* neuer als *graphik.c* sind. Dies ist nicht der Fall, da diese drei Dateien nicht existieren. Als nächstes prüft **make**, ob *graphik.l* neuer als *graphik.c* ist. Dies ist jetzt der Fall und **make** führt zuerst die zu der vordefinierten Suffix-Regel *.l.c:* angegebenen Kommandos aus:

.l.c:
    $(LEX) $(LFLAGS) $<
    mv lex.yy.c $@

bevor es die Suffix-Regel *.c.o* zur Generierung von *graphik.o* anwendet:

.c.o:
    $(CC) $(CFLAGS) -c $<

In Bild 3.4 sind die wichtigsten Suffix-Regeln und Prioritäten in einer Abbildung zusammengefaßt. Dabei nimmt die Priorität der Suffixe von links nach rechts ab:

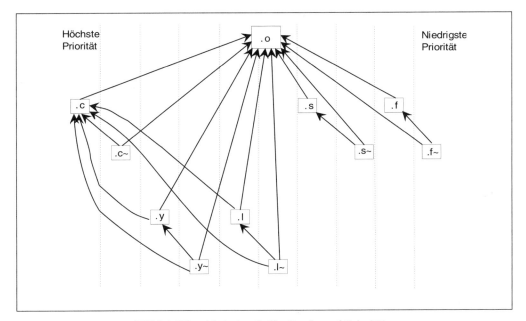

Bild 3.4: Die wichtigsten Suffix-Regeln und Prioritäten

Eigentlich würde man erwarten, daß vordefinierte Suffix-Regeln wie *.l.o* überflüssig sind, denn wenn **make** »klug« genug wäre, so könnte es selbst erkennen, daß zuerst die Suffix-Regel *.l.c* und dann die Suffix-Regel *.c.o* anzuwenden ist. Leider besitzt das Standard-**make** unter UNIX diese Fähigkeit nur, wenn bereits eine gleichnamige Datei mit Suffix *.c* existiert. Fehlt dieses bindende Glied, so ist Standard-**make** nicht in der Lage, die einzelnen Suffix-Regeln entsprechend zu kombinieren; deswegen sind für Standard-**make** Suffix-Regeln wie *.y.o* oder *.l.o* vordefiniert[27]. Wenn Sie selbst Suffix-Regeln definieren, sollten Sie diese Schwäche von **make** kennen, damit Sie entsprechend eigene Suffix-Regeln für alle möglichen Pfade in Ihrem Suffix-Baum definieren können.

Die über *.SUFFIXES* festgelegte Prioritätsliste legt bezüglich Quelldateien folgende Reihenfolge der Prüfung für **make** fest:

.c   (C-Programmdatei)
.y   (yacc-Programm)
.l   (lex-Programm)
.s   (Assembler-Programmdatei)
.h   (C-Headerdatei)
.f   (FORTRAN-Programmdatei)

Dazu ein Beispiel:

```
$ cat makefile ⏎
graphik: graphik.o
    cc -o $@ $?
$ ls graphik.* ⏎
graphik.c
graphik.f
graphik.l
graphik.s
$ touch graphik.c ⏎
$ make -n graphik ⏎
    cc -O -c graphik.c
    cc -o graphik graphik.o
$ touch graphik.s ⏎
$ make -n graphik ⏎
    cc -O -c graphik.c
    cc -o graphik graphik.o
$
```

make wählt entsprechend der Vorgabe in *.SUFFIXES* die Datei *graphik.c* aus. Nun kann man denken, wenn man im Makefile eine explizite Abhängigkeit spezifiziert, dann würde eine andere Datei von **make** ausgewählt. Dies ist leider nicht der Fall, wie das nächste Beispiel zeigt:

---

[27] Einige **make**-Versionen verfügen über diese Fähigkeit, solche Kombinationen selbst zu erkennen, so daß vordefinierte Suffix-Regeln wie *.l.o* oder *.y.o* nicht gebraucht werden.

```
$ cat makefile ⏎
graphik: graphik.o
    cc -o $@ $?
graphik.o: graphik.s
$ make -n graphik ⏎
    cc -O -c graphik.c
    cc -o graphik graphik.o
$
```

Wie aus dem Beispiel zu sehen ist, wird weiterhin *graphik.c* kompiliert, und nicht, wie man erwarten kann, *graphik.s* assembliert. Der Grund dafür liegt in der Tatsache, daß eine alleinige Abhängigkeitsangabe ohne zugehörige Kommandozeilen nicht die vordefinierten Suffix-Regeln und insbesondere auch nicht die Reihenfolge der Dateibearbeitung (Prioritäten in *.SUFFIXES*) durch **make** beeinflußt. Um Einfluß darauf zu nehmen, muß zu einer solchen expliziten Abhängigkeitsangabe noch mindestens eine Kommandozeile angegeben werden, wie das nachfolgende Beispiel zeigt:

```
$ cat makefile ⏎
graphik: graphik.o
    cc -o $@ $?
graphik.o: graphik.s
    as -o $@ $?
$ make -n graphik ⏎
    as -o graphik.o graphik.s
    cc -o graphik graphik.o
$
```

Hier benutzt **make** in jedem Fall das explizit angegebene Kommando und nicht die Suffix-Regeln.

Hinzufügen neuer Suffix-Regeln

In der praktischen Softwareentwicklung kommt es häufig vor, daß man neben den vordefinierten Suffix-Regeln weitere Suffix-Regeln selbst definieren möchte. Nehmen wir z.B. an, daß aus C-Quelldateien immer Dateien mit dem Suffix *.lst* zu erstellen sind, die eine Zeilennumerierung enthalten und automatisch am Drucker auszugeben sind. Dazu müßten z.B. die folgenden Zeilen (fett gedruckt) in einem Makefile angegeben werden.

```
$ cat makefile ⏎
#------ Makefile fuer das Assembler-Programm ------
#--------------------------------------------------

.......
.......

#............Eigene Suffix-Regeln.................
.SUFFIXES: .lst
```

```
.c.lst:
    nl -ba $< > $*.lst   # Zeilen numerieren und nach .lst umlenken
    lp $*.lst            # Datei .lst am Drucker ausgeben

........
........
$ make pass1.lst⏎
    nl -ba pass1.c > pass1.lst  # Zeilen numerieren und nach .lst umlenken
    lp pass1.lst                # Datei .lst am Drucker ausgeben
request id is ...
$
```

Werden in selbstdefinierten Suffix-Regeln Suffixe benutzt, die nicht von **make** vordefiniert sind, so müssen diese zuvor in einer eigenen *.SUFFIXES:*-Zeile aufgezählt werden, wie z.B.

```
.SUFFIXES: .lst
```

Diese Angabe bewirkt, daß das Suffix *.lst* zu der Liste der bereits von **make** vordefinierten Suffixe hinzugefügt wird. Falls Regeln für Suffixe definiert werden, die nicht in einer *.SUFFIXES:*-Zeile angegeben sind, so werden diese Regeln von **make** ignoriert. Wenn man z.B. im obigen Beispiel die *.SUFFIXES*-Zeile wegläßt:

```
$ cat makefile⏎
#------ Makefile fuer das Assembler-Programm ------
#------------------------------------------------

........
........

#............Eigene Suffix-Regeln................
.c.lst:
    nl -ba $< > $*.lst   # Zeilen numerieren und nach .lst umlenken
    lp $*.lst            # Datei .lst am Drucker ausgeben

........
........
$
```

so ignoriert **make** die Suffix-Regel *.c.lst* vollständig:

```
$ rm pass1.lst⏎
$ make pass1.lst⏎
make: Don't know how to make pass1.lst.  Stop.
$
```

Werden mehrere Suffixe über eine *.SUFFIXES*-Angabe zu den vordefinierten Suffixe hinzugefügt, wie z.B.

```
.SUFFIXES: .b .d .e
```

so ist zu beachten, daß die einzelnen Suffixe mit Leer- oder Tabulatorzeichen voneinander getrennt sein müssen.

Ersetzen von vordefinierten Suffix-Regeln

In manchen Makefiles ist es notwendig, daß alle von **make** vordefinierten Suffix-Regeln ausgeschaltet werden, bevor sie durch selbstdefinierte Suffix-Regeln ersetzt werden. Das Ausschalten der vordefinierten Suffix-Regeln kann auf zwei verschiedene Arten erreicht werden.

Angabe einer leeren .SUFFIXES:-**Liste**

Um alle von **make** vordefinierten Suffixe auszuschalten, muß zuerst eine leere .SUFFIXES:-Liste angegeben werden, bevor in einer neuen .SUFFIXES:-Angabe alle selbstdefinierten Suffixe aufgezählt werden. Im folgenden Beispiel wird diese Methode gezeigt. Es wird angenommen, daß eine Abteilung für unterschiedliche Bundesländer auch verschiedene Kundendateien, wie z.B. *hamburg.e*, *sachsen.e*, usw. unterhält. Aus diesen einzelnen Dateien soll dann eine gesamte Kundendatei erstellt werden. Die gesamte Kundenliste kann dabei auf zwei Arten sortiert sein:

- Datei *namen_adr* enthält die Adressen aller Kunden, wobei die Kunden alphabetisch nach Namen sortiert sind.
- Datei *umsatz_adr* enthält ebenfalls alle Kundenadressen, aber nach Umsatz sortiert; d.h. der Kunde, mit dem der höchste Umsatz getätigt wurde, steht an erster und der Kunde, mit dem der geringste Umsatz erreicht wurde, steht an letzter Stelle in dieser Datei.

Kommt nun ein neuer Kunde in einem der Bundesländer hinzu oder geht verloren, so müssen diese beiden Dateien wieder neu erstellt werden. Dazu bietet sich z.B. das folgende Makefile an.

```
$ cat makefile ⏎
#......Ausschalten der vordef. Suffix-Regeln........................
.SUFFIXES:

#......Definition von neuen Suffix-Regeln..........................
.SUFFIXES: .e .s .a

.e.s:
    sort -o $@ $<
.e.a:
    sort -o $@ -t: +4rn $<

#......Makro-Definitionen..........................................
KUND_LAENDER = hamburg.e bremen.e sachsen.e bayern.e saarland.e
NAMEN_SORT   = ${KUND_LAENDER:.e=.s}
UMSATZ_SORT  = ${KUND_LAENDER:.e=.a}

#......Abhaengigkeits-Angaben......................................
```

```
namen_adr: ${NAMEN_SORT}
    sort -o $@ -m ${NAMEN_SORT}

umsatz_adr: ${UMSATZ_SORT}
    sort -o $@ -m -t: +4rn ${UMSATZ_SORT}

${NAMEN_SORT} : ${$@.s=.e}
${UMSATZ_SORT} : ${$@.a=.e}
$
```

Um die bereits vordefinierten Suffixe *.a* (Bibliothek) und *.s* (Assembler-Programm) auszuschalten, wird zunächst

```
.SUFFIXES:
```

angegeben. Durch diese leere *.SUFFIXES:*-Liste werden alle vordefinierten Suffix-Regeln ausgeschaltet. Durch die Angabe

```
.SUFFIXES: .e .s .a
```

wird dann festgelegt, daß in diesem Makefile nur Suffix-Regeln für *.e*, *.s* und *.a* Gültigkeit haben. Welche Suffix-Regeln dabei zu verwenden sind, wird mit den beiden folgenden Einträgen festgelegt:

```
.e.s:
    sort -o $@ $<
.e.a:
    sort -o $@ -t: +4rn $<
```

Nun wollen wir unser Makefile testen.

```
$ make namen_adr ⏎
sort -o hamburg.s hamburg.e
sort -o bremen.s bremen.e
sort -o sachsen.s sachsen.e
sort -o bayern.s bayern.e
sort -o saarland.s saarland.e
sort -o namen_adr -m hamburg.s bremen.s sachsen.s bayern.s saarland.s
$ make umsatz_adr ⏎
sort -o hamburg.a -t: +4rn hamburg.e
sort -o bremen.a -t: +4rn bremen.e
sort -o sachsen.a -t: +4rn sachsen.e
sort -o bayern.a -t: +4rn bayern.e
sort -o saarland.a -t: +4rn saarland.e
sort -o umsatz_adr -m -t: +4rn hamburg.a bremen.a sachsen.a bayern.a saarland.a
$ touch bremen.e bayern.e ⏎
$ make namen_adr ⏎
sort -o bremen.s bremen.e
sort -o bayern.s bayern.e
sort -o namen_adr -m hamburg.s bremen.s sachsen.s bayern.s saarland.s
$ make umsatz_adr ⏎
sort -o bremen.a -t: +4rn bremen.e
```

```
sort -o bayern.a -t: +4rn bayern.e
sort -o umsatz_adr -m -t: +4rn hamburg.a bremen.a sachsen.a bayern.a saarland.a
$
```

Während in obigen Beispiel völlig neue Suffix-Regeln angegeben wurden, ist es natürlich auch möglich, vordefinierte Suffix-Regeln durch neue zu ersetzen. Wenn man z.B. eine C-Programmdatei grundsätzlich immer nach einer erfolgreichen Kompilierung drucken lassen möchte, so wird z.B. folgende Suffix-Regel angeben:

```
.SUFFIXES:
.SUFFIXES: .o .c

.c.o:
    if cc -c $< ;             \
    then nl -ba $< | lp;      \
    fi
```

Neben dieser Möglichkeit des Ersetzens von vordefinierten Suffix-Regeln durch selbstdefinierte Suffix-Regeln existiert eine weitere Methode.

Angabe der Option -r beim make-Aufruf

Wird beim Aufruf von **make** die Option **-r** angegeben, so werden für diesen **make**-Lauf alle vordefinierten Suffix-Regeln ausgeschaltet. Die zuerst genannte Methode ist jedoch dieser Vorgehensweise vorzuziehen.

Ausschalten von einzelnen Suffix-Regeln

In manchen Situationen kann es notwendig sein, daß man nur einzelne und nicht alle vordefinierten Suffix-Regeln ausschalten möchte. Um dies zu erreichen, muß man die betreffenden Suffix-Regeln durch Angabe eines Semikolons ausschalten:

```
.von.nach:  ;
```

Das folgende Beispiel zeigt einen typischen Anwendungsfall für ein gezieltes Ausschalten von einzelnen vordefinierten Suffix-Regeln.

```
$ cat makefile ⏎
libgraph:  libgraph(eckig.o) libgraph(rund.o) libgraph(linie.o)
    ${CC} -c ${CFLAGS} ${?:.o=.c}
    ${AR} ${ARFLAGS} $@ $?
    rm $?

.c.a: ;
$
```

In diesem Makefile wird von allen vordefinierten Suffix-Regeln nur die Regel *.c.a* explizit ausgeschaltet. An ihrer Stelle werden eigene Kommandos zur Generierung der Bibliothek *libgraph* angegeben, um so zu erreichen, daß sowohl **cc** als auch **ar** nur einmal und nicht mehrmals aufgerufen werden, wie dies bei der Generierung über die vordefinierten Suffix-Regeln der Fall ist.

```
$ touch eckig.c rund.c linie.c ⏎
$ make libgraph ⏎
    cc -c -O eckig.c rund.c linie.c    [Kompilieren aller 3 Dateien mit nur einem cc-Aufruf]
eckig.c
rund.c
linie.c
    ar rv libgraph eckig.o rund.o linie.o    [Archivieren der 3 Dateien mit einem ar-Aufruf]
r - rund.o
r - linie.o
r - eckig.o
    rm eckig.o rund.o linie.o
$ make libgraph ⏎
'libgraph' is up to date.
$ touch rund.c ⏎
    cc -c -O rund.c
rund.c
    ar rv libgraph rund.o
r - rund.o
    rm rund.o
$
```

Eine solche Vorgehensweise in Makefiles bringt vor allen Dingen dann große Zeitgewinne bei der Generierung mit sich, wenn man mit Bibliotheken arbeitet, die mehrere Hunderte von Objektdateien enthalten. In solchen Fällen ist ein einmaliger **cc**- und **ar**-Aufruf für mehrere Objektdateien erheblich schneller als mehrere **cc**- und **ar**-Aufrufe für jede einzelne Objektdatei.

Eine andere Methode, um einzelne vordefinierte Suffix-Regeln gezielt auszuschalten, ist das Aufzählen jeder einzelnen Abhängigkeit, die mit einem Semikolon abgeschlossen sein muß, wie z.B.:

```
$ cat makefile ⏎
libgraph:   libgraph(eckig.o) libgraph(rund.o) libgraph(linie.o)
    ${CC} -c ${CFLAGS} ${?:.o=.c}
    ${AR} ${ARFLAGS} $@ $?
    rm $?

libgraph(eckig.o): eckig.c ;
libgraph(rund.o):  rund.c ;
libgraph(linie.o): linie.c ;
$
```

Dieses Makefile leistet das gleiche wie das vorherige Makefile.

```
$ touch eckig.c rund.c linie.c ⏎
$ make libgraph ⏎
    cc -c -O eckig.c rund.c linie.c    [Kompilieren aller 3 Dateien mit nur einem cc-Aufruf]
```

```
eckig.c
rund.c
linie.c
    ar rv libgraph eckig.o rund.o linie.o    [Archivieren der 3 Dateien mit einem ar-Aufruf]
r - rund.o
r - linie.o
r - eckig.o
    rm eckig.o rund.o linie.o
$ make libgraph ⏎
'libgraph' is up to date.
$ touch rund.c ⏎
    cc -c -O rund.c
rund.c
    ar rv libgraph rund.o
r - rund.o
    rm rund.o
$
```

Es soll nicht unerwähnt bleiben, daß bei beiden Methoden die Lösungen relativ kompliziert sind, wenn eine Bibliothek z.B. nicht nur C-Programme, sondern gemischte Programme enthält, wie etwa C- und Assembler-Programme.

Konflikte mit vordefinierten Suffix-Regeln

Wenn man eigene Suffix-Regeln definiert, so sollte man – wenn möglich – neue, noch nicht von **make** vordefinierte Suffixe benutzen. Diese Suffixe müssen nicht aus einem Zeichen (wie *.c*, *.a* oder *.f*) bestehen, sondern können sich aus mehreren Zeichen zusammensetzen, wie z.B. *.lst*, *.vor* oder *.nach*. In neueren UNIX-Systemen ist die Beschränkung von Dateinamen auf 14 Zeichen aufgehoben. Hier sind Dateinamen mit bis zu 255 Zeichen erlaubt. Man muß also bei der Vergabe eines Suffixes nicht mehr an der Zeichenzahl sparen.

In manchen Situationen kann man nicht auf andere als die vordefinierten Suffixe ausweichen. In solchen Fällen bleibt einem also nichts anderes übrig, als vordefinierte Suffix-Regeln durch eigene zu ersetzen. Dazu ein Beispiel. Nehmen wir an, daß Sie ein eigenes Tool *awktoc* besitzen, das awk-Skripts in C-Programme umformt, bevor diese mit **cc** kompiliert werden müssen. Sie haben nun z.B. die Konvention eingeführt, daß die Dateinamen von awk-Skripts immer mit dem Suffix *.f* enden sollten. Um die Generierung von awk-Skripts in ausführbare Programme zu automatisieren, bietet sich das folgende Makefile an:

```
$ cat makefile ⏎
.SUFFIXES:  .f

.f.c:
    awktoc $< $@
```

```
netzplan: netzplan.o
    ${CC} -o $@ netzplan.o
$
```

Wenn man **make** für dieses Makefile aufruft, so geschieht etwas Unerwartetes.

```
$ make -n netzplan⏎
    f77 -c netzplan.f
    cc -o netzplan netzplan.o
$
```

Anstelle von **awktoc** wird **f77** aufgerufen. Warum? Nun ja, **make** wendet die vordefinierte Suffix-Regel *.f.o* an:

```
.f.o:
    $(F77) $(F77FLAGS) -c $*.f $(LDFLAGS)
```

Diese Suffix-Regel hat aufgrund der über *.SUFFIXES* festgelegten Prioritäten eine höhere Priorität als die selbstdefinierte Suffix-Regel *.f.c*.

Wenn man also bereits vordefinierte Suffixe benutzt, so muß man unbedingt dafür sorgen, daß man nicht nur eine Suffix-Regel, sondern alle vordefinierten Suffix-Regeln, in denen das betreffende Suffix vorkommt, durch eigene Definitionen ersetzt. Für unser obiges Beispiel ist ein Makefile wie etwa das folgende empfehlenswert.

```
$ cat makefile⏎
.SUFFIXES: .f .o .c
.f.a: ;
.f.o:
    @echo Suffix-Regel .f.o
    awktoc $< $*.c
    ${CC} -c $*.c
.f.c:
    @echo Suffix-Regel .f.c
    awktoc $< $@
.f:
    @echo Suffix-Regel .f
    awktoc $< $*.c
    ${CC} -o $@ $@.c
# Eventuell koennten hier auch noch Suffix-Regeln fuer SCCS
# eigens definiert werden; es muessten dann noch Regeln zu
#    .f~.a, .f~.o, .f~.f und .f~ angegeben werden.
$
```

Nun leistet **make** das Geforderte.

```
$ ls netz*⏎
netzplan.f
$ make netzplan⏎
Suffix-Regel .f
```

```
    awktoc netzplan.f netzplan.c
    cc -o netzplan netzplan.c
netzplan.c
$ touch netzplan.f ⏎
$ make netzplan.c ⏎
Suffix-Regel .f.c
    awktoc netzplan.f netzplan.c
$ touch netzplan.f ⏎
$ make netzplan.o ⏎
Suffix-Regel .f.c
    awktoc netzplan.f netzplan.c
    cc -O -c netzplan.c       [Von make vordefinierte Regel .c.o]
netzplan.c
$ touch netzplan.f ⏎
$ rm netzplan.c ⏎
$ make netzplan.o ⏎
Suffix-Regel .f.o
    awktoc netzplan.f netzplan.c
    cc -c netzplan.c
netzplan.c
$
```

Dieses äußerst umfangreiche Kapitel beschäftigte sich sowohl mit den von **make** vordefinierten Suffix-Regeln als auch mit dem Erstellen von eigenen Suffix-Regeln. Dabei wurde oft sehr ausführlich auf einzelne Besonderheiten eingegangen. Manchem Leser mag dies eventuell zu detailliert erschienen sein. Dem ist entgegenzuhalten, daß eine gute Kenntnis der Suffix-Regeln und ihrer Hierachien für einen professionellen Umgang mit **make** unverzichtbar ist. Im nächsten Kapitel werden wir uns mit möglichen Aufrufformen von **make** und speziellen Zielangaben in Makefiles beschäftigen.

3.6 make-Optionen und spezielle Zielangaben

In diesem Kapitel werden alle Optionen vorgestellt. Obwohl wir einige dieser Optionen bereits früher kennengelernt haben, werden hier aus Gründen der Vollständigkeit und Übersichtlichkeit alle Optionen ausführlich beschrieben. Zudem wird hier auf alle speziellen Zielangaben eingegangen, von denen wir bereits einige kennen, wie z.B. *.SUFFIXES* oder *.IGNORE*.

Option -f: Benutzen anderer Makefiles als *makefile* **oder** *Makefile*

Oft benötigt man in einem Directory mehrere Makefiles, die Unterschiedliches leisten. **make** erkennt aber nur Makefiles an, wenn sie den Namen *makefile* oder *Makefile* haben. Es ist nun äußerst umständlich, wenn man vor jedem **make**-Aufruf das entsprechende Makefile immer erst nach *makefile* oder *Makefile* kopieren müßte. Um dies zu vermeiden, bietet **make** die Option **-f** (*file*) an.

Mit der Angabe von

-f *datei*

auf der Kommandozeile ist es möglich, eine *datei* mit einem anderen Namen als *Makefile* bzw. *makefile* von **make** als Makefile benutzen zu lassen. Es ist Konvention, daß man für solche Makefiles Namen verwendet, die mit dem Suffix *.mk* enden.

Nehmen wir z.B. an, daß im working directory zwei Makefiles vorhanden sind: *assemb.mk* für unser Assembler-Programm und ein weiteres mit dem Namen *motor.mk*.

```
$ cat assemb.mk ⏎
#----- Makefile fuer das Assembler-Programm -----
#------------------------------------------------

#...........Makro-Definitionen...................
MODULE = assemb.o pass1.o pass2.o symb_tab.o symb_ta2.o fehler.o
OBJ1   = assemb.o pass1.o pass2.o symb_tab.o fehler.o
OBJ2   = assemb.o pass1.o pass2.o symb_ta2.o fehler.o

#...........Linker-Teil..........................
assemb1: ${OBJ1}
    @echo "$@ wird nun gelinkt........"
    cc -o $@ ${OBJ1}
assemb2: ${OBJ2}
    @echo "$@ wird nun gelinkt........"
    cc -o $@ ${OBJ2}

#...........Kompilierungs-Teil...................
assemb.o:   assemb.c global.h pass1.h pass2.h symb_tab.h fehler.h
pass1.o:    pass1.c pass1.h global.h symb_tab.h fehler.h
pass2.o:    pass2.c pass2.h symb_tab.h fehler.h
symb_tab.o: symb_tab.c symb_tab.h global.h fehler.h
symb_ta2.o: symb_ta2.c symb_tab.h global.h fehler.h
fehler.o:   fehler.c fehler.h

#...........Cleanup..............................
cleanup1:
    /bin/rm -f ${OBJ1}
cleanup2:
    /bin/rm -f ${OBJ2}
$ cat motor.mk ⏎
OBJS = eingabe.o berechnen.o ausgabe.o main.o mathfunk.o
motorsimul : ${OBJS}
    @ echo "motorsimul wird gelinkt...."
    @ cc -o $@ ${OBJS}
$
```

Will man nun *assemb1* aktualisieren, so muß man

make -f assemb.mk   oder
make -f assemb.mk assemb1

aufrufen. Will man z.B. nur *fehler.o* auf den neuesten Stand bringen, so muß man

make -f assemb.mk fehler.o

aufrufen. Will man z.B. *motorsimul* auf den neuesten Stand bringen, so muß man

make -f motor.mk   oder
make -f motor.mk motorsimul

aufrufen. Will man z.B. nur *berechnen.o* (aus dem Makefile *motor.mk*) auf den neuesten Stand bringen, so muß man

make -f motor.mk berechnen.o

aufrufen. Es ist sogar möglich, **-f** *datei* mehr als einmal bei einem **make**-Aufruf anzugeben, um so mehrere Makefiles zu kombinieren. Wird bei **-f** anstelle einer *datei* der Querstrich - angegeben, so liest **make** die Spezifikationen für ein Makefile von der Standardeingabe (Tastatur). Damit kann man bei temporären Aufgaben die Abhängigkeits-Beschreibungen direkt über die Tastatur eingeben und aufgrund der vordefinierten Suffix-Regeln sich viele explizite Compiler-Aufrufe sparen, wie z.B.:

```
$ make -f -  ⏎
motorsimul: eingabe.o berechnen.o ausgabe.o main.o mathfunk.o ⏎
Ctrl-D
    cc -0 -c eingabe.c
eingabe.c
    cc -0 -c berechnen.c
berechnen.c
    cc -0 -c ausgabe.c
ausgabe.c
    cc -0 -c main.c
main.c
    as -o mathfunk.o mathfunk.s
$
```

An diesem Beispiel ist zu erkennen, daß **make** mit *Ctrl-D* das Ende der Eingabe (Spezifikationen) mitgeteilt wird. Erst danach beginnt **make** mit der Bearbeitung der vorgegebenen Abhängigkeitsangaben; **make** liest nämlich auch sonst immer zuerst das vollständige Makefile, bevor es mit den notwendigen Generierungs-Aufrufen beginnt. Solche direkte Eingaben von Spezifikationen sind jedoch nur für temporäre Aufgaben ratsam.

Bei allen anderen Anwendungen ist es sicher effizienter, ein Makefile zu erstellen.

Option -n: Anzeigen (nicht Ausführen) von Generierungs-Schritten

Wird **make** mit der Option **-n** (*no execute*) aufgerufen, so zeigt es an, welche Kommandozeilen es ausführen würde, führt diese aber nicht aus. Nehmen wir z.B. wieder das Makefile *assemb.mk* für unser Assembler-Programm.

```
$ make -f assemb.mk  cleanup1 ⏎
/bin/rm -f assemb.o pass1.o pass2.o symb_tab.o fehler.o
$ make -f assemb.mk  cleanup2 ⏎
/bin/rm -f assemb.o pass1.o pass2.o symb_ta2.o fehler.o
$ make -nf assemb.mk ⏎            [Nur anzeigen, was zu generieren ist]
   cc -O -c assemb.c
   cc -O -c pass1.c
   cc -O -c pass2.c
   cc -O -c symb_tab.c
   cc -O -c fehler.c
   echo "assemb1 wird nun gelinkt........"
   cc -o assemb1 assemb.o pass1.o pass2.o symb_tab.o fehler.o
$ make -sf assemb.mk ⏎            [Nun erst findet die eigentliche Generierung statt]
assemb.c
pass1.c
pass2.c
symb_tab.c
fehler.c
assemb1 wird nun gelinkt........
$ make -n -f assemb.mk assemb2 ⏎
   cc -O -c symb_ta2.c
   echo "assemb2 wird nun gelinkt........"
   cc -o assemb2 assemb.o pass1.o pass2.o symb_ta2.o fehler.o
$ make -f assemb.mk assemb2 ⏎
   cc -O -c symb_ta2.c
symb_ta2.c
assemb2 wird nun gelinkt........
   cc -o assemb2 assemb.o pass1.o pass2.o symb_ta2.o fehler.o
$
```

Die Option **-n** ermöglicht also, sich vor der eigentlichen Generierung alle Aktionen anzeigen zu lassen, die ein **make**-Aufruf (ohne Option **-n**) ausführt. Damit ist es möglich, vorab zu prüfen, ob ein entsprechender **make**-Aufruf einen Schaden anrichtet. Neben dieser Verwendung als Kontrollinstrument wird die Option **-n** oft noch für folgende Zwecke benutzt:

Benutzung der Ausgabe von make -n als Shell-Skript

Lenkt man die durch die Option **-n** bewirkte Ausgabe eines **make**-Aufrufs mit >*datei* in eine Datei um, so stehen alle von **make -n** ausgegebenen Kommandozeilen in *datei*. Bei *datei* handelt es sich um eine Kommando-Datei, auch Shell-Skript genannt. Dieses Shell-Skript kann unabhängig von **make** aufgerufen werden, und führt alle zur

Aktualisierung eines Programms notwendigen Generierungs-Schritte durch. Eine solche Sicherung aller Kommandoaufrufe vor dem eigentlichen **make**-Aufruf in Form eines Shell-Skripts ist in größeren Projekten nützlich, wenn z.B. der eigentliche Generierungslauf von **make**, aus welchen Gründen auch immer, abgebrochen wird. In einem solchen Fall kann man das zuvor erzeugte Shell-Skript zur erneuten Generierung heranziehen. Auf diese Weise wird eine konsistente Generierung sichergestellt, was bei einem erneuten **make**-Aufruf nicht unbedingt garantiert sein muß, da die Generierung eventuell nicht genau bei der Abbruchstelle fortgesetzt werden kann.

Anzeigen aller Module, die von Änderungen betroffen sind

Manchmal möchte ein Softwareentwickler im Voraus wissen, welche Module von einer speziellen Schnittstellenänderung betroffen sind, um so den daraus resultierenden Implementierungsaufwand in etwa abzuschätzen. Hier empfiehlt sich folgende Vorgehensweise:

1. Simulieren der Schnittstellenänderung mit
   touch *header-datei(en)*

2. Ein nachfolgender Aufruf von **make** mit der Option **-n** zeigt alle C-Programmdateien an, die durch diese Änderungen in den *header-datei(en)* neu kompiliert werden müssen. Nur diese C-Module sind von der entsprechenden Schnittstellenänderung betroffen. Auf alle anderen Module hat diese Schnittstellenänderung keinen Einfluß, so daß diese auch keinerlei Anpassung an die neuen Schnittstellen bedürfen; sie bleiben davon vollständig unberührt. Der Entwickler weiß somit vorab, welche Module er bei einer Schnittstellenänderung entsprechend anpassen muß.

Nehmen wir z.B. an, daß in unserem Assembler-Programm die Schnittstelle in *pass1.h* geändert werden soll.

```
$ touch pass1.h ↵      [Änderung von pass1.h simulieren]
$ make –nf assemb.mk ↵
    cc –O –c assemb.c
    cc –O –c pass1.c
    echo "assembl wird nun gelinkt........"
    cc –o assembl assemb.o pass1.o pass2.o symb_tab.o fehler.o
$
```

Wir können sofort erkennen, daß bei einer Änderung von *pass1.h* die beiden Module *assemb.c* und *pass1.c* von dieser Änderung betroffen sind und entsprechend angepaßt werden müssen. Nun nehmen wir an, daß wir die Schnittstelle der zentralen Fehlerroutine in *fehler.h* ändern wollen.

```
$ touch fehler.h ↵     [Änderung von fehler.h simulieren]
$ make –nf assemb.mk ↵
    cc –O –c assemb.c
    cc –O –c pass1.c
    cc –O –c pass2.c
```

```
        cc -O -c symb_tab.c
        cc -O -c fehler.c
        echo "assembl wird nun gelinkt........"
        cc -o assembl assemb.o pass1.o pass2.o symb_tab.o fehler.o
$
```

Hier ist erkennbar, daß von einer Schnittstellenänderung in *fehler.h* sehr viele Module, in diesem Fall sogar alle Module betroffen sind. Diese Änderung kommt uns relativ teuer zu stehen. Sollte man sich nach einem solchen Testlauf von **make -n** doch anders entscheiden und auf die betreffende Schnittstellenänderung verzichten, so kann man mit

touch [*mmddhhmm*[*yy*]] *header-datei(en)*   [28]

die Zeitmarke wieder auf den alten Wert zurücksetzen.

Option -s und .SILENT: Keine Kommando-Ausgabe vor Ausführung

make gibt normalerweise alle Kommandozeilen nochmals am Bildschirm aus, bevor es sie ausführen läßt. Soll diese automatische Ausgabe vollständig ausgeschaltet werden, so muß beim Aufruf von **make** die Option **-s** angegeben werden. Das vollständige Ausschalten der automatischen Ausgabe von Kommandos vor ihrer Ausführung erreicht man auch durch die Angabe der folgenden Zeile in einem Makefile:

.SILENT:

In diesem Fall ist dann für dieses Makefile die automatische Ausgabe durch **make** immer ausgeschaltet, selbst wenn beim **make**-Aufruf nicht die Option **-s** angegeben wird.

Daneben gibt es aber noch eine andere Möglichkeit, die automatische Ausgabe von Kommandozeilen zu unterdrücken. Dazu muß als erstes Zeichen in einer Kommandozeile das Zeichen @ angegeben werden. In diesem Fall wird die automatische Ausgabe von **make** nur für diese Zeile und nicht wie bei der Option **-s** oder bei der Angabe von *.SILENT:* für alle Kommandozeilen eines Makefiles ausgeschaltet.

Wird **make** mit der Option **-n** aufgerufen, so werden alle Kommandozeilen angezeigt, selbst wenn sie mit dem Zeichen @ beginnen.

Option -i und .IGNORE: Ignorieren von allen Fehlern

Normalerweise bricht **make** beim Auftreten eines Fehlers in den Kommandos, die es ausführen läßt, sofort die ganze Generierung ab. Davor entfernt **make** immer noch das aktuelle Ziel, das es gerade bearbeitet, um nicht vorzutäuschen, daß das betreffende Ziel richtig generiert wurde.

---

[28] Erstes *mm* ist der Monat, *dd* ist der Tag, *hh* ist die Stunde, zweites *mm* ist die Minute und *yy* ist das Jahr.

Soll **make** aber grundsätzlich alle auftretenden Fehler ignorieren und niemals vorzeitig abbrechen, so muß **make** mit der Option **-i** aufgerufen werden. Ein Aufruf von **make** unter Angabe dieser Option **-i** bewirkt das gleiche wie ein Querstrich (-) vor jeder Kommandozeile.

Eine andere Möglichkeit, **make** mitzuteilen, daß es beim Auftreten von Fehlern niemals vorzeitig abbrechen soll, ist die Angabe des speziellen Ziels *.IGNORE* in einem Makefile:

.IGNORE:

In diesem Fall bricht **make** niemals bei fehlerhaften Kommandos ab, selbst wenn beim **make**-Aufruf die Option **-i** nicht angegeben wurde.

Option -k: Fortsetzen der Generierung mit nächstem Ziel bei Fehlern

Wird die Option **-k** beim **make**-Aufruf angegeben, dann bricht **make** beim Auftreten eines Fehlers zwar die Generierung des aktuellen Ziels und aller von diesem Ziel direkt oder indirekt abhängigen Objekte ab, aber es fährt mit der Generierung anderer Ziele fort. So wird alles, was fehlerfrei generiert werden kann, auch generiert, während der Rest unverändert bleibt. **make** meldet dabei immer, was nicht erfolgreich generiert werden kann.

Option -r: Ausschalten aller vordefinierten Suffix-Regeln

Wird beim Aufruf von **make** die Option **-r** angegeben, so werden für diesen **make**-Lauf alle vordefinierten Suffix-Regeln ausgeschaltet.

Option -e: Setzen von anderen Prioritäten für Makros

Von **make** sind für die verschiedenen Makrodefinitionen folgende Prioritäten (von der niedrigsten bis zur höchsten) vorgegeben:

1. Vordefinierte Makros.
2. Über Shell-Variablen definierte Makros.
3. Selbstdefinierte Makros.
4. Auf Kommandozeile als Argumente angegebene Makrodefinitionen.

In einigen wenigen Anwendungsfällen kann eine höhere Priorität für Makrodefinitionen aus Shell-Variablen erwünscht sein. Dazu muß **make** mit der Option **-e** aufgerufen werden, dann gelten die folgenden Prioritäten (von niedrigsten bis zur höchsten):

1. Vordefinierte Makros.
2. Selbstdefinierte Makros.
3. Über Shell-Variablen definierte Makros.
4. Auf Kommandozeile als Argumente angegebene Makrodefinitionen.

Option -p: Ausgeben aller Makrodefinitionen, Suffix-Regeln, ...

Wird bei einem **make**-Aufruf die Option **-p** angegeben, so werden zuerst alle für diesen Lauf gültigen Makrodefinitionen, dann die Abhängigkeitsbeschreibungen mit den zugehörigen Kommandozeilen aus dem entsprechenden Makefile und schließlich die Suffix-Regeln ausgegeben.

Die Abhängigkeitsangaben werden bei dieser Ausgabe von **make** umsortiert. Während die Makros in den Abhängigkeitsbeschreibungen bereits expandiert sind, gilt dies nicht für die zugehörigen Kommandozeilen, denn diese werden genauso ausgegeben, wie sie im entsprechenden Makefile angegeben sind.

Option -q: Anzeigen über exit-Status, ob Ziele auf neusten Stand sind

Wird bei einem **make**-Aufruf die Option **-q** angegeben, so zeigt der exit-Status von **make** an, ob die entsprechenden Ziele auf dem neuesten Stand sind oder erst generiert werden müssen. Wenn der exit-Status von **make**

0 ist, dann sind die Ziele bereits auf dem neuesten Stand und wenn er **verschieden von 0** ist, dann müssen sie durch einen **make**-Aufruf erst generiert werden.

So kann **make** sehr gut von Shell-Skripts aus aufgerufen werden, wie z.B.

```
.......
if make -q assemb
then
    echo "Assembler assemb ist auf dem neusten Stand...."
else
    make assemb
    echo "Assembler assemb wurde neu generiert....."
    echo "Bitte nicht vergessen die Dokumentation zu aktualisieren...."
    ....
fi
.......
.......
```

Option -t : Zeitmarken von Zielen ohne Generierung aktualisieren

Wird bei einem **make**-Aufruf die Option **-t** angegeben, so werden die Zeitmarken aller Ziele im Makefile, die von diesem **make**-Aufruf betroffen sind, auf die aktuelle Zeit gesetzt, ohne daß eine Generierung stattfindet. Obwohl diese Option mit äußerster Vorsicht anzuwenden ist, da sie eventuell Generierungen vortäuscht, die gar nicht stattgefunden haben, kann sie in Situationen, in denen man sich absolut sicher ist, daß keine erneute Generierung notwendig ist, sehr sinnvoll und zeitsparend sein.

Nehmen wir z.B. an, daß wir in der Header-Datei *fehler.h* lediglich Kommentar hinzugefügt haben, ohne daß wir sonstige Änderungen durchgeführt hätten, dann sind laut Zeitmarke alle Module unseres Assembler-Programms nicht auf dem neuesten Stand und müssen generiert werden. Dies ist aber völlig überflüssig, da wir keine »echte« Änderung durchgeführt haben. In diesem Fall könnten wir uns den zeitaufwendigen Generierungslauf sparen und lediglich die Zeitmarken mit Option **-t** neu setzen.

```
$ touch fehler.h ↵      [Einfügen von Kommentar simulieren]
$ make -nf assemb.mk ↵
    cc -O -c assemb.c
    cc -O -c pass1.c
    cc -O -c pass2.c
    cc -O -c symb_tab.c
    cc -O -c fehler.c
    echo "assemb1 wird nun gelinkt........."
    cc -o assemb1 assemb.o pass1.o pass2.o symb_tab.o fehler.o
$ make -t -f assemb.mk ↵
touch(assemb.o)
touch(pass1.o)
touch(pass2.o)
touch(symb_tab.o)
touch(fehler.o)
touch(assemb1)
$ make -f assemb.mk ↵
'assemb1' is up to date.
$ make -ntf assemb.mk assemb2 ↵      [Nur anzeigen, nicht wirklich die Zeitmarken ändern]
touch(symb_ta2.o)
touch(assemb2)
$ make -tf assemb.mk assemb2 ↵       [Nun wirklich die Zeitmarken ändern]
touch(symb_ta2.o)
touch(assemb2)
$ make -tf assemb.mk assemb2 ↵
'assemb2' is up to date.
$
```

Option -b: Verwenden von alten Makefiles

Besitzt man ältere Makefiles, so kann dies beim **make**-Aufruf zu Fehlern führen. Will man, daß ein neueres **make** solche alten Makefiles bearbeitet, so muß man die Option **-b** angeben.

Option -d: Debuggen von Makefiles

Falls die Abarbeitung eines Makefiles durch **make** nicht erklärbar ist, so kann man beim **make**-Aufruf die Option **-d** angeben. **make** gibt dann detailliertere, leider oft auch sehr schwer nachvollziehbare Information aus; wie z.B., in welcher Reihenfolge es die einzelnen Abhängigkeiten abarbeitet und welche Suffix-Regeln es jeweils benutzt. Die Verständlichkeit dieser Ausgaben variiert bei den unterschiedlichen **make**-Versionen.

Viele **make**-Versionen geben bei der Angabe dieser Option leider nur die folgende Meldung aus:

make: no debugging information available.

.PRECIOUS: Angeben von Zielen, die nicht von make zu löschen sind

Wenn die Generierung eines Programms mit der *intr*- oder *quit*-Taste unterbrochen wird, dann entfernt **make** immer zuerst das aktuelle Ziel, bevor es die Generierung abbricht.

In manchen Fällen ist es erwünscht, daß **make** bestimmte Ziele beim Auftreten eines Fehlers nicht löscht. Dies kann man **make** mitteilen, indem man im Makefile die entsprechenden Zielnamen mit

.PRECIOUS: *ziel1 ziel2 ....*

angibt. Eine solche Angabe kann an einer beliebigen Stelle im Makefile stehen und bewirkt, daß **make** diese Ziele *ziel1 ziel2 ....* und alle davon abhängigen Ziele nicht entfernt, bevor es den **make**-Lauf abbricht.

Im folgenden Makefile *update.mk*, wird bei Unterbrechung des **make**-Aufrufs mit *intr* bzw. *quit* entweder die Datei *drucken* oder *sortiert* gelöscht:

```
$ cat update.mk ⏎
drucken: sortiert
    sleep 1; lp namen.sort
    date >>$@
sortiert: namen
    sort -o namen.sort namen
    date >>$@
$ touch namen ⏎
$ make -f update.mk ⏎
    sort -o namen.sort namen
    date >>sortiert
[Drücken von DEL]
***   sortiert removed
$ touch namen ⏎
$ make -f update.mk ⏎
    sort -o namen.sort namen
    date >>sortiert
    sleep 1; lp namen.sort
[Drücken von DEL]
***   drucken removed
$
```

Da man aber in den Dateien *sortiert* und *drucken* alle Sortier- und Druckvorgänge zeitlich mitprotollieren lassen möchte, muß verhindert werden, daß diese beiden Dateien von **make** gelöscht werden. Dies erreicht man durch die Verwendung von *.PRECIOUS*:

```
$ cat update.mk ⏎
.PRECIOUS: sortiert drucken

drucken: sortiert
    sleep 1; lp namen.sort
    date >>$@
sortiert: namen
    sort -o namen.sort namen
    date >>$@
$ touch namen ⏎
$ make -f update.mk ⏎
    sort -o namen.sort namen
    date >>sortiert
[Drücken von DEL]
                    [sortiert wird jetzt nicht gelöscht]
$ touch namen ⏎
$ make -f update.mk ⏎
    sort -o namen.sort namen
    date >>sortiert
    sleep 1; lp namen.sort
[Drücken von DEL]
                    [drucken wird jetzt nicht gelöscht]
$
```

.DEFAULT: Generieren von Dateien ohne Eintrag oder Suffix-Regeln

Verwendet man in einem Makefile Dateien, für deren Generierung weder explizit Kommandos angegeben sind noch Suffix-Regeln existieren, so führt **make** beim Fehlen einer solchen Datei immer die nach dem speziellen Ziel *.DEFAULT:* angegebenen Kommandos zur Generierung der betreffenden Datei aus.

Nehmen wir z.B. an, daß wir in einem parallelen Subdirectory *src* eine fertige und ausgetestete Version unseres Assembler-Programms haben, und wir jetzt gerade an einer neueren Version arbeiten. Wenn der folgende Eintrag im Makefile angegeben wird:

```
.DEFAULT:
    cp ../src/$@ .
```

so führt **make** beim Fehlen einer Quelldatei immer zuerst das bei *.DEFAULT:* angegebene **cp**-Kommando aus. Wenn im working directory die Datei *fehler.c* fehlt, so ruft **make** vor der eigentlichen Generierung zuerst
cp ../src/fehler.c .
auf, um so *fehler.c* im working directory zur Verfügung zu stellen. Die nach *.DEFAULT:*

angegebenen Kommandos müssen nicht unbedingt eine Datei erstellen. So ist z.B. auch die folgende Angabe erlaubt:

```
.DEFAULT:
    @ echo "...Fehler: Datei $@ fehlt im working directory"
```

Das spezielle Ziel *.DEFAULT* kann auch explizit beim **make**-Aufruf angegeben werden. So wird *.DEFAULT* in Makefile manchmal für die Angabe von Shell-Skripts »mißbraucht«. Um dies zu demonstrieren, haben wir im nachfolgenden Makefile für das Assembler-Programm unter *.DEFAULT:* ein KornShell-Skript angegeben, das alle Abhängigkeiten anzeigt und neuere Dateien immer invers darstellt.

```
$ cat assemb.mk ⏎
:::::::::::::::::::
:::::::::::::::::::
#...........Geänderte Dateien durch inverse Darstellung zeigen...
MODUL1 = ${OBJ1:.o=}
MODUL2 = ${OBJ2:.o=}

.DEFAULT:
    @ for i in 1 2; do \
        echo "assemb$$i:"; \
        if [ $$i -eq 1 ]; \
        then MODULE="${MODUL1}"; \
        else MODULE="${MODUL2}"; \
        fi; \
        for j in $$MODULE; do \
            echo "\t \c"; \
            if [ $$j".o" -nt assemb$$i ] ; \
            then tput smso; echo "$$j.o\c"; tput rmso; \
            else echo "$$j.o\c"; \
            fi; \
            echo "\t\c"; \
            if [ $$j.c -nt $$j.o ] ; \
            then tput smso; echo "$$j.c\c"; tput rmso; \
            else echo "$$j.c\c"; \
            fi; \
            echo; \
        done; \
    done
$ touch pass1.c pass2.o fehler.c symb_ta2.c ⏎
$ make -f assemb.mk .DEFAULT ⏎   [29]
assemb1:
        assemb.o        assemb.c
        pass1.o         pass1.c
        pass2.o         pass2.c
```

---

[29] Inverse Zeichen sind bei dieser Ausgabe unterstrichen.

Der Programmgenerator make von UNIX   167

```
          symb_tab.o     symb_tab.c
          fehler.o       fehler.c
assemb2:
          assemb.o       assemb.c
          pass1.o        pass1.c
          pass2.o        pass2.c
          symb_tab.o     symb_ta2.c
          fehler.o       fehler.c
$
```

3.7 Techniken für Projekt-Management mit make

In gößeren Software-Projekten treten oft Probleme auf, die besonders dem **make**-Neuling zu Anfang Schwierigkeiten bereiten. Typische Problemfelder sind:

▶ Die Generierung eines Programms erstreckt sich oft auf Dateien, die sich in mehreren Directories und nicht nur im working directory befinden. Der Entwickler muß dann in seinem Makefile dafür sorgen, daß **make** alle Abhängigkeiten in den verschiedenen Directories richtig abarbeitet.
▶ Wenn Module Präprozessor-Anweisungen wie **#if** oder **#ifdef** für die bedingte Kompilierung enthalten, so können sie unterschiedlich übersetzt werden. Da **make** lediglich Zeitmarken von Dateien vergleichen kann und nicht in der Lage ist zu überprüfen, ob eventuell eine neue Generierung notwendig ist, wenn eine andere Kompilierung erforderlich ist, kann dies zu inkonsistenten Programmen führen.

In diesem Kapitel werden nun Techniken vorgestellt, die Lösungen zu Problemen dieser Art geben. Daneben finden sich einige Tips für den Einsatz von **make** in größeren Projekten.

3.7.1 Konfigurations-Management mit Pseudozielen

In der praktischen Softwareentwicklung spielt das Konfigurieren von Programmen eine große Rolle, da Programme oft mit den unterschiedlichsten Ausstattungen an die einzelnen Kunden ausgeliefert werden. Ebenso gehört zu einem guten Kunden-Service, daß man den oft komplexen Installationsvorgang für den Kunden soweit wie möglich vereinfacht. In beiden Fällen können entsprechende Makefiles helfen.

Generierung von Programmen mit unterschiedlicher Ausstattung

Genau wie in der Autoindustrie ein Auto vom Hersteller mit unterschiedlicher Ausstattung (mit oder ohne Radio, Schiebedach oder nicht, usw.) an den Kunden ausgeliefert werden kann, ist es auch in der Softwarebranche üblich, ein und dasselbe Programm mit unterschiedlicher Ausstattung anzubieten. Die Modultechnik kommt solchen unterschiedlichen Ausbaustufen eines Softwareprodukts sehr entgegen. Nehmen wir z.B. an, daß Sie ein Routen-Programm erstellt haben, das dem Benutzer einen Abfahrts- und Zielort eingeben läßt, bevor es dann die zu fahrende Route mit allen wichtigen Zwischenstationen ausgibt. Dieses Programm soll in allen möglichen Ausstattungen angeboten werden. Die Vollausstattung enthält sowohl eine Ausgabe aller Zwischenstationen mit Kilometerangaben in Listenform als auch eine grafische Ausgabe in Form einer Landkarte, auf der die jeweilige Route besonders gekennzeichnet ist. Zudem bietet die Vollausstattung dem Benutzer die Möglichkeit, sich die kürzeste, die schnellste oder die bevorzugte Route ausgeben zu lassen. Neben der Vollausstattung soll dieses Routen-Programm aber auch in Teilausstattungen angeboten werden. Der Kunde soll dabei aus den folgenden zwei Grundblöcken seine gewünschte Konfiguration dieses Programms wählen können:

1. Grundblock:
   schnellste Route
   kürzeste Route
   bevorzugte Route

2. Grundblock:
   Route als Text in Form einer Liste
   Route in Form einer Landkarte

Aus jedem Grundblock muß der Kunde mindestens eine Komponente wählen; er kann aber auch mehrere Komponenten wählen.

Wir brauchen für dieses Routen-Programm nun ein Makefile, das eine kundenspezifische Generierung zuläßt. Für solche Aufgaben bieten sich sogenannte Pseudoziele (dummy targets) an. Pseudoziele sind keine wirklichen Dateien, sondern einfach nur Namen, die für Ziele im Makefile verwendet werden. Da solche Ziele niemals als Dateien existieren, werden die dazu angegebenen Kommandos immer ausgeführt. So ist man von Zeitmarken völlig unabhängig, und kann über Angabe der entsprechenden Pseudoziele auf der rechten Seite einer Abhängigkeitsbeschreibung dynamische Generierungen durchführen lassen.

Im nachfolgenden Makefile wird für jede einzelne Komponente des Routen-Programms ein solches Pseudoziel benutzt.

```
$ cat makefile ⏎
AUSSTATT = schnell bevorzugt kurz text landkarte

route: ${AUSSTATT}
    @block1=0; block2=0; \
    for i in ${AUSSTATT}; do \
        if [ $$i = schnell -o $$i = bevorzugt -o $$i = kurz ]; \
        then   block1=1; \
        fi; \
        if [ $$i = text -o $$i = landkarte ]; \
```

Der Programmgenerator make von UNIX   169

```
            then  block2=1; \
          fi; \
      done; \
      if [ $$block1 = 0 -o $$block2 = 0 ]; \
      then echo "....Falsche Konfigurations-Angabe"; \
      else cc -o route $$OBJS stadttabelle.c main.c; \
          echo "$@ mit folgender Konfiguration generiert:" ; \
          echo "      " ${AUSSTATT} ; \
      fi
schnell:
    @ cc -c quick.c; OBJS="$$OBJS quick.o"
bevorzugt:
    @ cc -c favorite.c; OBJS="$$OBJS favorite.o"
kurz:
    @ cc -c short.c; OBJS="$$OBJS short.o"
text:
    @ cc -c text_ausgab.c; OBJS="$$OBJS text_ausgab.o"
landkarte:
    @ cc -c grafik.c; OBJS="$$OBJS grafik.o"
$
```

Befindet sich nun z.B. ein Vertriebsmann beim Kunden, so kann er direkt vor Ort dem Kundenwunsch entsprechend ein Routen-Programm neu generieren lassen, wie z.B.:

```
$ make ⏎           [Generierung eines Routen-Programms mit Vollausstattung]
quick.c
favorite.c
short.c
text_ausgab.c
grafik.c
stadttabelle.c
main.c
route mit folgender Konfiguration generiert:
      schnell bevorzugt kurz text landkarte
$ make AUSSTATT="schnell bevorzugt text" ⏎    [Generierung von route mit Teilausstattung]
quick.c
favorite.c
text_ausgab.c
stadttabelle.c
main.c
route mit folgender Konfiguration generiert:
      schnell bevorzugt text
$ make AUSTATT="schnell kurz" ⏎      [Illegale Generierung (keine Angabe zu 2.Grundblock)]
quick.c
short.c
....Falsche Konfigurations-Angabe
$
```

Automatische Installation über Makefiles

make eignet sich hervorragend zur automatischen Installation von Softwarepaketen. Nehmen wir dazu an, daß wir unser Assembler-Programm an andere Entwickler oder an Kunden ausliefern wollen. Bei der Installation soll das Assembler-Programm vollständig beim Entwickler bzw. Kunden neu generiert werden. Um dem betreffenden Benutzer die Installation zu vereinfachen, bietet es sich an, die Installation von einem Makefile automatisch durchführen zu lassen. Unser Makefile kann z.B. wie folgt aussehen:

```
$ cat makefile ⏎
#—— Makefile fuer das Assembler-Programm ——
#———————————————————————————

#...........Eigene Suffix-Regeln.................................
.c.o:
    @cc -c $<


#...........Makro-Definitionen...................................
VERSION = 1
INSTALLDIR = /usr/local
OBJ1 = assemb.o pass1.o pass2.o symb_tab.o fehler.o
OBJ2 = assemb.o pass1.o pass2.o symb_ta2.o fehler.o

#...........Linker-Teil..........................................
assemb1: ${OBJ1}
    @echo ".......$@ wird nun gelinkt"
    @cc -o $@ ${OBJ1}
assemb2: ${OBJ2}
    @echo ".......$@ wird nun gelinkt"
    @cc -o $@ ${OBJ2}

#...........Kompilierungs-Teil...................................
assemb.o:   assemb.c global.h pass1.h pass2.h symb_tab.h fehler.h
pass1.o:    pass1.c pass1.h global.h symb_tab.h fehler.h
pass2.o:    pass2.c pass2.h symb_tab.h fehler.h
symb_tab.o: symb_tab.c symb_tab.h global.h fehler.h
symb_ta2.o: symb_ta2.c symb_tab.h global.h fehler.h
fehler.o:   fehler.c fehler.h

#...........Veraltete Dateien durch inverse Darstellung zeigen...
MODUL1 = ${OBJ1:.o=}
MODUL2 = ${OBJ2:.o=}

.DEFAULT:
    :::::::::::::::::::
    :::::::::::::::::::

install: cleanup${VERSION}  compile_meld  assemb${VERSION}
    @echo ".......Kopiere nun assemb nach ${INSTALLDIR}"
```

```
      @cp assemb${VERSION} ${INSTALLDIR}/assemb
      @cd ${INSTALLDIR}; \
       chmod 755 assemb; \
       chgrp bin assemb; \
       chown bin assemb

cleanup1:
      @/bin/rm -f ${OBJ1} assemb1
      @/bin/rm -f ${INSTALLDIR}/assemb
cleanup2:
      @/bin/rm -f ${OBJ2} assemb2
      @/bin/rm -f ${INSTALLDIR}/assemb

compile_meld:
      @echo ".......Generiere nun assemb"
$
```

In einer mitgelieferten kurzen Beschreibung sollte dem Benutzer mitgeteilt werden, wie er dieses Makefile für seine Zwecke konfigurieren kann. Möchte er z.B. die 2.Version des Assemblers im Directory */user1/egon/bin* installieren, so muß er folgendes aufrufen:

```
$ make install VERSION=2 INSTALLDIR=/user1/egon/bin ⏎
.......Generiere nun assemb
assemb.c
pass1.c
pass2.c
symb_ta2.c
fehler.c
.......assemb2 wird nun gelinkt
.......Kopiere nun assemb nach /user1/egon/bin
$
```

Durch die Verwendung der Pseudoziele *cleanup1* und *cleanup2* zwingt man **make**, zuerst alle entsprechenden Objektdateien *assemb1* bzw. *assemb2* im working directory und ein eventuell schon vorhandenes *assemb* im Installations-Directory zu löschen. Mit der Angabe des Pseudoziels *compile_meld* erreicht man die Ausgabe der Generierungs-Meldung, bevor der entsprechende Assembler vollständig neu generiert wird. Erst nachdem der Assembler vollständig neu generiert ist, wird er in das Installations-Directory kopiert.

3.7.2 Arbeiten mit Synchronisations-Dateien

Pseudoziele können auch zum Zwecke der Synchronisation eingesetzt werden. Anders als zuvor handelt es sich bei den Pseudozielen um wirkliche Dateien, von denen lediglich die Zeitmarke und nicht deren Inhalt von Bedeudung ist.

Nehmen wir z.B. an, daß wir im Makefile für unser Assembler-Programm einen Eintrag angeben wollen, der das Drucken der C-Programme und Header-Dateien steuert, die sich seit der letzten Ausgabe am Drucker geändert haben. Eine Lösung zu dieser Aufgabenstellung ist z.B. der folgende Eintrag im Makefile:

```
SRC    = assemb.c pass1.c pass2.c symb_tab.c symb_ta2.c fehler.c
HEADER = global.h pass1.h pass2.h symb_tab.h fehler.h

drucken: ${SRC} ${HEADER}
    @ if lp $?; \
      then touch $@; \
      fi
```

Wird nun

make drucken

aufgerufen, so werden beim **lp**-Kommando für das Makro **$?** alle C- und Header-Dateien eingesetzt, die eine neuere Zeitmarke als die Datei *drucken* haben. Sollte die Datei *drucken* noch nicht existieren, so werden alle C- und Header-Dateien des Assembler-Programms am Drucker ausgegeben. Falls das **lp**-Kommando erfolgreich verläuft, so wird mit **touch $@**, was **touch drucken** entspricht, die aktuelle Zeit als Zeitmarke für die Datei *drucken* eingetragen; falls die Datei *drucken* noch nicht existiert, wird von **touch** eine leere Datei mit diesem Namen angelegt. Von der Datei *drucken* ist für **make** also immer nur die Zeitmarke und nicht ihr Inhalt von Interesse.

Wenn man später wieder drucken möchte und seit dem letzten Druckvorgang keine der C- oder Header-Dateien geändert wurde, so werden durch den Aufruf von **make drucken** keine Dateien am Drucker ausgegeben und es wird folgendes gemeldet:

`drucken' is up to date.

Bei der Datei *drucken* handelt es sich um eine sogenannte Synchronisations-Datei, über deren Zeitmarke **make** erkennen kann, ob es Aktionen, wie hier z.B. das Drucken von bestimmten Dateien, ausführen muß oder nicht. Zusätzlich läßt sich von **make** anhand der Zeitmarke einer solchen Synchronisations-Datei feststellen, welche Dateien von den Aktionen betroffen sind; dazu benutzt man meist das interne Makro $?. Die Verwendung von Dateien zum Zwecke der Synchronisation von unterschiedlichen Prozessen ist eine in UNIX übliche Praxis. Man denke z.B. nur an das Kommando **news**, das die Synchronisations-Datei *.news_time* (im home directory) benutzt. Anhand der Zeitmarke dieser leeren Datei kann das Kommando **news** erkennen, welche Nachrichten in der Datei */usr/news* seit dem letzten Lesen neu hinzugekommen sind und dann nur diese dem Benutzer ausgeben.

Natürlich ist die Verwendung solcher leeren Synchronisations-Dateien nicht ganz ungefährlich. So könnte z.B. ein unerfahrener Benutzer eine solche leere Datei entdecken und sie löschen, da ihm der Zweck einer leeren Datei nicht bekannt ist. Etwas mildern läßt sich diese Gefahr dadurch, daß man nicht mit leeren Synchronisations-Dateien arbeitet, sondern einfach Daten in diese schreibt. Für unseren *drucken*-Eintrag kann dies z.B. wie folgt aussehen:

```
SRC    = assemb.c pass1.c pass2.c symb_tab.c symb_ta2.c fehler.c
HEADER = global.h pass1.h pass2.h symb_tab.h fehler.h

drucken: ${SRC} ${HEADER}
   @ if lp $?; \
       then echo "`date`: $?" >$@; \
       fi
```

oder, wenn z.B. alle Druckvorgänge mitprotokolliert werden sollen:

```
drucken: ${SRC} ${HEADER}
   @ if lp $?; \
       then echo "——————— `date` ———————" >>$@; \
            echo "     $?"  >>$@; \
       fi
```

3.7.3 Projekte mit Modulen in mehreren Directories

Bisher wurde immer stillschweigend vorausgesetzt, daß alle Module, aus denen sich ein Programmpaket zusammensetzt, sich in ein und demselben Directory befinden. In größeren Projekten ergibt es sich aber zwangsläufig, daß sich die zur Generierung eines Programms benötigten Module in unterschiedlichen Directories befinden.

In diesem Kapitel werden wir unterschiedliche Techniken kennenlernen, die angewendet werden können, wenn ein Programm aus Modulen zu generieren ist, die sich in verschiedenen Directories befinden.

Rekursive make-Aufrufe

Eine Möglichkeit, um Programme aus Dateien zu generieren, die sich in unterschiedlichen Directories befinden, ist die Angabe von eigenen Makefiles in jedem entsprechenden Directory.

Diese einzelnen Makefiles müssen dann durch rekursive **make**-Aufrufe von einem Haupt-Makefile aus nacheinander bearbeitet werden.

Nun können z.B. in den einzelnen Subdirectories die folgenden Makefiles angegeben werden:

Inhalt des Makefiles im Subdirectory *main*:
```
objekte: main.o
```

Inhalt des Makefiles im Subdirectory *einaus*:
```
objekte: eingabe.o ausgabe.o
```

Inhalt des Makefiles im Subdirectory *rechnen*:
```
objekte: berechnen.o mathfunk.o
```

Das Haupt-Makefile im Directory *motor* ist dann die zentrale Leitstelle, von der aus die Abarbeitung der Makefiles in den einzelnen Subdirectories durch entsprechende **make**-Aufrufe veranlaßt wird. Nehmen wir dazu beispielsweise an, daß wir die folgende Directory-Struktur hätten:

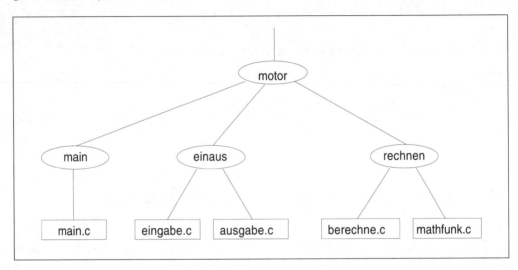

```
$ pwd
/user1/egon/motor
$ cat makefile
OBJS = main/main.o \
       einaus/eingabe.o \
       einaus/ausgabe.o \
       rechnen/berechnen.o \
       rechnen/mathfunk.o
motorsimul: main_obj einaus_obj rechnen_obj
    cc -o $@ ${OBJS}
main_obj:
    cd main; make objekte
einaus_obj:
    cd einaus; make objekte
rechnen_obj:
    cd rechnen; make objekte
$
```

Bei *main_obj*, *einaus_obj* und *rechnen_obj* handelt es sich um Pseudoziele, die keine Namen von existierenden Dateien sind. Zu jedem dieser Pseudoziele sind gleichartige Kommandos angegeben:

cd *subdirectory*
    Wechseln in das entsprechende *subdirectory*

make objekte
   Rekursiver Aufruf von **make** zum Abarbeiten des Makefiles im entsprechenden *subdirectory*.

Beide Kommandos müssen von der gleichen Shell ausgeführt werden; deswegen müssen sie in einer Zeile angegeben und mit Semikolon getrennt sein.

Nun wollen wir unsere Makefiles einmal testen:

```
$ make -n motorsimul ⏎
    cd main; make objekte
    cd einaus; make objekte
    cd rechnen; make objekte
    cc -o motorsimul main/main.o  einaus/eingabe.o  einaus/ausgabe.o  rechnen/berechnen.o
rechnen/mathfunk.o
$ make motorsimul ⏎
    cd main; make objekte
    cc -O -c main.c
main.c
    cd einaus; make objekte
    cc -O -c eingabe.c
eingabe.c
    cc -O -c ausgabe.c
ausgabe.c
    cd rechnen; make objekte
    cc -O -c berechnen.c
berechnen.c
    as -o mathfunk.o mathfunk.s
    cc -o motorsimul main/main.o  einaus/eingabe.o  einaus/ausgabe.o  rechnen/berechnen.o
rechnen/mathfunk.o
$
```

Bei den Makefiles in den einzelnen Subdirectories werden die vordefinierten Suffix-Regeln *.c.o* bzw. *.s.o* angewendet.

Wenn **make** erneut aufgerufen wird, so wird in jedem Fall, auch wenn keine Änderungen an den Quelldateien vorgenommen wurden, immer wieder neu gelinkt, was völlig überflüssig ist.

```
$ make motorsimul ⏎
    cd main; make objekte
    cd einaus; make objekte
    cd rechnen; make objekte
    cc -o motorsimul main/main.o  einaus/eingabe.o  einaus/ausgabe.o  rechnen/berechnen.o
rechnen/mathfunk.o
$
```

Um dieses überflüssige Linken zu beseitigen, kann z.B. eine Synchronisations-Datei verwendet werden, über deren Zeitmarke festgestellt wird, ob Übersetzungen durchgeführt wurden, was ein erneutes Linken erst erfordert. Das Makefile kann z.B. das folgende Aussehen haben.

```
$ cat makefile ⏎
OBJS = main/main.o \
       einaus/eingabe.o \
       einaus/ausgabe.o \
       rechnen/berechnen.o \
       rechnen/mathfunk.o
ZIEL = motorsimul
${ZIEL}: main_obj einaus_obj rechnen_obj ${ZIEL}.gen
main_obj:
    @ cd main; make objekte
einaus_obj:
    @ cd einaus; make objekte
rechnen_obj:
    @ cd rechnen; make objekte
${ZIEL}.gen: ${OBJS}
    @ echo "${ZIEL} wird neu gelinkt....."
    @ if cc -o ${ZIEL} ${OBJS} ; \
      then touch $@; \
      fi
$
```

Hier wird nur neu gelinkt, wenn dies auch notwendig ist.

```
$ make motorsimul ⏎         [keine Aktionen, da motorsimul up to date ist]
$ touch einaus/eingabe.c ⏎
$ make motorsimul ⏎
    cc -O -c eingabe.c
eingabe.c
motorsimul wird neu gelinkt.......
$ make motorsimul ⏎         [keine Aktionen, da motorsimul up to date ist]
$
```

Die vordefinierten Makros MAKE und MAKEFLAGS

Statt **make** in einem Makefile explizit aufzurufen, empfiehlt es sich, das vordefinierte **MAKE**[30] zu verwenden.

```
$ cat makefile ⏎
OBJS = main/main.o \
       einaus/eingabe.o \
       einaus/ausgabe.o \
       rechnen/berechnen.o \
       rechnen/mathfunk.o
ZIEL = motorsimul
```

---

[30] Dieses Makro **MAKE** ist nicht in allen **make**-Versionen verfügbar.

```
${ZIEL}: main_obj einaus_obj rechnen_obj ${ZIEL}.gen
main_obj:
    @ cd main; ${MAKE} objekte
einaus_obj:
    @ cd einaus; ${MAKE} objekte
rechnen_obj:
    @ cd rechnen; ${MAKE} objekte
${ZIEL}.gen: ${OBJS}
    @ echo "${ZIEL} wird neu gelinkt....."
    @ if cc -o ${ZIEL} ${OBJS} ; \
      then touch $@; \
      fi
$
```

Der Vorteil eines rekursiven **make**-Aufrufs unter Verwendung des Makros **MAKE** ist, daß **make** mit den Optionen aufgerufen wird, die beim ursprünglichen **make**-Aufruf auf der Kommandozeile angegeben wurden. Wenn z.B. **make** mit der Option **-n** aufgerufen wird, so wird auch bei allen rekursiven **make**-Aufrufen im Makefile die Option **-n** verwendet.

```
$ touch einaus/eingabe.c ⏎
$ make -n motorsimul ⏎
    cd main; make objekte      [-n wird hier nicht angezeigt, trotzdem wird make -n aufgerufen]
    cd einaus; make objekte
    cd rechnen; make objekte
    cc -O -c einaus/eingabe.c
    echo "motorsimul wird neu gelinkt......"
    if cc -o motorsimul main/main.o  einaus/eingabe.o  einaus/ausgabe.o  rechnen/berechnen.o
        rechnen/mathfunk.o ; \
      then touch motorsimul.gen; \
      fi
$
```

Bei neueren **make**-Versionen werden im übrigen die auf der ursprünglichen Kommandozeile angegebenen Optionen auch bei einem expliziten **make**-Aufruf im Makefile übernommen. Neben dem Makro **MAKE** ist von den meisten **make**-Versionen noch das Makro **MAKEFLAGS** bzw. unter BSD-Unix das Makro **MFLAGS** vordefiniert. Dieses vordefinierte Makro **MAKEFLAGS** bzw. **MFLAGS** enthält immer die Optionen des aktuellen **make**-Aufrufs.

```
$ cat mf.mk ⏎
mopt:
    echo ${MAKEFLAGS}      # in BSD-UNIX: echo ${MFLAGS}
$ make -k -e -r -f mf.mk mopt ⏎
No suffix list.       [Meldung wird von Option -r erzeugt]
    echo bke   # in BSD-UNIX: echo    [Option -b wird automatisch von make eingeschaltet]
bke
$
```

Die Optionen **-f**, **-p** und **-r** werden niemals in die Makros **MAKE**, **MAKEFLAGS** bzw. **MFLAGS** übernommen. Wenn auch einige **make**-Versionen zulassen, daß der Benutzer das Makro **MAKEFLAGS** im Makefile umdefiniert, so ist doch von einer expliziten Manipulation dieses Makros durch den Benutzer abzuraten.

Selbstdefinierte Makrodefinitionen werden nicht vererbt

Jeder Aufruf von **make** bewirkt, daß eine neue Subshell gestartet wird. Dies bedeutet unter anderem, daß bei einem rekursiven **make**-Aufruf die Makrodefinitionen aus dem übergeordneten **make** nicht an eine neue **make**-Subshell weitergereicht werden.

Somit muß jeder rekursive **make**-Aufruf selbst dafür sorgen, daß veränderte oder neu definierte Makros der entsprechenden **make**-Subshell bekannt gemacht werden. Dies läßt sich am leichtesten durch die Angabe der entsprechenden Makrodefinitionen auf der Kommandozeile des rekursiven **make**-Aufrufs erreichen. Wenn z.B. das vordefinierte Makro *CFLAGS* im aufrufenden Makefile verändert und die eigenen Makros *INSTALLDIR* und *VERSION* vom Benutzer definiert wurden, so empfiehlt sich für einen rekursiven **make**-Aufruf z.B. folgender Eintrag im Makefile.

```
install:
    cd subdir; \
    ${MAKE} "CFLAGS=${CFLAGS}" "VERSION=${VERSION}" "INSTALLDIR=${INSTALLDIR}"
```

Damit wird sichergestellt, daß die entsprechenden Makros mit den betreffenden Werten an die untergeordnete **make**-Subshell vererbt werden, da sie mit den aktuellen Werten auf der Kommandozeile des rekursiven **make**-Aufrufs definiert werden. Solche Makrodefinitionen auf der Kommandozeile haben eine höhere Priorität als selbstdefinierte oder vordefinierte Makros und auch als Makros, die über Shell-Variablen definiert sind; siehe dazu auch Kapitel 3.2.5. Falls der Inhalt von Makros bei einem rekursiven **make**-Aufruf ergänzt werden soll, so muß folgende Art der Angabe gewählt werden:

```
install:
    cd subdir; \
    ${MAKE} "CFLAGS=${CFLAGS} -g -DSYSTEM_V" "VERSION=${VERSION}" "INSTALLDIR=${INSTALLDIR}"
```

In diesem Fall wird also der alte Inhalt von *CFLAGS* noch um den String -g -DSYSTEM_V ergänzt. Die Option **-g** schaltet Debugging für **cc** ein und -DSYSTEM_V bewirkt, daß die symbolische Konstante SYSTEM_V beim Kompilieren mit **cc** definiert ist.

Verwendung der Modifikatoren D und F

Wie wir bereits aus Kapitel 3.2.7 wissen, können in den meisten **make**-Versionen bei den internen Makros außer $?[31] zusätzlich die beiden Modifikatoren **F** und **D** angegeben werden.

---

[31] Manche **make**-Versionen lassen die Verwendung der Modifikatoren **D** und **F** jedoch auch für das Makro $? zu.

Ihre Angabe bewirkt, daß ähnlich den Kommandos **dirname** und **basename** von einem Pfadnamen entweder nur der Directorypfad (**D**) oder der Dateiname (**F**) genommen wird. Falls z.B. das interne Makro $< momentan den Pfadnamen

/user1/egon/motor/einaus/eingabe.c

enthält, dann wird

${<D} zu /user1/egon/motor/einaus   und
${<F} zu eingabe.c

expandiert.

Wir könnten nun unter Verwendung dieser Modifikatoren das folgende Makefile für unser Motorsimulations-Programm angeben:

```
$ cat makefile ⏎
OBJS = /user1/egon/motor/main/main.o \
       /user1/egon/motor/einaus/eingabe.o \
       /user1/egon/motor/einaus/ausgabe.o \
       /user1/egon/motor/rechnen/berechnen.o \
       /user1/egon/motoe/rechnen/mathfunk.o
ZIEL = motorsimul
${ZIEL}: ${OBJS} ${ZIEL}.gen

${OBJS}:
    cd ${@D}; make ${@F}

${ZIEL}.gen: ${OBJS}
    @ echo "${ZIEL} wird neu gelinkt....."
    @ if cc -o ${ZIEL} ${OBJS} ; \
      then touch $@; \
      fi
$
```

In den einzelnen Subdirectories *main*, *einaus* und *rechnen* muß kein eigenes Makefile angegeben sein, da **make** alleine aufgrund der beiden vordefinierten Suffix-Regeln *.c.o* und *.s.o* die erforderlichen Übersetzungen anstoßen kann. Nun wollen wir dieses Makefile noch testen:

```
$ make motorsimul ⏎
'motorsimul' is up to date.
$ touch einaus/eingabe.c rechnen/mathfunk.s ⏎
$ make motorsimul ⏎
    cd /user1/egon/motor/einaus; make eingabe.o
    cc -O -c eingabe.c
eingabe.c
    cd /user1/egon/motor/rechnen; make mathfunk.o
    as -o mathfunk.o mathfunk.s
motorsimul wird neu gelinkt.....
$
```

Es sei hier angemerkt, daß ein Wechsel in das entsprechende Directory erforderlich ist, denn wenn wir anstelle von

```
${OBJS}:
    cd ${@D}; make ${@F}
```

folgendes im obigen Makefile angeben:

```
${OBJS}:
    make $@
```

so führt dies zu endlosen rekursiven **make**-Aufrufen.

```
$ touch einaus/eingabe.c ⏎
$ make motorsimul ⏎
    make /user1/egon/motor/einaus/eingabe.o
    make /user1/egon/motor/einaus/eingabe.o
    make /user1/egon/motor/einaus/eingabe.o
    make /user1/egon/motor/einaus/eingabe.o
    make /user1/egon/motor/einaus/eingabe.o
[Drücken der Taste DEL]
$
```

Der Grund für diese Endlos-Rekursion ist, daß **make** ständig das gleiche Makefile, nämlich das Makefile aus dem working directory bearbeitet.

Das Makro VPATH

Einige **make**-Versionen lassen die Angabe von Pfaden zu, in denen **make** nach Dateien suchen soll. Dazu bieten diese Versionen das Makro *VPATH* an, über das der Benutzer alle seine gewünschten Suchpfade festlegen kann. Sowohl die Funktionalität als auch die Syntax von *VPATH* ist der Shell-Variablen *PATH* sehr ähnlich. Sollen mehrere Suchpfade in *VPATH* angegeben werden, so müssen sie wie bei *PATH* mit Doppelpunkt voneinander getrennt angegeben werden. So legt z.B. die Makrodefinition

```
VPATH = /user1/egon/motor:/user1/gruppe/motor
```

fest, daß **make** zuerst im working directory, dann in */user1/egon/motor* und schließlich in */user1/gruppe/src* nach entsprechenden Dateien suchen soll.

Unser Makefile für die Motorsimulation können wir z.B. auch wie folgt angeben.

```
$ cat makefile ⏎
#———— 1.Teil ————————————————————————————
VPATH = /user1/egon/motor/main:/user1/egon/motor/einaus:/user1/egon/motor/rechnen
OBJS = main.o eingabe.o ausgabe.o berechnen.o mathfunk.o
motorsimul: ${OBJS}
    cc -o $@ ${OBJS}
```

```
#----- 2.Teil ----------------------------------
main.o:    main.c
eingabe.o: eingabe.c
ausgabe.o: ausgabe.c
berechnen.o: berechnen.c
mathfunk.o: mathfunk.s
$
```

Die Angabe des 2.Teils ist nur in den **make**-Versionen notwendig, die Dateien in den *VPATH*-Directories lediglich dann suchen, wenn diese explizit in Abhängigkeitsbeschreibungen erwähnt sind. Neuere **make**-Versionen suchen entsprechend den vorgegebenen Suffix-Regeln auch dann in den *VPATH*-Directories nach Dateien, wenn diese nicht explizit in den Abhängigkeitsbeschreibungen erwähnt sind. Bei diesen **make**-Versionen kann der 2.Teil des obigen Makefiles weggelassen werden. Sie sollten Ihre **make**-Version bezüglich dieser Funktionalität testen.

Einsatz von VPATH in einer typischen Entwicklungsumgebung

Der Einsatz von *VPATH* soll an einer typischen Entwicklungsumgebung gezeigt werden. Als Beispiel dient ein Softwareprojekt, an dem drei Entwickler gleichzeitig arbeiten. In diesem Fall muß man sich eine vernünftige Directory-Struktur überlegen, um eine Entwicklungsumgebung zu schaffen, in der klar zwischen einer lokalen Arbeitsumgebung der einzelnen Entwickler und den fertigen und bereits ausgetesteten Modulen getrennt wird. Eine sehr einfache Directory-Hierarchie für unser Assembler-Programm, an dem die drei Entwickler *egon*, *ute* und *micha* arbeiten, ist z.B.

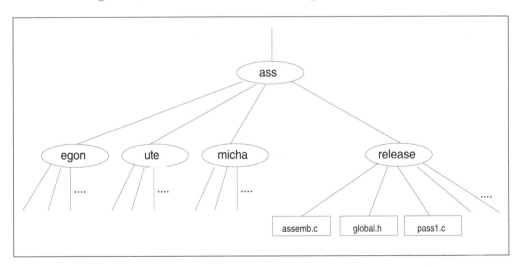

Hier haben wir drei Subdirectories *egon*, *ute* und *micha*, die die lokalen Arbeitsumgebungen der einzelnen Entwickler darstellen. Daneben gibt es noch ein Subdirectory *release*, in dem sich alle fertigen und ausgetesteten Module befinden[32]. Möchte nun z.B. der Entwickler *egon* die Datei *pass1.c* ändern, so kopiert er sie zuerst aus dem Subdirectory *release* in sein eigenes Directory *egon*. Nachdem er die entsprechenden Änderungen an diesem Modul vorgenommen hat, muß er diese Änderungen testen. Um eine eigene Testversion des Assembler-Programms in seinem Directory *egon* zu erstellen, benötigt er dann auch die übrigen Module aus dem Directory *release*. Das Assembler-Makefile im Directory *ass* kann z.B. wie folgt aussehen:

```
$ cat makefile ⏎
#──── Makefile fuer das Assembler-Programm ────
#────────────────────────────────────────────

#............Eigene Suffix-Regeln................................
.c.o:
    @cc -c $<

#............Makro-Definitionen..................................
OBJ1 = assemb.o pass1.o pass2.o symb_tab.o fehler.o
OBJ2 = assemb.o pass1.o pass2.o symb_ta2.o fehler.o
VPATH = /user1/gruppe/ass/release

#............Linker-Teil.........................................
assemb1: ${OBJ1}
    @echo ".......$@ wird nun gelinkt"
    @cc -o $@ ${OBJ1}
assemb2: ${OBJ2}
    @echo ".......$@ wird nun gelinkt"
    @cc -o $@ ${OBJ2}

#............Kompilierungs-Teil..................................
assemb.o:   assemb.c global.h pass1.h pass2.h symb_tab.h fehler.h
pass1.o:    pass1.c pass1.h global.h symb_tab.h fehler.h
pass2.o:    pass2.c pass2.h symb_tab.h fehler.h
symb_tab.o: symb_tab.c symb_tab.h global.h fehler.h
symb_ta2.o: symb_ta2.c symb_tab.h global.h fehler.h
fehler.o:   fehler.c fehler.h
$
```

Eine lokale Testversion von *assemb1* im Subdirectory *ute* kann mit folgenden Aufrufen erstellt werden:

```
$ pwd ⏎
/user1/gruppe/ass/ute
$ make -f ../makefile assemb1 ⏎
....
$
```

---

[32] In größeren Softwareprojekten reicht meist eine solche einfache Directorystruktur alleine nicht aus, denn dort ist fast immer noch eine Verwaltung der unterschiedlichen Versionen mit SCCS und RCS (siehe auch 6. Band dieser Buchreihe) notwendig.

In diesem Fall übersetzt **make** alle im working directory vorhandenen C-Programme. Ist eine im Makefile angegebene Programmdatei nicht im working directory vorhanden, so übersetzt **make** die entsprechende Programmdatei aus dem Directory /user1/gruppe/ass/release. Wenn z.B. *ute* ihre Änderungen zusammen mit den von *micha* durchgeführten Änderungen testen möchte, muß *ute* dafür sorgen, daß **make** die entsprechenden Module aus dem Directory *micha* verwendet, und nur dann Module aus dem *release*-Directory benutzt, wenn diese weder im Subdirectory *ute* noch im Subdirectory *micha* vorhanden sind. Für diesen Anwendungsfall kann folgende Vorgehensweise gewählt werden:

```
$ pwd ⏎
/user1/gruppe/ass/ute
$ make -f ../makefile assembl "VPATH=/user1/gruppe/ass/micha:/user1/gruppe/ass/release" ⏎
....
$
```

Falls eine Release-Version erstellt werden soll, so ist es empfehlenswert, **make** vom *release*-Directory aus aufzurufen:

```
$ pwd ⏎
/user1/gruppe/ass/ute
$ cd ../release ⏎
$ pwd ⏎
/user1/gruppe/ass/release
$ make -f ../makefile assembl ⏎
....
$
```

Leider existieren keine vorgeschriebenen Regeln für die Handhabung von *VPATH*. Dies hat dazu geführt, daß die einzelnen **make**-Varianten das Makro *VPATH* unterschiedlich behandeln. Die wichtigsten dabei vorkommenden Unterschiede sind nachfolgend aufgezählt:

1. Behandlung von relativen Pfadnamen

Manche **make**-Versionen durchsuchen die *VPATH*-Directories auch nach relativen Pfadnamen, wenn solche im Makefile angegeben sind, andere Versionen tun dies dagegen nicht. Nehmen wir z.B. das folgende einfache Makefile.

```
$ cat makefile ⏎
VPATH = /usr
abhaeng: include/stdio.h
    @ echo "$@ ist von $? abhaengig"
$
```

Dieses Makefile wird z.B. vom **make** auf System V akzeptiert:

```
$ make abhaeng ⏎
abhaeng ist von /usr/include/stdio.h abhaengig
$
```

aber nicht vom BSD-**make**:

```
$ make abhaeng⏎
Directory include/: Make: Cannot open.  Stop.
$
```

Das BSD-**make** sucht nämlich nur im working directory nach einem Subdirectory *include*, das es dann nicht findet.

Wenn man also immer auf der sicheren Seite sein möchte, so empfiehlt es sich, in *VPATH* die vollständigen Pfadnamen und in den Abhängigkeitsbeschreibungen nur Basisnamen anzugeben, wie z.B.

```
$ cat makefile⏎
VPATH = /usr/include
abhaeng: stdio.h
    @ echo "$@ ist von $? abhaengig"
$
```

Ein solches Makefile wird dann von allen **make**-Varianten, welche die *VPATH*-Funktionalität anbieten, richtig abgearbeitet.

2. Suchen des Makefiles über VPATH

Einige **make**-Versionen suchen nicht nur nach den im Makefile angegebenen Dateien, sondern sogar nach dem Makefile selbst in den *VPATH*-Directories.

3. Ziele in verschiedenen Directories

Schwierigkeiten kann es auch geben, wenn sich bei einem Aufruf wie

make *ziel1 ziel2 ...*

eines der angegebenen Ziele *ziel1*, *ziel2*, ... nicht im gleichen Directory wie das entsprechende Makefile befindet. Um solche Schwierigkeiten zu vermeiden, ist es empfehlenswert, für solche Ziele die absoluten Pfadnamen der zu generierenden Dateien anzugeben.

3.7.4 Bedingte Kompilierung und variierende Compiler-Aufrufe

In der praktischen Softwareentwicklung wird häufig von bedingter Kompilierung unter Benutzung der Präprozessor-Anweisungen **#ifdef** bzw. **#ifndef** Gebrauch gemacht. So wird bedingte Kompilierung eingesetzt, um Programme an unterschiedliche Systeme, Hardware, C-Bibliotheken oder Compiler-Versionen anzupassen, wie z.B.

```
#ifdef ANSI_C
    long double  epsilon;
#else
    long float   epsilon;
#endif
```

Daneben wird bedingte Kompilierung noch zum Konfigurieren und Testen von Programmen eingesetzt, wie z.B.

```
#ifdef KLEINSTADT
    struct adresse  *tabelle[50000];
#elif GROSSSTADT
    struct adresse  *tabelle[1000000];
#elif MILLIONENSTADT
    struct adresse  *tabelle[100000000];
#endif
```

oder:

```
#ifdef TEST
    printf(".....%d mal Schleife durchlaufen\n", n);
#endif
```

Um solche symbolischen Konstanten wie z.B. *ANSI_C, TEST* oder *KLEINSTADT* zu definieren, existieren zwei verschiedene Möglichkeiten:

1. Statische Definition in der Programmdatei mit **#define**, wie z.B.
   #define ANSI_C
   Dies hat jedoch den Nachteil, daß man immer den Quellcode manipulieren muß, wenn eine solche Konstante zu definieren bzw. wieder zu entfernen ist.

2. Dynamische Definition auf Kommandozeile mit **-D***Konstante*, wie z.B.
   cc -DANSI_C -c berechnen.c
   Dies hat den Vorteil, daß keinerlei Eingriff in den Quellcode notwendig ist, da die entsprechenden Konstanten beim **cc**-Aufruf definiert werden.

Wir gehen hier nur auf die 2.Möglichkeit ein. Dazu nehmen wir an, daß in unserem Motorsimulations-Programm von bedingter Kompilierung in der Form **#ifdef ANSI_C** und **#ifdef TEST** Gebrauch gemacht wurde. Wenn wir dann das folgende Makefile angegeben haben:

```
$ cat makefile ⏎
OBJS = main/main.o \
       einaus/eingabe.o \
       einaus/ausgabe.o \
       rechnen/berechnen.o \
       rechnen/mathfunk.o
ZIEL = motorsimul

${ZIEL}: main_obj einaus_obj rechnen_obj ${ZIEL}.gen
```

```
main_obj:
    @ cd main; ${MAKE} objekte
einaus_obj:
    @ cd einaus; ${MAKE} objekte
rechnen_obj:
    @ cd rechnen; ${MAKE} objekte
${ZIEL}.gen: ${OBJS}
    @ echo "${ZIEL} wird neu gelinkt....."
    @ if cc -o ${ZIEL} ${OBJS} ; \
      then touch $@; \
      fi
$
```

dann können die Konstanten **ANSI_C** und **TEST** über den **make**-Aufruf definiert werden:

```
$ make motorsimul "CFLAGS=-DANSI_C -DTEST" ⏎
    cc -DANSI_C -DTEST -c main.c
main.c
    cc -DANSI_C -DTEST -c eingabe.c
eingabe.c
    cc -DANSI_C -DTEST -c ausgabe.c
ausgabe.c
    cc -DANSI_C -DTEST -c berechnen.c
berechnen.c
    as  -o mathfunk mathfunk.s
motorsimul wird neu gelinkt.....
$
```

Ein solcher Aufruf bewirkt also, daß bei der Kompilierung aller Quellprogramme die Konstanten *ANSI_C* und *TEST* definiert sind.

Will man dagegen die einzelnen Quellprogramme unterschiedlich kompilieren lassen, so muß man die einzelnen Konstanten explizit beim jeweiligen **make**-Aufruf im Makefile definieren, wie z.B.

```
main_obj:
    @ cd main; ${MAKE} main.o "CFLAGS=-DTEST"
einaus_obj:
    @ cd einaus; ${MAKE} eingabe.o "CFLAGS=-DANSI_C -DTEST"
    @ cd einaus; ${MAKE} ausgabe.o "CFLAGS=-DANSI_C"
```

Wenn sich alle Quelldateien im gleichen Directory befinden, so kann z.B. das folgende Makefile angegeben werden.

```
$ cat makefile ⏎
OBJS = main.o eingabe.o ausgabe.o berechnen.o mathfunk.o

motorsimul: main_o eingabe_o ausgabe_o berechnen_o mathfunk_o
    @ cc -o $@ ${OBJS}
```

```
        @ echo "$@ wurde gelinkt....."
main_o:
        @ ${MAKE} main.o "CFLAGS=-DTEST"
eingabe_o:
        @ ${MAKE} eingabe.o "CFLAGS=-DANSI_C -DTEST"
ausgabe_o:
        @ ${MAKE} ausgabe.o "CFLAGS=-DANSI_C"
berechnen_o:
        @ ${MAKE} berechnen.o "CFLAGS=-DTEST"
mathfunk_o:
        @ ${MAKE} mathfunk.o

cleanup:
        rm -f ${OBJS}
$
```

Wird nun **make** aufgerufen, so werden die einzelnen Module unterschiedlich kompiliert bzw. assembliert.

```
$ make motorsimul ⏎
    cc -DTEST -c main.c
main.c
    cc -DANSI_C -DTEST -c eingabe.c
eingabe.c
    cc -DANSI_C -c ausgabe.c
ausgabe.c
    cc -DTEST -c berechnen.c
berechnen.c
    as  -o mathfunk.o mathfunk.s
motorsimul wurde gelinkt.....
$
```

Für Anwendungsfälle dieser Art lassen einige **make**-Versionen die Definition von Makros in der Abhängigkeitsliste zu. Dabei muß folgende Syntax gewählt werden:

ziel := *Makrodefinition*

Eine solche Angabe bewirkt, daß die Makrodefinition dann gültig ist, wenn *ziel* gerade von **make** bearbeitet wird.

In diesen Versionen kann das obige Makefile wie folgt angegeben werden.

```
$ cat makefile ⏎
OBJS = main.o eingabe.o ausgabe.o berechnen.o mathfunk.o

motorsimul: ${OBJS}
    @ cc -o $@ ${OBJS}
    @ echo "$@ wurde gelinkt....."

main.o   := CFLAGS=-DTEST
eingabe.o := CFLAGS=-DANSI_C -DTEST
```

```
ausgabe.o   := CFLAGS=-DANSI_C
berechnen.o := CFLAGS=-DTEST

cleanup:
    rm -f ${OBJS}
$
```

Nachdem wir uns nun allgemein mit der bedingten Kompilierung auseinandergesetzt haben, wollen wir uns mit einem Problem beschäftigen, das bei Verwendung von bedingter Kompilierung auftreten kann.

Da **make** nur die Zeitmarken von Dateien und nicht deren Inhalt analysieren kann, ist es nicht in der Lage, festzustellen, ob eine Objektdatei trotz einer neueren Zeitmarke eventuell veraltet ist, da eine andere Kompilierung gefordert ist, und deshalb neu generiert werden muß. Dies kann zu inkonsistenten Programmen mit katastrophalen Folgen führen. Nehmen wir z.B. an, daß wir ein Programm für das Einwohnermeldeamt geschrieben haben. Dieses Programm soll aus 4 Modulen bestehen: *main.c*, *eingabe.c*, *tabelle.c* und *ausgabe.c*, wobei in *tabelle.c* folgender Programmteil enthalten ist:

```
#ifdef KLEINSTADT
    struct adresse *tabelle[50000];
#elif GROSSSTADT
    struct adresse *tabelle[1000000];
#elif MILLIONENSTADT
    struct adresse *tabelle[100000000];
#endif
```

Zur Generierung haben wir das folgende einfache Makefile angegeben:

```
$ cat makefile ⏎
OBJS = main.o eingabe.o tabelle.o ausgabe.o

einwohner: ${OBJS}
    cc -o $@ ${OBJS}
$
```

Wenn wir nun das Programm *einwohner* für eine Kleinstadt generieren wollen, so ist der folgende Aufruf notwendig.

```
$ make einwohner "CFLAGS=-DKLEINSTADT" ⏎
    cc -DKLEINSTADT -c main.c
main.c
    cc -DKLEINSTADT -c eingabe.c
eingabe.c
    cc -DKLEINSTADT -c tabelle.c
tabelle.c
    cc -DKLEINSTADT -c ausgabe.c
ausgabe.c
    cc -o einwohner main.o eingabe.o tabelle.o ausgabe.o
$
```

Dieses Programm ist nun richtig generiert und könnte an das Einwohnermeldeamt einer Kleinstadt ausgeliefert werden. Danach kommt nun aber eine Anforderung aus einer Millionenstadt. Es ist also naheliegend, **make** wie folgt aufzurufen.

```
$ make einwohner "CFLAGS=-DMILLIONENSTADT" ⏎
'einwohner' is up to date.
$
```

Da **make** lediglich die Zeitmarken der Dateien überprüfen kann, und entsprechend den Zeitmarken keine neue Generierung von *einwohner* notwendig ist, meldet **make**, daß *einwohner* auf dem neuesten Stand ist. Dies ist aber falsch, da das vorliegende Programm *einwohner* für eine Kleinstadt und nicht für eine Millionenstadt ausgelegt ist, wie dies durch die Angabe von *-DMILLIONENSTADT* gefordert ist. Sie können sich selbst ausmalen, daß sehr wahrscheinlich Speicherüberschreibung in diesem Programm stattfinden wird und welchen Ärger die Auslieferung dieses falsch konfigurierten Programms nach sich ziehen wird.

Nachfolgend werden wir Techniken kennenlernen, die helfen, solche Konfigurierungs-Probleme zu vermeiden.

Erzwingen einer vollständigen neuen Generierung

Eine sehr aufwendige, aber sichere Methode, um konsistente Programme zu erhalten, ist die komplette Neu-Generierung eines Programms bei jedem **make**-Aufruf. Dies erreicht man am besten dadurch, daß man grundsätzlich alle Objektdateien löscht, bevor man mit der eigentlichen Generierung beginnt.

```
$ cat makefile ⏎
OBJS = main.o eingabe.o tabelle.o ausgabe.o
ZIEL = einwohner

${ZIEL}: cleanup ${OBJS}
    cc -o $@ ${OBJS}

cleanup:
    - rm -f ${ZIEL} ${OBJS}
$
```

Nun wird bei jedem **make**-Aufruf das Programm *einwohner* vollständig neu generiert.

```
$ make einwohner "CFLAGS=-DMILLIONENSTADT" ⏎
    rm -f einwohner main.o eingabe.o tabelle.o ausgabe.o
    cc -DMILLIONENSTADT -c main.c
main.c
    cc -DMILLIONENSTADT -c eingabe.c
eingabe.c
    cc -DMILLIONENSTADT -c tabelle.c
tabelle.c
    cc -DMILLIONENSTADT -c ausgabe.c
```

```
ausgabe.c
    cc -o einwohner main.o eingabe.o tabelle.o ausgabe.o
$ make einwohner "CFLAGS=-DGROSSSTADT" ⏎
    rm -f einwohner main.o eingabe.o tabelle.o ausgabe.o
    cc -DGROSSSTADT -c main.c
main.c
    cc -DGROSSSTADT -c eingabe.c
eingabe.c
    cc -DGROSSSTADT -c tabelle.c
tabelle.c
    cc -DGROSSSTADT -c ausgabe.c
ausgabe.c
    cc -o einwohner main.o eingabe.o tabelle.o ausgabe.o
$
```

Manchmal ist es jedoch wünschenswert, daß man beim **make**-Aufruf wählen kann, ob man eine vollständige Neu-Generierung wünscht oder nicht. Für diesen Anwendungsfall empfiehlt sich eine Methode, wie sie im folgenden Makefile gezeigt wird:

```
$ cat makefile ⏎
OBJS = main.o eingabe.o tabelle.o ausgabe.o
ZIEL = einwohner

vollgen:
    make ${ZIEL} FRC=neugen

${OBJS}: ${FRC}
${ZIEL}: ${FRC} ${OBJS}
    cc -o $@ ${OBJS}

neugen:
$
```

Diese äußerst trickreiche Methode soll hier etwas genauer erläutert werden.

Eine vollständige Neu-Generierung erzwingt man mit dem Aufruf

make vollgen

In diesem Fall aktiviert **make** den folgenden Eintrag:

```
vollgen:
    make ${ZIEL} FRC=neugen[33]
```

woraus dann der folgende Aufruf resultiert:

```
make einwohner FRC=neugen
```

make wird also nochmals mit dem gleichen Makefile aufgerufen, und bearbeitet nun den folgenden Eintrag:

---

[33] Der Makroname **FRC** hat sich eingebürgert. Er steht für *force rebuild*. Es könnte auch jeder andere Name für dieses Makro gewählt werden.

```
${ZIEL}: ${FRC} ${OBJS}
    cc -o $@ ${OBJS}
```

den es wie folgt expandiert:

```
einwohner: neugen main.o eingabe.o tabelle.o ausgabe.o
    cc -o einwohner main.o eingabe.o tabelle.o ausgabe.o
```

Nun muß es also zuerst die Objektdateien *main.o*, *eingabe.o*, ... einzeln überprüfen. Für diese Objektdateien existiert der folgende Eintrag im Makefile:

```
${OBJS}: ${FRC}
```

der von **make** wie folgt expandiert wird:

```
main.o eingabe.o tabelle.o ausgabe.o: neugen
```

make nimmt nun grundsätzlich an, daß nicht existierende Dateien neuer sind als existierende. Da *neugen* nicht existiert, generiert es unter Verwendung der vordefinierten Suffix-Regel .c.o die Objektdateien *main.o*, *eingabe.o*, *tabelle.o* und *ausgabe.o* neu.

Nachdem nun alle Objektdateien neu generiert wurden, kehrt **make** zu dem Eintrag

```
einwohner: neugen main.o eingabe.o tabelle.o ausgabe.o
    cc -o einwohner main.o eingabe.o tabelle.o ausgabe.o
```

zurück und linkt *einwohner* neu. Nun wollen wir testen, ob wirklich alles neu generiert wird.

```
$ make vollgen "CFLAGS=-DMILLIONENSTADT" ⏎
    make einwohner FRC=neugen
    cc -DMILLIONENSTADT -c main.c
main.c
    cc -DMILLIONENSTADT -c eingabe.c
eingabe.c
    cc -DMILLIONENSTADT -c tabelle.c
tabelle.c
    cc -DMILLIONENSTADT -c ausgabe.c
ausgabe.c
    cc -o einwohner main.o eingabe.o tabelle.o ausgabe.o
    make einwohner FRC=neugen
$ make vollgen "CFLAGS=-DKLEINSTADT" ⏎
    cc -DKLEINSTADT -c main.c
main.c
    cc -DKLEINSTADT -c eingabe.c
eingabe.c
    cc -DKLEINSTADT -c tabelle.c
tabelle.c
    cc -DKLEINSTADT -c ausgabe.c
ausgabe.c
    cc -o einwohner main.o eingabe.o tabelle.o ausgabe.o
$
```

Wenn nun eine normale Generierung entsprechend der Zeitmarken erwünscht ist, so muß lediglich

make einwohner

aufgerufen werden. In diesem Fall aktiviert **make** den folgenden Eintrag:

```
${ZIEL}: ${FRC} ${OBJS}
    cc -o $@ ${OBJS}
```

den es wie folgt expandiert:

```
einwohner: main.o eingabe.o tabelle.o ausgabe.o
    cc -o einwohner main.o eingabe.o tabelle.o ausgabe.o
```

Nun muß es zuerst die Objektdateien *main.o*, *eingabe*.o, ... einzeln überprüfen. Für diese Objektdateien existiert der folgende Eintrag im Makefile:

```
${OBJS}: ${FRC}
```

der von **make**, da *FRC* ein leeres Makro ist, wie folgt expandiert wird:

```
main.o eingabe.o tabelle.o ausgabe.o:
```

Somit hängen diese Objektdateien nicht von einer nicht existierenden Datei, sondern entsprechend der vordefinierten Suffix-Regel .c.o nur von ihren Quellprogrammen ab, so daß auch nur die Objektdateien neu generiert werden, die bezüglich ihres Quellprogramms veraltet sind.

Die Funktionsweise können wir an nachfolgendem Beispiel sehen:

```
$ touch tabelle.c ausgabe.c ⏎
$ make einwohner "CFLAGS=-DKLEINSTADT" ⏎
    cc -DKLEINSTADT -c tabelle.c
tabelle.c
    cc -DKLEINSTADT -c ausgabe.c
ausgabe.c
    cc -o einwohner main.o eingabe.o tabelle.o ausgabe.o
$
```

Noch flexibler läßt sich ein Makefile gestalten, wenn man angibt, daß jede Datei vom Makro **${FRC}** abhängt. In diesem Fall sollte man rekursive **make**-Aufrufe verwenden, bei denen "FRC=${FRC}" auf der Kommandozeile angegeben ist. Das nachfolgende Makefile für unser Assembler-Programm zeigt diese Technik.

```
$ cat makefile ⏎
#—— Makefile fuer das Assembler-Programm ——
#————————————————————————————————————————

#..........Makro-Definitionen.....................
OBJ1 = assemb.o pass1.o pass2.o symb_tab.o fehler.o
OBJ2 = assemb.o pass1.o pass2.o symb_ta2.o fehler.o
```

Der Programmgenerator make von UNIX

```
#...........Vollstaendige Generierung ........................
all:
    make assemb1 "CFLAGS=${CFLAGS}" "FRC=${FRC}"
    make assemb2 "CFLAGS=${CFLAGS}" "FRC=${FRC}"

#...........Linker-Teil........................................
assemb1: ${OBJ1} ${FRC}
    cc -o $@ ${OBJ1}
assemb2: ${OBJ2} ${FRC}
    cc -o $@ ${OBJ2}

#...........Kompilierungs-Teil................................
assemb.o:   assemb.c global.h pass1.h pass2.h symb_tab.h fehler.h ${FRC}
pass1.o:    pass1.c pass1.h global.h symb_tab.h fehler.h ${FRC}
pass2.o:    pass2.c pass2.h symb_tab.h fehler.h ${FRC}
symb_tab.o: symb_tab.c symb_tab.h global.h fehler.h ${FRC}
symb_ta2.o: symb_ta2.c symb_tab.h global.h fehler.h ${FRC}
fehler.o:   fehler.c fehler.h ${FRC}

#...........Dummy-Ziel fuer das Erzwingen von Neugenerierung.....
vollgen:
$
```

Sollen nun die beiden Assembler-Programme *assemb1* und *assemb2* auf den neuesten Stand gebracht werden, wobei nur die wirklich notwendigen Generierungen durchzuführen sind, so muß **make all** aufgerufen werden.

```
$ make all ⏎
    make assemb1 "CFLAGS=-O" "FRC="
'assemb1' is up to date.
    make assemb2 "CFLAGS=-O" "FRC="
'assemb2' is up to date.
$ touch pass1.c ⏎
$ make all ⏎
    make assemb1 "CFLAGS=-O" "FRC="
    cc -O -c pass1.c
pass1.c
    cc -o assemb1 assemb.o pass1.o pass2.o symb_tab.o fehler.o
    make assemb2 "CFLAGS=-O" "FRC="
    cc -o assemb2 assemb.o pass1.o pass2.o symb_ta2.o fehler.o
$
```

Soll *assemb1* und *assemb2* in jedem Fall vollständig neu generiert werden, so muß das Makro **FRC** auf der Kommandozeile mit dem String *vollgen* gesetzt werden.

```
$ make all "FRC=vollgen" ⏎
    make assemb1 "CFLAGS=-O" "FRC=vollgen"
    cc -O -c assemb.c
assemb.c
    cc -O -c pass1.c
```

```
pass1.c
    cc -O -c pass2.c
pass2.c
    cc -O -c symb_tab.c
symb_tab.c
    cc -O -c fehler.c.c
fehler.c
    cc -o assemb1 assemb.o pass1.o pass2.o symb_tab.o fehler.o
    make assemb2 "CFLAGS=-O" "FRC=vollgen"
    cc -O -c assemb.c
assemb.c
    cc -O -c pass1.c
pass1.c
    cc -O -c pass2.c
pass2.c
    cc -O -c symb_ta2.c
symb_ta2.c
    cc -O -c fehler.c
fehler.c
    cc -o assemb2 assemb.o pass1.o pass2.o symb_ta2.o fehler.o
$
```

Es kann auch nur *assemb1* oder *assemb2* generiert werden.

```
$ touch pass2.c ↵
$ make assemb1 ↵
    cc -O -c pass2.c
pass2.c
    cc -o assemb1 assemb.o pass1.o pass2.o symb_tab.o fehler.o
$ make assemb2 ↵
    cc -o assemb2 assemb.o pass1.o pass2.o symb_ta2.o fehler.o
$ make assemb2 FRC=vollgen ↵
    cc -O -c assemb.c
assemb.c
    cc -O -c pass1.c
pass1.c
    cc -O -c pass2.c
pass2.c
    cc -O -c symb_ta2.c
symb_ta2.c
    cc -O -c fehler.c
fehler.c
    cc -o assemb2 assemb.o pass1.o pass2.o symb_ta2.o fehler.o
$
```

Nachfolgend werden wir eine weitere Technik kennenlernen, die bei unterschiedlichen Compiler-Optionen angewendet werden kann.

Benutzen verschiedener Directories für unterschiedliche Versionen

Wenn an einem Projekt gearbeitet wird, in dem unterschiedliche Kompilierungen möglich sind, so bietet sich die Unterbringung der verschiedenen Versionen in eigenen Directories als eine mögliche Lösung an. Nehmen wir dazu als Beispiel unser Programm für das Einwohnermeldeamt. Für dieses Beispiel bietet es sich an, vier Subdirectories mit den folgenden Namen anzulegen: *src, klein, gross* und *million*.

Im Subdirectory *src* befinden sich alle Quellmodule *main.c, eingabe.c, tabelle.c* und *ausgabe.c*. In den restlichen 3 Subdirectories werden die unterschiedlich kompilierten Objektdateien hinterlegt: in *klein* die mit -DKLEINSTADT, in *gross* die mit –DGROSSSTADT und in *million* die mit –DMILLIONENSTADT kompilierten Objektdateien. Zusätzlich wird noch in jedem dieser Subdirectories das aus den jeweiligen Objektdateien zusammengelinkte Programm *einwohner* abgelegt.

Um diese unterschiedlichen Kompilierungen zu erreichen, wird in jedem dieser drei Subdirectories *klein, gross* und *million* ein Makefile angegeben. Wie dieses Makefile z.B. aussehen kann, wird nachfolgend für das Subdirectory *klein* gezeigt.

```
$ pwd ⏎
/user1/gruppe/einwohn/klein
$ ls ../src ⏎
ausgabe.c
eingabe.c
main.c
tabelle.c
$ nl -ba makefile ⏎       34
     1  OBJS = main.o eingabe.o tabelle.o ausgabe.o
     2  CFLAGS = -DKLEINSTADT
     3
     4  einwohner: ${OBJS}
     5      cc -o $@ ${OBJS}
     6
     7  main.o: ../src/main.c
     8      cc ${CFLAGS} -c $?
     9  eingabe.o: ../src/eingabe.c
    10      cc ${CFLAGS} -c $?
    11  tabelle.o: ../src/tabelle.c
    12      cc ${CFLAGS} -c $?
    13  ausgabe.o: ../src/ausgabe.c
    14      cc ${CFLAGS} -c $?
$
```

---

[34] Falls Ihr System das Makro VPATH anbietet, so könnte am Anfang folgende Definition angegeben werden:
VPATH = ../src
In diesem Fall sind dann alle Einträge ab der 7. Zeile überflüssig.

Wird nun im Subdirectory *klein* **make** aufgerufen, so wird dort eine Programmversion von *einwohner* für eine Kleinstadt generiert.

```
$ pwd ↵
/user1/gruppe/einwohn/klein
$ ls ↵
makefile
$ make einwohner ↵
    cc -DKLEINSTADT -c ../src/main.c
../src/main.c
    cc -DKLEINSTADT -c ../src/eingabe.c
../src/eingabe.c
    cc -DKLEINSTADT -c ../src/tabelle.c
../src/tabelle.c
    cc -DKLEINSTADT -c ../src/ausgabe.c
../src/ausgabe.c
    cc -o einwohner main.o eingabe.o tabelle.o ausgabe.o
$ ls ↵
ausgabe.o      [cc legt die kompilierten bzw. gelinkten Objektdateien immer ]
eingabe.o      [im working directory ab]
einwohner
main.o
makefile
tabelle.o
$
```

Die Makefiles in den Subdirectories *gross* und *million* entsprechen dann bis auf die 2. Zeile vollständig dem obigen Makefile. In der 2. Zeile ist nur

CFLAGS = -DGROSSSTADT bzw.
CFLAGS = -DMILLIONENSTADT

anzugeben. Wird **make** aufgerufen, so wird die entsprechende Programmversion generiert. Auf diese Weise wird erreicht, daß die verschiedenen Programmversionen ganz eindeutig voneinander unterschieden werden können, da sie sich immer in unterschiedlichen Directories befinden. Es ist noch wichtig, anzumerken, daß zwar unterschiedliche Versionen existieren, die einzelnen Quellmodule aber immer nur einfach und nicht mehrfach vorhanden sind, nämlich im Subdirectory *src*. Falls man die Generierung aller drei Versionen in einem Makefile zusammenfassen möchte, so empfiehlt es sich, im übergeordneten Directory das folgende Makefile anzugeben.

```
$ pwd ↵
/user1/gruppe/einwohn
$ cat makefile ↵
all:
    cd klein; make einwohner
    cd gross; make einwohner
    cd million; make einwohner
$ make all ↵
```

Der Programmgenerator make von UNIX

```
        cd klein; make einwohner
'einwohner' is up to date.
        cd gross; make einwohner
'einwohner' is up to date.
        cd million; make einwohner
'einwohner' is up to date.
$ touch src/tabelle.c ⏎
$ make all ⏎
        cd klein; make einwohner
        cc -DKLEINSTADT -c ../src/tabelle.c
../src/tabelle.c
        cc -o einwohner main.o eingabe.o tabelle.o ausgabe.o
        cd gross; make einwohner
        cc -DGROSSSTADT -c ../src/tabelle.c
../src/tabelle.c
        cc -o einwohner main.o eingabe.o tabelle.o ausgabe.o
        cd million; make einwohner
        cc -DMILLIONENSTADT -c ../src/tabelle.c
../src/tabelle.c
        cc -o einwohner main.o eingabe.o tabelle.o ausgabe.o
$
```

Nachfolgend lernen wir eine weitere Methode für den Umgang mit unterschiedlichen Compiler-Optionen kennen.

Benutzen unterschiedlicher Namen für verschiedene Versionen

Eine andere Technik, mit verschiedenen Versionen für ein Programm umzugehen, ist die Unterscheidung der Versionen durch Verwendung von unterschiedlichen Namen für Objektdateien. Nehmen wir als Beispiel wieder unser Programm für das Einwohnermeldeamt.

```
$ cat makefile ⏎
OBJS = main.o eingabe.o tabelle.o ausgabe.o
KLEIN_OBJS = k_main.o k_eingabe.o k_tabelle.o k_ausgabe.o
GROSS_OBJS = g_main.o g_eingabe.o g_tabelle.o g_ausgabe.o
MILLION_OBJS = m_main.o m_eingabe.o m_tabelle.o m_ausgabe.o

#——————— Kleinstadt ———————————————————————————
kleinstadt: ${KLEIN_OBJS}
        cc -o $@ ${KLEIN_OBJS}
k_main.o: main.c
        cc -DKLEINSTADT -c main.c
        mv main.o k_main.o
k_eingabe.o: eingabe.c
        cc -DKLEINSTADT -c eingabe.c
        mv eingabe.o k_eingabe.o
```

```
k_tabelle.o: tabelle.c
    cc -DKLEINSTADT -c tabelle.c
    mv tabelle.o k_tabelle.o
k_ausgabe.o: ausgabe.c
    cc -DKLEINSTADT -c ausgabe.c
    mv ausgabe.o k_ausgabe.o

#——————— Grossstadt ——————————————————————————————
grossstadt: ${GROSS_OBJS}
    cc -o $@ ${GROSS_OBJS}
g_main.o: main.c
    cc -DGROSSSTADT -c main.c
    mv main.o g_main.o
g_eingabe.o: eingabe.c
    cc -DGROSSSTADT -c eingabe.c
    mv eingabe.o g_eingabe.o
g_tabelle.o: tabelle.c
    cc -DGROSSSTADT -c tabelle.c
    mv tabelle.o g_tabelle.o
g_ausgabe.o: ausgabe.c
    cc -DGROSSSTADT -c ausgabe.c
    mv ausgabe.o g_ausgabe.o

#——————— Millionenstadt ——————————————————————————
millionenstadt: ${MILLION_OBJS}
    cc -o $@ ${MILLION_OBJS}
m_main.o: main.c
    cc -DMILLIONENSTADT -c main.c
    mv main.o m_main.o
m_eingabe.o: eingabe.c
    cc -DMILLIONENSTADT -c eingabe.c
    mv eingabe.o m_eingabe.o
m_tabelle.o: tabelle.c
    cc -DMILLIONENSTADT -c tabelle.c
    mv tabelle.o m_tabelle.o
m_ausgabe.o: ausgabe.c
    cc -DMILLIONENSTADT -c ausgabe.c
    mv ausgabe.o m_ausgabe.o
$
```

Nun werden die unterschiedlichen Versionen durch verschiedene Namen unterschieden. Um z.B. das Programm für eine Kleinstadt auszulegen, muß **make kleinstadt** aufgerufen werden.

```
$ make kleinstadt ⏎
    cc -DKLEINSTADT -c main.c
main.c
    mv main.o k_main.o
    cc -DKLEINSTADT -c eingabe.c
```

```
eingabe.c
    mv eingabe.o k_eingabe.o
    cc -DKLEINSTADT -c tabelle.c
tabelle.c
    mv tabelle.o k_tabelle.o
    cc -DKLEINSTADT -c ausgabe.c
ausgabe.c
    mv ausgabe.o k_ausgabe.o
    cc -o kleinstadt k_main.o k_eingabe.o k_tabelle.o k_ausgabe.o
$ make kleinstadt ⏎
'kleinstadt' is up to date.
$
```

Der Nachteil dieser Methode ist, daß man sehr lange Makefiles erhält.

Es sei hier erwähnt, daß einige **make**-Versionen sich immer für jedes Ziel aus dem Makefile den momentanen Zustand in einer eigenen Zustands-Datei merken. Solche **make**-Versionen merken sich dann z.B., daß *eingabe.o* zuletzt mit *-DKLEINSTADT* kompiliert wurde. Wird nun gefordert, daß *eingabe.c* mit *-DMILLIONENSTADT* zu kompilieren ist, dann können diese **make**-Versionen anhand der Zustands-Datei erkennen, daß *eingabe.c* neu kompiliert werden muß, auch wenn die Zeitmarke von *eingabe.o* neuer als die von *eingabe.c* ist.

Falls Sie über eine solche **make**-Version verfügen, so können die Makefiles ganz erheblich vereinfacht werden. So reicht es z.B. aus, für das obige Makefile folgendes auszugeben:

```
OBJS = main.o eingabe.o tabelle.o ausgabe.o
einwohner: ${OBJS}
    cc -o $@ ${OBJS}
```

und es muß bei jedem **make**-Aufruf die entsprechende **CFLAGS**-Definition angegeben werden, wie z.B.:

make einwohner CFLAGS=-DKLEINSTADT oder
make einwohner CFLAGS=-DMILLIONENSTADT

Nachfolgend eine letzte und vielleicht auch die eleganteste Methode für den Umgang mit verschiedenen Versionen.

Benutzen unterschiedlicher Suffixe für verschiedene Versionen

Eine Möglichkeit, mit verschiedenen Versionen für ein Programm umzugehen, ist die Verwendung von unterschiedlichen Suffixen für die Objektdateien der verschiedenen Versionen. Die Generierung der einzelnen Versionen kann dann über selbstdefinierte Suffixe gesteuert werden. Als Beispiel wollen wir wieder unser Programm für das Einwohnermeldeamt verwenden.

```
$ cat makefile ⏎
OBJS = main.o eingabe.o tabelle.o ausgabe.o
KLEIN_OBJS = ${OBJS:.o=.k}
GROSS_OBJS = ${OBJS:.o=.g}
MILLION_OBJS = ${OBJS:.o=.m}
#─────── Definition eigener Suffix-Regeln ───────────────────
.SUFFIXES: .k .g .m

.c.k:
    cc -DKLEINSTADT -c $<
    mv $*.o $@
.c.g:
    cc -DGROSSSTADT -c $<
    mv $*.o $@
.c.m:
    cc -DMILLIONENSTADT -c $<
    mv $*.o $@
#─────── Linken ─────────────────────────────────────────────
kleinstadt: ${KLEIN_OBJS}
    cc -o $@ ${KLEIN_OBJS}
grossstadt: ${GROSS_OBJS}
    cc -o $@ ${GROSS_OBJS}
millionenstadt: ${MILLION_OBJS}
    cc -o $@ ${MILLION_OBJS}
$
```

Bei dieser Methode wählen wir für die Objektdateien der einzelnen Versionen unterschiedliche Suffixe: für die Kleinstadt-Objektdateien das Suffix *.k*, für die Großstadt-Objektdateien das Suffix *.g* und für die Millionenstadt-Objektdateien das Suffix *.m*. Testen wir dieses Makefile:

```
$ make grossstadt ⏎
    cc -DGROSSSTADT -c main.c
main.c
    mv main.o main.g
    cc -DGROSSSTADT -c eingabe.c
eingabe.c
    mv eingabe.o eingabe.g
    cc -DGROSSSTADT -c tabelle.c
tabelle.c
    mv tabelle.o tabelle.g
    cc -DGROSSSTADT -c ausgabe.c
ausgabe.c
    mv ausgabe.o ausgabe.g
    cc -o grossstadt main.g eingabe.g tabelle.g ausgabe.g
$ make grossstadt ⏎
'grossstadt' is up to date.
$
```

Diese Methode liefert im allgemeinen wesentlich kürzere Makefiles als die vorherige.

3.7.5 Die include-Anweisung

Einige **make**-Versionen bieten die **include**-Anweisung an. Eine Angabe wie

include *datei*

in einem Makefile bewirkt, daß **make** an dieser Stelle den Inhalt von *datei* liest und somit als Teil des Makefiles betrachtet. Diese Anweisung ähnelt somit der **#include**-Angabe in C-Dateien. Bezüglich der Syntax gilt es, folgende Punkte zu beachten:

▶ Das Schlüsselwort **include** muß am Anfang der Zeile stehen. Während davor keine Leer-, Tabulator- oder sonstige Zeichen stehen dürfen, muß danach mindestens ein Leer- oder Tabulatorzeichen angegeben sein.

▶ Der Rest der Zeile muß der Name einer Datei sein, wobei dieser Name auch über ein Makro angegeben sein darf. Es sei noch angemerkt, daß einige **make**-Versionen auch die Angabe von mehreren Dateien erlauben, die durch Leer- oder Tabulatorzeichen voneinander getrennt sein müssen.

Meist wird **include** verwendet, wenn Suffix-Regeln, Abhängigkeiten oder Makros existieren, die in einem Projekt globale Gültigkeit haben. In diesem Fall hinterlegt man die entsprechenden Angaben in einer Datei und benutzt diese Datei dann projektweit, indem man sie in allen Makefiles mit **include** dem **make**-Programm bekanntmacht. Als Beispiel möge eine projektweit gültige Graphik-Bibliothek */usr/local/graflib* mit den dazugehörigen Header-Dateien */usr/local/ginclude* dienen. In diesem Fall kann man z.B. eine Datei */usr/local/graf.mk* mit folgenden Inhalt erstellen:

```
GLIB = /usr/local/graflib
GINC = /usr/local/ginclude
```

In jedem Makefile des Projekts, das diese Graphik-Bibliothek benutzt, kann folgendes angegeben werden:

```
GRAFDEF = /usr/local/graf.mk
include ${GRAFDEF}
```

Falls in einem solchen *include*-Makefile Abhängigkeitseinträge angegeben sind, die von Makros Gebrauch machen, so muß sichergestellt sein, daß die Makros vorher definiert sind. Da es gefährlich ist, eine solche Definition dem Benutzer dieses globalen Makefiles zu überlassen, sollten solche Makros im *include*-Makefile selbst definiert sein. Wenn man z.B. den folgenden Eintrag in einem globalen Makefile hat, so sollte zuvor in diesem Makefile auch das Makro *OBJS* definiert sein.

```
ohne_debug: ${OBJS}
        .......
```

Auch wenn *include*-Zeilen an jeder beliebigen Stelle in einem Makefile angegeben werden dürfen, so ist es doch empfehlenswert, alle *include*-Zeilen ganz am Anfang eines Makefiles anzugeben, und diese nicht irgendwo im Makefile zu verstecken.

Nachdem wir in diesem Kapitel einige Methoden für den Einsatz von **make** in größeren Projekten kennengelernt haben, werden im nächsten Kapitel die Fehlermeldungen von **make** und Gründe für das Auftreten dieser Fehler vorgestellt.

3.8 Die wichtigsten make-Fehlermeldungen

Im folgenden sind die wichtigsten Fehlermeldungen, die **make** bei einem Aufruf ausgeben kann, in alphabetischer Reihenfolge angegeben. Zu jeder Fehlermeldung wird dabei eine kurze Erklärung gegeben.

Es sei noch angemerkt, daß nicht jede aus einem **make**-Aufruf resultierende Fehlermeldung auch wirklich von **make** stammt. So kann z.B. auch eine Fehlermeldung von einem C-Compiler-Aufruf oder von der Shell stammen, wenn diese auf Schwierigkeiten bei der Abarbeitung der im Makefile angegebenen Kommandozeile gestoßen ist.

make verwendet intern Puffer, um z.B. Makrodefinitionen, Kommandozeilen, Objektnamen und die davon abhängigen Zielnamen abzuspeichern. Natürlich ist die Größe dieser Puffer begrenzt. Da aber die Größen für diese **make**-internen Tabellen so ausgelegt sind, daß ein Überlaufen praktisch unmöglich ist, wird hier auf die Angabe von Fehlermeldungen verzichtet, die einen solchen Überlauf anzeigen.

$! nulled, predecessor circle.

make hat beim Abarbeiten der Einträge eine gegenseitige Abhängigkeit festgestellt, wie z.B.

```
a.c:    b.c
b.c:    a.c
```

Oft liegt eine solche zyklische Abhängigkeit nicht direkt vor, sondern ergibt sich durch indirekte Abhängigkeiten. In diesem Fall ist dann eine genaue Analyse der Abhängigkeitsstruktur notwendig.

Bad character *zeich* **(octal** *oktalzahl*)**, line** *zeilnr*

In der Zeile *zeilnr* ist das unerlaubte Zeichen *zeich* angegeben, dessen ASCII-Wert *oktalzahl* ist. Häufig tritt eine Fehlermeldung wie folgende auf:

```
Bad character { (octal 173), line 14
```

In diesem Fall wurde in der Zeile 14 auf ein Makro ohne Angabe von $ zugriffen. So kann z.B. dort versehentlich {OBJS} anstelle von ${OBJS} angegeben sein.

Cannot load *kommando*.

make versuchte, das *kommando* auszuführen, konnte es aber nicht finden.

Mögliche Ursachen für das Auftreten dieses Fehlers sind:

1. Tippfehler.
2. Directory, in dem sich *kommando* befindet, ist nicht in der *PATH*-Variable angegeben.
3. In der vorherigen Zeile wurde das Fortsetzungszeichen \ vergessen. Ein typischer Fehler ist z.B. der folgende Aufruf:
   ```
   cc -o assembl ${OBJS1} "CFLAGS=-DTEST"
        "LIB=/usr/local/meinlib"
   ```
   In diesem Fall faßt **make** die Zeile `"LIB=/usr/local/meinlib"` als eine eigene Kommandozeile auf, woraus dann die obige Fehlermeldung resultiert.

kommando: **not found**.

Die Shell versuchte, das *kommando* auszuführen, konnte es aber nicht finden. Mögliche Ursachen für das Auftreten dieses Fehlers sind:

1. Tippfehler.
2. **make** benutzte die falsche Shell.
   Wenn man z.B. in den Kommandozeilen des Makefiles builtin-Kommandos von der C-Shell aufruft, **make** aber mit der Bourne-Shell arbeitet. Dieser Fehler läßt sich leicht dadurch beheben, daß man
   ```
   SHELL = /bin/csh
   ```
   am Anfang des Makefiles angibt.
3. Directory, in dem sich *kommando* befindet, ist nicht in der *PATH*-Variable angegeben.
4. In der vorherigen Zeile wurde das Zeilen-Fortsetzungszeichen \ vergessen. Ein typischer Fehler ist z.B. der folgende Aufruf:
   ```
   cd ass; cc -o assemb ${OBJS} "CFLAGS=-g"
        "INCLUDE=/usr/local/include"
   ```
   In diesem Fall interpretiert **make** die Zeile `"INCLUDE=/usr/local/include"` als eine eigene Kommandozeile, woraus dann die obige Fehlermeldung resultiert.

Couldn't load shell.

make konnte zum Ausführen von Kommandozeilen keine neue Shell starten.

Eine häufige Ursache für diesen Fehler ist, daß im Makefile dem Makro **SHELL** versehentlich ein falscher und nicht existierender Pfad eines Shell-Programms zugewiesen wurde.

Don't know how to make *ziel*.

make konnte weder über das Makefile noch über die vorhandenen Dateien festlegen, wie das *ziel* zu generieren ist. In jedem Fall kommt bei dieser Meldung alles folgende zusammen:

1. *ziel* existiert nicht als Datei
2. *ziel* ist nirgends im Makefile als Ziel angegeben.
3. Es existiert keine Suffix-Regel, über die aus einer existierenden Datei das *ziel* generiert werden kann.

Für diese Meldung kann es aus Benutzersicht unterschiedliche Ursachen geben:

1. Tippfehler beim **make**-Aufruf oder im Makefile.
2. Quelldateien wurden umbenannt, aber die zu generierenden Ziele im Makefile wurden nicht angepaßt, so daß **make** keine Suffix-Regeln mehr anwenden kann.
3. Es existiert keine Datei mit einem der Namen *makefile*, *Makefile*, *s.makefile* oder *s.Makefile* bzw. es existiert zwar eine solches Makefile, aber dieses ist für ein anderes Programm eingerichtet.
   Falls bereits ein entsprechendes Makefile unter einem anderen Namen existiert, sollte **make** mit der Option **-f** aufgerufen werden, andernfalls muß ein geeignetes Makefile erst erstellt werden.
4. Da man es von der Shell-Programmierung her gewohnt ist, kann es leicht vorkommen, daß man anstelle von **${makro}** nur **$makro** angibt. Für einen Eintrag wie
   ```
   prog: $OBJ
   ```
   meldet **make** dann
   ```
   Don't know how to make BJ.
   ```
   da es auf **$O** (nicht **${OBJ}**) zugreift, wofür dann der Leerstring eingesetzt wird, so daß lediglich der String BJ auf der rechten Seite übrigbleibt.

Inconsistent rules lines for `ziel'.

ziel wurde mehrmals im Makefile angegeben, wobei es jedoch einmal mit einfachen und ein anderes mal mit doppelten Doppelpunkt von den Objekten abgetrennt wurde.

Abhängig von der speziellen Anforderung sollte das *ziel* entweder immer mit einfachen oder immer mit doppelten Doppelpunkt angegeben werden.

infinitely recursive macro?.

make hat beim Abarbeiten Makrodefinitionen entdeckt, die direkt oder indirekt wieder auf sich selbst zugreifen, wie z.B.

```
PFAD = /usr/local/${INC}
INC  = ${PFAD}/include
```

Häufig unterliegen Benutzer dem Irrtum, daß Makros den Variablen in Programmiersprachen entsprechen, denen man ständig neue Werte zuweisen kann. Daraus können sich dann rekursive Makrodefinitionen ergeben. Makros sollten aber nur einmal, und zwar vor einem Zugriff (in den Abhängigkeitsangaben) auf sie, definiert werden. Ändern Sie Ihr Makefile entsprechend dieser Konvention und die Rekursion wird meist von alleine verschwinden.

Must be a separator on rules line *zeilnr*

In der Zeile *zeilnr* fehlt ein Trennzeichen. Mögliche Ursachen für diese Fehlermeldung sind:

1. Kommandozeilen sind nicht mit einem Tabulatorzeichen eingerückt. Insbesondere erscheint diese Meldung auch, wenn Kommandozeilen mit Leerzeichen und nicht mit einem Tabulatorzeichen eingerückt wurden. Da dies nicht sofort ins Auge springt, empfiehlt es sich in diesem Fall, sich das Makefile mit **cat -vt** ausgeben zu lassen.
2. Nach Zielangaben wurde kein einfacher oder doppelter Doppelpunkt angegeben.
3. Eine Abhängigkeitsbeschreibung enthält ein Fortsetzungszeichen \, dem noch ein Leerzeichen folgt, wie z.B.
   ```
   a: b.c \    [dem \ folgen Leerzeichen]
   d.c
       echo "a wird generiert"
   ```
   In diesem Fall würde **make** folgendes melden:
   ```
   Must be a separator on rules line 3.
   ```
   Der Fehler befindet sich jedoch nicht in Zeile 3, sondern bereits in Zeile 1.

No arguments or description file.

make hat im working directory keine Datei mit einem der Namen *makefile*, *Makefile*, *s.makefile* oder *s.Makefile* gefunden.

Falls bereits ein Makefile unter einem anderen Namen existiert, sollte **make** mit der Option **-f** aufgerufen werden, andernfalls muß ein entsprechendes Makefile erst erstellt werden.

No description argument after -f flag

make wurde mit der Option **-f** aufgerufen, aber es wurde kein entsprechendes Makefile zu dieser Option angegeben.

syntax error.

Bei der Abarbeitung des Makefiles ist ein Syntaxfehler aufgetreten. Dieser Syntaxfehler kann entweder von **make** direkt oder von der Shell bei der Ausführung der Kommandozeilen gemeldet worden sein.

Diese Fehlermeldung kann viele Gründe haben. Einige mögliche Ursachen sind z.B.:

1. Eine »Leerzeile« enthält ein führendes Tabulatorzeichen, oder eine Kommentarzeile bzw. Abhängigkeitsbeschreibung beginnt mit einem Tabulatorzeichen.

2. Falsche Angabe von Makrodefintionen, wie z.B.
   ```
   = OBJS = a.o b.o c.o
   ```

3. Fehlendes Semikolon oder Zeilen-Fortsetzungszeichen bei Angabe von mehreren Kommandos. So würde das folgende Makefile
   ```
   OBJS = a.o b.o c.o
   install:
       for i in ${OBJS} ; \
       do \
         cp $$i objekte; echo "Datei $$i nach objekte kopiert"
       done
   ```
   z.B. die folgende Fehlermeldung liefern:
   ```
   sh: syntax error at line 1 : 'for' unmatched
   ```
   Der Grund dafür ist, daß in der 5. Zeile das Semikolon und das Fortsetzungszeichen \ vergessen wurde.

   Als weiteres Beispiel möge das nachfolgende Makefile dienen:
   ```
   OBJ1 = assemb.o pass1.o pass2.o symb_tab.o fehler.o
   OBJ2 = assemb.o pass1.o pass2.o symb_ta2.o fehler.o
   assemb1: ${OBJ1}
   assemb2: ${OBJ2}
   assemb1 assemb2:
       if [ "$@" = "assemb1" ] \
       then cc -o $@ ${OBJ1}; \
       else cc -o $@ ${OBJ2}; \
       fi
   ```

In diesem Fall meldet die Shell folgenden Fehler:
```
sh: syntax error at line 3 : 'else' unmatched
```
Der Grund dafür ist, daß in der 6. Zeile das Semikolon nach der schließenden Klammer] vergessen wurde.

Too many command lines for `ziel'.

Zum gleichen *ziel* wurden mehrmals Kommandozeilen angegeben. Es gibt zwei Möglichkeiten, diesen Fehler zu beseitigen.

1. Man faßt alle Kommandozeilen zusammen und gibt diese nur bei einem *ziel* an.
2. Will man für die verschiedenen *objekte*, von denen ein *ziel* abhängig ist, unterschiedliche Kommandos ausführen lassen, so muß der doppelte Doppelpunkt :: in der Abhängigkeitsbeschreibung verwendet werden. Wird nämlich der einfache Doppelpunkt angegeben, dann dürfen zwar auch mehrere gleichnamige *ziele* angegeben werden, aber Kommandozeilen dürfen nur bei einem *ziel* angegeben sein.

Wichtig ist, daß Sie immer folgendes beachten: Wenn in einer Abhängigkeitsbeschreibung ein doppelter Doppelpunkt :: angegeben ist, so darf dieses *ziel* nicht in einer anderen Abhängigkeitsbeschreibung mit einem einfachen Doppelpunkt : angegeben werden.

Unknown flag argument *option.*

make kennt die *option* nicht.

`ziel' is up to date.

make ist der Meinung, daß *ziel* bereits auf dem neuesten Stand und deshalb keine Generierung notwendig ist.

In jedem Fall trifft bei dieser Fehlermeldung alles folgende zu:

1. *ziel* existiert als Datei.
2. *ziel* ist entweder nirgends im Makefile als Ziel angegeben oder es ist als Ziel ohne Abhängigkeiten angegeben.
3. Es existiert keine Datei mit einer neueren Zeitmarke als *ziel*, die zum Generieren von *ziel* verwendet werden kann.

Für diese Meldung kann es aus Benutzersicht unterschiedliche Ursachen geben:

1. Tippfehler beim **make**-Aufruf oder im Makefile.
2. Quelldateien wurden umbenannt, aber die zu generierenden Ziele im Makefile wurden nicht angepaßt, so daß **make** keine Suffix-Regeln mehr anwenden kann.

3. Die Quelldateien befinden sich nicht im working directory, sondern in einem anderen Directory.

4. In einigen Anwendungsfällen benötigt man Einträge, bei denen ein Ziel nicht von irgendwelchen Objekten abhängig ist, wie z.B.
   ```
   cleanup:
       rm -f ${OBJS}
   ```
   Um die Objektdateien zu löschen, muß man nur **make cleanup** aufrufen. Normalerweise funktioniert dies auch. Wenn nun aber versehentlich eine Datei mit diesem Namen *cleanup* im working directory existiert, dann bringt **make** die obige Meldung.

Hier wurden die wichtigsten bzw. häufigsten Ursachen für das Auftreten von Fehlern genannt. Es ist verständlicherweise nicht möglich, alle Situationen zu beschreiben, die zu Fehlern führen.

3.9 Makefile-Generierung mit cc-Option -M

Wir werden später in Kapitel 6 ein Programm zur automatischen Generierung von Makefiles vorstellen. Doch soll hier nicht unerwähnt bleiben, daß einige C-Compiler eine Option **-M**[35] anbieten, die bewirkt, daß aus den vorgelegten C-Modulen alle Abhängigkeiten in einer Form extrahiert werden, die direkt für **make** verwendet werden kann. Falls Ihr C-Compiler über diese Fähigkeit verfügt, so kann z.B. das folgende Makefile *makemakefile* für unser Assembler-Programm verwendet werden.

```
$ cat makemakefile ⏎
#...........Makro-Definitionen....................
OBJ1 = assemb.o pass1.o pass2.o symb_tab.o fehler.o
OBJ2 = assemb.o pass1.o pass2.o symb_ta2.o fehler.o
SRC = ${OBJ1:.o=.c} symb_ta2.c

#...........Vollstaendige Generierung einschl. neuem Makefile....
neu: ${FRC}
    make makefile "CFLAGS=${CFLAGS}" "FRC=${FRC}"
    make assemb1 "CFLAGS=${CFLAGS}" "FRC=${FRC}"
    make assemb2 "CFLAGS=${CFLAGS}" "FRC=${FRC}"

#...........Automatische Makefile-Generierung...................
makefile: ${FRC}
    cp makemakefile makefile
    echo "#...........Automatisch generierte Abhaengigkeiten......." >>$@
    cc -M ${SRC} >>$@
```

---

[35] Dies gilt z.B. für die C-Compiler von BSD und Sun.

```
#..........Linker-Teil.........................
assemb1: ${OBJ1} ${FRC}
    cc -o $@ ${OBJ1}
assemb2: ${OBJ2} ${FRC}
    cc -o $@ ${OBJ2}

#...........Dummy-Ziel fuer das Erzwingen von Neugenerierung.....
vollgen:
$
```

Damit kann man sich automatisch ein neues Makefile erstellen lassen.

```
$ make -f makemakefile makefile ⏎
    cp makemakefile makefile
    echo "#...........Automatisch generierte Abhaengigkeiten......." >>makefile
    cc -M assemb.c pass1.c pass2.c symb_tab.c fehler.c symb_ta2.c
$
```

Der Anfangsteil vom automatisch generierten *makefile* ist identisch zu *makemakefile*, da ja zunächst kopiert wurde. Danach stehen die automatisch generierten Abhängigkeiten, die nachfolgend durch Fettdruck hervorgehoben sind.

```
$ cat makefile ⏎
#...........Makro-Definitionen..................
OBJ1 = assemb.o pass1.o pass2.o symb_tab.o fehler.o
OBJ2 = assemb.o pass1.o pass2.o symb_ta2.o fehler.o
SRC = ${OBJ1:.o=.c} symb_ta2.c

#..........Vollstaendige Generierung einschl. neuem Makefile....
neu: ${FRC}
    make makefile "CFLAGS=${CFLAGS}" "FRC=${FRC}"
    make assemb1 "CFLAGS=${CFLAGS}" "FRC=${FRC}"
    make assemb2 "CFLAGS=${CFLAGS}" "FRC=${FRC}"

#...........Automatische Makefile-Generierung...................
makefile: ${FRC}
    cp makemakefile makefile
    echo "#...........Automatisch generierte Abhaengigkeiten......." >>$@
    cc -M ${SRC} >>$@

#..........Linker-Teil.........................
assemb1: ${OBJ1} ${FRC}
    cc -o $@ ${OBJ1}
assemb2: ${OBJ2} ${FRC}
    cc -o $@ ${OBJ2}

#...........Dummy-Ziel fuer das Erzwingen von Neugenerierung.....
vollgen:
#...........Automatisch generierte Abhaengigkeiten.......
assemb.o: assemb.c
assemb.o: /usr/include/stdio.h
```

```
assemb.o:  /usr/include/string.h
assemb.o:  ./global.h
assemb.o:  ./fehler.h
assemb.o:  ./pass1.h
assemb.o:  ./pass2.h
assemb.o:  ./symb_tab.h
pass1.o:   pass1.c
pass1.o:   /usr/include/stdio.h
pass1.o:   /usr/include/ctype.h
pass1.o:   ./pass1.h
pass1.o:   ./global.h
pass1.o:   ./fehler.h
pass1.o:   ./symb_tab.h
pass2.o:   pass2.c
pass2.o:   /usr/include/stdio.h
           ..................
           ..................
$
```

Mit diesem *makefile* können wir unser Assembler-Programm immer generieren lassen. Soll das *makefile* wieder neu erstellt werden, da sich die Abhängigkeiten der einzelnen Module geändert haben, so müßte nur

make -f makemakefile makefile FRC=vollgen

aufgerufen werden. Möchte man auch dies automatisieren, so kann statt dem Eintrag

makefile: ${FRC}

im obigen Makefile folgendes angegeben werden:

makefile: ${SRC} ${HEADER} [36]

Dies bedeutet dann, daß bei einem Aufruf **make neu**

immer zuerst ein neues *makefile* erstellt wird, wenn sich seit der letzten *makefile*-Generierung eine der Quell- oder Header-Dateien geändert hat, bevor dann unter Benutzung des eben erst erstellten *makefile* mit der eigentlichen Generierung der beiden Assembler-Versionen begonnen wird.

3.10 Die wichtigsten Unterschiede bei make-Versionen

In den vorherigen Kapiteln wurde versucht, das **make** von UNIX System V zu beschreiben. An einzelnen Stellen wurde dabei bereits auf Unterschiede zu anderen **make**-Versionen hingewiesen. In diesem Kapitel sind nun einige wichtige Unter-

---

[36] Das Makro *HEADER* sollte dabei die Namen aller beteiligten Header-Dateien enthalten.

schiede zwischen den einzelnen **make**-Versionen zusammengefaßt. Dies können natürlich nicht alle sein, da sehr viele **make**-Versionen existieren, die sich jeweils durch spezifische Eigenheiten voneinander unterscheiden. Wenn Sie mit einer solchen **make**-Version arbeiten, und von diesen speziellen Leistungsmerkmalen Gebrauch machen wollen, werden sie deshalb kaum um ein Lesen des mitgelieferten Handbuchs herumkommen.

In diesem Kapitel sind jedoch die wichtigsten und bekanntesten Unterschiede zusammengefaßt. Zu den unterschiedlichen Leistungsmerkmalen ist dabei immer noch ein Makefile oder ein Shell-Skript angegeben, das Sie leicht überprüfen läßt, ob Ihre **make**-Version diese spezielle Funktionalität anbietet oder nicht.

Stringsubstitution beim Makrozugriff

make von System V bietet die Stringsubstitution beim Makrozugriff an, wie z.B.

SRC = ${OBJS:.o=.c}

Andere **make**-Version, wie z.B. die von BSD 4.3, verfügen nicht über diese Fähigkeit.

Mit dem folgenden Makefile können Sie ganz leicht feststellen, ob Ihre **make**-Version diese Funktionalität anbietet oder nicht:

```
$ cat makefile ⏎
GRUSS = Hallo egon

ziel:
    @ echo ${GRUSS:egon=fritz}
$
```

Wenn Sie nun

make

aufrufen und es wird

```
Hallo fritz
```

ausgegeben, dann unterstützt Ihre **make**-Version die Stringsubstitution. Wird dagegen nichts ausgegeben, oder erscheint eine Fehlermeldung, dann unterstützt Ihre **make**-Version die Stringsubstitution nicht.

Modifikatoren D und F für interne Makros

make von System V bietet die beiden Modifikatoren **D** und **F** für interne Makros an, wie z.B.

cd ${@D}; make ${@F}

Andere **make**-Version, wie z.B. die von BSD 4.3, kennen diese beiden Modifikatoren nicht.

Mit dem folgenden Makefile können Sie ganz leicht überprüfen, ob Ihre **make**-Version diese beiden Modifikatoren anbietet oder nicht:

```
$ cat makefile ⏎
xyz/datei:
    @ echo ${@D}
    @ echo ${@F}
$
```

Wenn Sie nun

make

aufrufen und es wird

```
xyz
datei
```

ausgegeben, dann unterstützt Ihre **make**-Version die beiden Modifikatoren **D** und **F**. Wird etwas anderes ausgegeben, dann unterstützt Ihre **make**-Version diese beiden Modifikatoren nicht.

Auswahl von Objektdateien aus Bibliotheken mit *bibliothek(objektdatei)*

make von System V erlaubt die direkte Auswahl von speziellen Objektdateien aus Bibliotheken. Dazu muß direkt nach dem Bibliotheksnamen die entsprechende Objektdatei aus der Bibliothek in Klammern angegeben werden:

bibliothek(objektdatei)

Andere **make**-Version, wie z.B. die von BSD 4.3, lassen eine solche direkte Anwahl von Objektdateien aus Bibliotheken nicht zu.

Mit dem folgenden Makefile können Sie ganz leicht feststellen, ob Ihre **make**-Version diese Auswahl von Bibliotheks-Objektdateien zuläßt oder nicht:

```
$ cat makefile ⏎
bibliothek(objektdatei):
    @ echo $%
$
```

Wenn Sie nun

make

aufrufen und es wird

```
objektdatei
```

ausgegeben, dann unterstützt Ihre **make**-Version diese direkte Auswahl von Objektdateien aus Bibliotheken. Wird dagegen nichts ausgegeben, oder erscheint eine Fehlermeldung, dann unterstützt Ihre **make**-Version diese Form der Angabe nicht.

Der Programmgenerator make von UNIX   213

Auswahl von Modulen aus Bibliotheken mit *bibliothek((modul))*

Bei einigen **make**-Versionen, wie z.B. dem **make** von System V, können auch doppelte Klammern angegeben werden, um ein Objektmodul (anstelle einer ganzen Objektdatei) aus einer Bibliothek zu benennen:

bibliothek((objektmodul))

Welche Konvention ein Compiler bei der Namensvergabe an Objektmodule benutzt (mit oder ohne führenden Unterstrich), kann leicht mit dem Kommando **nm** festgestellt werden. Dazu muß **nm** nur mit dem Namen einer Bibliothek[37] oder einer Objektdatei aufgerufen werden.

Mit dem folgenden Aufruf können Sie ganz leicht testen, ob Ihre **make**-Version diese Direktauswahl von Bibliotheksmodulen anbietet oder nicht:

make "/lib/libc.a((printf))"   bzw.
make "/lib/libc.a((_printf))"

Wird bei einem dieser Aufrufe

```
'printf.o' is up to date.
```

ausgegeben, so ist bei Ihrer **make**-Version eine Direktauswahl von Bibliotheksmodulen mit Doppelklammern möglich, andernfalls müssen Sie ohne eine solche Direktauswahl auskommen.

Null-Suffixe

Bei einigen **make**-Versionen können auch Suffix-Regeln definiert werden, bei denen nur ein Suffix (anstelle von zwei) angegeben ist. Anstelle von

.von.nach:

wird dann nur

.von:

angegeben. *.nach* wird also hierbei nicht angegeben.

So ist z.B. für C-Programme von den meisten **make**-Versionen die folgende Suffix-Regel vordefiniert:

```
.c:
    $(CC) $(CFLAGS) $< $(LDFLAGS) -o $@
```

Ruft man z.B. folgendes auf

make *programm*

dann ruft **make** automatisch **cc** mit folgender Kommandozeile auf:

---

[37] wie z.B. **nm /lib/libc.a | pg**

cc -O *programm*.**c** **-o** *programm*

Kompilieren und Linken wird, da die Option **-c** nicht vorhanden ist, mit einem **cc**-Aufruf durchgeführt. Die obige vordefinierte Suffix-Regel ermöglicht also die Generierung von Programmen, ohne daß hierfür ein Makefile erstellt werden muß. Mit dem folgenden Makefile können Sie ganz leicht testen, ob Ihre **make**-Version Null-Suffixe unterstützt oder nicht:

```
$ cat makefile ⏎
.SUFFIXES: .x
.x:
    @ echo "Aus —$<— wird —$@— gemacht"
$ touch a.x b.x ⏎
$
```

Wenn Sie nun

make a b

aufrufen und es wird

```
Aus —a.x— wird —a— gemacht
Aus —b.x— wird —b— gemacht
```

ausgegeben, dann unterstützt Ihre **make**-Version Null-Suffixe. Jede andere Ausgabe zeigt an, daß Ihre Version keine Null-Suffixe akzeptiert.

Das Makro VPATH

Einige **make**-Versionen lassen die Angabe von Pfaden zu, in denen **make** nach Dateien suchen soll. Dazu bieten diese Versionen das Makro **VPATH** an, über das der Benutzer alle seine gewünschten Suchpfade festlegen kann.

In wieweit Ihre **make**-Version das Makro **VPATH** unterstützt, läßt sich mit folgenden Makefile überprüfen:

```
$ cat makefile ⏎
ausg1: datei1
    @ echo "datei1 gefunden"
ausg2: ebene2/datei2
    @ echo "datei2 gefunden"
$
```

Nun müssen Sie noch die fehlenden Directories und Dateien erzeugen:

```
$ mkdir ebene1 ⏎
$ touch ebene1/datei1 ⏎
$ mkdir ebene1/ebene2 ⏎
$ touch ebene1/ebene2/datei2 ⏎
$
```

Rufen Sie jetzt

make VPATH=ebene1

auf. Falls dieser Aufruf zu einer Fehlermeldung führt, so müssen Sie ohne das Makro **VPATH** auskommen. Wird bei diesem Aufruf aber

```
datei1 gefunden
```

ausgegeben, so unterstützt Ihre **make**-Version das Makro **VPATH** und Sie können Ihre Version noch weiter testen, indem Sie prüfen, ob sie auch nach relativen Pfadnamen sucht. Dazu müßten Sie nur

make ausg2 VPATH=ebene1

aufrufen. Wird bei diesem Aufruf

```
datei2 gefunden
```

ausgegeben, so sucht Ihre **make**-Version auch nach relativen Pfadnamen.

Die vordefinierten Makros MAKE und MAKEFLAGS

Auf einigen **make**-Versionen wird das Makro **MAKE** und das Makro **MAKEFLAGS** bzw. **MFLAGS** (BSD 4.3) vordefiniert. Ob diese Makros in Ihrer **make**-Version vordefiniert sind, können sie leicht mit folgender Kommandozeile feststellen:

make -p 2>/dev/null | grep MAKE

Liefert diese Kommandozeile die folgende Ausgabe

```
MAKE = make
MAKEFLAGS = b
```

so sind diese beiden Makros in Ihrer **make**-Version vordefiniert.

include-Anweisung

Einige **make**-Versionen bieten noch die **include**-Anweisung an. Eine Angabe wie

include *datei*

in einem Makefile bewirkt, daß **make** an dieser Stelle den Inhalt von *datei* liest und somit als Teil des Makefiles betrachtet. Ob Ihre **make**-Version die **include**-Anweisung kennt, läßt sich mit folgenden Makefile überprüfen:

```
$ cat makefile ⏎
include gmakro

test:
    @ echo "Makro INCTEST hat den Inhalt ${INCTEST}"
$
```

Nun muß noch die Datei *gmakro* erstellt werden.

```
$ echo "INCTEST=erfolgreich" >gmakro ↵
$
```

Wenn Sie nun

make

aufrufen und es wird

```
Makro INCTEST hat den Inhalt erfolgreich
```

ausgegeben, dann unterstützt Ihre **make**-Version die **include**-Anweisung. Jede andere Ausgabe zeigt an, daß Ihre Version keine **include**-Anweisung kennt.

3.11 Einige Weiterentwicklungen von make

In diesem Kapitel wurde bisher die **make**-Version von UNIX System V beschrieben, da sie eine Art Standard darstellt und auf vielen UNIX-Systemen verfügbar ist. Hier nun sollen nur einige weitere populäre **make**-Versionen kurz benannt werden.

3.11.1 imake

Bei **imake** (*include make*) handelt es sich um einen Präprozessor für Makefiles. Viele Probleme, die in Kapitel 3.7 (Techniken für Projekt-Management mit make) angesprochen wurden, lassen sich sehr leicht mit **imake** lösen, da **imake** unter Verwendung des C-Präprozessors eine Vorverarbeitung durchführt, bevor es das eigentliche **make** aufruft. Seine Verbreitung verdankt dieses Tool **imake** vor allen Dingen der Tatsache, daß es für die Generierung des XWindow-Systems auf unterschiedlichen Plattformen eingesetzt wird. **imake** verwendet seinerseits wieder ein Tool mit dem Namen **makedepend**. **makedepend**, das auch für sich alleine aufgerufen werden kann, generiert aus den vorgelegten Modulen automatisch ein Makefile, in dem alle Abhängigkeiten zwischen den einzelnen Modulen beschrieben sind.

3.11.2 GNU make

Der Name GNU ist die Kurzform für die rekursive Bezeichnung »*GNU is Not Unix*«. GNU ist ein Projekt der Free Software Foundation, die mit eigenen Realisierungen von UNIX-Tools den Versuch unternimmt, ein UNIX ähnliches Betriebssystem zu schaffen, zu dem der Quellcode für jedermann (nach Erwerb einer Lizenz) verfügbar sein soll.

Die wichtigsten Erweiterungen des **GNU make** sind:

- **Unterstützung von RCS** (Revision Control System) und nicht nur von SCCS (Source Code Control System).
- **Vordefinierte Suffix-Regeln für andere Programmiersprachen**, wie z.B. C++.
- **Verwendung von regulären Ausdrücken in Makefiles.** So entspricht z.B. die Angabe von % in einem Dateinamen dem * der UNIX-Shell.
- **Definition von Kommando-Makros.** So läßt **GNU make** die Zusammenfassung von mehreren Kommandos unter einem Namen zu. Die spätere Angabe dieses Namens im Makefile bewirkt, daß an dieser Stelle alle zuvor zusammengefaßten Kommandos eingesetzt werden.
- **Bedingte Auswertung von Regeln und Makros.** Ähnlich zur bedingten Kompilierung in C kann die Definition von Makros oder die Abarbeitung von Suffix-Regeln oder sonstiger Makefile-Einträge davon abhängig gemacht werden, ob zu diesem Zeitpunkt eine bestimmte Konstante definiert ist oder nicht.
- **Funktionen zur Stringmanipulation.** So kann z.B. mit **${firstword $(SRC)}** der erste Dateiname aus dem Inhalt des Makros **SRC** extrahiert werden.
- **Automatische Erkennung von »Mehrschritt-Generierungen«.** Wenn z.B. eine Objektdatei (Suffix *.o*) aus einem vorhandenen yacc-Programm (Suffix *.y*) generiert werden soll, so faßt **GNU make** die beiden vordefinierten Suffix-Regeln *.y.c* und *.c.o* zusammen und kann so die erforderlichen Generierungs-Schritte selbst ermitteln. Standard-**make** ist dazu nicht in der Lage, weshalb dort noch zusätzlich die Suffix-Regel *.y.o* vordefiniert sein muß.
- **Erweiterte Funktionalität des Makros VPATH.** So kann man in **VPATH** festlegen, daß bestimmte Dateien (wie z.B. C-Module) nur in bestimmten Directories zu suchen sind.
- **Parallele Ausführung von GNU make auf verschiedenen Knoten in einem Netzwerk.**

3.11.3 nmake

nmake, das von AT&T entwickelt wurde, setzt eine streng modulare Directorystruktur voraus. So sollten sich die C-Module (.c) ebenso in eigenen Directories befinden, wie die Header-Dateien (.h) oder die Bibliotheken (.a), usw. Um **nmake** die Zuordnung der Directories zu den entsprechenden Dateiarten mitzuteilen, müssen nach den speziellen Zielangaben *.SOURCE.c:*, *.SOURCE.h:*, *.SOURCE.a:*, usw. die betreffenden Directories angegeben werden.

Die wichtigsten Erweiterungen von **nmake** sind:

- **Verschiedene Prioritäts-Ebenen für Suffix-Regeln.** Auf der niedrigsten Prioritäts-Ebene befinden sich die von **nmake** vordefinierten Suffix-Regeln, die für jedes UNIX-System gelten, wie z.B. *.c.o*. Auf der zweiten Prioritäts-Ebene befinden sich projektweit gültige Suffix-Regeln, die sich von Projekt zu Projekt ändern können. Auf der höchsten Prioritäts-Ebene befinden sich benutzerspezifische Suffix-Regeln, die speziell für einzelne Makefiles definiert werden. Für jeden Abhängigkeitseintrag kann dabei angegeben werden, ob vordefinierte und benutzerdefinierte Suffix-Regeln für die Generierung zu verwenden sind.
- **Automatische Erkennung von Modul-Abhängigkeiten. nmake** untersucht den Inhalt der Quelldateien und findet so selbst Abhängigkeiten heraus, die über Header-Dateien vorgegeben sind.
- **Verwendung von regulären Ausdrücken in Makefiles.** So entspricht z.B. die Angabe von % in einem Dateinamen dem * der UNIX-Shell.
- **Automatische Erkennung von »Mehrschritt-Generierungen«.** Wenn z.B. eine Objektdatei (Suffix *.o*) aus einem vorhandenen lex-Programm (Suffix *.l*) zu generieren ist, so faßt **nmake** die beiden vordefinierten Suffix-Regeln *.l.c* und *.c.o* zusammen und kann so die erforderlichen Generierungs-Schritte selbst ermitteln. Standard-**make** ist dazu nicht in der Lage, weshalb dort noch zusätzlich die Suffix-Regel *.l.o* vordefiniert ist.
- **Neue interne Makros**, wie z.B. $! für alle Objekte, von denen das momentane Ziel abhängig ist.
- **Ausführung von mehreren Kommandozeilen in einer Shell.** Bei **nmake** ist also keine Angabe von Semikolons und Forsetzungszeichen mehr notwendig, wenn mehrere Kommandos von einer Shell auszuführen sind.
- **Merken von Status-Information nach einem Generierungslauf.** Die variablen Teile in der **nmake**-Aufrufzeile, wie z.B. Compiler-Optionen, schreibt **nmake** in eine Datei *makefile.ms*, um so bei einem nachfolgenden **nmake**-Aufruf selbst feststellen zu können, ob aufgrund veränderter Argumente, wie z.B. andere Compiler-Optionen, Generierungen notwendig sind oder nicht.

Dies ist ein kurzer Ausschnitt aus der Vielzahl der Erweiterungen, die **nmake** gegenüber Standard-**make** anbietet.

In diesem Kapitel wurden stellvertretend für eine Vielzahl von **make**-Weiterentwicklungen drei wichtige Varianten vorgestellt. Die dabei erwähnten Erweiterungen ließen sich leicht als eine Aufzählung der »Schwächen« von Standard-**make** interpretieren. Dem ist jedoch entgegenzuhalten, daß Standard-**make** im wesentlichen doch die Grundanforderungen erfüllt, die an einen solchen Programmgenerator gestellt werden. Deshalb ist das in diesem Kapitel vorgestellte Standard-**make** immer noch das meistbenutzte Generierungs-Tool auf der Vielzahl von UNIX-Systemen.

Kapitel 4
Borlands MAKE unter MS-DOS

*Bewältige eine Schwierigkeit,
und du hältst hundert von dir ferne.*

Konfuzius

Das **MAKE** von Borland ist von dem gleichnamigen UNIX-Werkzeug abgeleitet und dient zur Generierung von Programmen unter MS-DOS.

Wie wir im 2. Kapitel gesehen haben, setzt sich ein Softwareprojekt meist aus einer bestimmten Anzahl von Modulen zusammen, welche zunächst für sich getrennt kompiliert werden müssen, bevor die daraus resultierenden Objektdateien mit dem Linker zu einem ablauffähigen Programm zusammengebunden werden können. Wenn sich nun die Schnittstelle (Header-Datei) eines Moduls ändert, dann müssen alle von diesen Schnittstellen abhängigen Module neu kompiliert werden, bevor wieder gelinkt werden kann. Da die Abhängigkeiten der einzelnen Module untereinander in einem großen Softwareprojekt äußerst komplex sein können, ist es meist nicht offensichtlich, für welche Module bei Schnittstellenänderungen eine erneute Kompilierung durchgeführt werden muß.

Mit dem Tool **MAKE** kann dieses Problem gelöst werden. **MAKE** muß dazu eine Datei vorgelegt werden, in welcher die Abhängigkeiten der Module untereinander beschrieben sind. **MAKE** sorgt dann dafür, daß alle von den Änderungen betroffenen Module automatisch kompiliert werden, bevor das ablauffähige Programm mit dem Linker zusammengebunden wird. Da MS-DOS case-insensitiv ist und Klein- und Großschreibung nicht unterscheidet, ist es unerheblich, ob man das Wort **MAKE** klein oder groß schreibt. Da meistens die Kommandos klein eingegeben werden, wird nachfolgend das Wort **make** immer klein geschrieben.

4.1 Kurze Einführung zu make

Hier wird eine kurze Einführung in das **make** der Firma Borland gegeben. Dazu werden zunächst grundlegende Regeln vorgestellt, die beim Erstellen eines Makefiles (make-Beschreibungsdatei) zu beachten sind, bevor dann einige Aufrufformen von **make** und wichtige **make**-Fehlermeldungen vorgestellt werden.

4.1.1 Das Makefile

Im 2. Kapitel wurde ein sogenannter Abhängigkeitsbaum (dependency tree) für die einzelnen Module des Assembler-Programms aufgestellt. Nachfolgend ist dieser Baum nochmals abgebildet.

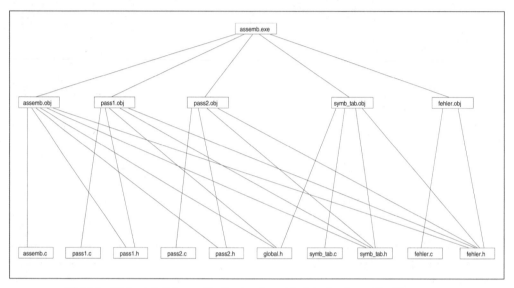

Bild 4.1: Abhängigkeitsbaum für die einzelnen Module des Assembler-Programms

Solche Abhängigkeiten werden beim Arbeiten mit **make** in einer Beschreibungsdatei, dem sogenannten *Makefile* angegeben. Zu obigem Abhängigkeitsbaum kann z.B. folgendes *MAKEFILE*.[1] angegeben werden:

```
C:\> type makefile ⏎          [2]
#---- Makefile fuer das Assembler-Programm ----
#-----------------------------------------------

#............Linker-Teil.........................
assemb.exe : assemb.obj pass1.obj pass2.obj symb_tab.obj fehler.obj
    bcc -eassemb assemb.obj pass1.obj pass2.obj fehler.obj symb_tab.obj

#............Kompilierungs-Teil..................
assemb.obj : assemb.c global.h pass1.h pass2.h symb_tab.h fehler.h
    bcc -c assemb.c        # Option -c bedeutet: nur Kompilieren
```

---

[1] Ist keine Datei mit dem Namen *MAKEFILE.* vorhanden, sucht **make** nach einer Datei mit dem Namen *MAKEFILE.MAK*. Ist weder diese Datei noch die Datei *BUILTINS.MAK* (wird später beschrieben) vorhanden, dann bricht **make** mit einer Fehlermeldung ab.

[2] In diesem Makefile wird der Borland C++ Compiler aufgerufen. Soll der Turbo C-Compiler benutzt werden, so muß anstelle von **bcc** immer **tcc** im Makefile angegeben werden.

```
pass1.obj :    pass1.c pass1.h global.h symb_tab.h fehler.h
   bcc -c pass1.c
pass2.obj :    pass2.c pass2.h symb_tab.h fehler.h
   bcc -c pass2.c
symb_tab.obj :    symb_tab.c symb_tab.h global.h fehler.h
   bcc -c symb_tab.c
fehler.obj :    fehler.c fehler.h
   bcc -c fehler.c
C:\>
```

Anhand dieses Makefiles lassen sich bereits einige grundlegende Regeln aufstellen:

Leerzeilen werden von make ignoriert

Zwecks besserer Lesbarkeit können beliebig viele Leerzeilen in einem Makefile angegeben sein. **make** überliest solche Leerzeilen einfach.

Kommentare werden mit # eingeleitet

Alle Zeichen ab # bis zum Zeilenende werden von **make** als Kommentar interpretiert und folglich ignoriert. Kommentar kann in einem Makefile als eine eigene Zeile angegeben werden, er kann aber auch am Ende einer für **make** relevanten Zeile stehen.

Ein Eintrag besteht aus Abhängigkeitsbeschreibung mit Kommandos

Einträge in einem Makefile setzen sich aus 2 Komponenten zusammen:
  Abhängigkeitsbeschreibung (dependency line) und den
  dazugehörigen Kommandozeilen
Zwischen diesen beiden Komponenten darf keine Leerzeile angegeben werden. Im obigen Makefile sind sechs Einträge angegeben. So handelt es sich z.B. bei:

```
symb_tab.obj :    symb_tab.c symb_tab.h global.h fehler.h
   bcc -c symb_tab.c
```

um einen Eintrag. Es sei hier angemerkt, daß neben solchen Abhängigkeits-Einträgen noch andere Angaben erlaubt sind, wie z.B. Makrodefinitionen; dazu aber später mehr.

Abhängigkeitsbeschreibung darf nicht mit Leer- oder Tabzeichen beginnen

Eine Abhängigkeitsbeschreibung muß immer vollständig in einer Zeile angegeben werden, wobei folgende Syntax einzuhalten ist:

ziel : objekt1 objekt2 ....

Eine solche Zeile beschreibt, von welchen *objekten* das *ziel* (target) abhängig ist. *ziel* muß dabei immer am Anfang einer Zeile stehen (in Spalte 1 beginnen) und es muß mit Doppelpunkt von den *objekten* getrennt sein. Die einzelnen *objekte* müssen mit Leer- oder Tabulatorzeichen voneinander getrennt angegeben werden. Nach oder vor dem Doppelpunkt muß mindestens ein Leer- oder Tabulatorzeichen stehen. Als Beispiel möge die folgende Zeile aus obigen Makefile dienen:

```
pass2.obj :   pass2.c pass2.h symb_tab.h fehler.h
```

Diese Zeile besagt, daß die Objektdatei *pass2.o* von den Dateien *pass2.c*, *pass2.h*, *symb_tab.h* und *fehler.h* abhängt. Solche Zeilen beschreiben also die Abhängigkeiten entsprechend dem Abhängigkeitsbaum (siehe Bild 4.1).

Kommandozeilen sind mit Leer- oder Tabzeichen einzurücken

Die direkt nach einer Abhängigkeitsbeschreibung angegebenen Kommandozeilen müssen immer mit mindestens einem Leer- oder Tabulatorzeichen eingerückt sein.

Abhängigkeits-Überprüfung anhand der Zeitmarken

Die zu einer Änderungsbeschreibung angegebenen Kommandozeilen werden von **make** immer dann ausgeführt, wenn eines der in der Abhängigkeitsbeschreibung angegebenen *objekte* eine neuere Zeitmarke (time stamp) besitzt als *ziel* oder wenn das *ziel* noch nicht existiert. Eine Zeitmarke für eine Datei enthält immer das Datum und die Zeit der letzten Änderung an dieser Datei. Die aktuellen Zeitmarken für Dateien können immer mit dem MS-DOS-Kommando **DIR** aufgelistet werden.

Anhand dieser vom Betriebssystem eingetragenen Zeitmarken ist es für **make** ein leichtes zu prüfen, ob eines der *objekte* in einer Abhängigkeitsbeschreibung jünger ist als das *ziel*. Bevor **make** aber den Vergleich der Zeitmarken in einer bestimmten Abhängigkeitsbeschreibung durchführt, prüft es noch, ob eines der dort erwähnten *objekte* eventuell in einer anderen Abhängigkeitsspezifikation als *ziel* angegeben ist. Trifft dies zu, so wird erst diese Änderungsbeschreibung bearbeitet. Auf den Abhängigkeitsbaum bezogen bedeutet dies, daß **make** die Zeitmarken der einzelnen Knoten in diesem Baum von unten nach oben überprüft. Erst wenn eine Ebene vollständig aktualisiert ist, wird die nächste Ebene bearbeitet. Man spricht oft auch von direkten und indirekten Abhängigkeiten.

So besteht z.B. zwischen *assemb.exe* und *pass2.obj* oder zwischen *pass2.obj* und *pass2.c* eine direkte Abhängigkeit. Eine indirekte Abhängigkeit würde hier also z.B. zwischen *assemb.exe* und *pass2.c* bestehen. Bedient man sich dieser Definition, dann kann man sagen, daß **make** zuerst immer alle indirekten Abhängigkeiten abarbeitet, bevor es die direkten Abhängigkeiten bearbeitet.

Bevor **make** also den ersten Eintrag im obigen Makefile bearbeitet, überprüft es zuerst, ob eine der Objektdateien *assemb.obj, pass1.obj, pass2.obj, fehler.obj, symb_tab.obj* aufgrund von Schnittstellenänderungen oder Änderungen in den Implementationen neu kompiliert werden muß. Nehmen wir z.B. an, daß *pass2.c* geändert wurde, so wird **make** zuerst die Kompilierung von *pass2.c* veranlassen:

bcc -c pass2.c

bevor es dann die einzelnen Module zu einem ablauffähigen Programm *assemb.exe* linken läßt:

bcc -eassemb assemb.obj pass1.obj pass2.obj fehler.obj symb_tab.obj

Zusammenfassend kann gesagt werden, daß **make** erst dann, wenn alle Module auf der rechten Seite einer Abhängigkeitsbeschreibung aktualisiert sind, die dazu angegebenen Kommandozeilen ausführt.

Uhrzeit des Systems muß unbedingt richtig sein

make verläßt sich vollständig auf die von MS-DOS vergegebenen Zeitmarken. Darum müssen Sie unbedingt dafür sorgen, daß die Zeit- und Datum-Angaben Ihres Systems richtig gesetzt sind. Wenn Sie mit einem AT oder PS/2 arbeiten, sollten Sie dafür sorgen, daß die Batterien in einem einwandfreien Zustand sind. Schwache Batterien können ein Grund dafür sein, daß Ihre Systemuhr nicht richtig eingestellt ist und deswegen **make** dann nicht richtig arbeitet.

Einige PC-Typen verfügen nicht über eine eingebaute Uhr. In diesem Fall müssen Sie als Benutzer bei jedem Einschalten des Rechners unbedingt die richtige Zeit und das richtige Datum (mit den DOS-Kommandos **TIME** und **DATE**) eingeben.

Das Zeilen-Fortsetzungszeichen \

Abhängigkeitsbeschreibungen müssen, wie bereits erwähnt, in einer Zeile angegeben werden. Da in größeren Projekten ein *ziel* von sehr vielen *objekten* abhängen kann, erhält man dort dann oft sehr lange Beschreibungszeilen. Aus Gründen der besseren Lesbarkeit ist es deshalb erlaubt, eine solche Beschreibung über mehrere Zeilen zu erstrecken. Dazu muß dann am Ende jeder Zeile (außer der letzten) das Fortsetzungszeichen \ angegeben werden. **make** fügt dann solche Zeilen zu einer Zeile zusammen. So könnte z.B. der Eintrag

```
symb_tab.obj :   symb_tab.c symb_tab.h global.h fehler.h
      bcc -c symb_tab.c
```

auch wie folgt angegeben werden:

```
symb_tab.obj :   symb_tab.c \
                 symb_tab.h \
                 global.h \
                 fehler.h
      bcc -c symb_tab.c
```

Dabei ist jedoch immer zu beachten, daß das Fortsetzungszeichen \ wirklich das letzte Zeichen der Zeile ist, und keine Leer-, Tabulator- oder sonstige Zeichen danach angegeben sind. Fortsetzungszeichen am Ende eines Kommentars werden ignoriert.

Mehrere Kommandozeilen zu einer Abhängigkeitsbeschreibung

Zu einer Abhängigkeitsbeschreibung können auch mehr als eine Kommandozeile angegeben werden. Die Kommandozeilen sind dann direkt untereinander anzugeben und immer mit einem Leer- oder Tabulatorzeichen einzurücken, wie z.B.

```
symb_tab.obj :   symb_tab.c symb_tab.h global.h fehler.h
      echo symb_tab.obj wird generiert
      bcc -c symb_tab.c
```

Falls *symb_tab.obj* neu erzeugt werden muß, dann würde zuerst die Meldung *symb_tab.obj wird generiert* ausgegeben, bevor der Compiler zur Übersetzung von *symb_tab.c* aufgerufen wird.

Ein gleiches *ziel* **kann nicht wie beim UNIX-make mehrmals angegeben werden**

Im Borland-**make** darf – anders als beim UNIX-**make** – der gleiche Name nicht mehrmals als *ziel* in einem Makefile auftauchen.

4.1.2   Einfache Aufrufformen von make

Nachfolgend werden mögliche Aufrufformen von **make** mit einigen wichtigen Optionen vorgestellt.

make-Aufruf ohne Angabe von Argumenten

Um unser Assembler-Programm mit obigen Makefile generieren zu lassen, muß **make** ohne jegliche Argumente aufgerufen werden:

```
C:\> make ⏎
MAKE  Version 3.5  Copyright (c) 1991 Borland International

Available memory 410480 bytes

      bcc -c assemb.c
Borland C++  Version 2.0 Copyright (c) 1991 Borland International
assemb.c:
Warning assemb.c 62: Function should return a value in function main

      Available memory 152752
      bcc -c pass1.c
```

```
Borland C++  Version 2.0 Copyright (c) 1991 Borland International
pass1.c:
        Available memory 157872
        bcc -c pass2.c
Borland C++  Version 2.0 Copyright (c) 1991 Borland International
pass2.c:
        Available memory 161712
        bcc -c symb_tab.c
Borland C++  Version 2.0 Copyright (c) 1991 Borland International
symb_tab.c:
        Available memory 150944
        bcc -c fehler.c
Borland C++  Version 2.0 Copyright (c) 1991 Borland International
fehler.c:
        Available memory 174240
        bcc -eassemb assemb.obj pass1.obj pass2.obj fehler.obj symb_tab.obj
Borland C++  Version 2.0 Copyright (c) 1991 Borland International
Turbo Link  Version 4.0 Copyright (c) 1991 Borland International
        Available memory 293296
C:\>
```

Wie zu sehen ist, gibt **make** jedes Kommando aus, bevor es dieses zur Ausführung bringt. Wird **make** ohne jegliche Argumente aufgerufen, so bestimmt der erste Eintrag, was zu erzeugen ist. Da in unserem Fall

```
assemb.exe : assemb.obj pass1.obj pass2.obj symb_tab.obj fehler.obj
        bcc -eassemb assemb.obj pass1.obj pass2.obj symb_tab.obj fehler.obj
```

als erstes im Makefile angegeben ist, wird das Assembler-Programm *assemb* erzeugt, wobei zuvor alle notwendigen Kompilierungen der einzelnen Module durchgeführt werden müssen. Würde man dagegen z.B.

```
pass1.obj :  pass1.c pass1.h global.h symb_tab.h fehler.h
        bcc -c pass1.c
```

als ersten Eintrag im obigen Makefile angeben, dann erzeugt der Aufruf von **make** (ohne jegliche Argumente) lediglich die Objektdatei *pass1.obj*:

```
C:\> make ⏎
MAKE  Version 3.5  Copyright (c) 1991 Borland International
Available memory 409184 bytes
        bcc -c pass1.c
Borland C++  Version 2.0 Copyright (c) 1991 Borland International
pass1.c:
        Available memory 156848
C:\>
```

make-Aufruf mit Angabe von Zielen

Unabhängig von der Reihenfolge der Einträge, kann man durch die Angabe von *zielen* beim **make**-Aufruf erreichen, daß nur diese *ziele* erzeugt werden. Dazu muß man

make *ziel1 ziel2 ....*

aufrufen. Will man z.B. nur die Objektdatei *symb_tab.obj* generieren lassen, so kann das mit folgenden Aufruf geschehen:

```
C:\> make symb_tab.obj ⏎
.......
        bcc -c symb_tab.c
.......
symb_tab.c
.......
C:\>
```

Sollen nur die Objektdateien *fehler.obj* und *pass2.obj* generiert werden, so ist folgender Aufruf notwendig:

```
C:\> make fehler.obj pass2.obj ⏎
.......
        bcc -c fehler.c
.......
fehler.c
.......
        bcc -c pass2.c
.......
pass2.c
.......
C:\>
```

Um das Assembler-Programm *assemb* (unabhängig von der Reihenfolge der Einträge) vollständig generieren zu lassen, kann man folgenden Aufruf machen:

make assemb.exe

Nehmen wir nun an, daß unser Assembler-Programm in zwei Versionen angeboten werden soll: *assemb* und *assemb2*. Bei der zweiten Version *assemb2* soll es sich um eine erweiterte Version handeln, die mehr Kommandos kennt (siehe dazu auch Kapitel 2.2.7) und deshalb anstelle des Moduls *symb_tab.c* das Modul *symb_ta2.c* verwendet. Beide könnten nun über dasselbe *makefile* generiert werden:

```
C:\> type makefile ⏎
#----- Makefile fuer das Assembler-Programm -----
#-----------------------------------------------

#............Linker-Teil.........................
assemb.exe : assemb.obj pass1.obj pass2.obj symb_tab.obj fehler.obj
    echo assemb.exe wird nun gelinkt.......
```

```
         bcc -eassemb assemb.obj pass1.obj pass2.obj fehler.obj symb_tab.obj
assemb2.exe :   assemb.obj pass1.obj pass2.obj symb_ta2.obj fehler.obj
    echo assemb2.exe wird nun gelinkt.......
    bcc -eassemb2 assemb.obj pass1.obj pass2.obj fehler.obj symb_ta2.obj

#............Kompilierungs-Teil................................
assemb.obj :   assemb.c global.h pass1.h pass2.h symb_tab.h fehler.h
    bcc -c assemb.c        # Option -c bedeutet: nur Kompilieren
pass1.obj :   pass1.c pass1.h global.h symb_tab.h fehler.h
    bcc -c pass1.c

pass2.obj :   pass2.c pass2.h symb_tab.h fehler.h
    bcc -c pass2.c

symb_tab.obj :   symb_tab.c symb_tab.h global.h fehler.h
    bcc -c symb_tab.c

symb_ta2.obj :   symb_ta2.c symb_tab.h global.h fehler.h
    bcc -c symb_ta2.c

fehler.obj :   fehler.c fehler.h
    bcc -c fehler.c

#............Cleanup............................................
cleanup:
    echo Folgende Dateien werden nun geloescht:
    dir *.obj /b
    del *.obj
C:\>
```

Die gegenüber unserem ursprünglichen Makefile neu hinzugekommenen Zeilen sind im obigen Listing fett gedruckt. Möchten wir nun die erste Version des Assemblers *assemb* erzeugen, so müssen wir nur

make assemb.exe

aufrufen. Für die Generierung der zweiten Version des Assemblers *assemb2* muß

make assemb2.exe

aufgerufen werden. Es kann also ein Makefile für die Generierung unterschiedlicher Versionen oder verschiedener Programme benutzt werden.

Abhängigkeitsangaben ohne Abhängigkeiten

Es sind auch Abhängigkeitsbeschreibungen erlaubt, bei denen nur das *ziel* (mit Doppelpunkt) ohne *objekte* angegeben ist. Im vorherigen *makefile* wurde beim Ziel *cleanup* hiervon Gebrauch gemacht:

```
#............Cleanup.................................................
cleanup:
    echo Folgende Dateien werden nun geloescht:
    dir *.obj /b
    del *.obj
```

Um nun alle Objektdateien des working directory zu löschen, muß z.B. nur

make cleanup

aufgerufen werden. Fehlende Abhängigkeiten in einer Abhängigkeitsbeschreibung bedeutet nämlich, daß die zugehörigen Kommandozeilen bei Anforderung immer ausgeführt werden.

Die Option -s

Wird beim Aufruf von **make** die Option **-s** (*silent*) angegeben, so gibt **make** die Kommandos nicht nochmals explizit vor ihrer Ausführung aus:

```
C:\> make -s cleanup ⏎
MAKE  Version 3.5  Copyright (c) 1991 Borland International

Available memory 409184 bytes

Folgende Dateien werden nun geloescht:
ASSEMB.OBJ
PASS1.OBJ
PASS2.OBJ
SYMB_TA2.OBJ
FEHLER.OBJ
SYMB_TAB.OBJ
C:\>
```

Die Option -n

Wird **make** mit der Option **-n** aufgerufen, so zeigt es an, welche Kommandozeilen es ausführen würde, führt diese aber nicht aus:

```
C:\> make -n ⏎                [Nur anzeigen, was zu generieren ist]
...........
        bcc -c assemb.c
        bcc -c pass1.c
        bcc -c pass2.c
        bcc -c symb_tab.c
        bcc -c fehler.c
        echo assemb.exe wird nun gelinkt.......
        bcc -eassemb assemb.obj pass1.obj pass2.obj fehler.obj symb_tab.obj
C:\> make -s assemb.exe ⏎      [assemb.exe nun wirklich generieren]
...........
```

```
assemb.c:
Warning assemb.c 62: Function should return a value in function main
..........
pass1.c:
..........
pass2.c:
..........
symb_tab.c:
..........
fehler.c:
..........
assemb.exe wird nun gelinkt.......
..........
C:\> make -n assemb2.exe ⏎
..........
        bcc -c symb_ta2.c
        echo assemb2.exe wird nun gelinkt.......
        bcc -eassemb2 assemb.obj pass1.obj pass2.obj fehler.obj symb_ta2.obj
C:\> make assemb2.exe ⏎
..........
        bcc -c symb_ta2.c
..........
symb_ta2.c:
..........
        echo assemb2.exe wird nun gelinkt.......
assemb2.exe wird nun gelinkt.......
        bcc -eassemb2 assemb.obj pass1.obj pass2.obj fehler.obj symb_ta2.obj
..........
C:\>
```

Simulation des Arbeitens mit make

Wir wollen nun Änderungen an Dateien simulieren, wie sie während der praktischen Softwareentwicklung vorkommen. Dazu ändern wir nicht wirklich den Inhalt einer entsprechenden Datei, sondern lediglich deren Zeitmarke mit dem Kommando **touch**. Das von Borland mitgelieferte Kommando **touch** entspricht dem gleichnamigen UNIX-Kommando und trägt immer die aktuelle Zeit als neue Zeitmarke für eine Datei ein. Es kann somit verwendet werden, um eine Änderung an einer Datei zu simulieren:

```
C:\> touch global.h ⏎
Touch Version 3.0 Copyright (c) 1991 Borland International
C:\> make -n assemb.exe ⏎
..........
        bcc -c assemb.c
        bcc -c pass1.c
```

```
                bcc -c symb_tab.c
                echo assemb.exe wird nun gelinkt.......
                bcc -eassemb assemb.obj pass1.obj pass2.obj fehler.obj symb_tab.obj
C:\> make -s assemb.exe ⏎
........
assemb.c:
........
pass1.c:
........
symb_tab.c:
........
assemb.exe wird nun gelinkt.......
........
C:\> touch symb_ta2.c ⏎
Touch  Version 3.0  Copyright (c) 1991 Borland International
C:\> make -n assemb2.exe ⏎
........
                bcc -c symb_ta2.c
                echo assemb2.exe wird nun gelinkt.......
                bcc -eassemb2 assemb.obj pass1.obj pass2.obj fehler.obj symb_ta2.obj
C:\> make -s assemb2.exe ⏎
........
symb_ta2.c:
........
assemb2.exe wird nun gelinkt.......
........
C:\> touch fehler.c ⏎
Touch  Version 3.0  Copyright (c) 1991 Borland International
C:\> make -n assemb.exe ⏎
........
                bcc -c fehler.c
                echo assemb.exe wird nun gelinkt.......
                bcc -eassemb assemb.obj pass1.obj pass2.obj fehler.obj symb_tab.obj
C:\> make -s assemb.exe ⏎
........
fehler.c:
........
assemb.exe wird nun gelinkt.......
........
C:\> touch fehler.h ⏎
........
C:\> make -n assemb.exe ⏎
........
                bcc -c assemb.c
                bcc -c pass1.c
                bcc -c pass2.c
                bcc -c symb_tab.c
```

```
        bcc -c fehler.c
        echo assemb.exe wird nun gelinkt.......
        bcc -eassemb assemb.obj pass1.obj pass2.obj fehler.obj symb_tab.obj
C:\> make -s assemb.exe ⏎
........
assemb.c:
........
pass1.c:
........
pass2.c:
........
symb_tab.c:
........
fehler.c:
........
assemb.exe wird nun gelinkt.......
........
C:\> make -n assemb2.exe ⏎
........
        bcc -c symb_ta2.c
        echo assemb2.exe wird nun gelinkt.......
        bcc -eassemb2 assemb.obj pass1.obj pass2.obj fehler.obj symb_ta2.obj
C:\> make -s assemb2.exe ⏎
........
symb_ta2.c:
........
assemb2.exe wird nun gelinkt.......
........
C:\>
```

4.1.3 Einige wichtige make-Fehlermeldungen

Nachfolgend werden einige wichtige **make**-Fehlermeldungen vorgestellt und die Gründe für solche Meldungen kurz erläutert.

Fatal: '*datei*' does not exist - don't know how to make it

Existiert der beim **make**-Aufruf angegebene Name weder als *ziel* im Makefile noch als Datei im working directory, so wird diese Meldung ausgegeben:

```
C:\> make -n pas1.o ⏎
MAKE  Version 3.5  Copyright (c) 1991 Borland International

Available memory 409184 bytes
```

```
Fatal: 'pas1.o' does not exist – don't know how to make it
C:\> make -s assemb ⏎
.........
Fatal: 'assemb' does not exist – don't know how to make it
C:\> make make ⏎
.........
Fatal: 'make' does not exist – don't know how to make it
C:\> make love ⏎
.........
Fatal: 'love' does not exist – don't know how to make it
C:\>
```

Fatal: Unable to open makefile

Falls **make** im working directory keine Datei mit einem der Namen *MAKEFILE.*, *MAKEFILE.BAK* oder *BUILTINS.MAK* findet, so gibt es diese Fehlermeldung aus:

```
C:\> ren makefile mfile ⏎       [Umbenennen von Makefile, damit kein Makefile mehr vorhanden]
C:\> make ⏎
MAKE  Version 3.5  Copyright (c) 1991 Borland International
Fatal: Unable to open makefile
C:\> make assemb2.exe pas1.o ⏎
.........
Fatal: Unable to open makefile
C:\> make pas1.o ⏎
.........
Fatal: Unable to open makefile
C:\> ren mfile makefile ⏎
C:\>
```

Command syntax error

Diese Fehlermeldung kann viele Ursachen haben. Einige davon sind:

- In einer Abhängigkeitsbeschreibung wurde vor oder nach dem Doppelpunkt kein Leer- oder Tabulatorzeichen angegeben.
- Eine Abhängigkeitsbeschreibung beginnt nicht in der 1.Spalte einer Zeile. Dies ist auch dann der Fall, wenn davor Leer- oder Tabulatorzeichen angegeben sind.

Nach dieser kurzen Einführung zu **make** sollte weder das Erstellen eigener Makefiles noch die einfache Benutzung von Borland-**make** größere Probleme bereiten.

Im folgenden werden wir uns mit allen Details von Borland-**make** und Makefiles beschäftigen. Dabei werden wir viele Möglichkeiten kennenlernen, die zum professionellen Umgang mit **make** notwendig sind.

4.2 Makros

Das Makefile des letzten Kapitels enthielt einige Wiederholungen. Da in größeren Softwareprojekten die einzelnen *ziele* von sehr vielen *objekten* abhängen können und dort oft auch ein Makefile die Generierung für mehrere Versionen des gleichen Produkts enthält, kann es zu sehr vielen Wiederholungen in Makefiles kommen. Durch die Verwendung von Makros können nicht nur solche Wiederholungen vermieden werden, sondern auch flexiblere Makefiles erstellt werden, die eine leichtere Anpassung eines Makefiles an neue Gegebenheiten zulassen. Man denke dabei nur an die Debug-Option **-v** beim **bcc**-Aufruf. Soll z.B. während der Entwicklung eines Programms kurzfristig Debug-Information für ein Programm erzeugt werden, so müssen alle entsprechenden Kommandozeilen im Makefile geändert werden. Bei Benutzung eines Makros ist dagegen nur die Änderung dieses Makros im Makefile notwendig, um es für die Generierung von Debug-Information auszustatten.

4.2.1 Selbstdefinierte Makros

Unter Verwendung von Makros können wir unser Makefile aus dem letzten Kapitel wie folgt schreiben:

```
C:\> type makefile ⏎
#------ Makefile fuer das Assembler-Programm ------
#------------------------------------------------

#...........Makrodefinitionen.....................
CC       = bcc
CFLAGS = -c
LINK     = bcc
LINKFLAGS = -e
DEBUG =    # jetzt leer; fuer Debugging auf -v setzen
BASISOBJS = assemb.obj pass1.obj pass2.obj fehler.obj
OBJS1    = $(BASISOBJS) symb_tab.obj
OBJS2    = $(BASISOBJS) symb_ta2.obj
ZIEL1 = assemb.exe
ZIEL2 = assemb2.exe

#...........Linker-Teil...........................
$(ZIEL1) : $(OBJS1)
    echo $(ZIEL1) wird nun gelinkt........
    $(LINK) $(DEBUG) $(LINKFLAGS)$(ZIEL1) $(OBJS1)

$(ZIEL2) : $(OBJS2)
    echo $(ZIEL2) wird nun gelinkt........
    $(LINK) $(DEBUG) $(LINKFLAGS)$(ZIEL2) $(OBJS2)
```

```
#............Kompilierungs-Teil...................................
assemb.obj :   assemb.c global.h pass1.h pass2.h symb_tab.h fehler.h
    $(CC) $(DEBUG) $(CFLAGS) assemb.c

pass1.obj :   pass1.c pass1.h global.h symb_tab.h fehler.h
    $(CC) $(DEBUG) $(CFLAGS) pass1.c

pass2.obj :   pass2.c pass2.h symb_tab.h fehler.h
    $(CC) $(DEBUG) $(CFLAGS) pass2.c

symb_tab.obj :   symb_tab.c symb_tab.h global.h fehler.h
    $(CC) $(DEBUG) $(CFLAGS) symb_tab.c

symb_ta2.obj :   symb_ta2.c symb_tab.h global.h fehler.h
    $(CC) $(DEBUG) $(CFLAGS) symb_ta2.c

fehler.obj :   fehler.c fehler.h
    $(CC) $(DEBUG) $(CFLAGS) fehler.c

#............Cleanup...............................................
cleanup :
    echo Folgende Dateien werden nun geloescht:
    DIR *.obj /b
    DEL *.obj
C:\>
```

Zunächst wollen wir einmal dieses *makefile* testen[3]:

```
C:\> make -s cleanup ⏎
```
....

Folgende Dateien werden nun geloescht:

```
ASSEMB.OBJ
PASS1.OBJ
PASS2.OBJ
FEHLER.OBJ
SYMB_TAB.OBJ
SYMB_TA2.OBJ
C:\> make fehler.obj ⏎
    bcc -c fehler.c
fehler.c
C:\> make -s ⏎
assemb.c:
pass1.c:
pass2.c:
symb_tab.c:
assemb wird nun gelinkt........
```

---

[3] Die störende Ausgabe von Information über Versionsnummer und verfügbaren Speicherplatz durch **make** und **bcc** wird ab jetzt nicht mehr in den Ablaufbeispielen angezeigt.

```
C:\> make -s assemb2.exe ⏎
symb_ta2.c:
assemb2 wird nun gelinkt........
C:\>
```

Dieses Makefile scheint das gleiche zu leisten wie das Makefile aus dem vorherigen Kapitel.

Anhand dieses Makefiles wollen wir nun die für Makros geltenden Regeln erarbeiten.

Definition von Makros mit *makroname = string*

Eine Makrodefinition ist eine Zeile, die ein Gleichheitszeichen = enthält[4]:

makroname = string

Mit dieser Definition wird dem *makronamen* der nach dem = angegebene *string* zugeordnet. Der *makroname* muß dabei in der 1. Spalte beginnen.

Die Definition eines Makros erstreckt sich dabei vom Zeilenanfang bis zum Zeilenende bzw. bis zum Start eines Kommentars (#).

Links und rechts vom = brauchen keine Leer- oder Tabulatorzeichen angegeben werden; sind aber doch welche angegeben, so werden diese von **make** ignoriert.

Zum *string* gehören alle Zeichen vom ersten bis zum letzten relevanten Zeichen. Relevant bedeutet hier: Zeichen, die keine Leer- oder Tabulatorzeichen sind. **make** ignoriert nämlich alle führenden Leer- und Tabulatorzeichen zu einem *string* ebenso wie die, die am Ende angegeben sind.

Damit **make** eine Makrodefinition von einer Kommandozeile unterscheiden kann, darf eine Zeile, die eine Makrodefinition enthält, niemals mit einem Leer- oder Tabulatorzeichen beginnen.

Wenn auch Makrodefinitionen überall in einem Makefile angegeben werden dürfen, so ist es doch empfehlenswert, alle Makrodefinitionen am Anfang eines Makefiles anzugeben. Dies erleichtert das Auffinden und Ändern von Makros.

Makronamen sind Folgen von Buchstaben, Ziffern und Unterstrichen

Bei der Vergabe von Makronamen sind Buchstaben (keine Umlaute oder ß), Ziffern und Unterstriche (_) erlaubt. Beispiele hierfür:

```
objekte = main.obj eingabe.obj bild.obj
323 = dreihundert und dreiundzwanzig
12_drei_gsuffa = Lasst uns Einen heben
LIBDIR = C:\bc\lib
```

---

[4] Dieses Gleichheitszeichen darf natürlich nicht in einem Kommentar stehen.

make ist case-sensitiv, d.h. es unterscheidet Klein- und Großbuchstaben. So sind z.B. *objekte* und *Objekte* zwei verschiedene Makronamen.

Wenn auch Kleinbuchstaben in Makrodefinitionen erlaubt sind, so ist es doch Konvention, daß man für Makronamen nur Großbuchstaben verwendet.

Obwohl neben Buchstaben, Ziffern und Unterstrichen auch andere Zeichen (außer Leer- und Tabulatorzeichen) für Makronamen erlaubt sind, so ist aus Gründen der besseren Lesbarkeit von der Benutzung anderer Zeichen abzuraten.

Zugriff auf Makros mit $(*makroname***)**

Auf den Wert (*string*) eines Makronamens kann zugegriffen werden, indem der Makroname mit runden Klammern umgeben wird und dieser Klammerung dann ein $ vorangestellt wird:

$(*makroname***)**

Hierfür wird dann von **make** der zugehörige *string* aus der Makrodefinition eingesetzt.

Zugriff auf leere oder undefinierte Makros liefert Leerstring

Ist in einer Makrodefinition nach dem = kein *string* angegeben, wie z.B.

```
DEBUG =
```

dann wird einem solchen Makro der Leerstring zugewiesen. Ein Zugriff auf ein solches Makro, wie z.B.

```
CC = bcc
CFLAGS = -c
DEBUG =
.......
.......
$(CC) $(DEBUG) $(CFLAGS) fehler.c
```

bewirkt dann, daß an dieser Stelle der Leerstring, also Nichts, eingesetzt wird, so als ob diese Konstruktion **$(DEBUG)** gar nicht angegeben ist:

```
bcc -c fehler.c
```

Das gleiche passiert auch, wenn auf ein Makro zugegriffen wird, dessen Name nirgends definiert ist. Wenn z.B. nirgendwo das Makro *VORSCHUB* definiert ist, so liefert das folgende Makefile:

```
ausgabe:
    echo $(VORSCHUB) Seite1 $(VORSCHUB) Seite2
```

beim Aufruf

make ausgabe

folgende Ausgabe:

```
Seite1  Seite2
```

make meldet also beim Zugriff auf undefinierte Makros niemals einen Fehler, sondern setzt dafür immer den Leerstring ein.

Das Fortsetzungszeichen \ bei einer Makrodefinition

Da eine Makrodefinition eventuell sehr lang werden kann, ist erlaubt, sie unter Verwendung des Zeilen-Fortsetzungszeichen \ über mehrere Zeilen zu erstrecken. Das Fortsetzungszeichen \ muß dazu am Ende jeder Zeile (außer der letzten) angegeben werden. **make** fügt solche Zeilen zu einer Zeile zusammen, welche dann die Makrodefinition darstellt. Wird am Ende einer Zeile ein Fortsetzungszeichen \ angegeben, so setzt **make** beim Zusammenfügen sowohl für alle direkt davor stehenden Leer- und Tabulatorzeichen genauso ein Leerzeichen ein, wie für alle am Anfang der nächsten Zeile stehenden Leer- und Tabulatorzeichen. Folgendes Beispiel verdeutlicht dies:

```
C:\> type Makefile ⏎
NAM = Hans      \
                Meier
STR = Bergstr.\
192b
ORT = 91091\
     Grossenseebach

adresse: wohnort
    echo $(ORT)

wohnort: strasse
    echo $(STR)

strasse:
    echo $(NAM)
C:\> make -s adresse ⏎
Hans  Meier
Bergstr.192b
91091 Grossenseebach
C:\>
```

Zugriff auf andere Makros ist bei Makrodefinition erlaubt

Im *string* einer Makrodefinition darf auch auf andere zuvor definierte Makros zugegriffen werden. Wenn z.B. in einem Makefile die folgenden Makrodefinitionen (in der angegebenen Reihenfolge) vorliegen:

```
EXT = obj
BASISOBJS = assemb.$(EXT) pass1.$(EXT) pass2.$(EXT) fehler.$(EXT)
```

dann wird ein Zugriff mit **$(*BASISOBJS*)** von **make** zu folgenden String expandiert:

```
assemb.obj pass1.obj pass2.obj fehler.obj
```

Zugriff auf erst später definierte Makros ist bedingt möglich

Wird in einer Abhängigkeitsbeschreibung auf ein Makro zugegriffen, bevor es definiert ist, so wird dort der Leerstring und nicht der *string* aus der späteren Makrodefinition eingesetzt. Wird dagegen in einer Kommandozeile auf ein Makro zugegriffen, das erst später definiert ist, so wird bereits dort der erst später definierte *string* eingesetzt. Zur Anschauung einige Beispiele:

```
C:\> type makefile ⏎
version: $(DATEI)
    echo Datei "$(DATEI)" ist neuer als die Datei "version".

DATEI = nummer
C:\> touch nummer ⏎
C:\> touch version ⏎        [version ist damit neuer als nummer]
C:\> make -s version ⏎
Datei "nummer" ist neuer als die Datei "version".       [Dürfte nicht ausgegeben werden]
C:\> type makefile ⏎        [Makrodefinition nun nach vorne gezogen]
DATEI = nummer

version: $(DATEI)
    echo Datei "$(DATEI)" ist neuer als die Datei "version".
C:\> make -s version ⏎        [Nun keine Ausgabe, was auch richtig ist]
C:\>
```

Vorsicht ist geboten, wenn ein Makro mehrmals definiert wird. In diesem Fall gilt immer die zuletzt angegebene Definition. Der zuletzt definierte *string* wird bei allen Zugriffen auf dieses Makro eingesetzt. Dazu wieder ein Beispiel:

```
C:\> type makefile ⏎
VORNAM = Emil
NACHNAM = Meier

ausgabe:
    echo $(VORNAM) $(NACHNAM)

NACHNAM = Zimmermann
C:\> make -s ausgabe ⏎
Emil Zimmermann
C:\>
```

4.2.2 Makrodefinitionen auf der Kommandozeile

Makrodefinitionen können **make** auch über die Kommandozeile mitgeteilt werden. Dazu ist die entsprechende Makrodefinition mit **-D***makro* oder **-D***makro=string* als ein Argument beim Aufruf anzugeben. Dazu ein Beispiel:

```
C:\> type makefile ↵
ausgabe:
    echo $(NAME)
C:\> make -s -DNAME=Hans ausgabe ↵
Hans
C:\>
```

4.2.3 Makrodefinitionen über DOS-Variablen

Auch über DOS-Variablen kann eine Makrodefinition einem Makefile mitgeteilt werden. Dazu müssen die entsprechenden DOS-Variablen zuvor mit dem Kommando **SET** gesetzt werden, damit sie in die DOS-Umgebung eingetragen werden. Auf den Inhalt dieser Variablen aus der DOS-Umgebung kann man im Makefile zugreifen, indem man einen Makrozugriff mit **$(***variable***)** angibt.

```
C:\> type makefile ↵
ausgabe:
    echo $(NAM)
C:\> SET NAM=Hans ↵
C:\> make -s ausgabe ↵
Hans
C:\> SET NAM=Fritz ↵
C:\> make -s ausgabe ↵
Fritz
C:\>
```

4.2.4 Prioritäten für Makrodefinitionen

Wie wir zuvor gesehen haben, gibt es drei Möglichkeiten, Makros zu definieren: im Makefile, auf der Kommandozeile oder über DOS-Variablen. Wenn nun ein Makro auf verschiedene Arten mehrmals definiert wird, so muß **make** einer dieser Makrodefinitionen Vorrang gewähren. Borland-**make** hält sich dabei an eine ganze einfache Regel:

Gültigkeit hat immer die Makrodefinition, die make zuletzt liest.

Dies bedeutet, daß beim Borland-**make** die Definition im Makefile die höchste Priorität hat, dann die Definition auf der Kommandozeile folgt, und die DOS-Variablen die niedrigste Priorität haben. Die nachfolgenden Beispielen verdeutlichen dies:

```
C:\> type makefile ⏎
NAM = Hans
ausgabe:
    echo $(NAM)
C:\> make -s ausgabe ⏎
Hans
C:\> make -s -DNAM=Fritz ausgabe ⏎
Hans
C:\>
```

Um eine andere Priorität zu erreichen, muß das interne Makro **$d** verwendet werden, das testet, ob ein Makro definiert ist oder nicht. Nehmen wir dazu als Beispiel ein Makefile, das alle Quelldateien des Assembler-Programms sichert.

```
C:\> type makefile ⏎
SRC = assemb.c pass1.c pass2.c symb_tab.c symb_ta2.c fehler.c \
      global.h pass1.h pass2.h symb_tab.h fehler.h
!if !$d(DIR)        # wenn Makro DIR nicht definiert ist,
DIR = ..\sicher     # weise ihm den Pfad ..\sicher zu.
!endif

sichern:
    copy $(SRC) $(DIR)
C:\>
```

Ist man jetzt mit der Voreinstellung des »Sicherungs-Directorys« im Makefile einverstanden, so muß man nur folgendes aufrufen:

```
C:\> make -s sichern ⏎
    copy assemb.c pass1.c pass2.c symb_tab.c symb_ta2.c fehler.c global.h pass1.h pass2.h
    symb_tab.h fehler.h ..\sicher
C:\>
```

Wünscht man dagegen, daß die Dateien in einem anderem Directory gesichert werden, so müßte man dieses Directory **DIR** zuweisen, entweder mit **SET** oder mit der Option **-D** auf der Kommandozeile:

```
C:\> SET DIR=c:\backup\assemb ⏎
C:\> make -s  sichern ⏎
    copy assemb.c pass1.c pass2.c symb_tab.c symb_ta2.c fehler.c global.h pass1.h pass2.h
    symb_tab.h fehler.h c:\backup\assemb
C:\> make -s -DDIR=c:\ass\sicher  sichern ⏎
    copy assemb.c pass1.c pass2.c symb_tab.c symb_ta2.c fehler.c global.h pass1.h pass2.h
    symb_tab.h fehler.h c:\ass\sicher
C:\>
```

4.2.5 String-Substitution beim Makrozugriff

String-Substitution bedeutet, daß bei einem Makrozugriff Teilstrings eines Makros durch neue Strings ersetzt werden können. Dazu muß folgende Konstruktion angegeben werden:

$(*makroname:alt=neu*)

Dazu Beispiele. Bei folgender Makrodefinition:

MODULE = assemb.c pass1.c pass2.c fehler.c

gibt das Kommando

echo $(MODULE:.c=.h)

folgendes aus:

```
assemb.h pass1.h pass2.h fehler.h
```

Die Makrodefinition

MODULE = assemb.c pass1.o pass2.o fehler.c

gibt mit dem Kommando

echo $(MODULE:.c=.h)

folgendes aus:

```
assemb.h pass1.o pass2.o fehler.h
```

Beim Borland-**make** wird jedes Vorkommen des angegebenen Strings ersetzt, und nicht wie beim UNIX-**make** nur Strings, die unmittelbar vor einem Leer- oder Tabulatorzeichen oder aber am Ende stehen. Bei folgender Makrodefinition:

SILVA = waldmeister birkenwald maerchenwald waldbauer

gibt das Kommando

echo $(SILVA:wald=baum)

folgendes aus:

```
baummeister birkenbaum maerchenbaum baumbauer
```

Die Verwendung von String-Substitution erleichtert das Ändern von Makefiles, da für zusammengehörige Dateien, wie z.B. C-Programme (.*c*) und ihre zugehörigen Objektdateien (.*obj*), nur ein Makro angegeben werden muß. Ändert man dieses eine Makro, so sind damit automatisch auch die Zugriffe auf die zugehörigen verwandten Dateien sofort angepaßt. Unter Verwendung von String-Substitution können wir unser Makefile für das Assembler-Programm z.B. wie folgt angeben:

```
C:\> type makefile ⏎
#—— Makefile fuer das Assembler-Programm ——
#————————————————————————————————————————
```

```
#...........Makrodefinitionen.....................................
SRC1 = assemb.c pass1.c pass2.c fehler.c symb_tab.c
SRC2 = assemb.c pass1.c pass2.c fehler.c symb_ta2.c

#...........Linker-Teil...........................................
assemb1.exe :   $(SRC1:.c=.obj)
    echo assemb1.exe wird nun gelinkt........
    bcc -eassemb1.exe $(SRC1:.c=.obj)
assemb2.exe :   $(SRC2:.c=.obj)
    echo assemb2.exe wird nun gelinkt........
    bcc -eassemb2.exe $(SRC2:.c=.obj)

#...........Kompilierungs-Teil....................................
assemb.obj :   assemb.c global.h pass1.h pass2.h symb_tab.h fehler.h
    bcc -c assemb.c

pass1.obj :   pass1.c pass1.h global.h symb_tab.h fehler.h
    bcc -c pass1.c

pass2.obj :   pass2.c pass2.h symb_tab.h fehler.h
    bcc -c pass2.c

symb_tab.obj :   symb_tab.c symb_tab.h global.h fehler.h
    bcc -c symb_tab.c

symb_ta2.obj :   symb_ta2.c symb_tab.h global.h fehler.h
    bcc -c symb_ta2.c

fehler.obj :   fehler.c fehler.h
    bcc -c fehler.c

#...........Cleanup...............................................
cleanup1:
    echo Folgende Dateien werden nun geloescht:
    echo $(SRC1:.c=.obj)
    FOR %I IN ($(SRC1:.c=.obj)) DO DEL %I
cleanup2:
    echo Folgende Dateien werden nun geloescht:
    echo $(SRC2:.c=.obj)
    FOR %I IN ($(SRC2:.c=.obj)) DO DEL %I
C:\>
```

Leider macht Borland-**make** keinen intelligenten Ersatz der jeweiligen Strings, so daß beim Ersetzen von kürzeren Strings durch längere Strings nicht betroffene Teile überschrieben werden, wie das folgende Beispiel zeigt:

```
C:\> make -n cleanup1 ⏎
        echo Folgende Dateien werden nun geloescht:
        echo assemb.objass1.objass2.objehler.objymb_tab.obj
    .....................
C:\>
```

Umgehen kann man diese Schwäche von Borland-**make**, indem man bereits bei der Definition der Makros genügend Platz für die Ersetzungen reserviert, wie dies im folgenden Makefile realisiert ist.

```
C:\> type makefile ⏎
#―― Makefile fuer das Assembler-Programm ――
#―――――――――――――――――――――――――――――――――――――――

#...........Makrodefinitionen...................................
MODULE1 = assemb.xxx pass1.xxx pass2.xxx fehler.xxx symb_tab.xxx
MODULE2 = assemb.xxx pass1.xxx pass2.xxx fehler.xxx symb_ta2.xxx
OBJ1 = $(MODULE1:.xxx=.obj)
OBJ2 = $(MODULE2:.xxx=.obj)

#...........Linker-Teil.........................................
assemb1.exe : $(OBJ1)
    echo assemb1.exe wird nun gelinkt........
    bcc -eassemb1.exe $(OBJ1)
assemb2.exe : $(OBJ2)
    echo assemb2.exe wird nun gelinkt........
    bcc -eassemb2.exe $(OBJ2)

#...........Kompilierungs-Teil..................................
.............
.............

#...........Cleanup.............................................
cleanup1:
    echo Folgende Dateien werden nun geloescht:
    echo $(OBJ1)
    FOR %I IN ($(OBJ1)) DO DEL %I
cleanup2:
    echo Folgende Dateien werden nun geloescht:
    echo $(OBJ2)
    FOR %I IN ($(OBJ2)) DO DEL %I
C:\>
```

Nun wird die String-Substitution auch richtig durchgeführt:

```
C:\> make -n cleanup1 ⏎
        echo Folgende Dateien werden nun geloescht:
        echo assemb.obj pass1.obj pass2.obj fehler.obj symb_tab.obj
        FOR %I IN (assemb.obj pass1.obj pass2.obj fehler.obj symb_tab.obj) DO DEL %I
C:\>
```

Es bleibt nur zu wünschen, daß Borland diese Schwäche in künftigen Versionen beseitigt.

4.2.6 Vordefinierte Makros

Borland-**make** definiert von sich aus zwei Makros. Diese beiden vordefinierten Makros sind:

__MSDOS__   ist unter MS-DOS mit 1 gesetzt.
__MAKE__   enthält die aktuelle **make**-Version als hexadezimale Zahl.

Dazu ein Beispiel:

```
C:\> type makefile ⏎
ausgabe:
    echo __MSDOS__=$(__MSDOS__)
    echo __MAKE__=$(__MAKE__)
C:\> make -s ausgabe ⏎
__MSDOS__=1
__MAKE__=0x0350
C:\>
```

4.2.7 Interne Makros

make kennt neben den vordefinierten Makros noch die sogenannten internen Makros. Interne Makros werden dynamisch beim Lesen einer Abhängigkeitsbeschreibung jeweils neu definiert. Durch die Verwendung von internen Makros werden Makefiles nicht nur vereinfacht, sondern sie können auch leichter geändert werden. Im folgenden werden die internen Makros vorgestellt:

$d Testet, ob ein Makro definiert ist oder nicht

Das interne Makro **$d** überprüft, ob ein Makroname definiert ist oder nicht. Es darf nur bei bedingten Direktiven wie **!if** und **!elif** (siehe Kapitel 4.6.2) verwendet werden.

Nehmen wir dazu ein bereits früher vorgestelltes Beispiel, bei dem alle Quelldateien des Assembler-Programms zu sichern sind.

```
C:\> type makefile ⏎
SRC = assemb.c pass1.c pass2.c symb_tab.c symb_ta2.c fehler.c \
      global.h pass1.h pass2.h symb_tab.h fehler.h

!if !$d(DIR)        # wenn Makro DIR nicht definiert ist,
DIR = ..\sicher     # weise ihm den Pfad ..\sicher zu.
!endif

sichern:
    copy $(SRC) $(DIR)
C:\>
```

Das Test-Makro **$d** liefert 1 (TRUE), wenn der angegebene Makroname definiert ist. Wenn nicht, liefert es 0 (FALSE). Die Angabe von **!** vor diesem Makro-Namen negiert hierbei das Ergebnis. Ist man jetzt mit der Voreinstellung des »Sicherungs-Directorys« im Makefile einverstanden, so muß man nur folgendes aufrufen:

```
C:\> make -s sichern ⏎
        copy assemb.c pass1.c pass2.c symb_tab.c symb_ta2.c fehler.c  global.h pass1.h pass2.h
symb_tab.h fehler.h ..\sicher
C:\>
```

Wünscht man dagegen, daß die Dateien in einem anderem Directory gesichert werden, so kann man dieses Directory entweder zuvor mit **SET** der DOS-Variablen **DIR** zuweisen, oder man gibt das entsprechende Directory mit der Option **-D** auf der Kommandozeile an, wie im folgenden Beispiel gezeigt wird.

```
C:\> make -s -DDIR=c:\ass\sicher   sichern ⏎
        copy assemb.c pass1.c pass2.c symb_tab.c symb_ta2.c fehler.c  global.h pass1.h pass2.h
symb_tab.h fehler.h c:\ass\sicher
C:\>
```

$< Name des aktuellen *ziel* (vollständiger Pfadname)

Für das Makro **$<** setzt **make** immer das momentane *ziel* aus der aktuellen Abhängigkeitsbeschreibung ein. Ein Einsatz von **$<** wird am nachfolgenden Ausschnitt unseres Makefiles gezeigt:

```
#...........Makro-Definitionen...................................
OBJ1 = assemb.obj pass1.obj pass2.obj fehler.obj symb_tab.obj
OBJ2 = assemb.obj pass1.obj pass2.obj fehler.obj symb_ta2.obj

#...........Linker-Teil...........................................
assemb1.exe: $(OBJ1)
      echo $< wird nun gelinkt........
      bcc -e$< $(OBJ1)
assemb2.exe: ${SRC2:.c=.o}
      echo $< wird nun gelinkt........
      bcc -e$< $(OBJ2)
```

Diese beiden Einträge werden dann von **make** wie folgt expandiert:

```
#...........Linker-Teil...........................................
assemb1.exe: assemb.obj pass1.obj pass2.obj fehler.obj symb_tab.obj
      echo assemb1.exe wird nun gelinkt........
      bcc -eassemb1.exe assemb.obj pass1.obj pass2.obj fehler.obj symb_tab.obj
assemb2.exe: assemb.obj pass1.obj pass2.obj fehler.obj symb_tab.obj
      echo assemb2.exe wird nun gelinkt........
      bcc -eassemb2.exe assemb.obj pass1.obj pass2.obj fehler.obj symb_ta2.obj
```

$*   Name des aktuellen *ziel* **(vollständiger Pfadname) ohne Suffix**

Für das Makro **$*** setzt **make** immer das momentane *ziel* aus der aktuellen Abhängigkeitsbeschreibung ein. Anders als bei **$<** wird hierbei jedoch ein eventuell vorhandenes Suffix[5] (wie z.B. *.obj*, *.c*, usw.) entfernt, wie der folgende Ausschnitt aus unserem Makefile zeigt:

```
pass1.obj:  pass1.c pass1.h global.h symb_tab.h fehler.h
    bcc -c $*.c
```

Dieser Eintrag wird dann von **make** wie folgt expandiert:

```
pass1.obj:  pass1.c pass1.h global.h symb_tab.h fehler.h
    bcc -c pass1.c
```

$* darf jedoch nicht in der Abhängigkeitsbeschreibung, sondern nur in den zugehörigen Kommandozeilen verwendet werden. So würde z.B. die folgende Beschreibung beim Aufruf von **make** zu einem Fehler führen:

```
pass1.obj:  $*.c pass1.h global.h symb_tab.h fehler.h
    bcc -c $*.c
```

Die Einsatz von **$<** und **$*** bringt jedoch erst dann sehr große Vorteile mit sich, wenn mehr als ein Ziel in einer Abhängigkeitsbeschreibung angegeben ist. Dies ist nämlich erlaubt, wie das folgende Beispiel zeigt:

```
C:\> type makefile ⏎
add.exe crossref.exe menugen.exe :   add.c crossref.c menugen.c
    echo $< ist nicht auf den neuesten Stand....
    bcc -e$< $*.c
C:\> make menugen.exe ⏎
    echo menugen.exe ist nicht auf dem neuesten Stand....
menugen.exe ist nicht auf dem neuesten Stand....
    bcc -emenugen.exe menugen.c
menugen.c:
C:\> make -n crossref.exe add.exe ⏎
    echo crossref.exe ist nicht auf dem neuesten Stand....
    bcc -ecrossref.exe crossref.c
    echo add.exe ist nicht auf dem neuesten Stand....
    bcc -eadd.exe add.c
C:\>
```

Sind also mehrere Ziele in einer Abhängigkeitsbeschreibung angegeben, so kann man sich mit **$<** und **$*** auf das gerade aktuelle Ziel beziehen. Sehr hilfreich sind diese beiden Makros auch bei der Definition von eigenen Suffix-Regeln (siehe Kapitel 4.5.2). Bisher blieb unerwähnt, daß die beiden Makros **$<** und **$*** immer den vollständigen Pfadnamen eines Ziels liefern. Dazu ein Beispiel.

```
C:\> type makefile ⏎
```

---

[5] Wir sprechen hier von Suffix. In MS-DOS wird eine solche Namenserweiterung auch *Extension* genannt.

```
c:\projekte\ass\assemb.exe:
     echo $<
     echo $*
C:\> make -s ⏎
c:\projekte\ass\assemb.exe
c:\projekte\ass\assemb
C:\>
```

$: Pfadname (ohne Dateiname) des aktuellen *ziel*

Für das Makro **$:** setzt **make** immer den Pfadnamen des momentanen *ziel* ohne den eigentlichen Dateinamen ein.

$. Dateiname (ohne Pfad) des aktuellen *ziel*

Für das Makro **$.** setzt **make** immer den eigentlichen Dateinamen des momentanen *ziel* ohne den Pfad ein.

$& Dateiname (ohne Pfad) des aktuellen *ziel* **ohne Suffix**

Für das Makro **$&** setzt **make** immer den eigentlichen Dateinamen des momentanen *ziel* ohne den Pfad und ohne das Suffix ein.

Nachfolgendes Makefile soll die Wirkungsweise dieser Makros verdeutlichen:

```
C:\> type makefile ⏎
c:\projekte\ass\assemb.exe:
     echo $:
     echo $.
     echo $&
C:\> make -s ⏎
c:\projekte\ass\
assemb.exe
assemb
C:\>
```

Makefile für Assembler-Programm mit internen Makros

Wir wollen hier unser vorheriges Makefile zum Assembler-Programm unter Verwendung von internen Makros angeben.

```
C:\> type makefile ⏎
#—— Makefile fuer das Assembler-Programm ——
#————————————————————————————————————————

#...........Makrodefinitionen......................................
OBJ1 = assemb.obj pass1.obj pass2.obj fehler.obj symb_tab.obj
OBJ2 = assemb.obj pass1.obj pass2.obj fehler.obj symb_ta2.obj
```

```
#..........Linker-Teil.........................................
assemb1.exe :  $(OBJ1)
        echo $< wird nun gelinkt........
        bcc -e$< $(OBJ1)
assemb2.exe :  $(OBJ2)
        echo $< wird nun gelinkt........
        bcc -e$< $(OBJ2)

#..........Kompilierungs-Teil..................................
assemb.obj :  assemb.c global.h pass1.h pass2.h symb_tab.h fehler.h
        bcc -c $*.c
pass1.obj :   pass1.c pass1.h global.h symb_tab.h fehler.h
        bcc -c $*.c
pass2.obj :   pass2.c pass2.h symb_tab.h fehler.h
        bcc -c $*.c
symb_tab.obj :  symb_tab.c symb_tab.h global.h fehler.h
        bcc -c $*.c
symb_ta2.obj :  symb_ta2.c symb_tab.h global.h fehler.h
        bcc -c $*.c
fehler.obj :  fehler.c fehler.h
        bcc -c $*.c


#..........Cleanup.............................................
cleanup1:
        echo Folgende Dateien werden nun geloescht
        echo $(OBJ1)
        FOR %I IN ($(OBJ1)) DO DEL %I

cleanup2:
        echo Folgende Dateien werden nun geloescht:
        echo $(OBJ2)
        FOR %I IN ($(OBJ2)) DO DEL %I
C:\>
```

Im folgenden werden wir uns genauer mit den Kommandozeilen in Makefiles beschäftigen. Dabei werden wir einige Regeln kennenlernen, die bei der Angabe von Kommandozeilen in Makefiles einzuhalten sind.

4.3 Kommandozeilen in Makefiles

Zu einer Abhängigkeitsbeschreibung können alle Kommandos angegeben werden, die auch auf DOS-Ebene erlaubt sind. Dabei kann auch von Konstruktionen wie z.B. Dateinamen-Expandierung oder Ein-/Ausgabeumlenkung Gebrauch gemacht werden. Dazu ein Beispiel:

```
C:\> type makefile
namliste.sor: namliste.txt
    sort  < $*.txt  > $<
C:\>
```

Ein Aufruf wie

make namliste.sor

führt dann, falls *namliste.txt* neuer als *namliste.sor* ist, zu folgendem Aufruf:

sort < namliste.txt > namliste.sor

Das heißt, daß der Inhalt der Datei *namliste.txt* sortiert in die Datei *namliste.sor* geschrieben wird.

4.3.1 Allgemeine Regeln für Kommandozeilen in Makefiles

Die wichtigsten in Makefiles geltenden Regeln für Kommandozeilen wurden bereits in Kapitel 4.1.1 erwähnt, sie sollen hier zum Zwecke der Erinnerung wiederholt werden.

Kommandozeilen müssen Abhängigkeitsbeschreibung direkt folgen

Einträge in einem Makefile, die keine Makrodefinitionen sind, setzen sich aus zwei Komponenten zusammen:
   Abhängigkeitsbeschreibung (dependency line) und den
   dazugehörigen Kommandozeilen
Zwischen diesen beiden Komponenten darf keine Leerzeile angegeben werden.

Kommandozeilen sind mit Leer- oder Tabulatorzeichen einzurücken

Die direkt nach einer Abhängigkeitsbeschreibung angegebenen Kommandozeilen müssen immer mit mindestens einem Leer- oder Tabulatorzeichen eingerückt sein. Diese Sonderregelung für Leer- und Tabulatorzeichen gilt nur am Zeilenbeginn, an allen anderen Stellen können beliebig Leer- oder Tabulatorzeichen angegeben werden.

Mehrere Kommandozeilen zu einer Abhängigkeitsbeschreibung

Zu einer Abhängigkeitsbeschreibung können auch mehr als eine Kommandozeile angegeben werden. Die Kommandozeilen sind dann direkt untereinander anzugeben und immer mit Leer- oder Tabulatorzeichen einzurücken.

4.3.2 Spezielle Regeln für Kommandozeilen in Makefiles

Für Kommandozeilen in Makefiles gelten einige Besonderheiten. Um welche Besonderheiten es sich dabei handelt, wird im folgenden erläutert.

Das Zeilen-Fortsetzungszeichen \ bei Kommandozeilen

Auch eine Kommandozeile kann sich über mehrere Zeile erstrecken, wenn das Zeilen-Fortsetzungszeichen \ verwendet wird, wie z.B.

```
berechne.obj: berechne.c
    bcc -c \
        berechne.c    # wird zu  bcc -c berechne.c  zusammengefuegt
```

Im Zusammenhang mit dem Zeilen-Fortsetzungszeichen \ gibt es jedoch eine Ausnahme zu beachten, wenn in der Kommandozeile als letztes Zeichen das root directory anzugeben ist, da in MS-DOS für das root diretcory auch der Backslash \ verwendet wird. Nehmen wir z.B. den folgenden Makefile-Eintrag, bei dem C-Dateien in das root directory zu kopieren sind:

```
ckopy:
    copy *.c \
```

In diesem Fall würde **make** den Backslash \ nicht als root directory, sondern als Fortsetzungszeichen interpretieren, was dann zu einem Fehler führt.

Um das root directory am Ende einer Kommandozeile anzugeben, muß ein doppelter Backslash verwendet werden, wie z.B.

```
ckopy:
    copy *.c \\
```

Dateinamen-Expandierung ist auch in Abhängigkeitsbeschreibungen erlaubt

Das DOS-Metazeichen * für Dateinamen-Expandierung kann sowohl in Makefile-Kommandozeilen als auch in Abhängigkeitsbeschreibungen verwendet werden und hat dort die gleiche Bedeutung wie auf DOS-Ebene. Wenn z.B. folgender Eintrag in einem Makefile angegeben ist:

```
cleanup: *.obj
    echo Folgende Dateien werden nun geloescht:
    DIR *.obj /b
    DEL *.obj
```

dann werden beim Aufruf

make cleanup

alle Objektdateien (Dateien, deren Name mit *.obj* endet) im working directory gelöscht.

Die meisten DOS-Kommandos werden mit Kopie von COMMAND.COM ausgeführt

make führt die folgenden DOS-Kommandos mit einer Kopie der Datei *COMMAND.COM* aus:

bbreak	cd	chdir	cls	copy	ctty	date
del	dir	echo	erase	for	md	mkdir
path	prompt	rd	rem	ren	rename	rmdir
set	time	type	ver	verify	vol	

Für andere Programme und Kommandos verwendet make den DOS-Suchalgorithmus

Aufruf eines Programms ohne Angabe eines Suffixes

Wird in einer Kommandozeile eines Makefiles ein Programm ohne Angabe eines Suffixes aufgerufen, das keines der oben aufgezählten DOS-Kommandos ist, so wird dieses Programm wie folgt gesucht:

1. **make** sucht das entsprechende Programm zuerst im working directory und dann in allen *PATH*-Directories.
   In jedem Directory sucht **make** dabei zuerst nach dem entsprechenden Programmnamen mit dem Suffix *.com*. Wird im betreffenden Directory keine solche Programmdatei gefunden, dann prüft **make** als nächstes, ob in diesem Directory eventuell ein entsprechender Programmname mit dem Suffix *.exe* vorhanden ist. Trifft auch dies nicht zu, so sucht **make** zuletzt noch nach einem gleichlautenden Namen mit dem Suffix *.bat*.

2. Nur für den Fall, daß **make** eine entsprechende Datei mit dem Suffix *.bat* findet, wird eine Kopie von *COMMAND.COM* zur Ausführung dieser Batch-Datei aufgerufen.

Aufruf eines Programms mit Angabe eines Suffix

Wird dagegen in den Kommandozeilen eines Makefiles ein Programm mit Angabe eines Suffixes aufgerufen, das keines der oben angegebenen DOS-Kommandos ist, so sucht **make** genau diesen Namen zuerst im working directory und dann in allen *PATH*-Directories.

Batch-Betrieb für Programme durch Klammerung von Argumenten mit {... }

Borland-**make** bietet die Möglichkeit, für Kommandos, welche die Angabe von mehreren Dateien auf der Kommandozeile zulassen, die betroffenen Dateinamen in einer Liste sammeln zu lassen, bevor dann das Kommando mit dieser Dateinamen-Liste aufgerufen wird. Ein Beispiel für ein solches Kommando, das mehrere Dateien beim

Aufruf zuläßt, ist **bcc**. Sollen z.B. die drei Dateien *assemb.c*, *pass1.c* und *fehler.c* kompiliert werden, so kann man nacheinander die folgenden drei Kommandozeilen ausführen lassen:

```
bcc -c assemb.c
bcc -c pass1.c
bcc -c fehler.c
```

Dies bedeutet jedoch, daß **bcc** für jede einzelne Kompilierung jeweils neu in den Speicher geladen werden muß, was nicht sehr effizient ist. Ruft man dagegen

```
bcc -c assemb.c pass1.c fehler.c
```

auf, so muß **bcc** nur einmal in den Hauptspeicher geladen werden. Im Makefile hat man nun aber das Problem, daß man nicht vorhersagen kann, welche C-Dateien beim jeweiligen **make**-Aufruf zu kompilieren sind und deshalb kann man in einem Makefile keinen **bcc**-Aufruf mit einer statischen Liste von C-Dateien angeben. Borland-**make** bietet zur Lösung dieses Problems folgende Konstruktion an: In Kommandozeilen, bei denen die Dateinamen zu sammeln sind, bevor das entsprechende Kommando aufzurufen ist, müssen die Dateinamen mit {.. } geklammert werden:

kommando {dateiname(n) } ... Rest der Kommandozeile

Es ist zu beachten, daß vor der schließenden geschweiften Klammer immer mindestens ein Leer- oder Tabulatorzeichen angegeben ist, da dies das Trennzeichen für eventuell weitere Namen ist.

Diese Syntax verzögert die Ausführung von *kommando* und bewirkt, daß sich **make** die *dateiname(n)* in einer internen Liste merkt und dann die nächste Kommandozeile liest. Ist diese Kommandozeile bis auf die Angaben in den geschweiften Klammern identisch, so trägt **make** die dort angegebenen *dateiname(n)* in seine interne Liste ein und fährt mit dem Lesen der nächsten Kommandozeile fort. **make** läßt das angegebene *kommando* immer erst dann ausführen, wenn einer der folgenden Punkte zutrifft:
1. **make** liest ein anderes Kommando als *kommando*.
2. Es gibt keine weiteren Kommandos mehr, die **make** noch ausführen lassen müßte.
3. Es ist kein Platz mehr in der Kommandozeile.

Unser Makefile für das Assembler-Programm können wir somit wie folgt optimieren:

```
C:\> type makefile ⏎
#------ Makefile fuer das Assembler-Programm ------
#--------------------------------------------------

#...........Makrodefinitionen.....................
MODULE = assemb.obj pass1.obj pass2.obj fehler.obj symb_tab.obj symb_ta2.obj
OBJ1 = assemb.obj pass1.obj pass2.obj fehler.obj symb_tab.obj
OBJ2 = assemb.obj pass1.obj pass2.obj fehler.obj symb_ta2.obj

#...........Linker-Teil...........................
assembl.exe :   $(OBJ1)
        echo $< wird nun gelinkt........
```

```
             bcc -e$< $(OBJ1)
assemb2.exe :   $(OBJ2)
        echo $< wird nun gelinkt........
        bcc -e$< $(OBJ2)
#............Kompilierungs-Teil....................................
assemb.obj :  assemb.c global.h pass1.h pass2.h symb_tab.h fehler.h
        bcc -c {$*.c }
pass1.obj :  pass1.c pass1.h global.h symb_tab.h fehler.h
        bcc -c {$*.c }
pass2.obj :  pass2.c pass2.h symb_tab.h fehler.h
        bcc -c {$*.c }
symb_tab.obj :   symb_tab.c symb_tab.h global.h fehler.h
        bcc -c {$*.c }
symb_ta2.obj :   symb_ta2.c symb_tab.h global.h fehler.h
        bcc -c {$*.c }
fehler.obj :   fehler.c fehler.h
        bcc -c {$*.c }
#............Cleanup............................................
cleanup1:
     echo Folgende Dateien werden nun geloescht
     echo $(OBJ1)
     FOR %I IN ($(OBJ1)) DO DEL %I

cleanup2:
     echo Folgende Dateien werden nun geloescht:
     echo $(OBJ2)
     FOR %I IN ($(OBJ2)) DO DEL %I
C:\>
```

Nun wollen wir noch testen, ob **bcc** wirklich nur einmal zur Kompilierung von mehreren Dateien aufgerufen wird.

```
C:\> make cleanup1 cleanup2 ⏎
........
C:\> make assemb1.exe ⏎
        bcc -c assemb.c pass1.c pass2.c fehler.c symb_tab.c
assemb.c:
pass1.c:
pass2.c:
fehler.c:
symb_tab.c:
        echo assemb1.exe wird nun gelinkt........
assemb1.exe wird nun gelinkt........
        bcc -eassemb1.exe assemb.obj pass1.obj pass2.obj fehler.obj symb_tab.obj
C:\> touch global.h ⏎
C:\> make assemb1.exe ⏎
        bcc -c assemb.c pass1.c symb_tab.c
assemb.c:
```

```
pass1.c:
symb_tab.c:
        echo assemb1.exe wird nun gelinkt........
assemb1.exe wird nun gelinkt........
        bcc -eassemb1.exe assemb.obj pass1.obj pass2.obj fehler.obj symb_tab.obj
C:\> make assemb2.exe ⏎
        bcc -c symb_ta2.c
symb_ta2.c:
        echo assemb2.exe wird nun gelinkt........
assemb2.exe wird nun gelinkt........
        bcc -eassemb2.exe assemb.obj pass1.obj pass2.obj fehler.obj symb_ta2.obj
C:\>
```

Angabe von Inline-Dateien mit @

Unter Borland-**make** ist es möglich, Inhalte von Dateien als Argumente für eine Kommandozeile einsetzen zu lassen. Dazu muß die entsprechende Datei mit einem vorangestellten @ auf der Kommandozeile angegeben werden. Im folgenden Beispiel rufen wir **tlink** zum Linken des Assembler-Programms auf. Zuvor erstellen wir jedoch eine Datei, in der die gewünschten Argumente für den **tlink**-Aufruf stehen:

```
C:\> type ass1link.txt ⏎
c0s.obj assemb.obj pass1.obj pass2.obj fehler.obj symb_tab.obj
assemb1

emu.lib cs.lib
C:\>
```

Nun ändern wir unseren Eintrag zum Linken des Programms *assemb1.exe* wie folgt:

```
C:\> type makefile ⏎
...............
assemb1.exe : $(OBJ1)
        echo $< wird nun gelinkt........
        tlink /c @ass1link.txt
...............
C:\>
```

Wenn wir nun *assemb1.exe* neu generieren lassen, so liest **tlink** den Rest seiner Kommandozeile aus der Datei *ass1link.txt*:

```
C:\> make cleanup1 ⏎
...............
C:\> make assemb1.exe ⏎
        bcc -c assemb.c pass1.c pass2.c fehler.c symb_tab.c
assemb.c:
pass1.c:
pass2.c:
fehler.c:
```

```
symb_tab.c:
        echo assembl.exe wird nun gelinkt........
assembl.exe wird nun gelinkt........
        tlink /c @ass1link.txt
C:\>
```

Die make-Operatoren << und &&

Zusätzlich zu den Umlenkungs-Operatoren <, > und >> bietet Borland-**make** zwei weitere Operatoren an:

Operator << Standardeingabe für ein Programm ins Makefile umlenken

Soll die Eingabe an ein Programm nicht interaktiv erfolgen, sondern direkt aus dem Makefile gelesen werden, so kann dies mit dem Operator << erfolgen. Dabei muß die folgende Syntax eingehalten werden:

progname ..... <<zeichen
....
zu lesende Eingabe
....
zeichen

Bevor **make** das Programm *progname* startet, schreibt es die *zu lesende Eingabe* in eine temporäre Datei. Die *zu lesende Eingabe* erstreckt sich dabei bis zu einer Zeile, die nur *zeichen* enthält.

Danach erst ruft **make** das Programm *progname* auf, wobei es die Standardeingabe mit < in die gerade erzeugte temporäre Datei umlenkt. Für *zeichen* darf außer # und \ jedes beliebige Zeichen verwendet werden.

Als Beispiel wollen wir wieder unser Makefile für das Assembler-Programm verwenden, in dem wir die folgenden Zeilen einfügen :

```
C:\> type makefile ⏎
........
........
#...........Test-Teil...........................
test1: assembl.exe
        assembl sum.asm <<!
2
3
100
20
0
!
        echo Richtiges Ergebnis: 125
```

```
test2: assemb2.exe
        assemb2 potenz.asm <<x
2
10
x
        echo Richtiges Ergebnis: 1024
........
........
C:\>
```

Mit diesen Einträgen ist es demnach möglich, die beiden Assembler-Programme sofort nach der Generierung zu starten und einem einfachen Test zu unterziehen:

```
C:\> touch global.h ↵
C:\> make test1 ↵
        bcc -c assemb.c pass1.c symb_tab.c
assemb.c:
pass1.c:
symb_tab.c:
        echo assemb1.exe wird nun gelinkt........
assemb1.exe wird nun gelinkt........
        bcc -eassemb1.exe assemb.obj pass1.obj pass2.obj fehler.obj symb_tab.obj
        assemb1 sum.asm <MAKE0000.$$$
........
= 125
........
        echo Richtiges Ergebnis: 125
Richtiges Ergebnis: 125
C:\> make test2 ↵
        bcc -c symb_ta2.c
symb_ta2.c:
        echo assemb2.exe wird nun gelinkt........
assemb2.exe wird nun gelinkt........
        bcc -eassemb2.exe assemb.obj pass1.obj pass2.obj fehler.obj symb_ta2.obj
        assemb2 potenz.asm <MAKE0001.$$$
........
= 1024
........
        echo Richtiges Ergebnis: 1024
Richtiges Ergebnis: 1024
C:\>
```

Operator && Argumente für ein Programm aus dem Makefile lesen

Sollen die Argumente für ein Programm nicht direkt auf der Kommandozeile angegeben, sondern aus dem Makefile gelesen werden, so kann man dies mit dem Operator && erreichen. Dabei muß die folgende Syntax eingehalten werden:

progname ..... &&zeichen
....
Argumente für Programm progname
....
zeichen

Bevor **make** das Programm *progname* startet, schreibt es die *Argumente für Programm progname* in eine temporäre Datei. Die zu lesenden Argumente erstrecken sich dabei bis zu einer Zeile, die nur *zeichen* enthält. Danach erst ruft **make** das Programm *progname* auf, wobei es den Inhalt der gerade erzeugten temporären Datei in die Kommandozeile kopiert. Dazu muß entsprechend der Konvention für Inline-Dateien vor **&&** das Zeichen @ angegeben werden. Für *zeichen* darf außer # und \ wieder jedes beliebige Zeichen verwendet werden.

Als Beispiel wollen wir wieder unser Makefile für das Assembler-Programm verwenden, in dem wir den Eintrag, der für das Linken des Programms *assembl.exe* zuständig ist, wie folgt umändern:

```
C:\> type makefile ⏎
........
assembl.exe : $(OBJ1)
        echo $< wird nun gelinkt........
        tlink /c @&&!
c0s.obj $(OBJ1)
$*
EMU.LIB CS.LIB
!
........
C:\>
```

Nun wollen wir noch testen, ob unser neuer Eintrag auch funktioniert:

```
C:\> touch global.h ⏎
C:\> make assembl.exe ⏎
        bcc -c assemb.c pass1.c symb_tab.c
assemb.c:
pass1.c:
symb_tab.c:
        echo assembl.exe wird nun gelinkt........
assembl.exe wird nun gelinkt........
        tlink /c @MAKE0002.$$$
C:\>
```

Option -K: Von make erzeugte Temporärdateien nicht löschen

Wenn beim **make**-Aufruf nicht die Option **-K** angegeben ist, so werden alle von **make** angelegten temporären Dateien wieder gelöscht. Wird dagegen **-K** beim **make**-Aufruf angegeben, so werden diese Temporärdateien nicht entfernt.

```
C:\> make -K test1 ⏎
        assemb1 sum.asm <MAKE0000.$$$
........
= 125
........
        echo Richtiges Ergebnis: 125
Richtiges Ergebnis: 125
C:\> type MAKE0000.$$$ ⏎
2
3
100
20
0
C:\> touch global.h ⏎
C:\> make -K assemb1.exe ⏎
        bcc -c assemb.c pass1.c symb_tab.c
assemb.c:
pass1.c:
symb_tab.c:
        echo assemb1.exe wird nun gelinkt........
assemb1.exe wird nun gelinkt........
        tlink /c @MAKE0002.$$$
C:\> type MAKE0002.$$$ ⏎
c0s.obj assemb.obj pass1.obj pass2.obj fehler.obj symb_tab.obj
assemb1

EMU.LIB CS.LIB
C:\>
```

Mit der Option **-K** kann somit der Inhalt der temporären Dateien nachträglich analysiert werden, wenn ein Makefile nicht das gewünschte Ergebnis liefert.

@ vor Kommando schaltet automatische Ausgabe durch make aus

make gibt normalerweise alle Kommandozeilen am Bildschirm aus, bevor es sie ausführen läßt. Soll diese automatische Ausgabe vollständig ausgeschaltet werden, so muß, wie bereits erwähnt, beim Aufruf von **make** die Option **-s** angegeben werden.

Das vollständige Ausschalten der automatischen Ausgabe von Kommandos vor ihrer Ausführung erreicht man auch durch die Angabe der folgenden Zeile in einem Makefile:

.SILENT

In diesem Fall ist dann für dieses Makefile die automatische Ausgabe durch **make** immer ausgeschaltet, selbst wenn beim **make**-Aufruf nicht die Option **-s** angegeben wird. Daneben gibt es aber noch eine andere Möglichkeit, die automatische Ausgabe von Kommandozeilen zu unterdrücken. Dazu muß als erstes Zeichen in einer

Kommandozeile das Zeichen @ angegeben werden. In diesem Fall wird die automatische Ausgabe von **make** nur für diese Zeile und nicht wie bei der Option **-s** oder bei der Angabe von *.SILENT* für alle Kommandozeilen eines Makefiles ausgeschaltet.

Wenn z.B. in unserem Assembler-Makefile vor den *cleanup*-Kommandozeilen ein @ angegeben wird, dann wird nur für diese Kommandozeilen die automatische Ausgabe durch **make** ausgeschaltet.

```
C:\> type makefile ⏎
........
........
#............Cleanup...........................................
cleanup1:
    @echo Folgende Dateien werden nun geloescht
    @echo $(OBJ1)
    @FOR %I IN ($(OBJ1)) DO DEL %I

cleanup2:
    @ echo Folgende Dateien werden nun geloescht:
    @ echo $(OBJ2)
    @ FOR %I IN ($(OBJ2)) DO DEL %I
C:\> make cleanup1 ⏎
Folgende Dateien werden nun geloescht
assemb.obj pass1.obj pass2.obj fehler.obj symb_tab.obj

C:\MAKE\SRC>DEL assemb.obj

C:\MAKE\SRC>DEL pass1.obj

C:\MAKE\SRC>DEL pass2.obj

C:\MAKE\SRC>DEL fehler.obj

C:\MAKE\SRC>DEL symb_tab.obj
C:\>
```

Beachten Sie, daß das Zeichen @ nur am Anfang einer Kommandozeile angegeben werden darf. Im obigen Ausschnitt aus einem Makefile konnte deshalb die Ausgabe der **DEL**-Kommandos nicht unterbunden werden.

- vor Kommando schaltet automatischen make-Abbruch bei Fehler ab

Wenn die Ausführung eines Kommandos aus einem Makefile nicht erfolgreich war[6], so bricht **make** sofort ab. Dies ist zwar auch in den meisten Fällen wünschenswert, aber in bestimmten Situationen liegen Kommandos vor, von deren erfolgreicher Ausführung der Rest des Makefiles nicht unbedingt abhängig ist. Um **make** mitzuteilen, daß es mit der Abarbeitung eines Makefiles fortfahren soll, selbst wenn eine

---

[6] Kommando liefert einen exit-Status verschieden von 0.

bestimmte Kommandozeile nicht erfolgreich ausgeführt werden kann, muß am Anfang dieser Kommandozeile ein Querstrich - angeben werden. Nehmen wir dazu folgendes Beispiel. Ein Entwickler arbeitet gleichzeitig an mehreren Programmen und hat sich deshalb ein Makefile für die Generierung aller seiner Programme geschrieben:

```
C:\> type makefile ⏎
.SILENT
PROGS = add.exe crossref.exe menugen.exe

programme: $(PROGS)

$(PROGS):  add.c crossref.c menugen.c
    bcc -e$< $*.c
C:\> make ⏎
add.c:
Error: .........
** error 1 ** deleting add.exe
C:\>
```

Da bereits bei der Kompilierung des ersten C-Programms *add.c* ein Fehler auftritt, bricht **make** sofort ab und versucht erst gar nicht, die restlichen C-Programme zu kompilieren. Stellt man dagegen dem Compiler-Aufruf **bcc** einen Querstrich - voran, dann bricht **make** nach einem fehlerhaften Compiler-Lauf nicht ab, sondern fährt mit der Kompilierung der anderen C-Programme fort.

```
C:\> type makefile ⏎
.SILENT
PROGS = add.exe crossref.exe menugen.exe

programme: $(PROGS)

$(PROGS):  add.c crossref.c menugen.c
    - bcc -e$< $*.c
C:\> make ⏎
add.c:
Error: ..........
crossref.c:
menugen.c:
C:\>
```

Die Angabe eines Querstrichs vor einer Kommandozeile bewirkt also, daß **make** beim Auftreten eines Fehlers in dieser Kommandozeile nicht abbricht, sondern mit der Ausführung des nächsten Kommandos fortfährt.

-*n* vor Kommando bewirkt nur dann einen make-Abbruch, wenn exit-Status größer als *n*

Wenn einem Kommando -*n* vorangestellt wird, wobei für *n* eine Zahl anzugeben ist, dann bricht **make** nur dann den Generierungslauf ab, wenn das betreffende Kommando einen exit-Status größer als *n* liefert. So beendet **make** z.B. bei der Kommandozeile

-3 bcc -c assemb.c

nur dann seinen kompletten Generierungslauf, wenn dieser **bcc**-Aufruf einen exit-Status größer als 3 liefert.

-@ oder @- darf auch einem Kommando vorangestellt werden

Wenn für eine Kommandozeile gleichzeitig folgendes gelten soll:

- keine Ausgabe der Kommandozeile vor ihrer Ausführung und
- kein **make**-Abbruch beim Auftreten eines Fehlers

dann kann man dieser Kommandozeile entweder **-@** oder **@-** voranstellen.

Dazu wieder ein Beispiel:

```
C:\> type makefile⏎
PROGS = add.exe crossref.exe menugen.exe

programme: $(PROGS)

$(PROGS):  add.c crossref.c menugen.c
     @- bcc -e$< $*.c
C:\> make⏎
add.c:
Error: ..........
crossref.c:
menugen.c:
C:\>
```

.IGNORE und Option -i bewirken das Ignorieren von allen Fehlern

Soll **make** beim Abarbeiten eines Makefiles grundsätzlich alle auftretenden Fehler ignorieren und niemals vorzeitig abbrechen, so muß **make** mit der Option **-i** aufgerufen werden. Ein Aufruf von **make** unter Angabe dieser Option **-i** bewirkt damit das gleiche wie ein Querstrich vor jeder Kommandozeile. Eine andere Möglichkeit, **make** mitzuteilen, daß es beim Auftreten von Fehlern niemals vorzeitig abbrechen soll, ist die Angabe der folgenden Zeile in einem Makefile:

.IGNORE

In diesem Fall bricht **make** niemals bei fehlerhaften Kommandos ab, selbst wenn beim **make**-Aufruf die Option **-i** nicht angegeben ist. Dazu zwei Beispiele:

```
C:\> type makefile⏎
.SILENT
PROGS = add.exe crossref.exe menugen.exe
```

```
programme: $(PROGS)

$(PROGS):  add.c crossref.c menugen.c
    bcc -e$< $*.c
C:\> make -i ⏎
add.c:
Error: ..........
crossref.c:
menugen.c:
C:\>
C:\> touch add.c crossref.c menugen.c ⏎
C:\> type makefile ⏎
.IGNORE
.SILENT
PROGS = add.exe crossref.exe menugen.exe

programme: $(PROGS)

$(PROGS):  add.c crossref.c menugen.c
    bcc -e$< $*.c
C:\> make ⏎
add.c:
Error: ..........
crossref.c:
menugen.c:
C:\>
```

Die Verwendung von .IGNORE oder der Option **-i** ist jedoch nicht ratsam, da ein Fortfahren mit der Abarbeitung eines Makefiles beim Auftreten von unerwarteten Fehlern katastrophale Folgen haben kann. Man denke z.B. nur daran, daß in einem Makefile C-Programme immer in ein anderes Directory umkopiert werden, bevor sie im working directory gelöscht werden. Schlägt nun das Umkopieren fehl, da z.B. das entsprechende Directory gar nicht existiert oder weil es schreibgeschützt ist, dann sind die betreffenden C-Programme nirgends gesichert, werden aber trotzdem gelöscht.

Im nächsten Kapitel werden wir alle Punkte zusammenfassen, die es bei der Angabe von Abhängigkeitsbeschreibungen zu beachten gilt.

4.4 Abhängigkeitsbeschreibungen

An der einen oder anderen Stelle wurden bereits für Abhängigkeitsbeschreibungen geltende Regeln vorgestellt. In diesem Kapitel sind nun alle Eigenschaften von Abhängigkeitsbeschreibungen zusammengefaßt:

- Eine Abhängigkeitsbeschreibung muß immer vollständig in einer Zeile angegeben sein:
  ziel : objekt1 objekt2 ....
  Eine solche Zeile beschreibt, von welchen *objekten* das *ziel* (target) abhängig ist.
- Unter Verwendung des Fortsetzungszeichens \ kann eine Abhängigkeitsbeschreibung auch über mehrere Zeilen erstreckt werden.
- Das *ziel* muß jeweils am Anfang einer Zeile stehen, also in der 1. Spalte beginnen. Davor darf niemals ein Leer- oder Tabulatorzeichen angegeben sein
- Das *ziel* muß mit Doppelpunkt von den *objekten* getrennt sein, wobei vor oder nach dem Doppelpunkt mindestens ein Leerzeichen angegeben sein muß.
- Die einzelnen *objekte* müssen mit Leer- oder Tabulatorzeichen voneinander getrennt angegeben werden.
- Es sind auch Abhängigkeitsbeschreibungen erlaubt, bei denen nur das *ziel* (mit Doppelpunkt) ohne *objekte* angegeben ist. Erinnern Sie sich dabei nochmals an das Ziel *cleanup* in einem früheren Makefile. Fehlende Abhängigkeiten in einer Abhängigkeitsbeschreibung bedeutet, daß die zugehörigen Kommandozeilen bei Anforderung immer ausgeführt werden.
- In einer Abhängigkeitsbeschreibung darf auch mehr als ein *ziel* angegeben werden.
- Ein gleiches *ziel* darf nicht mehrmals in einem Makefile angegeben werden.
- Rechts vom Doppelpunkt darf auch das Metazeichen * für Dateinamen-Expandierung angegeben werden. Es hat die gleiche Bedeutung wie auf DOS-Ebene.

Im nächsten Kapitel werden wir uns mit Suffix-Regeln beschäftigen. Die Kenntnis von Suffix-Regeln trägt erheblich dazu bei, daß Makefiles kürzer und damit einfacher werden.

4.5 Suffix-Regeln

Auch unter MS-DOS haben sich gewisse Suffix-Regeln eingebürgert. So sollten z.B. Namen von Dateien, die C-Programme enthalten, mit dem Suffix *.c* enden. Andere Beispiele für solche Suffix-Regeln sind Objektdateien, deren Name immer mit *.obj* endet, oder ausführbare Programme, deren Name mit *.exe* oder *.com* endet.

4.5.1 Einfaches Beispiel für Suffix-Regeln in Makefiles

Diese vorgegebenen Suffix-Regeln kann man sich zunutze machen, indem man allgemein beschreibt, welche Generierungen für Dateien mit bestimmten Suffixen durchzuführen sind. Nehmen wir z.B. das folgende Makefile:

```
C:\> type makefile ↵
motorsim.exe: main.obj eingabe.obj berechnen.obj ausgabe.obj
```

```
        @ echo motorsim.exe wird gelinkt........
        bcc -emotorsim.exe main.obj eingabe.obj berechnen.obj ausgabe.obj
eingabe.obj: eingabe.c
        bcc -c {eingabe.c }
berechnen.obj: berechnen.c
        bcc -c {berechnen.c }
ausgabe.obj: ausgabe.c
        bcc -c {ausgabe.c }
main.obj: main.c
        bcc -c {main.c }
C:\>
```

Dieses Makefile könnte mit der Definition einer Suffix-Regel[7] wesentlich vereinfacht werden:

```
C:\> type makefile ⏎
#.......Definition eigener Suffix-Regeln..............................
.c.obj:
        bcc -c {$< }

#.......Rest des Makefiles............................................
OBJS = main.obj eingabe.obj berechnen.obj ausgabe.obj

motorsim.exe: $(OBJS)
            @ echo $< wird gelinkt........
            bcc -e$< $(OBJS)
C:\>
```

Mit der Suffix-Regel

```
.c.obj
     bcc -c {$< }
```

legt man fest, daß zur Generierung aller Objektdateien (Suffix *.obj*), die von diesem Makefile betroffen sind, der Compiler **bcc** mit der Option **-c** aufzurufen ist, um die entsprechende C-Datei (Suffix *.c*) kompilieren zu lassen. Nun wollen wir testen, ob dieses Makefile das Geforderte leistet:

```
C:\> make motorsim ⏎
        bcc -c main.c eingabe.c berechne.c ausgabe.c
main.c:
eingabe.c:
berechne.c:
ausgabe.c:
motorsim.exe wird gelinkt........
        bcc -emotorsim.exe main.obj eingabe.obj berechnen.obj ausgabe.obj
C:\>
```

---

[7] Borland spricht hierbei von impliziten Regeln. Wir wollen hier aber entsprechend der UNIX-Notation von Suffix-Regeln sprechen.

4.5.2 Die Definition von eigenen Suffix-Regeln

Eine Suffix-Regel ist grundsätzlich wie folgt aufgebaut:

```
.von.nach:
    kommandozeilen
```

Zunächst legt eine solche Regel fest, welche Suffix-Abhängigkeiten gelten, nämlich daß Dateien mit dem Suffix *.nach* immer aus Dateien mit dem Suffix *.von* generiert werden. Die dazu notwendigen Generierungsschritte werden immer über die kommandozeilen angegeben. *.von* muß dabei immer am Anfang (in der 1. Spalte) einer Zeile stehen. Die kommandozeilen sind optional. Sind welche angegeben, dann müssen diese immer mit mindestens einem Leer- oder Tabulatorzeichen eingerückt sein. Nehmen wir z.B. die folgende Suffix-Regel:

```
.adr.sor:
    @ echo ......Sortiere nun die Daten aus $<
    @ sort < $< >$*.sor
    @ echo ......Sortierte Daten befinden sich nun $*.sor
```

Dabei legt die Zeile

```
.adr.sor:
```

zunächst fest, daß aus Dateien mit dem Suffix *.adr* Dateien mit dem Suffix *.sor* zu generieren sind. Was bei einer solchen Generierung durchzuführen ist, legen die nachfolgend angegebenen Kommandozeilen fest.

```
    @ echo ......Sortiere nun die Daten aus $<
    @ sort < $< >$*.sor
    @ echo ......Sortierte Daten befinden sich nun $*.sor
```

Diese drei Kommandozeilen werden von **make** immer dann ausgeführt, wenn eine Datei mit dem Suffix *.sor* gegenüber einer entsprechenden Datei mit dem Suffix *.adr* veraltet ist, oder eine entsprechende Datei mit dem Suffix *.sor* gar nicht existiert. Bei der Definition von Suffix-Regeln ist man meist in den Kommandozeilen auf die internen Makros angewiesen. Die internen Makros haben bei Suffix-Regeln nun die folgende Bedeutung:

$* liefert Name des aktuellen Ziels (vollständiger Pfadname) ohne Suffix

$* hat also die gleiche Bedeutung wie bei den expliziten Regeln. Um eine Generierung von Objektdateien aus C-Programmen festzulegen, kann z.B. folgende Suffix-Regel angegeben werden:

```
.c.obj:
    bcc -c $*.c
```

$< liefert Name des aktuellen Ziels (vollständiger Pfadname) mit Suffix des Objekts

Die Suffix-Regel

```
.c.obj:
    bcc -c $<
```

ist somit identisch zu

```
.c.obj:
    bcc -c $*.c
```

$: **liefert Pfad des aktuellen Ziels ohne Dateinamen**
$. **liefert Dateinamen des aktuellen Ziels mit Suffix des Objekts**
$& **liefert Dateinamen des aktuellen Ziels ohne Suffix**

Dazu ein Demonstrationsbeispiel:

```
C:\> type makefile ⏎
.pas.exe:
    @ echo Ziel-Pfadname (ohne Suffix) ist: $*
    @ echo Objekt-Pfadname ist: $<
    @ echo Ziel-Pfadname (ohne Dateiname) ist: $:
    @ echo Objekt-Dateiname ist: $.
    @ echo Ziel-Dateiname (ohne Suffix) ist: $&
    @ echo .......Generiere nun $:$&.exe aus $<
    tpc $<

C:\projekt\src\rechne.exe:
C:\> cd ⏎
C:\projekt\src

C:\> make rechne.exe ⏎

Ziel-Pfadname (ohne Suffix) ist: c:\projekt\src\rechne
Objekt-Pfadname ist: c:\projekt\src\rechne.pas
Ziel-Pfadname (ohne Dateiname) ist: c:\projekt\src\
Objekt-Dateiname ist: rechne.pas
Ziel-Dateiname (ohne Suffix) ist: rechne
.......Generiere nun c:\projekt\src\rechne.exe aus c:\projekt\src\rechne.pas
    tpc c:\projekt\src\rechne.pas
.........
C:\>
```

4.5.3 Die Abarbeitung der Suffix-Regeln durch make

Dieses Kapitel beantwortet die Frage, wann die Suffix-Regeln angewendet werden und welche Prioritäten sie untereinander haben.

Suffix-Regeln werden nicht auf Abhängigkeitsangaben mit Kommandozeilen angewendet

Ist in einem Makefile eine Abhängigkeitsbeschreibung mit dazugehörigen Kommandozeilen angegeben, dann wird eine eventuell passende Suffix-Regel von **make** niemals auf diesen Eintrag angewendet. Stattdessen werden die dazu angegebenen Kommandozeilen ausgeführt. Dazu ein Beispiel:

```
C:\> type makefile ↵
.c.exe:
    bcc -e$*.exe $<

rechne.exe: rechne.c global.h
    @ echo ......$< ist gegenueber $*.c veraltet
C:\> make rechne.exe ↵
......rechne.exe ist gegenueber rechne.c veraltet
C:\> make rechne.exe ↵
......rechne.exe ist gegenueber rechne.c veraltet
C:\>
```

Trotz der Existenz einer entsprechenden Suffix-Regel zur Generierung von *rechne.exe* wird nicht diese Suffix-Regel angewendet, sondern das beim Abhängigkeitseintrag angegebene **echo**-Kommando ausgeführt.

Suffix-Regeln werden auf alle Abhängigkeitsbeschreibungen ohne Kommandozeilen angewendet

Ist in einem Makefile eine Abhängigkeitsbeschreibung ohne dazugehörige Kommandozeilen angegeben, dann wird, wenn eine entsprechende Suffix-Regel existiert, diese dort angewendet. Kann auf einen Abhängigkeitseintrag ohne Kommandozeilen eine Suffix-Regel angewendet werden, dann ist das entsprechende Ziel nicht nur von den explizit benannten Objekten, sondern auch von dem aus dem Zielnamen implizit abgeleiteten Objektnamen abhängig. Dazu ein Beispiel:

```
C:\> type makefile ↵
.c.exe:
    bcc -e$*.exe $<

rechne.exe: global.h
C:\> make rechne.exe ↵
        bcc -erechne.exe rechne.c
rechne.c:
Turbo Link  Version 4.0 Copyright (c) 1991 Borland International
C:\>
```

Obwohl beim expliziten Eintrag nicht angegeben ist, daß *rechne.exe* von *rechne.c* abhängig ist, so gilt diese Abhängigkeit doch aufgrund der Suffix-Regel. Würde also *rechne.c* geändert, so würde ein **make**-Aufruf eine Kompilierung von *rechne.c* veranlassen.

Suffix-Regeln werden auch auf nicht im Makefile angegebene Ziele angewendet

Man kann auch Suffix-Regeln auf Ziele anwenden, die nicht explizit im Makefile angegeben sind. Dazu müssen die entsprechenden Ziele auf der Kommandozeile beim **make**-Aufruf angegeben werden:

make *ziel1 ziel2* ....

Somit reicht das folgende Makefile aus, um sich aus allen C-Dateien, die nur aus einem Modul bestehen, ausführbare Programme generieren zu lassen.

```
C:\> type makefile
.c.exe:
    bcc -e$*.exe $<
C:\>
```

Dieses Makefile besteht demnach nur aus der Definition einer Suffix-Regel. Um sich jetzt z.B. aus den beiden C-Programmen *rechne.c* und *male.c* ausführbare Programme generieren zu lassen, muß man die folgende Kommandozeile angeben:

```
C:\> make  rechne.exe male.exe
        bcc -emale.exe male.c
male.c:
..........
        bcc -erechne.exe rechne.c
rechne.c:
..........
C:\>
```

Reihenfolge der Suffix-Regeln legt die Priorität fest

Wenn mehrere Suffix-Regeln für Ziele mit dem gleichen Suffix existieren, wie z.B. das Generieren von ausführbaren Programmen aus C- und PASCAL-Programmdateien:

```
.c.exe:
    bcc -e$*.exe $<
.pas.exe:
    tpc $<
```

dann stellt sich die Frage, welche Suffix-Regel **make** anwendet, wenn ein gleichnamiges C- und PASCAL-Programm vorhanden ist. **make** hält sich dabei an die einfache Konvention, daß die zuerst angegebene Suffix-Regel immer den Vorrang hat. Somit legt also die Reihenfolge der Definitionen fest, welche Prioritäten die einzelnen Suffix-Regeln zueinander haben. Nehmen wir z.B. das folgende Makefile:

```
C:\> type makefile
.c.exe:
    bcc -e$*.exe $<
.pas.exe:
    tpc $<
C:\>
```

Wenn nun im working directory die beiden Dateien *rechne.c* und *rechne.pas* existieren,

```
C:\> dir rechne.*⏎
..........
RECHNE    PAS       2280 05-14-93  11:30a
RECHNE    C         1847 05-14-93  11:30a
..........
C:\>
```

dann sollte *rechne.c* kompiliert und gelinkt werden, da die Regel für C-Programme vor der Regel für PASCAL-Programme angegeben ist. Probieren wir es aus.

```
C:\> make rechne.exe⏎
        bcc -erechne.exe rechne.c
rechne.c:
..........
C:\>
```

Vertauschen wir dagegen die beiden Regeln im obigen Makefile,

```
C:\> type makefile⏎
.pas.exe:
     tpc $<
.c.exe:
     bcc -e$*.exe $<
C:\>
```

dann sollte *rechne.pas* (und nicht *rechne.c*) kompiliert und gelinkt werden.

```
C:\> make rechne.exe⏎
        tpc rechne.pas
...........
C:\>
```

Es ist im übrigen auch möglich, Suffix-Regeln zu definieren, bei denen keine Kommandozeilen angegeben sind. Wird eine solche Suffix-Regel vor einer anderen Suffix-Regel mit dem gleichen Ziel-Suffix angegeben, so wird immer diese zuerst angegebene leere Suffix-Regel angewendet. Dies bedeutet, daß keinerlei Generierung durch diese Suffix-Regel vorgenommen wird. Im nächsten Kapitel werden wir uns mit den bei Borland-**make** möglichen Direktiven beschäftigen.

4.6 Direktiven im Makefile

Borland-**make** ermöglicht die Angabe von sogenannten Direktiven im Makefile. Direktiven sind Angaben in einem Makefile, mit denen folgendes erreicht werden kann:

- Gewisse Einstellungen, wie z.B. Ausgabe der Kommandozeilen vor ihrer Ausführung, ein- bzw. ausschalten. Dazu existieren die sogenannten **Punkt-Direktiven**, deren Name immer mit einem Punkt beginnt.
- Dynamische Festlegung, welche Teile eines Makefiles in bestimmten Situationen zu bearbeiten sind und welche nicht. Dazu existieren **Direktiven zur bedingten Ausführung**. Diese Art von Direktiven beginnt immer mit einem Ausrufezeichen !.
- Aufheben von Makrodefinitionen mit der Direktive **!undef**.
- Einkopieren anderer Dateien in ein Makefile mit **!include**.
- Ausführung mit einer selbst gewählten Fehler-Meldung abbrechen. Dazu wird die Direktive **!error** angeboten.

Alle Direktiven müssen am Anfang einer Zeile (in der 1. Spalte) beginnen. Bei Direktiven, die mit einem ! beginnen, muß jedoch lediglich das Ausrufezeichen in der 1. Spalte stehen. Danach dürfen beliebig viele Leer- oder Tabulatorzeichen stehen, bevor das eigentliche Wort der Direktive angegeben ist.

4.6.1 Die Punkt-Direktiven

Mit den Punkt-Direktiven ist es möglich, gewisse Einstellungen für ein Makefile festzulegen. Zu jeder der im folgenden vorgestellten Punkt-Direktiven existiert eine entsprechende Kommandozeilen-Option. Es gilt dabei immer, daß die Punkt-Direktiven eine höhere Priorität als die Optionen haben. Wenn man z.B. im Makefile

.noignore   (Fehler nicht ignorieren und **make** sofort beenden)

angegeben hat, und man ruft

make -i   (Fehler ignorieren und **make** nicht beenden)

auf, dann wird trotz der Angabe von **-i** ein eventuell auftretender Fehler von **make** nicht ignoriert und die Generierung sofort abgebrochen.

.silent (.nosilent) Automatische Anzeige der Kommandozeilen (nicht) ausschalten

make gibt normalerweise alle Kommandozeilen am Bildschirm aus, bevor es sie ausführen läßt. Soll diese automatische Ausgabe vollständig ausgeschaltet werden, so muß im Makefile

.silent

angegeben werden. Die Angabe von *.silent* bewirkt demnach das gleiche wie ein jeder Kommandozeile vorangestelltes @. Das gleiche erreicht man auch mit der Angabe der Option **-s** beim Aufruf von **make**.

Wird **make** mit der Option **-n** aufgerufen und es ist im betreffenden Makefile *.silent* angegeben, so werden trotzdem alle Kommandozeilen angezeigt.

Soll **make** jeweils die Kommandozeilen anzeigen, bevor es sie ausführt, was der Voreinstellung entspricht, so muß

.nosilent

im Makefile angegeben werden.

.ignore (.noignore) Fehler (nicht) ignorieren

Normalerweise bricht **make** beim Auftreten eines Fehlers in den Kommandos, die es ausführen läßt, sofort die ganze Generierung ab. Davor entfernt **make** immer das aktuelle Ziel, das es gerade bearbeitet, um nicht vorzutäuschen, daß das betreffende Ziel richtig generiert wurde.

Soll **make** aber grundsätzlich alle auftretenden Fehler in einem Makefile ignorieren und niemals vorzeitig abbrechen, so muß im Makefile

.ignore

angegeben werden. Die Angabe von *.ignore* bewirkt somit das gleiche wie ein jeder Kommandozeile vorangestellter Querstrich -. Das gleiche erreicht man auch mit der Angabe der Option **-i** beim Aufruf von **make**.

Soll dagegen **make** beim Auftreten eines Fehlers immer die aktuelle Zieldatei entfernen und den **make**-Lauf sofort beenden, was der Voreinstellung entspricht, so muß

.noignore

im Makefile angegeben werden.

.autodepend (.noautodepend) Abhängigkeitsüberprüfung (nicht) einschalten

Borland C++ setzt **make** für automatische Abhängigkeitsüberprüfungen zwischen den einzelnen zu einem Programm gehörigen Module ein. **bcc** kann nämlich Objektdateien erstellen, die **make** mitteilen, welche Header-Dateien in der korrespondierenden Quelldatei bei **#include** angegeben waren. Da Header-Dateien in C die Abhängigkeiten zu anderen Modulen widerspiegeln, entspricht dies einer automatischen Erkennung der Abhängigkeits-Beziehungen zwischen den einzelnen Modulen. Diese automatische Abhängigkeitsüberprüfung berücksichtigt im übrigen auch rekursive **#include**-Angaben. Rekursive **#include**-Angaben liegen vor, wenn in Header-Dateien wieder andere Header-Dateien mit **#include** einkopiert werden.

Bei der Durchführung einer solchen automatischen Abhängigkeitsprüfung prüft **make** die Zeit- und Datumsangaben der beteiligten Header- und Objekt-Dateien, und kann so selbst (ohne explizite Abhängigkeits-Angabe) ermitteln, ob eine Generierung der betreffenden Objektdatei notwendig ist oder nicht. Ist eine solche automatische Abhängigkeitsüberprüfung durch Borland-**make** erwünscht, so muß

.autodepend

im Makefile angegeben werden. Das gleiche erreicht man auch mit der Angabe der Option **-a** beim Aufruf von **make**. Unter Ausnutzung der automatischen Abhängigkeitsüberprüfung kann unser Makefile für das Assembler-Programm wie folgt vereinfacht werden:

```
C:\> type makefile ⏎
#――――  Makefile fuer das Assembler-Programm  ――――
#――――――――――――――――――――――――――――――――――――――――――――――――

.autodepend     # Einschalten der automatischen Abhängigkeitsüberprüfung

#...........Suffix-Regeln........................................
.c.obj:
    bcc -c {$*.c }

#...........Makrodefinitionen....................................
OBJ1 = assemb.obj pass1.obj pass2.obj fehler.obj symb_tab.obj
OBJ2 = assemb.obj pass1.obj pass2.obj fehler.obj symb_ta2.obj

#...........Linker-Teil..........................................
assemb1.exe :  $(OBJ1)
    @ echo $< wird nun gelinkt........
    bcc -e$< $(OBJ1)
assemb2.exe :  $(OBJ2)
    @ echo $< wird nun gelinkt........
    bcc -e$< $(OBJ2)

#...........Cleanup..............................................
cleanup1:
    @echo Folgende Dateien werden nun geloescht: $(OBJ1)
    @FOR %I IN ($(OBJ1)) DO DEL %I
cleanup2:
    @ echo Folgende Dateien werden nun geloescht: $(OBJ2)
    @ FOR %I IN ($(OBJ2)) DO DEL %I
C:\>
```

Nun wollen wir noch testen, ob dieses Makefile, in dem alle expliziten Modul-Abhängigkeiten entfernt wurden, und anstelle dessen mit *.autodepend* die automatische Abhängigkeitsüberprüfung eingeschaltet wurde, auch funktioniert.

```
C:\> make cleanup1 cleanup2 ⏎
...........
C:\> make assemb1.exe ⏎
        bcc -c assemb.c pass1.c pass2.c fehler.c symb_tab.c
assemb.c:
pass1.c:
pass2.c:
fehler.c:
symb_tab.c:
assemb1.exe wird nun gelinkt........
        bcc -eassemb1.exe assemb.obj pass1.obj pass2.obj fehler.obj symb_tab.obj
```

```
C:\> make assemb2.exe ⏎
        bcc -c symb_ta2.c
symb_ta2.c:
assemb2.exe wird nun gelinkt........
        bcc -eassemb2.exe assemb.obj pass1.obj pass2.obj fehler.obj symb_ta2.obj
C:\> touch global.h ⏎
C:\> make assemb1.exe ⏎
        bcc -c assemb.c pass1.c symb_tab.c
assemb.c:
pass1.c:
symb_tab.c:
assemb1.exe wird nun gelinkt........
        bcc -eassemb1.exe assemb.obj pass1.obj pass2.obj fehler.obj symb_tab.obj
C:\> touch fehler.h ⏎
C:\> make assemb1.exe ⏎
        bcc -c assemb.c pass1.c pass2.c fehler.c symb_tab.c
assemb.c:
pass1.c:
pass2.c:
fehler.c:
symb_tab.c:
assemb1.exe wird nun gelinkt........
        bcc -eassemb1.exe assemb.obj pass1.obj pass2.obj fehler.obj symb_tab.obj
C:\> make assemb2.exe ⏎
        bcc -c symb_ta2.c
symb_ta2.c:
assemb2.exe wird nun gelinkt........
        bcc -eassemb2.exe assemb.obj pass1.obj pass2.obj fehler.obj symb_ta2.obj
C:\>
```

Durch die automatische Abhängigkeitsüberprüfung werden nicht nur die Makefiles kürzer und übersichtlicher, sondern der Benutzer kann sich auch viel Arbeit bei der Makefile-Erstellung und vor allen Dingen auch bei Abhängigkeitsänderungen, die jeweils in den Abhängigkeitsbeschreibungen eines Makefiles berücksichtigt werden müssen, ersparen. Soll dagegen **make** keine automatische Abhängigkeitsüberprüfung durchführen, was der Voreinstellung entspricht, so muß

.noautodepend

im Makefile angegeben werden.

.swap (.noswap) make bei Ausführung von Kommandos (nicht) ein- und auslagern

Normalerweise verbleibt **make**, während es Kommandos ausführen läßt, im Speicher. Soll sich **make** aber während einer Kommando-Ausführung selbst auslagern und danach wieder einlagern, so muß im Makefile

.swap

angegeben werden. Das gleiche erreicht man auch mit der Angabe der Option **-S** beim Aufruf von **make**. Ein automatisches Ein- und Auslagern von **make** reduziert den Speicher-Overhead von **make** ganz erheblich und ermöglicht die Kompilierung sehr großer Module. Soll dagegen **make** auch während der Ausführung von Kommandozeilen im Speicher verbleiben, was der Voreinstellung entspricht, so muß

.noswap

im Makefile angegeben werden.

.PATH.*suffix* **Suchpfad für Dateien mit** *suffix* **festlegen**

Die Angabe der Direktive

.PATH.*suffix*

in einem Makefile teilt **make** mit, in welchem Directory es nach Dateien mit dem Suffix *suffix* suchen soll. Borland-**make** bietet zusätzlich das gleichnamige Makro **.PATH.**... an, das jeweils den zuvor definierten Pfad enthält. Nehmen wir z.B. an, daß sich die C-Quelldateien im Directory *C:\CSRC* befinden, während die Objektdateien im Directory *C:\OBJ* und die ausführbaren Programme im Directory *C:\BIN* abzulegen sind. Bei einem Anwendungsfall wie diesem sieht das Makefile aus wie folgt:

```
C:\> type makefile ⏎
.PATH.c   = C:\CSRC
.PATH.obj = C:\OBJ
.PATH.exe = C:\BIN

.c.obj:
    @echo ....Kompiliere $< ── $(.PATH.obj)\$&.obj......
    bcc -c -o$(.PATH.obj)\$&.obj $<
.obj.exe:
    @echo ....Linken: $< ── $(.PATH.exe)\$&.exe......
    bcc -e$(.PATH.exe)\$&.exe $<
C:\> make hexd.exe tictac.exe ⏎
....Kompiliere c:\csrc\hexd.c ── C:\OBJ\hexd.obj......
    bcc -c -oC:\OBJ\hexd.obj c:\csrc\hexd.c
c:\csrc\hexd.c:
....Linken: c:\obj\hexd.obj ── C:\BIN\hexd.exe......
    bcc -eC:\BIN\hexd.exe c:\obj\hexd.obj
....Kompiliere c:\csrc\tictac.c ── C:\OBJ\tictac.obj......
    bcc -c -oC:\OBJ\tictac.obj c:\csrc\tictac.c
c:\csrc\tictac.c:
....Linken: c:\obj\tictac.obj ── C:\BIN\tictac.exe......
    bcc -eC:\BIN\tictac.exe c:\obj\tictac.obj
C:\> touch c:\csrc\tictac.c ⏎
```

```
C:\> make hexd.exe tictac.exe ⏎
....Kompiliere c:\csrc\tictac.c —— C:\OBJ\tictac.obj......
     bcc -c -oC:\OBJ\tictac.obj c:\csrc\tictac.c
c:\csrc\tictac.c:
....Linken: c:\obj\tictac.obj —— C:\BIN\tictac.exe......
     bcc -eC:\BIN\tictac.exe c:\obj\tictac.obj
C:\>
```

4.6.2 Direktiven zur bedingten Ausführung

Die Direktiven **!if**, **!elif**, **!else** und **!endif** zur bedingten Ausführung entsprechen in etwa der **if**-Anweisung in Programmiersprachen. Mit diesen Direktiven ist es möglich, abhängig von einer Bedingung Teile eines Makefiles bei einem **make**-Aufruf ein- oder auszuschalten. Es existieren drei Möglichkeiten für den Einsatz der bedingten Direktiven in einem Makefile (eine mit [...] geklammerte Angabe ist dabei optional):

!if *ausdruck*
[*zeilen*]
!endif

!if *ausdruck*
[*zeilen*]
!else
[*zeilen*]
!endif

!if *ausdruck*
[*zeilen*]
!elif *ausdruck*
[*zeilen*]
!elif ....
....
[**!else**
[*zeilen*]]
!endif

Für die *zeilen* können beliebig viele Zeilen angegeben werden, in denen folgendes enthalten sein darf:

- Makrodefinitionen
- Abhängigkeits-Angaben (explizite-Regeln)
- Suffix-Regeln (implizite Regeln)
- Direktiven

Eine bedingte Direktive bildet einen Block, der mit **!if** *ausdruck* und **!endif** zu klammern ist. Da in einem solchen Block wiederum bedingte Direktiven angegeben werden dürfen, ist eine beliebig tiefe Schachtelung von bedingten Direktiven möglich, wie man dies von Programmiersprachen her kennt. Eine Angabe wie

!if *ausdruck1*
[*zeilen1*]
!elif *ausdruck2*
[*zeilen2*]
!else
[*zeilen3*]
!endif

entspricht der Angabe

!if *ausdruck1*
[*zeilen1*]
!else
!if *ausdruck2* |
[*zeilen2*] |
!else | geschachtelte !if-Direktive
[*zeilen3*] |
!endif |
!endif

Während es sich bei der ersten Angabe um eine **!if**-Direktive handelt, liegen bei der zweiten Angabe zwei **!if**-Direktiven vor, wobei die zweite Bestandteil des **!else**-Teils der ersten ist. Deshalb müssen bei der zweiten Angabe auch beide **!if**-Direktiven mit **!endif** abgeschlossen werden, was für die erste nicht gilt. Bei den Direktiven **!if** und **!elif** können der Programmiersprache C entsprechende ganzzahlige Ausdrücke angegeben werden. Liefert die Auswertung eines solchen Ausdrucks den Wert 0, dann interpretiert dies **make** als FALSE, während jeder andere Wert als TRUE gewertet wird. In den Ausdrücken dürfen dabei alle Konstruktionen eingesetzt werden, die ganze Zahlen liefern, wie z.B.:

$d(*makro***)**
    liefert TRUE, wenn *makro* definiert ist und ansonsten FALSE.

$(*makro***)**
    liefert den entsprechenden numerischen Wert, wenn *makro* eine ganze Zahl ist. Ist das *makro* nicht definiert oder leer, so liefert diese Angabe 0 (FALSE). Enthält *makro* etwas anderes als eine ganze Zahl, dann meldet **make** einen Fehler.

235
    liefert den dezimalen Wert 235.

0235
wird als oktale Konstante interpretiert, da es entsprechend C-Konvention mit 0 beginnt. Diese Angabe entspricht folglich der dezimalen Zahl 157 (=2*64+3*8+5*1).

0xa24
wird als hexadezimale Konstante interpretiert, da es entsprechend C-Konvention mit 0x beginnt. Diese Angabe entspricht folglich der dezimalen Zahl 2596 (=10*256+2*16+4*1).

Neben diesen Angaben sind noch wie in C die folgenden Operatoren in einem Ausdruck erlaubt:

Monadische Operatoren
-           Minuszeichen
~   Einer-Komplement
!   Boole'sches NOT

Dyadische Operatoren
+   Addition
-           Subtraktion
*   Multiplikation
/   ganzzahlige Division
%   Modulo
\>\>   Rechts-Shift
<<   Links-Shift
&   Bitweises AND
| Bitweises OR
^   Bitweises XOR
&&   Boole'sches AND
|| Boole'sches OR
\>   Größer als
<   Kleiner als
\>=   Größer als oder gleich
<=   Kleiner als oder gleich
==   Gleich
!=   Ungleich

Bedingte Bewertung
?:   Bedingter Ausdruck

Für die Operatoren gelten dabei die gleichen Prioritäten wie in C. Ist bei einem Ausdruck eine andere Auswertungs-Reihenfolge erwünscht, so müssen Klammern verwendet werden, wie z.B. (4+5)*3 liefert als Ergebnis 27 (9*3), während 4+5*3 den Wert 19 (4+15) liefert. Ein Beispiel für die Verwendung von bedingten Direktiven zeigt das folgende Makefile. Abhängig davon, ob das Makro *DEBUG* definiert ist, wird **bcc** mit der Option **-v** (für Debugging-Information) aufgerufen oder nicht.

```
C:\> type makefile ⏎
#—— Makefile fuer das Assembler-Programm ——
#————————————————————————————————
.autodepend

#...........Suffix-Regeln.........................................
.c.obj:
!if $d(DEBUG)
    bcc -v -c $*.c
!else
    bcc -c $*.c
!endif
#...........Makrodefinitionen.....................................
OBJ1 = assemb.obj pass1.obj pass2.obj fehler.obj symb_tab.obj
OBJ2 = assemb.obj pass1.obj pass2.obj fehler.obj symb_ta2.obj
#...........Linker-Teil............................................
assemb1.exe : $(OBJ1)
    @ echo $< wird nun gelinkt........
    bcc -e$< $(OBJ1)
assemb2.exe : $(OBJ2)
    @ echo $< wird nun gelinkt........
    bcc -e$< $(OBJ2)
#...........Cleanup................................................
cleanup1:
    @echo Folgende Dateien werden nun geloescht: $(OBJ1)
    @FOR %I IN ($(OBJ1)) DO DEL %I
cleanup2:
    @ echo Folgende Dateien werden nun geloescht: $(OBJ2)
    @ FOR %I IN ($(OBJ2)) DO DEL %I
C:\> make cleanup1 ⏎
.......
C:\> make -DDEBUG assemb1.exe ⏎      [Makro DEBUG wird auf Kommandozeile definiert]
        bcc -v -c assemb.c
assemb.c:
        bcc -v -c pass1.c
pass1.c:
        bcc -v -c pass2.c
pass2.c:
        bcc -v -c fehler.c
fehler.c:
        bcc -v -c symb_tab.c
symb_tab.c:
assemb1.exe wird nun gelinkt........
        bcc -eassemb1.exe assemb.obj pass1.obj pass2.obj fehler.obj symb_tab.obj
C:\> make cleanup1 ⏎
.......
```

```
C:\> make assembl.exe ⏎    [Makro DEBUG ist nirgends definiert]
        bcc -c assemb.c
assemb.c:
        bcc -c pass1.c
pass1.c:
        bcc -c pass2.c
pass2.c:
        bcc -c fehler.c
fehler.c:
        bcc -c symb_tab.c
symb_tab.c:
assembl.exe wird nun gelinkt........
        bcc -eassembl.exe assemb.obj pass1.obj pass2.obj fehler.obj symb_tab.obj
C:\>
```

4.6.3 Löschen von Makrodefinitionen mit !undef

Die Angabe der Direktive **!undef** *makroname*

bewirkt, daß die Definition des Makros *makroname* gelöscht wird. Ein nachfolgender Zugriff mit $(*makroname*) liefert dann den Leerstring. Ist der bei **!undef** angegebene *makroname* nicht definiert, so hat diese Direktive keine Auswirkung.

4.6.4 Einkopieren anderer Dateien mit !include

Eine Angabe wie **!include** "*datei*"

in einem Makefile bewirkt, daß Borland-**make** an dieser Stelle den Inhalt von *datei* liest und somit als Teil des Makefiles betrachtet. Diese Anweisung ähnelt somit der **#include**-Angabe in C-Dateien. Meist wird **!include** verwendet, wenn Suffix-Regeln, Abhängigkeiten oder Makros existieren, die in einem Projekt globale Gültigkeit haben. In diesem Fall hinterlegt man die entsprechenden Angaben in einer Datei und benutzt diese Datei projektweit, indem man sie in allen Makefiles mit **!include** dem **make**-Programm bekanntmacht. Als Beispiel möge eine projektweit gültige Graphik-Bibliothek *\projekt\graf\graf.lib* mit den dazugehörigen Header-Dateien *\projekt\graf\ginclude* dienen. In diesem Fall kann man z.B. eine Datei *\projekt\graf\graf.mak* mit folgendem Inhalt erstellen:

```
GLIB = \projekt\graf\graf.lib
GINC = \projekt\graf\ginclude
```

In jedem Makefile des Projekts, das diese Graphik-Bibliothek benutzt, kann nun folgendes angegeben werden:

```
!include "\projekt\graf\graf.mak"
```

Auch wenn !**include**-Zeilen an jeder beliebigen Stelle in einem Makefile angegeben werden dürfen, so ist es doch aus Lesbarkeitsgründen empfehlenswert, alle !**include**-Angaben ganz am Anfang eines Makefiles anzugeben, und diese nicht irgendwo im Makefile zu verstecken. Die rekursive Verwendung von !**include** ist nicht erlaubt. Eine !**include**-Rekursion liegt vor, wenn in !**include**-Dateien wieder !**include**-Angaben enthalten sind, die dazu führen, daß die ursprüngliche !**include**-Datei in dieser Schachtelung irgendwann wieder mit !**include** einkopiert werden soll. Borland-**make** erkennt solche Rekursionen und meldet einen Fehler.

4.6.5 Abbruch und Ausgabe einer eigenen Fehlermeldung mit !error

Trifft **make** bei der Abarbeitung des Makefiles auf eine Zeile der folgenden Form:

!**error** *fehlermeldung*

dann gibt es die hierbei angegebene *fehlermeldung* aus und beendet sich. Die Fehler-Direktive !**error** ermöglicht dem Benutzer, die Ausführung von **make** mit einer selbst gewählten Fehlermeldung abbrechen zu lassen. Die Angabe der Fehler-Direktive macht allerdings nur in bedingten Direktiven Sinn. Als Beispiel möge die folgende Angabe in einem Makefile dienen:

```
!if !$d(GINCLUDE)
!error  Makro GINCLUDE nicht definiert
!endif
```

Wenn nun **make** aufgerufen wird und das Makro *GINCLUDE* ist nicht definiert, so gibt es folgende Meldung aus, bevor es sich beendet:

```
Fatal makefile 5: Error directive: Makro GINCLUDE nicht definiert
```

Im nächsten Kapitel werden wir uns mit den beim **make**-Aufruf erlaubten Optionen beschäftigen.

4.7 make-Optionen

Die Syntax für einen **make**-Aufruf ist die folgende:

make [*option(en)*] [*ziel(e)*]

Dabei ist zu beachten, daß die Optionen immer vor eventuell angegebenen *zielen* stehen müssen. Den Optionen muß immer ein Querstrich - vorangestellt werden, damit **make** sie als Optionen erkennt und nicht als *ziel(e)* interpretiert. Obwohl wir einige

Optionen bereits früher kennengelernt haben, werden hier aus Gründen der Vollständigkeit alle Optionen ausführlich beschrieben.

Option -? oder -h: Ausgeben eines Hilfstextes zum make-Aufruf

Möchte man sich alle Optionen zu **make** mit einer Kurzbeschreibung ausgeben lassen, so muß man die Option **-?** bzw. **-h** beim **make**-Aufruf angeben.

```
C:\> make -h ↵
MAKE   Version 3.5   Copyright (c) 1991 Borland International
Syntax: MAKE [options ...] target[s]
    -B              Builds all targets regardless of dependency dates
    -Dsymbol        defines symbol
    -Dsymbol=string defines symbol to string
    -Idirectory     names an include directory
    -K              keeps ( does not erase ) temporary files created by MAKE
    -S              swaps MAKE out of memory to execute commands.
    -W              write all non-string options back to the .EXE file
    -Usymbol        undefine symbol
    -ffilename      uses filename as the MAKEFILE
    -a              performs auto-dependency checks for include files
    -i              ignores errors returned by commands
    -n              prints commands but does not do them
    -s              silent, does not print commands before doing them
    -? or -h        prints this message
      Options marked with '+' are on by default.
      To turn off a default option follow it by a '-',
         for example: -a-
C:\>
```

Aus dieser Kurzbeschreibung wird deutlich, daß eine Option durch einen angehängten Querstrich - explizit ausgeschaltet werden kann.

Option -f: Benutzen anderer Makefiles als *MAKEFILE, MAKEFILE.MAK* **oder** *BUILTINS.MAK*

Oft benötigt man in einem Directory mehrere Makefiles, die unterschiedliches leisten. **make** erkennt aber nur Makefiles an, wenn sie den Namen *MAKEFILE, MAKEFILE.MAK* oder *BUILTINS.MAK* haben. Es ist äußerst umständlich, wenn man vor jedem **make**-Aufruf das entsprechende Makefile jeweils nach *MAKEFILE* oder *MAKEFILE.MAK* kopieren muß. Um das zu verhindern, bietet **make** die Option **-f** (*file*) an. Mit der Angabe von

-f*datei* [8]

---

[8] Zwischen **-f** und *datei* darf dabei kein Leerzeichen angegeben sein.

auf der Kommandozeile ist es möglich, eine *datei* mit einem anderen Namen als *MAKEFILE*, *MAKEFILE.MAK* oder *BUILTINS.MAK* von **make** als Makefile benutzen zu lassen. Falls *datei* ohne Suffix angegeben wurde und keine Datei mit diesem Namen existiert, so benutzt **make** die Datei *datei*.**mak**, falls vorhanden, als Makefile.

Nehmen wir z.B. an, daß im working directory zwei Makefiles vorhanden sind: *assemb.mak* für unser Assembler-Programm und ein weiteres mit dem Namen *motor.mak*.

```
C:\> type assemb.mak ⏎
#——— Makefile fuer das Assembler-Programm ———
#————————————————————————————————————————————
.autodepend
#...........Makrodefinitionen........................
OBJ1 = assemb.obj pass1.obj pass2.obj fehler.obj symb_tab.obj
OBJ2 = assemb.obj pass1.obj pass2.obj fehler.obj symb_ta2.obj

#...........Suffix-Regeln............................
.c.obj:
     bcc -c {$*.c }

#...........Linker-Teil...............................
assemb1.exe : $(OBJ1)
     @ echo $< wird nun gelinkt........
     bcc -e$< $(OBJ1)
assemb2.exe : $(OBJ2)
     @ echo $< wird nun gelinkt........
     bcc -e$< $(OBJ2)

#...........Cleanup...................................
cleanup1:
     @echo Folgende Dateien werden nun geloescht: $(OBJ1)
     @FOR %I IN ($(OBJ1)) DO DEL %I
cleanup2:
     @ echo Folgende Dateien werden nun geloescht: $(OBJ2)
     @ FOR %I IN ($(OBJ2)) DO DEL %I

C:\> type assemb.mak ⏎
.autodepend
#...........Makrodefinitionen........................
OBJS = eingabe.obj berechne.obj ausgabe.obj main.obj

#...........Suffix-Regeln............................
.c.obj:
     bcc -c {$*.c }

motorsim.exe: $(OBJS)
     @ echo motorsim.exe wird glinkt.....
     @ bcc -e$< $(OBJS)
C:\>
```

Möchte man *assemb1.exe* aktualisieren lassen, so muß man
make -fassemb.mak   oder
make -fassemb   oder
make -fassemb assemb1.exe   oder
make -fassemb.mak assemb1.exe

aufrufen. Soll nur *fehler.obj* auf den neuesten Stand gebracht werden, so kann man z.B.
make -fassemb fehler.obj

aufrufen. Will man z.B. *motorsim.exe* auf den neuesten Stand bringen lassen, so muß man

make -fmotor.mak   oder
make -fmotor   oder
make -fmotor motorsim.exe   oder
make -fmotor.mak motorsim.exe

aufrufen. Wollte man z.B. nur *berechne.obj* (aus dem Makefile *motor.mak*) auf den neuesten Stand bringen lassen, so kann man z.B.

make -fmotor.mak berechne.obj

aufrufen.

Option -n: Anzeigen (nicht Ausführen) von Generierungsschritten

Wird **make** mit der Option **-n** (*no execute*) aufgerufen, so zeigt es an, welche Kommandozeilen es ausführen würde, führt diese aber nicht aus. Nehmen wir z.B. wieder das Makefile *assemb.mak* für unser Assembler-Programm.

```
C:\> make -fassemb.mak cleanup1 ⏎
.........
C:\> make -fassemb.mak cleanup2 ⏎
.........
C:\> make -n -fassemb.mak ⏎           [Nur anzeigen, was zu generieren ist]
     bcc -c assemb.c pass1.c pass2.c fehler.c symb_tab.c
     @ echo assemb1.exe wird nun gelinkt........
     bcc -eassemb1.exe assemb.obj pass1.obj pass2.obj fehler.obj symb_tab.obj
C:\> make -s -fassemb ⏎               [Nun erst findet die eigentliche Generierung statt]
assemb.c:
pass1.c:
pass2.c:
fehler.c:
symb_tab.c:
assemb1.exe wird nun gelinkt........
C:\> make -n -fassemb assemb2.exe ⏎
     bcc -c symb_ta2.c
     @ echo assemb2.exe wird nun gelinkt........
     bcc -eassemb2.exe assemb.obj pass1.obj pass2.obj fehler.obj symb_ta2.obj
```

```
C:\> make -s -fassemb.mak assemb2.exe⏎
symb_ta2.c:
assemb2.exe wird nun gelinkt........
C:\>
```

Die Option **-n** ermöglicht, sich vor der eigentlichen Generierung alle Aktionen anzeigen zu lassen, die ein **make**-Aufruf (ohne Option **-n**) ausführen würde. Auf diese Art ist es z.B. möglich, vorab zu prüfen, ob ein entsprechender **make**-Aufruf einen Schaden anrichtet. Neben dieser Verwendung als Kontrollinstrument wird die Option **-n** oft auch für den folgenden Zweck benutzt:

Anzeigen aller Module, die von Änderungen betroffen sind

Manchmal möchte ein Softwareentwickler im Voraus wissen, welche Module von einer speziellen Schnittstellenänderung betroffen sein würden, um so den daraus resultierenden Implementierungs-Aufwand in etwa abzuschätzen. Es empfiehlt sich dann die folgende Vorgehensweise:

1. Simulieren der Schnittstellenänderung mit
   touch *header-datei(en)*
2. Ein nachfolgender Aufruf von **make** mit der Option **-n** zeigt alle C-Programmdateien an, die durch diese Änderungen in den *header-datei(en)* neu kompiliert werden müssen. Nur diese C-Module sind dann auch von der entsprechenden Schnittstellenänderung betroffen. Auf alle anderen Module hat diese Schnittstellenänderung keinen Einfluß, so daß diese auch keinerlei Anpassung an die neuen Schnittstellen bedürfen; sie bleiben davon vollkommen unberührt. Der Entwickler weiß damit schon vorab, welche Module er bei einer Schnittstellenänderung entsprechend anpassen muß.

Nehmen wir z.B. an, daß in unserem Assembler-Programm die Schnittstelle in *pass1.h* geändert werden soll.

```
C:\> touch pass1.h⏎     [Änderung von pass1.h simulieren]
C:\> make -n -fassemb.mak⏎
        bcc -c assemb.c pass1.c
        @ echo assemb1.exe wird nun gelinkt........
        bcc -eassemb1.exe assemb.obj pass1.obj pass2.obj fehler.obj symb_tab.obj
C:\>
```

Wir erkennen sofort, daß bei einer Änderung von *pass1.h* die beiden Module *assemb.c* und *pass1.c* von dieser Änderung betroffen sind und entsprechend angepaßt werden müssen. Nun nehmen wir an, daß wir die Schnittstelle der zentralen Fehler-Routine in *fehler.h* ändern wollen.

```
C:\> touch fehler.h⏎    [Änderung von fehler.h simulieren]
C:\> make -n -fassemb⏎
        bcc -c assemb.c pass1.c pass2.c fehler.c symb_tab.c
        @ echo assemb1.exe wird nun gelinkt........
        bcc -eassemb1.exe assemb.obj pass1.obj pass2.obj fehler.obj symb_tab.obj
C:\>
```

Hier ist sofort erkennbar, daß von einer Schnittstellenänderung in *fehler.h* sehr viele Module, in diesem Fall sogar alle Module betroffen sind. Diese Änderung kommt uns relativ teuer zu stehen. Sollte man sich nach solch einem Testlauf von **make -n** doch anders entscheiden und auf die betreffende Schnittstellenänderung verzichten, so kann man mit

touch [[*yy*]*mmddhhmm*] *header-datei(en)*[9]

die Zeitmarke wieder auf den alten Wert zurücksetzen.

Option -s: Keine Kommando-Ausgabe vor Ausführung

make gibt normalerweise alle Kommandozeilen am Bildschirm aus, bevor es sie ausführen läßt. Soll diese automatische Ausgabe vollständig ausgeschaltet werden, so muß beim Aufruf von **make** die Option **-s** angegeben werden.

Das vollständige Ausschalten der automatischen Ausgabe von Kommandos vor ihrer Ausführung erreicht man auch durch die Angabe der Punkt-Direktive **.silent** in einem Makefile.

Option -i: Ignorieren von allen Fehlern

Normalerweise bricht **make** beim Auftreten eines Fehlers in den Kommandos, die es ausführen läßt, sofort die ganze Generierung ab. Davor entfernt **make** immer noch das aktuelle Ziel, das es gerade bearbeitet, um nicht vorzutäuschen, daß das betreffende Ziel richtig generiert wurde.

Soll **make** aber grundsätzlich alle auftretenden Fehler ignorieren und niemals vorzeitig abbrechen, so muß **make** mit der Option **-i** aufgerufen werden. Eine andere Möglichkeit, **make** mitzuteilen, daß es beim Auftreten von Fehlern niemals vorzeitig abbrechen soll, ist die Angabe der Punkt-Direktive **.ignore** in einem Makefile.

Option -a: Durchführen einer automatischen Abhängigkeitsüberprüfung

Die von **bcc** erstellten Objektdateien enthalten Information darüber, von welchen Header-Dateien die jeweiligen Quelldateien abhängig waren. **make** verwendet diese in den Objektdateien enthaltenen Abhängigkeits-Informationen, um eine automatische Abhängigkeitsüberprüfung durchzuführen, wenn die Option **-a** angegeben ist.

Bei der Durchführung einer solchen automatischen Abhängigkeitsprüfung prüft **make** die Zeit- und Datumsangaben der beteiligten Header- und Objekt-Dateien, und kann so selbst (ohne explizite Abhängigkeits-Angabe) ermitteln, ob eine Generierung der betreffenden Objektdatei notwendig ist oder nicht. Eine andere Möglichkeit, **make**

---

[9] Erstes *mm* ist der Monat, *dd* ist der Tag, *hh* ist die Stunde, zweites *mm* ist die Minute und *yy* am Anfang ist das Jahr.

mitzuteilen, daß es eine automatische Abhängigkeits-Überprüfung durchführen soll, ist die Angabe der Punkt-Direktive **.autodepend** im Makefile.

Option -S: Ein- und Auslagern von make bei Kommando-Ausführung

Normalerweise verbleibt **make**, während es Kommandos ausführen läßt, im Speicher. Soll sich **make** aber während einer Kommando-Ausführung selbst auslagern, so muß beim **make**-Aufruf die Option **-S** angegeben werden. Eine andere Möglichkeit, **make** mitzuteilen, daß es sich während einer Kommando-Ausführung automatisch aus- und danach wieder einlagern soll, ist die Angabe der Punkt-Direktive **.swap** im Makefile. Ein solches automatisches Ein- und Auslagern von **make** reduziert den Speicher-Overhead von **make** ganz erheblich und ermöglicht damit die Kompilierung sehr großer Module.

Option -D: Definieren von Makros auf der Kommandozeile

Makrodefinitionen können **make** auch über die Kommandozeile mitgeteilt werden. Dazu ist die entsprechende Makrodefinition mit **-D***makro* oder **-D***makro*=*string* als ein Argument beim Aufruf anzugeben. Wird nur **-D***makro* angegeben, so entspricht dies der Angabe **-D***makro*=**1**. Dazu ein Beispiel:

```
C:\> type makefile ⏎
ausgabe:
    echo $(NAME)
C:\> make -s -DNAME ausgabe ⏎
1
C:\>
```

Option -U: Löschen von Makros auf der Kommandozeile

Die Angabe von **-U***makro* auf der Kommandozeile bewirkt, daß das zuvor über eine DOS-Variable oder auf der Kommandozeile definierte *makro* wieder gelöscht wird.

Option -B: Generieren aller Ziele unabhängig von den Zeitmarken

Sollen alle Ziele aus einem Makefile unbhängig von den Zeitmarken in jedem Fall durch **make** generiert werden, so muß die Option **-B** beim **make**-Aufruf angegeben werden. Dazu ein Beispiel mit unserem Assembler-Makefile:

```
C:\> make -fassemb assemb1.exe ⏎
..........
C:\> make -fassemb assemb2.exe ⏎
..........
C:\> make -s -fassemb assemb1.exe ⏎
            [Es gibt nichts zu generieren, da assemb1.exe auf neuesten Stand]
```

```
C:\> make -s -B -fassemb assemb1.exe ⏎     [Generiere alles unabhängig von Zeitmarken]
assemb.c:
pass1.c:
pass2.c:
fehler.c:
symb_tab.c:
assemb1.exe wird nun gelinkt........
C:\> make -s -B -fassemb assemb2.exe ⏎     [Generiere alles unabhängig von Zeitmarken]
assemb.c:
pass1.c:
pass2.c:
fehler.c:
symb_ta2.c:
assemb2.exe wird nun gelinkt........
C:\>
```

Option -I: Festlegen eines Pfadnamens für Header-Dateien

Soll **make** die C-Header-Dateien nicht nur im working directory, sondern auch in einem anderen Pfad suchen, so muß dieser Pfad mit **-I***pfad* auf der Kommandozeile angegeben werden.

Option -K: Von make erzeugte Temporärdateien nicht löschen

Normalerweise löscht **make** alle seine angelegten temporären Dateien wieder. Wenn aber beim **make**-Aufruf die Option **-K** angegeben ist, so werden alle von **make** angelegten temporären Dateien nicht gelöscht. Mit der Option **-K** ist es somit möglich, den Inhalt der temporären Dateien nachträglich zu prüfen, wenn ein Makefile nicht das gewünschte Ergebnis liefert.

make vergibt an temporäre Dateien immer Namen der folgenden Art:

MAKE*nnnn***.$$$**

wobei *nnnn* von 0000 bis 9999 reicht.

Option -W: Ändern der Default-Einstellung von make

Wird **make** mit der Option **-W** aufgerufen, dann trägt es die aktuellen Optionen als Default-Einstellung für **make** ein. Außer **-f**, **-D** und **-U** können dabei alle Optionen als Default-Einstellung für **make** benutzt werden.

Im nachfolgenden Beispiel stellen wir **make** so ein, daß seine automatische Ausgabe von den Kommandozeilen immer ausgeschaltet ist.

```
C:\> make -fassemb cleanup1 ⏎
.......
```

```
C:\> make -s -W↵        [Option -s als Default für make einstellen]
Write options to C:\BC\BIN\MAKE.EXE? ( Y/N ) [N]:y↵
C:\> make -fassemb↵     [Auch ohne explizite Angabe von -s erfolgt nun keine Ausgabe der
Kommandozeilen]
assemb.c:
pass1.c:
pass2.c:
fehler.c:
symb_tab.c:
assembl.exe wird nun gelinkt........
C:\>
```

Um die Option **-s** als Default-Einstellung für **make** wieder auszuschalten, müßte erneut **make** mit der Option **-W** aufgerufen werden:

```
C:\> make -fassemb cleanup1↵
........
C:\> make -s- -W↵       [Option -s als Default für make ausschalten]
Write options to C:\BC\BIN\MAKE.EXE? ( Y/N ) [N]:y↵
C:\> make -fassemb↵     [Nun erfolgt wieder eine Ausgabe der Kommandozeilen]
        bcc -c assemb.c pass1.c pass2.c fehler.c symb_tab.c
assemb.c:
pass1.c:
pass2.c:
fehler.c:
symb_tab.c:
assembl.exe wird nun gelinkt........
        bcc -eassembl.exe assemb.obj pass1.obj pass2.obj fehler.obj symb_tab.obj
C:\>
```

4.8 Die Datei BUILTINS.MAK

In einem Software-Projekt oder aber auch beim tagtäglichen Arbeiten mit **make** ergeben sich mit der Zeit Makrodefinitionen und Suffix-Regeln, die man immer wieder benötigt. Um solche Definitionen nun nicht jeweils von neuem in einem Makefile angeben zu müssen, existieren zwei Möglichkeiten:

▶ Man schreibt alle diese Angaben in eine Datei, die man jeweils mit **!include** in den entsprechenden Makefiles bekannt macht. Dies hat den Nachteil, daß man den Pfadnamen dieser Datei explizit in den Makefiles angeben muß und diese Makefiles nur dann funktionieren, wenn diese Datei immer an diesem festgelegten Pfad verbleibt.

Borlands MAKE unter MS-DOS

▶ Man schreibt die allgemeingültigen Definitionen in die Datei *builtins.mak*, die man im gleichen Directory ablegt, in dem sich *make.exe* befindet. Bevor **make** nämlich mit der Abarbeitung eines Makefiles beginnt, sucht es immer zuerst im working directory nach einer Datei mit dem Namen *builtins.mak*. Findet es eine solche Datei nicht im working directory, dann sucht es nach *builtins.mak* im Directory, in dem sich *make.exe* befindet. Findet es in einem dieser beiden Directories diese Datei *builtins.mak*, dann liest es deren Inhalt und beginnt erst dann mit der Bearbeitung des eigentlichen Makefiles. Somit wird automatisch sichergestellt, daß der Inhalt von *builtins.mak* Bestandteil jedes Makefiles ist.

Nachfolgend wollen wir nun einige Definitionen in dieser *builtins.mak* angeben.

```
C:\> type \bc\bin\builtins.mak ⏎
#............Automatische Abhängigkeits-Ueberpruefung einschalten.........
.autodepend

#...........Suffix-Regeln.........................................
.c.obj:
    bcc -c {$*.c }

#...........Cleanup..............................................
cleanobj:
    del *.obj
cleanexe:
    del *.exe
C:\>
```

Nun können wir z.B. unser Makefile für das Assembler-Programm weiter entlasten und uns auch alle Dateien im working directory löschen lassen, die mit *.obj* oder *.exe* enden, indem wir **make cleanobj** oder **make cleanexe** aufrufen.

```
C:\> type assemb.mak ⏎
#—— Makefile fuer das Assembler-Programm ——
#─────────────────────────────────────────

#...........Makrodefinitionen....................................
OBJ1 = assemb.obj pass1.obj pass2.obj fehler.obj symb_tab.obj
OBJ2 = assemb.obj pass1.obj pass2.obj fehler.obj symb_ta2.obj

#...........Linker-Teil..........................................
assemb1.exe :  $(OBJ1)
    @ echo $< wird nun gelinkt........
    bcc -e$< $(OBJ1)
assemb2.exe :  $(OBJ2)
    @ echo $< wird nun gelinkt........
    bcc -e$< $(OBJ2)

#...........Cleanup..............................................
cleanup1:
    @echo Folgende Dateien werden nun geloescht: $(OBJ1)
    @FOR %I IN ($(OBJ1)) DO DEL %I
```

```
cleanup2:
        @ echo Folgende Dateien werden nun geloescht: $(OBJ2)
        @ FOR %I IN ($(OBJ2)) DO DEL %I
C:\> make cleanobj ⏎
        del *.obj
C:\> make -s -fassemb  assemb1.exe ⏎
assemb.c:
pass1.c:
pass2.c:
fehler.c:
symb_tab.c:
assemb1.exe wird nun gelinkt........
C:\>
```

Zwei weitere Punkte, die es bei der Verwendung von *builtins.mak* zu beachten gibt:

Explizite Regeln in BUILTINS.MAK werden denen im Makefile vorangestellt

Vorsicht ist geboten bei Angabe von expliziten Regeln in *builtins.mak*. Da **make** immer zuerst *builtins.mak* liest, wird die dort zuerst angegebene Regel als Generierungsziel angenommen, wenn kein explizites Ziel auf der Kommandozeile angegeben wird. Dies kann unangenehme Überraschungen nach sich ziehen, wie das folgende Beispiel zeigt.

```
C:\> make -fassemb ⏎
        del *.obj
C:\>
```

Da hier beim **make**-Aufruf kein zu generierendes Ziel auf der Kommandozeile angegeben war, nimmt **make** an, daß das zuerst von ihm gelesene Ziel zu generieren ist. In diesem Fall hat **make** als erstes Ziel *cleanobj* (aus *builtins.mak*) gelesen, was dazu führt, daß alle Objektdateien gelöscht werden, und nicht, wie erwartet, *assemb1.exe* generiert wird.

Makrodefinitionen in BUILTINS.MAK haben niedrigere Priorität als die im Makefile

Wie bereits früher erwähnt, gilt beim Borland-**make** immer die Makrodefinition, die zuletzt gelesen wird. Dies hat zur Folge, daß bei Makros, die sowohl in *builtins.mak* als auch im eigentlichen Makefile definiert sind, immer die Makrodefinition aus dem Makefile die höhere Priorität hat.

4.9 Techniken für Projekt-Management mit make

In größeren Software-Projekten treten oft Probleme auf, die vor allen Dingen dem **make**-Neuling zu Anfang Schwierigkeiten bereiten. Typische solche Problemfelder sind:

- Die Generierung eines Programms erstreckt sich oft auf Dateien, die sich in mehreren Directories und nicht nur im working directory befinden. Der Entwickler muß dann in seinem Makefile dafür sorgen, daß **make** alle Abhängigkeiten in den verschiedenen Directories richtig abarbeitet.
- Wenn Module Präprozessor-Anweisungen wie **#if** oder **#ifdef** für die bedingte Kompilierung enthalten, so können sie unterschiedlich übersetzt werden. Da **make** lediglich Zeitmarken von Dateien vergleichen kann, und nicht in der Lage ist zu überprüfen, ob eventuell eine neue Generierung notwendig ist, da eine andere Kompilierung gefordert ist, kann dies zu inkonsistenten Programmen führen.

In diesem Kapitel werden nun Techniken vorgestellt, die Lösungen zu Problemen dieser Art zulassen. Daneben finden sich hier auch noch einige Tips für den Einsatz von **make** in größeren Projekten.

4.9.1 Konfigurations-Management mit Pseudozielen

In der praktischen Softwareentwicklung spielt das Konfigurieren von Programmen eine große Rolle, da Programme oft mit den unterschiedlichsten Ausstattungen an die einzelnen Kunden ausgeliefert werden. Ebenso gehört zu einem guten Kunden-Service, daß man den oft komplexen Installationsvorgang für den Kunden soweit wie möglich vereinfacht. In beiden Fällen können entsprechende Makefiles helfen.

Genau wie in der Autoindustrie ein Auto vom Hersteller mit unterschiedlicher Ausstattung (mit oder ohne Radio, Schiebedach oder nicht, usw.) an den Kunden ausgeliefert werden kann, ist es auch in der Softwarebranche üblich, ein und dasselbe Programm mit unterschiedlicher Ausstattung anzubieten.

Die Modultechnik kommt solchen unterschiedlichen Ausbaustufen eines Softwareprodukts sehr entgegen. Nehmen wir z.B. an, daß Sie ein Routen-Programm erstellt haben, das dem Benutzer einen Abfahrts- und Zielort eingeben läßt, bevor es dann die zu fahrende Route mit allen wichtigen Zwischenstationen ausgibt.

Dieses Programm soll in allen möglichen Ausstattungen angeboten werden. Die Vollausstattung enthält sowohl eine Ausgabe aller Zwischenstationen mit Kilometer-Angaben in Listenform als auch eine grafische Ausgabe in Form einer Landkarte, auf der die jeweilige Route besonders gekennzeichnet ist.

Zudem bietet die Vollausstattung dem Benutzer die Möglichkeit, sich die kürzeste, die schnellste oder die bevorzugte Route ausgeben zu lassen.

Neben der Vollausstattung soll dieses Routen-Programm aber noch in Teilausstattungen angeboten werden. Der Kunde soll dabei aus den folgenden zwei Grundblöcken seine Konfiguration dieses Programms wählen können:

1. Grundblock:
schnellste Route
kürzeste Route
bevorzugte Route

2. Grundblock:
Route als Text in Form einer Liste
Route in Form einer Landkarte

Aus jedem Grundblock muß der Kunde mindestens eine Komponente wählen; er kann aber auch mehrere Komponenten wählen. Wir brauchen für dieses Routen-Programm nun ein Makefile, das eine kundenspezifische Generierung zuläßt. Für solche Aufgaben bieten sich sogenannte Pseudoziele (dummy targets) an. Pseudoziele sind keine wirklichen Dateien, sondern einfach nur Namen, die für Ziele im Makefile verwendet werden.

Da solche Ziele niemals als Dateien existieren, werden die dazu angegebenen Kommandos immer ausgeführt. So ist man von Zeitmarken völlig unabhängig, und kann über Angabe der entsprechenden Pseudoziele auf der rechten Seite einer Abhängigkeitsbeschreibung dynamische Generierungen durchführen lassen.

Im nachfolgenden Makefile wird für jede einzelne Komponente des Routen-Programms ein solches Pseudoziel benutzt.

```
C:\> type makefile ⏎
!if !$d(SCHNELL) && !$d(BEVORZUGT) && !$d(KURZ) && !$d(TEXT) && !$d(BILD)
AUSSTATT = schnell bevorzugt kurz text bild
OBJS     = quick.obj favorite.obj short.obj textausg.obj grafik.obj
FLAGS    = -DSCHNELL -DBEVORZUGT -DKURZ -DTEXT -DBILD
BLOCK1   = 1
BLOCK2   = 1
!endif

!if $d(SCHNELL)
AUSSTATT = schnell $(AUSSTATT)
OBJS     = quick.obj $(OBJS)
FLAGS    = -DSCHNELL $(FLAGS)
!endif

!if $d(BEVORZUGT)
AUSSTATT = bevorzugt $(AUSSTATT)
OBJS     = favorite.obj $(OBJS)
FLAGS    = -DBEVORZUGT $(FLAGS)
!endif
```

```
!if $d(KURZ)
AUSSTATT = kurz $(AUSSTATT)
OBJS     = short.obj $(OBJS)
FLAGS    = -DKURZ $(FLAGS)
!endif

!if $d(TEXT)
AUSSTATT = text $(AUSSTATT)
OBJS     = textausg.obj $(OBJS)
FLAGS    = -DTEXT $(FLAGS)
!endif

!if $d(BILD)
AUSSTATT = bild $(AUSSTATT)
OBJS     = grafik.obj $(OBJS)
FLAGS    = -DBILD $(FLAGS)
!endif

!if $d(SCHNELL) || $d(BEVORZUGT) || $d(KURZ)
BLOCK1 = 1
!endif
!if $d(TEXT) || $d(BILD)
BLOCK2 = 1
!endif

!if !$d(BLOCK1) || !$d(BLOCK2)
!error "....Falsche Konfigurations-Angabe"
!endif

route: $(AUSSTATT)
     bcc $(FLAGS) -eroute $(OBJS) stadttab.c main.c
     @ echo route mit folgender Konfiguration generiert:
     @ echo $(AUSSTATT)
schnell: quick.c stadttab.h
   @ bcc -c quick.c
bevorzugt: favorite.c stadttab.h
   @ bcc -c favorite.c
kurz: short.c stadttab.h
   @ bcc -c short.c
text: textausg.c stadttab.h
   @ bcc -c textausg.c
bild: grafik.c stadttab.h
   @ bcc -c grafik.c
C:\>
```

Befindet sich nun z.B. ein Vertriebsmann beim Kunden, so kann er direkt vor Ort dem Kundenwunsch entsprechend ein Routen-Programm neu generieren lassen, wie z.B.:

```
C:\> make route[↵]      [Generierung eines Routen-Programms mit Vollausstattung]
quick.c:
favorite.c:
short.c:
textausg.c:
grafik.c:
        bcc -DSCHNELL -DBEVORZUGT -DKURZ -DTEXT -DBILD -eroute quick.obj favorite.obj short.obj
textausg.obj grafik.obj stadttab.c main.c
stadttab.c:
main.c:
route mit folgender Konfiguration generiert:
schnell bevorzugt kurz text bild
C:\> make -DSCHNELL -DBEVORZUGT -DTEXT route[↵]    [Generierung von route mit
Teilausstattung]
textausg.c:
favorite.c:
quick.c:
        bcc -DTEXT -DBEVORZUGT -DSCHNELL -eroute textausg.obj favorite.obj quick.obj
stadttab.c main.c
stadttab.c:
main.c:
route mit folgender Konfiguration generiert:
text bevorzugt schnell
C:\> make -DSCHNELL -DKURZ route[↵]     [Illegale Generierung (keine Angabe zu
2.Grundblock)]
Fatal route.mak 48: Error directive: "....Falsche Konfigurations-Angabe"
C:\>
```

4.9.2 Rekursive make-Aufrufe

Bisher wurde immer stillschweigend vorausgesetzt, daß alle Module, aus denen sich ein Programmpaket zusammensetzt, sich in ein und demselben Directory befinden. In größeren Projekten ergibt es sich aber fast immer zwangsläufig, daß sich die zur Generierung eines Programms benötigten Module in unterschiedlichen Directories befinden.

Eine Möglichkeit, um Programme aus Dateien zu generieren, die sich in unterschiedlichen Directories befinden, ist die Angabe von eigenen Makefiles in jedem entsprechenden Directory.

Diese einzelnen Makefiles müssen dann durch rekursive **make**-Aufrufe von einem Haupt-Makefile aus nacheinander bearbeitet werden. Nehmen wir dazu beispielsweise an, daß wir die obrige Directory-Struktur hätten.

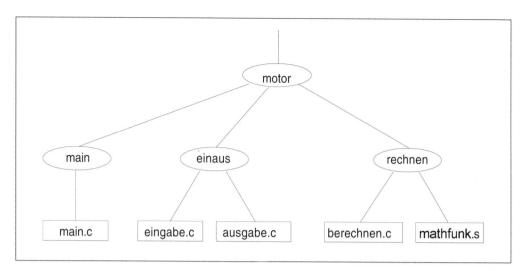

Nun könnten z.B. in den einzelnen Subdiretories die folgenden Makefiles angegeben werden:

Inhalt des Makefiles im Subdirectory *main*:

```
.c.obj:
    bcc -c $*.c
```

```
objekte: main.obj
```

Inhalt des Makefiles im Subdirectory *einaus*:

```
.c.obj:
    bcc -c $*.c
```

```
objekte: eingabe.obj ausgabe.obj
```

Inhalt des Makefiles im Subdirectory *rechnen*:

```
.c.obj:
    bcc -c $*.c
```

```
objekte: berechnen.obj mathfunk.obj
```

Das Haupt-Makefile im Directory *motor* ist dann die zentrale Leitstelle, von der aus die Abarbeitung der Makefiles in den einzelnen Subdirectories durch entsprechende **make**-Aufrufe veranlaßt wird.

```
C:\> type makefile ↵
OBJS = main\main.obj \
       einaus\eingabe.obj \
       einaus\ausgabe.obj \
       rechnen\berechne.obj \
       rechnen\mathfunk.obj
```

```
motorsim: main_obj einaus_obj rechnen_obj
        bcc -e$*.exe $(OBJS)
main_obj:
    cd main
    make objekte
    cd ..
einaus_obj:
    cd einaus
    make objekte
    cd ..
rechnen_obj:
    cd rechnen
    make objekte
    cd ..
C:\>
```

Bei *main_obj, einaus_obj* und *rechnen_obj* handelt es sich um Pseudoziele, die keine Namen von existierenden Dateien sind. Zu jedem dieser Pseudoziele sind gleichartige Kommandos angegeben:

cd *subdirectory*
Wechseln in das entsprechende *subdirectory*

make objekte
Rekursiver Aufruf von **make** zum Abarbeiten des Makefiles im entsprechenden *subdirectory*.

cd ..
Zurückwechseln in das parent directory

Testen wir unsere Makefiles:

```
C:\> make -n motorsim ⏎
        cd main
        make objekte
        cd ..
        cd einaus
        make objekte
        cd ..
        cd rechnen
        make objekte
        cd ..
        bcc -emotorsim.exe main\main.obj  einaus\eingabe.obj  einaus\ausgabe.obj
rechnen\berechne.obj  rechnen\mathfunk.obj

C:\> make motorsim ⏎
        cd main
        make objekte
        bcc -c main.c
main.c:
```

```
        cd ..
        cd einaus
        make objekte
        bcc -c eingabe.c
eingabe.c:
        bcc -c ausgabe.c
ausgabe.c:
        cd ..
        cd rechnen
        make objekte
        bcc -c berechne.c
berechne.c:
        bcc -c mathfunk.c
mathfunk.c:
        cd ..
        bcc -emotorsim.exe main\main.obj  einaus\eingabe.obj  einaus\ausgabe.obj
rechnen\berechne.obj   rechnen\mathfunk.obj
C:\>
```

Wenn **make** erneut aufgerufen wird, dann wird in jedem Fall, auch wenn keine Änderungen an den Quelldateien vorgenommen wurden, jeweils neu gelinkt, was völlig überflüßig ist.

```
C:\> make motorsim ⏎
        cd main
        make objekte
        cd ..
        cd einaus
        make objekte
        cd ..
        cd rechnen
        make objekte
        cd ..
        bcc -emotorsim.exe main\main.obj  einaus\eingabe.obj  einaus\ausgabe.obj
rechnen\berechne.obj   rechnen\mathfunk.obj
C:\>
```

Um dieses überflüßige Linken zu beseitigen, kann z.B. eine Synchronisations-Datei verwendet werden, über deren Zeitmarke festgestellt werden kann, ob Übersetzungen durchgeführt wurden und somit überhaupt ein erneutes Linken notwendig ist. Das Makefile kann z.B. das folgende Aussehen haben.

```
C:\> type makefile ⏎
OBJS = main\main.obj \
        einaus\eingabe.obj \
        einaus\ausgabe.obj \
        rechnen\berechne.obj \
        rechnen\mathfunk.obj
```

```
ZIEL = motorsim

$(ZIEL): main_obj einaus_obj rechnen_obj $(ZIEL).gen
main_obj:
    @cd main
    @make objekte
    @cd ..
einaus_obj:
    @cd einaus
    @make objekte
    @cd ..
rechnen_obj:
    @cd rechnen
    @make objekte
    @cd ..
$(ZIEL).gen: $(OBJS)
    bcc -e$*.exe $(OBJS)
    touch $(ZIEL).gen
C:\>
```

Hier wird nur dann neu gelinkt, wenn dies auch notwendig ist.

```
C:\> touch einaus\eingabe.c ⏎
C:\> make motorsim ⏎
        bcc -c eingabe.c
eingabe.c:
        bcc -emotorsim.exe main\main.obj einaus\eingabe.obj einaus\ausgabe.obj
rechnen\berechne.obj rechnen\mathfunk.obj
        touch motorsim.gen
C:\> make motorsim ⏎       [keine Aktionen, da motorsim.exe up to date ist]
C:\>
```

4.9.3 Bedingte Kompilierung und variierende Compiler-Aufrufe

In der praktischen Softwareentwicklung wird häufig von bedingter Kompilierung unter Benutzung der Präprozessor-Anweisungen **#ifdef** bzw. **#ifndef** Gebrauch gemacht. So wird bedingte Kompilierung eingesetzt, um Programme an unterschiedliche Systeme, Hardware, C-Bibliotheken oder Compiler-Versionen anzupassen, wie z.B.

```
#ifdef ANSI_C
    long double epsilon;
#else
    long float epsilon;
#endif
```

Daneben wird bedingte Kompilierung noch zum Konfigurieren und Testen von Programmen eingesetzt, wie z.B.

```
#ifdef KLEINSTADT
    struct adresse  *tabelle[50000];
#elif GROSSSTADT
    struct adresse  *tabelle[1000000];
#elif MILLIONENSTADT
    struct adresse  *tabelle[100000000];
#endif
```

oder:

```
#ifdef TEST
   printf(".....%d mal Schleife durchlaufen\n", n);
#endif
```

Um solche symbolischen Konstanten wie z.B. *ANSI_C, TEST* oder *KLEINSTADT* zu definieren, existieren zwei verschiedene Möglichkeiten:

1. Statische Definition in der Programmdatei mit **#define**, wie z.B.
   #define ANSI_C
   Dies hat jedoch den Nachteil, daß man immer den Quellcode manipulieren muß, wenn eine solche Konstante zu definieren bzw. wieder zu entfernen ist.

2. Dynamische Definition auf Kommandozeile mit **-D***Konstante*, wie z.B.
   bcc -DANSI_C -c berechnen.c
   Dies hat den Vorteil, daß keinerlei Eingriff in den Quellcode notwendig ist, da die entsprechenden Konstanten beim **bcc**-Aufruf definiert werden.

Wir gehen hier nur auf die zweite Möglichkeit ein. Dazu nehmen wir an, daß in unserem Motorsimulations-Programm von bedingter Kompilierung in der Form **#ifdef ANSI_C** und **#ifdef TEST** Gebrauch gemacht wurde. Im Makefile aus dem vorhergehenden Kapitel fügen wir hier nun bei rekursiven **make**-Aufrufen nur noch die Angabe **-DCFLAGS="$(CFLAGS)"** hinzu:

```
C:\> type makefile ⏎
.........
.........
main_obj:
    @cd main
    @make –DCFLAGS="$(CFLAGS)" objekte
    @cd ..
einaus_obj:
    @cd einaus
    @make –DCFLAGS="$(CFLAGS)" objekte
    @cd ..
rechnen_obj:
    @cd rechnen
    @make –DCFLAGS="$(CFLAGS)" objekte
```

```
    @cd ..
.........
.........
C:\>
```

und in den Makefiles der Subdirectories *main*, *einaus* und *rechnen*, fügen wir noch **$(CFLAGS)** bei den Suffix-Regeln für **bcc** hinzu:

```
.c.obj:
    bcc -c $(CFLAGS) $*.c
```

Nun können die Konstanten **ANSI_C** und **TEST** über den **make**-Aufruf definiert werden:

```
C:\> make -DCFLAGS="-DANSI_C -DTEST" motorsim ⏎
        bcc -c -DANSI_C -DTEST main.c
main.c:
        bcc -c -DANSI_C -DTEST eingabe.c
eingabe.c:
        bcc -c -DANSI_C -DTEST ausgabe.c
ausgabe.c:
        bcc -c -DANSI_C -DTEST berechne.c
berechne.c:
        bcc -c -DANSI_C -DTEST mathfunk.c
mathfunk.c:
        bcc -emotorsim.exe main\main.obj  einaus\eingabe.obj  einaus\ausgabe.obj
rechnen\berechne.obj  rechnen\mathfunk.obj
        touch motorsim.gen
C:\>
```

Ein solcher Aufruf bewirkt, daß bei der Kompilierung aller Quellprogramme die Konstanten *ANSI_C* und *TEST* definiert sind.

Will man dagegen die einzelnen Quellprogramme unterschiedlich kompilieren lassen, so muß man die einzelnen Konstanten explizit beim jeweiligen **make**- oder **bcc**-Aufruf im Makefile definieren.

Nachdem wir uns nun allgemein mit der bedingten Kompilierung auseinandergesetzt haben, wollen wir uns mit einem speziellen Problem beschäftigen, das bei Verwendung von bedingter Kompilierung auftreten kann.

Da **make** nur die Zeitmarken von Dateien und nicht deren Inhalt analysieren kann, ist es nicht in der Lage, festzustellen, ob eine Objektdatei trotz einer neueren Zeitmarke eventuell veraltet ist, da eine andere Kompilierung gefordert ist, und deshalb neu generiert werden muß. Dies kann zu inkonsistenten Programmen mit katastrophalen Folgen führen. Nehmen wir z.B. an, daß wir ein Programm für das Einwohnermeldeamt schreiben. Dieses Programm soll aus 4 Modulen bestehen: *main.c*, *eingabe.c*, *tabelle.c* und *ausgabe.c*, wobei in *tabelle.c* folgender Programmteil enthalten ist:

```
#ifdef KLEINSTADT
    struct adresse  *tabelle[50000];
#elif GROSSSTADT
    struct adresse  *tabelle[1000000];
#elif MILLIONENSTADT
    struct adresse  *tabelle[100000000];
#endif
```

Zur Generierung haben wir das folgende einfache Makefile angegeben:

```
C:\> type makefile ⏎
OBJS = main.obj  eingabe.obj  tabelle.obj  ausgabe.obj

.c.obj:
    bcc $(CFLAGS) -c $*.c

einwohn.exe:  $(OBJS)
    bcc -e$*.exe $(OBJS)
C:\>
```

Wenn wir nun das Programm *einwohn.exe* für eine Kleinstadt generieren wollen, so ist der folgende Aufruf notwendig.

```
C:\> make  -DCFLAGS=-DKLEINSTADT  einwohn.exe ⏎
        bcc -DKLEINSTADT -c main.c
main.c:
        bcc -DKLEINSTADT -c eingabe.c
eingabe.c:
        bcc -DKLEINSTADT -c tabelle.c
tabelle.c:
        bcc -DKLEINSTADT -c ausgabe.c
ausgabe.c:
        bcc -eeinwohn.exe main.obj eingabe.obj tabelle.obj ausgabe.obj
C:\>
```

Dieses Programm ist nun richtig generiert und kann an das Einwohnermeldeamt einer Kleinstadt ausgeliefert werden. Danach kommt nun aber eine Anforderung aus einer Millionenstadt. Es ist also naheliegend, **make** wie folgt aufzurufen.

```
C:\> make  -DCFLAGS=-DMILLIONENSTADT  einwohn.exe ⏎
C:\>
```

Da **make** lediglich die Zeitmarken der Dateien überprüfen kann und entsprechend den Zeitmarken keine neue Generierung von *einwohn.exe* notwendig ist, nimmt **make** an, daß *einwohn.exe* auf dem neuesten Stand ist. Dies ist aber falsch, da das vorliegende Programm *einwohn.exe* für eine Kleinstadt und nicht für eine Millionenstadt ausgelegt ist, wie dies durch die Angabe von -DMILLIONENSTADT gefordert ist. Sie können sich selbst ausmalen, daß sehr wahrscheinlich Speicherüberschreibung in diesem Programm stattfinden wird und welchen Ärger die Auslieferung dieses falsch konfigurierten Programms nach sich ziehen wird.

Nachfolgend werden wir nun Techniken kennenlernen, die helfen, solche Konfigurierungs-Probleme zu vermeiden.

Erzwingen einer vollständigen neuen Generierung

Eine sehr aufwendige, aber sichere Methode, um konsistente Programme zu erhalten, ist die komplette Neu-Generierung eines Programms bei jedem **make**-Aufruf. Dies erreicht man durch die Angabe der Option **-B** beim **make**-Aufruf.

```
C:\> make -DCFLAGS=-DMILLIONENSTADT -B einwohn.exe ⏎
        bcc -DMILLIONENSTADT -c main.c
main.c:
        bcc -DMILLIONENSTADT -c eingabe.c
eingabe.c:
        bcc -DMILLIONENSTADT -c tabelle.c
tabelle.c:
        bcc -DMILLIONENSTADT -c ausgabe.c
ausgabe.c:
        bcc -eeinwohn.exe main.obj eingabe.obj tabelle.obj ausgabe.obj
C:\> make -DCFLAGS=-DGROSSSTADT -B einwohn.exe ⏎
        bcc -DGROSSSTADT -c main.c
main.c:
        bcc -DGROSSSTADT -c eingabe.c
eingabe.c:
        bcc -DGROSSSTADT -c tabelle.c
tabelle.c:
        bcc -DGROSSSTADT -c ausgabe.c
ausgabe.c:
        bcc -eeinwohn.exe main.obj eingabe.obj tabelle.obj ausgabe.obj
C:\>
```

Benutzen verschiedener Directories für unterschiedliche Versionen

Wenn an einem Projekt gearbeitet wird, in dem unterschiedliche Kompilierungen möglich sind, so bietet sich die Unterbringung der verschiedenen Versionen in eigenen Directories als eine mögliche Lösung an. Nehmen wir dazu als Beispiel unser Programm für das Einwohnermeldeamt. Für dieses Beispiel bietet es sich an, vier Subdirectories mit den folgenden Namen anzulegen: *src*, *klein*, *gross* und *million*.

Im Subdirectory *src* befinden sich dann alle Quellmodule *main.c*, *eingabe.c*, *tabelle.c* und *ausgabe.c*. In den restlichen drei Subdirectories werden dann die unterschiedlich kompilierten Objektdateien hinterlegt: in *klein* die mit -DKLEINSTADT, in *gross* die mit -DGROSSSTADT und in *million* die mit -DMILLIONENSTADT kompilierten Objektdateien. Zusätzlich wird in jedem dieser Subdirectories das aus den jeweiligen Objektdateien zusammengelinkte Programm *einwohn.exe* abgelegt. Um diese unterschiedlichen Kompilierungen zu erreichen, wird in jedem dieser drei Subdirectories

Borlands MAKE unter MS-DOS

klein, *gross* und *million* ein Makefile angegeben. Wie dieses Makefile z.B. aussehen kann, wird nachfolgend für das Subdirectory *klein* gezeigt.

```
C:\> DIR ..\src ↵
..........
EINGABE   C      6736 05-26-93   9:05a
AUSGABE   C      3445 05-26-93   9:05a
TABELLE   C      4230 05-26-93   9:05a
MAIN      C      2384 05-26-93   9:05a
..........
C:\> type makefile ↵      [Ausgabe des Makefiles aus dem Subdirectory klein]
OBJS = main.obj eingabe.obj tabelle.obj ausgabe.obj

.PATH.c = ..\src
.c.obj:
    bcc -DKLEINSTADT -c $*.c

einwohn.exe: $(OBJS)
    bcc -e$*.exe $(OBJS)
C:\>
```

Wird nun im Subdirectory *klein* **make** aufgerufen, so wird dort eine Programmversion von *einwohn.exe* für eine Kleinstadt generiert.

```
C:\> DIR ↵
..........
MAKEFILE          167 05-26-93   9:07a
..........
C:\> make einwohn.exe ↵     [Aufruf findet im Subdirectory klein statt]
       bcc -DKLEINSTADT -c ..\src\main.c
..\src\main.c:
       bcc -DKLEINSTADT -c ..\src\eingabe.c
..\src\eingabe.c:
       bcc -DKLEINSTADT -c ..\src\tabelle.c
..\src\tabelle.c:
       bcc -DKLEINSTADT -c ..\src\ausgabe.c
..\src\ausgabe.c:
       bcc -eeinwohn.exe main.obj eingabe.obj tabelle.obj ausgabe.obj
C:\> DIR ↵
..........[bcc legt die kompilierten bzw. gelinkten Objektdateien immer ]
..........[im working directory ab]
MAKEFILE          167 05-26-93   9:07a
MAIN      OBJ     306 05-26-93   9:15a
EINGABE   OBJ     322 05-26-93   9:15a
TABELLE   OBJ     210 05-26-93   9:15a
AUSGABE   OBJ     322 05-26-93   9:15a
EINWOHN   EXE    6104 05-26-93   9:15a
..........
C:\>
```

Die Makefiles in den Subdirectories *gross* und *million* entsprechen dann bis auf die 5. Zeile vollständig dem obigen Makefile. In der 5. Zeile ist dort nur

    bcc -DGROSSSTADT -c $*.c   bzw.
    bcc -DMILLIONENSTADT -c $*.c

anzugeben. Wird **make** dann in diesen Subdirectories aufgerufen, so wird dort die entsprechende Programmversion generiert. So wird erreicht, daß die verschiedenen Programmversionen ganz eindeutig voneinander unterschieden werden können, da sie sich immer in unterschiedlichen Directories befinden. Es ist noch wichtig anzumerken, daß zwar unterschiedliche Versionen existieren, die einzelnen Quellmodule aber immer nur einfach und nicht mehrfach vorhanden sind, nämlich im Subdirectory *src*.

Falls man die Generierung aller drei Versionen in einem Makefile zusammenfassen möchte, so empfiehlt es sich, im übergeordneten Directory das folgende Makefile anzugeben.

```
C:\> type makefile ⏎
all:
    cd klein
    make einwohn.exe
    cd ..
    cd gross
    make einwohn.exe
    cd ..
    cd million
    make einwohn.exe
    cd ..
C:\> make all ⏎
        cd klein
        make einwohn.exe
        cd ..
        cd gross
        make einwohn.exe
        cd ..
        cd million
        make einwohn.exe
        cd ..       [Alles war bei diesem Lauf auf dem neuesten Stand]
C:\> touch src/tabelle.c ⏎
C:\> make all ⏎
        cd klein
        make einwohn.exe
        bcc –DKLEINSTADT –c ..\src\tabelle.c
..\src\tabelle.c:
        bcc –eeinwohn.exe main.obj eingabe.obj tabelle.obj ausgabe.obj
        cd ..
        cd gross
```

```
            make einwohn.exe
            bcc -DGROSSSTADT -c ..\src\tabelle.c
..\src\tabelle.c:
            bcc -eeinwohn.exe main.obj eingabe.obj tabelle.obj ausgabe.obj
            cd ..
            cd million
            make einwohn.exe
            bcc -DMILLIONENSTADT -c ..\src\tabelle.c
..\src\tabelle.c:
            bcc -eeinwohn.exe main.obj eingabe.obj tabelle.obj ausgabe.obj
            cd ..
C:\>
```

Nachfolgend lernen wir eine weitere Methode für den Umgang mit unterschiedlichen Compiler-Optionen kennen.

Benutzen unterschiedlicher Namen für verschiedene Versionen

Eine andere Technik, mit verschiedenen Versionen für ein Programm umzugehen, ist die Unterscheidung der Versionen durch Verwendung von unterschiedlichen Namen für Objektdateien. Nehmen wir als Beispiel wieder unser Programm für das Einwohnermeldeamt.

```
C:\> type makefile ⏎
OBJS         = main.obj   eingabe.obj   tabelle.obj   ausgabe.obj
KLEIN_OBJS   = kmain.obj  keingabe.obj  ktabelle.obj  kausgabe.obj
GROSS_OBJS   = gmain.obj  geingabe.obj  gtabelle.obj  gausgabe.obj
MILLION_OBJS = mmain.obj  meingabe.obj  mtabelle.obj  mausgabe.obj
#————— Kleinstadt ——————————————————————————————
klein.exe: $(KLEIN_OBJS)
    bcc -e$*.exe $(KLEIN_OBJS)
kmain.obj:    main.c
    bcc -okmain.obj -DKLEINSTADT -c main.c
keingabe.obj: eingabe.c
    bcc -okeingabe.obj -DKLEINSTADT -c eingabe.c
ktabelle.obj: tabelle.c
    bcc -oktabelle.obj -DKLEINSTADT -c tabelle.c
kausgabe.obj: ausgabe.c
    bcc -okausgabe.obj -DKLEINSTADT -c ausgabe.c
#————— Grossstadt ——————————————————————————————
gross.exe: $(GROSS_OBJS)
    bcc -e$*.exe $(GROSS_OBJS)
gmain.obj:    main.c
    bcc -ogmain.obj -DGROSSSTADT -c main.c
geingabe.obj: eingabe.c
    bcc -ogeingabe.obj -DGROSSSTADT -c eingabe.c
gtabelle.obj: tabelle.c
```

```
        bcc -ogtabelle.obj -DGROSSSTADT -c tabelle.c
gausgabe.obj:  ausgabe.c
        bcc -ogausgabe.obj -DGROSSSTADT -c ausgabe.c

#————— Millionenstadt ——————————————————
million.exe: $(MILLION_OBJS)
    bcc -e$*.exe $(MILLION_OBJS)
mmain.obj:     main.c
    bcc -ommain.obj -DMILLIONENSTADT -c main.c
meingabe.obj:  eingabe.c
    bcc -omeingabe.obj -DMILLIONENSTADT -c eingabe.c
mtabelle.obj:  tabelle.c
    bcc -omtabelle.obj -DMILLIONENSTADT -c tabelle.c
mausgabe.obj:  ausgabe.c
    bcc -omausgabe.obj -DMILLIONENSTADT -c ausgabe.c
C:\>
```

Nun werden die unterschiedlichen Versionen durch verschiedene Namen unterschieden. Um z.B. das Programm für eine Kleinstadt auszulegen, müßte **make klein.exe** aufgerufen werden.

```
C:\> make klein.exe ⏎
        bcc -okmain.obj -DKLEINSTADT -c main.c
main.c:
        bcc -okeingabe.obj -DKLEINSTADT -c eingabe.c
eingabe.c:
        bcc -oktabelle.obj -DKLEINSTADT -c tabelle.c
tabelle.c:
        bcc -okausgabe.obj -DKLEINSTADT -c ausgabe.c
ausgabe.c:
        bcc -eklein.exe kmain.obj keingabe.obj ktabelle.obj kausgabe.obj
C:\> make klein.exe ⏎    [Nun ist klein.exe auf dem neuesten Stand]
C:\>
```

Der Nachteil dieser Methode ist, daß man sehr lange Makefiles erhält. Nachdem wir in diesem Kapitel einige Methoden für den Einsatz von **make** in größeren Projekten kennengelernt haben, werden im nächsten Kapitel die Fehlermeldungen von **make** und mögliche Gründe für das Auftreten solcher Fehler vorgestellt.

4.10 Die wichtigsten make-Fehlermeldungen

Hier sind die wichtigsten Fehlermeldungen, die **make** bei einem Aufruf ausgeben kann, in alphabetischer Reihenfolge angegeben. Zu jeder Fehlermeldung wird dabei eine kurze Erklärung gegeben. Dabei sei angemerkt, daß nicht jede aus einem **make**-

Aufruf resultierende Fehlermeldung auch wirklich von **make** stammt. So kann z.B. auch eine Fehlermeldung vom C-Compiler oder Linker stammen.

Bad file name format in include statement

Bei der Direktive **!include** ist ein Dateiname angegeben, der nicht mit Anführungszeichen "*dateiname*" oder spitzen Klammern <*dateiname*> geklammert ist.

Bad undef statement syntax

Bei der Direktive **!undef** ist kein Name angegeben.

Character constant too long

Im Makefile wurde eine **char**-Konstante entsprechend C-Konvention mit '..' geklammert angegeben, wobei innerhalb der Apostrophe mehr als ein Zeichen angegeben wurde.

Circular dependency exists in makefile

make hat beim Abarbeiten der Einträge eine gegenseitige Abhängigkeit festgestellt, wie z.B.

```
a.c: b.c
b.c: a.c
```

Oft liegt eine solche zyklische Abhängigkeit nicht direkt vor, sondern ergibt sich durch indirekte Abhängigkeiten. In diesem Fall ist eine genaue Analyse der Abhängigkeitsstruktur notwendig.

Command arguments too long

MS-DOS läßt nur 127 Zeichen für Parameter auf der Kommandozeile zu. Diese Grenze wurde bei einem Kommandoaufruf im Makefile überschritten.

Command syntax error

Diese Fehlermeldung kann viele Ursachen haben. Einige davon sind:
- In einer Abhängigkeitsbeschreibung wurde vor oder nach dem Doppelpunkt kein Leer- oder Tabulatorzeichen angegeben.
- Eine Angabe im Makefile, die keine Kommando- oder Kommentarzeile ist, beginnt nicht in der 1. Spalte.

- In einer Makrodefinition steht vor dem = kein Name oder ein unerlaubter Name.
- usw.

Command arguments too long

MS-DOS läßt nur 127 Zeichen auf der Kommandozeile zu. Diese Grenze wurde bei einem Kommandoaufruf im Makefile überschritten. Entweder man kürzt die entsprechende Kommandozeile oder, wenn dies nicht möglich ist, so muß man mit Inline-Dateien arbeiten (siehe Kapitel 4.3.2).

Division by zero

Die Auswertung der Operatoren / (Division) bzw. % (Modulo) in einem bei !if oder !elif angegebenen Ausdruck resultierte in einer Division durch 0.

dateiname does not exist - don't know how to make it

Die Datei *dateiname* existiert nicht oder es existiert keine explizite Regel oder Suffix-Regel, aus der **make** die notwendigen Schritte zur Generierung des Ziels *dateiname* ermitteln kann.

Error directive: *fehlermeldung*

make ist bei der Abarbeitung des Makefiles auf eine !error-Direktive getroffen. In diesem Fall gibt es die dort angegebene *fehlermeldung* aus und beendet den **make**-Lauf.

Expression syntax error in !if statement

Ein bei einem !if oder !elif angegebener Ausdruck verstößt gegen die erlaubte Syntax. Mögliche Ursachen sind fehlende Klammern, fehlende Operatoren oder Operanden, usw.

File name too long

Die zu !include anzugebende Dateinamen dürfen maximal 64 Zeichen haben. Im Makefile wurde aber bei !include ein Dateiname angegeben, der länger ist.

If statement too long

Eine !if-Anweisung hat mehr als 4096 Zeichen. Dieser Fehler kann behoben werden, indem man entweder kürzere Namen verwendet oder aber die entsprechende !if-Anweisung in mehrere einzelne !if-Anweisungen aufspaltet.

Illegal character in constant expression *zeichen*

In einem Ausdruck einer **!if**- oder **!elif**-Direktive wurde ein nicht erlaubtes *zeichen* angegeben. Diese Meldung erscheint z.B. wenn in einem Ausdruck auf ein Makro mit $*makroname* ohne Klammerung zugegriffen wird.

Illegal octal digit

In einem Ausdruck einer **!if**- oder **!elif**-Direktive wurde eine oktale Konstante angegeben, die ein anderes Zeichen als die erlaubten Ziffer 0 bis 7 enthält.

Incorrect command-line argument: *argument*

Bei einem **make**-Aufruf wurde ein nicht erlaubtes Argument angegeben, wie z.B. eine dem **make** unbekannte Option. **make** gibt beim Auftreten des Fehlers nicht nur die obige Fehlermeldung aus, sondern auch noch ein kurze Beschreibung der **make**-Aufrufsyntax, wie wenn die Option **-?** oder **-h** angegeben worden wäre.

Macro expansion too long

Ein Makro enthält mehr als 4096 Zeichen. Abhilfe kann man hierbei schaffen, indem man den entsprechenden Makro-String auf zwei oder mehrere Makros aufteilt.

Misplaced elif statement

Im Makefile wurde eine **!elif**-Direktive ohne zugehörige **!if**-Direktive angegeben.

Misplaced else statement

Im Makefile wurde eine **!else**-Direktive ohne zugehörige **!if**-Direktive angegeben.

Misplaced endif statement

Im Makefile wurde eine **!endif**-Direktive ohne zugehörige **!if**-Direktive angegeben.

No file name ending

Ein bei einer **!include**-Direktive angegebener Dateiname ist nicht mit " oder > abgeschlossen.

No terminator specified for in-line file operator

Im Makefile wurden zwar die beiden Operatoren **&&** und **<<** für den Start einer Inline-Datei verwendet, aber es wurde danach nicht das erforderliche Terminator-Zeichen angegeben.

Not enough memory

Bei der Ausführung einer Kommandozeile aus dem Makefile, wie z.B. einem **bcc**-Aufruf, trat Speicherplatzmangel auf. Abhilfe kann man hier eventuell schaffen, indem man alle speicherresidenten Programme entfernt oder indem man **make** mit der Option **-S** aufruft, damit es sich für die Ausführung der Kommandozeilen immer aus dem Speicher auslagert.

Redefinition of target *ziel*

Im Makefile wurde das gleiche *ziel* mehrmals auf der linken Seite einer Abhängigkeitsbeschreibung angegeben.

Rule line too long

Eine explizite Regel oder Suffix-Regel hat mehr als 4096 Zeichen. Abhilfe kann man hierbei schaffen, indem man die entsprechenden Regeln unter Verwendung von Pseudozielen in mehrere Regeln aufspaltet.

Unable to execute command

Ein in den Kommandozeilen angegebenes Kommando kann nicht ausgeführt werden. Mögliche Gründe hierfür sind Tippfehler bei der Angabe des Kommandonamens oder fehlende *PATH*-Vereinbarungen, so daß das entsprechende Kommando nicht gefunden werden kann.

Unable to open include file dateiname

Die bei **!include** angegebene Datei kann von **make** nirgends gefunden werden.

Unable to open makefile

make kann kein Makefile mit dem Namen *MAKEFILE* oder *MAKEFILE.MAK* finden. Zudem findet es auch keine Datei mit dem Namen *BUILTINS.MAK*. Diese Fehlermeldung erscheint auch, wenn beim **make**-Aufruf die Option **-f** falsch angegeben wurde, z.B. wenn zwischen **-f** und dem Makefile-Namen ein Leerzeichen steht.

Unable to redirect input or output

Eine in den Kommandozeilen des Makefiles angegebene Ein- oder Ausgabeumlenkung kann nicht durchgeführt werden. Gründe hierfür können Mangel an Speicherplatz auf dem Datenträger oder fehlende Zugriffsrechte im entsprechenden Directory sein.

Unexpected end of file in conditional started on line *zeilennr*

Die in Zeile *zeilennr* angegebene **!if**-Direktive wurde nicht ordnungsgemäß mit **!endif** abgeschlosssen. Gründe dafür können das vollständige Fehlen von einem entsprechenden **!endif** oder aber Tippfehler bei der Angabe von **!endif** sein.

Unknown preprocessor statement

Im Makefile wurde eine Zeile angegeben, die zwar mit einem **!** beginnt, aber das darauffolgende Wort ist keine dem **make** bekannte Direktive. Wahrscheinlich liegt in diesem Fall ein Tippfehler vor. Erlaubte Direktiven sind **!if, !elif, !else, !endif, !include, !undef** und **!error**.

Hier wurden die wichtigsten bzw. die häufigsten Ursachen für das Auftreten von Fehlern genannt. Es ist verständlicherweise nicht möglich, alle Situationen zu beschreiben, die zu Fehlern führen.

Kapitel 5
Microsofts NMAKE unter MS-DOS

*Ein Floh
kann einem Löwen
mehr zu schaffen machen
als ein Löwe einem Floh.*

Sprichwort aus Kenia

Das **NMAKE** von Microsoft ist vom UNIX-Werkzeug **make** abgeleitet und dient zur Generierung von Programmen.

Wie wir im 2. Kapitel gesehen haben, setzt sich ein Softwareprojekt meist aus einer bestimmten Anzahl von Modulen zusammen, welche zunächst für sich getrennt kompiliert werden müssen, bevor die daraus resultierenden Objektdateien mit dem Linker zu einem ablauffähigen Programm zusammengebunden werden können. Wenn sich nun die Schnittstelle (Header-Datei) eines Moduls ändert, dann müssen alle von diesen Schnittstellen abhängigen Module neu kompiliert werden, bevor wieder gelinkt werden kann. Da die Abhängigkeiten der einzelnen Module untereinander in einem großen Softwareprojekt äußerst komplex sein können, ist es meist nicht offensichtlich, für welche Module bei Schnittstellen-Änderungen eine erneute Kompilierung durchgeführt werden muß.

Mit dem Tool **NMAKE** kann dieses Problem gelöst werden. **NMAKE** muß dazu eine Datei vorgelegt werden, in welcher die Abhängigkeiten der Module untereinander beschrieben sind. **NMAKE** sorgt dann dafür, daß alle von den Änderungen betroffenen Module automatisch kompiliert werden, bevor das ablauffähige Programm mit dem Linker zusammengebunden wird. Da MS-DOS case-insensitiv ist und Klein- und Großschreibung nicht unterscheidet, ist es unerheblich, ob man das Wort **NMAKE** klein oder groß schreibt. Da meistens die Kommandos klein eingegeben werden, wird nachfolgend das Wort **nmake** immer klein geschrieben.

5.1 Kurze Einführung zu nmake

Hier wird eine kurze Einführung in das **nmake** der Firma Microsoft gegeben. Dazu werden zunächst grundlegende Regeln vorgestellt, die beim Erstellen eines Makefiles (nmake-Beschreibungsdatei) zu beachten sind, bevor dann einige Aufrufformen von **nmake** und wichtige **nmake**-Fehlermeldungen vorgestellt werden.

5.1.1 Das Makefile

Im 2. Kapitel wurde ein sogenannter Abhängigkeitsbaum (dependency tree) für die einzelnen Module des Assembler-Programms aufgestellt. Nachfolgend ist dieser Baum nochmals abgebildet.

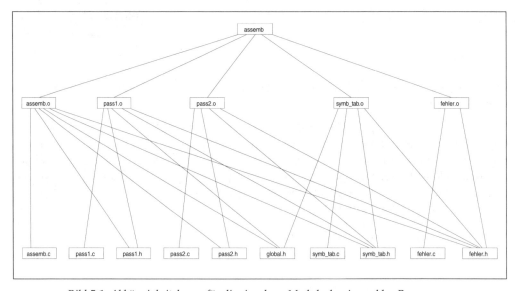

Bild 5.1: Abhängigkeitsbaum für die einzelnen Module des Assembler-Programms

Solche Abhängigkeiten werden beim Arbeiten mit **nmake** in einer Beschreibungsdatei, dem sogenannten *Makefile* angegeben. Zu obigem Abhängigkeitsbaum kann z.B. folgendes *MAKEFILE.* angegeben werden:

```
C:\> type makefile ⏎
#—— Makefile fuer das Assembler-Programm ——
#————————————————————————————————————————————

#............Linker-Teil..........................................
assemb.exe : assemb.obj pass1.obj pass2.obj symb_tab.obj fehler.obj
    cl -o assemb.exe assemb.obj pass1.obj pass2.obj fehler.obj symb_tab.obj

#............Kompilierungs-Teil...................................
assemb.obj : assemb.c global.h pass1.h pass2.h symb_tab.h fehler.h
    cl -c assemb.c        # Option -c bedeutet: nur Kompilieren

pass1.obj : pass1.c pass1.h global.h symb_tab.h fehler.h
    cl -c pass1.c
```

```
pass2.obj :   pass2.c pass2.h symb_tab.h fehler.h
    cl -c pass2.c
symb_tab.obj :   symb_tab.c symb_tab.h global.h fehler.h
    cl -c symb_tab.c
fehler.obj :   fehler.c fehler.h
    cl -c fehler.c
C:\>
```

Anhand dieses Makefiles lassen sich bereits einige grundlegende Regeln aufstellen:

Leerzeilen werden von nmake ignoriert

Zwecks besserer Lesbarkeit können beliebig viele Leerzeilen in einem Makefile angegeben sein. **nmake** überliest solche Leerzeilen einfach.

Kommentare werden mit # eingeleitet

Alle Zeichen ab # bis zum Zeilenende werden von **nmake** als Kommentar interpretiert und folglich ignoriert. Kommentar kann in einem Makefile als eine eigene Zeile angegeben werden, er kann aber auch am Ende einer für **nmake** relevanten Zeile stehen.

Ein Eintrag besteht aus Abhängigkeitsbeschreibung mit Kommandos

Einträge in einem Makefile setzen sich aus zwei Komponenten zusammen:
   Abhängigkeitsbeschreibung (dependency line) und den
   dazugehörigen Kommandozeilen

Zwischen diesen beiden Komponenten darf keine Leerzeile angegeben werden. Im obigen Makefile sind sechs Einträge angegeben. So handelt es sich z.B. bei:

```
symb_tab.obj :    symb_tab.c symb_tab.h global.h fehler.h
      cl -c symb_tab.c
```

um einen Eintrag. Es sei hier angemerkt, daß neben solchen Abhängigkeits-Einträgen noch andere Angaben erlaubt sind, wie z.B. Makrodefinitionen; dazu aber später mehr.

Abhängigkeitsbeschreibung darf nicht mit Leer- oder Tabzeichen beginnen

Eine Abhängigkeitsbeschreibung muß immer vollständig in einer Zeile angegeben werden, wobei folgende Syntax einzuhalten ist:

ziel : objekt1 objekt2 ....

Eine solche Zeile beschreibt, von welchen *objekten* das *ziel* (target) abhängig ist. *ziel* muß dabei immer am Anfang einer Zeile stehen (in Spalte 1 beginnen) und es muß mit Doppelpunkt von den *objekten* getrennt sein. Die einzelnen *objekte* müssen mit Leer- oder Tabulatorzeichen voneinander getrennt angegeben werden. Als Beispiel möge die folgende Zeile aus obigen Makefile dienen:

```
pass2.obj : pass2.c pass2.h symb_tab.h fehler.h
```

Diese Zeile besagt, daß die Objektdatei *pass2.obj* von den Dateien *pass2.c*, *pass2.h*, *symb_tab.h* und *fehler.h* abhängt. Solche Zeilen beschreiben also die Abhängigkeiten entsprechend dem Abhängigkeitsbaum (siehe Bild 5.1).

Kommandozeilen sind mit Leer- oder Tabzeichen einzurücken

Die direkt nach einer Abhängigkeitsbeschreibung angegebenen Kommandozeilen müssen immer mit mindestens einem Leer- oder Tabulatorzeichen eingerückt sein.

Abhängigkeits-Überprüfung anhand der Zeitmarken

Die zu einer Änderungsbeschreibung angegebenen Kommandozeilen werden von **nmake** immer dann ausgeführt, wenn eines der in der Abhängigkeitsbeschreibung angegebenen *objekte* eine neuere Zeitmarke (time stamp) besitzt als *ziel* oder wenn das *ziel* noch nicht existiert. Eine Zeitmarke für eine Datei enthält immer das Datum und die Zeit der letzten Änderung an dieser Datei. Die aktuellen Zeitmarken für Dateien können immer mit dem MS-DOS-Kommando **DIR** aufgelistet werden.

Anhand dieser vom Betriebssystem eingetragenen Zeitmarken ist es für **nmake** ein leichtes zu prüfen, ob eines der *objekte* in einer Abhängigkeitsbeschreibung jünger ist als das *ziel*. Bevor **nmake** aber den Vergleich der Zeitmarken in einer bestimmten Abhängigkeitsbeschreibung durchführt, prüft es noch, ob eines der dort erwähnten *objekte* eventuell in einer anderen Abhängigkeitsspezifikation als *ziel* angegeben ist. Trifft dies zu, so wird erst diese Änderungsbeschreibung bearbeitet. Auf den Abhängigkeitsbaum bezogen bedeutet dies, daß **nmake** die Zeitmarken der einzelnen Knoten in diesem Baum von unten nach oben überprüft. Erst wenn eine Ebene vollständig aktualisiert ist, wird die nächste Ebene bearbeitet. Man spricht oft auch von direkten und indirekten Abhängigkeiten. So besteht z.B. zwischen *assemb.exe* und *pass2.obj* oder zwischen *pass2.obj* und *pass2.c* eine direkte Abhängigkeit. Eine indirekte Abhängigkeit würde hier also z.B. zwischen *assemb.exe* und *pass2.c* bestehen. Bedient man sich dieser Definition, dann kann man sagen, daß **nmake** zuerst immer alle indirekten Abhängigkeiten abarbeitet, bevor es die direkten Abhängigkeiten bearbeitet.

Bevor **nmake** also den ersten Eintrag im obigen *makefile* bearbeitet, überprüft es zuerst, ob eine der Objektdateien *assemb.obj, pass1.obj, pass2.obj, fehler.obj, symb_tab.obj* aufgrund von Schnittstellen-Änderungen oder Änderungen in den Implementationen neu kompiliert werden muß.

Nehmen wir z.B. an, daß *pass2.c* geändert wurde, so wird **nmake** zuerst die Kompilierung von *pass2.c* veranlassen:

cl -c pass2.c

bevor es dann die einzelnen Module zu einem ablauffähigen Programm *assemb.exe* linken läßt:

cl -o assemb.exe assemb.obj pass1.obj pass2.obj fehler.obj symb_tab.obj

Zusammenfassend kann gesagt werden, daß **nmake** erst dann, wenn alle Module auf der rechten Seite einer Abhängigkeitsbeschreibung aktualisiert sind, die dazu angegebenen Kommandozeilen ausführt.

Uhrzeit des Systems muß unbedingt richtig sein

nmake verläßt sich vollständig auf die von MS-DOS vergegebenen Zeitmarken. Darum müssen Sie unbedingt dafür sorgen, daß die Zeit- und Datums-Angaben Ihres Systems richtig gesetzt sind. Wenn Ihr Rechner über Batterien verfügt, sollten Sie dafür sorgen, daß die Batterien in einem einwandfreien Zustand sind. Schwache Batterien können ein Grund dafür sein, daß Ihre Systemuhr nicht richtig eingestellt ist und **nmake** deswegen nicht richtig arbeitet.

Einige PC-Typen verfügen nicht über eine eingebaute Uhr. In diesem Fall müssen Sie als Benutzer bei jedem Einschalten des Rechners unbedingt die richtige Zeit und das richtige Datum (mit den DOS-Kommandos **TIME** und **DATE**) eingeben.

Das Zeilen-Fortsetzungszeichen \

Abhängigkeitsbeschreibungen müssen, wie bereits erwähnt, in einer Zeile angegeben werden. Da in größeren Projekten ein *ziel* von sehr vielen *objekten* abhängen kann, erhält man dort dann oft sehr lange Beschreibungszeilen. Aus Gründen der besseren Lesbarkeit ist es deshalb erlaubt, eine solche Beschreibung über mehrere Zeilen zu erstrecken. Dazu muß dann am Ende jeder Zeile (außer der letzten) das Fortsetzungszeichen \ angegeben werden. **nmake** fügt dann solche Zeilen zu einer Zeile zusammen. So könnte z.B. der Eintrag

```
symb_tab.obj :    symb_tab.c symb_tab.h global.h fehler.h
       cl -c symb_tab.c
```

auch wie folgt angegeben werden:

```
symb_tab.obj :    symb_tab.c \
                  symb_tab.h \
                  global.h \
                  fehler.h
    cl -c symb_tab.c
```

Dabei ist jedoch immer zu beachten, daß das Fortsetzungszeichen \ wirklich das letzte Zeichen der Zeile ist, und keine Leer-, Tabulator- oder sonstige Zeichen danach noch angegeben sind.

Fortsetzungszeichen am Ende eines Kommentars werden ignoriert.

Mehrere Kommandozeilen zu einer Abhängigkeitsbeschreibung

Zu einer Abhängigkeitsbeschreibung können auch mehr als eine Kommandozeile angegeben werden. Die Kommandozeilen sind dann direkt untereinander anzugeben und immer mit Leer- oder Tabulatorzeichen einzurücken, wie z.B.

```
symb_tab.obj :   symb_tab.c symb_tab.h global.h fehler.h
       echo symb_tab.obj wird generiert
       cl -c symb_tab.c
```

Falls *symb_tab.obj* neu erzeugt werden muß, dann wird zuerst die Meldung *symb_tab.obj wird generiert* ausgegeben, bevor der Compiler zur Übersetzung von *symb_tab.c* aufgerufen wird.

Abhängigkeitsbeschreibung und eine Kommandozeile in einer Zeile

Eine Abhängigkeitsbeschreibung und eine dazugehörige Kommandozeile können auch in einer Zeile angegeben werden, wenn sie mit Semikolon voneinander getrennt sind:

ziel : objekt1 objekt2 ... ; kdozeile1

So hätte man z.B. den folgenden Eintrag aus obigen *makefile*

```
fehler.obj : fehler.c fehler.h
       cl -c fehler.c
```

auch wie folgt angeben können:

```
fehler.obj : fehler.c fehler.h ;   cl -c fehler.c
```

Dies ist im übrigen die einzige Ausnahme, bei der eine Kommandozeile nicht mit einem Leer- oder Tabulatorzeichen beginnen muß.

Ein gleiches *ziel* kann mehrmals angegeben werden

Der gleiche Namen kann in mehreren Abhängigkeitsbeschreibungen als *ziel* auftauchen. So können die unterschiedlichen Arten von Abhängigkeiten hervorgehoben werden. Es kann also z.B. im obigen *makefile* der Eintrag

```
symb_tab.obj :   symb_tab.c symb_tab.h global.h fehler.h
       cl -c symb_tab.c
```

wie folgt aufgetrennt werden:

```
symb_tab.obj:   symb_tab.c       # Implementations-Abhängigkeit
      cl -c symb_tab.c
      .......
      .......
      .......
symb_tab.obj :  symb_tab.h global.h fehler.h   # Schnittstellen-Abhängigkeit
      .......
      .......
```

Der zur Generierung von *symb_tab.obj* erforderliche Compileraufruf (**cl -c symb_tab.c**) ist dabei nur bei der ersten Abhängigkeitsbeschreibung angegeben. Nichtsdestotrotz wird die Kompilierung von *symb_tab.c* nicht nur bei Änderung von *symb_tab.c*, sondern auch bei Änderungen in den Header-Dateien *symb_tab.h*, *global.h* und *fehler.h* durchgeführt.

Es gilt sogar allgemein: Wenn ein gleiches *ziel* mehrmals verwendet wird, dann dürfen Kommandozeilen nur bei einer Abhängigkeitsbeschreibung angegeben sein.

5.1.2 Einfache Aufrufformen von nmake

Nachfolgend werden mögliche Aufrufformen von **nmake** mit einigen wichtigen Optionen vorgestellt.

nmake-Aufruf ohne Angabe von Argumenten

Um unser Assembler-Programm mit obigen *makefile* generieren zu lassen, muß **nmake** ohne jegliche Argumente aufgerufen werden:

```
C:\> nmake ⏎
    cl -c assemb.c      # Option -c bedeutet: nur Kompilieren
assemb.c                [Compiler-Meldung, dass assemb.c kompiliert wird]
    cl -c pass1.c
pass1.c                 [Compiler-Meldung, dass pass1.c kompiliert wird]
    cl -c pass2.c
pass2.c                 [Compiler-Meldung, dass pass2.c kompiliert wird]
    cl -c symb_tab.c
symb_tab.c              [Compiler-Meldung, dass symb_tab.c kompiliert wird]
    cl -c fehler.c
fehler.c                [Compiler-Meldung, dass fehler.c kompiliert wird]
    cl -o assemb.exe assemb.obj pass1.obj pass2.obj fehler.obj symb_tab.obj
Microsoft (R) Segmented Executable Linker  Version 5.30
Copyright (C) Microsoft Corp 1984-1992.  All rights reserved.
```

```
Object Modules [.obj]: assemb.obj +
Object Modules [.obj]: "pass1.obj" +
Object Modules [.obj]: "pass2.obj" +
Object Modules [.obj]: "fehler.obj" +
Object Modules [.obj]: "symb_tab.obj"
Run File [assemb.exe]: "assemb.exe" /noi
List File [nul.map]: NUL
Libraries [.lib]:
Definitions File [nul.def]: ;
C:\>
```

Wie zu sehen ist, gibt **nmake** jedes Kommando aus, bevor es dieses zur Ausführung bringt. Wird **nmake** ohne jegliche Argumente aufgerufen, so bestimmt der erste Eintrag, was zu erzeugen ist. Da in unserem Fall

```
assemb.exe :   assemb.obj pass1.obj pass2.obj symb_tab.obj fehler.obj
        cl -o assemb.exe assemb.obj pass1.obj pass2.obj symb_tab.obj fehler.obj
```

als erstes angegeben ist, wird das Assembler-Programm *assemb.exe* erzeugt, wobei zuvor alle notwendigen Kompilierungen der einzelnen Module durchgeführt werden müssen.

Würde man dagegen z.B.

```
pass1.obj :   pass1.c pass1.h global.h symb_tab.h fehler.h
        cl -c pass1.c
```

als ersten Eintrag im obigen *makefile* angeben, dann erzeugt der Aufruf von **nmake** (ohne jegliche Argumente) lediglich die Objektdatei *pass1.obj*:

```
C:\> nmake ⏎
    cl -c pass1.c
pass1.c                 [Compiler-Meldung, dass pass1.c kompiliert wird]
C:\>
```

nmake-Aufruf mit Angabe von Zielen

Unabhängig von der Reihenfolge der Einträge, kann man durch die Angabe von *zielen* beim **nmake**-Aufruf erreichen, daß nur diese *ziele* erzeugt werden. Dazu muß man

nmake *ziel1 ziel2 ....*

aufrufen. Will man z.B. nur die Objektdatei *symb_tab.obj* generieren lassen, so kann das mit folgendem Aufruf geschehen:

```
C:\> nmake symb_tab.obj ⏎
    cl -c symb_tab.c
symb_tab.c
C:\>
```

Sollen nur die Objektdateien *fehler.obj* und *pass2.obj* generiert werden, so ist folgender Aufruf notwendig:

```
C:\> nmake fehler.obj pass2.obj ⏎
    cl -c fehler.c
fehler.c
    cl -c pass2.c
pass2.c
C:\>
```

Um das Assembler-Programm *assemb.exe* (unabhängig von der Reihenfolge der Einträge) vollständig generieren zu lassen, kann man folgenden Aufruf angeben:

nmake assemb.exe

Nehmen wir nun an, daß unser Assembler-Programm in zwei Versionen angeboten werden soll: *assemb.exe* und *assemb2.exe*. Bei der zweiten Version *assemb2.exe* soll es sich um eine erweiterte Version handeln, die mehr Kommandos kennt und deshalb anstelle des Moduls *symb_tab.c* das Modul *symb_ta2.c* verwendet (siehe dazu Kapitel 2.2.7). Beide könnten nun über dasselbe *makefile* generiert werden:

```
C:\> type makefile ⏎
#—— Makefile fuer das Assembler-Programm ——
#————————————————————————————————————————

#...........Linker-Teil..................................
assemb.exe :  assemb.obj pass1.obj pass2.obj symb_tab.obj fehler.obj
     echo assemb.exe wird nun gelinkt.........
     cl -o assemb.exe assemb.obj pass1.obj pass2.obj fehler.obj symb_tab.obj

assemb2.exe :  assemb.obj pass1.obj pass2.obj symb_ta2.obj fehler.obj
     echo assemb2.exe wird nun gelinkt.........
     cl -o assemb2.exe assemb.obj pass1.obj pass2.obj fehler.obj symb_ta2.obj

#...........Kompilierungs-Teil...........................
assemb.obj :  assemb.c global.h pass1.h pass2.h symb_tab.h fehler.h
       cl -c assemb.c        # Option -c bedeutet: nur Kompilieren
pass1.obj :  pass1.c pass1.h global.h symb_tab.h fehler.h
       cl -c pass1.c
pass2.obj :  pass2.c pass2.h symb_tab.h fehler.h
       cl -c pass2.c
symb_tab.obj :  symb_tab.c symb_tab.h global.h fehler.h
       cl -c symb_tab.c
symb_ta2.obj :  symb_ta2.c symb_tab.h global.h fehler.h
       cl -c symb_ta2.c
fehler.obj :  fehler.c fehler.h
       cl -c fehler.c
```

```
#...........Cleanup............................................
cleanup:
    echo Folgende Dateien werden nun geloescht:
    dir *.obj /b
    del *.obj
C:\>
```

Die gegenüber unserem ursprünglichen Makefile neu hinzugekommenen Zeilen sind im obigen Listing fett gedruckt.

Wollen wir nun die erste Version des Assemblers *assemb.exe* erzeugen, so müssen wir nur

nmake assemb.exe

aufrufen. Wollen wir dagegen die zweite Version des Assemblers *assemb2.exe* generieren, so müssen wir

nmake assemb2.exe

aufrufen. Es kann also ein Makefile für die Generierung unterschiedlicher Versionen oder verschiedener Programme benutzt werden.

Abhängigkeitsangaben ohne Abhängigkeiten

Es sind auch Abhängigkeitsbeschreibungen erlaubt, bei denen nur das *ziel* (mit Doppelpunkt) ohne *objekte* angegeben ist. Im vorherigen *makefile* wurde beim Ziel *cleanup* hiervon Gebrauch gemacht:

```
#...........Cleanup............................................
cleanup:
    echo Folgende Dateien werden nun geloescht:
    dir *.obj /b
    del *.obj
```

Um nun alle Objektdateien des working directory zu löschen, muß

nmake cleanup

aufgerufen werden. Fehlende Abhängigkeiten in einer Abhängigkeitsbeschreibung bedeuten nämlich, daß die zugehörigen Kommandozeilen bei Anforderung immer ausgeführt werden.

Die Option -s

Wird beim Aufruf von **nmake** die Option **-s** (*silent*) angegeben, so gibt **nmake** die Kommandos nicht nochmals explizit vor ihrer Ausführung aus:

```
C:\> nmake -s cleanup ⏎
Folgende Dateien werden nun geloescht:
```

```
ASSEMB.OBJ
PASS1.OBJ
PASS2.OBJ
SYMB_TAB.OBJ
FEHLER.OBJ
C:\>
```

Die Option -n

Wird **nmake** mit der Option **-n** aufgerufen, so zeigt es an, welche Kommandozeilen es ausführen würde, führt diese aber nicht aus:

```
C:\> nmake -n ⏎            [Nur anzeigen, was zu generieren ist]
    cl -c assemb.c         # Option -c bedeutet: nur Kompilieren
    cl -c pass1.c
    cl -c pass2.c
    cl -c symb_tab.c
    cl -c fehler.c
    echo assemb.exe wird nun gelinkt.........
    cl -o assemb.exe assemb.obj pass1.obj pass2.obj fehler.obj symb_tab.obj
C:\> nmake -s assemb.exe ⏎
assemb.c
pass1.c
pass2.c
symb_tab.c
fehler.c
assemb.exe wird nun gelinkt.........
Microsoft (R) Segmented Executable Linker  Version 5.30
Copyright (C) Microsoft Corp 1984-1992.  All rights reserved.

Object Modules [.obj]: assemb.obj +
Object Modules [.obj]: "pass1.obj" +
Object Modules [.obj]: "pass2.obj" +
Object Modules [.obj]: "fehler.obj" +
Object Modules [.obj]: "symb_tab.obj"
Run File [assemb.exe]: "assemb.exe" /noi
List File [nul.map]: NUL
Libraries [.lib]:
Definitions File [nul.def]: ;
C:\> nmake -n assemb2.exe ⏎
    cl -c symb_ta2.c
    echo assemb2.exe wird nun gelinkt.........
    cl -o assemb2.exe assemb.obj pass1.obj pass2.obj fehler.obj symb_ta2.obj
C:\> nmake assemb2.exe ⏎
    cl -c symb_ta2.c
symb_ta2.c
```

```
        echo assemb2.exe wird nun gelinkt.........
assemb2.exe wird nun gelinkt.........
        cl -o assemb2.exe assemb.obj pass1.obj pass2.obj fehler.obj symb_ta2.obj

Microsoft (R) Segmented Executable Linker  Version 5.30
Copyright (C) Microsoft Corp 1984-1992.  All rights reserved.

Object Modules [.obj]: assemb.obj +
Object Modules [.obj]: "pass1.obj" +
Object Modules [.obj]: "pass2.obj" +
Object Modules [.obj]: "fehler.obj" +
Object Modules [.obj]: "symb_ta2.obj"
Run File [assemb.exe]: "assemb2.exe" /noi
List File [nul.map]: NUL
Libraries [.lib]:
Definitions File [nul.def]: ;
C:\>
```

5.1.3 Einige wichtige make-Fehlermeldungen

Nachfolgend werden einige wichtige **nmake**-Fehlermeldungen vorgestellt und die Gründe für solche Meldungen erläutert.

'*ziel*' is up-to-date

Falls seit dem letzten **nmake**-Aufruf keine direkt oder indirekt abhängigen Module modifiziert wurden, so erkennt **nmake**, daß nichts zu generieren ist und gibt obige Fehlermeldung aus. Nehmen wir z.B. an, daß seit dem letzten **nmake**-Aufruf keine Änderungen an den Modulen oder deren Header-Dateien vorgenommen wurden, dann würden die folgenden **nmake**-Aufrufe obige Fehlermeldung ausgeben:

```
C:\> nmake ⏎
'assemb.exe' is up-to-date
C:\> nmake -n pass1.obj ⏎
'pass1.obj' is up-to-date
C:\> nmake pass2.obj fehler.obj ⏎
'pass2.obj' is up-to-date
'fehler.obj' is up-to-date
C:\>
```

Die obige Meldung erscheint allerdings auch, wenn beim **nmake**-Aufruf ein Name angegeben wird, der zwar in keiner Abhängigkeitsbeschreibung des Makefiles als *ziel* auftaucht, aber dafür der Name einer Datei im working directory ist:

```
C:\> nmake -n sum.asm ⏎
'sum.asm' is up-to-date
```

Microsofts NMAKE unter MS-DOS 325

```
C:\> nmake fehler.h ⏎
'fehler.h' is up-to-date
C:\> nmake -s makefile potenz.asm ⏎
'makefile' is up-to-date
'potenz.asm' is up-to-date
C:\>
```

don't know how to make '*objekt*'

Existiert der beim **nmake**-Aufruf angegebene Name weder als *ziel* im *makefile* noch als Datei im working directory, so wird diese Meldung ausgegeben:

```
C:\> nmake -n pas1.obj ⏎
NMAKE : fatal error...: don't know how to make 'pas1.obj'
Stop.
C:\> nmake -s asemb.exe ⏎
NMAKE : fatal error...: don't know how to make 'asemb.exe'
Stop.
C:\> nmake make ⏎
NMAKE : fatal error...: don't know how to make 'make'
Stop.
C:\> nmake love ⏎
NMAKE : fatal error...: don't know how to make 'love'
Stop.
C:\>
```

MAKEFILE not found and no target specified

Falls **nmake** im working directory kein *makefile* findet, so gibt es diese Fehlermeldung aus:

```
C:\> ren makefile mfile ⏎
C:\> nmake ⏎
NMAKE : fatal error...: MAKEFILE not found and no target specified
Stop.
C:\> nmake assemb.exe pass1.obj ⏎
'assemb.exe' is up-to-date      [Es existiert zwar kein Makefile, aber dafür]
'pass1.obj' is up-to-date       [ existieren die beiden Dateien assemb.exe und pass1.obj]
C:\> nmake pas1.obj ⏎
NMAKE : fatal error...: don't know how to make 'pas1.obj'
Stop.
C:\> ren mfile makefile ⏎
C:\>
```

Nach dieser kurzen Einführung zu **nmake** sollte weder das Erstellen eigener Makefiles noch die einfache Benutzung von **nmake** keine größeren Probleme mehr bereiten. Nachfolgend werden wir uns nun mit allen Details von **nmake** und Makefiles beschäftigen. Dabei werden wir viele Möglichkeiten kennenlernen, die zum professionellen Umgang mit **nmake** notwendig sind.

5.2 Makros

Das Makefile des letzten Kapitels enthielt einige Wiederholungen. Da in größeren Softwareprojekten die einzelnen *ziele* von sehr vielen *objekten* abhängen können und dort oft auch ein Makefile die Generierung für mehrere Versionen des gleichen Produkts enthält, kann es zu sehr vielen Wiederholungen in Makefiles kommen. Durch die Verwendung von Makros können nicht nur solche Wiederholungen vermieden werden, sondern auch flexiblere Makefiles erstellt werden, die eine leichtere Anpassung eines Makefiles an neue Gegebenheiten zulassen. Man denke dabei nur an die Debug-Option **-Zi** beim **cl**-Aufruf. Soll z.B. während der Entwicklung eines Programms kurzfristig Debug-Information für ein Programm erzeugt werden, so müssen alle entsprechenden Kommandozeilen im Makefile geändert werden. Bei Benutzung eines Makros ist dagegen nur die Änderung dieses Makros im Makefile notwendig, um es für die Generierung von Debug-Information auszustatten.

5.2.1 Selbstdefinierte Makros

Unter Verwendung von Makros können wir unser *makefile* aus dem letzten Kapitel wie folgt schreiben:

```
C:\> type makefile ⏎
#—— Makefile fuer das Assembler-Programm ——
#—————————————————————————————————

#............Makrodefinitionen...................
CC        = cl
CFLAGS    = -nologo -c   # -nologo: keine Ausgabe der Copyright-Meldung
LINK      = cl           # link ist der eigentliche Microsoft-Linker
LINKFLAGS = -nologo -o
DEBUG     = # jetzt leer; fuer Debugging auf -Zi setzen
EXT = obj
BASISOBJS = assemb.$(EXT) pass1.$(EXT) pass2.$(EXT) fehler.$(EXT)
OBJS1     = $(BASISOBJS) symb_tab.$(EXT)
OBJS2     = $(BASISOBJS) symb_ta2.$(EXT)
ZIEL1 = assemb.exe
ZIEL2 = assemb2.exe

#............Linker-Teil.........................
$(ZIEL1) : $(OBJS1)
```

```
        echo $(ZIEL1) wird nun gelinkt........
        $(LINK) $(DEBUG) $(LINKFLAGS) $(ZIEL1) $(OBJS1)
$(ZIEL2) : $(OBJS2)
        echo $(ZIEL2) wird nun gelinkt........
        $(LINK) $(DEBUG) $(LINKFLAGS) $(ZIEL2) $(OBJS2)
#............Kompilierungs-Teil.................................
assemb.obj : assemb.c global.h pass1.h pass2.h symb_tab.h fehler.h
        $(CC) $(DEBUG) $(CFLAGS) assemb.c

pass1.obj : pass1.c pass1.h global.h symb_tab.h fehler.h
        $(CC) $(DEBUG) $(CFLAGS) pass1.c

pass2.obj : pass2.c pass2.h symb_tab.h fehler.h
        $(CC) $(DEBUG) $(CFLAGS) pass2.c

symb_tab.obj : symb_tab.c symb_tab.h global.h fehler.h
        $(CC) $(DEBUG) $(CFLAGS) symb_tab.c

symb_ta2.obj : symb_ta2.c symb_tab.h global.h fehler.h
        $(CC) $(DEBUG) $(CFLAGS) symb_ta2.c

fehler.obj : fehler.c fehler.h
        $(CC) $(DEBUG) $(CFLAGS) fehler.c

#............Cleanup.............................................
cleanup :
    echo Folgende Dateien werden nun geloescht:
    DIR *.obj /b
    DEL *.obj
C:\>
```

Zunächst wollen wir einmal dieses *makefile* testen:

```
C:\> nmake -s cleanup ⏎
Folgende Dateien werden nun geloescht:
ASSEMB.OBJ
PASS1.OBJ
PASS2.OBJ
FEHLER.OBJ
SYMB_TAB.OBJ
SYMB_TA2.OBJ
C:\> nmake fehler.obj ⏎
    cl -nologo -c fehler.c
fehler.c
C:\> nmake -s ⏎
assemb.c
pass1.c
pass2.c
symb_tab.c
assemb.exe wird nun gelinkt........
```

```
..........
C:\> nmake -s assemb2.exe ↵
symb_ta2.c
assemb2.exe wird nun gelinkt........
..........
C:\>
```

Dieses *makefile* scheint das gleiche zu leisten wie das *makefile* aus dem vorherigen Kapitel.

Anhand dieses Makefiles wollen wir nun die für Makros geltenden Regeln erarbeiten.

Definition von Makros mit *makroname = string*

Eine Makrodefinition ist eine Zeile, die ein Gleichheitszeichen = enthält:

makroname = string

Mit dieser Definition wird dem *makronamen* der nach dem = angegebene *string* zugeordnet. Die Definition eines Makros erstreckt sich dabei vom Zeilenanfang bis zum Zeilenende bzw. bis zum Start eines Kommentars (#).

Links und rechts vom = müssen keine Leer- oder Tabulatorzeichen angegeben werden; sind aber doch welche angegeben, so werden diese von **nmake** ignoriert. Zum *string* gehören alle Zeichen vom ersten relevanten Zeichen bis zum Zeilenende bzw. bis zum Start eines Kommentars. Relevant bedeutet hier: Zeichen, die keine Leer- oder Tabulatorzeichen sind. **nmake** ignoriert nämlich alle führenden Leer- und Tabulatorzeichen zu einem *string*.

Damit **nmake** eine Makrodefinition von einer Kommandozeile unterscheiden kann, darf eine Zeile, die eine Makrodefinition enthält, niemals mit einem Leer- oder Tabulatorzeichen beginnen.

Wenn auch Makrodefinitionen überall in einem Makefile angegeben werden dürfen, so ist es doch empfehlenswert, alle Makrodefinitionen am Anfang eines Makefiles anzugeben. Dies erleichtert das Auffinden und Ändern von Makros.

Makronamen sind Folgen von Buchstaben, Ziffern und Unterstrichen

Bei der Vergabe von Makronamen sind Buchstaben (keine Umlaute oder ß), Ziffern und Unterstriche (_) erlaubt. Makronamen können bis zu 1024 Zeichen lang sein. So sind z.B. die folgenden Makrodefinitionen erlaubt:

```
objekte = main.obj eingabe.obj bild.obj
323 = dreihundert und dreiundzwanzig
12_drei_gsuffa = Lasst uns Einen heben
LIBDIR = C:\c700\lib
```

nmake ist case-sensitiv, d.h. es unterscheidet Klein- und Großbuchstaben. So sind z.B. *Option* und *option* zwei verschiedene Makronamen.

Wenn auch Kleinbuchstaben in Makrodefinitionen erlaubt sind, so ist es doch Konvention, daß man für Makronamen nur Großbuchstaben verwendet.

Zugriff auf Makros mit $(*makroname***)**

Auf den Wert (*string*) eines Makronamens kann zugegriffen werden, indem der Makroname mit runden Klammern umgeben wird und dieser Klammerung dann ein $ vorangestellt wird:

$(*makroname***)**

Hierfür wird dann von **nmake** der zugehörige *string* aus der Makrodefinition eingesetzt.

Bei Makronamen, die nur aus einem Zeichen bestehen, ist die Angabe von runden Klammern beim Zugriff nicht erforderlich. Wenn z.B. folgende Makrodefinition existiert:

C = C:\c700\bin\cl

so könnte auf den String des Makros C mit

$C oder $(C)

zugegriffen werden.

Zugriff auf leere oder undefinierte Makros liefert Leerstring

Ist in einer Makrodefinition nach dem = kein *string* angegeben, wie z.B.

```
DEBUG =
```

dann wird einem solchen Makro der Leerstring zugewiesen. Ein Zugriff auf ein solches Makro, wie z.B.

```
CC     = cl
CFLAGS = -c
DEBUG  =
.......
.......
$(CC) $(DEBUG) $(CFLAGS) fehler.c
```

bewirkt dann, daß an dieser Stelle der Leerstring, also Nichts, eingesetzt wird, als ob diese Konstruktion **$(DEBUG)** gar nicht angegeben wäre:

```
cl -c fehler.c
```

Das gleiche passiert auch, wenn auf ein Makro zugegriffen wird, dessen Name nirgends definiert ist. Wenn z.B. nirgendwo das Makro *VORSCHUB* definiert ist, so liefert das folgende Makefile:

```
ausgabe:
    echo $(VORSCHUB) Seite1 $(VORSCHUB) Seite2
```

beim Aufruf

nmake ausgabe

folgende Ausgabe:

```
Seite1 Seite2
```

nmake meldet also beim Zugriff auf undefinierte Makros niemals einen Fehler, sondern setzt dafür immer den Leerstring ein.

Das Fortsetzungszeichen \ bei einer Makrodefinition

Da eine Makrodefinition eventuell sehr lang werden kann, ist es erlaubt, sie unter Verwendung des Zeilen-Fortsetzungszeichen \ über mehrere Zeilen zu erstrecken. Das Fortsetzungszeichen \ muß dazu am Ende jeder Zeile (außer der letzten) angegeben werden. **nmake** fügt solche Zeilen zu einer Zeile zusammen, welche dann die Makrodefinition darstellt. Wird am Ende einer Zeile ein Fortsetzungszeichen \ angegeben, so setzt **nmake** beim Zusammenfügen hierfür genau ein Leerzeichen ein und entfernt in der Folgezeile alle am Anfang stehenden Leer- und Tabulatorzeichen. Nachfolgendes Beispiel verdeutlicht dies:

```
C:\> type makefile ⏎
NAM = Hans     \
                        Meier
STR = Bergstr.\
192b

ORT = 91091\
      Grossenseebach

adresse: wohnort
    echo $(ORT)

wohnort: strasse
    echo $(STR)

strasse:
    echo $(NAM)
C:\> nmake -s adresse ⏎
Hans    Meier
Bergstr. 192b
91091 Grossenseebach
C:\>
```

Es ist unbedingt darauf zu achten, daß nach dem Fortsetzungszeichen \ keine weiteren Zeichen wie etwa Leer- oder Tabulatorzeichen angegeben werden, da **nmake** sonst einen Fehler meldet.

Zugriff auf andere Makros ist bei Makrodefinition erlaubt

Im *string* einer Makrodefinition darf auch auf andere Makros zugegriffen werden. Diese Makros müssen dabei nicht unbedingt vorher, sondern könnten auch erst danach definiert sein. Wenn z.B. in einem Makefile die folgenden Makrodefinitionen (in der angegebenen Reihenfolge) vorliegen:

```
BASISOBJS = assemb.$(EXT) pass1.$(EXT) pass2.$(EXT) fehler.$(EXT)
EXT = obj
```

dann wird ein Zugriff mit **$(***BASISOBJS***)** von **nmake** zu folgenden String expandiert:

```
assemb.obj pass1.obj pass2.obj fehler.obj
```

Wenn auch in Makrodefinitionen der Zugriff auf erst später definierte Makros erlaubt ist, so gilt dies nicht für Abhängigkeitsbeschreibungen. Wird nämlich in einer Abhängigkeitsbeschreibung auf ein Makro zugegriffen, bevor es definiert ist, so wird dort der Leerstring und nicht der *string* aus der späteren Makrodefinition eingesetzt, wie folgende Beispiele zeigen:

```
C:\> type makefile ⏎
version: $(DATEI)
    echo Versions-Datei veraltet

DATEI = nummer
C:\> echo 1 >version ⏎      [Anlegen der Datei version]
C:\> echo 2 >nummer ⏎       [Anlegen der Datei nummer]
C:\> nmake version ⏎
'version' is up-to-date     [version ist zwar unabhaengig von einer anderen Datei, aber im
                             Directory vorhanden]
C:\> type makefile ⏎        [Makrodefinition nun nach vorne gezogen]
DATEI = nummer

version: $(DATEI)
    echo Versions-Datei veraltet
C:\> nmake -s version ⏎
Versions-Datei veraltet
C:\>
```

Wird dagegen in einer Kommandozeile auf ein Makro zugegriffen, das erst später definiert wird, so wird bereits dort der erst später definierte *string* eingesetzt. Dazu folgendes Beispiel:

```
C:\> type makefile ⏎
version: nummer
    echo $(DATEI) ist neuer als version
```

```
DATEI = nummer
C:\> echo 2 >nummer ⏎
C:\> nmake -s version ⏎
nummer ist neuer als version
C:\>
```

Vorsicht ist geboten, wenn in einer Makrodefinition auf ein anderes Makro zugegriffen wird, welches mehrmals im Makefile definiert wird. In diesem Fall gilt immer die letzte Definition vor dem eigentlichen Zugriff. Dazu wieder ein Beispiel:

```
C:\> type makefile ⏎
VORNAM  = Emil
NACHNAM = Meier
NACHNAM = Mueller

NAME = $(VORNAM) $(NACHNAM)

NACHNAM = Zimmermann

ausgabe:
    echo $(NAME)
C:\> nmake -s ausgabe ⏎
Emil Mueller
C:\>
```

Die rekursive Definition von Makros ist nicht erlaubt. **nmake** erkennt solche rekursiven Definitionen und meldet einen Fehler, wie das nachfolgende Beispiel zeigt:

```
C:\> type makefile ⏎
A = $B $C
B = X
C = $A Y

ausgabe:
    echo $A
C:\> nmake ausgabe ⏎
MAKEFILE(3) : fatal error...: cycle in macro definition 'C'
Stop.
C:\>
```

Ausschalten von Sonderzeichen in einer Makrodefinition

Einige Zeichen haben eine Sonderbedeutung für **nmake**. So wird z.B. mit # ein Kommentar eingeleitet. Wenn nun ein solches Zeichen Teil eines Strings in einer Makrodefinition sein soll, so muß seine Sonderbedeutung dort ausgeschaltet werden. Dies geschieht für die einzelnen Zeichen auf unterschiedliche Art:

Ausschalten des Kommentarzeichens # durch Voranstellen von ^

Die Sonderbedeutung des Kommentarzeichens kann durch Voranstellen des Zeichens ^ ausgeschaltet werden. Dazu ein Beispiel:

```
C:\> type makefile ⏎
TEXT = Zeichen # kennzeichnet Kommentarbeginn
ausgabe:
   echo $(TEXT)
C:\> nmake -s ausgabe ⏎
Zeichen
C:\> type makefile ⏎        [Hier nun mit ^# Sonderbedeutung von # ausgeschaltet]
TEXT = Zeichen ^# kennzeichnet Kommentarbeginn
ausgabe:
   echo $(TEXT)
C:\> nmake -s ausgabe ⏎
Zeichen # kennzeichnet Kommentarbeginn
C:\>
```

Angabe des root directorys am Ende einer Kommandozeile mit ^\ oder \#

In manchen Situationen muß man am Ende einer Kommandozeile das root directory angeben. Unglücklicherweise entspricht aber die Angabe des root directorys \ (Backslash) genau dem Zeilen-Fortsetzungszeichen in **nmake**.

Um diese Sonderbedeutung von \ in **nmake** auszuschalten, muß ^\ verwendet werden, wenn am Ende einer Kommandozeile das root directory anzugeben ist:

```
C:\> type makefile ⏎
ZIEL = \

kopiere:
   copy *.obj $(ZIEL)
C:\> nmake -s kopiere ⏎
   copy *.obj
ASSEMB.OBJ
Datei kann nicht auf sich selbst kopiert werden
       0 Datei(en) kopiert
C:\> type makefile ⏎        [Hier nun mit ^\ Sonderbedeutung von \ ausgeschaltet]
ZIEL = ^\

kopiere:
   copy *.obj $(ZIEL)
C:\> nmake -s kopiere ⏎
   copy *.obj \
ASSEMB.OBJ
PASS1.OBJ
PASS2.OBJ
FEHLER.OBJ
```

```
SYMB_TAB.OBJ
      5 Datei(en) kopiert
C:\>
```

Die Sonderbedeutung des Backslash \ kann auch durch die Angabe von \# ausgeschaltet werden, da **nmake** nur dann \ als Fortsetzungszeichen interpretiert, wenn es das letzte Zeichen einer Zeile ist. Durch die obige Angabe wird aber nach \ noch ein Zeichen angegeben, das einen leeren Kommentar darstellt.

Ausschalten der Sonderbedeutung von $ durch $$

Wird in einer Makrodefinition das Dollar-Zeichen $ angegeben, so bedeutet dies »Zugriff auf ein Makro«. In manchen Situationen möchte man aber $ als normales Zeichen im Makrostring angeben. Dies erreicht man durch die Angabe von $$. Dazu wieder ein Beispiel:

```
C:\> type makefile ⏎
WAEHRUNG = Die amerikanische Waehrung ist $(Dollar)

ausgabe:
    echo $(WAEHRUNG)
C:\> nmake -s ausgabe ⏎
Die amerikanische Waehrung ist
C:\> type makefile ⏎          [Hier nun mit $$ Sonderbedeutung von $ ausgeschaltet]
WAEHRUNG = Die amerikanische Waehrung ist $$(Dollar)

ausgabe:
    echo $(WAEHRUNG)
C:\> nmake -s ausgabe ⏎
Die amerikanische Waehrung ist $(Dollar)
C:\>
```

5.2.2 Vordefinierte Makros

nmake definiert von sich aus Makros. Diese sogenannten vordefinierten Makros sind unterteilt in Kommando-Makros und Options-Makros.

Kommando-Makros

AS = ml	Microsoft Macro Assembler
BC = bc	Microsoft Basic Compiler
CC = cl	Microsoft C Compiler
COBOL = cobol	Microsoft COBOL Compiler
CPP = cl	Microsoft C++ Compiler
CXX = cl	Microsoft C++ Compiler

FOR = fl   Microsoft FORTRAN Compiler
PASCAL = pl   Microsoft PASCAL Compiler
RC = rc   Microsoft Resource Compiler

Da das Makro CC bereits vordefiniert ist, können wir es in unserem Makefile verwenden, ohne es explizit selbst definieren zu müssen:

```
C:\> type makefile ⏎
#----- Makefile fuer das Assembler-Programm -----
#------------------------------------------------

#...........Makrodefinitionen...................
BASISOBJS = assemb.obj pass1.obj pass2.obj fehler.obj
OBJS1     = $(BASISOBJS) symb_tab.obj
OBJS2     = $(BASISOBJS) symb_ta2.obj
#...........Linker-Teil.........................
assemb.exe :  $(OBJS1)
        echo assemb.exe wird nun gelinkt........
        $(CC) -o assemb.exe $(OBJS1)
assemb2.exe :  $(OBJS2)
        echo assemb2.exe wird nun gelinkt........
        $(CC) -o assemb2.exe $(OBJS2)
#...........Kompilierungs-Teil..................
assemb.obj :  assemb.c global.h pass1.h pass2.h symb_tab.h fehler.h
        $(CC) -c $(CFLAGS) assemb.c
pass1.obj :  pass1.c pass1.h global.h symb_tab.h fehler.h
        $(CC) -c pass1.c
pass2.obj :  pass2.c pass2.h symb_tab.h fehler.h
        $(CC) -c pass2.c
symb_tab.obj :  symb_tab.c symb_tab.h global.h fehler.h
        $(CC) -c symb_tab.c
symb_ta2.obj :  symb_ta2.c symb_tab.h global.h fehler.h
        $(CC) -c symb_ta2.c
fehler.obj :  fehler.c fehler.h
        $(CC) -c fehler.c
#...........Cleanup.............................
cleanup :
    echo Folgende Dateien werden nun geloescht:
    DIR *.obj /b
    DEL *.obj
C:\>
```

Options-Makros

Für jedes vordefinierte Kommando-Makro existiert zusätzlich noch ein Makro für die entsprechenden Optionen. Diese Makros werden automatisch in den vordefinierten Suffix-Regeln (in einem späteren Kapitel dazu mehr) benutzt.

In der Voreinstellung sind diese Makros nicht definiert. Um Optionen für die einzelnen Kommandoaufrufe festzulegen, sollte der Benutzer diese vordefinierten Makronamen benutzen.

AFLAGS	Optionen für den Microsoft Macro Assembler
BFLAGS	Optionen für den Microsoft Basic Compiler
CFLAGS	Optionen für den Microsoft C Compiler
COBFLAGS	Optionen für den Microsoft COBOL Compiler
CPPFLAGS	Optionen für den Microsoft C++ Compiler
CXXFLAGS	Optionen für den Microsoft C++ Compiler
FFLAGS	Optionen für den Microsoft FORTRAN Compiler
PFLAGS	Optionen für den Microsoft PASCAL Compiler
RFLAGS	Optionen für den Microsoft Resource Compiler

5.2.3 Makrodefinitionen auf der Kommandozeile

Makrodefinitionen können **nmake** auch über die Kommandozeile mitgeteilt werden. Dazu ist die entsprechende Makrodefinition als ein Argument beim Aufruf anzugeben. Wenn man z.B. folgendes Makefile hätte:

```
C:\> type makefile ⏎
ausgabe:
    echo $(NAME)
C:\>
```

so ist erkennbar, daß auf ein nicht definiertes Makro *NAME* zugegriffen wird. Dieses Makro könnte nun beim Aufruf von **nmake** definiert werden:

```
C:\> nmake -s ausgabe NAME=Hans ⏎
Hans
C:\>
```

Bei der Angabe von Makrodefinitionen auf der Kommandozeile ist nur zu beachten, daß diese immer als ein Argument anzugeben sind. Dies bedeutet, daß die Makrodefinition bei Vorkommen von Trennzeichen wie Leer- oder Tabulatorzeichen mit ".." zu klammern ist, damit eine solche Definition als ein Argument interpretiert wird. Dazu ein Beispiel:

```
C:\> nmake -s ausgabe "NAME = Frieda Meier, geb. Mueller" ⏎
Frieda Meier, geb. Mueller
C:\> nmake -s ausgabe NAME="Frieda Meier, geb. Mueller" ⏎
Frieda Meier, geb. Mueller
C:\>
```

Um ein leeres Makro auf der Kommandozeile zu definieren, müssen keine oder mehrere Leerzeichen als Makrostring angegeben werden, wobei in jedem Fall eine Klammerung mit Anführungszeichen notwendig ist, wie z.B.

nmake .... DEBUG=""   oder
nmake .... "DEBUG ="

Nachfolgend lernen wir noch eine andere Möglichkeit kennen, um Makrodefinitionen an ein Makefile zu übergeben.

5.2.4 Makrodefinitionen über DOS-Variablen

Auch über DOS-Variablen kann eine Makrodefinition einem Makefile mitgeteilt werden. Dazu müssen die entsprechenden DOS-Variablen zuvor mit dem Kommando **SET** gesetzt werden, damit sie in die DOS-Umgebung eingetragen werden.

Auf den Inhalt dieser Variablen aus der DOS-Umgebung kann man im Makefile zugreifen, indem man einen Makrozugriff mit **$(***variable***)** angibt.

```
C:\> type makefile ⏎
ausgabe:
    echo $(NAM)
C:\> SET NAM=Hans ⏎
C:\> nmake -s ausgabe ⏎
Hans
C:\> SET NAM=Fritz ⏎
C:\> nmake -s ausgabe ⏎
Fritz
C:\>
```

Folgende Punkte sind zu beachten:

Namen von DOS-Variablen sind immer groß geschrieben

```
C:\> type makefile ⏎
ausgabe:
    echo $(Name)
C:\> SET Name=Fritz ⏎
C:\> nmake -s ausgabe ⏎
              [Keine Ausgabe, da kein Makro "Name", sondern nur ein Makro "NAME" existiert]
C:\> type makefile ⏎
ausgabe:
    echo $(NAME)        [Makroname nun groß geschrieben]
C:\> nmake -s ausgabe ⏎
Fritz
C:\>
```

Explizite Makrodefinitionen im Makefile haben höhere Priorität als DOS-Variablen

```
C:\> type makefile ⏎
NAME=Fritz

ausgabe:
    echo $(NAME)
C:\> SET NAME=Hans ⏎
C:\> nmake -s ausgabe ⏎
Fritz
C:\>
```

Eine gleichnamige Makrodefinition hat zwar höhere Priorität, ändert aber niemals den Inhalt einer DOS-Variablen. In obigen Beispiel hat die DOS-Variable *NAME* nach dem **nmake**-Aufruf weiterhin den Inhalt *Hans*, und nicht *Fritz*.

Makrodefinitionen in einem Makefile generieren keine DOS-Variablen

Soll in einem Makefile eine DOS-Variable erzeugt werden, so muß dies mit dem **SET**-Kommando geschehen, wie z.B.:

```
C:\> type makefile ⏎
prog.exe: prog.obj
    SET LIB=c:\proj\project.lib
    cl -o prog.exe prog.c
C:\>
```

Makrodefinitionen und DOS-Variablen in einem Makefile sind verschieden

Mit einem **SET** in einem Makefile kann ein Makro nicht verändert werden. Dazu müßte eine Makrodefinition angegeben werden.

```
C:\> type makefile ⏎
ausgabe:
    SET NAME=Fritz
    echo $(NAME)
C:\> SET NAME=Hans ⏎
C:\> nmake -s ausgabe ⏎
Hans
C:\> type makefile ⏎
NAME=Fritz
ausgabe:
    echo $(NAME)
C:\> nmake -s ausgabe ⏎
Fritz
C:\>
```

Ein SET im Makefile hat keine Auswirkung auf übergeordnete DOS-Umgebung

Wird in einem Makefile eine DOS-Variable mit **SET** generiert, so existiert diese DOS-Variable nur für den Rest des Makefiles. Nach dem **nmake**-Aufruf sind solche lokal erzeugten DOS-Variablen nicht mehr verfügbar. Dies bedeutet, daß mit einem **SET** in einem Makefile niemals der Inhalt einer DOS-Variablen aus der übergeordneten Umgebung geändert oder eine neue DOS-Variable für die übergeordnete Umgebung generiert werden kann. So wird z.B. durch das nachfolgende Makefile weder in der übergeordneten DOS-Umgebung eine neue Variable *LIB* eingeführt, wenn keine solche existiert, noch der Inhalt einer eventuell in der übergeordneten Umgebung existierenden Variable *LIB* verändert.

```
C:\> type makefile ⏎
prog.exe:  prog.obj
     SET LIB=c:\proj\project.lib
     cl -o prog.exe prog.c
C:\>
```

$ in einer DOS-Variable wird bei Verwendung als Makro als Makrozugriff interpretiert

Wenn im Inhalt einer DOS-Variablen das Dollarzeichen **$** vorkommt, so wird dies als Makrozugriff von **nmake** interpretiert, wenn diese DOS-Variable als Makro verwendet wird.

5.2.5 Prioritäten für Makrodefinitionen

Wie wir zuvor gesehen haben, gibt es mehrere Möglichkeiten, wie Makros definiert werden können. Wenn nun ein Makro auf verschiedene Arten mehrmals definiert wird, so muß **nmake** einer dieser Makrodefinitionen Vorrang gewähren.

Voreingestellte Prioritäten der Makrodefinitionen

Welche Prioritäten die einzelnen Makrodefinitionen dabei untereinander haben, ist nachfolgend von der niedrigsten bis zur höchsten Priorität angegeben:
1. Vordefinierte Makros.
2. Makrodefinitionen in der Datei TOOLS.INI (dazu später mehr).
3. Über DOS-Variablen definierte Makros.
4. Makrodefinitionen im Makefile.
5. Auf Kommandozeile als Argumente angegebene Makrodefinitionen.

An dieser Liste ist erkennbar, daß vordefinierte Makros immer durch eigene Makros ersetzt werden können. In einem Makefile angegebene Makrodefinitionen haben zwar immer höhere Priorität als Makrodefinitionen in DOS-Variablen, können aber durch Argumente, die Makrodefinitionen sind, jederzeit ersetzt werden.

Diese Prioritäten wurden entsprechend den Erfordernissen im praktischen Umgang mit **nmake** aufgestellt. So ist es beispielsweise üblich, in einem Makefile Makrodefinitionen anzugeben, die eine Default-Einstellung für das Makefile enthalten, welche aber jederzeit durch Makrodefinitionen (Argumente) auf der Kommandozeile geändert werden können, und so die Parametrierung eines Makefiles auf eine spezielle Anwendung ermöglichen. Das nachfolgende Beispiel soll dies verdeutlichen:

```
C:\> type makefile ⏎
SRC1 = assemb.c pass1.c pass2.c symb_tab.c symb_ta2.c fehler.c
SRC2 = global.h pass1.h pass2.h symb_tab.h fehler.h
DIR = ..\sicher
sichern:
    FOR %I IN ($(SRC1)) DO copy %I $(DIR)
    FOR %I IN ($(SRC2)) DO copy %I $(DIR)

C:\> nmake -s sichern ⏎
copy assemb.c ..\sicher
        1 Datei(en) kopiert
copy pass1.c ..\sicher
        1 Datei(en) kopiert
copy pass2.c ..\sicher
        1 Datei(en) kopiert
copy symb_tab.c ..\sicher
        1 Datei(en) kopiert
copy symb_ta2.c ..\sicher
        1 Datei(en) kopiert
copy fehler.c ..\sicher
        1 Datei(en) kopiert
copy global.h ..\sicher
        1 Datei(en) kopiert
copy pass1.h ..\sicher
        1 Datei(en) kopiert
copy pass2.h ..\sicher
        1 Datei(en) kopiert
copy symb_tab.h ..\sicher
        1 Datei(en) kopiert
copy fehler.h ..\sicher
        1 Datei(en) kopiert

C:\> nmake -s sichern DIR=C:\backup\assemb ⏎
copy assemb.c C:\backup\assemb
        1 Datei(en) kopiert
copy pass1.c C:\backup\assemb
        1 Datei(en) kopiert
...........
...........
copy fehler.h C:\backup\assemb
        1 Datei(en) kopiert
```

```
C:\> nmake -s sichern SRC1=pass1.c SRC2="" ⏎
copy pass1.c ..\sicher
       1 Datei(en) kopiert
C:\>
```

Andere Prioritäten bei Verwendung der Option -e

In einigen wenigen Anwendungsfällen kann eine höhere Priorität für Makros aus DOS-Variablen erwünscht sein. Wenn z.B. ein Entwickler mit den Default-Einstellungen der gruppenweit zur Verfügung gestellten Makefiles nicht zufrieden ist, so müßte er bei jedem **nmake**-Aufruf seine eigenen default-Makrodefinitionen als Argumente übergeben. Dies ist sicherlich sehr ärgerlich und nicht äußerst effizient.

Eine Lösung zu diesem Problem bietet die Option **-e**. Wird **nmake** nämlich mit dieser Option **-e** aufgerufen, so gelten folgende Prioritäten (von niedrigsten bis zur höchsten):
1. Vordefinierte Makros.
2. Makrodefinitionen in der Datei TOOLS.INI (dazu später mehr).
3. **Makrodefinitionen im Makefile.**
4. **Über DOS-Variablen definierte Makros.**
5. Auf Kommandozeile als Argumente angegebene Makrodefinitionen.

Hierzu wieder ein Beispiel. Nehmen wir dazu wieder das obige Makefile:

```
C:\> type makefile ⏎
SRC1 = assemb.c pass1.c pass2.c symb_tab.c symb_ta2.c fehler.c
SRC2 = global.h pass1.h pass2.h symb_tab.h fehler.h
DIR  = ..\sicher
sichern:
    FOR %I IN ($(SRC1)) DO copy %I $(DIR)
    FOR %I IN ($(SRC2)) DO copy %I $(DIR)
C:\>
```

An diesem Makefile mißfällt uns nun die Voreinstellung des Makros *DIR*. Wir hätten hierfür lieber eine andere Einstellung. Was dabei zu tun ist, wird nachfolgend gezeigt:

```
C:\> SET DIR=C:\assemb\mbackup ⏎
C:\> nmake -e -n sichern ⏎
    FOR %I IN (assemb.c pass1.c pass2.c symb_tab.c symb_ta2.c fehler.c) DO copy %I
C:\backup\assemb
    FOR %I IN (global.h pass1.h pass2.h symb_tab.h fehler.h) DO copy %I C:\backup\assemb
C:\>
```

Hätte man beim **nmake**-Aufruf die Option **-e** nicht angegeben, dann wäre beim Zugriff **$(DIR)** nicht der String aus der Shell-Variablen, sondern der im Makefile für **DIR** definierte String eingesetzt worden:

```
C:\> SET DIR=C:\assemb\mbackup ⏎
C:\> nmake -n sichern ⏎
```

```
        FOR %I IN (assemb.c pass1.c pass2.c symb_tab.c symb_ta2.c fehler.c) DO copy %I ..\sicher
        FOR %I IN (global.h pass1.h pass2.h symb_tab.h fehler.h) DO copy %I ..\sicher
C:\>
```

Mit der Direktive **!UNDEF** *makroname* kann ein Makro, das über die Kommandozeile definiert wurde, in einem Makefile gelöscht werden.

5.2.6 String-Substitution beim Makrozugriff

String-Substitution bedeutet, daß bei einem Makrozugriff Teilstrings eines Makros durch neue Strings ersetzt werden können. Dazu muß folgende Konstruktion angegeben werden:

$(*makroname:alt=neu***)**

Dazu einige Beispiele. Mit folgender Makrodefinition:

MODULE = assemb.c pass1.c pass2.c fehler.c

gibt das Kommando

echo $(MODULE:.c=.h)

folgendes aus:

```
assemb.h pass1.h pass2.h fehler.h
```

Mit folgender Makrodefinition:

MODULE = assemb.c pass1.obj pass2.obj fehler.c

gibt das Kommando

echo $(MODULE:.c=.h)

folgendes aus:

```
assemb.h pass1.obj pass2.obj fehler.h
```

Bei **nmake** wird jedes Vorkommen des angegebenen Strings ersetzt, und nicht wie beim UNIX-**make** nur Strings, die unmittelbar vor einem Leer- oder Tabulatorzeichen oder aber am Ende stehen. Bei folgender Makrodefinition:

SILVA = waldmeister birkenwald maerchenwald waldbauer

gibt das Kommando

echo $(SILVA:wald=baum)

folgendes aus:

```
baummeister birkenbaum maerchenbaum baumbauer
```

Bei der String-Substitution darf der Ersetzungsstring nach dem = auch weggelassen werden. Es wird dann hierfür der Leerstring angenommen. Bei folgender Makrodefinition:

SILVA = waldmeister birkenwald maerchenwald waldbauer

gibt das Kommando

echo $(SILVA:wald=)

folgendes aus:

meister birken maerchen bauer

Der zu ersetzende String vor dem = muß immer angegeben sein. Dabei können auch Leer- oder Tabulatorzeichen angegeben werden. Diese werden dann als Teil des zu ersetzenden Strings betrachtet. Die Verwendung von String-Substitution erleichtert das Ändern von Makefiles, da für zusammengehörige Dateien, wie z.B. C-Programme (.c) und ihre zugehörigen Objektdateien (.obj) nur ein Makro angegeben werden muß. Ändert man dieses eine Makro, so sind damit automatisch auch die Zugriffe auf die zugehörigen verwandten Dateien sofort angepaßt. Unter Verwendung von String-Substitution können wir unser Makefile für das Assembler-Programm z.B. wie folgt angeben:

```
C:\> type makefile ⏎
#——— Makefile fuer das Assembler-Programm ———
#——————————————————————————————————————

#...........Makrodefinitionen....................
SRC1   = assemb.c pass1.c pass2.c fehler.c symb_tab.c
SRC2   = assemb.c pass1.c pass2.c fehler.c symb_ta2.c
OBJS1 = $(SRC1:.c=.obj)
OBJS2 = $(SRC2:.c=.obj)
#...........Linker-Teil..........................
assemb.exe : $(OBJS1)
        echo assemb.exe wird nun gelinkt........
        $(CC) -o assemb.exe $(OBJS1)
assemb2.exe : $(OBJS2)
        echo assemb2.exe wird nun gelinkt........
        $(CC) -o assemb2.exe $(OBJS2)
#...........Kompilierungs-Teil....................
assemb.obj : assemb.c global.h pass1.h pass2.h symb_tab.h fehler.h
        $(CC) -c $(CFLAGS) assemb.c
pass1.obj : pass1.c pass1.h global.h symb_tab.h fehler.h
        $(CC) -c pass1.c
pass2.obj : pass2.c pass2.h symb_tab.h fehler.h
        $(CC) -c pass2.c
symb_tab.obj : symb_tab.c symb_tab.h global.h fehler.h
        $(CC) -c symb_tab.c
```

```
symb_ta2.obj : symb_ta2.c symb_tab.h global.h fehler.h
        $(CC) -c symb_ta2.c
fehler.obj : fehler.c fehler.h
        $(CC) -c fehler.c

#............Cleanup............................................
cleanup1:
        echo Folgende Dateien werden nun geloescht:
        echo $(OBJS1)
        FOR %I IN ($(OBJS1)) DO DEL %I
cleanup2:
        echo Folgende Dateien werden nun geloescht:
        echo $(OBJS2)
        FOR %I IN ($(OBJS2)) DO DEL %I

C:\>
```

Es ist auch möglich, über String-Substitution Neuezeile-Zeichen in einem Makrostring unterzubringen. Hat man z.B. die folgende Makrodefinition vorgegeben:

```
OBJS = eins.obj zwei.obj drei.obj
```

dann wird mit der folgenden Angabe

**$(OBJS : = +^
)**

jedes Leerzeichen von *OBJS* durch ein Leerzeichen, dem ein Pluszeichen und dann ein Neuezeile-Zeichen folgt, ersetzt, so daß hieraus folgendes resultiert:

```
eins.obj +
zwei.obj +
drei.obj
```

Das Zeichen ^ bewirkt nämlich, daß **nmake** das Neuezeile-Zeichen als einfaches Zeichen interpretiert.

5.2.7 Interne Makros

nmake kennt neben den vordefinierten Makros noch die sogenannten internen Makros[1]. Interne Makros werden dynamisch beim Lesen einer Abhängigkeits-Angabe immer wieder neu definiert. Durch die Verwendung von internen Makros werden Makefiles nicht nur vereinfacht, sondern sie können auch leichter geändert werden. Nachfolgend sind die internen Makros vorgestellt:

---

[1] Werden in der offiziellen **nmake**-Dokumentation als *Dateinamen-Makros* bezeichnet. Wir nennen sie hier aber entsprechend UNIX-Konvention *interne Makros*.

$@   Name des aktuellen Ziels (vollständiger Pfadname)

Für das Makro **$@** setzt **nmake** immer den vollen Pfadnamen des momentanen Ziels aus der aktuellen Abhängigkeitsbeschreibung ein. Ein möglicher Einsatz von **$@** wird am nachfolgenden Ausschnitt unseres Makefiles gezeigt:

```
#...........Makrodefinitionen....................
SRC1  = assemb.c pass1.c pass2.c fehler.c symb_tab.c
SRC2  = assemb.c pass1.c pass2.c fehler.c symb_ta2.c
OBJS1 = $(SRC1:.c=.obj)
OBJS2 = $(SRC2:.c=.obj)


#...........Linker-Teil........................
assemb.exe :  $(OBJS1)
        echo $@ wird nun gelinkt........
        cl -o $@ $(OBJS1)
assemb2.exe :  $(OBJS2)
        echo $@ wird nun gelinkt........
        cl -o $@ $(OBJS2)
```

Diese beiden Einträge werden dann von **nmake** wie folgt expandiert:

```
#...........Linker-Teil........................
assemb.exe :  assemb.obj pass1.obj pass2.obj fehler.obj symb_tab.obj
        echo assemb.exe wird nun gelinkt........
        $(CC) -o assemb.exe assemb.obj pass1.obj pass2.obj fehler.obj symb_tab.obj
assemb2.exe :  assemb.obj pass1.obj pass2.obj fehler.obj symb_ta2.obj
        echo assemb2.exe wird nun gelinkt........
        $(CC) -o assemb2.exe assemb.obj pass1.obj pass2.obj fehler.obj symb_ta2.obj
```

Statt **$@** kann im übrigen auch **$(@)** angegeben werden.

$$@   Name des aktuellen Ziels (voller Pfadname) in einer Abhängigkeitsbeschreibung

Für das Makro **$$@** setzt **nmake** genau wie bei **$@** immer das momentane Ziel der aktuellen Abhängigkeitsbeschreibung ein. **$$@** darf allerdings nur in einer Abhängigkeitsbeschreibung und nicht wie **$@** in den zugehörigen Kommandozeilen angegeben werden.

$*   Name des aktuellen Ziels (voller Pfadname) ohne Suffix

Für das Makro **$*** setzt **nmake** immer das momentane Ziel aus der aktuellen Abhängigkeitsbeschreibung ein. Anders als bei **$@** wird hierbei jedoch ein eventuell vorhandenes Suffix (wie z.B. *.obj*, *.exe*, *.txt*, usw.) entfernt, wie der folgende Ausschnitt aus unserem Makefile zeigt:

```
pass1.obj:   pass1.c pass1.h global.h symb_tab.h fehler.h
    $(CC) -c $*.c
```

Dieser Eintrag wird dann von **nmake** wie folgt expandiert:

```
pass1.obj:   pass1.c pass1.h global.h symb_tab.h fehler.h
    cl -c pass1.c
```

Anders als beim UNIX-**make** darf $* beim **nmake** auch in einer Abhängigkeitsbeschreibung und nicht nur in Kommandozeilen angegeben werden. So ist z.B. die folgende Angabe erlaubt:

```
pass1.obj:   $*.c pass1.h global.h symb_tab.h fehler.h
    $(CC) -c $*.c
```

Mit der gemeinsamen Verwendung von $@ und $* können Makefiles ganz erheblich vereinfacht werden, wenn an einer großen Zahl von »autarken Programmen« gearbeitet wird, die nur von ihrem Quell-Programm abhängen und sonst keine Abhängigkeiten zu anderen Modulen (Header-Dateien) aufweisen. Nehmen wir z.B. das folgende Makefile:

```
C:\> type makefile ⏎
add.exe:  add.c
    cl -o add.exe add.c
crossref.exe:  crossref.c
    cl -o crossref.exe crossref.c
menugen.exe:  menugen.c
    cl -o menugen.exe menugen.c
termkop.exe:  termkop.c
    cl -o termkop.exe termkop.c
C:\>
```

Mit $@ und $* kann dieses Makefile erheblich vereinfacht werden:

```
C:\> type makefile ⏎
add.exe crossref.exe menugen.exe termkop.exe: $*.c
    cl -o $@ $*.c
C:\> nmake crossref.exe ⏎
    cl -o crossref.exe crossref.c
crossref.c
........
C:\> nmake -s termkop.exe menugen.exe ⏎
    cl -o termkop.exe termkop.c
termkop.c
........
    cl -o menugen.exe menugen.c
menugen.c
........
C:\> nmake ⏎
    cl -o add.exe add.c
```

```
add.c
........
'crossref.exe' is up-to-date
'menugen.exe' is up-to-date
'termkop.exe' is up-to-date
C:\>
```

Sind also mehrere Ziele in einer Abhängigkeitsbeschreibung angegeben, so kann man sich mit $@ und $* auf das gerade aktuelle Ziel beziehen.

Statt $* kann auch $(*) angegeben werden.

$?   Namen von allen neueren *objekten*

Für das Makro $? setzt **nmake** aus der aktuellen Abhängigkeitsbeschreibung immer alle die *objekte* aus der rechten Seite ein, die neuer als das Ziel sind. Wenn wir z.B. folgenden Eintrag in einem Makefile haben:

```
graphbib.lib:   kreis.obj linie.obj quadrat.obj
    !LIB $@ -+$?;
```

und die Objektdateien *kreis.obj*, *linie.obj* und *quadrat.obj* gerade das erstemal generiert wurden, dann sind diese in jedem Fall neuer als *graphbib.lib*, so daß das **LIB**-Kommando für jede der drei Objektdateien aufgerufen wird. Das führende Ausrufezeichen ! teilt im übrigen **nmake** mit, daß das entsprechende Kommando (hier **LIB**) für jedes einzelne Objekt neu aufzurufen ist, so daß folgende 3 Aufrufe stattfinden:

```
LIB   graphbib.lib   -+kreis.obj;
LIB   graphbib.lib   -+linie.obj;
LIB   graphbib.lib   -+quadrat.obj;
```

Nun nehmen wir an, daß wir *linie.c* geändert und mit **cl -c linie.c** ein neues *linie.obj* generiert haben. Dies bedeutet, daß *linie.obj* die einzige Objektdatei ist, die neuer als *graphbib.lib* ist. Somit würde **nmake** nun nur das folgende Kommando aufrufen:

```
LIB   graphbib.lib   -+linie.obj;
```

In der *graphbib.lib* würde also nur *linie.obj* ersetzt, die beiden anderen Module *kreis.obj* und *quadrat.obj* dagegen nicht, und dies macht auch Sinn. $? darf nicht in einer Abhängigkeitsbeschreibung, sondern nur in den zugehörigen Kommandozeilen benutzt werden.

Statt $? kann im übrigen auch $(?) angegeben werden.

$**   Namen von allen Objekten auf der rechten Seite

Für das Makro $** setzt **nmake** aus der aktuellen Abhängigkeitsbeschreibung immer alle *objekte* der rechten Seite ein. So können wir z.B. die Linker-Einträge im Makefile für das Assembler-Programm wie folgt umändern:

```
#............Makrodefinitionen.....................................
SRC1   = assemb.c pass1.c pass2.c fehler.c symb_tab.c
SRC2   = assemb.c pass1.c pass2.c fehler.c symb_ta2.c
OBJS1  = $(SRC1:.c=.obj)
OBJS2  = $(SRC2:.c=.obj)

#............Linker-Teil..........................................
assemb.exe :   $(OBJS1)
        echo $@ wird nun gelinkt........
        $(CC) -o $@ $**
assemb2.exe :  $(OBJS2)
        echo $@ wird nun gelinkt........
        $(CC) -o $@ $**
```

Daß diese Änderung das Geforderte erfüllt, sehen wir nachfolgend:

```
C:\> nmake -n assemb.exe ⏎
    cl -c assemb.c
    cl -c pass1.c
    cl -c pass2.c
    cl -c fehler.c
    cl -c symb_tab.c
    echo assemb.exe wird nun gelinkt........
    cl -o assemb.exe assemb.obj pass1.obj pass2.obj fehler.obj symb_tab.obj
C:\> nmake -n assemb2.exe ⏎
    cl -c assemb.c
    cl -c pass1.c
    cl -c pass2.c
    cl -c fehler.c
    cl -c symb_ta2.c
    echo assemb2.exe wird nun gelinkt........
    cl -o assemb2.exe assemb.obj pass1.obj pass2.obj fehler.obj symb_ta2.obj
C:\>
```

Statt **$**** kann auch **$(**)** angegeben werden.

$< Name eines neueren *objekts* entsprechend den Suffix-Regeln

Auf dieses Makro werden wir erst in einem späteren Kapitel genauer eingehen, wenn wir die Suffix-Regeln von **nmake** kennenlernen.

String-Substitution bei den internen Makros

String-Substitution kann auch bis auf eine Ausnahme, nämlich **$$@**, auf alle internen Makros angewendet werden. Ein Beispiel dazu ist der folgende Ausschnitt aus einem Makefile:

```
assemb.obj:   $(@:.obj=.c) global.h pass1.h pass2.h symb_tab.h fehler.h
    cl -c $(@:.obj=.c)
```

Ein solcher Eintrag wird von nmake wie folgt expandiert:

```
assemb.obj:   assemb.c global.h pass1.h pass2.h symb_tab.h fehler.h
    cl -c assemb.c
```

Die Modifikatoren D, B, F und R für interne Makros

Bei allen internen Makros können noch zusätzlich die sogenannten Modifikatoren **D**, **B**, **F** und **R** angehängt werden, wenn von den entsprechenden Dateinamen nur Teilstrings, wie etwa nur der Pfadname oder nur der Dateiname ohne Pfad benötigt werden. Bei Verwendung eines dieser Modifikatoren muß der Makroname und der Modifikator mit runden Klammern umgeben werden.

Modifikator	Liefert den Teilstring
D	Laufwerk und Pfadname ohne den Basisnamen
B	Basisnamen ohne Extension
F	Basisnamen mit Extension
R	Laufwerk und Pfadname mit Basisnamen ohne Extension

Dazu zwei Beispiele:

```
C:\> type makefile ⏎
c:\project\text\ziel1.txt:
        echo $(@D)
        echo $(@B)
        echo $(@F)
        echo $(@R)

ziel2.aus:
        echo $(@D)
        echo $(@B)
        echo $(@F)
        echo $(@R)

C:\> nmake -s ⏎
c:\project\text
ziel1
ziel1.txt
c:\project\text\ziel1

C:\> nmake -s ziel2.aus ⏎
.                       [Punkt bezeichnet das working directory]
ziel2
ziel2.aus
```

```
ziel2

C:\>

C:\> type makefile ↵
DIR  = c:\sicher
ZIEL = $(DIR)\assemb.c   $(DIR)\pass1.c   $(DIR)\pass2.c

                         # Dateien aus Directory c:\sicher sind von
$(ZIEL) : $$(@F)         # gleichnamigen Dateien im working directory abhaengig
    copy $(@F) $@

C:\> nmake -s ↵
    copy pass2.c c:\sicher\pass2.c
    copy pass1.c c:\sicher\pass1.c
    copy assemb.c c:\sicher\assemb.c

C:\> nmake -s ↵
'c:\sicher\pass2.c' is up-to-date
'c:\sicher\pass1.c' is up-to-date
'c:\sicher\assemb.c' is up-to-date

C:\>
```

Makefile für Assembler-Programm mit internen Makros

Wir wollen hier nun unser vorheriges Makefile zum Assembler-Programm unter Verwendung von internen Makros angeben. Dieses neue Makefile dient dabei vor allen Dingen Demonstrationszwecken, so daß es nicht unbedingt sehr lesbar ist.

```
C:\> type makefile ↵
#------ Makefile fuer das Assembler-Programm ------
#----------------------------------------------

#............Makrodefinitionen......................................
MODULE = assemb.obj pass1.obj pass2.obj fehler.obj symb_tab.obj symb_ta2.obj
OBJ1   = assemb.obj pass1.obj pass2.obj fehler.obj symb_tab.obj
OBJ2   = assemb.obj pass1.obj pass2.obj fehler.obj symb_ta2.obj

#............Linker-Teil............................................
assemb1.exe:  $(OBJ1)
assemb2.exe:  $(OBJ2)
assemb1.exe assemb2.exe:
        echo $@ wird nun gelinkt........
        cl -o $@ $**

#............Kompilierungs-Teil.....................................
assemb.obj   :   assemb.c global.h pass1.h pass2.h symb_tab.h fehler.h
pass1.obj    :   pass1.c pass1.h global.h symb_tab.h fehler.h
pass2.obj    :   pass2.c pass2.h symb_tab.h fehler.h
symb_tab.obj :   symb_tab.c symb_tab.h global.h fehler.h
```

```
symb_ta2.obj :   symb_ta2.c symb_tab.h global.h fehler.h
fehler.obj :     fehler.c fehler.h
$(MODULE):
     cl -c $*.c

#............Cleanup................................................
cleanup1:
     echo Folgende Dateien werden nun geloescht:
     echo $(OBJ1)
     FOR %I IN ($(OBJ1)) DO DEL %I
cleanup2:
     echo Folgende Dateien werden nun geloescht:
     echo $(OBJ2)
     FOR %I IN ($(OBJ2)) DO DEL %I
```

```
C:\> nmake -s cleanup1 ⏎
.........
.........
C:\> nmake -s cleanup2 ⏎
.........
.........
C:\> nmake -s assemb1.exe ⏎
assemb.c
pass1.c
pass2.c
fehler.c
symb_tab.c
assemb1.exe wird nun gelinkt........
.........
C:\> nmake -s assemb2.exe ⏎
symb_ta2.c
assemb2.exe wird nun gelinkt........
.........
C:\>
```

Nachfolgend werden wir uns genauer mit den Kommandozeilen in Makefiles beschäftigen. Dabei werden wir einige Regeln kennenlernen, die bei der Angabe von Kommandozeilen in Makefiles einzuhalten sind.

5.3 Kommandozeilen in Makefiles

Zu einer Abhängigkeitsbeschreibung können – bis auf wenige Ausnahmen, wie z.B. **PATH=...** – alle Kommandos angegeben werden, die auch auf DOS-Ebene erlaubt sind. Dabei kann auch von Konstruktionen wie z.B. Dateinamen-Expandierung oder Ein-/Ausgabeumlenkung Gebrauch gemacht werden. Dazu ein Beispiel:

```
C:\> type makefile ⏎
namliste.sor: namliste.txt
    sort < $*.txt > $@
C:\>
```

Ein Aufruf wie

nmake namliste.sor

führt dann, falls *namliste.txt* neuer als *namliste.sor* ist, zu folgendem Aufruf:

sort < namliste.txt > namliste.sor

Das heißt, daß der Inhalt der Datei *namliste.txt* sortiert in die Datei *namliste.sor* geschrieben wird.

5.3.1 Allgemeine Regeln für Kommandozeilen in Makefiles

Die wichtigsten in Makefiles geltenden Regeln für Kommandozeilen wurden bereits in Kapitel 5.1.1 erwähnt und werden hier zum Zwecke der Erinnerung wiederholt.

Kommandozeilen müssen der Abhängigkeitsbeschreibung direkt folgen

Einträge in einem Makefile, die keine Makrodefinitionen sind, setzen sich aus zwei Komponenten zusammen:
   Abhängigkeitsbeschreibung (dependency line)   und den
   dazugehörigen Kommandozeilen
Zwar dürfen zwischen diesen beiden Komponenten keine echten Leerzeilen stehen, aber es dürfen Zeilen angegeben sein, die nur Leer- oder Tabulatorzeichen enthalten; solche Zeilen werden als Null-Kommandos interpretiert.

Kommandozeilen sind mit Leer- oder Tabulatorzeichen einzurücken

Die direkt nach einer Abhängigkeitsbeschreibung angegebenen Kommandozeilen müssen immer mit mindestens einem Leer- oder Tabulatorzeichen eingerückt sein.

Mehrere Kommandozeilen zu einer Abhängigkeitsbeschreibung

Zu einer Abhängigkeitsbeschreibung können auch mehr als eine Kommandozeile angegeben werden. Die Kommandozeilen sind dann nacheinander anzugeben, wobei dazwischen auch Leerzeilen erlaubt sind.

Abhängigkeitsbeschreibung und eine Kommandozeile in einer Zeile

Eine Abhängigkeitsbeschreibung und eine dazugehörige Kommandozeile können auch in einer Zeile angegeben werden, wenn sie mit Semikolon voneinander getrennt sind:

ziel : objekt1 objekt2 ... ; kdozeile1

Diese Form der Angabe ist immer erlaubt, unabhängig davon, ob weitere Kommandozeilen zu einer Abhängigkeitsbeschreibung angegeben sind, oder nicht. So kann z.B. der Linker-Eintrag für das Makefile unseres Assembler-Programms auch wie folgt angegeben werden:

```
assembl.exe:   $(OBJ1); echo $@ wird nun gelinkt........
        cl -o $@ $**
```

5.3.2 Spezielle Regeln für Kommandozeilen in Makefiles

Für Kommandozeilen in Makefiles gelten einige Besonderheiten. Um welche Besonderheiten es sich dabei handelt, wird im folgenden erläutert.

Das Zeilen-Fortsetzungszeichen \ bei Kommandozeilen

Wird am Ende einer Kommandozeile ein Fortsetzungszeichen \ angegeben, so setzt **nmake** beim Zusammenfügen hierfür genau ein Leerzeichen ein und entfernt in der Folgezeile alle am Anfang stehenden Leer- und Tabulatorzeichen.

Es ist unbedingt darauf zu achten, daß nach dem Fortsetzungszeichen \ keine weiteren Zeichen wie etwa Leer- oder Tabulatorzeichen angegeben sind, da **nmake** sonst den Backslash \ als normales Zeichen und nicht als Fortsetzungszeichen interpretiert.

Um am Ende einer Kommandozeile das root directory anzugeben, muß ^\ oder \# verwendet werden.

Dateinamen-Expandierung ist auch in Abhängigkeitsbeschreibungen erlaubt

Das DOS-Metazeichen * für Dateinamen-Expandierung kann sowohl in Makefile-Kommandozeilen als auch in Abhängigkeitsbeschreibungen verwendet werden und hat dort die gleiche Bedeutung wie auf DOS-Ebene. Wenn z.B. folgender Eintrag in einem Makefile angegeben ist:

```
cleanup: *.obj
    echo Folgende Dateien werden nun geloescht:
    DIR *.obj /b
    DEL *.obj
```

dann werden beim Aufruf

nmake cleanup

alle Objektdateien (Dateien, deren Name mit *.obj* endet) im working directory gelöscht.

Angabe von Response-Dateien mit @

Bei **nmake** ist es möglich, Inhalte von Dateien als Argumente für eine Kommandozeile einsetzen zu lassen. Solche Dateien werden Response-Dateien genannt. Die Verwendung von Response-Dateien wird insbesondere dann notwendig, wenn Kommandozeilen für das Betriebssystem MS-DOS zu lang sind.

Auf der Kommandozeile wird eine Response-Datei mit einem vorangestellten @ spezifiziert.

Hierzu wollen wir ein Beispiel angeben, bei dem wir direkt **link** (anstelle von **cl -o** ...) zum Linken unseres Assembler-Programms aufrufen. Zuvor erstellen wir jedoch eine Reponse-Datei, in der die gewünschten Argumente für den **link**-Aufruf stehen:

```
C:\> type ass1link.txt ⏎
assemb.obj+pass1.obj+pass2.obj+fehler.obj+symb_tab.obj, assemb1.exe;
C:\>
```

Nun ändern wir unseren Eintrag zum Linken des Programms *assemb1.exe* wie folgt:

```
C:\> type makefile ⏎
................
assemb1.exe:  $(OBJ1)
        echo $@ wird nun gelinkt........;
        link @ass1link.txt
................
C:\>
```

Wenn wir nun *assemb1.exe* neu generieren lassen, so liest **link** den Rest seiner Kommandozeile aus der Datei *ass1link.txt*:

```
C:\> nmake cleanup1 ⏎
................
C:\> nmake assemb1.exe ⏎
    cl -c assemb.c
assemb.c
    cl -c pass1.c
pass1.c
    cl -c pass2.c
pass2.c
    cl -c fehler.c
fehler.c
    cl -c symb_tab.c
```

```
symb_tab.c
    echo assembl.exe wird nun gelinkt........;
assembl.exe wird nun gelinkt........;
    link @ass1link.txt

Object Modules [.obj]: assemb.obj+pass1.obj+pass2.obj+fehler.obj+symb_tab.obj, assembl.exe;
C:\>
```

Angabe von Inline-Dateien mit <<

Bei **nmake** ist es möglich, sogenannte Inline-Dateien zu verwenden.

Syntax für Inline-Dateien

Um in einem Makefile mit Inline-Dateien zu arbeiten, muß die folgende Syntax verwendet werden:

```
   ... <<[dateiname]    2
   ...
text
   ...
<<[KEEP|NOKEEP]    3
```

nmake schreibt dann zunächst den angegebenen *text* in die Datei *dateiname*, wobei der Inhalt einer eventuell bereits existierenden Datei *dateiname* überschrieben wird. Danach erst setzt es den Namen der nun gerade erzeugten Inline-Datei *dateiname* in die Kommandozeile ein. Ein einfaches Beispiel für die Angabe von Inline-Dateien in einem Makefile ist:

```
C:\> type makefile ⏎
DIR=C:\#

ausgabe:
    <<baum.bat
cls
tree $(DIR)
<<

C:\>
```

Hier legt **nmake** zunächst eine Datei *baum.bat* mit folgenden Inhalt an:

```
cls
tree C:\
```

Danach erst ruft es dann die soeben erzeugte Batch-Datei *baum.bat* auf, was dazu führt, daß zuerst mit **cls** der Bildschirm gelöscht wird, bevor dann **tree** für das root

---

[2] << darf, da es sich um eine Kommandozeile handelt, niemals ganz am Anfang (in der 1.Spalte) einer Zeile stehen.

[3] Das abschließende << muß am Anfang einer Zeile stehen.

directory aufgerufen wird. Die Voreinstellung von **nmake** bewirkt, daß es eine erzeugte Inline-Datei nach der Abarbeitung des Makefiles immer wieder löscht.

```
C:\> nmake ausgabe ⏎
```
....

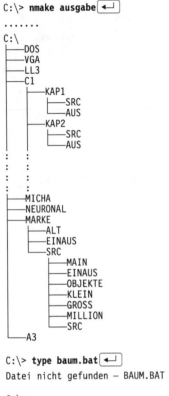

```
C:\> type baum.bat ⏎
Datei nicht gefunden - BAUM.BAT

C:\>
```

Wird nach dem abschließenden << nichts angegeben, so entspricht dies exakt der Angabe **<<NOKEEP**.

Soll dagegen eine von **nmake** erzeugte Inline-Datei erhalten bleiben, so muß **<<KEEP** am Ende angegeben werden.

```
C:\> type makefile ⏎
DIR=C:\#

ausgabe:
    <<baum.bat
cls
tree $(DIR)
<<KEEP

C:\> nmake ausgabe ⏎
........
........    [Ausgabe von tree]
........
```

```
C:\> type baum.bat ⏎
cls
tree C:\
C:\>
```

Die Angabe eines Dateinamens nach << ist optional. Wird kein Dateiname nach << angegeben, so wählt **nmake** selbst einen Dateinamen und legt diese Inline-Datei in das Directory, welches in der DOS-Variablen *TMP* angegeben ist. Ist *TMP* nicht definiert, so legt **nmake** diese Inline-Datei in das working directory. Nur wenn beim abschließenden << das Wort **KEEP** angegeben wurde, löscht **nmake** diese automatisch benannte Datei nach der Abarbeitung des Makefiles nicht.

Die nachfolgenden Beispiele verdeutlichen nochmals die Arbeitsweise von **nmake**, wenn kein Dateiname nach << angegeben ist.

```
C:\> SET ⏎
COMSPEC=C:\DOS\COMMAND.COM
PATH=C:\C700\BIN;C:\DOS;C:\BINA;C:\BIN;C:\BC\BIN;C:\TURBOC;C:\LL3;C:\WORD;C:\WW;C:\LANMAN.DOS\N
ETPROG;C:\MOUS;Y:\TP5;C:\WINDOWS
LIB=C:\C700\LIB;C:\C700\MFC\LIB
INCLUDE=C:\C700\INCLUDE;C:\C700\MFC\INCLUDE
HELPFILES=C:\C700\HELP\*.HLP
INIT=C:\C700\INIT
TMP=C:\C700
PROMPT=$p$g
TEMP=C:\DOS
windir=C:\WINDOWS

C:\> type makefile ⏎
ausgabe:
  copy << info.txt
Dies ist ein sehr
kurzer Text, welcher
hier kopiert wurde.
<<

C:\> nmake ausgabe ⏎
    copy C:\C700\nm014399.  info.txt
        1 Datei(en) kopiert

C:\> type info.txt ⏎
Dies ist ein sehr
kurzer Text, welcher
hier kopiert wurde.
C:\> type c:\c700\nm014399. ⏎
Datei nicht gefunden - C:\C700\nm014399.       [Inline-Datei nach nmake-Lauf wieder gelöscht]

C:\> type makefile ⏎        [Nun abschließend <<KEEP angegeben]
ausgabe:
  copy << info.txt
```

```
Dies ist ein sehr
kurzer Text, welcher
hier kopiert wurde.
<<KEEP
```

```
C:\> nmake ausgabe ⏎
    copy C:\C700\nm014399.  info.txt
        1 Datei(en) kopiert

C:\> type info.txt ⏎
Dies ist ein sehr
kurzer Text, welcher
hier kopiert wurde.
C:\> type c:\c700\nm014399. ⏎     [Da <<KEEP angegeben, wird Inline-Datei nicht von nmake
gelöscht]
Dies ist ein sehr
kurzer Text, welcher
hier kopiert wurde.
C:\>
```

Ausschalten von Neuezeile-Zeichen mit ^ bei Kommando-Angaben in einem Makro

Wenn mehrere Kommandozeilen für eine Inline-Datei, die als Batch-Datei dienen soll, über ein Makro definiert werden sollen, so muß die Sonderbedeutung des Neuezeile-Zeichens zwar bei der Makro-Definition ausgeschaltet werden, aber beim Aufruf des Makros muß dieses Neuezeile-Zeichen als Kommandoabschluß noch vorhanden sein. Dies erreicht man dadurch, daß man bei der Makrodefinition unmittelbar vor jedem Neuezeile-Zeichen das Zeichen ^ angibt. Dazu ein Beispiel:

```
C:\> type makefile ⏎
DIR=C:\#

KDOS = cls^
tree $(DIR) | more

ausgabe:
   <<baum.bat
     $(KDOS)
<<KEEP

C:\> nmake ausgabe ⏎
........
C:\
 ├──DOS
 ├──VGA
 ├──LL3
 ├──C1
 │   ├──KAP1
 │   │   ├──SRC
 │   │   └──AUS
 :   :
 :   :
```

```
C:\> type baum.bat ⏎
    cls
tree C:\ | more
C:\>
```

Inline-Dateien sind im Makefile wieder verwendbar

Eine durch **nmake** angelegte Inline-Datei kann danach im gleichen Makefile weiterhin benutzt werden. Es ist dabei lediglich darauf zu achten, daß **nmake** eine Inline-Datei nur dann wirklich generiert, wenn die betreffenden Kommandozeilen auch wirklich von **nmake** ausgeführt werden.

Ein Beispiel dazu:

```
C:\> type makefile ⏎
doku:
    type <<info.txt
Dies ist ein sehr
kurzer Text, welcher
hier kopiert wurde.
<<
    copy info.txt c:\projekt\doku.txt
C:\> nmake doku ⏎
    type info.txt
Dies ist ein sehr
kurzer Text, welcher
hier kopiert wurde.
    copy info.txt c:\projekt\doku.txt
        1 Datei(en) kopiert

C:\> type info.txt ⏎
Datei nicht gefunden - INFO.TXT      [Inline-Datei nach nmake-Lauf wieder gelöscht]

C:\> type c:\projekt\doku.txt ⏎
Dies ist ein sehr
kurzer Text, welcher
hier kopiert wurde.
C:\>
```

Um eine von **nmake** angelegte Inline-Datei in einem Makefile wieder zu verwenden, muß nach dem ersten << unbedingt ein Dateiname angegeben sein. Eine von **nmake** erzeugte Inline-Datei kann auch dann im gleichen Makefile verwendet werden, wenn nicht **KEEP** nach dem abschließenden << angegeben ist, da **nmake** eine erzeugte Inline-Datei immer erst nach der vollständigen Abarbeitung des Makefiles löscht.

Angabe von mehreren Inline-Dateien in einer Kommandozeile

In einer Kommandozeile können auch mehr als eine Inline-Datei angegeben werden. Der direkt nach der Kommandozeile angegebene Text (bis zum ersten abschließenden

<<) wird dann in die erste Inline-Datei kopiert. Der unmittelbar nach dem ersten abschließenden << angegebene Text (bis zum zweiten abschließenden <<) wird in die zweite Inline-Datei kopiert, usw. Dazu ein Beispiel:

```
C:\> type makefile ⏎
kopiere:
    copy <<datei1.txt + <<datei2.txt + <<datei3.txt  zusammen.txt
        Text fuer Datei1
Datei1 ueberlebt jedoch nmake-Lauf nicht.
_____

<<
        Text fuer Datei2
Ihr werdet schon sehen.
_____

<<KEEP
        Text fuer Datei3
Leider wird Datei3 von nmake spaeter geloescht.
_____

<<NOKEEP
C:\> nmake kopiere ⏎
    copy datei1.txt + datei2.txt + datei3.txt  zusammen.txt
DATEI1.TXT
DATEI2.TXT
DATEI3.TXT
        1 Datei(en) kopiert
C:\> type zusammen.txt ⏎
        Text fuer Datei1
Datei1 ueberlebt jedoch nmake-Lauf nicht.
_____

        Text fuer Datei2
Ihr werdet schon sehen.
_____

        Text fuer Datei3
Leider wird Datei3 von nmake spaeter geloescht.
_____

C:\> type datei1.txt ⏎
Datei nicht gefunden - DATEI1.TXT       [Inline-Datei datei1.txt nach nmake-Lauf wieder
                                         gelöscht]

C:\> type datei2.txt ⏎
        Text fuer Datei2
Ihr werdet schon sehen.

C:\> type datei3.txt ⏎
Datei nicht gefunden - DATEI3.TXT       [Inline-Datei datei3.txt nach nmake-Lauf wieder
                                         gelöscht]

C:\>
```

Verwendung von Inline-Dateiinhalten als Kommandozeilen-Argumente mit @<<

Normalerweise wird der Name einer von **nmake** erzeugten Inline-Datei einfach in der Kommandozeile eingesetzt. Somit kann man Inline-Dateien zwar z.B. mit **type** ausgeben lassen, mit **copy** kopieren lassen oder aber als Batch-Dateien starten lassen. Will man aber den Inhalt einer Inline-Datei als Argumente auf der Kommandozeile benutzen, so muß nicht <<, sondern @<< angegeben werden, wie z.B.

```
assembl.exe:  $(OBJ1)
        echo $@ wird nun gelinkt........
        link @<<
           assemb.obj+pass1.obj+pass2.obj+fehler.obj+symb_tab.obj,
           assembl.exe;
<<
```

@ vor Kommando schaltet automatische Ausgabe durch nmake aus

nmake gibt normalerweise alle Kommandozeilen nochmals am Bildschirm aus, bevor es sie ausführen läßt. Soll diese automatische Ausgabe vollständig ausgeschaltet werden, so muß, wie wir bereits wissen, beim Aufruf von **nmake** die Option **-s** angegeben werden.

Das vollständige Ausschalten der automatischen Ausgabe von Kommandos vor ihrer Ausführung erreicht man im übrigen auch durch die Angabe der folgenden Zeile in einem Makefile:

.SILENT:

In diesem Fall ist dann für dieses Makefile ab dieser Stelle die automatische Ausgabe durch **nmake** immer ausgeschaltet, selbst wenn beim **nmake**-Aufruf nicht die Option **-s** angegeben wird.

Daneben gibt es aber noch eine andere Möglichkeit, die automatische Ausgabe von Kommandozeilen zu unterdrücken. Dazu muß als erstes Zeichen in einer Kommandozeile das Zeichen @ angegeben werden. In diesem Fall wird die automatische Ausgabe von **nmake** nur für diese Zeile und nicht wie bei der Option **-s** oder bei der Angabe von *.SILENT:* für alle Kommandozeilen eines Makefiles ausgeschaltet.

Wenn z.B. in unserem Assembler-Makefile vor den *cleanup*-Kommandozeilen ein @ angegeben wird, dann wird nur für diese Kommandozeilen die automatische Ausgabe durch **nmake** ausgeschaltet.

```
C:\> type makefile ⏎
..........
..........
#...........Cleanup.................................................
cleanup1:
      @echo Folgende Dateien werden nun geloescht:
      @echo $(OBJ1)
```

```
        @FOR %I IN ($(OBJ1)) DO DEL %I
cleanup2:
        @ echo Folgende Dateien werden nun geloescht:
        @ echo $(OBJ2)
        @ FOR %I IN ($(OBJ2)) DO DEL %I
C:\> nmake cleanup1 ⏎
Folgende Dateien werden nun geloescht
assemb.obj pass1.obj pass2.obj fehler.obj symb_tab.obj

C:\MAKE\SRC>DEL assemb.obj

C:\MAKE\SRC>DEL pass1.obj

C:\MAKE\SRC>DEL pass2.obj

C:\MAKE\SRC>DEL fehler.obj

C:\MAKE\SRC>DEL symb_tab.obj
C:\>
```

Beachten Sie bitte, daß das Zeichen @ nur am Anfang einer Kommandozeile angegeben werden darf. Im obigen Ausschnitt aus einem Makefile konnte deshalb die Ausgabe der **DEL**-Kommandos nicht unterbunden werden.

- vor Kommando schaltet automatischen nmake-Abbruch bei Fehler ab

Wenn die Ausführung eines Kommandos aus einem Makefile nicht erfolgreich war[4], so bricht **nmake** sofort ab. Dies ist zwar in den meisten Fällen wünschenswert, aber in bestimmten Situationen mögen Kommandos vorliegen, von deren erfolgreicher Ausführung der Rest des Makefiles nicht unbedingt abhängig ist. Um **nmake** mitzuteilen, daß es mit der Abarbeitung eines Makefiles fortfahren soll, selbst wenn eine bestimmte Kommandozeile nicht erfolgreich ausgeführt werden kann, muß man in der entsprechenden Kommandozeile als erstes Zeichen einen Querstrich - angeben.

Nehmen wir dazu folgendes Beispiel. Ein Entwickler arbeitet gleichzeitig an mehreren Programmen und hat sich deshalb ein Makefile für die Generierung aller seiner Programme geschrieben:

```
C:\> type makefile ⏎
.SILENT:
add.exe crossref.exe menugen.exe :    add.c crossref.c menugen.c
    cl -o $@ $*.c
C:\> nmake ⏎
add.c
add.c(3) : error C2143: syntax error : ......
NMAKE : fatal error....: 'CL' : return code '2'
Stop.
C:\>
```

---

[4] Kommando liefert einen exit-Status verschieden von 0.

Da bereits bei der Kompilierung des ersten C-Programms *add.c* ein Fehler auftritt, bricht **nmake** sofort ab und versucht erst gar nicht die restlichen C-Programme zu kompilieren. Stellt man dagegen im Makefile dem Compiler-Aufruf **cl** einen Querstrich - voran, dann bricht **nmake** nach einem fehlerhaften Compiler-Lauf nicht ab, sondern fährt mit der Kompilierung der anderen C-Programme fort.

```
C:\> type makefile ⏎
.SILENT:
add.exe crossref.exe menugen.exe :    add.c crossref.c menugen.c
    - cl -o $@ $*.c
C:\> nmake ⏎
add.c
add.c(3) : error C2143: syntax error : ........
crossref.c
........
menugen.c
........
C:\>
```

Die Angabe eines Querstrichs vor einer Kommandozeile bewirkt also, daß **nmake** beim Auftreten eines Fehlers in dieser Kommandozeile nicht abbricht, sondern mit der Ausführung des nächsten Kommandos fortfährt.

-*n* vor Kommando bewirkt nur einen nmake-Abbruch, wenn exit-Status größer als *n*

Wenn einem Kommando -*n* vorangestellt wird, wobei für *n* eine Zahl anzugeben ist, dann bricht **nmake** nur dann den Generierungslauf ab, wenn das betreffende Kommando einen exit-Status größer als *n* liefert. So würde **nmake** z.B. bei der Kommandozeile

-3 cl -c assemb.c

nur dann seinen kompletten Generierungslauf beenden, wenn dieser **cl**-Aufruf einen exit-Status größer als 3 liefert.

! vor Kommando bewirkt Ausführung für jedes einzelne Objekt auf der rechten Seite

Wenn einem Kommando das Ausrufezeichen **!** vorangestellt wird, so wird dieses Kommando jeweils einzeln für die Objekte auf der rechten Seite aufgerufen, wenn im betreffenden Kommando auf eines der beiden internen Makros **$**** (alle Objekte der rechten Seite) oder **$?** (alle neueren Objekte der rechten Seite) zugegriffen wird.

Dazu ein Beispiel, in dem wir im Makefile unseres Assembler-Programms einen Eintrag *drucke* machen, um alle seit dem letzten Drucken geänderten Quelldateien automatisch drucken zu lassen:

```
C:\> type makefile↵
#——— Makefile fuer das Assembler-Programm ———
#————————————————————————————————————————————
#...........Makrodefinitionen....................................
MODULE = assemb.obj pass1.obj pass2.obj fehler.obj symb_tab.obj symb_ta2.obj
SRC    = $(MODULE:.obj=.c)
...........
...........
drucke: $(SRC)
    !print $?
    !echo 123  >drucke       # Zeitmarke des Druckvorgangs ueber Datei drucke festhalten
C:\> nmake drucke↵
    print assemb.c
    print pass1.c
    print pass2.c
    print fehler.c
    print symb_tab.c
    print symb_ta2.c
    echo 123  >drucke
C:\> nmake drucke↵
'drucke' is up-to-date
C:\>
```

Ändern wir jetzt z.B. *pass2.c*, so wird bei der nächsten Aufforderung zum Drucken nur diese Datei gedruckt.

```
C:\> nmake drucke↵
    print pass2.c
    echo 123  >drucke
C:\>
```

@, - oder ! dürfen auch zusammen einem Kommando vorangestellt werden

Wenn notwendig, dann können auch mehrere der drei eben vorgestellten Sonderzeichen @, - und ! einer Kommandozeile vorangestellt werden, wie z.B.

```
genzeit: $(SRC)
    @-!cl -c $?
    echo 123  >genzeit
```

In diesem Fall wird für alle Quelldateien des Assembler-Programms, die neuer als die Datei *genzeit* sind, **cl** aufgerufen. Dabei werden aber diese Kommandozeilen wegen der Angabe von @ vor ihrer Ausführung nicht angezeigt. Ebenso wird wegen der Angabe des Querstrichs - ein Fehler bei diesen Kompilierungen nicht zum **nmake**-Abbruch führen.

.IGNORE: und Option -i bewirken das Ignorieren von allen Fehlern

Soll **nmake** beim Abarbeiten eines Makefiles grundsätzlich alle auftretenden Fehler ignorieren und niemals vorzeitig abbrechen, so muß **nmake** mit der Option **-i** aufgerufen werden. Ein Aufruf von **nmake** unter Angabe dieser Option **-i** bewirkt also das gleiche, als hätte man jeder Kommandozeile einen Querstrich - vorangestellt. Eine andere Möglichkeit, **nmake** mitzuteilen, daß es ab einer bestimmten Stelle beim Auftreten von Fehlern niemals vorzeitig abbrechen soll, ist die Angabe der folgenden Zeile in einem Makefile:

.IGNORE:

In diesem Fall bricht **nmake** niemals bei fehlerhaften Kommandos ab, selbst wenn beim **nmake**-Aufruf die Option **-i** nicht angegeben ist. Dazu zwei Beispiele:

```
C:\> type makefile ⏎
.SILENT:
add.exe crossref.exe menugen.exe :   add.c crossref.c menugen.c
   cl -o $@ $*.c
C:\> nmake ⏎
add.c
add.c(3) : error C2143: syntax error : ......
NMAKE : fatal error....: 'CL' : return code '2'
Stop.
C:\> nmake -i ⏎
add.c
add.c(3) : error C2143: syntax error : ........
crossref.c
.......
menugen.c
.......
C:\> type makefile ⏎
.IGNORE:
.SILENT:
add.exe crossref.exe menugen.exe :   add.c crossref.c menugen.c
   cl -o $@ $*.c
C:\> nmake ⏎
add.c
add.c(3) : error C2143: syntax error : ........
crossref.c
.......
menugen.c
.......
C:\>
```

Die Verwendung von *.IGNORE:* oder der Option **-i** ist jedoch nicht ratsam, da ein Fortfahren mit der Abarbeitung eines Makefiles beim Auftreten von unerwarteten Fehlern katastrophale Folgen haben kann. Man denke z.B. nur daran, daß in einem Makefile C-Programme immer in ein anderes Directory umkopiert werden, bevor sie im working directory gelöscht werden. Schlägt nun das Umkopieren fehl, da z.B. das entsprechende Directory gar nicht existiert oder weil es schreibgeschützt ist, dann sind die betreffenden C-Programme nirgends gesichert, aber werden trotzdem gelöscht.

Option -k bewirkt den Generierungs-Abbruch für nur ein *ziel*

Hat man in einem Makefile mehrere voneinander unabhängige *ziele* angegeben, dann kann die Option **-k** sehr nützlich sein. Wird nämlich die Option **-k** beim **nmake**-Aufruf angegeben, dann bricht **nmake** beim Auftreten eines Fehlers zwar die Generierung dieses *ziels*, bei dem ein Fehler aufgetreten ist, und auch aller *objekte* ab, von denen dieses Ziel direkt oder indirekt abhängig ist, aber es fährt mit der Generierung anderer *ziele* fort. So wird alles, was fehlerfrei generiert werden kann, auch generiert, während der Rest unverändert bleibt. **nmake** meldet dabei immer, was nicht erfolgreich generiert werden kann. Als Beispiel dient wieder ein Makefile zu unserem Assembler-Programm:

```
C:\> type makefile ⏎
#—— Makefile fuer das Assembler-Programm ——
#————————————————————————————————————————

#............Makrodefinitionen...................................
MODULE = assemb.obj pass1.obj pass2.obj fehler.obj symb_tab.obj symb_ta2.obj
SRC    = $(MODULE:.obj=.c)
OBJ1 = assemb.obj pass1.obj pass2.obj fehler.obj symb_tab.obj
OBJ2 = assemb.obj pass1.obj pass2.obj fehler.obj symb_ta2.obj
#............Linker-Teil..........................................
assemb1.exe:  $(OBJ1)
        echo $@ wird nun gelinkt........
        link @<<
           assemb.obj+pass1.obj+pass2.obj+fehler.obj+symb_tab.obj,
           assemb1.exe;
<<
assemb2.exe:  $(OBJ2)
        echo $@ wird nun gelinkt........
        cl -o $@ $**

#............Kompilierungs-Teil...................................
assemb.obj    :    assemb.c global.h pass1.h pass2.h symb_tab.h fehler.h
pass1.obj     :    pass1.c pass1.h global.h symb_tab.h fehler.h
pass2.obj     :    pass2.c pass2.h symb_tab.h fehler.h
symb_tab.obj  :    symb_tab.c symb_tab.h global.h fehler.h
symb_ta2.obj  :    symb_ta2.c symb_tab.h global.h fehler.h
fehler.obj    :    fehler.c fehler.h
$(MODULE):
    cl -c $*.c
```

```
#............Cleanup.............................................
cleanup1:
    @echo Folgende Dateien werden nun geloescht:
    @echo $(OBJ1)
    @FOR %I IN ($(OBJ1)) DO DEL %I
cleanup2:
    @ echo Folgende Dateien werden nun geloescht:
    @ echo $(OBJ2)
    @ FOR %I IN ($(OBJ2)) DO DEL %I
drucke: $(SRC)
    !print $?
    !echo 123  >drucke
C:\>
```

Wenn wir jetzt einen künstlichen Fehler in das C-Modul *symb_tab.c* einbauen, so wird bei der Angabe der Option **-k** beim **nmake**-Aufruf trotzdem *assemb2.exe* vollständig generiert, da dieses Programm nicht von *symb_tab.c* abhängig ist.

```
C:\> nmake cleanup1 cleanup2 ⏎
...........
...........
C:\> nmake -sk assemb1.exe assemb2.exe ⏎
assemb.c
pass1.c
pass2.c
fehler.c
symb_tab.c
symb_tab.c(2) : error C2282: 'pritnf' is followed by 'echo'. (missing ','?)
NMAKE : warning....: 'symb_tab.obj' : build failed; /K specified, continuing...
NMAKE : warning....: 'assemb1.exe' : not all dependents available; target not built

symb_ta2.c
assemb2.exe wird nun gelinkt........
............
C:\>
```

Obwohl die Generierung von *assemb1.exe* aufgrund eines Fehlers in *symb_tab.c* fehlschlug, wurde das zweite in der Kommandozeile angegebene Ziel *assemb2.exe* erfolgreich generiert.

Zugriff auf das erste Objekt der rechten Seite mit %s

nmake erlaubt in den Kommandozeilen den Zugriff auf das erste Objekt auf der rechten Seite aus der Abhängigkeitsbeschreibung. Dazu muß im entsprechenden Kommando nur **%s** angegeben werden. Hierzu ein Beispiel:

```
C:\> type makefile ⏎
assemb.obj :    c:\projekt\ass\assemb.c global.h pass1.h pass2.h symb_tab.h fehler.h
```

```
        cl -c %s
C:\> nmake -r assemb.obj ⏎    [-r bedeutet, daß nmake vordefinierte Regeln ignorieren soll]
    cl -c c:\projekt\ass\assemb.c
c:\projekt\ass\assemb.c
C:\>
```

Es ist auch möglich, nur Teile des vollständigen Namens vom ersten Objekts in einer Kommandozeile einsetzen zu lassen. Dazu steht die folgende Syntax zur Verfügung:

%I[*modifikator*]F

Für *modifikator* können dabei keiner, einer oder mehrere der folgenden Buchstaben angegeben werden:

Modifikator	Liefert vom ersten Objektnamen
d	Laufwerk (*drive*)
p	Pfad (*path*)
f	Basisname (*file*)
e	Extension (*extension*)
kein Buchstabe	Vollständiger Name

Hierzu ein Demonstrationsbeispiel:

```
C:\> type makefile ⏎
assemb.txt : c:\projekt\ass\symbtab.roh
    ECHO %s
    ECHO %|F
    ECHO %|dpefF
    ECHO %|eF
    ECHO %|dpF
    ECHO %|fF
    ECHO %|feF
    ECHO %|dfF

C:\> nmake -s ⏎
c:\projekt\ass\symbtab.roh
c:\projekt\ass\symbtab.roh
c:\projekt\ass\symbtab.roh
.roh
c:\projekt\ass\
symbtab
symbtab.roh
c:symbtab
C:\>
```

Als weiteres Beispiel dient der folgende Eintrag in einem Makefile

```
prog.exe: c:\projekt\prog.obj
    link %s, a:%|pfF.exe;
```

Dieser Eintrag veranlaßt **nmake** zum Aufruf der folgenden Kommandozeile:

```
link c:\projekt\prog.obj, a:\projekt\prog.exe;
```

Noch ein Hinweis: Wird das Prozentzeichen als wirkliches Zeichen in einer Kommandozeile benötigt, so muß ein doppeltes Prozentzeichen %% angegeben werden.

Im nächsten Kapitel werden wir alle Punkte zusammenfassen, die es bei der Angabe von Abhängigkeitsbeschreibungen zu beachten gilt.

5.4 Abhängigkeitsbeschreibungen

Obwohl wir schon das meiste über Abhängigkeitsbeschreibungen wissen, sind einige Eigenschaften von Abhängigkeitsbeschreibungen bisher nicht erwähnt wurden.

Schon bekannt sind die folgenden Punkte zu Abhängigkeitsbeschreibungen.

▶ Eine Abhängigkeitsbeschreibung muß immer vollständig in einer Zeile angegeben sein:
 ziel : objekt1 objekt2 ....
 Eine solche Zeile beschreibt, von welchen *objekten* das *ziel* (target) abhängig ist.
▶ Unter Verwendung des Fortsetzungszeichens \ kann eine Abhängigkeitsbeschreibung auch über mehrere Zeilen erstreckt werden.
▶ Das *ziel* muß immer am Anfang einer Zeile stehen, also in der 1. Spalte beginnen. Davor darf niemals ein Leer- oder Tabulatorzeichen angegeben sein.
▶ Das *ziel* muß mit Doppelpunkt von den *objekten* getrennt sein. Dabei dürfen vor und nach dem Doppelpunkt Leer- oder Tabulatorzeichen angegeben sein. Eine Ausnahme sind dabei Ziele, die nur aus einem Zeichen bestehen; in diesem Fall muß vor dem Doppelpunkt ein Leer- oder Tabulatorzeichen stehen, da sonst **nmake** dies fälschlicherweise als Laufwerks-Bezeichnung interpretiert.
▶ Die einzelnen *objekte* müssen mit Leer- oder Tabulatorzeichen voneinander getrennt angegeben werden.
▶ Es sind auch Abhängigkeitsbeschreibungen erlaubt, bei denen nur das *ziel* (mit Doppelpunkt) ohne *objekte* angegeben ist. Erinnern Sie sich dabei nochmals an das Ziel *cleanup* in einem früheren Makefile. Fehlende Abhängigkeiten in einer Abhängigkeitsbeschreibung bedeutet, daß die zugehörigen Kommandozeilen bei Anforderung immer ausgeführt werden.
▶ Eine Abhängigkeitsbeschreibung und eine dazugehörige Kommandozeile können auch in einer Zeile angegeben werden, wenn sie mit Semikolon voneinander getrennt sind:
 ziel : objekt1 objekt2 ... ; kdozeile1

Diese Form der Angabe ist immer erlaubt, unabhängig davon, ob weitere Kommandozeilen zu einer Abhängigkeitsbeschreibung angegeben sind, oder nicht.
- Mehrere Abhängigkeitsbeschreibungen können zwar das gleiche *ziel* haben, aber es dürfen dann nur bei einer Abhängigkeitsbeschreibung dieser *ziel*-Gruppe Kommandozeilen angegeben sein.
- In einer Abhängigkeitsbeschreibung muß immer mindestens ein *ziel* angegeben sein. Es darf jedoch auch mehr als ein *ziel* angegeben sein. Sind mehrere *ziele* angegeben, so müssen diese mit Leer- oder Tabulatorzeichen voneinander getrennt sein.
- Ziel- und Objektnamen sind case-insensitiv und dürfen maximal 256 Zeichen lang sein.
- Rechts und links vom Doppelpunkt dürfen auch die Metazeichen * und ? für Dateinamen-Expandierung angegeben werden. Sie haben dabei die gleiche Bedeutung wie auf DOS-Ebene.

Noch nicht bekannt sind die folgenden Punkte für Abhängigkeitsbeschreibungen:

Lange Dateinamen müssen mit "..." geklammert werden

Man kann auch sehr lange Dateinamen für Ziele oder Objekte angeben, wenn das entsprechende Dateisystem solche langen Namen zuläßt. Solche langen Namen müssen dann jedoch mit ".." geklammert werden, wie das nachfolgende Beispiel zeigt.

```
drucke: "Steuererklaerung_fuer_das_jahr_1995.txt"
    print $?
```

Der doppelte Doppelpunkt :: in Abhängigkeitsbeschreibungen

Will man für die verschiedenen *objekte*, von denen ein *ziel* abhängig ist, unterschiedliche Kommandos ausführen lassen, so muß der doppelte Doppelpunkt :: in der Abhängigkeitsbeschreibung verwendet werden. Wird nämlich der einfache Doppelpunkt angegeben, dann dürfen zwar auch mehrere gleichnamige *ziele* angegeben werden, aber Kommandozeilen dürfen nur bei einem *ziel* angegeben sein. Dazu ein Beispiel, bei dem die aus Assembler- und C-Programme zu generierenden Objektdateien in einer Bibliothek *graphbib.lib* unterzubringen sind:

```
C:\> type makefile ↵
graphbib.lib ::   eins.asm zwei.asm drei.asm
    ML eins.asm zwei.asm drei.asm
    !LIB $@ -+eins.obj -+zwei.obj -+drei.obj;
graphbib.lib ::   vier.c fuenf.c
    CL -c vier.c fuenf.c
    !LIB $@ -+vier.obj -+fuenf.obj;
C:\>
```

Falls **nmake** mit diesem Makefile aufgerufen wird, so werden, wenn dies aufgrund von neueren Zeitmarken notwendig ist, die Dateien *eins.asm*, *zwei.asm* und *drei.asm* assembliert (**ml**) und die C-Dateien *vier.c* und *fuenf.c* kompiliert (**cl**), bevor dann die entsprechenden Objektdateien in die Bibliothek *graphbib.lib* eingetragen werden. Wenn in einer Abhängigkeitsbeschreibung ein doppelter Doppelpunkt :: angegeben ist, so darf dieses *ziel* nicht in einer anderen Abhängigkeitsbeschreibung mit einem einfachen Doppelpunkt : angegeben werden.

Suchpfade für Objekte der rechten Seite mit {..} festlegen

Es ist es möglich, Suchpfade anzugeben, in denen **nmake** nach einem Objekt auf der rechten Seite einer Abhängigkeitsbeschreibung suchen soll, falls es dieses Objekt nicht im working directory findet. Um für ein Objekt Suchpfade festzulegen, müssen die betreffenden Such-Directories mit {..} geklammert dem jeweiligen Objektnamen vorangestellt werden:

{*directory*[[;*directory*] ..]}*objektname*

Sind mehrere Suchdirectories in {..} angegeben, so müssen sie mit Semikolon getrennt sein. Leer- und Tabulatorzeichen sind dabei innerhalb von {..} nicht erlaubt. So bedeutet z.B. der folgende Eintrag

```
prog.exe:   {c:\projekt\src;d:\proj\ass\release}prog.obj
```

in einem Makefile, daß *prog.exe* nur von einem Objekt, nämlich *prog.obj* abhängig ist. Falls **nmake** die Datei *prog.obj* nicht im working directory findet, so prüft es zunächst, ob eine Objektdatei *prog.obj* im Directory *c:\projekt\src* existiert. Sollte auch dort keine Datei *prog.obj* vorhanden sein, so sucht **nmake** schließlich noch im Directory *d:\proj\ass\release* nach dieser Datei. Innerhalb von {..} sind auch Makro-Zugriffe erlaubt. Folglich ist obige Angabe z.B. auch mit folgenden Einträgen im Makefile möglich:

```
SRC = c:\projekt\src
prog.exe:   {$(SRC);d:\proj\ass\release}prog.obj
```

oder

```
SUCHPFADE = c:\projekt\src;d:\proj\ass\release
prog.exe:   {$(SUCHPFADE)}prog.obj
```

Im nächsten Kapitel werden wir uns mit Suffix-Regeln beschäftigen. Die Kenntnis von Suffix-Regeln trägt erheblich dazu bei, daß Makefiles kürzer und auch einfacher werden.

5.5 Suffix-Regeln

Unter MS-DOS gibt es gewisse Suffix-Regeln, die bei der Vergabe von Dateinamen einzuhalten sind. So müssen z.B. Namen von Dateien, die C-Programme enthalten, mit dem Suffix *.c* enden. Andere Beispiele für solche Suffix-Regeln sind Objektdateien, deren Name immer mit *.obj* enden muß, oder ausführbare Programme, deren Name mit *.exe* oder *.com* endet.

5.5.1 Einfaches Beispiel für Suffix-Regeln in Makefiles

Diese vorgegebenen Suffix-Regeln macht sich **nmake** zunutze, um die zur Generierung eines Ziels notwendigen Kommandos automatisch zu ermitteln und dann auch zur Ausführung zu bringen. Nehmen wir z.B. das folgende Makefile:

```
C:\> type makefile ⏎
OBJS = eingabe.obj berechne.obj ausgabe.obj main.obj mathfunk.obj

motorsim.exe: $(OBJS)
    @ echo $@ wird gelinkt.....
    cl -o $@ $(OBJS)
eingabe.obj: eingabe.c
    cl -c eingabe.c
berechne.obj: berechne.c
    cl -c berechne.c
ausgabe.obj: ausgabe.c
    cl -c ausgabe.c
main.obj: main.c
    cl -c main.c
mathfunk.obj: mathfunk.asm
    ml -c main.asm
C:\>
```

Dieses Makefile kann unter Ausnutzung von Suffix-Regeln wesentlich vereinfacht werden:

```
C:\> type makefile ⏎
OBJS = eingabe.obj berechne.obj ausgabe.obj main.obj mathfunk.obj

motorsim.exe: $(OBJS)
    @ echo $@ wird gelinkt.....
    cl -o $@ $(OBJS)
C:\>
```

Nun wollen wir testen, ob dieses Makefile das Geforderte leistet:

```
C:\> nmake motorsim.exe ⏎
    cl  /c eingabe.c
eingabe.c
    cl  /c berechne.c
berechne.c
    cl  /c ausgabe.c
ausgabe.c
```

```
        cl   /c main.c
main.c
        ml   /c mathfunk.asm
mathfunk.asm
motorsim.exe wird gelinkt.....
        cl  -o motorsim.exe eingabe.obj berechne.obj ausgabe.obj main.obj mathfunk.obj
    ............
C:\>
```

Zum Generieren von *motorsim.exe* muß **nmake** zuerst überprüfen, ob *eingabe.obj* auf dem neuesten Stand ist. Dazu sucht **nmake** im working directory entsprechend den vordefinierten Suffix-Regeln nach dem Namen einer Datei, aus der *eingabe.obj* generiert werden kann. Mögliche solche Namen sind z.B. *eingabe.c* (C-Programm), *eingabe.for* (FORTRAN-Programm) oder *eingabe.pas* (PASCAL-Programm). Für unseren Fall wird **nmake** das C-Programm *eingabe.c* finden. Wenn **nmake** nun feststellt, daß *eingabe.c* jünger als *eingabe.obj* ist, oder daß *eingabe.obj* etwa noch gar nicht existiert, dann ruft **nmake** automatisch den C-Compiler (*cl /c eingabe.c*)[5] auf, um aus *eingabe.c* die Objektdatei *eingabe.obj* generieren zu lassen. Würde dagegen z.B. eine Datei *eingabe.for* bzw. *eingabe.pas* im working directory gefunden, so würde **nmake** zur Generierung von *eingabe.obj* den FORTRAN- bzw. den PASCAL-Compiler aufrufen.

Für die Objektdatei *mathfunk.obj* findet **nmake** z.B. die Datei *mathfunk.asm*. Aus dem Suffix *.asm* schließt **nmake**, daß es sich hierbei um ein Assembler-Programm handelt. Deswegen ruft es zur Generierung der Objektdatei *mathfunk.obj* den Assembler **ml** mit einer entsprechenden Kommandozeile auf.

Diese für **nmake** vordefinierten Suffix-Regeln machen es also möglich, daß das obige kurze Makefile ausreicht, um alle erforderlichen Generierungsschritte für das Programm *motorsim.exe* durchzuführen. Auch bei solchen Makefiles ist es im übrigen möglich, nur einen Teil der Generierungsschritte durchführen zu lassen. Dazu müssen beim **nmake**-Aufruf nur die zu generierenden Ziele angegeben werden. Das nachfolgende Beispiel zeigt dies für unser obiges Makefile:

```
C:\> del eingabe.obj ⏎
C:\> del berechne.obj ⏎
C:\> del ausgabe.obj ⏎
C:\> del main.obj ⏎
C:\> del mathfunk.obj ⏎
C:\> nmake eingabe.obj ⏎
    cl  /c eingabe.c
eingabe.c
C:\> nmake -n main.obj ⏎
    cl  /c main.c
C:\> nmake berechne.obj ausgabe.obj ⏎
    cl  /c berechne.c
berechne.c
```

---

[5] Statt **-c** darf auch **/c** beim **cl**-Aufruf angegeben werden.

```
    cl  /c ausgabe.c
ausgabe.c
C:\> nmake mathfunk.obj ⏎
    ml  /c mathfunk.asm
mathfunk.asm
C:\> nmake motorsim.exe ⏎
    cl  /c main.c
main.c
motorsim.exe wird gelinkt.....
    cl -o motorsim.exe eingabe.obj berechne.obj ausgabe.obj main.obj mathfunk.obj
.............
C:\>
```

5.5.2 Die Angabe von eigenen Suffix-Regeln

Es existieren eine ganze Reihe von Suffix-Regeln, die für **nmake** vordefiniert sind. Im folgenden Kapitel werden wir alle diese vordefinierten Suffix-Regeln kennenlernen. Ein **nmake**-Benutzer kann jedoch auch seine eigenen Suffix-Regeln definieren. Wie eine solche eigene Definition aussehen kann, zeigt das folgende Beispiel:

```
C:\> type makefile ⏎
.SUFFIXES: .obj .c .asm

.c.obj:
    @ echo .....Kompiliere $< ——> $@
    @ cl -c $<
.asm.obj:
    @ echo .....Assembliere $< ——> $@
    @ ml -c $<
OBJS = eingabe.obj berechne.obj ausgabe.obj main.obj mathfunk.obj
motorsim.exe: $(OBJS)
    @ echo $@ wird gelinkt.....
    @ cl -o $@ $(OBJS)
C:\>
```

Nun rufen wir **nmake** auf, um zu sehen, welche Generierungen durch dieses Makefile durchgeführt werden:

```
C:\> del eingabe.obj ⏎
C:\> del berechne.obj ⏎
C:\> del ausgabe.obj ⏎
C:\> del main.obj ⏎
C:\> del mathfunk.obj ⏎
C:\> nmake motorsim.exe ⏎
.....Kompiliere eingabe.c ——> eingabe.obj
eingabe.c
```

```
.....Kompiliere berechne.c ——> berechne.obj
berechne.c
.....Kompiliere ausgabe.c ——> ausgabe.obj
ausgabe.c
.....Kompiliere main.c ——> main.obj
main.c
.....Assembliere mathfunk.asm ——> mathfunk.obj
mathfunk.asm
motorsim.exe wird gelinkt.....
........
C:\>
```

Dieses Makefile leistet also nahezu das gleiche wie das vorherige Makefile, nur daß eigene Suffix-Regeln definiert wurden.

Syntax von Suffix-Regeln

Eine Suffix-Regel ist grundsätzlich wie folgt aufgebaut:

```
.von.nach:
    kommandozeilen
```

Zunächst legt eine solche Regel fest, welche Suffix-Abhängigkeiten gelten, nämlich daß Dateien mit dem Suffix *.nach* immer aus Dateien mit dem Suffix *.von* generiert werden. Die dazu notwendigen Generierungsschritte werden immer über die *kommandozeilen* angegeben.

So legt z.B. die erste Suffix-Regel im vorherigen Makefile folgendes fest:

```
c.obj:
```

Aus C-Programme werden Objektdateien generiert. Was bei einer solchen Generierung durchzuführen ist, legen die nachfolgend angegebenen Kommandozeilen fest.

```
    @ echo .....Kompiliere $< ——> $@
    @ cl -c $<
```

Diese beiden Kommandozeilen werden von **nmake** immer dann ausgeführt, wenn eine der Objektdateien *eingabe.obj, berechne.obj, ausgabe.obj, main.obj* gegenüber dem entsprechenden C-Programm *eingabe.c, berechne.c, ausgabe.c, main.c* veraltet ist.

Die zweite Suffix-Regel legt folgendes fest:

```
.asm.obj:
```

Aus Assembler-Programme (*.asm*) werden Objektdateien (*.obj*) generiert. Was bei einer solchen Generierung durchzuführen ist, wird über die beiden folgenden Kommandozeilen festgelegt.

```
    @ echo .....Assembliere $< ——> $@
    @ ml -c $<
```

Diese beiden Kommandozeilen werden von **nmake** immer dann ausgeführt, wenn die

Objektdatei *mathfunk.obj* gegenüber dem Assembler-Programm *mathfunk.asm* veraltet ist.

Allgemein sind die folgenden Regeln beim Aufstellen von eigenen Suffix-Regeln zu beachten:

- *.von* muß am Anfang der Zeile (in der 1. Spalte) stehen.
- Unmittelbar vor und nach dem Doppelpunkt können beliebig viele Leer- oder Tabulatorzeichen stehen.
- Für *von* und *nach* könnten auch Zugriffe auf Makros, die entsprechende Suffixe enthalten, angegeben werden.
- Eine Suffix-Regel kann immer nur dann benutzt werden, wenn ein Objekt der rechten Seite und ein davon abhängiges Ziel den gleichen Basisnamen haben. So kann zwar z.B. eine Suffix-Regel aufgestellt werden, die ein Modul in einer Bibliothek ersetzt, wobei das Modul jedoch den gleichen Basisnamen wie die Bibliothek selbst haben muß. Aber eine Definition einer Suffix-Regel, die mehrere Module in einer Bibliothek ersetzt, was in der Praxis häufig gebraucht wird, ist bei **nmake** leider nicht möglich.

Nachfolgend wollen wir uns nun etwas detaillierter mit den von Benutzern definierten Suffix-Regeln beschäftigen.

Aufzählung aller Suffixe über .SUFFIXES:

Die 1. Zeile des obigen Makefiles

.SUFFIXES: .obj .c .asm

hat die Form einer Abhängigkeitsbeschreibung. Die nach dem Doppelpunkt angegebenen Suffixe legen dabei fest, welche Suffixe beim Bearbeiten dieses Makefiles von Bedeutung sind. An der 1. Zeile unseres Makefiles läßt sich also sofort erkennen, daß in diesem Makefile mit C-Programmen (*.c*), Assembler-Programmen (*.asm*) und Objektdateien (*.obj*) gearbeitet wird. Wenn eine Datei, von der ein Ziel direkt oder indirekt abhängig ist, mit einem Suffix aus dieser Liste endet, und zu dieser Datei nirgends im Makefile Kommandozeilen zur Generierung angegeben sind, dann sucht **nmake** nach einer entsprechenden Suffix-Regel. Findet **nmake** eine solche Suffix-Regel, dann führt es die dort angegebenen Kommandozeilen aus.

Das interne Makro $<

Das interne Makro **$<** darf nur in Suffix-Regeln benutzt werden. Dieses Makro **$<** enthält ähnlich dem Makro **$?** immer die Namen von neueren Objekten zu einem veralteten Ziel. Nehmen wir z.B. die erste Suffix-Regel aus obigen Makefile:

```
.c.obj:
    @ echo .....Kompiliere $< ——> $@
    @ cl -c $<
```

Microsofts NMAKE unter MS-DOS

Wird diese Suffix-Regel von **nmake** z.B. auf die Datei *eingabe.obj* angewendet, dann wird für **$<** der Name *eingabe.c* in der zweiten Kommandozeile eingesetzt, wenn *eingabe.c* neuer als *eingabe.obj* ist. Wird dagegen diese Suffix-Regel von **nmake** auf die Datei *berechne.obj* angewendet, dann würde für **$<** der Name *berechne.c* eingesetzt.

Das obige Makefile hätte im übrigen auch ohne Verwendung von **$<** angegeben werden können, wenn wir z.B. das interne Makro **$*** (Name des aktuellen Ziels ohne Suffix) benutzt hätten:

```
C:\> type makefile ⏎
.SUFFIXES: .obj .c .asm

.c.obj:
    @ echo .....Kompiliere $*.c ——> $@
    @ cl -c $*.c
.asm.obj:
    @ echo .....Assembliere $*.asm ——> $@
    @ ml -c $*.asm

OBJS = eingabe.obj berechne.obj ausgabe.obj main.obj mathfunk.obj
motorsim.exe: $(OBJS)
    @ echo $@ wird gelinkt.....
    @ cl -o $@ $(OBJS)
C:\>
```

Angabe von Suchpfaden in Suffix-Regeln

Wie wir bereits wissen, ist eine Suffix-Regel grundsätzlich wie folgt aufgebaut:

.von.nach:
    kommandozeilen

In diesem Fall sucht **nmake** nur im working directory nach Dateien mit den Suffixen *.von* und *.nach*. Möchte man aber erreichen, daß **nmake** auch in einem anderem Directory nach Dateien mit diesen Suffixen sucht, so muß man die folgende Form der Angabe bei der Definition einer Suffix-Regel wählen:

{vonpfad}.von{nachpfad}.nach:
    kommandozeilen

Grundsätzlich sind bei dieser Form der Angabe die folgenden Regeln zu beachten:

▶ Wenn *{vonpfad}* angegeben ist, so muß immer auch *{nachpfad}* angegeben sein, und umgekehrt.
▶ Um das working directory als Suchpfad festzulegen, muß {.} oder {} angegeben werden.
▶ Für jedes der beiden Suffixe kann jeweils nur ein Suchpfad angegeben werden. Um mehrere Suchpfade für ein Suffix festzulegen, muß für jeden einzelnen Suchpfad eine eigene Suffix-Regel definiert werden.

▶ Für *vonpfad* und *nachpfad* können auch Zugriffe auf Makros, die entsprechende Suchpfade enthalten, angegeben werden.

▶ Damit eine solche Suffix-Regel von **nmake** auf eine Abhängigkeitsbeschreibung angewendet wird, muß das *vonpfad*-Directory dem Directory entsprechen, das für das entsprechende Objekt auf der rechten Seite spezifiziert wurde. Das gleiche gilt für das *nachpfad*-Directory und dem Ziel-Directory aus der Abhängigkeitsbeschreibung. So wird z.B. die folgende Suffix-Regel

```
{\bin}.exe{\objekte}.obj:
    ........
```

nicht auf die folgende Abhängigkeitsangabe angewendet:

```
prog.exe: prog.obj
    ........
```

Beispiele:

Im nachfolgenden Makefile wird angenommen, daß sich die C-Quelldateien im Directory *c:\motor\src* und die Objektdateien im Directory *c:\motor\obj* befinden. Das ablauffähige Programm soll dann im Directory *c:\motor\exe* hinterlegt werden.

```
C:\> type makefile ⏎
.SUFFIXES: .obj .c .asm

{c:\motor\src}.c{c:\motor\obj}.obj:
    cl -Fo$@ -c $<

OBJS = c:\motor\obj\eingabe.obj  \
       c:\motor\obj\berechne.obj \
       c:\motor\obj\ausgabe.obj  \
       c:\motor\obj\main.obj

c:\motor\exe\motorsim.exe: $(OBJS)
    @ echo $@ wird gelinkt.....
    cl -o $@ @<<
$(OBJS)
<<

C:\> nmake ⏎
    cl -Foc:\motor\obj\eingabe.obj -c c:\motor\src\eingabe.c
c:\motor\src\eingabe.c
    cl -Foc:\motor\obj\berechne.obj -c c:\motor\src\berechne.c
c:\motor\src\berechne.c
    cl -Foc:\motor\obj\ausgabe.obj -c c:\motor\src\ausgabe.c
c:\motor\src\ausgabe.c
    cl -Foc:\motor\obj\main.obj -c c:\motor\src\main.c
c:\motor\src\main.c
c:\motor\exe\motorsim.exe wird gelinkt.....
    cl -o c:\motor\exe\motorsim.exe @C:\C700\nm014143.

Microsoft (R) Segmented Executable Linker  Version 5.30
Copyright (C) Microsoft Corp 1984-1992.  All rights reserved.
```

```
Object Modules [.obj]: c:\motor\obj\eingabe.obj +
Object Modules [.obj]: "c:\motor\obj\berechne.obj" +
Object Modules [.obj]: "c:\motor\obj\ausgabe.obj" +
Object Modules [.obj]: "c:\motor\obj\main.obj"
Run File [c:eingabe.exe]: "c:\motor\exe\motorsim.exe" /noi
List File [nul.map]: NUL
Libraries [.lib]:
Definitions File [nul.def]: ;
C:\>
```

Nach diesem **nmake**-Aufruf befindet sich also das ausführbare Programm *motorsim.exe* im Directory *c:\motor\exe*. Eine solche Trennung von Quell- und Objektdateien wird in der praktischen Software-Entwicklung aus vielen Gründen vorgenommen.

Besser noch wäre die Definition der Pfade über Makros, da dann bei Änderung der Directories nur diese Makros geändert werden müssen:

```
C:\> type makefile ⏎
.SUFFIXES: .obj .c .asm

SRC_DIR = c:\motor\src
OBJ_DIR = c:\motor\obj
EXE_DIR = c:\motor\exe

{$(SRC_DIR)}.c{$(OBJ_DIR)}.obj:
    cl –Fo$@ –c $<

OBJS = $(OBJ_DIR)\eingabe.obj  \
       $(OBJ_DIR)\berechne.obj \
       $(OBJ_DIR)\ausgabe.obj  \
       $(OBJ_DIR)\main.obj

$(EXE_DIR)\motorsim.exe: $(OBJS)
    @ echo $@ wird gelinkt.....
    cl –o $@ @<<
$(OBJS)
<<

C:\>
```

5.5.3 Vordefinierte Suffix-Regeln

Die für **nmake** vordefinierten Suffix-Regeln enthalten die Aufrufe der wichtigsten Werkzeuge, die für die Softwareentwicklung unter MS-DOS benötigt werden.

Die über .SUFFIXES: vordefinierten Suffixe

Anhand der nachfolgend angegebenen Suffixe kann **nmake** erkennen, um welche Art von Datei es sich handelt, und dann die erforderlichen Generierungen dazu durchführen:

.exe	Ausführbares Programm
.obj	Objektdatei
.asm	Assembler-Programmdatei
.c	C-Programmdatei
.cpp	C++-Programmdatei
.cxx	C++-Programmdatei
.bas	BASIC-Programmdatei
.cbl	COBOL-Programmdatei
.for	FORTRAN-Programmdatei
.pas	PASCAL-Programmdatei
.rc	Dateien für Microsoft-Resource-Compiler
.res	Vom Microsoft-Resource-Compiler übersetzte Dateien

Für **nmake** ist *.SUFFIXES:* somit wie folgt vordefiniert:

```
.SUFFIXES: .exe .obj .asm .c .cpp .cxx .bas .cbl .for .pas .res .rc
```

Für nmake vordefinierte Suffix-Regeln

Die für **nmake** vordefinierten Suffix-Regeln sind die folgenden:

Regel	Dazu angegebenes Kommando	Kommando (bei Default-Wert für vordef. Makros)
.asm.exe	$(AS) $(AFLAGS) $*.asm	ML $*.ASM
.asm.obj	$(AS) $(AFLAGS) /c $*.asm	ML /c $*.ASM
.c.exe	$(CC) $(CFLAGS) $*.c	CL $*.C
.c.obj	$(CC) $(CFLAGS) /c $*.c	CL /c $*.C
.cpp.exe	$(CPP) $(CPPFLAGS) $*.cpp	CL $*.CPP
.cpp.obj	$(CPP) $(CPPFLAGS) /c $*.cpp	CL /c $*.CPP
.cxx.exe	$(CXX) $(CXXFLAGS) $*.cxx	CL $*.CXX
.cxx.obj	$(CXX) $(CXXFLAGS) /c $*.cxx	CL /c $*.CXX
.bas.obj	$(BC) $(BFLAGS) $*.bas;	BC $*.BAS;
.cbl.exe	$(COBOL) $(COBFLAGS) $*.cbl, $*.exe;	COBOL $*.CBL, $*.EXE;
.cbl.obj	$(COBOL) $(COBFLAGS) $*.cbl;	COBOL $*.CBL;
.for.exe	$(FOR) $(FFLAGS) $*.for	FL $*.FOR
.for.obj	$(FOR) /c $(FFLAGS) $*.for	FL /c $*.FOR

Regel	Dazu angegebenes Kommando	Kommando (bei Default-Wert für vordef. Makros)
.pas.exe	$(PASCAL) $(PFLAGS) $*.pas	PL $*.PAS
.pas.obj	$(PASCAL) /c $(PFLAGS) $*.pas	PL /c $*.PAS
.rc.res	$(RC) $(RFLAGS) /r $*	RC /r $*

Da bei allen vordefinierten Suffix-Regeln von den vordefinierten Makros Gebrauch gemacht wird, kann der Benutzer durch Umdefinieren dieser Makros die Suffix-Regeln seinen eigenen Bedürfnissen anpassen. Nehmen wir z.B. an, daß ein Benutzer beim Kompilieren noch die Angabe der Option **-f** (für *fast compilation*) wünscht, so müßte er nur CFLAGS=-f im Makefile

```
C:\> type makefile⏎
CFLAGS = -f

OBJS = eingabe.obj berechne.obj ausgabe.obj main.obj mathfunk.obj
motorsim.exe: $(OBJS)
    @ echo $@ wird gelinkt.....
    @ cl -o $@ $(OBJS)
C:\> nmake -n motorsim.exe⏎
    cl -f /c eingabe.c
    cl -f /c berechne.c
    cl -f /c ausgabe.c
    cl -f /c main.c
    ml  /c mathfunk.asm
    echo motorsim.exe wird gelinkt.....
    cl -o motorsim.exe eingabe.obj berechne.obj ausgabe.obj main.obj mathfunk.obj
C:\>
```

oder beim **nmake**-Aufruf auf der Kommandozeile angeben:

```
C:\> type makefile⏎
OBJS = eingabe.obj berechne.obj ausgabe.obj main.obj mathfunk.obj
motorsim.exe: $(OBJS)
    @ echo $@ wird gelinkt.....
    @ cl -o $@ $(OBJS)
C:\> nmake -n CFLAGS=-f⏎
    cl -f /c eingabe.c
    cl -f /c berechne.c
    cl -f /c ausgabe.c
    cl -f /c main.c
    ml  /c mathfunk.asm
    echo motorsim.exe wird gelinkt.....
    cl -o motorsim.exe eingabe.obj berechne.obj ausgabe.obj main.obj mathfunk.obj
C:\>
```

So kann der Benutzer sein Programm sehr flexibel entsprechend den momentan anstehenden Anforderungen generieren lassen.

Will ein Benutzer mehrere Optionen einem Makro zuweisen, so muß er Anführungszeichen verwenden, wie z.B.

nmake "CFLAGS=-f -DTEST" .....

5.5.4 Die Abarbeitung der Suffix-Regeln durch nmake

Nachfolgend sind allgemeine Regeln zusammengefaßt, die es beim Arbeiten mit Suffix-Regeln zu beachten gilt. Wenn dabei von Suffix-Regeln gesprochen wird, so sind damit sowohl die benutzerdefinierten als auch die vordefinierten Suffix-Regeln gemeint.

Suffix-Regeln werden nicht auf Abhängigkeitsangaben mit Kommandozeilen angewendet

Ist in einem Makefile eine Abhängigkeitsbeschreibung mit dazugehörigen Kommandozeilen angegeben, dann wird eine eventuell passende Suffix-Regel von **nmake** niemals auf diesen Eintrag angewendet. Stattdessen werden die dazu angegebenen Kommandozeilen ausgeführt. Dazu ein Beispiel:

```
C:\> type makefile ⏎
.c.obj:
    cl -c $<

rechne.obj: rechne.c global.h
    @ echo ......$@ ist aelter als die Dateien "$?"......
C:\> nmake rechne.obj ⏎
......rechne.obj ist aelter als die Dateien "rechne.c global.h"......

C:\> nmake rechne.obj ⏎
......rechne.obj ist aelter als die Dateien "rechne.c global.h"......

C:\>
```

Trotz der Existenz einer entsprechenden Suffix-Regel zur Generierung von *rechne.obj* wird nicht diese Suffix-Regel angewendet, sondern das beim Abhängigkeitseintrag angegebene **echo**-Kommando ausgeführt.

Suffix-Regeln werden auf Abhängigkeitsbeschreibungen ohne Kommandozeilen angewendet

Ist in einem Makefile eine Abhängigkeitsbeschreibung ohne dazugehörige Kommandozeilen angegeben, dann prüft **nmake** zunächst, ob die in der Abhängigkeitsbeschreibung angegebenen Suffixe in der .SUFFIXES:-Liste vorhanden sind. Wenn ja, dann sucht **nmake** nach einer entsprechenden Suffix-Regel, welche den Suffixen in der Abhängigkeitsbeschreibung entspricht. Findet es eine solche Suffix-Regel, dann führt es die dort angegebenen Kommandozeilen aus.

Kann auf einen Abhängigkeitseintrag ohne Kommandozeilen eine Suffix-Regel angewendet werden, dann ist das entsprechende Ziel nicht nur von den explizit benannten Objekten, sondern auch von dem aus dem Zielnamen implizit abgeleiteten Objektnamen abhängig. Dazu ein Beispiel:

```
C:\> type makefile ⏎
.c.exe:
   cl $<
   @ echo .....$@ nun fertig
rechne.exe: global.h

C:\> nmake rechne.exe ⏎
   cl rechne.c
rechne.c
.....rechne.exe nun fertig

C:\> nmake rechne.exe ⏎
'rechne.exe' is up-to-date

C:\>
```

Obwohl beim expliziten Eintrag nicht angegeben ist, daß *rechne.exe* von *rechne.c* abhängig ist, so gilt diese Abhängigkeit doch aufgrund der Suffix-Regel. Würde also *rechne.c* geändert, so würde ein **nmake**-Aufruf eine neue Generierung von *rechne.exe* (entsprechend der im Makefile definierten Suffix-Regel) veranlassen.

Suffix-Regeln werden nur auf Suffixe aus der .SUFFIXES:-Liste angewendet

Damit eine Suffix-Regel von **nmake** angewendet wird, muß das Suffix des Objekts, von dem das Ziel abhängig ist, in der .SUFFIXES:-Liste eingetragen werden:

```
C:\> type makefile ⏎
.adr.sor:
   sort < $< >$@
   @ echo .....Inhalt von $< wurde in $@ sortiert hinterlegt
namen.sor: namen.adr

C:\> nmake namen.sor ⏎
               [keine Aktion; nmake wendet Suffix-Regel nicht an, da .adr nicht in
.SUFFIXES:-Liste vorhanden]
C:\>
```

Wie das nächste Beispiel zeigt, hilft es auch nichts, wenn das Suffix eines Ziels in der .SUFFIXES:-Liste aufgezählt wird.

```
C:\> type makefile ⏎
.SUFFIXES:   .sor

.adr.sor:
   sort < $<  >$@
   @ echo .....Inhalt von $< wurde in $@ sortiert hinterlegt

namen.sor: namen.adr
C:\> nmake namen.sor ⏎
                [keine Aktion; nmake wendet Suffix-Regel nicht an, da .adr nicht in
.SUFFIXES:-Liste vorhanden]
C:\>
```

Ist dagegen das Suffix des Objekts der rechten Seite in der .*SUFFIXES:*-Liste angegeben, so wird die entsprechende Suffix-Regel angewendet.

```
C:\> type makefile ⏎
.SUFFIXES:   .adr

.adr.sor:
   sort < $<  >$@
   @ echo .....Inhalt von $< wurde in $@ sortiert hinterlegt

namen.sor: namen.adr
C:\> nmake namen.sor ⏎
   sort < namen.adr  >namen.sor
.....Inhalt von namen.adr wurde in namen.sor sortiert hinterlegt
C:\> nmake namen.sor ⏎
'namen.sor' is up-to-date

C:\>
```

Suffix-Regeln werden auch auf nicht im Makefile angegebene Ziele angewendet

Man kann auch Suffix-Regeln auf Ziele anwenden, die nicht explizit im Makefile angegeben sind. Dazu müssen die entsprechenden Ziele in der Kommandozeile beim **nmake**-Aufruf angegeben werden:

nmake *ziel1 ziel2* ....

Somit reicht z.B. das folgende Makefile aus, um sich aus allen Dateien, die mit dem Suffix *.adr* enden, gleichnamige sortierte Dateien mit dem Suffix *.sor* generieren zu lassen.

```
C:\> type makefile ⏎
.SUFFIXES:   .adr

.adr.sor:
   sort < $<  >$@
   @ echo .....Inhalt von $< wurde in $@ sortiert hinterlegt

C:\>
```

Dieses Makefile besteht also nur aus der Definition einer Suffix-Regel. Um sich jetzt z.B. die Datei *kunden.adr* sortieren zu lassen, muß man die folgende Kommandozeile angeben:

```
C:\> nmake  kunden.sor ⏎
   sort < kunden.adr  >kunden.sor
.....Inhalt von kunden.adr wurde in kunden.sor sortiert hinterlegt
C:\>
```

Suffix-Regeln können Makefiles überflüssig machen

Die vordefinierten Suffix-Regeln von **nmake** reichen in vielen Fällen aus, damit **nmake** alleine ohne Zuhilfenahme eines Makefiles bestimmen kann, welche Generierungsschritte für die Ziele, welche auf der Kommandozeile angegeben sind, durchzuführen sind.

So kann man sich z.B. aufgrund folgender vordefinierten Suffix-Regel

```
.c.exe:
     $(CC) $(CFLAGS) $*.c
```
[6]

aus C-Quelldateien ablauffähige Programme generieren lassen, ohne daß man dazu explizit ein Makefile erstellen muß. Um sich z.B. aus den beiden C-Programmen *rechne.c* und *male.c* ausführbare Programme generieren zu lassen, braucht man kein Makefile, wie das nachfolgende Beispiel zeigt.

```
C:\> type makefile ⏎
Datei nicht gefunden - MAKEFILE      [kein Makefile im working directory vorhanden]
C:\> nmake rechne.exe male.exe ⏎
   cl  rechne.c
rechne.c
.................    [Linken zu rechne.exe]
   cl  male.c
male.c
.................    [Linken zu male.exe]
C:\>
```

Prioritäten der Suffix-Regeln werden über .SUFFIXES: festgelegt

Nehmen wir z.B. das folgende Makefile:

```
C:\> type makefile ⏎
graphik.exe: graphik.obj
        cl -o $@ $**
C:\>
```

---

[6] Diese Kommandozeile entspricht bei Default-Werte für die vordefinierten Makros der Kommandozeile **CL $*.C**

Wenn *graphik.obj* nicht existiert oder bezüglich *graphik.c* veraltet ist, muß **nmake** *graphik.obj* erst generieren, bevor es *graphik.exe* neu erstellen lassen kann. Existieren nun aber mehrere Quelldateien, aus denen *graphik.obj* generiert werden kann, wie z.B.:

```
C:\> dir graphik.* ⏎
....
GRAPHIK  C              ....
GRAPHIK  FOR            ....
GRAPHIK  PAS            ....
GRAPHIK  CBL            ....
        4 Datei(en)    ....
.........
C:\>
```

dann stellt sich die Frage, welche von den folgenden vordefinierten Suffix-Regeln hier anzuwenden ist:

.c.obj	$(CC) $(CFLAGS) /c $*.c	CL /c $*.C
.cbl.obj	$(COBOL) $(COBFLAGS) $*.cbl;	COBOL $*.CBL;
.for.obj	$(FOR) /c $(FFLAGS) $*.for	FL /c $*.FOR
.pas.obj	$(PASCAL) /c $(PFLAGS) $*.pas	PL /c $*.PAS

In solchen Fällen legt die Reihenfolge der Suffix-Angaben nach *.SUFFIXES:* die Prioritäten der einzelnen Suffix-Regeln fest:

```
.SUFFIXES: .exe .obj .asm .c .cpp .cxx .bas .cbl .for .pas .res .rc
```

Die über *.SUFFIXES:* festgelegte Prioritätsliste legt bezüglich Quelldateien also folgende Reihenfolge der Prüfung durch **nmake** fest:

.asm	(Assembler-Programm)
.c, .cpp, .cxx	(C-Programm)
.bas	(BASIC-Programm)
.cbl	(COBOL-Programm)
.for	(FORTRAN-Programm)
.pas	(PASCAL-Programm)
.rc	(Resource-Datei)

Diese vordefinierte Angabe legt fest, daß **nmake** zuerst nach einer Datei mit Suffix *.asm*, dann nach einer Datei mit Suffix *.c*, dann nach einer Datei mit Suffix *.cpp*, usw. sucht. Wird eine Datei mit einem entsprechenden Suffix gefunden, wird die betreffende Suffix-Regel auf sie angewendet.

In unserem Beispiel wird also *graphik.c* und nicht eine der drei anderen Dateien *graphik.for*, *graphik.pas* oder *graphik.cbl* ausgewählt. Folglich wird hier folgende vordefinierte Suffix-Regel angewendet:

```
.c.obj    $(CC) $(CFLAGS) /c $*.c    CL /c $*.C
```

Probieren wir aus, ob dies wirklich zutrifft:

```
C:\> nmake -n graphik.exe ⏎
    cl  /c graphik.c
    cl  -o graphik.exe graphik.obj
C:\>
```

Wenn wir nun *graphik.c* löschen, dann sollte entsprechend der vorgegebenen Reihenfolge in *.SUFFIXES:* die Suffix-Regel *.cbl.obj* angewendet werden:

```
C:\> del graphik.c ⏎
C:\> nmake -n graphik.exe ⏎
    cobol   graphik.cbl;
    cl -o graphik.exe graphik.obj
C:\>
```

nmake wählt also immer entsprechend der Reihenfolge in *.SUFFIXES:* die betreffende Quelldatei aus. Nun kann man denken, wenn man im Makefile eine explizite Abhängigkeit spezifiziert, dann wird eine andere Datei von **nmake** ausgewählt. Dies ist leider nicht der Fall, wie das nächste Beispiel zeigt:

```
C:\> dir graphik.* ⏎
....
GRAPHIK   FOR          ....
GRAPHIK   PAS          ....
GRAPHIK   CBL          ....
        3 Datei(en)    ....
.........
C:\> type makefile ⏎
graphik.exe: graphik.obj
        cl -o $@ $**
graphik.obj: graphik.pas
C:\> nmake -n graphik.exe ⏎
    cobol   graphik.cbl;
    cl -o graphik.exe graphik.obj
C:\>
```

Wie aus dem Beispiel zu sehen ist, wird weiterhin *graphik.cbl* kompiliert, und nicht, wie man erwarten könnte, *graphik.pas*. Der Grund dafür liegt in der Tatsache, daß eine alleinige Abhängigkeitsangabe ohne zugehörige Kommandozeilen nicht die vordefinierten Suffix-Regeln und insbesondere auch nicht die Reihenfolge der Dateibearbeitung (Prioritäten in *.SUFFIXES*) durch **nmake** beeinflußt. Die obige Abhängigkeitsbeschreibung

```
graphik.obj: graphik.pas
```

wird nämlich, da keine Kommandozeilen dazu angegeben sind, von **nmake** beim Durchlaufen der *.SUFFIXES:*-Liste jeweils wie folgt ergänzt:

```
graphik.obj: graphik.asm graphik.pas    (Prüfung auf Vorhandensein von graphik.asm)
graphik.obj: graphik.c   graphik.pas    (Prüfung auf Vorhandensein von graphik.c)
graphik.obj: graphik.cpp graphik.pas    (Prüfung auf Vorhandensein von graphik.cpp)
graphik.obj: graphik.cxx graphik.pas    (Prüfung auf Vorhandensein von graphik.cxx)
graphik.obj: graphik.bas graphik.pas    (Prüfung auf Vorhandensein von graphik.bas)
graphik.obj: graphik.cbl graphik.pas    (Prüfung auf Vorhandensein von graphik.cbl)
```

Bei dieser letzten manipulierten Abhängigkeitsbeschreibung findet **nmake** dann erstmals im working directory eine Datei von der rechten Seite, nämlich *graphik.cbl*, und wendet jetzt die vordefinierte Suffix-Regel

```
.cbl.obj    $(COBOL) $(COBFLAGS) $*.cbl; COBOL $*.CBL;
```

an, um *graphik.obj* zu erzeugen.

Um die Anwendung der bei den vordefinierten Suffix-Regeln angegebenen Kommandozeilen für eine bestimmte Abhängigkeitsangabe in jedem Fall zu unterbinden, muß zu einer solchen Abhängigkeitsangabe noch mindestens eine Kommandozeile angegeben werden, wie das folgende Beispiel zeigt:

```
C:\> type makefile ⏎
graphik.exe: graphik.obj
     cl -o $@ $**
graphik.obj: graphik.pas
     pl -c $*.pas
C:\> nmake -n graphik.exe ⏎
   pl -c graphik.pas
   cl -o graphik.exe graphik.obj
C:\>
```

Nun benutzt **nmake** in jedem Fall das explizit angegebene Kommando und nicht die Kommandozeilen von den vordefinierten Suffix-Regeln.

Ein anderer häufiger Stolperstein in Makefiles ist, daß **nmake** immer dann ein Ziel neu generiert, wenn eines der Objekte auf der rechten Seite einer Abhängigkeitsbeschreibung gegenüber dem Ziel veraltet ist. Dies ist zwar noch nicht weiter gefährlich. Da **nmake** aber beim Durchlaufen der Suffix-Regeln, wie wir gerade gesehen haben, immer intern ein zusätzliches Objekt, das sich aus Basisnamen des Ziels und dem gerade gepüften Suffix zusammensetzt, zur Abhängigkeitsbeschreibung hinzufügt, kann dies zu äußerst unangenehmen Nebeneffekten führen. Dazu ein Beispiel, bei dem wir zunächst im working directory ein Datei *graphik.c* haben.

```
C:\> dir graphik.* ⏎
....
GRAPHIK  C        ....
     1 Datei(en)  ....
.........
C:\> type makefile ⏎
graphik.exe: graphik.obj
     cl -o $@ $**
```

```
graphik.obj: graphik.c
        cl -c $*.c
C:\> nmake graphik.exe ⏎
    cl -c graphik.c
graphik.c
    cl -o graphik.exe graphik.obj
........
C:\> nmake graphik.exe ⏎
'graphik.exe' is up-to-date

C:\>
```

Hier wird das gewünschte Resultat erzielt, nämlich die Generierung von *graphik.exe*. Wenn wir jetzt jedoch noch eine neue Datei *graphik.asm* im working directory anlegen, dann wird **nmake** *graphik.exe* vollständig neu generieren, da **nmake** beim Durchlaufen der .SUFFIXES:-Liste als erstes folgende Abhängigkeitsbeschreibung intern erzeugt:

```
graphik.obj: graphik.asm graphik.pas    (Prüfung auf Vorhandensein von graphik.asm)
```

Da nun *graphik.asm* neuer als *graphik.obj* ist, wird *graphik.c* wieder neu gelinkt, obwohl dies völlig überflüßig ist.

```
C:\> dir graphik.* ⏎
....
GRAPHIK  C          ....
GRAPHIK  ASM        ....
        2 Datei(en)    ....
.........
C:\> nmake graphik.exe ⏎
    cl -c graphik.c
graphik.c
    cl -o graphik.exe graphik.obj
........
C:\>
```

Eine solche überflüßige Generierung kann man unterbinden, indem man alle vordefinierten Suffix-Regeln ausschaltet. Eine Möglichkeit, dies zu erreichen, ist die Angabe der Option **-r** beim **nmake**-Aufruf.

Prioritäten der einzelnen Gruppen von Suffix-Regeln

Wenn eine gleiche Suffix-Regel mehrmals vorhanden ist, wie z.B. als vordefinierte und als benutzerdefinierte Suffix-Regel, dann hält sich **nmake** an die folgende Priorität (höchste zuerst):

1. **Benutzerdefinierte Suffix-Regeln im Makefile**
   Wenn mehrere gleiche Suffix-Regeln vom Benutzer definiert wurden, so gilt die letzte Suffix-Regel.

2. **Benutzerdefinierte Suffix-Regeln in der Datei TOOLS.INI**
   Wenn mehrere gleiche Suffix-Regeln in *TOOLS.INI* definiert sind, so gilt die letzte Suffix-Regel. Auf *TOOLS.INI* werden wir in einem späteren Kapitel noch genauer eingehen.

3. **Vordefinierte Suffix-Regeln**
   Hieran ist zu erkennen, daß benutzerdefinierte Suffix-Regeln immer die vordefinierten Suffix-Regeln ausschalten. Oder anders ausgedrückt: **nmake** wendet die vordefinierten Suffix-Regeln nur dann, wenn keine entsprechende benutzerdefinierte Suffix-Regel existiert.

Hier wollen wir noch auf zwei spezielle Punkte eingehen.

Ausschalten von allen vordefinierten Suffix-Regeln

In manchen Makefiles ist es notwendig, daß alle von **nmake** vordefinierten Suffix-Regeln ausgeschaltet werden, bevor sie durch selbstdefinierte Suffix-Regeln ersetzt werden. Das Ausschalten der vordefinierten Suffix-Regeln kann auf zwei verschiedene Arten erreicht werden.

Angabe einer leeren *.SUFFIXES:*-Liste

Um alle von **nmake** vordefinierten Suffixe auszuschalten, muß eine leere *.SUFFIXES:*-Liste angegeben werden:

```
.SUFFIXES:
```

Danach kann z.B. mit

```
.SUFFIXES: .......
```

eine neue Reihenfolge für die Abarbeitung der Suffix-Regeln durch **nmake** festgelegt werden.

Angabe der Option -r beim nmake-Aufruf

Wird beim Aufruf von **nmake** die Option **-r** angegeben, so werden für diesen **nmake**-Lauf alle vordefinierten Suffix-Regeln ausgeschaltet.

Ausschalten von einzelnen Suffix-Regeln

In manchen Situationen kann es notwendig sein, daß man nur einzelne und nicht alle vordefinierten Suffix-Regeln ausschalten möchte. Um dies zu erreichen, muß man die betreffenden Suffix-Regeln durch Angabe eines Semikolons ausschalten:

```
.von.nach:   ;
```

Ausgeben aller vordefinierten Suffix-Regeln mit Option -p

Um sich alle von **nmake** vordefinierten Makros und Suffix-Regeln anzeigen zu lassen, muß die Option **-p** beim **nmake**-Aufruf angegeben werden. **nmake** gibt dann auf der Standardausgabe alle für diesen **nmake**-Lauf gültigen Makros, Suffix-Regeln, .SUFFIXES:-Liste und Abhängigkeiten aus, bevor es mit der eigentlichen Abarbeitung des Makefiles beginnt.

Um sich alle vordefinierten Makros und Suffix-Regeln mit vordefinierter .SUFFIXES:-Liste ausgeben zu lassen, muß man sicherstellen, daß **nmake** kein Makefile zur Abarbeitung findet.

Da die durch **-p** bewirkte Ausgabe sehr lang ist, wurde im nachfolgenden Beispiel die Standardausgabe zunächst mit >*mkvorein* umgelenkt. Man kann sich dann mit dem Kommando

print mkvorein

die Liste aller **nmake**-Voreinstellungen ausdrucken lassen. Wir wollen diese Liste hier nochmals vollständig mit **type** ausgeben:

```
C:\> type makefile ⏎          [Kein Makefile vorhanden]
Datei nicht gefunden - MAKEFILE
C:\> nmake -p >mkvorein ⏎
C:\> type mkvorein ⏎

MACROS:
        INCLUDE = C:\C700\INCLUDE;C:\C700\MFC\INCLUDE
             BC = bc
             CC = cl
        COMSPEC = C:\DOS\COMMAND.COM
      MAKEFLAGS = P
         windir = C:\WINDOWS
             AS = ml
             RC = rc
            LIB = C:\C700\LIB;C:\C700\MFC\LIB
      HELPFILES = C:\C700\HELP\*.HLP
           MAKE = NMAKE
         PROMPT = $p$g
            CPP = cl
            FOR = fl
           PATH = C:\C700\BIN;C:\DOS;C:\BIN;C:\BC\BIN;C:\WW;Y:\TP5;C:\WINDOWS
          COBOL = cobol
            TMP = C:\C700
            CXX = cl
           INIT = C:\C700\INIT
         PASCAL = pl
           TEMP = C:\DOS
        MAKEDIR = C:\MAKE\SRC
```

INFERENCE RULES: [<—— anderer Name für Suffix-Regeln]

.asm.exe:
    commands: $(AS) $(AFLAGS) $*.asm

.asm.obj:
    commands: $(AS) $(AFLAGS) /c $*.asm

.c.exe:
    commands: $(CC) $(CFLAGS) $*.c

.c.obj:
    commands: $(CC) $(CFLAGS) /c $*.c

.cpp.exe:
    commands: $(CPP) $(CPPFLAGS) $*.cpp

.cpp.obj:
    commands: $(CPP) $(CPPFLAGS) /c $*.cpp

.cxx.exe:
    commands: $(CXX) $(CXXFLAGS) $*.cxx

.cxx.obj:
    commands: $(CXX) $(CXXFLAGS) /c $*.cxx

.bas.obj:
    commands: $(BC) $(BFLAGS) $*.bas;

.cbl.exe:
    commands: $(COBOL) $(COBFLAGS) $*.cbl, $*.exe;

.cbl.obj:
    commands: $(COBOL) $(COBFLAGS) $*.cbl;

.for.exe:
    commands: $(FOR) $(FFLAGS) $*.for

.for.obj:
    commands: $(FOR) /c $(FFLAGS) $*.for

.pas.exe:
    commands: $(PASCAL) $(PFLAGS) $*.pas

.pas.obj:
    commands: $(PASCAL) /c $(PFLAGS) $*.pas

.rc.res:
    commands: $(RC) $(RFLAGS) /r $*

.SUFFIXES: .exe .obj .asm .c .cpp .cxx .bas .cbl .for .pas .res .rc

TARGETS: [Leer, da kein Makefile zur Verarbeitung vorlag]

C:\>

Falls Sie einige Voreinstellungen in einem Makefile durch eigene Definitionen verändert haben und Sie prüfen möchten, ob **nmake** Ihre Änderungen auch übernehmen wird, so empfiehlt sich der Aufruf:

nmake -pns >mkvorein

In *mkvorein* befinden sich dann die gültigen Voreinstellungen für **nmake**, falls es mit dem entsprechenden Makefile aufgerufen wird. Falls man ein Makefile bearbeiten lassen möchte, das nicht den Namen *Makefile* hat, so muß man zusätzlich noch die Option **-f** *makefilename* beim Aufruf angeben:

nmake -pns -f *makefilename* **>mkvorein**

Wird bei einem **nmake**-Aufruf die Option **-p** angegeben, so werden, wie wir gesehen haben, zuerst alle für diesen Lauf gültigen Makrodefinitionen und Suffix-Regeln angezeigt, bevor dann die Abhängigkeitsbeschreibungen mit den zugehörigen Kommandozeilen aus dem entsprechenden Makefile ausgegeben werden. Bei dieser Ausgabe werden Abhängigkeitsangaben von **nmake** umsortiert, und während die Makros in den Abhängigkeitsbeschreibungen bereits expandiert sind, gilt dies nicht für die zugehörigen Kommandozeilen, denn diese werden genauso ausgegeben, wie sie im entsprechenden Makefile angegeben sind. Nehmen wir z.B. das folgende Makefile für unser Assembler-Programm:

```
C:\> type makefile ⏎
#—— Makefile fuer das Assembler-Programm ——
#—————————————————————————————————————————

#..........Selbstdefinierte Suffix-Regeln....................
.c.obj:
    @ echo ........Kompiliere
    @ cl -c -f $<

#...........Makrodefinitionen.......................
MODULE = assemb.obj pass1.obj pass2.obj fehler.obj symb_tab.obj symb_ta2.obj
OBJ1   = assemb.obj pass1.obj pass2.obj fehler.obj symb_tab.obj
OBJ2   = assemb.obj pass1.obj pass2.obj fehler.obj symb_ta2.obj

#...........Linker-Teil.........................
assemb1.exe: $(OBJ1)
    @ echo $@ wird nun gelinkt........
    @ $(CC) -o $@ $(OBJ1)
assemb2.exe: $(OBJ2)
    @ echo $@ wird nun gelinkt........
    @ $(CC) -o $@ $(OBJ2)

#...........Kompilierungs-Teil.....................
assemb.obj    : assemb.c global.h pass1.h pass2.h symb_tab.h fehler.h
pass1.obj     : pass1.c pass1.h global.h symb_tab.h fehler.h
pass2.obj     : pass2.c pass2.h symb_tab.h fehler.h
symb_tab.obj  : symb_tab.c symb_tab.h global.h fehler.h
```

```
symb_ta2.obj  :   symb_ta2.c symb_tab.h global.h fehler.h
fehler.obj    :   fehler.c fehler.h

#............Cleanup..............................................
cleanup1 :
    @ echo Folgende Dateien werden nun geloescht: ; @ echo $(OBJ1)
    @ rm -f $(OBJ1)
cleanup2 :
    @ echo Folgende Dateien werden nun geloescht: ; @ echo $(OBJ2)
    @ rm -f $(OBJ2)
C:\>
```

Nun wollen wir **nmake** für dieses Makefile mit der Option **-p** aufrufen:

```
C:\> nmake  -pns  assembl.exe  >mkvorein ⏎
C:\> type mkvorein ⏎
```

MACROS:

```
       INCLUDE = C:\C700\INCLUDE;C:\C700\MFC\INCLUDE
            BC = bc
        MODULE = assemb.obj pass1.obj pass2.obj fehler.obj symb_tab.obj symb_ta2.obj
            CC = cl
       COMSPEC = C:\DOS\COMMAND.COM
     MAKEFLAGS = PNS
          OBJ1 = assemb.obj pass1.obj pass2.obj fehler.obj symb_tab.obj
          OBJ2 = assemb.obj pass1.obj pass2.obj fehler.obj symb_ta2.obj
........
........
```

INFERENCE RULES: [Vordefinierte und Selbstdefinierte Suffix-Regeln]

```
.asm.exe:
    commands: $(AS) $(AFLAGS) $*.asm

.asm.obj:
    commands: $(AS) $(AFLAGS) /c $*.asm
```

.c.obj: [Vordefinierte Szffix-Regel durch selbstdefinierte überschrieben]
    commands: @ echo ....Kompiliere
                @ cl -c -f $<

```
.c.exe:
    commands: $(CC) $(CFLAGS) $*.c

.cpp.exe:
    commands: $(CPP) $(CPPFLAGS) $*.cpp

........
........

.SUFFIXES: .exe .obj .asm .c .cpp .cxx .bas .cbl .for .pas .res .rc
```

TARGETS: [Umsortierte und teilweise expandierte Abhängigkeitsangaben]

cleanup1:
    flags: -n -s
    dependents:
    commands: @ echo Folgende Dateien werden nun geloescht: ; @ echo $(OBJ1)
          @ rm -f $(OBJ1)

cleanup2:
    flags: -n -s
    dependents:
    commands: @ echo Folgende Dateien werden nun geloescht: ; @ echo $(OBJ2)
          @ rm -f $(OBJ2)

fehler.obj:
    flags: -n -s
    dependents: fehler.c fehler.h
    commands:

assemb.obj:
    flags: -n -s
    dependents: assemb.c global.h pass1.h pass2.h symb_tab.h fehler.h

    commands:

symb_ta2.obj:
    flags: -n -s
    dependents: symb_ta2.c symb_tab.h global.h fehler.h
    commands:

pass1.obj:
    flags: -n -s
    dependents: pass1.c pass1.h global.h symb_tab.h fehler.h
    commands:

pass2.obj:
    flags: -n -s
    dependents: pass2.c pass2.h symb_tab.h fehler.h
    commands:

symb_tab.obj:
    flags: -n -s
    dependents: symb_tab.c symb_tab.h global.h fehler.h
    commands:

assemb1.exe:
    flags: -n -s
    dependents: assemb.obj pass1.obj pass2.obj fehler.obj symb_tab.obj

    commands: @ echo $@ wird nun gelinkt........
          @ $(CC) -o $@ $(OBJ1)

```
assemb2.exe:
    flags: -n -s
    dependents:    assemb.obj pass1.obj pass2.obj fehler.obj symb_ta2.obj

    commands:  @ echo $@ wird nun gelinkt........
           @ $(CC) -o $@  $(OBJ2)

    echo ........Kompiliere
    cl -c -f assemb.c
    echo ........Kompiliere
    cl -c -f pass1.c
    echo ........Kompiliere
    cl -c -f pass2.c
    echo ........Kompiliere
    cl -c -f fehler.c
    echo ........Kompiliere
    cl -c -f symb_tab.c
    echo assemb1.exe wird nun gelinkt........
    cl -o assemb1.exe  assemb.obj pass1.obj pass2.obj fehler.obj symb_tab.obj
C:\>
```

Dieses Kapitel beschäftigte sich sowohl mit den von **nmake** vordefinierten Suffix-Regeln als auch mit dem Erstellen von eigenen Suffix-Regeln. Im nächsten Kapitel werden wir uns mit den bei **nmake** möglichen Direktiven beschäftigen.

5.6 Direktiven im Makefile

nmake ermöglicht die Angabe von sogenannten Direktiven im Makefile. **nmake** kennt zwei verschiedene Arten von Direktiven:

Punkt-Direktiven
Mit den Punkt-Direktiven, welche immer mit einem Punkt (.) beginnen, ist es möglich, gewisse Einstellungen, wie z.B. Ausgabe der Kommandozeilen vor ihrer Ausführung, ein- bzw. auszuschalten.

Präprozessor-Direktiven
Präprozessor-Direktiven, welche immer mit einem Ausrufezeichen (!) beginnen, ermöglichen z.B. bedingte Ausführung in einem Makefile. Mit anderen Präprozessor-Direktiven können Makrodefinitionen aufgehoben werden, Dateien einkopiert werden, Fehlermeldungen ausgegeben werden oder bestimmte **nmake**-Optionen ein- oder ausgeschaltet werden. Allen Präprozessor-Direktiven ist aber gemeinsam, daß sie vor der eigentlichen Abarbeitung des entsprechenden Makefiles von **nmake** ausgewertet werden.

Alle Direktiven müssen am Anfang einer Zeile (in der 1. Spalte) beginnen. Bei den Präprozessor-Direktiven, die mit einem ! beginnen, muß jedoch lediglich das Ausrufezeichen in der 1. Spalte stehen. Danach dürfen beliebig viele Leer- oder Tabulatorzeichen stehen, bevor das eigentliche Wort der Direktive angegeben ist.

5.6.1 Die Punkt-Direktiven

Mit den Punkt-Direktiven ist es möglich, gewisse Einstellungen für ein Makefile festzulegen. Punkt-Direktiven beginnen immer mit einem Punkt (.) und müssen immer am Anfang der Zeile (in der 1. Spalte) beginnen. Nach dem Namen einer Punkt-Direktive, der immer groß geschrieben sein muß, muß immer ein Doppelpunkt (:) stehen, wobei vor und nach diesem Doppelpunkt beliebig viele Leer- oder Tabulatorzeichen stehen dürfen. Punkt-Direktiven dürfen auch niemals in einer Abhängigkeitsangabe angegeben sein.

.IGNORE: bewirkt das Ignorieren aller Fehler

Normalerweise bricht **nmake** beim Auftreten eines Fehlers in den Kommandos, die es ausführen läßt, sofort die ganze Generierung ab.

Soll **nmake** aber ab einer bestimmten Stelle in einem Makefile alle auftretenden Fehler ignorieren, so muß im Makefile

.IGNORE:

angegeben werden. Anders als bei der Kommandozeilen-Option **-i**, welche ein Ignorieren aller Fehler in einem Makefile festlegt, wirkt *.IGNORE:* erst ab der Stelle in einem Makefile, an der es angegeben ist. Soll dann eventuell an späterer Stelle die Fehler-Ignorierung wieder ausgeschaltet werden, so muß dies mit der Präprozessor-Direktive **!CMDSWITCHES** (siehe unten) erfolgen.

Um das Ignorieren von Fehlern nur für eine einzelne Kommandozeile festzulegen, muß der entsprechenden Kommandozeile ein Querstrich (-) vorangestellt werden; siehe dazu auch Kapitel 5.3.2.

.PRECIOUS: Festlegen von Zielen, die nicht von nmake zu löschen sind

Wenn die Generierung eines Programms mit der *Ctrl-C* oder *Ctrl-BREAK* abgebrochen wird, dann entfernt **nmake** im Normalfall zuerst das aktuelle Ziel, bevor es die Generierung abbricht. In manchen Fällen mag es erwünscht sein, daß **nmake** bestimmte Ziele beim Auftreten eines Fehlers nicht löscht. Dies kann man **nmake** mitteilen, indem man im Makefile die entsprechenden Zielnamen mit

.PRECIOUS: *ziel1 ziel2 ....*

angibt. Eine solche Angabe kann an einer beliebigen Stelle im Makefile stehen und bewirkt, daß **nmake** diese Ziele *ziel1 ziel2* .... und alle davon abhängigen Ziele nicht entfernt, bevor es den **nmake**-Lauf abbricht.

Eine *.PRECIOUS:*-Angabe hat immer Auswirkung auf das ganze Makefile. Werden mehrere *.PRECIOUS:*-Angaben in einem Makefile gemacht, so werden alle dort angegebenen Ziele zu einer Liste zusammengefaßt.

.SILENT: Automatische Anzeige der Kommandozeilen ausschalten

nmake gibt normalerweise alle Kommandozeilen am Bildschirm aus, bevor es sie ausführen läßt. Soll diese automatische Ausgabe durch **nmake** aber ab einer bestimmten Stelle ausgeschaltet werden, so muß im Makefile

.SILENT:

angegeben werden. Anders als bei der Kommandozeilen-Option **-s**, welche die automatische Ausgabe von Kommandozeilen für das ganze Makefile ausschaltet, wirkt *.SILENT:* erst ab der Stelle in einem Makefile, an der es angegeben ist. Soll dann eventuell an späterer Stelle die automatische Kommando-Ausgabe wieder eingeschaltet werden, so muß dies mit der Präprozessor-Direktive **!CMDSWITCHES** (siehe unten) erfolgen.

Um die automatische Ausgabe nur für eine einzelne Kommandozeile auszuschalten, muß der entsprechenden Kommandozeile ein @ vorangestellt werden; siehe dazu auch Kapitel 5.3.2.

Wird **nmake** mit der Option **-n** aufgerufen und es ist im betreffenden Makefile *.SILENT:* angegeben, so werden trotzdem alle Kommandozeilen angezeigt.

.SUFFIXES: Liste von Suffixen, die für Suffix-Regeln relevant sind

Diese Punkt-Direktive wurde bereits ausführlich in Kapitel 5.5.4 beschrieben.

5.6.2 Präprozessor-Direktiven

Präprozessor-Direktiven müssen immer mit einem Ausrufezeichen (!) beginnen, das in der 1. Spalte einer Zeile stehen muß. Diesem Ausrufezeichen dürfen dann beliebig viele Leer- oder Tabulatorzeichen folgen, bevor das eigentliche Schlüsselwort angegeben ist.

Allen Präprozessor-Direktiven ist gemeinsam, daß sie vor der eigentlichen Abarbeitung des entsprechenden Makefiles von **nmake** ausgewertet werden.

Präprozessor-Direktiven zur bedingten Ausführung

Die Direktiven **!IF, !IFDEF, !IFNDEF, !ELSE, !ELSEIF, !ELSEIFDEF, !ELSEIFNDEF** und **!ENDIF** zur bedingten Ausführung entsprechen in etwa den fast gleichnamigen Präprozessor-Anweisungen in der Programmiersprache C. Mit diesen Direktiven ist es möglich, abhängig von einer Bedingung Teile eines Makefiles bei einem **nmake**-Aufruf ein- oder auszuschalten. Es existieren mehrere Möglichkeiten für den Einsatz der bedingten Direktiven in einem Makefile (eine mit [...] geklammerte Angabe ist dabei optional):

!IF *ausdruck*
[*zeilen*]
!ENDIF

Die angegebenen *zeilen* werden nur dann von **nmake** bearbeitet, wenn *ausdruck* TRUE ist, also einen von 0 verschiedenen Wert liefert.

!IF *ausdruck*
[*zeilen1*]
!ELSE
[*zeilen2*]
!ENDIF

zeilen1 werden nur dann von **nmake** bearbeitet, wenn *ausdruck* TRUE ist, also einen von 0 verschiedenen Wert liefert, ansonsten werden die *zeilen2* bearbeitet.

!IF *ausdruck1*
[*zeilen1*]
!ELSEIF *ausdruck2*
[*zeilen2*]
!ELSEIF ....
....
[**!ELSE**
[*zeilenx*]]
!ENDIF

zeilen1 werden nur dann von **nmake** bearbeitet, wenn *ausdruck1* TRUE ist, also einen von 0 verschiedenen Wert liefert, ansonsten wird geprüft, ob der *ausdruck2* TRUE ist. Wenn ja, dann werden die *zeilen2* bearbeitet, ansonsten wird in einer solchen **if**-Kaskade der *ausdruck3* geprüft, usw. Nur wenn alle *ausdrücke* FALSE liefern, werden die *zeilenx* bearbeitet.

!IFDEF *makroname*
[*zeilen*]
!ENDIF

Die angegebenen *zeilen* werden nur dann von **nmake** bearbeitet, wenn der *makroname* definiert ist.

!IFNDEF *makroname*
[*zeilen*]
!ENDIF
Die angegebenen *zeilen* werden nur dann von **nmake** bearbeitet, wenn der *makroname* **nicht** definiert ist.

!IFDEF *makroname*
[*zeilen1*]
!ELSE
[*zeilen2*]
!ENDIF
zeilen1 werden nur dann von **nmake** bearbeitet, wenn *makroname* definiert ist, ansonsten werden die *zeilen2* bearbeitet.

!IFNDEF *makroname*
[*zeilen1*]
!ELSE
[*zeilen2*]
!ENDIF
zeilen1 werden nur dann von **nmake** bearbeitet, wenn *makroname* **nicht** definiert ist, ansonsten werden die *zeilen2* bearbeitet.

!IFDEF *makroname*   (oder: **!IFNDEF** *makroname*)
[*zeilen1*]
!ELSEIFDEF *makroname*   (oder: **!ELSEIFNDEF** *makroname*)
[*zeile2*]
!ELSEIFDEF *makroname*   (oder: **!ELSEIFNDEF** *makroname*)
....
[**!ELSE**
[*zeilenx*]]
!ENDIF
Unter Verwendung der beiden Direktiven **!ELSEIFDEF** und **!ELSEIFNDEF** können wieder **if**-Kaskaden aufgebaut werden.

Für die *zeilen* können dabei beliebig viele Zeilen angegeben werden, in denen folgendes enthalten sein darf:

▶ Makrodefinitionen
▶ Abhängigkeits-Angaben (explizite-Regeln)
▶ Suffix-Regeln (implizite Regeln)
▶ Direktiven

Eine bedingte Direktive bildet einen Block, der mit **!IF** (**!IFDEF**, **!IFNDEF**) und **!ENDIF** zu klammern ist. Da in einem solchen Block wiederum bedingte Direktiven angegeben werden dürfen, ist eine beliebig tiefe Schachtelung von bedingten Direktiven möglich, wie man dies auch von Programmiersprachen her kennt. Eine Angabe wie

!IF *ausdruck1*
  zeilen1
!ELSEIF *ausdruck2*
  zeilen2
!ELSE
  zeilen3
!ENDIF
entspricht der Angabe

!IF *ausdruck1*
  zeilen1
!ELSE
! IF *ausdruck2* |
  zeilen2 |
! ELSE | geschachtelte **!IF**-Direktive
  zeilen3 |
! ENDIF |
!ENDIF

Während es sich bei der ersten Angabe um eine **!IF**-Direktive handelt, liegen bei der zweiten Angabe zwei **!IF**-Direktiven vor, wobei die zweite Bestandteil des **!ELSE**-Teils der ersten ist. Deshalb müssen bei der zweiten Angabe auch beide **!IF**-Direktiven mit **!ENDIF** abgeschlossen werden, was für die erste nicht gilt.

Bei den Direktiven **!IF** und **!ELSEIF** können der Programmiersprache C entsprechende ganzzahlige Ausdrücke angegeben werden. Liefert die Auswertung eines solchen Ausdrucks den Wert 0, dann interpretiert dies **nmake** als FALSE, während jeder andere Wert als TRUE gewertet wird. In den Ausdrücken dürfen dabei alle Konstruktionen eingesetzt werden, die ganze Zahlen aus dem Bereich -2147483648 bis 2147483647[7] liefern, wie z.B.:

DEFINED(*makroname***)**
    liefert 1 (TRUE), wenn *makroname* definiert ist und ansonsten 0 (FALSE).

DEFINED(*makroname1***) && DEFINED(***makroname2***)**
    liefert 1 (TRUE), wenn *makroname1* und *makroname2* definiert sind und ansonsten 0 (FALSE).

EXIST(*pfad***)**
    liefert TRUE (1), wenn der *pfad* im Betriebssystem existiert und ansonsten 0 (FALSE).

---

[7] Zahlenbereich für **signed long int**.

$(*makroname*)

liefert den entsprechenden numerischen Wert, wenn *makroname* eine ganze Zahl ist. Ist das Makro *makroname* nicht definiert oder leer oder enthält es einen nicht numerischen Wert, dann meldet **nmake** einen Fehler.

235

liefert den dezimalen Wert 235.

0235

wird als oktale Konstante interpretiert, da es entsprechend C-Konvention mit 0 beginnt. Diese Angabe entspricht der dezimalen Zahl 157 (=2*64+3*8+5*1).

0xa24

wird als hexadezimale Konstante interpretiert, da es entsprechend C-Konvention mit 0x beginnt. Diese Angabe entspricht der dezimalen Zahl 2596 (=10*256+2*16+4*1).

Neben diesen Angaben sind wie in C noch die folgenden Operatoren in einem Ausdruck erlaubt:

Monadische Operatoren

-	Minuszeichen
~	Einer-Komplement
!	Boole'sches NOT

Dyadische Operatoren

+	Addition
-	Subtraktion
*	Multiplikation
/	ganzzahlige Division
%	Modulo
&	Bitweises AND
|	Bitweises OR
^	Bitweises XOR
&&	Boole'sches AND
||	Boole'sches OR
<<	Links-Shift
>>	Rechts-Shift
==	Gleich
!=	Ungleich
<	Kleiner als
>	Größer als

Dyadische Operatoren

<=	Kleiner als oder gleich
>=	Größer als oder gleich

Für die Operatoren gelten dabei die gleiche Prioritäten wie in C. Ist bei einem Ausdruck eine andere Auswertungs-Reihenfolge erwünscht, so müssen Klammern verwendet werden, wie z.B. (4+5)*3 liefert als Ergebnis 27 (9*3), während 4+5*3 den Wert 19 (4+15) liefert.

Um Strings zu vergleichen, können die beiden Operatoren == und != verwendet werden. Die Strings müssen dabei mit Anführungszeichen ".." geklammert sein.

Bei der Überprüfung von Makronamen mit !IFDEF, !IFNDEF, !ELSEIFDEF und !ELSEIFNDEF ist zu beachten, daß hier lediglich geprüft wird, ob ein Makroname definiert ist oder nicht. So gilt z.B. ein Makro wie COMP_OPT, das wie folgt definiert wurde:

COMP_OPT =

und somit den Leerstring enthält, als definiert. Eine Überprüfung mit

!IFDEF COMP_OPT

würde folglich TRUE liefern. Ein Makroname gilt nur dann als undefiniert, wenn nirgends zu diesem Namen eine Makrodefinition vorhanden ist. Soll ein Makro wieder gelöscht werden, und somit als »undefiniert« gelten, so muß dazu die weiter unten beschriebene Präprozessor-Direktive !UNDEF verwendet werden.

Ein Beispiel für die Verwendung von Präprozessor-Direktiven zur bedingten Ausführung zeigt das nachfolgende Makefile. Abhängig davon, ob das Makro DEBUG definiert ist, wird Debugging-Information einkompiliert bzw. gelinkt oder nicht.

```
C:\> type makefile
#------ Makefile fuer das Assembler-Programm ------
#----------------------------------------------------

#...........Selbstdefinierte Suffix-Regeln....................
                       # -Zi schaltet source debugging an und
                       # -Od schaltet Optimierung aus
.c.obj:
!IFDEF DEBUG
   @ echo ........Kompiliere fuer DEBUGGING:
   @ cl -Zi -Od -c $<
!ELSE
   @ echo ........Kompiliere ohne DEBUG:
   @ cl -c $<
!ENDIF
```

```
#............Makrodefinitionen......................................
MODULE = assemb.obj pass1.obj pass2.obj fehler.obj symb_tab.obj symb_ta2.obj
OBJ1   = assemb.obj pass1.obj pass2.obj fehler.obj symb_tab.obj
OBJ2   = assemb.obj pass1.obj pass2.obj fehler.obj symb_ta2.obj

#............Linker-Teil..........................................
assemb1.exe:  $(OBJ1)
        @ echo $@ wird nun gelinkt........
!       IF "$(DEBUG)" == "ON"
           @ link /CO $(OBJ1: =+), $@;
!       ELSE
           @ cl -o $@  $(OBJ1)
!       ENDIF


assemb2.exe:  $(OBJ2)
        @ echo $@ wird nun gelinkt........
!       IFNDEF DEBUG
           @ cl -o $@  $(OBJ2)
!       ELSE
           @ link /CO $(OBJ2: =+), $@;
!       ENDIF


#............Kompilierungs-Teil...................................
assemb.obj    :  assemb.c global.h pass1.h pass2.h symb_tab.h fehler.h
pass1.obj     :  pass1.c pass1.h global.h symb_tab.h fehler.h
pass2.obj     :  pass2.c pass2.h symb_tab.h fehler.h
symb_tab.obj  :  symb_tab.c symb_tab.h global.h fehler.h
symb_ta2.obj  :  symb_ta2.c symb_tab.h global.h fehler.h
fehler.obj    :  fehler.c fehler.h

#............Cleanup..............................................
cleanup1 :
        @ echo Folgende Dateien werden nun geloescht: ; @ echo $(OBJ1)
        @ rm -f $(OBJ1)
cleanup2 :
        @ echo Folgende Dateien werden nun geloescht: ; @ echo $(OBJ2)
        @ rm -f $(OBJ2)

C:\> nmake cleanup1 ⏎
.......

C:\> nmake -n assemb2.exe ⏎      [Makro DEBUG ist nirgends definiert]
    echo ........Kompiliere ohne DEBUG:
    cl -c assemb.c
    echo ........Kompiliere ohne DEBUG:
    cl -c pass1.c
    echo ........Kompiliere ohne DEBUG:
    cl -c pass2.c
    echo ........Kompiliere ohne DEBUG:
```

```
        cl -c fehler.c
        echo ........Kompiliere ohne DEBUG:
        cl -c symb_ta2.c
        echo assemb2.exe wird nun gelinkt........
        cl -o assemb2.exe  assemb.obj pass1.obj pass2.obj fehler.obj symb_ta2.obj
C:\> nmake -n DEBUG=ON assemb2.exe ⏎    [Makro DEBUG wird auf Kommandozeile definiert]
        echo ........Kompiliere fuer DEBUGGING:
        cl -Zi -Od -c assemb.c
        echo ........Kompiliere fuer DEBUGGING:
        cl -Zi -Od -c pass1.c
        echo ........Kompiliere fuer DEBUGGING:
        cl -Zi -Od -c pass2.c
        echo ........Kompiliere fuer DEBUGGING:
        cl -Zi -Od -c fehler.c
        echo ........Kompiliere fuer DEBUGGING:
        cl -Zi -Od -c symb_tab.c
        echo assemb1.exe wird nun gelinkt........
        link /CO assemb.obj+pass1.obj+pass2.obj+fehler.obj+symb_tab.obj, assemb1.exe;
C:\>
```

Debug-Information für *assemb1.exe* wird bei diesem Makefile allerdings nur dann vom Linker zur Verfügung gestellt, wenn das Makro DEBUG genau den String "ON" enthält. Würde dieses Makro dagegen einen anderen String wie z.B. "AN" enthalten, dann würde für *assemb1.exe* keine Debug-Information von **LINK** dazugelinkt.

```
C:\> nmake -n DEBUG=AN assemb1.exe ⏎    [Makro DEBUG wird auf Kommandozeile mit "AN"
definiert]
        echo ........Kompiliere fuer DEBUGGING:
        cl -Zi -Od -c assemb.c
        echo ........Kompiliere fuer DEBUGGING:
        cl -Zi -Od -c pass1.c
        echo ........Kompiliere fuer DEBUGGING:
        cl -Zi -Od -c pass2.c
        echo ........Kompiliere fuer DEBUGGING:
        cl -Zi -Od -c fehler.c
        echo ........Kompiliere fuer DEBUGGING:
        cl -Zi -Od -c symb_tab.c
        echo assemb1.exe wird nun gelinkt........
        cl -o assemb1.exe  assemb.obj pass1.obj pass2.obj fehler.obj symb_tab.obj    [keine DEBUG-Op-
tion /CO]
C:\>
```

Löschen von Makrodefinitionen mit !UNDEF

Die Angabe der Direktive

!UNDEF *makroname*

bewirkt, daß die Definition des Makros *makroname* gelöscht wird. Ein nachfolgender Zugriff mit $(*makroname*) liefert dann den Leerstring. Ist der bei **!UNDEF** angegebene *makroname* nicht definiert, so hat diese Direktive keine Auswirkung.

Einkopieren anderer Dateien mit !INCLUDE

Eine Angabe wie

!INCLUDE *datei*   oder
!INCLUDE "*datei*"

in einem Makefile bewirkt, daß **nmake** an dieser Stelle den Inhalt von *datei* liest und somit als Teil des Makefiles betrachtet. Ist bei *datei* ein Pfad mitangegeben, dann liest **nmake** die Datei im entsprechenden Pfad. Wenn bei *datei* kein Pfad angegeben ist, sucht **nmake** nur im working directory nach der Datei *datei*. Soll **nmake** auch in anderen Directories nach der Datei *datei* suchen, so muß der Dateiname bei **!INCLUDE** in spitzen Klammern eingeschlossen werden:

!INCLUDE <*datei*>

In diesem Fall sucht **nmake** in allen Directories, die im Makro **INCLUDE** angegeben sind, nach einer Datei mit dem Namen *datei*. Wenn das Makro **INCLUDE** nicht explizit vom Benutzer definiert wird, so wird es implizit von **nmake** definiert, nämlich über die DOS-Umgebungsvariable **INCLUDE**.

Die Direktive **!INCLUDE** entspricht also weitgehend der **#include**-Angabe in C-Dateien.

Meist wird **!INCLUDE** verwendet, wenn Suffix-Regeln, Abhängigkeiten oder Makros existieren, die in einem Projekt globale Gültigkeit haben. In diesem Fall hinterlegt man die entsprechenden Angaben in einer Datei und benutzt diese Datei dann projektweit, indem man sie in allen Makefiles mit **!INCLUDE** dem **nmake**-Programm bekanntmacht. Als Beispiel soll eine projektweit gültige Graphik-Bibliothek *\projekt\graf\graf.lib* mit den dazugehörigen Header-Dateien *\projekt\graf\ginclude* dienen. In diesem Fall kann man z.B. eine Datei *\projekt\graf\graf.mak* mit folgenden Inhalt erstellen:

```
GLIB = \projekt\graf\graf.lib
GINC = \projekt\graf\ginclude
```

In jedem Makefile des Projekts, das diese Graphik-Bibliothek benutzt, kann nun folgendes angegeben werden:

```
INCLUDE=\projekt\graf
......
!include <graf.mak>
```

Auch wenn **!INCLUDE**-Zeilen an jeder beliebigen Stelle in einem Makefile angegeben werden dürfen, so ist es doch aus Lesbarkeitsgründen empfehlenswert, alle

!INCLUDE-Angaben ganz am Anfang eines Makefiles anzugeben, und diese nicht irgendwo im Makefile zu verstecken.

Die rekursive Verwendung von **!INCLUDE** ist nicht erlaubt. Eine **!INCLUDE**-Rekursion liegt vor, wenn in **!INCLUDE**-Dateien wieder **!INCLUDE**-Angaben enthalten sind, die dazu führen, daß die ursprüngliche **!INCLUDE**-Datei in dieser Schachtelung irgendwann wieder mit **!INCLUDE** einkopiert werden soll. **nmake** erkennt solche Rekursionen und meldet einen Fehler.

Abbruch und Ausgabe einer eigenen Fehlermeldung mit !ERROR

Trifft **nmake** bei der Abarbeitung des Makefiles auf eine Zeile der folgenden Form:

!ERROR *fehlermeldung*

dann gibt es die hierbei angegebene *fehlermeldung* (ohne die führenden Leer- oder Tabulatorzeichen) aus und beendet sich. Diese Fehler-Direktive **!ERROR** ermöglicht dem Benutzer die Ausführung von **nmake** mit einer selbst gewählten Fehlermeldung abbrechen zu lassen. Die Angabe der Fehler-Direktive macht allerdings nur in bedingten Direktiven Sinn.

Als Beispiel dient die folgende Angabe in einem Makefile:

```
!IFNDEF GINCLUDE
!    ERROR  Makro GINCLUDE nicht definiert
!ENDIF
```

Wenn nun **nmake** aufgerufen wird und das Makro *GINCLUDE* ist nicht definiert, so gibt es folgende Meldung aus, bevor es sich beendet:

```
makefile(..) : fatal error U1050: Makro GINCLUDE nicht definiert
```

Trifft **nmake** während der Abarbeitung eines Makefiles auf eine **!ERROR**-Direktive, so bricht es in jedem Fall ab, selbst wenn die Optionen **-i** bzw. **-k** oder die Punkt-Direktive *.IGNORE:* angegeben waren.

Ausgabe einer eigenen Meldung mit !MESSAGE

Trifft **nmake** bei der Abarbeitung des Makefiles auf eine Zeile der folgenden Form:

!MESSAGE *meldung*

dann gibt es die angegebene *meldung* (ohne die führenden Leer- oder Tabulatorzeichen) aus. Anders als bei **!ERROR** beendet sich **nmake** nicht, sondern fährt mit der Abarbeitung des Makefiles fort.

Ein-/Ausschalten von nmake-Optionen in einem Makefile mit !CMDSWITCHES

Sollen in einem Makefile ab einer bestimmten Stelle gewisse Kommandozeilen-Optionen eingeschaltet werden, so kann dies mit folgender Angabe erreicht werden:

!CMDSWITCHES +*opt* +*opt* ....

Um gewisse Kommandozeilen-Optionen ab einer bestimmten Stelle in einem Makefile auszuschalten, müßte die folgende Angabe verwendet werden:

!CMDSWITCHES -*opt* -*opt* ....

Um die Optionen einzuschalten, muß ihnen also ein Plus-Zeichen (+), und um sie auszuschalten, muß ihnen ein Minus-Zeichen (-) vorangestellt werden. Das Voranstellen eines / vor einer Option, was auf der Kommandozeile erlaubt ist, ist hier verboten.

Bei der Aufzählung der einzelnen Optionen nach **!CMDSWITCHES** müssen diese immer mit Leer- oder Tabulatorzeichen voneinander getrennt sein.

Die einzelne Optionen können hierbei entweder klein- oder großgeschrieben sein.

Mit einer **!CMDSWITCHES**-Angabe ist es nur möglich, Optionen ein- oder auszuschalten. Sollen gleichzeitig Optionen ein- und ausgeschaltet werden, müssen dazu zwei getrennte **!CMDSWITCHES**-Zeilen angegeben werden.

In der Datei *TOOLS.INI*, auf die wir später noch ausführlich zu sprechen kommen, können außer den Optionen **/F**, **/HELP**, **/NOLOGO**, **/X** und **/?** alle anderen Optionen mit **!CMDSWITCHES** ein- bzw. ausgeschaltet werden.

In einem Makefile können dagegen nur die Optionen **D**, **I**, **N** und **S** über **!CMDSWITCHES** ein- bzw. ausgeschaltet werden.

Falls **!CMDSWITCHES** in einer Abhängigkeitsangabe verwendet wird, so hat diese Direktive erst bei der Abarbeitung der nächsten Abhängigkeitsangabe Auswirkung auf **nmake**.

Eine **!CMDSWITCHES**-Angabe hat immer Auswirkung auf den Inhalt des vordefinierten Makros **MAKEFLAGS**, welches wir in einem späteren Kapitel kennenlernen werden.

Ausführen eines Programms durch den Präprozessor mit [ ]

Es ist möglich, ein Programm oder Kommando vom Präprozessor ausführen zu lassen, und den von dieser Ausführung gelieferten exit-Wert für bedingte Abarbeitung des Makefiles zu verwenden.

Das vom Präprozessor auszuführende Programm oder Kommando muß dabei in eckigen Klammern angegeben werden:

[*programm*]

Der Präprozessor führt dann das *programm* aus und setzt hierfür den durch die *programm*-Ausführung gelieferten exit-Wert für diese Konstruktion ein. Somit kann ein solcher exit-Wert in den Ausdrücken der Präprozessor-Direktiven **!IF** oder **!ELSEIF** verwendet werden. Üblicherweise zeigt der exit-Wert 0 an, daß ein Programm erfolgreich ausgeführt werden konnte. Ein von 0 verschiedener exit-Wert hingegen zeigt an, daß während der Ausführung eines Programms ein Fehler aufgetreten ist.

In den eckigen Klammern [..] dürfen auch Makros angegeben werden. **nmake** expandiert dann diese Makros, bevor es das betreffende Kommando ausführt.

Um z.B. aus einem Makefile heraus die DOS-Variable *INCLUDE* zu manipulieren, kann folgende Konstruktion angegeben werden:

```
!IF DEFINED(TEST)
CFLAGS = -Zi -Od -c
!       IF [set INCLUDE=%INCLUDE%;\TEST] != 0
!           ERROR ....Directory \TEST konnte nicht an INCLUDE angefuegt werden.
!       ENDIF
!ELSE
CFLAGS = -c
!ENDIF
```

In diesem Beispiel wird zunächst überprüft, ob das Makro *TEST* definiert ist. Wenn ja, dann werden die entsprechenden Debugging-Optionen in *CFLAGS* hinterlegt. Danach wird über das DOS-Kommando **set** an den Inhalt der DOS-Variable *INCLUDE* noch das Directory \TEST angehängt. Falls dieses **set**-Kommando nicht erfolgreich war, also einen exit-Status != 0 liefert, wird mit einer entsprechenden Fehlermeldung der **nmake**-Lauf abgebrochen.

Im nächsten Kapitel werden wir uns mit den Aufrufmöglichkeiten von **nmake** und den dabei erlaubten Optionen beschäftigen.

5.7 Aufrufmöglichkeiten und Optionen von nmake

In diesem Kapitel werden nicht nur alle Optionen vorgestellt, sondern wird auch noch auf sogenannte Kommandodateien eingegangen, welche beim **nmake**-Aufruf auch angegeben werden dürfen. Die allgemeine Syntax für einen **nmake**-Aufruf ist die folgende:

nmake [*option(en)*] [*makrodefinition(en)*] [*ziel(e)*] [8]

Die dabei möglichen *option(en)* werden nachfolgend beschrieben.

---

[8] In Kapitel 5.7.2, das sich mit Kommandodateien beschäftigt, werden wir noch eine weitere **nmake**-Aufrufmöglichkeit kennenlernen.

makrodefinition(en) auf der Kommandozeile wurden bereits ausführlich in Kapitel 5.2.3 beschrieben.

Falls *ziel(e)* angegeben sind, dann generiert **nmake** nur diese betreffenden *ziel(e)*. Sind keine *ziel(e)* angegeben, dann generiert **nmake** nur das erste im Makefile angegebene Ziel.

nmake hält sich immer an die folgende Reihenfolge:

1. Wenn die Option **-f** *mkdatei* angegeben ist, dann sucht **nmake** im working directory bzw. im entsprechend angegebenen Directory nach einem Makefile mit dem nach -f angegebenen Namen. Falls es diesen Namen nicht findet, bricht **nmake** mit einer Fehlermeldung ab.

2. Falls die Option **-f** nicht angegeben ist, sucht **nmake** im working directory nach einer Datei mit dem Namen *MAKEFILE*.

3. Falls keine Datei *MAKEFILE* existiert, dann versucht **nmake** die auf der Kommandozeilen angegebenen *ziel(e)* selbst zu generieren, indem es die vordefinierten Suffix-Regeln oder die vom Benutzer in der Datei *TOOLS.INI* definierten Suffix-Regeln heranzieht.

4. Falls keine Datei *MAKEFILE* existiert und der Benutzer auch keine zu generierenden *ziel(e)* auf der Kommandozeile angegeben hat, dann bricht **nmake** mit einer Fehlermeldung ab.

Nach dieser Erläuterung der Vorgehensweise von **nmake**, sollen nun alle bei **nmake** erlaubten Optionen nachfolgend vorgestellt werden.

5.7.1 nmake-Optionen

Obwohl wir einige Optionen bereits früher kennengelernt haben, werden hier aus Gründen der Vollständigkeit alle Optionen ausführlich beschrieben.

Einer **nmake**-Option muß grundsätzlich immer ein Slash (/) oder ein Querstrich (-) vorangestellt werden. Die Option selbst darf sowohl klein- als auch großgeschrieben angegeben werden.

Es sei hier noch darauf hingewiesen, daß mit der im vorherigen Kapitel kennengelernten Präprozessor-Direktive **!CMDSWITCHES** einige der nachfolgenden Kommandozeilen-Optionen auch im Makefile oder in der Datei *TOOLS.INI* gesetzt werden können.

Option -? Ausgeben eines Hilfstextes zum nmake-Aufruf

Möchte man sich alle Optionen zu **nmake** mit einer Kurzbeschreibung ausgeben lassen, so muß man die Option **-?** beim **nmake**-Aufruf angeben.

```
C:\> nmake -?◄┘
Usage: NMAKE @commandfile
       NMAKE [options] [/f makefile] [/x stderrfile] [macrodefs] [targets]

Options:

/A Build all evaluated targets       /B Build if time stamps are equal
/C Suppress output messages          /D Display build information
/E Override env-var macros           /HELP Display online help
/I Ignore exit codes from commands   /K Build unrelated targets on error
/M Ignore extended/expanded memory   /N Display commands but do not execute
/NOLOGO Suppress copyright message   /P Display NMAKE information
/Q Check time stamps but do not build /R Ignore predefined rules/macros
/S Suppress executed-commands display /T Change time stamps but do not build
/V Inherit macros during recursion
/? Display brief usage message

C:\>
```

Option -help   Aufrufen des QuickHelp-Programms

Die Angabe dieser Option bewirkt, daß **nmake** das mitgelieferte QuickHelp-Programm aufruft. Falls **nmake** das QuickHelp-Programm oder die zugehörige Help-Datei nicht findet, dann gibt es genauso wie bei der Option **-?** eine Kurzbeschreibung aus.

Option -f   Benutzen anderer Makefiles als *MAKEFILE*

Oft benötigt man in einem Directory mehrere Makefiles, die unterschiedliches leisten. **nmake** erkennt aber nur Makefiles an, wenn sie den Namen *MAKEFILE* haben. Es wäre nun äußerst umständlich, wenn man vor jedem **nmake**-Aufruf das entsprechende Makefile immer erst nach *MAKEFILE* kopieren müßte. Damit dies nicht notwendig ist, bietet **nmake** die Option **-f** (*file*) an.

Mit der Angabe von

-f *datei*

auf der Kommandozeile ist es möglich, eine *datei* mit einem anderen Namen als *MAKEFILE* von **nmake** als Makefile benutzen zu lassen. Zwischen **-f** und *datei* dürfen, müssen aber nicht, beliebig viele Leer- oder Tabulatorzeichen angegeben werden.

Es ist im übrigen empfehlenswert, daß man für solche Makefiles Namen verwendet, die mit dem Suffix *.mak* enden.

Nehmen wir z.B. an, daß im working directory zwei Makefiles vorhanden sind: *assemb.mak* für unser Assembler-Programm und ein weiteres mit dem Namen *motor.mak*. Will man nun *assemb1.exe* aktualisieren lassen, muß man

nmake -f assemb.mak oder
nmake -f assemb.mak assemb1.exe

aufrufen. Will man z.B. nur *fehler.obj* auf den neuesten Stand bringen lassen, muß man

nmake -f assemb.mak fehler.obj

aufrufen. Will man z.B. *motorsim.exe* (aus dem Makefile *motor.mak*) auf den neuesten Stand bringen lassen, muß man

nmake -f motor.mak motorsim.exe

aufrufen. Will man z.B. nur *berechne.obj* (aus dem Makefile *motor.mak*) auf den neuesten Stand bringen lassen, muß man

nmake -f motor.mak berechne.obj

aufrufen. Es ist auch möglich, **-f** *datei* mehr als einmal bei einem **nmake**-Aufruf anzugeben, um so mehrere Makefiles zu kombinieren. Wird bei **-f** anstelle einer *datei* der Querstrich - angegeben, so liest **nmake** die Spezifikationen für ein Makefile von der Standardeingabe (Tastatur). So kann man bei temporären Aufgaben die Abhängigkeits-Beschreibungen direkt über die Tastatur eingeben, und aufgrund der vordefinierten Suffix-Regeln sich viele explizite Compiler-Aufrufe sparen, wie z.B.:

```
C:\> nmake -f -  ⏎
OBJ1=eingabe.obj berechne.obj ausgabe.obj main.obj ⏎
motorsim.exe: $(OBJ1) ⏎
    cl -o $@ $(OBJ1) ⏎
Ctrl-Z ⏎
    cl /c eingabe.c
eingabe.c
    cl /c berechne.c
berechne.c
    cl /c ausgabe.c
ausgabe.c
    cl /c main.c
main.c
    cl -o motorsim.exe eingabe.obj berechne.obj ausgabe.obj main.obj
Microsoft (R) Segmented Executable Linker  Version 5.30
Copyright (C) Microsoft Corp 1984-1992.  All rights reserved.

Object Modules [.obj]: eingabe.obj +
Object Modules [.obj]: "berechne.obj" +
Object Modules [.obj]: "ausgabe.obj" +
Object Modules [.obj]: "main.obj"
Run File [eingabe.exe]: "motorsim.exe" /noi
List File [nul.map]: NUL
Libraries [.lib]:
Definitions File [nul.def]: ;

C:\>
```

Die Ende der Eingabe (Spezifikationen) kann **nmake** mit *Ctrl-Z* oder Drücken der Taste *F6* mitgeteilt werden. Erst danach beginnt **nmake** mit der Bearbeitung der vorgegebenen Abhängigkeitsangaben. Solche direkten Eingaben von Spezifikationen sind jedoch nur für temporäre Aufgaben ratsam. Bei allen anderen Anwendungen ist es sicher effizienter, ein Makefile zu erstellen.

Option -n   Anzeigen (nicht Ausführen) von Generierungsschritten

Wird **nmake** mit der Option **-n** (*no execute*) aufgerufen, zeigt es nur an, welche Kommandozeilen es ausführen würde, führt diese aber nicht aus. Nehmen wir z.B. das Makefile *assemb.mak* für unser Assembler-Programm:

```
C:\> type assemb.mak ⏎
#—— Makefile fuer das Assembler-Programm ——
#————————————————————————————————————————

#............Selbstdefinierte Suffix-Regeln.....................
.c.obj:
   @ cl -c $<

#...........Makrodefinitionen.....................
MODULE = assemb.obj pass1.obj pass2.obj fehler.obj symb_tab.obj symb_ta2.obj
OBJ1   = assemb.obj pass1.obj pass2.obj fehler.obj symb_tab.obj
OBJ2   = assemb.obj pass1.obj pass2.obj fehler.obj symb_ta2.obj

#...........Linker-Teil.........................
assemb1.exe: $(OBJ1)
        @ echo $@ wird nun gelinkt........
        @ cl -o $@  $(OBJ1)
assemb2.exe: $(OBJ2)
        @ echo $@ wird nun gelinkt........
        @ cl -o $@  $(OBJ2)

#...........Kompilierungs-Teil....................
assemb.obj    : assemb.c global.h pass1.h pass2.h symb_tab.h fehler.h
pass1.obj     : pass1.c pass1.h global.h symb_tab.h fehler.h
pass2.obj     : pass2.c pass2.h symb_tab.h fehler.h
symb_tab.obj  : symb_tab.c symb_tab.h global.h fehler.h
symb_ta2.obj  : symb_ta2.c symb_tab.h global.h fehler.h
fehler.obj    : fehler.c fehler.h

#...........Cleanup..............................
cleanup1:
        @ echo Folgende Dateien werden nun geloescht: ; @ echo $(OBJ1)
        @ rm -f $(OBJ1)
cleanup2 :
        @ echo Folgende Dateien werden nun geloescht: ; @ echo $(OBJ2)
        @ rm -f $(OBJ2)
```

```
C:\> nmake -f assemb.mak  cleanup1 ⏎
........

C:\> nmake -f assemb.mak  cleanup2 ⏎
........

C:\> nmake -nf assemb.mak ⏎          [Nur anzeigen, was zu  generieren ist]
    cl -c assemb.c
    cl -c pass1.c
    cl -c pass2.c
    cl -c fehler.c
    cl -c symb_tab.c
    echo assemb1.exe wird nun gelinkt........
    cl -o assemb1.exe  assemb.obj pass1.obj pass2.obj fehler.obj symb_tab.obj

C:\> nmake -sf assemb.mak ⏎         [Nun erst findet die eigentliche Generierung statt]
assemb.c
pass1.c
pass2.c
fehler.c
symb_tab.c
assemb1.exe wird nun gelinkt........
........

C:\> nmake -n -f assemb.mak assemb2.exe ⏎
    cl -c symb_ta2.c
    echo assemb2.exe wird nun gelinkt........
    cl -o assemb2.exe  assemb.obj pass1.obj pass2.obj fehler.obj symb_ta2.obj

C:\> nmake -f assemb.mak assemb2.exe ⏎
symb_ta2.c
assemb2.exe wird nun gelinkt........
........

C:\>
```

Die Option **-n** ermöglicht es also, sich vor der eigentlichen Generierung alle Aktionen anzeigen zu lassen, die ein **nmake**-Aufruf (ohne Option **-n**) ausführen würde. So ist es z.B. möglich, vorab zu prüfen, ob ein entsprechender **nmake**-Aufruf keinen Schaden anrichtet. Neben dieser Verwendung als Kontrollinstrument wird die Option **-n** oft noch für folgende Zwecke benutzt:

Benutzung der Ausgabe von nmake -n als Batch-Datei

Lenkt man die durch die Option **-n** bewirkte Ausgabe eines **nmake**-Aufrufs mit >*datei.bat* in eine Datei um, so stehen alle von **make -n** ausgegebenen Kommandozeilen in *datei*. Bei *datei.bat* handelt es sich dann also um eine Kommando-Datei, auch Batch-Datei genannt. Diese Batch-Datei kann nun unabhängig von **nmake** aufgerufen werden, und es werden alle zur Aktualisierung eines Programms notwendigen Generierungsschritte durchgeführt. Eine solche Sicherung aller Kommandoaufrufe vor dem eigentlichen **nmake**-Aufruf in Form einer Batch-Datei kann sich in größeren Projekten als sehr nützlich erweisen, wenn der eigentliche Generierungslauf von **nmake**, aus welchen Gründen auch immer, abgebrochen wird. In einem solchen Fall kann man die zuvor erzeugte Batch-Datei zur erneuten Generierung heranziehen. So stellt man in jedem Fall eine konsistente Generierung sicher, was bei einem erneuten **nmake**-Aufruf nicht unbedingt garantiert sein muß, da die Generierung eventuell nicht genau bei der Abbruch-Stelle fortgesetzt werden kann.

Anzeigen aller Module, die von Änderungen betroffen sind

Manchmal möchte ein Softwareentwickler im Voraus wissen, welche Module von einer speziellen Schnittstellenänderung betroffen sein würden, um so den daraus resultierenden Implementierungs-Aufwand in etwa abzuschätzen. Es empfiehlt sich dann die folgende Vorgehensweise:

1. Simulieren der Schnittstellenänderung mit
   touch *header-datei(en)*
   Bei **touch** handelt es sich um ein UNIX-Tool, das die aktuelle Zeit als Zeitstempel für eine Datei einträgt. Dieses Tool wird inzwischen auch für MS-DOS angeboten, wie z.B. von Borland oder in der Shareware. Sollten Sie nicht über dieses Tool verfügen, so sollten Sie es sich besorgen oder Sie müssen sich ein eigenes Programm schreiben, das die gleiche Funktionalität besitzt.

2. Ein nachfolgender Aufruf von **nmake** mit der Option **-n** zeigt dann alle C-Programmdateien an, die durch diese Änderungen in den *header-datei(en)* neu kompiliert werden würden. Nur diese C-Module sind dann auch von der entsprechenden Schnittstellenänderung betroffen. Auf alle anderen Module hat diese Schnittstellenänderung keinen Einfluß, so daß diese auch keinerlei Anpassung an die neuen Schnittstellen bedürfen; sie bleiben davon vollständig unberührt. Der Entwickler weiß also schon vorab, welche Module er bei einer Schnittstellenänderung entsprechend anpassen muß.

Nehmen wir z.B. an, daß in unserem Assembler-Programm die Schnittstelle in *pass1.h* geändert werden soll.

```
C:\> touch pass1.h ↵      [Änderung von pass1.h simulieren]
C:\> nmake -nf assemb.mak ↵
    cl -c assemb.c
    cl -c pass1.c
    echo assembl.exe wird nun gelinkt........
    cl -o assembl.exe assemb.obj pass1.obj pass2.obj fehler.obj symb_tab.obj
C:\>
```

Wir können also sofort erkennen, daß bei einer Änderung von *pass1.h* die beiden Module *assemb.c* und *pass1.c* von dieser Änderung betroffen sind und entsprechend angepaßt werden müßten. Nun nehmen wir an, daß wir die Schnittstelle der zentralen Fehler-Routine in *fehler.h* ändern wollten.

```
C:\> touch fehler.h ⏎     [Änderung von fehler.h simulieren]
C:\> nmake -nf assemb.mak ⏎
   cl -c assemb.c
   cl -c pass1.c
   cl -c pass2.c
   cl -c fehler.c
   cl -c symb_tab.c
   echo assemb1.exe wird nun gelinkt........
   cl -o assemb1.exe  assemb.obj pass1.obj pass2.obj fehler.obj symb_tab.obj
C:\>
```

Hier ist also sofort erkennbar, daß von einer Schnittstellenänderung in *fehler.h* sehr viele Module, in diesem Fall sogar alle Module betroffen sind. Diese Änderung kommt uns also relativ teuer zu stehen. Sollte man sich nach solch einem Testlauf von **make -n** doch anders entscheiden und auf die betreffende Schnittstellenänderung verzichten, kann man mit

touch [*mmddhhmm*[*yy*]] *header-datei(en)*   [9]

die Zeitmarke wieder auf den alten Wert zurücksetzen.

Option -s   Keine Kommando-Ausgabe vor Ausführung

nmake gibt normalerweise alle Kommandozeilen am Bildschirm aus, bevor es sie ausführen läßt. Soll diese automatische Ausgabe vollständig ausgeschaltet werden, muß beim Aufruf von **nmake** die Option **-s** angegeben werden.

Das Ausschalten der automatischen Anzeige von Kommandos ab einer bestimmten Stelle in einem Makefile kann mit *.SILENT:* oder **!CMDSWITCHES** erreicht werden.

Daneben gibt es noch eine andere Möglichkeit, die automatische Ausgabe von Kommandozeilen zu unterdrücken. Dazu muß als erstes Zeichen in einer Kommandozeile das Zeichen @ angegeben werden. In diesem Fall wird die automatische Ausgabe von **nmake** nur für diese Zeile und nicht wie bei der Option **-s** für alle Kommandozeilen eines Makefiles ausgeschaltet.

Wird **nmake** mit der Option **-n** aufgerufen, so werden alle Kommandozeilen angezeigt, selbst wenn sie mit dem Zeichen @ beginnen.

Option -i   Ignorieren von allen Fehlern

Normalerweise bricht **nmake** beim Auftreten eines Fehlers in den Kommandos, die es ausführen läßt, sofort die ganze Generierung ab.

Soll **nmake** aber grundsätzlich alle auftretenden Fehler ignorieren und niemals vorzeitig abbrechen, so muß **nmake** mit der Option **-i** aufgerufen werden. Ein Aufruf von

---

[9] Erstes *mm* ist der Monat, *dd* ist der Tag, *hh* ist die Stunde, zweites *mm* ist die Minute und *yy* ist das Jahr.

nmake unter Angabe dieser Option -i würde im übrigen das gleiche bewirken, als hätte man jeder Kommandozeile einen Querstrich - vorangestellt.

Das Ignorieren von fehlerhaften Kommandos ab einer bestimmten Stelle in einem Makefile kann mit *.IGNORE:* oder **!CMDSWITCHES** erreicht werden.

Falls zugleich die Optionen **-i** und **-k** gesetzt sind, dann hat **-i** eine höhere Priorität.

Option -k Fortsetzen der Generierung mit nächstem Ziel bei Fehlern

Wird die Option **-k** beim **nmake**-Aufruf angegeben, dann bricht **nmake** beim Auftreten eines Fehlers zwar die Generierung des aktuellen Ziels und aller von diesem Ziel direkt oder indirekt abhängigen Objekte ab, aber es fährt mit der Generierung anderer Ziele fort. So wird alles, was fehlerfrei generiert werden kann, auch generiert, während der Rest unverändert bleibt. **nmake** meldet dabei immer, was nicht erfolgreich generiert werden kann.

Falls zugleich die Optionen **-i** und **-k** gesetzt sind, dann hat **-i** eine höhere Priorität.

Option -r Ausschalten aller vordefinierten Suffix-Regeln

Ist die Option **-r** angegeben, so werden für diesen **nmake**-Lauf sowohl alle vordefinierten Makros und Suffix-Regeln als auch alle in *TOOLS.INI* definierten Makros und Suffix-Regeln ignoriert.

Option -e DOS-Variablen höhere Priorität gewähren als selbstdefinierten Makros

Von **nmake** sind für die verschiedenen Makrodefinitionen folgende Prioritäten (von der niedrigsten bis zur höchsten) vorgegeben:

1. Vordefinierte Makros.
2. Makrodefinitionen in der Datei *TOOLS.INI*.
3. Über DOS-Variablen definierte Makros.
4. Makrodefinitionen im Makefile.
5. Auf Kommandozeile als Argumente angegebene Makrodefinitionen.

In einigen wenigen Anwendungsfällen kann eine höhere Priorität für Makrodefinitionen aus DOS-Variablen erwünscht sein. Dazu muß dann **nmake** mit der Option **-e** aufgerufen werden, denn dann gelten die folgenden Prioritäten (von niedrigsten bis zur höchsten):

1. Vordefinierte Makros.
2. Makrodefinitionen in der Datei *TOOLS.INI*.
3. **Makrodefinitionen im Makefile.**
4. **Über DOS-Variablen definierte Makros.**
5. Auf Kommandozeile als Argumente angegebene Makrodefinitionen.

Option -p   Ausgeben aller Makrodefinitionen, Suffix-Regeln, ...

Wird bei einem **nmake**-Aufruf die Option **-p** angegeben, so werden zuerst alle für diesen Lauf gültigen Makrodefinitionen, dann die Suffix-Regeln mit *.SUFFIXES:*-Liste und schließlich die Abhängigkeitsbeschreibungen mit den zugehörigen Kommandozeilen aus dem entsprechenden Makefile ausgegeben, bevor das Makefile abgearbeitet wird. Die Abhängigkeitsangaben werden bei dieser Ausgabe von **nmake** umsortiert, und während die Makros in den Abhängigkeitsbeschreibungen bereits expandiert sind, gilt dies nicht für die zugehörigen Kommandozeilen, denn diese werden genauso ausgegeben, wie sie im entsprechenden Makefile angegeben sind. Wird **nmake** mit der Option **-p**, aber ohne Makefile und ohne Zielangabe aufgerufen, dann gibt es die **nmake**-Voreinstellungen aus und beendet sich dann ohne jegliche Fehlermeldung.

Option -q   Anzeigen über exit-Status, ob Ziele auf neusten Stand sind

Wird bei einem **nmake**-Aufruf die Option **-q** angegeben, so zeigt der exit-Status von **nmake** an, ob die entsprechenden Ziele auf dem neusten Stand sind oder erst generiert werden müssen. **nmake** führt in diesem Fall zwar alle Präprozessor-Direktiven aus, aber sonst führt es keinerlei Generierungen durch. Wenn bei der Option **-q** der exit-Status von **nmake**

- **0** ist, dann sind die Ziele bereits auf dem neuesten Stand, und wenn er
- **verschieden von 0** ist, dann müßten sie durch einen **nmake**-Aufruf erst neu generiert werden.

So kann **nmake** sehr gut von Batch-Dateien aus aufgerufen werden, wie z.B.

```
.......
echo off
.......
nmake -q -f assemb.mak assembl.exe
if ERRORLEVEL 1 goto :UPDATE
    echo ...Assembler assembl.exe ist auf dem neuesten Stand....
    goto :ENDIF
:UPDATE
    nmake -sf assemb.mak assembl.exe
    echo ...Assembler assembl.exe wurde neu generiert....
    echo ...Bitte nicht vergessen, die Dokumentation zu aktualisieren....
:ENDIF
.......
```

Option -t   Zeitmarken von Zielen ohne Generierung aktualisieren

Wird bei einem **nmake**-Aufruf die Option **-t** angegeben, so werden die Zeitmarken aller Ziele im Makefile, die von diesem **nmake**-Aufruf betroffen sind, auf die aktuelle Zeit gesetzt, ohne daß eine Generierung stattfindet. Obwohl diese Option mit äußerster Vorsicht anzuwenden ist, da sie eventuell Generierungen vortäuscht, die gar nicht stattgefunden haben, kann sie doch in Situationen, in denen man sich absolut sicher ist, daß keine erneute Generierung notwendig ist, sehr sinnvoll und zeitsparend sein. Nehmen wir z.B. an, daß wir in der Header-Datei *global.h* lediglich Kommentar hinzugefügt haben, ohne daß wir sonstige Änderungen durchgeführt haben, dann wären laut Zeitmarke alle Module unseres Assembler-Programms nicht auf dem neuesten Stand und müßten neu generiert werden. Dies ist aber völlig überflüssig, da wir keine »echte« Änderung durchgeführt haben. In diesem Fall können wir uns den zeitaufwendigen Generierungslauf sparen und lediglich die Zeitmarken mit Option **-t** neu setzen.

```
C:\> touch global.h ⏎     [Einfügen von Kommentar simulieren]
C:\> nmake -nf assemb.mak ⏎
    cl -c assemb.c
    cl -c pass1.c
    cl -c symb_tab.c
    echo assemb1.exe wird nun gelinkt........
    cl -o assemb1.exe  assemb.obj pass1.obj pass2.obj fehler.obj symb_tab.obj

C:\> nmake -t -f assemb.mak ⏎
    touch assemb.obj
    touch pass1.obj
    touch symb_tab.obj
    touch assemb1.exe

C:\> nmake -f assemb.mak ⏎
'assemb1.exe' is up-to-date

C:\> nmake -ntf assemb.mak assemb2.exe ⏎     [Nur anzeigen, nicht wirklich die Zeitmarken
ändern]
    touch symb_ta2.obj
    touch assemb2.exe

C:\> nmake -tf assemb.mak assemb2.exe ⏎     [Nun wirklich die Zeitmarken ändern]
    touch symb_ta2.obj
    touch assemb2.exe

C:\> nmake -tf assemb.mak assemb2.exe ⏎
'assemb2.exe' is up-to-date

C:\>
```

Option -a   Generierung von Zielen unabhängig von Zeitmarken durchführen

Sollen Ziele aus einem Makefile unbhängig von den Zeitmarken in jedem Fall durch **nmake** generiert werden, so muß die Option **-a** gesetzt werden. Dazu ein Beispiel mit unserem Assembler-Makefile:

```
C:\> nmake -fassemb.mak assemb1.exe ⏎
..........
C:\> nmake -fassemb.mak assemb2.exe ⏎
```

```
..........
C:\> nmake -s -fassemb.mak assemb1.exe ⏎
'assemb1.exe' is up-to-date

C:\> nmake -s -a -fassemb.mak assemb1.exe ⏎    [Generiere alles zu assemb1.exe unabhängig
von Zeitmarken]
assemb.c
pass1.c
pass2.c
fehler.c
symb_tab.c
assemb1.exe wird nun gelinkt........
........

C:\> nmake -s -a -fassemb.mak assemb2.exe ⏎    [Generiere alles zu assemb2.exe unabhängig
von Zeitmarken]
assemb.c
pass1.c
pass2.c
fehler.c
symb_ta2.c
assemb2.exe wird nun gelinkt........
........

C:\>
```

Option -b   Generierung von Zielen auch bei gleichen Zeitmarken durchführen

Sollen Ziele aus einem Makefile auch dann generiert werden, wenn sie die gleichen Zeitmarken wie die Objekte besitzen, von denen sie abhängig sind, so muß die Option **-b** gesetzt werden. Diese Option wird angeboten, da viele Betriebssysteme nur im 2 Sekunden-Takt Zeitmarken an Dateien vergeben. Werden nun sehr schnell hintereinander Kommandos ausgeführt, so werden eventuell für 2 abhängige Dateien gleiche Zeitmarken eingetragen, obwohl die eine Datei gegenüber der anderen bereits veraltet ist. Diese Option kann zwar dazu führen, daß überflüßige Generierungen durchgeführt werden, ist aber auf sehr schnellen Systemen in manchen Situationen sehr hilfreich.

Option -m   Ein- und Auslagern von nmake bei Kommando-Ausführung

Normalerweise verbleibt **nmake**, während es Kommandos ausführen läßt, im Speicher. Soll sich **nmake** aber während einer Kommando-Ausführung selbst auslagern, muß beim **nmake**-Aufruf die Option **-m** angegeben werden. Ein solches automatisches Ein- und Auslagern von **nmake** reduziert den Speicher-Overhead von **nmake** ganz erheblich und ermöglicht so auch die Kompilierung sehr großer Module.

Option -v Alle Makros bei rekursiven nmake-Aufrufen vererben

nmake kann auch in Makefiles wieder aufgerufen werden. Man spricht dann von rekursiven **nmake**-Aufrufen. Solche Rekursionen werden wir in einem späteren Kapitel noch genau erläutern. Im Normalfall ist es nun so, daß bei rekursiven **nmake**-Aufrufen nur die Makros aus der Kommandozeile und aus den DOS-Variablen weiter vererbt werden. Wird dagegen die Option **-v** bei einem **nmake**-Aufruf angegeben, dann werden alle Makros, auch die im gerade aktuellen Makefile definierten Makros, weiter vererbt.

Option -d Debuggen von Makefiles

Wird beim Aufruf von **nmake** die Option **-d** angegeben, dann werden zu jedem Ziel und allen seinen Objekten, von denen dieses Ziel abhängig ist, deren Zeitmarken mit ausgegeben. Existiert ein Ziel nicht, so meldet **nmake** dies. Bei der Auflistung werden immer zuerst die Objekte, von denen ein Ziel abhängig ist, etwas eingerückt ausgegeben, bevor dann das betreffende Ziel selbst ausgegeben wird.

```
C:\> del pass2.obj ⏎
C:\> nmake -d -f assemb.mak assemb1.exe ⏎
    assemb.c              Thu Jul 01 15:34:26 1993
    global.h              Fri Jul 09 14:07:54 1993
    pass1.h               Fri Jul 09 12:43:16 1993
    pass2.h               Fri Jul 09 15:00:08 1993
    symb_tab.h            Tue Feb 16 16:03:30 1993
    fehler.h              Fri Jul 09 14:30:10 1993
  assemb.obj              Fri Jul 09 15:00:12 1993
    pass1.c               Fri Jul 09 14:03:48 1993
    pass1.h               Fri Jul 09 12:43:16 1993
    global.h              Fri Jul 09 14:07:54 1993
    symb_tab.h            Tue Feb 16 16:03:30 1993
    fehler.h              Fri Jul 09 14:30:10 1993
  pass1.obj               Fri Jul 09 14:34:00 1993
    pass2.c               Fri Jul 09 14:58:24 1993
    pass2.h               Fri Jul 09 15:00:08 1993
    symb_tab.h            Tue Feb 16 16:03:30 1993
    fehler.h              Fri Jul 09 14:30:10 1993
  pass2.obj       target does not exist
pass2.c                         [Meldung vom Compiler]
    fehler.c              Thu Jul 01 15:34:28 1993
    fehler.h              Fri Jul 09 14:30:10 1993
  fehler.obj              Fri Jul 09 14:34:04 1993
    symb_tab.c            Thu Jul 01 15:34:28 1993
    symb_tab.h            Tue Feb 16 16:03:30 1993
    global.h              Fri Jul 09 14:07:54 1993
    fehler.h              Fri Jul 09 14:30:10 1993
```

```
       symb_tab.obj              Fri Jul 09 14:33:30 1993
       assembl.exe               Fri Jul 09 15:00:16 1993
assembl.exe wird nun gelinkt........
.........

C:\> nmake -d -f assemb.mak assembl.exe ⏎
         assemb.c                Thu Jul 01 15:34:26 1993
         global.h                Fri Jul 09 14:07:54 1993
         pass1.h                 Fri Jul 09 12:43:16 1993
         pass2.h                 Fri Jul 09 15:00:08 1993
         symb_tab.h              Tue Feb 16 16:03:30 1993
         fehler.h                Fri Jul 09 14:30:10 1993
       assemb.obj                Fri Jul 09 15:00:12 1993
         pass1.c                 Fri Jul 09 14:03:48 1993
         pass1.h                 Fri Jul 09 12:43:16 1993
         global.h                Fri Jul 09 14:07:54 1993
         symb_tab.h              Tue Feb 16 16:03:30 1993
         fehler.h                Fri Jul 09 14:30:10 1993
       pass1.obj                 Fri Jul 09 14:34:00 1993
         pass2.c                 Fri Jul 09 14:58:24 1993
         pass2.h                 Fri Jul 09 15:00:08 1993
         symb_tab.h              Tue Feb 16 16:03:30 1993
         fehler.h                Fri Jul 09 14:30:10 1993
       pass2.obj                 Fri Jul 09 15:00:34 1993
         fehler.c                Thu Jul 01 15:34:28 1993
         fehler.h                Fri Jul 09 14:30:10 1993
       fehler.obj                Fri Jul 09 14:34:04 1993
         symb_tab.c              Thu Jul 01 15:34:28 1993
         symb_tab.h              Tue Feb 16 16:03:30 1993
         global.h                Fri Jul 09 14:07:54 1993
         fehler.h                Fri Jul 09 14:30:10 1993
       symb_tab.obj              Fri Jul 09 14:33:30 1993
       assembl.exe               Fri Jul 09 15:00:36 1993
'assembl.exe' is up-to-date

C:\>
```

Die Option **-d** eignet sich in Verbindung mit der Option **-p** zum Debuggen von Makefiles. Um die Option **-d** nur für Teile eines Makefiles ein- bzw. auszuschalten, muß die Präprozessor-Direktive **!CMDSWITCHES** verwendet werden.

Option -x Fehler- und Diagnosemeldungen von nmake-Lauf in eine Datei schreiben

Wird **nmake** mit der Option **-x** *datei* aufgerufen, so werden alle Fehler- und Diagnosemeldungen von **nmake** und den Kommandos, die **nmake** ausführen läßt, nicht am Bildschirm (*stderr*) ausgegeben, sondern in die Datei *datei* geschrieben. Zwischen **-x** und *datei* dürfen, müssen aber nicht, beliebig viele Leer- oder Tabulatorzeichen angegeben werden.

Wird bei **-x** anstelle einer *datei* der Querstrich - angegeben, so werden alle Fehler- und Diagnosemeldungen von **nmake** und den Kommandos, die **nmake** ausführen läßt, am Bildschirm (*stdout*) ausgegeben.

Option -c Alle voreingestellten Ausgaben von nmake unterdrücken

Wird **nmake** mit der Option **-c** aufgerufen, so werden die voreingestellten Ausgaben von **nmake**, wie Copyright-Meldung, nicht fatale Fehlermeldungen oder Warnungen unterdrückt. Falls gleichzeitig die Optionen **-c** und **-k** gesetzt sind, so werden auch die durch **-k** bedingten Warnungen nicht ausgegeben.

Option -nologo Copyright-Meldung von nmake unterdrücken

Wird **nmake** mit der Option **-nologo** aufgerufen, so wird die voreingestellte Ausgabe der Copyright-Meldung unterdrückt.

5.7.2 nmake-Kommandodateien

Bei **nmake** ist es möglich, Inhalte von Dateien als Argumente für eine Kommandozeile einsetzen zu lassen. Solche Dateien werden Kommando- oder Response-Dateien genannt. Die Verwendung von Response-Dateien wird insbesondere dann notwendig, wenn Kommandozeilen für das Betriebssystem MS-DOS[10] zu lang sind.

Auf der Kommandozeile wird eine Response-Datei mit einem vorangestellten @ spezifiziert, so daß **nmake** wie folgt aufgerufen werden kann:

nmake @*kdodatei*

nmake liest dann den Inhalt dieser Datei und betrachtet ihn als Bestandteil der Kommandozeile. Vor und nach @*kdodatei* können weitere Kommandozeilen-Angaben stehen, wie z.B. Optionen oder zu generierende Ziele.

Bevor **nmake** den Inhalt von *kdodatei* als Bestandteil der Kommandozeile übernimmt, ersetzt es alle Neuezeile-Zeichen durch Leerzeichen. Beim Erstellen einer Kommandodatei ist vor allen Dingen zu beachten, daß Makrodefinitionen, die Leer- oder Tabulatorzeichen beinhalten, mit Anführungszeichen ".." zu umgeben sind.

Nehmen wir z.B. an, daß wir folgende Kommandodatei *genass.kdo* erstellt hätten:

```
C:\> type genass.kdo ↵
-a -b -f assemb.mak
```

---

[10] Kommandozeilen dürfen in MS-DOS maximal 127 lang sein.

```
"VERSION = \
V 3.41"
assemb1.exe
assemb2.exe

C:\>
```

Ruft man jetzt z.B.

nmake -n @genass.kdo

auf, so resultiert hieraus die Kommandozeile

nmake -n -a -b -f assemb.mak "VERSION = V 3.41" assemb1.exe assemb2.exe

```
C:\> nmake -n @genass.kdo ⏎
    cl -c assemb.c
    cl -c pass1.c
    cl -c pass2.c
    cl -c fehler.c
    cl -c symb_tab.c
    echo assemb1.exe wird nun gelinkt........
    cl -o assemb1.exe   assemb.obj pass1.obj pass2.obj fehler.obj symb_tab.obj
    cl -c symb_ta2.c
    echo assemb2.exe wird nun gelinkt........
    cl -o assemb2.exe   assemb.obj pass1.obj pass2.obj fehler.obj symb_ta2.obj

C:\>
```

5.8 Die Datei TOOLS.INI

In einem Software-Projekt oder aber auch beim tagtäglichen Arbeiten mit **nmake** ergeben sich mit der Zeit Makrodefinitionen und Suffix-Regeln, die man immer wieder benötigt. Um solche Definitionen nicht immer wieder von neuem in einem Makefile angeben zu müssen, bieten sich zwei Vorgehensweisen an:

▶ Man schreibt alle diese Angaben in eine Datei, die man dann immer mit **!INCLUDE** in den jeweiligen Makefiles bekannt macht. Dies hat den Nachteil, daß man den Pfadnamen dieser Datei explizit in den Makefiles angeben muß und diese Makefiles nur dann funktionieren, wenn diese Datei immer an diesem festgelegten Pfad verbleibt.

▶ Man schreibt die allgemeingültigen Definitionen in die Datei *TOOLS.INI*. Bevor **nmake** nämlich mit der Abarbeitung eines Makefiles beginnt, sucht es immer zuerst im working directory nach einer Datei mit dem Namen *TOOLS.INI*. Findet es eine solche Datei nicht im working directory, dann sucht es nach *TOOLS.INI* im Directory, das über die DOS-Variable **INIT** festgelegt ist. Findet es in einem dieser beiden Directories diese Datei *TOOLS.INI*, dann liest es deren Inhalt und beginnt erst dann mit der Bearbeitung des eigentlichen Makefiles. So wird automatisch sichergestellt, daß der Inhalt von *TOOLS.INI* Bestandteil jedes Makefiles ist. Nur wenn die Option **-r** beim **nmake**-Aufruf angegeben ist, ignoriert **nmake** den Inhalt von *TOOLS.INI*.

In *TOOLS.INI* muß den für **nmake** relevanten Angaben immer die Zeile

[NMAKE]

voranstehen, wobei beim String *NMAKE* anstelle von Großbuchstaben auch Kleinbuchstaben verwendet werden dürften.

Wenn in *TOOLS.INI* Makros oder Suffix-Regeln definiert werden, so können diese jederzeit durch neue Definitionen im eigentlichen Makefile ersetzt werden. (siehe dazu auch die Kapitel 5.2.5 und 5.5.4)

In *TOOLS.INI* können außer den Optionen **/F**, **/HELP**, **/NOLOGO**, **/X** und **/?** alle anderen Optionen mit **!CMDSWITCHES** ein- bzw. ausgeschaltet werden.

Kommentare in *TOOLS.INI* können immer nur in einer eigenen Zeile angegeben werden. Der Beginn eines Kommentars kann dabei nicht nur mit **#**, sondern auch mit einem Semikolon (**;**) angezeigt werden.

Nachfolgend wollen wir nun einige Definitionen in *TOOLS.INI* angeben.

```
C:\> type tools.ini ⏎
[NMAKE]
;..........Makro-Definitionen.................
!IF DEFINED(DEBUG) || DEFINED(TEST)
LINKFLAGS=/CO
!ENDIF

;...........Suffix-Regeln....................
.c.obj:
!IF DEFINED(DEBUG) || DEFINED(TEST)
    @ cl -Zi -Od -c $<
!ELSE
    @ cl -c $<
!ENDIF
C:\>
```

Nun können wir z.B. unser Makefile für das Assembler-Programm weiter entlasten.

```
C:\> type assemb.mak ⏎
#—— Makefile fuer das Assembler-Programm ——
#————————————————————————————————————
#...........Makrodefinitionen......................
MODULE = assemb.obj pass1.obj pass2.obj fehler.obj symb_tab.obj symb_ta2.obj
OBJ1   = assemb.obj pass1.obj pass2.obj fehler.obj symb_tab.obj
OBJ2   = assemb.obj pass1.obj pass2.obj fehler.obj symb_ta2.obj
```

```
#...........Linker-Teil.........................................
assemb1.exe:  $(OBJ1)
        @ echo $@ wird nun gelinkt........
        @ link $(LINKFLAGS) $(OBJ1: =+), $@;
assemb2.exe:  $(OBJ2)
        @ echo $@ wird nun gelinkt........
        @ link $(LINKFLAGS) $(OBJ2: =+), $@;
#...........Kompilierungs-Teil...................................
assemb.obj     :  assemb.c global.h pass1.h pass2.h symb_tab.h fehler.h
pass1.obj      :  pass1.c pass1.h global.h symb_tab.h fehler.h
pass2.obj      :  pass2.c pass2.h symb_tab.h fehler.h
symb_tab.obj   :  symb_tab.c symb_tab.h global.h fehler.h
symb_ta2.obj   :  symb_ta2.c symb_tab.h global.h fehler.h
fehler.obj     :  fehler.c fehler.h
#...........Cleanup..............................................
cleanup1:
        @ echo Folgende Dateien werden nun geloescht: ; @ echo $(OBJ1)
        @ rm -f $(OBJ1)
cleanup2 :
        @ echo Folgende Dateien werden nun geloescht: ; @ echo $(OBJ2)
        @ rm -f $(OBJ2)
C:\>
```

Wenn wir jetzt ein Programm für Debugging erzeugen wollen, müssen wir beim **nmake**-Aufruf nur das Makro *DEBUG* oder *TEST* definieren.

```
C:\> nmake -n -fassemb.mak TEST=1 assemb1.exe ⏎
    cl -Zi -Od -c assemb.c
    cl -Zi -Od -c pass1.c
    cl -Zi -Od -c pass2.c
    cl -Zi -Od -c fehler.c
    cl -Zi -Od -c symb_tab.c
    echo assemb1.exe wird nun gelinkt........
    link /CO assemb.obj+pass1.obj+pass2.obj+fehler.obj+symb_tab.obj, assemb1.exe;
C:\>
```

Ist das Makro *TEST* oder *DEBUG* nicht definiert, so wird ein Programm ohne Debugging-Information generiert.

```
C:\> nmake -n -fassemb.mak assemb1.exe ⏎
    cl -c assemb.c
    cl -c pass1.c
    cl -c pass2.c
    cl -c fehler.c
    cl -c symb_tab.c
    echo assemb1.exe wird nun gelinkt........
    link assemb.obj+pass1.obj+pass2.obj+fehler.obj+symb_tab.obj, assemb1.exe;
C:\>
```

Es sei noch ein Punkt erwähnt, den es bei der Verwendung von *tools.ini* zu beachten gibt:

Explizite Regeln in TOOLS.INI werden denen im Makefile vorangestellt

Vorsicht ist geboten bei Angabe von expliziten Regeln in *tools.ini*. Da **nmake** immer zuerst *tools.ini* liest, wenn die Option **-r** nicht gesetzt ist, wird die dort zuerst angegebene Regel als Generierungsziel angenommen, wenn kein explizites Ziel auf der Kommandozeile angegeben wird.

Dies kann unangenehme Überraschungen nach sich ziehen, wie das nachfolgende Beispiel zeigt.

```
C:\> type tools.ini ⏎
[NMAKE]
;...........Makro-Definitionen.................
!IF DEFINED(DEBUG) || DEFINED(TEST)
LINKFLAGS=/CO
!ENDIF

;...........Suffix-Regeln......................
.c.obj:
!IF DEFINED(DEBUG) || DEFINED(TEST)
    @ cl -Zi -Od -c $<
!ELSE
    @ cl -c $<
!ENDIF

;...........Cleanup............................
cleanobj:
    del *.obj
cleanexe:
    del *.exe

C:\> nmake -fassemb.mak ⏎
    del *.obj
C:\>
```

Da hier beim **nmake**-Aufruf kein zu generierendes Ziel auf der Kommandozeile angegeben war, nimmt **nmake** an, daß das zuerst von ihm gelesene Ziel zu generieren ist.

In diesem Fall hat **nmake** als erstes Ziel *cleanobj* (aus *tools.ini*) gelesen, was dazu führt, daß alle Objektdateien gelöscht werden, und nicht, wie wahrscheinlich erwartet, *assembl.exe* generiert wird.

5.9 Techniken für Projekt-Management mit make

In gößeren Software-Projekten treten oft Probleme auf, die vor allen Dingen dem **nmake**-Neuling zu Anfang Schwierigkeiten bereiten. Typische solche Problemfelder sind:

- Die Generierung eines Programms erstreckt sich oft auf Dateien, die sich in mehreren Directories und nicht nur im working directory befinden. Der Entwickler muß dann in seinem Makefile dafür sorgen, daß **nmake** alle Abhängigkeiten in den verschiedenen Directories richtig abarbeitet.
- Wenn Module Präprozessor-Anweisungen wie **#if** oder **#ifdef** für die bedingte Kompilierung enthalten, so können sie unterschiedlich übersetzt werden. Da **nmake** lediglich Zeitmarken von Dateien vergleichen kann, und nicht in der Lage ist, zu überprüfen, ob eventuell eine neue Generierung notwendig ist, da eine andere Kompilierung gefordert ist, kann dies zu inkonsistenten Programmen führen.

In diesem Kapitel werden nun Techniken vorgestellt, die Lösungen zu Problemen dieser Art zulassen. Daneben finden sich hier auch noch einige Tips für den Einsatz von **nmake** in größeren Projekten.

5.9.1 Konfigurations-Management mit Pseudozielen

In der praktischen Softwareentwicklung spielt das Konfigurieren von Programmen eine große Rolle, da Programme oft mit den unterschiedlichsten Ausstattungen an die einzelnen Kunden ausgeliefert werden. Ebenso gehört es auch zu einem guten Kunden-Service, daß man den oft komplexen Installationsvorgang für den Kunden soweit wie möglich vereinfacht. In beiden Fällen können entsprechende Makefiles helfen.

Generierung von Programmen mit unterschiedlicher Ausstattung

Genauso wie in der Autoindustrie ein Auto vom Hersteller mit unterschiedlicher Ausstattung (mit oder ohne Radio, Schiebedach oder nicht, usw.) an den Kunden ausgeliefert werden kann, ist es auch in der Softwarebranche üblich, ein und dasselbe Programm mit unterschiedlicher Ausstattung anzubieten.

Die Modultechnik kommt solchen unterschiedlichen Ausbaustufen eines Softwareprodukts sehr entgegen. Nehmen wir z.B. an, daß Sie ein Routen-Programm erstellt haben, das dem Benutzer einen Abfahrts- und Zielort eingeben läßt, bevor es dann die zu fahrende Route mit allen wichtigen Zwischenstationen ausgibt. Dieses Programm soll in allen möglichen Ausstattungen angeboten werden. Die Vollausstattung enthält sowohl eine Ausgabe aller Zwischenstationen mit Kilometer-Angaben in Listenform als auch eine grafische Ausgabe in Form einer Landkarte, auf der die jeweilige Route besonders gekennzeichnet ist. Zudem bietet die Vollausstattung dem Benutzer die Möglichkeit, sich die kürzeste, die schnellste oder die bevorzugte Route ausgeben zu lassen. Neben der Vollausstattung soll dieses Routen-Programm aber auch in allen möglichen Teilausstattungen angeboten werden. Der Kunde soll dabei aus den folgenden zwei Grundblöcken seine Konfiguration dieses Programms wählen können:

1. Grundblock:
   schnellste Route
   kürzeste Route
   bevorzugte Route

2. Grundblock:
   Route als Text in Form einer Liste
   Route in Form einer Landkarte

Aus jedem Grundblock muß der Kunde mindestens eine Komponente wählen; er kann aber auch mehrere Komponenten wählen.

Wir brauchen für dieses Routen-Programm nun ein Makefile, das eine kundenspezifische Generierung zuläßt. Für solche Aufgaben bieten sich sogenannte Pseudoziele (dummy targets) an. Pseudoziele sind keine wirklichen Dateien, sondern einfach nur Namen, die für Ziele im Makefile verwendet werden. Da solche Ziele niemals als Dateien existieren, werden die dazu angegebenen Kommandos immer ausgeführt. So ist man von Zeitmarken völlig unabhängig, und kann über Angabe der entsprechenden Pseudoziele auf der rechten Seite einer Abhängigkeitsbeschreibung dynamische Generierungen durchführen lassen.

Im nachfolgenden Makefile wird für jede einzelne Komponente des Routen-Programms ein solches Pseudoziel benutzt.

```
C:\> type route.mak ⏎
schnell=1
vorzug=1
kurz=1
text=1
bild=1
OBJS=

!IF $(schnell)==1
OBJS=$(OBJS) quick.obj
AUSSTATT=$(AUSSTATT) schnell
!ENDIF

!IF $(vorzug)==1
OBJS=$(OBJS) favorite.obj
AUSSTATT=$(AUSSTATT) vorzug
!ENDIF

!IF $(kurz)==1
OBJS=$(OBJS) short.obj
```

```
AUSSTATT=$(AUSSTATT) kurz
!ENDIF

!IF $(text)==1
OBJS=$(OBJS) textausg.obj
AUSSTATT=$(AUSSTATT) text
!ENDIF

!IF $(bild)==1
OBJS=$(OBJS) grafik.obj
AUSSTATT=$(AUSSTATT) bild
!ENDIF

!IF (!$(schnell) && !$(vorzug) && !$(kurz)) || (!$(text) && !$(bild))
!    ERROR ...Falsche Konfigurations-Angabe
!ENDIF

route.exe: $(AUSSTATT)
    @ cl -o $@ $(OBJS) stadttab.obj main.obj
    @ echo route mit folgender Konfiguration generiert:
    @ echo $(AUSSTATT)

schnell: quick.c stadttab.h
    @ cl -c quick.c
vorzug:  favorite.c stadttab.h
    @ cl -c favorite.c
kurz:    short.c stadttab.h
    @ cl -c short.c
text:    textausg.c stadttab.h
    @ cl -c textausg.c
bild:    grafik.c stadttab.h
    @ cl -c grafik.c

C:\>
```

Befindet sich nun z.B. ein Vertriebsmann beim Kunden, so kann er direkt vor Ort dem Kundenwunsch entsprechend ein Routen-Programm neu generieren lassen, indem auf der Kommandozeile die nicht gewünschten Eigenschaften mit einer Makrodefinition auf 0 setzt, wie z.B.:

```
C:\> nmake -n -f route.mak ⏎     [Generierung eines Routen-Programms mit Vollausstattung]
    cl -c quick.c
    cl -c favorite.c
    cl -c short.c
    cl -c textausg.c
    cl -c grafik.c
    cl -o route.exe quick.obj favorite.obj short.obj textausg.obj grafik.obj stadttab.obj main.obj
    echo route mit folgender Konfiguration generiert:
    echo  schnell vorzug kurz text bild
```

```
C:\> nmake -n -f route.mak  kurz=0 bild=0 ↵     [Generierung von route mit Teilausstattung]
    cl -c quick.c
    cl -c favorite.c
    cl -c textausg.c
    cl -o route.exe quick.obj favorite.obj textausg.obj stadttab.obj main.obj
    echo route mit folgender Konfiguration generiert:
    echo    schnell vorzug text

C:\> nmake -n -f route.mak  vorzug=0 text=0 bild=0 ↵     [Illegale Generierung (keine Angabe
zu 2.Grundblock)]
.......
route.mak(34) : fatal error U1050: ...Falsche Konfigurations-Angabe
Stop.

C:\>
```

Automatische Installation über Makefiles

nmake eignet sich hervorragend zur automatischen Installation von Softwarepaketen. Nehmen wir dazu an, daß wir unser Assembler-Programm an andere Entwickler oder an Kunden ausliefern wollen. Bei der Installation soll das Assembler-Programm immer nochmals vollständig beim Entwickler bzw. Kunden neu generiert werden. Um dem betreffenden Benutzer die Installation zu vereinfachen, bietet es sich an, die Installation von einem Makefile automatisch durchführen zu lassen. Unser Makefile kann dann z.B. wie folgt aussehen:

```
C:\> type makefile ↵
#----- Makefile fuer das Assembler-Programm -----
#------------------------------------------------

#...........Selbstdefinierte Suffix-Regeln.....................
.c.obj:
    @ cl -nologo -c $<

#...........Makrodefinitionen..................................
VERSION    = 1
INSTALLDIR = C:\tools\assemb
OBJ1       = assemb.obj pass1.obj pass2.obj fehler.obj symb_tab.obj
OBJ2       = assemb.obj pass1.obj pass2.obj fehler.obj symb_ta2.obj

#...........Linker-Teil........................................
assemb1.exe: $(OBJ1)
        @ link /nologo $(OBJ1), $@;
assemb2.exe: $(OBJ2)
        @ link /nologo $(OBJ2), $@;

#...........Kompilierungs-Teil.................................
assemb.obj  : assemb.c global.h pass1.h pass2.h symb_tab.h fehler.h
pass1.obj   : pass1.c pass1.h global.h symb_tab.h fehler.h
```

```
pass2.obj    : pass2.c pass2.h symb_tab.h fehler.h
symb_tab.obj : symb_tab.c symb_tab.h global.h fehler.h
symb_ta2.obj : symb_ta2.c symb_tab.h global.h fehler.h
fehler.obj   : fehler.c fehler.h

#...........Cleanup...............................................
cleanup1:
        @- rm -f $(OBJ1) assemb1.exe $(INSTALLDIR)\assemb.exe
cleanup2 :
        @- rm -f $(OBJ2) assemb2.exe $(INSTALLDIR)\assemb.exe

#...........Installation..........................................
install: cleanup$(VERSION) meldung assemb$(VERSION).exe
     @ copy assemb$(VERSION).exe $(INSTALLDIR)\assemb.exe
     @ echo ........$(INSTALLDIR)\assemb.exe nun fertig......
meldung:
     @ echo ........Generiere nun assemb.exe

C:\>
```

In einer mitgelieferten kurzen Beschreibung muß dem Benutzer mitgeteilt werden, wie er dieses Makefile für seine Zwecke konfigurieren kann. Ist er mit den Voreinstellungen im Makefile zufrieden, so könnte er z.B. folgenden Aufruf angeben:

```
C:\> nmake -c -nologo install ⏎
........Generiere nun assemb.exe
assemb.c
pass1.c
pass2.c
fehler.c
symb_tab.c
        1 Datei(en) kopiert
........C:\tools\assemb\assemb.exe nun fertig......
C:\>
```

Möchte er z.B. die 2. Version des Assemblers im Directory *y:\werkz\ass* installieren, so muß er folgendes aufrufen:

```
C:\> nmake -c -nologo install VERSION=2 INSTALLDIR=y:\werkz\ass ⏎
........Generiere nun assemb.exe
assemb.c
pass1.c
pass2.c
fehler.c
symb_ta2.c
        1 Datei(en) kopiert
........y:\werkz\ass\assemb.exe nun fertig......
C:\>
```

Durch die Verwendung der Pseudoziele *cleanup1* und *cleanup2* zwingt man **nmake**, zuerst alle entsprechenden Objekdateien, *assemb1.exe* bzw. *assemb2.exe* im working directory und ein eventuell schon vorhandenes *assemb.exe* im Installations-Directory zu löschen. Mit der Angabe des Pseudoziels *meldung* erreicht man dann die Ausgabe der Generierungs-Meldung, bevor dann der entsprechende Assembler vollständig neu generiert wird. Erst nachdem der Assembler vollständig neu generiert wurde, wird er in das Installations-Directory kopiert.

5.9.2 Arbeiten mit Synchronisations-Dateien

Pseudoziele können auch zum Zwecke der Synchronisation eingesetzt werden. Anders als zuvor handelt es sich hier bei den Pseudozielen um wirkliche Dateien, von denen aber lediglich die Zeitmarke und nicht deren Inhalt von Wichtigkeit ist. Nehmen wir z.B. an, daß wir im Makefile für unser Assembler-Programm einen Eintrag angeben wollten, der das Drucken der C-Programme und Header-Dateien steuert, die sich seit der letzten Ausgabe am Drucker geändert haben. Eine Lösung zu dieser Aufgabenstellung wäre z.B. der folgende Eintrag im Makefile:

```
SRC    = assemb.c pass1.c pass2.c symb_tab.c symb_ta2.c fehler.c
HEADER = global.h pass1.h pass2.h symb_tab.h fehler.h

drucken: $(SRC) $(HEADER)
    print $?
    if not errorlevel 1 touch $@
```

Wird nun

nmake drucken

aufgerufen, so werden beim **print**-Kommando für das Makro $? alle C- und Header-Dateien eingesetzt, die eine neuere Zeitmarke als die Datei *drucken* haben. Sollte die Datei *drucken* noch nicht existieren, so werden alle C- und Header-Dateien des Assembler-Programms am Drucker ausgegeben. Falls das **print**-Kommando erfolgreich verläuft, so wird mit **touch $@**, was **touch drucken** entspricht, die aktuelle Zeit als Zeitmarke für die Datei *drucken* eingetragen; falls die Datei *drucken* noch nicht existiert, wird von **touch** eine leere Datei mit diesem Namen angelegt. Von der Datei *drucken* ist für **nmake** also immer nur die Zeitmarke und nicht ihr Inhalt von Interesse.

Wenn man dann später wieder drucken möchte und seit dem letzten Druckvorgang wurde keine der C- oder Header-Dateien geändert, so werden durch den Aufruf von **nmake drucken** keine Dateien am Drucker ausgegeben und es wird folgendes gemeldet:

'drucken' is up-to-date

Bei der Datei *drucken* handelt es sich um eine sogenannte Synchronisations-Datei, über deren Zeitmarke **nmake** erkennen kann, ob es Aktionen, wie hier z.B. das Drucken von bestimmten Dateien, ausführen muß oder nicht. Zusätzlich läßt sich von **nmake** anhand der Zeitmarke einer solchen Synchronisations-Datei feststellen, welche Dateien von den Aktionen betroffen sind; dazu benutzt man meist das interne Makro **$?**. Die Verwendung von Dateien zum Zwecke der Synchronisation von unterschiedlichen Prozessen ist eine in UNIX übliche Praxis und läßt sich auch in MS-DOS anwenden. Natürlich ist die Verwendung solcher leeren Synchronisations-Dateien nicht ganz ungefährlich. So könnte z.B. ein unerfahrener Benutzer eine solche leere Datei entdecken und sie löschen, da ihm der Zweck einer leeren Datei nicht bekannt ist. Etwas mildern läßt sich diese Gefahr dadurch, daß man nicht mit leeren Synchronisations-Dateien arbeitet, sondern irgendwelche Daten in diese schreibt. Für unseren *drucken*-Eintrag kann dies z.B. wie folgt aussehen:

```
SRC    = assemb.c pass1.c pass2.c symb_tab.c symb_ta2.c fehler.c
HEADER = global.h pass1.h pass2.h symb_tab.h fehler.h

drucken: $(SRC) $(HEADER)
    print $?
    if not errorlevel 1 echo $? >$@
```

oder wenn z.B. alle Druckvorgänge mitprotokolliert werden sollen:

```
SRC    = assemb.c pass1.c pass2.c symb_tab.c symb_ta2.c fehler.c
HEADER = global.h pass1.h pass2.h symb_tab.h fehler.h

drucken: $(SRC) $(HEADER)
    print $?
    if not errorlevel 1 echo $? >>$@
```

5.9.3 Projekte mit Modulen in mehreren Directories

Bisher wurde immer stillschweigend vorausgesetzt, daß alle Module, aus denen sich ein Programmpaket zusammensetzt, sich in ein und demselben Directory befinden. In größeren Projekten ergibt es sich aber fast immer zwangsläufig, daß sich die zur Generierung eines Programms benötigten Module in unterschiedlichen Directories befinden. In diesem Kapitel werden wir unterschiedliche Techniken kennenlernen, die angewendet werden können, wenn ein Programm aus Modulen zu generieren ist, die sich in verschiedenen Directories befinden.

Rekursive nmake-Aufrufe

Eine Möglichkeit, um Programme aus Dateien zu generieren, die sich in unterschiedlichen Directories befinden, ist die Angabe von eigenen Makefiles in jedem entsprechenden Directory. Diese einzelnen Makefiles müssen dann durch rekursive **nmake-**

Aufrufe von einem Haupt-Makefile aus nacheinander bearbeitet werden. Nehmen wir dazu beispielsweise an, daß wir die folgende Directory-Struktur haben:

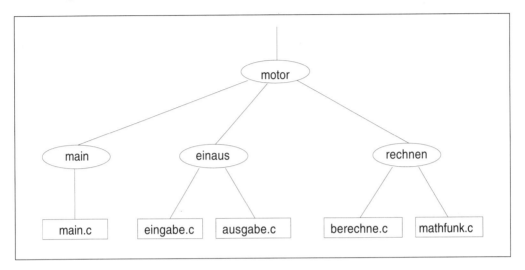

Nun können z.B. in den einzelnen Subdirectories die folgenden Makefiles angegeben werden:

Inhalt des Makefiles im Subdirectory *main*:
    objekte: main.obj

Inhalt des Makefiles im Subdirectory *einaus*:
    objekte: eingabe.obj ausgabe.obj

Inhalt des Makefiles im Subdirectory *rechnen*:
    objekte: berechnen.obj mathfunk.obj

Das Haupt-Makefile im Directory *motor* ist die zentrale Leitstelle, von der aus die Abarbeitung der Makefiles in den einzelnen Subdirectories durch entsprechende **nmake**-Aufrufe veranlaßt wird.

```
C:\> type makefile ⏎
OBJS = main\main.obj         \
       einaus\eingabe.obj    \
       einaus\ausgabe.obj    \
       rechnen\berechne.obj  \
       rechnen\mathfunk.obj
motorsim.exe: main_obj ea_obj rech_obj
    cl -o $@ $(OBJS)
main_obj:
    cd main
    nmake objekte
    cd ..
```

```
ea_obj:
        cd einaus
        nmake objekte
        cd ..
rech_obj:
        cd rechnen
        nmake objekte
        cd ..

C:\>
```

Bei *main_obj*, *ea_obj* und *rech_obj* handelt es sich um Pseudoziele, die keine Namen von existierenden Dateien sind. Zu jedem dieser Pseudoziele sind gleichartige Kommandos angegeben:

cd *subdirectory*
   Wechseln in das entsprechende *subdirectory*
nmake objekte
   Rekursiver Aufruf von **nmake** zum Abarbeiten des Makefiles im entsprechenden *subdirectory*.
cd ..
   Zurückwechseln in das parent directory

Nun wollen wir unsere Makefiles einmal testen:

```
C:\> nmake motorsim.exe ⏎
        cd main
        nmake objekte
        cl  /c main.c
main.c
        cd ..
        cd einaus
        nmake objekte
        cl /c eingabe.c
eingabe.c
        cl /c ausgabe.c
ausgabe.c
        cd ..
        cd rechnen
        nmake objekte
        cl /c berechne.c
berechne.c
        cl /c mathfunk.c
mathfunk.c
        cd ..
        cl -o motorsim.exe main\main.obj        einaus\eingabe.obj      einaus\ausgabe.obj
rechnen\berechne.obj    rechnen\mathfunk.obj
....................

C:\>
```

Bei den Makefiles in den einzelnen Subdirectories wird die vordefinierte Suffix-Regel .c.obj angewendet.

Wird nun **nmake** erneut aufgerufen, so wird in jedem Fall, auch wenn keine Änderungen an den Quelldateien vorgenommen wurden, immer wieder neu gelinkt, was völlig überflüßig ist.

```
C:\> nmake motorsim.exe
    cd main
    nmake objekte
    cd ..
    cd einaus
    nmake objekte
    cd ..
    cd rechnen
    nmake objekte
    cd ..
    cl -o motorsim.exe main\main.obj      einaus\eingabe.obj    einaus\ausgabe.obj
rechnen\berechne.obj   rechnen\mathfunk.obj
..........

C:\>
```

Um auch dieses überflüßige Linken zu beseitigen, kann z.B. eine Synchronisations-Datei verwendet werden, über deren Zeitmarke festgestellt werden kann, ob Übersetzungen durchgeführt wurden und somit überhaupt ein erneutes Linken notwendig ist. Das Makefile kann z.B. das folgende Aussehen haben.

```
C:\> type makefile
OBJS = main\main.obj         \
       einaus\eingabe.obj    \
       einaus\ausgabe.obj    \
       rechnen\berechne.obj  \
       rechnen\mathfunk.obj
ZIEL = motorsim

$(ZIEL).exe: main_obj ea_obj rech_obj $(ZIEL).gen

main_obj:
    @cd main
    @nmake objekte
    @cd ..
ea_obj:
    @cd einaus
    @nmake objekte
    @cd ..
rech_obj:
    @cd rechnen
    @nmake objekte
    @cd ..
```

```
$(ZIEL).gen:   $(OBJS)
     cl -o $(ZIEL).exe $(OBJS)
     touch $(ZIEL).gen
```

C:\>

Nun wird nur dann neu gelinkt, wenn dies auch notwendig ist.

```
C:\> nmake motorsim.exe[↵]           [keine Aktionen, da motorsim.exe up to date ist]
C:\> touch einaus\eingabe.c[↵]
C:\> nmake motorsim.exe[↵]
    cl  /c eingabe.c
eingabe.c
    cl -o motorsim.exe main\main.obj       einaus\eingabe.obj      einaus\ausgabe.obj
rechnen\berechne.obj    rechnen\mathfunk.obj
........
    touch motorsim.gen

C:\> nmake motorsim.exe[↵]           [keine Aktionen, da motorsim.exe up to date ist]
C:\>
```

Die vordefinierten Makros MAKE, MAKEFLAGS und MAKEDIR

Es existieren die drei vordefinierten Makros **MAKE**, **MAKEFLAGS** und **MAKEDIR**, die man benutzen kann, wenn man **nmake** rekursiv aus einem Makefile aufruft. Diese Makros können rekursive **nmake**-Aufrufe effizienter machen.

Das vordefinierte Makro **MAKE** enthält immer den Programmnamen des **make**-Programms, das ausgeführt wird, wenn **nmake** aufgerufen wird. Vordefiniert ist dieses Makro wie folgt:

MAKE = NMAKE

Rekursive Aufrufe sollte man grundsätzlich über einen Zugriff auf dieses Makro durchführen.

```
C:\> type makefile[↵]
OBJS = main\main.obj           \
       einaus\eingabe.obj      \
       einaus\ausgabe.obj      \
       rechnen\berechne.obj \
       rechnen\mathfunk.obj
ZIEL = motorsim

$(ZIEL).exe: main_obj ea_obj rech_obj $(ZIEL).gen

main_obj:
     cd main
     $(MAKE) objekte
     cd ..
ea_obj:
     cd einaus
     $(MAKE) objekte
```

Microsofts NMAKE unter MS-DOS   439

```
        cd ..
rech_obj:
        cd rechnen
        $(MAKE) objekte
        cd ..
$(ZIEL).gen: $(OBJS)
        cl -o $(ZIEL).exe $(OBJS)
        touch $(ZIEL).gen
C:\>
```

Ein Vorteil eines rekursiven **nmake**-Aufrufs unter Verwendung des Makros **MAKE** ist, daß **nmake** hierbei mit den Optionen aufgerufen wird, die beim ursprünglichen **nmake**-Aufruf auf der Kommandozeile angegeben wurden. Wenn z.B. **nmake** mit der Option **-n** aufgerufen wird, so wird auch bei allen rekursiven **nmake**-Aufrufen im Makefile die Option **-n** verwendet.

```
C:\> touch einaus\eingabe.c ↵
C:\> nmake -n motorsim.exe ↵
        cd main
        cd ..
        cd einaus
        cl /c eingabe.c
        cd ..
        cd rechnen
        cd ..
        cl -c einaus\eingabe.c
        cl -o motorsim.exe main\main.obj       einaus\eingabe.obj       einaus\ausgabe.obj
rechnen\berechne.obj   rechnen\mathfunk.obj
        touch motorsim.gen
C:\>
```

Ein weiterer Vorteil eines rekursiven **nmake**-Aufrufs unter Verwendung des Makros **MAKE** ist, daß **nmake** in diesem Fall nicht neu gestartet wird, sondern daß es seinen eigenen Stack für den rekursiven Aufruf verwendet. Dies spart Speicherplatz. Neben dem Makro **MAKE** sind noch die beiden Makros **MAKEFLAGS** und **MAKEDIR** vordefiniert.

MAKEFLAGS
enthält immer die Optionen des aktuellen **nmake**-Aufrufs. Dieses Makro wird bei einem rekursiven **nmake**-Aufruf immer automatisch übergeben. **MAKEFLAGS** kann niemals explizit in einem Makefile umdefiniert werden. Um die Optionen **-d**, **-i**, **-n** und **-s** in einem Makefile zu setzen, müßte die Präprozessor-Direktive **!CMDSWITCHES** verwendet werden. Um neben den bereits automatisch gesetzten Optionen andere Optionen bei einem rekursiven Aufruf einzuschalten, müssen diese explizit beim rekursiven **nmake**-Aufruf angegeben werden.

MAKEDIR
enthält immer das Directory, aus dem **nmake** aufgerufen wurde.

Im Makefile definierte Suffix-Regeln und Makros werden bei Rekursion nicht vererbt

Folgende Informationen werden einem rekursiven **nmake**-Aufruf zur Verfügung gestellt:

- Alle DOS-Umgebungsvariablen
- Das Makro **MAKEFLAGS**.
  Falls *.IGNORE:* oder **!CMDSWITCHES +I** im Makefile angegeben war, dann enthält **MAKEFLAGS** ein I, welches an den rekursiven **nmake**-Aufruf über **MAKEFLAGS** weitergereicht wird. Genau so verhält es sich, wenn *.SILENT:* oder **!CMDSWITCHES +S** im Makefile angegeben war, nur daß **MAKEFLAGS** dann ein S enthält.
- Makrodefinitionen, die beim rekursiven **nmake**-Aufruf auf der Kommandozeile angegeben waren.
- Alle Informationen aus der Datei *TOOLS.INI*.

Es stehen einem rekursiven **nmake**-Aufruf also nur die Makros aus der Kommandozeile und der DOS-Umgebung zur Verfügung. Nicht verfügbar sind die im Makefile angegebenen Makrodefinitionen. Um auch die im Makefile angegebenen Makrodefinitionen einem rekursiven **nmake**-Aufruf bereitzustellen, gibt es mehrere Möglichkeiten:

1. **Angabe der Option -v**
   Wird **nmake** mit der Option **-v** aufgerufen, dann werden alle Makrodefinitionen an einen rekursiven **nmake**-Aufruf weitergereicht. Diese Option kann dabei entweder bereits beim ersten Aufruf oder auch nur bei den entsprechenden rekursiven **nmake**-Aufrufen angegeben werden.

2. **Mit SET die Makrodefinitionen in der DOS-Umgebung eintragen**
   Mit **SET** *makroname=$(makroname)*
   können vor dem rekursiven **nmake**-Aufruf alle entsprechenden Makros als DOS-Variablen eingeführt werden, und sind dann dem rekursiven **nmake** verfügbar.

3. **Angabe der Makrodefinition auf der Kommandozeile**
   Wenn z.B. das vordefinierte Makro *CFLAGS* im aufrufenden Makefile verändert wurde und die eigenen Makros *INSTALLDIR* und *VERSION* vom Benutzer definiert wurden, so empfiehlt sich für einen rekursiven **nmake**-Aufruf z.B. folgender Eintrag im Makefile.
   ```
   install:
        cd subdir
        $(MAKE) "CFLAGS=$(CFLAGS)" "VERSION=$(VERSION)" "INSTALLDIR=$(INSTALLDIR)"
   ```
   Falls der Inhalt von Makros bei einem rekursiven **nmake**-Aufruf ergänzt werden soll, so muß folgende Art der Angabe gewählt werden:
   ```
   install:
        cd subdir\
        $(MAKE) "CFLAGS=$(CFLAGS) -Zi -DTEST" "VERSION=$(VERSION)" "INSTALLDIR=$(INSTALLDIR)"
   ```

In diesem Fall wird der alte Inhalt von *CFLAGS* noch um den String **-Zi -DTEST** ergänzt.

4. **Angabe der entsprechenden Makrodefinitionen in TOOLS.INI**
   Jeder **nmake**-Aufruf, auch ein rekursiver, bewirkt, daß **nmake** zunächst die Datei *TOOLS.INI* liest. Sind dort eigene Makrodefinitionen angegeben, so stehen sie auch jedem **nmake**-Aufruf zur Verfügung.

Da einem rekursiven **nmake**-Aufruf auch die in einem Makefile definierten Suffix-Regeln und *.SUFFIXES:-* oder *.PRECIOUS:*-Angaben nicht weitergereicht werden, müssen Konstruktionen dieser Art, wenn sie einem solchen rekursiven Aufruf zur Verfügung stehen sollen, entweder in *TOOLS.INI* oder in einer eigenen Datei, die man dann mit **!INCLUDE** von **nmake** lesen läßt, angegeben werden.

Verwendung der Modifikatoren D und F

Wie wir bereits aus Kapitel 5.2.7 wissen, können bei den internen Makros noch zusätzlich die beiden Modifikatoren **F** und **D** angegeben werden.

Ihre Angabe bewirkt, daß von einem Pfadnamen entweder nur der Directorypfad (**D**) oder der Dateiname (**F**) genommen wird.

Falls z.B. das interne Makro $< momentan den Pfadnamen

C:\user1\egon\motor\einaus\eingabe.c

enthält, dann wird

${<D} zu C:\user1\egon\motor\einaus   und
${<F} zu eingabe.c

expandiert.

Wir können nun unter Verwendung dieser Modifikatoren das folgende Makefile für unser Motorsimulations-Programm angeben:

```
C:\> type makefile ⏎
OBJS = $(MAKEDIR)\main\main.obj         \
       $(MAKEDIR)\einaus\eingabe.obj    \
       $(MAKEDIR)\einaus\ausgabe.obj    \
       $(MAKEDIR)\rechnen\berechne.obj  \
       $(MAKEDIR)\rechnen\mathfunk.obj

motorsim.exe: $(OBJS)
    cd $(MAKEDIR)
    @ echo .....$@ wird gelinkt......
    @ link /nologo @<<
        $(OBJS),
        $@;
<<
```

```
$(OBJS):
    cd $(@D)
    $(MAKE) "CFLAGS=$(CFLAGS) -nologo" $(@F)
```
C:\>

In den einzelnen Subdirectories *main*, *einaus* und *rechnen* muß kein eigenes Makefile angegeben sein, da **nmake** alleine aufgrund der vordefinierten Suffix-Regel *.c.obj* die erforderlichen Übersetzungen anstoßen kann.

Nun wollen wir dieses Makefile noch testen:

```
C:\> nmake motorsim.exe ⏎
'motorsim.exe' is up-to-date
C:\> touch einaus\eingabe.c  rechnen\mathfunk.c ⏎
C:\> nmake -nologo motorsim.exe ⏎
    cd C:\MAKE\SRC\einaus
    NMAKE "CFLAGS= -nologo" eingabe.obj
    cl -nologo /c eingabe.c
eingabe.c
    cd C:\MAKE\SRC\rechnen
    NMAKE "CFLAGS= -nologo" mathfunk.obj
    cl -nologo /c mathfunk.c
mathfunk.c
    cd C:\MAKE\SRC
.....motorsim.exe wird gelinkt......
Object Modules [.obj]: /nologo         C:\MAKE\SRC\main\main.obj
C:\MAKE\SRC\einaus\eingabe.obj    C:\MAKE\SRC\einaus\ausgabe.obj
C:\MAKE\SRC\rechnen\berechne.obj  C:\MAKE\SRC\rechnen\mathfunk.obj,
Run File [c:main.exe]:            motorsim.exe;

C:\>
```

Es sei hier angemerkt, daß ein Wechsel in das entsprechende Directory erforderlich ist, denn wenn wir anstelle von

```
$(OBJS):
    cd $(@D)
    $(MAKE) ..... $(@F)
```

folgendes im obigen Makefile angegeben hätten:

```
$(OBJS):
    $(MAKE) ..... $@
```

so hätte dies zu endlosen rekursiven **nmake**-Aufrufen geführt.

```
C:\> touch einaus\eingabe.c ⏎
C:\> nmake -nologo motorsim.exe ⏎
    NMAKE C:\MAKE\SRC\einaus\eingabe.obj
    NMAKE C:\MAKE\SRC\einaus\eingabe.obj
    NMAKE C:\MAKE\SRC\einaus\eingabe.obj
```

Microsofts NMAKE unter MS-DOS 443

```
NMAKE C:\MAKE\SRC\einaus\eingabe.obj
NMAKE C:\MAKE\SRC\einaus\eingabe.obj
NMAKE C:\MAKE\SRC\einaus\eingabe.obj
NMAKE C:\MAKE\SRC\einaus\eingabe.obj
NMAKE C:\MAKE\SRC\einaus\eingabe.obj
NMAKE C:\MAKE\SRC\einaus\eingabe.obj
NMAKE C:\MAKE\SRC\einaus\eingabe.obj
       ............
       ............
C:\>
```

Der Grund für diese Endlos-Rekursion ist, daß **nmake** ständig wieder das gleiche Makefile, nämlich das Makefile aus dem working directory bearbeitet.

Rekursive Verwendung des gleichen Makefiles

Eine etwas komplexere Methode, um mit Modulen in verschiedenen Directories umzugehen, ist die Verwendung nur eines Makefiles, das mehrmals durch rekursive **nmake**-Aufrufe immer wieder verwendet wird. Der Vorteil dieser Vorgehensweise ist, daß man sich immer nur mit einem Makefile rumschlagen muß, und nicht mehrere Makefiles in den unterschiedlichen Directories unterhalten muß. Die dabei zu verwendende Technik soll anhand des nachfolgenden Makefiles für unser Motorsimulations-Programm verdeutlicht werden:

```
C:\> type makefile ⏎
DIROBJS = $(MAKEDIR)\main\main.obj         \
          $(MAKEDIR)\einaus\eingabe.obj    \
          $(MAKEDIR)\einaus\ausgabe.obj    \
          $(MAKEDIR)\rechnen\berechne.obj  \
          $(MAKEDIR)\rechnen\mathfunk.obj

OBJS = main.obj eingabe.obj ausgabe.obj berechne.obj mathfunk.obj
motorsim.exe: $(DIROBJS)
      cd $(MAKEDIR)
      @ echo .....$@ wird gelinkt......
      @ link /nologo @<<
         $(DIROBJS),
         $@;
<<
$(DIROBJS):
     cd $(@D)
     $(MAKE) -nologo -f ..\makefile $(@F)   # Rekursive Verwendung dieses Makefiles
     cd $(MAKEDIR)
$(OBJS):   $*.c
     cl -nologo -c $*.c
cleanup:
```

```
        cd $(MAKEDIR)\main
        del *.obj
        cd $(MAKEDIR)\einaus
        del *.obj
        cd $(MAKEDIR)\rechnen
        del *.obj
        cd $(MAKEDIR)
        del motorsim.exe
C:\> nmake cleanup ⏎
        cd C:\MAKE\SRC\main
        del *.obj
        cd C:\MAKE\SRC\einaus
        del *.obj
        cd C:\MAKE\SRC\rechnen
        del *.obj
        cd C:\MAKE\SRC
        del motorsim.exe
C:\> nmake motorsim.exe ⏎
        cd C:\MAKE\SRC\main
        NMAKE -nologo -f ..\makefile main.obj
        cl -nologo -c main.c
main.c
        cd C:\MAKE\SRC
        cd C:\MAKE\SRC\einaus
        NMAKE -nologo -f ..\makefile eingabe.obj
        cl -nologo -c eingabe.c
eingabe.c
        cd C:\MAKE\SRC
        cd C:\MAKE\SRC\einaus
        NMAKE -nologo -f ..\makefile ausgabe.obj
        cl -nologo -c ausgabe.c
ausgabe.c
        cd C:\MAKE\SRC
        cd C:\MAKE\SRC\rechnen
        NMAKE -nologo -f ..\makefile berechne.obj
        cl -nologo -c berechne.c
berechne.c
        cd C:\MAKE\SRC
        cd C:\MAKE\SRC\rechnen
        NMAKE -nologo -f ..\makefile mathfunk.obj
        cl -nologo -c mathfunk.c
mathfunk.c
        cd C:\MAKE\SRC
        cd C:\MAKE\SRC
.....motorsim.exe wird gelinkt......
```

Microsofts NMAKE unter MS-DOS

```
Object Modules [.obj]: /nologo        C:\MAKE\SRC\main\main.obj
C:\MAKE\SRC\einaus\eingabe.obj    C:\MAKE\SRC\einaus\ausgabe.obj
C:\MAKE\SRC\rechnen\berechne.obj  C:\MAKE\SRC\rechnen\mathfunk.obj,
Run File [c:main.exe]:            motorsim.exe;

C:\>
```

Angabe von Suchpfaden für Objekte der rechten Seite mit {..}

Es ist möglich, wie wir bereits wissen, Suchpfade anzugeben, in denen **nmake** nach einem Objekt auf der rechten Seite einer Abhängigkeitsbeschreibung suchen soll, falls es dieses Objekt nicht im working directory findet. Um für ein Objekt Suchpfade festzulegen, müssen die betreffenden Such-Directories mit {..} geklammert dem jeweiligen Objektnamen vorangestellt werden:

{*directory*[[*;directory*] ..]}*objektname*

Sind mehrere Suchdirectories in {..} angegeben, müssen sie mit Semikolon getrennt sein. Leer- und Tabulatorzeichen sind dabei innerhalb von {..} nicht erlaubt. Innerhalb von {..} sind auch Makro-Zugriffe erlaubt.

Unter Angabe von Suchpfaden hätte somit unser Makefile für das Motorsimulations-Programm auch wie folgt realisiert werden können:

```
C:\> type makefile ⏎
SUCHDIR = $(MAKEDIR)\main;$(MAKEDIR)\einaus;$(MAKEDIR)\rechnen
OBJS    = main.obj eingabe.obj ausgabe.obj berechne.obj mathfunk.obj

motorsim.exe: $(OBJS)
        @ echo .....$@ wird gelinkt......
        link /nologo @<<
            $**,
            $@;
<<

main.obj    : {$(SUCHDIR)}main.c;    cl -c $?
eingabe.obj : {$(SUCHDIR)}eingabe.c; cl -c $?
ausgabe.obj : {$(SUCHDIR)}ausgabe.c; cl -c $?
berechne.obj: {$(SUCHDIR)}berechne.c; cl -c $?
mathfunk.obj: {$(SUCHDIR)}mathfunk.c; cl -c $?

C:\> nmake motorsim.exe ⏎
    cl -c C:\MAKE\SRC\main\MAIN.C
c:\make\src\main\main.c
    cl -c C:\MAKE\SRC\einaus\EINGABE.C
c:\make\src\einaus\eingabe.c
    cl -c C:\MAKE\SRC\einaus\AUSGABE.C
c:\make\src\einaus\ausgabe.c
    cl -c C:\MAKE\SRC\rechnen\BERECHNE.C
```

```
c:\make\src\rechnen\berechne.c
    cl -c C:\MAKE\SRC\rechnen\MATHFUNK.C
c:\make\src\rechnen\mathfunk.c
.....motorsim.exe wird gelinkt......
    link /nologo @C:\C700\nm014143.
Object Modules [.obj]: /nologo          main.obj eingabe.obj ausgabe.obj berechne.obj
mathfunk.obj,
Run File [main.exe]:           motorsim.exe;

C:\>
```

5.9.4 Bedingte Kompilierung und variierende Compiler-Aufrufe

In der praktischen Softwareentwicklung wird häufig von bedingter Kompilierung unter Benutzung der Präprozessor-Anweisungen **#ifdef** bzw. **#ifndef** Gebrauch gemacht. So wird bedingte Kompilierung eingesetzt, um Programme an unterschiedliche Systeme, Hardware, C-Bibliotheken oder Compiler-Versionen anzupassen, wie z.B.

```
#ifdef ANSI_C
    long double  epsilon;
#else
    long float   epsilon;
#endif
```

Daneben wird bedingte Kompilierung noch zum Konfigurieren und Testen von Programmen eingesetzt, wie z.B.

```
#ifdef KLEINSTADT
    struct adresse  *tabelle[50000];
#elif GROSSSTADT
    struct adresse  *tabelle[1000000];
#elif MILLIONENSTADT
    struct adresse  *tabelle[100000000];
#endif
```

oder:

```
#ifdef TEST
    printf(".....%d mal Schleife durchlaufen\n", n);
#endif
```

Um solche symbolischen Konstanten wie z.B. *ANSI_C*, *TEST* oder *KLEINSTADT* zu definieren, existieren zwei verschiedene Möglichkeiten:

1. Statische Definition in der Programmdatei mit **#define**, wie z.B.
   #define ANSI_C
   Dies hat jedoch den Nachteil, daß man immer den Quellcode manipulieren muß, wenn eine solche Konstante zu definieren bzw. wieder zu entfernen ist.
2. Dynamische Definition auf Kommandozeile mit **-D***Konstante*, wie z.B.
   cl -DANSI_C -c berechne.c
   Dies hat den Vorteil, daß keinerlei Eingriff in den Quellcode notwendig ist, da die entsprechenden Konstanten beim **cl**-Aufruf definiert werden.

Wir gehen hier nur auf die 2. Möglichkeit ein. Dazu nehmen wir an, daß in unserem Motorsimulations-Programm von bedingter Kompilierung in der Form **#ifdef ANSI_C** und **#ifdef TEST** Gebrauch gemacht wurde. Wenn wir dann ein bereits früher verwendetes Makefile heranziehen:

```
C:\> type makefile
OBJS = $(MAKEDIR)\main\main.obj          \
       $(MAKEDIR)\einaus\eingabe.obj     \
       $(MAKEDIR)\einaus\ausgabe.obj     \
       $(MAKEDIR)\rechnen\berechne.obj   \
       $(MAKEDIR)\rechnen\mathfunk.obj
ZIEL = motorsim

$(ZIEL).exe: main_obj ea_obj rech_obj $(ZIEL).gen

main_obj:
    @ cd $(MAKEDIR)\main
    @ $(MAKE) main.obj
    @ cd ..
ea_obj:
    @ cd $(MAKEDIR)\einaus
    @ $(MAKE) eingabe.obj
    @ $(MAKE) ausgabe.obj
    @ cd ..
rech_obj:
    @ cd $(MAKEDIR)\rechnen
    @ $(MAKE) berechne.obj
    @ $(MAKE) mathfunk.obj
    @ cd ..
$(ZIEL).gen: $(OBJS)
    @ cd $(MAKEDIR)
    @ echo .....$(ZIEL).exe wird gelinkt......
    @ link /nologo @<<
        $(OBJS),
        $(ZIEL).exe;
<<
    @ touch $(ZIEL).gen
C:\>
```

dann können die Konstanten **ANSI_C** und **TEST** über den **nmake**-Aufruf definiert werden:

```
C:\> nmake  "CFLAGS=-DANSI_C -DTEST" motorsim.exe ⏎
    cl -DANSI_C -DTEST /c main.c
main.c
    cl -DANSI_C -DTEST /c eingabe.c
eingabe.c
    cl -DANSI_C -DTEST /c ausgabe.c
ausgabe.c
    cl -DANSI_C -DTEST /c berechne.c
berechne.c
    cl -DANSI_C -DTEST /c mathfunk.c
mathfunk.c
.....motorsim.exe wird gelinkt......
Object Modules [.obj]: /nologo        C:\MAKE\SRC\main\main.obj
C:\MAKE\SRC\einaus\eingabe.obj        C:\MAKE\SRC\einaus\ausgabe.obj
C:\MAKE\SRC\rechnen\berechne.obj      C:\MAKE\SRC\rechnen\mathfunk.obj,
Run File [c:main.exe]:                motorsim.exe;

C:\>
```

Ein solcher Aufruf bewirkt, daß bei der Kompilierung aller Quellprogramme die Konstanten *ANSI_C* und *TEST* definiert sind.

Will man dagegen die einzelnen Quellprogramme unterschiedlich kompilieren lassen, so muß man die einzelnen Konstanten explizit beim jeweiligen **nmake**-Aufruf im Makefile definieren, wie z.B.

```
main_obj:
     @ cd $(MAKEDIR)\main
     @ $(MAKE) main.obj "CFLAGS=-DTEST"
     @ cd ..
ea_obj:
     @ cd $(MAKEDIR)\einaus
     @ $(MAKE) eingabe.obj   "CFLAGS=-DANSI_C -DTEST"
     @ $(MAKE) ausgabe.obj   "CFLAGS=-DANSI_C"
     @ cd ..
```

Wenn sich alle Quelldateien im gleichen Directory befinden, so kann z.B. das folgende Makefile angegeben werden.

```
C:\> type makefile ⏎
OBJS = main.obj eingabe.obj ausgabe.obj berechne.obj mathfunk.obj

motorsim.exe: main_obj ea_obj rech_obj
     @ echo .....$@ wird gelinkt......
     @ cl -o $@ $(OBJS)
main_obj:
     @ $(MAKE)   main.obj   "CFLAGS=-DTEST"
```

```
ea_obj:
        @ $(MAKE)    eingabe.obj   "CFLAGS=-DANSI_C -DTEST"
        @ $(MAKE)    ausgabe.obj   "CFLAGS=-DANSI_C"
rech_obj:
        @ $(MAKE)    berechne.obj  "CFLAGS=-DTEST"
        @ $(MAKE)    mathfunk.obj

cleanup:
        -rm -f $(OBJS) motorsim.exe

C:\>
```

Wird nun **nmake** aufgerufen, so werden die einzelnen Module unterschiedlich kompiliert.

```
C:\> nmake -n motorsim.exe ⏎
    cl -DTEST /c main.c
    cl -DANSI_C -DTEST /c eingabe.c
    cl -DANSI_C /c ausgabe.c
    cl -DTEST /c berechne.c
    cl  /c mathfunk.c
    echo .....motorsim.exe wird gelinkt......
    cl -o motorsim.exe main.obj eingabe.obj ausgabe.obj berechne.obj mathfunk.obj

C:\>
```

Nachdem wir uns allgemein mit der bedingten Kompilierung auseinandergesetzt haben, wollen wir uns mit einem Problem beschäftigen, das bei Verwendung von bedingter Kompilierung auftreten kann.

Da **nmake** nur die Zeitmarken von Dateien und nicht deren Inhalt analysieren kann, ist es nicht in der Lage, festzustellen, ob eine Objektdatei trotz einer neueren Zeitmarke eventuell veraltet ist, da eine andere Kompilierung gefordert ist, und deshalb neu generiert werden muß. Dies kann zu inkonsistenten Programmen mit katastrophalen Folgen führen. Nehmen wir z.B. an, daß wir ein Programm für das Einwohnermeldeamt geschrieben haben. Dieses Programm soll aus 4 Modulen bestehen: *main.c, eingabe.c, tabelle.c* und *ausgabe.c*, wobei in *tabelle.c* folgender Programmteil enthalten ist:

```
#ifdef KLEINSTADT
    struct adresse  *tabelle[50000];
#elif GROSSSTADT
    struct adresse  *tabelle[1000000];
#elif MILLIONENSTADT
    struct adresse  *tabelle[100000000];
#endif
```

Zur Generierung haben wir das folgende einfache Makefile angegeben:

```
C:\> type makefile ⏎
OBJS = main.obj   eingabe.obj   tabelle.obj   ausgabe.obj
```

```
einwohn.exe:  $(OBJS)
    cl -o $@ $(OBJS)
```
C:\>

Wenn wir nun das Programm *einwohn.exe* für eine Kleinstadt generieren wollen, so ist der folgende Aufruf notwendig.

```
C:\> nmake einwohn.exe "CFLAGS=-DKLEINSTADT" ⏎
    cl -DKLEINSTADT /c main.c
main.c
    cl -DKLEINSTADT /c eingabe.c
eingabe.c
    cl -DKLEINSTADT /c tabelle.c
tabelle.c
    cl -DKLEINSTADT /c ausgabe.c
ausgabe.c
    cl -o einwohn.exe main.obj    eingabe.obj    tabelle.obj    ausgabe.obj
.............
```
C:\>

Dieses Programm ist nun richtig generiert und könnte an das Einwohnermeldeamt einer Kleinstadt ausgeliefert werden. Danach kommt nun aber eine Anforderung aus einer Millionenstadt. Es ist naheliegend, **nmake** wie folgt aufzurufen.

```
C:\> nmake einwohn.exe "CFLAGS=-DMILLIONENSTADT" ⏎
'einwohn.exe' is up-to-date
```
C:\>

Da **nmake** lediglich die Zeitmarken der Dateien überprüfen kann, und entsprechend den Zeitmarken keine neue Generierung von *einwohn.exe* notwendig ist, meldet **nmake**, daß *einwohn.exe* auf dem neuesten Stand ist. Dies ist aber falsch, da das vorliegende Programm *einwohn.exe* für eine Kleinstadt und nicht für eine Millionenstadt ausgelegt ist, wie dies durch die Angabe von *-DMILLIONENSTADT* gefordert ist. Sie können sich selbst ausmalen, daß sehr wahrscheinlich Speicherüberschreibung in diesem Programm stattfinden wird und welchen Ärger die Auslieferung dieses falsch konfigurierten Programms nach sich ziehen wird.

Nachfolgend werden wir Techniken kennenlernen, die helfen, solche Konfigurierungs-Probleme zu vermeiden.

Erzwingen einer vollständigen neuen Generierung

Eine sehr aufwendige, aber sichere Methode, um konsistente Programme zu erhalten, ist die komplette Neu-Generierung eines Programms bei jedem **nmake**-Aufruf. Dies erreicht man durch die Angabe der Option **-a** beim **nmake**-Aufruf.

```
C:\> nmake -a einwohn.exe  "CFLAGS=-DMILLIONENSTADT" ⏎
    cl -DMILLIONENSTADT /c main.c
```

```
main.c
    cl -DMILLIONENSTADT /c eingabe.c
eingabe.c
    cl -DMILLIONENSTADT /c tabelle.c
tabelle.c
    cl -DMILLIONENSTADT /c ausgabe.c
ausgabe.c
    cl -o einwohn.exe main.obj  eingabe.obj  tabelle.obj  ausgabe.obj
...........

C:\> nmake -a einwohn.exe "CFLAGS=-DGROSSSTADT" ⏎
    cl -DGROSSSTADT /c main.c
main.c
    cl -DGROSSSTADT /c eingabe.c
eingabe.c
    cl -DGROSSSTADT /c tabelle.c
tabelle.c
    cl -DGROSSSTADT /c ausgabe.c
ausgabe.c
    cl -o einwohn.exe main.obj  eingabe.obj  tabelle.obj  ausgabe.obj
..........

C:\>
```

Nachfolgend werden wir eine weitere Technik kennenlernen, die bei unterschiedlichen Compiler-Optionen angewendet werden kann.

Benutzen verschiedener Directories für unterschiedliche Versionen

Wenn an einem Projekt gearbeitet wird, in dem unterschiedliche Kompilierungen möglich sind, so bietet sich die Unterbringung der verschiedenen Versionen in eigenen Directories als eine mögliche Lösung an. Nehmen wir dazu als Beispiel unser Programm für das Einwohnermeldeamt. Für dieses Beispiel bietet es sich an, vier Subdirectories mit den folgenden Namen anzulegen: *src*, *klein*, *gross* und *million*. Im Subdirectory *src* befinden sich dann alle Quellmodule *main.c*, *eingabe.c*, *tabelle.c* und *ausgabe.c*. In den restlichen drei Subdirectories werden dann die unterschiedlich kompilierten Objektdateien hinterlegt: in *klein* die mit *-DKLEINSTADT*, in *gross* die mit *-DGROSSSTADT* und in *million* die mit *-DMILLIONENSTADT* kompilierten Objektdateien. Zusätzlich wird noch in jedem dieser Subdirectories das aus den jeweiligen Objektdateien zusammengelinkte Programm *einwohn.exe* abgelegt. Um diese unterschiedlichen Kompilierungen zu erreichen, wird in jedem dieser drei Subdirectories *klein*, *gross* und *million* ein Makefile angegeben. Wie dieses Makefile z.B. aussehen kann, wird nachfolgend für das Subdirectory *klein* gezeigt.

```
C:\> cd ⏎
C:\>\.......\KLEIN
C:\> DIR ..\src ⏎
..........
```

```
EINGABE   C          26736  05-26-93    9:05a
AUSGABE   C          43445  05-26-93    9:05a
TABELLE   C          24230  05-26-93    9:05a
MAIN      C          12384  05-26-93    9:05a
..........
C:\> type makefile↵        [Ausgabe des Makefiles aus dem Subdirectory klein]
SRC_DIR = ..\src
OBJS = main.obj eingabe.obj tabelle.obj ausgabe.obj
CFLAGS = -c -DKLEINSTADT

einwohn.exe:  $(OBJS)
    cl -o $@ $(OBJS)

main.obj   : $(SRC_DIR)\main.c    ; cl $(CFLAGS) $?
eingabe.obj: $(SRC_DIR)\eingabe.c ; cl $(CFLAGS) $?
tabelle.obj: $(SRC_DIR)\tabelle.c ; cl $(CFLAGS) $?
ausgabe.obj: $(SRC_DIR)\ausgabe.c ; cl $(CFLAGS) $?

C:\>
```

Wird nun im Subdirectory *klein* **nmake** aufgerufen, so wird dort eine Programmversion von *einwohn.exe* für eine Kleinstadt generiert.

```
C:\> DIR↵
..........
MAKEFILE             167  05-26-93    9:07a
..........
C:\> nmake einwohn.exe↵        [Aufruf findet im Subdirectory klein statt]
    cl -c -DKLEINSTADT ..\src\main.c
..\src\main.c
    cl -c -DKLEINSTADT ..\src\eingabe.c
..\src\eingabe.c
    cl -c -DKLEINSTADT ..\src\tabelle.c
..\src\tabelle.c
    cl -c -DKLEINSTADT ..\src\ausgabe.c
..\src\ausgabe.c
    cl -o einwohn.exe main.obj eingabe.obj tabelle.obj ausgabe.obj
.............
C:\> DIR↵
..........[cl legt die kompilierten bzw. gelinkten Objektdateien immer ]
..........[im working directory ab]
MAKEFILE             167  05-26-93    9:07a
MAIN     OBJ         306  05-26-93    9:15a
EINGABE  OBJ         322  05-26-93    9:15a
TABELLE  OBJ         210  05-26-93    9:15a
AUSGABE  OBJ         322  05-26-93    9:15a
EINWOHN  EXE        6104  05-26-93    9:15a
..........
C:\>
```

Die Makefiles in den Subdirectories *gross* und *million* entsprechen dann bis auf die dritte Zeile vollständig dem obigen Makefile. In der dritten Zeile ist dort nur

CFLAGS = -c -DGROSSSTADT   bzw.
CFLAGS = -c -DMILLIONENSTADT

anzugeben. Wird dann **nmake** aufgerufen, so wird dort die entsprechende Programmversion generiert. So wird erreicht, daß die verschiedenen Programmversionen ganz eindeutig voneinander unterschieden werden können, da sie sich immer in unterschiedlichen Directories befinden. Es ist noch wichtig, anzumerken, daß zwar unterschiedliche Versionen existieren, die einzelnen Quellmodule aber immer nur einfach und nicht mehrfach vorhanden sind, nämlich im Subdirectory *src*.

Falls man die Generierung aller drei Versionen in einem Makefile zusammenfassen möchte, so empfiehlt es sich, im übergeordneten Directory das folgende Makefile anzugeben.

```
C:\> type makefile ⏎
all: kleinv grossv millionv

kleinv:
    cd klein
    nmake einwohn.exe
    cd ..
grossv:
    cd gross
    nmake einwohn.exe
    cd ..
millionv:
    cd million
    nmake einwohn.exe
    cd ..

C:\> nmake all ⏎
    cd klein
    nmake einwohn.exe
'einwohn.exe' is up-to-date
    cd ..
    cd gross
    nmake einwohn.exe
    cl -c -DGROSSSTADT ..\src\main.c
..\src\main.c
    cl -c -DGROSSSTADT ..\src\eingabe.c
..\src\eingabe.c
    cl -c -DGROSSSTADT ..\src\tabelle.c
..\src\tabelle.c
    cl -c -DGROSSSTADT ..\src\ausgabe.c
```

```
    ..\src\ausgabe.c
        cl -o einwohn.exe main.obj eingabe.obj tabelle.obj ausgabe.obj
    .............
        cd ..
        cd million
        nmake einwohn.exe
        cl -c -DMILLIONENSTADT ..\src\main.c
    ..\src\main.c
        cl -c -DMILLIONENSTADT ..\src\eingabe.c
    ..\src\eingabe.c
        cl -c -DMILLIONENSTADT ..\src\tabelle.c
    ..\src\tabelle.c
        cl -c -DMILLIONENSTADT ..\src\ausgabe.c
    ..\src\ausgabe.c
        cl -o einwohn.exe main.obj eingabe.obj tabelle.obj ausgabe.obj
    .............
        cd ..
C:\> touch src\tabelle.c ⏎
C:\> nmake all ⏎
        cd klein
        nmake einwohn.exe
        cl -c -DKLEINSTADT ..\src\tabelle.c
    ..\src\tabelle.c
        cl -o einwohn.exe main.obj eingabe.obj tabelle.obj ausgabe.obj
    .............
        cd ..
        cd gross
        nmake einwohn.exe
        cl -c -DGROSSSTADT ..\src\tabelle.c
    ..\src\tabelle.c
        cl -o einwohn.exe main.obj eingabe.obj tabelle.obj ausgabe.obj
    .............
        cd ..
        cd million
        nmake einwohn.exe
        cl -c -DMILLIONENSTADT ..\src\tabelle.c
    ..\src\tabelle.c
        cl -o einwohn.exe main.obj eingabe.obj tabelle.obj ausgabe.obj
    .............
        cd ..
C:\>
```

Nachfolgend lernen wir eine weitere Methode für den Umgang mit unterschiedlichen Compiler-Optionen kennen.

Benutzen unterschiedlicher Namen für verschiedene Versionen

Eine andere Technik, mit verschiedenen Versionen für ein Programm umzugehen, ist die Unterscheidung der Versionen durch Verwendung von unterschiedlichen Namen für Objektdateien. Nehmen wir als Beispiel wieder unser Programm für das Einwohnermeldeamt.

```
C:\> type makefile
OBJS         = main.obj    eingabe.obj    tabelle.obj    ausgabe.obj
KLEIN_OBJS   = kmain.obj   keingabe.obj   ktabelle.obj   kausgabe.obj
GROSS_OBJS   = gmain.obj   geingabe.obj   gtabelle.obj   gausgabe.obj
MILLION_OBJS = mmain.obj   meingabe.obj   mtabelle.obj   mausgabe.obj

#---------- Kleinstadt ----------------------------------------
klein.exe: $(KLEIN_OBJS)
    cl -o $@ $(KLEIN_OBJS)
kmain.obj:      main.c    ; cl -DKLEINSTADT -Fo$@ -c $?
keingabe.obj:   eingabe.c ; cl -DKLEINSTADT -Fo$@ -c $?
ktabelle.obj:   tabelle.c ; cl -DKLEINSTADT -Fo$@ -c $?
kausgabe.obj:   ausgabe.c ; cl -DKLEINSTADT -Fo$@ -c $?

#---------- Grossstadt ----------------------------------------
gross.exe: $(GROSS_OBJS)
    cl -o $@ $(GROSS_OBJS)
gmain.obj:      main.c    ; cl -DGROSSSTADT -Fo$@ -c $?
geingabe.obj:   eingabe.c ; cl -DGROSSSTADT -Fo$@ -c $?
gtabelle.obj:   tabelle.c ; cl -DGROSSSTADT -Fo$@ -c $?
gausgabe.obj:   ausgabe.c ; cl -DGROSSSTADT -Fo$@ -c $?

#---------- Millionenstadt ------------------------------------
million.exe: $(MILLION_OBJS)
    cl -o $@ $(MILLION_OBJS)
mmain.obj:      main.c    ; cl -DMILLIONENSTADT -Fo$@ -c $?
meingabe.obj:   eingabe.c ; cl -DMILLIONENSTADT -Fo$@ -c $?
mtabelle.obj:   tabelle.c ; cl -DMILLIONENSTADT -Fo$@ -c $?
mausgabe.obj:   ausgabe.c ; cl -DMILLIONENSTADT -Fo$@ -c $?
C:\>
```

Nun werden die unterschiedlichen Versionen durch verschiedene Namen unterschieden. Um z.B. das Programm für eine Kleinstadt auszulegen, muß **make kleinstadt** aufgerufen werden.

```
C:\> nmake klein.exe
    cl -DKLEINSTADT -Fokmain.obj -c main.c
main.c
    cl -DKLEINSTADT -Fokeingabe.obj -c eingabe.c
eingabe.c
    cl -DKLEINSTADT -Foktabelle.obj -c tabelle.c
tabelle.c
```

```
    cl -DKLEINSTADT -Fokausgabe.obj -c ausgabe.c
ausgabe.c
    cl -o klein.exe kmain.obj keingabe.obj ktabelle.obj kausgabe.obj
............

C:\> nmake klein.exe ⏎
'klein.exe' is up-to-date

C:\>
```

Der Nachteil dieser Methode ist, daß man sehr lange Makefiles erhält.

Nachfolgend nun eine weitere und vielleicht die eleganteste Methode für den Umgang mit verschiedenen Versionen.

Benutzen unterschiedlicher Suffixe für verschiedene Versionen

Eine letzte Möglichkeit, mit verschiedenen Versionen für ein Programm umzugehen, ist die Verwendung von unterschiedlichen Suffixe für die Objektdateien der verschiedenen Versionen. Die Generierung der einzelnen Versionen kann dann über selbstdefinierte Suffixe gesteuert werden. Als Beispiel wollen wir wieder unser Programm für das Einwohnermeldeamt verwenden.

```
C:\> type makefile ⏎
OBJS         = main.obj eingabe.obj tabelle.obj ausgabe.obj
KLEIN_OBJS   = $(OBJS:.obj=.k)
GROSS_OBJS   = $(OBJS:.obj=.g)
MILLION_OBJS = $(OBJS:.obj=.m)

#————— Definition eigener Suffix-Regeln —————
.SUFFIXES:
.SUFFIXES: .c .k .g .m
.c.k:
    cl -DKLEINSTADT -Fo$@ -c $<
.c.g:
    cl -DGROSSSTADT -Fo$@ -c $<
.c.m:
    cl -DMILLIONENSTADT -Fo$@ -c $<

#————— Linken —————
klein.exe: $(KLEIN_OBJS)
    cl -o $@ $(KLEIN_OBJS)
gross.exe: $(GROSS_OBJS)
    cl -o $@ $(GROSS_OBJS)
million.exe: $(MILLION_OBJS)
    cl -o $@ $(MILLION_OBJS)

C:\>
```

Bei dieser Methode werden für die Objektdateien der einzelnen Versionen unterschiedliche Suffixe verwendet. Für die Kleinstadt-Objektdateien das Suffix *.k*, für die Großstadt-Objektdateien das Suffix *.g* und für die Millionenstadt-Objektdateien das Suffix *.m*. Nun wollen wir dieses Makefile testen.

```
C:\> nmake gross.exe ⏎
    cl -DGROSSSTADT -Fomain.g -c main.c
main.c
    cl -DGROSSSTADT -Foeingabe.g -c eingabe.c
eingabe.c
    cl -DGROSSSTADT -Fotabelle.g -c tabelle.c
tabelle.c
    cl -DGROSSSTADT -Foausgabe.g -c ausgabe.c
ausgabe.c
    cl -o gross.exe main.g eingabe.g tabelle.g ausgabe.g
.................

C:\> nmake gross.exe ⏎
'gross.exe' is up-to-date

C:\>
```

Diese Methode liefert im allgemeinen wesentlich kürzere Makefiles als die vorherige.

Nachdem wir in diesem Kapitel einige Methoden für den Einsatz von **nmake** in größeren Projekten kennengelernt haben, werden im nächsten Kapitel wichtige Fehlermeldungen von **nmake** und mögliche Gründe für das Auftreten solcher Fehler vorgestellt.

5.10 Die wichtigsten nmake-Fehlermeldungen

Hier sind die wichtigsten Fehlermeldungen, die **nmake** bei einem Aufruf ausgeben kann, in alphabetischer Reihenfolge angegeben. Zu jeder Fehlermeldung wird dabei eine kurze Erklärung gegeben.

Hier sei noch angemerkt, daß nicht jede aus einem **nmake**-Aufruf resultierende Fehlermeldung auch wirklich von **nmake** stammt. So kann z.B. auch eine Fehlermeldung von einem C-Compiler-Aufruf oder Linker stammen.

/F option requires a filename

nmake wurde mit der Option **-f** aufgerufen, wobei nach **-f** kein Dateiname eines Makefiles angegeben war.

cannot create inline file '*dateiname*'

nmake konnte die Inline-Datei *dateiname* nicht anlegen, da Datei *dateiname* entweder schreibgeschützt ist oder Platzmangel auf dem Speichermedium vorliegt.

cannot create temporary file '*dateiname*'

nmake konnte die Temporärdatei *dateiname* nicht anlegen, da Datei *dateiname* entweder schreibgeschützt ist oder Platzmangel auf dem Speichermedium vorliegt.

cannot delete temporary file '*dateiname*'

nmake konnte die Temporärdatei *dateiname* nicht löschen, da für sie zwischenzeitlich das Attribut »nur lesbar« gesetzt wurde.

kommando : **cannot execute command; out of memory**

nmake konnte das Kommando *kommando* aufgrund von Hauptspeicherplatz-Mangel nicht ausführen. Der Fehler kann eventuell durch die Angabe der Option **-m** beim **nmake**-Aufruf beseitigt werden.

cannot have : and :: dependents for same target

Für den gleichen Zielnamen wurde einmal eine Abhängigkeitsbeschreibung mit einfachen (:) und einmal mit doppelten Doppelpunkt (::) angegeben, was nicht erlaubt ist.

cycle in dependency tree for target '*zielname*'

nmake hat beim Abarbeiten der Einträge eine gegenseitige Abhängigkeit festgestellt, wie z.B.

```
a.c: b.c
b.c: a.c
```

Oft liegt eine solche zyklische Abhängigkeit nicht direkt vor, sondern ergibt sich durch indirekte Abhängigkeiten. In diesem Fall ist dann eine genaue Analyse der Abhängigkeitsstruktur notwendig.

cycle in include files : '*dateiname*'

nmake hat eine rekursive Verwendung von **!INCLUDE** erkannt, was nicht erlaubt ist. Eine **!INCLUDE**-Rekursion liegt vor, wenn in **!INCLUDE**-Dateien wieder **!INCLUDE**-

Angaben enthalten sind, die dazu führen, daß die ursprüngliche !INCLUDE-Datei in dieser Schachtelung irgendwann wieder mit !INCLUDE einkopiert werden soll.

cycle in macro definition '*makroname***'**

nmake hat beim Abarbeiten Makrodefinitionen entdeckt, die direkt oder indirekt wieder auf sich selbst zugreifen, wie z.B.

```
PFAD = C:\mtools\$(INC)
INC  = $(PFAD)\include
```

Häufig unterliegen Benutzer dem Irrtum, daß Makros den Variablen in Programmiersprachen entsprechen, denen man ständig neue Werte zuweisen kann. Daraus können sich dann solche rekursive Makrodefinitionen ergeben.

don't know how to make '*ziel***'**

nmake konnte weder über das Makefile noch über die vorhandenen Dateien festlegen, wie das *ziel* zu generieren ist. In jedem Fall kommt bei dieser Meldung alles folgende zusammen:

1. *ziel* existiert nicht als Datei
2. *ziel* ist nirgends im Makefile als Ziel angegeben.
3. Es existiert keine Suffix-Regel, über die aus einer existierenden Datei das *ziel* generiert werden kann.

Für diese Meldung kann es aus Benutzersicht unterschiedliche Ursachen geben:

1. Tippfehler beim **nmake**-Aufruf oder im Makefile.
2. Quelldateien wurden umbenannt, aber die zu generierenden Ziele im Makefile wurden nicht angepaßt, so daß **nmake** keine Suffix-Regeln mehr anwenden kann.
3. Es existiert keine Datei mit Namen *MAKEFILE* bzw. es existiert zwar eine solches Makefile, aber dieses ist für ein anderes Programm eingerichtet.
   Falls bereits ein entsprechendes Makefile unter einem anderen Namen existiert, sollte **nmake** mit der Option **-f** aufgerufen werden, andernfalls muß ein geeignetes Makefile erst erstellt werden.
4. Anstelle von **$(makro)** wurde versehentlich **$makro** angegeben. Für einen Eintrag wie
   ```
   prog: $OBJ
   ```
   meldet **nmake** dann
   ```
   don't know how to make 'BJ'
   ```
   da es auf **$O** (nicht **$(OBJ)**) zugreift, wofür dann der Leerstring eingesetzt wird, so daß lediglich der String BJ auf rechten Seite übrigbleibt.

expanded command line '*kommando*' too long

MS-DOS läßt nur 128 Zeichen auf der Kommandozeile zu. Diese Grenze wurde bei einem Kommandoaufruf im Makefile überschritten. Entweder man kürzt die entsprechende Kommandozeile oder, wenn dies nicht möglich ist, man arbeitet mit Inline-Dateien.

file '*dateiname*' not found

nmake wurde mit **-f** *dateiname* aufgerufen, aber das Makefile *dateiname* existiert nicht.

filename '*dateiname*' too long; truncating to 8.3

Gegen die Namens-Konvention von MS-DOS (maximal 8 Zeichen vor dem Punkt und maximal 3 Zeichen nach dem Punkt) wurde verstoßen. **nmake** schneidet in diesem Fall die überhängenden Zeichen einfach ab.

ignoring rule '*regel*' (extension not in .SUFFIXES)

Es wurde eine Suffix-Regel für ein Suffix definiert, das nicht in der *.SUFFIXES:*-Liste angegeben ist. **nmake** ignoriert in diesem Fall die betreffende Regel.

illegal expression : divide by zero

Ein bei einer **!IF**- oder **!ELSEIF**-Direktive angegebener Ausdruck führt zu einer Division durch 0.

inference rule cannot have dependents

Bei der Definition einer Suffix-Regel wurde nach dem Doppelpunkt noch weiterer Text angegeben. Dies ist nicht erlaubt.

invalid option '*option*'

nmake kennt die Option *option* nicht.

invalid separator '::' on inference rule

Bei der Definition einer Suffix-Regel wurde anstelle eines einfachen Doppelpunkts (:) ein doppelter Doppelpunkt (::) angegeben. Dies ist nicht erlaubt.

macro or inline file too long (maximum : 64K) *name*

Das Maximum (64 KByte) wurde durch den Inhalt eines Makros oder einer Inline-Datei überschritten.

MAKEFILE not found and no target specified

nmake konnte weder eine Datei *MAKEFILE* finden noch konnte es aufgrund vordefinierter Suffix-Regeln selbst die Generierung eines Ziels anstoßen, da auf der Kommandozeile kein zu generierendes Ziel angegeben war.

missing filename with /X option

nmake wurde mit der Option **-x** aufgerufen, wobei nach **-x** kein Dateiname angegeben war.

missing macro name before '='

Im Makefile war eine Makrodefinition angegeben, bei welcher der Makroname links vom = fehlte.

no match found for wildcard '*ziel***'**

Im Makefile wurde in einer Zielangabe (*ziel*) von Dateinamen-Expandierung (wie z.B. *prog.**) Gebrauch gemacht. **nmake** konnte aber keine entsprechende Datei finden, die durch diese Angabe abgedeckt wurde.

'*kommando***' : program not found**

nmake versuchte das *kommando* auszuführen, konnte es aber nicht finden.

Mögliche Ursachen für das Auftreten dieses Fehlers sind:

1. Tippfehler.
2. Directory, in dem sich *kommando* befindet, ist nicht in der *PATH*-Variable angegeben.
3. In der vorherigen Zeile wurde das Zeilen-Fortsetzungszeichen \ vergessen. Hierfür ein typischer Fehler wäre z.B. der folgende Aufruf:
   ```
   cd ass
   cl -o assemb.exe $(OBJS) "CFLAGS=-Zi"
        "INCLUDE=\mtools\include"
   ```
   In diesem Fall interpretiert **nmake** die Zeile `"INCLUDE=\mtools\include"` als eine eigene Kommandozeile, woraus dann die obige Fehlermeldung resultiert.

special macro undefined : '*makro***'**

In einer Regel wurde auf ein internes Makro zugegriffen, das dort nicht definiert war, wie z.B.:

```
prog:
    echo $?
```

syntax error : '}' missing in dependent

Bei der Angabe von Suchpfaden mit {..} auf der rechten Seite einer Abhängigkeitsbeschreibung fehlte die abschließende geschweifte Klammer (}).

syntax error : expected ':' or '=' separator

Es wurde im Makefile ein Pseudoziel angegeben, das nur aus einem Zeichen besteht, und dem direkt ein Doppelpunkt folgt, wie z.B:

```
a:
    echo Start
```

Besteht ein Pseudoziel nur aus einem Zeichen, dann muß vor dem Doppelpunkt mindestens noch ein Leer- oder Tabulatorzeichen eingeschoben sein.

Ein anderer Grund für diese Fehlermeldung könnte sein, daß eine Abhängigkeitsbeschreibung ein Fortsetzungszeichen \ enthält, dem noch ein Leerzeichen folgt, wie z.B.

```
a: b.c \      [dem \ folgen Leerzeichen]
d.c
        echo "a wird generiert"
```

In diesem Fall würde **nmake** d.c als den Beginn einer neuen Abhängigkeitsbeschreibung interpretieren.

syntax error : only (NO)KEEP allowed here

Nach dem abschließenden << bei der Angabe einer Inline-Datei wurde ein anderer Text als **KEEP** oder **NOKEEP** angegeben.

syntax error : separator missing

Mögliche Ursachen für diese Fehlermeldung sind:

1. Kommandozeilen sind nicht mit einem Leer- oder Tabulatorzeichen eingerückt.
2. Nach Zielangaben wurde kein einfacher oder doppelter Doppelpunkt angegeben.

syntax error : 'string' separator missing

Diese Fehlermeldung erscheint unter anderem, wenn direkt nach einer Abhängigkeitsbeschreibung eine Leerzeile angegeben ist, bevor dann die entsprechenden Kommandos folgen, wie z.B.:

```
prog.exe: prog.c

    cl -c prog.c
```

target macro 'makro' expands to nothing

In einer Abhängigkeitsbeschreibung wurde über einen Makrozugriff ein Ziel vereinbart, wobei das Makro aber leer war. Wenn z.B. das Makro ZIEL entweder nirgends definiert ist oder aber den Leerstring enthält, dann führt die folgende Angabe zu dieser Fehlermeldung:

```
$(ZIEL): a.obj b.obj
    cl -o abc.exe a.obj b.obj
```

too many rules for target 'ziel'

Zum gleichen *ziel* wurden mehrmals Kommandozeilen angegeben. Es gibt zwei Möglichkeiten, diesen Fehler zu beseitigen.

1. Man faßt alle Kommandozeilen zusammen, und gibt diese dann nur bei einem *ziel* an.
2. Will man für die verschiedenen *objekte*, von denen ein *ziel* abhängig ist, unterschiedliche Kommandos ausführen lassen, so muß der doppelte Doppelpunkt :: in der Abhängigkeitsbeschreibung verwendet werden. Wird nämlich der einfache Doppelpunkt angegeben, dann dürfen zwar auch mehrere gleichnamige *ziele* angegeben werden, aber Kommandozeilen dürfen nur bei einem *ziel* angegeben sein.

Wichtig ist, daß Sie immer folgendes beachten: Wenn in einer Abhängigkeitsbeschreibung ein doppelter Doppelpunkt :: angegeben ist, so darf dieses *ziel* nicht in einer anderen Abhängigkeitsbeschreibung mit einem einfachen Doppelpunkt : angegeben werden.

'ziel' is up-to-date

nmake meint, daß *ziel* bereits auf dem neuesten Stand und deshalb keine Generierung notwendig war.

In jedem Fall kommt bei dieser Meldung alles folgende zusammen:

1. *ziel* existiert als Datei.

2. *ziel* ist entweder nirgends im Makefile als Ziel angegeben oder es ist als Ziel ohne Abhängigkeiten angegeben.

3. Es existiert keine Datei mit einer neueren Zeitmarke als *ziel*, die zum Generieren von *ziel* verwendet werden kann.

Für diese Meldung kann es aus Benutzersicht unterschiedliche Ursachen geben:

1. Tippfehler beim **nmake**-Aufruf oder im Makefile.

2. Quelldateien wurden umbenannt, aber die zu generierenden Ziele im Makefile wurden nicht angepaßt, so daß **nmake** keine Suffix-Regeln mehr anwenden kann.

3. Die Quelldateien befinden sich nicht im working directory, sondern in einem anderen Directory.

4. In einigen Anwendungsfällen benötigt man Einträge, bei denen ein Ziel nicht von irgendwelchen Objekten abhängig ist, wie z.B.
   ```
   cleanup:
       rm -f $(OBJS)
   ```
   Um die Objektdateien zu löschen, muß man nur **nmake cleanup** aufrufen. Normalerweise funktioniert dies auch. Wenn nun aber versehentlich eine Datei mit diesem Namen *cleanup* im working directory existiert, dann bringt **nmake** die obige Meldung.

Hier wurden nicht alle, sondern nur die wichtigsten Fehlermeldungen angegeben. Auch konnten nur einige mögliche Ursachen für das Auftreten von Fehlern erläutert werden, da es unmöglich ist, alle möglichen Situationen zu erfassen, die zum Auftreten von Fehlern führen.

Kapitel 6
Programm zur Makefile-Generierung

*Ursachen erkennen, das eben ist Denken,
und dadurch allein werden Empfindungen zu Erkenntnissen und
gehen nicht verloren, sondern werden wesenhaft und beginnen auszustrahlen.*

aus Siddhartha, Hesse

Auch ein Makefile kann veralten. Dies kommt sogar sehr häufig vor, da während der Entwicklungszeit an einem Projekt sich ständig neue Abhängigkeiten ergeben können. In diesem Fall ist es dann sehr mühsam, alle Quelldateien zu durchforsten und die neu entstandenen bzw. entfernten Abhängigkeiten zwischen den Modulen im Makefile auf den neuesten Stand zu bringen. Ebenso existieren manchmal auch versteckte Abhängigkeiten, nämlich dann, wenn Header-Dateien bedingt durch **#include**-Angaben von weiteren Header-Dateien abhängen.

Im nachfolgenden wird nun ein Makefile-Generator **makemake** vorgestellt, der bei Vorlage aller beteiligten Quell-Dateien automatisch ein dazugehöriges Makefile erstellt.

Welche Optionen dabei zulässig sind, kann man mit der Angabe der Option **-?** erfragen.

```
$ makemake -?⏎
Usage: makemake [-f mkfile] [-i includes] [-o outmkfile] [-l] [-v] quelle(n)
        -f mkfile    legt das zu uebernehmende Makefile fest.
                     in Datei mkfile sollte der Makefile-Kopf stehen,
                     wie z.B. Makrodefinitionen oder Linker-Aufrufe.
        -i includes  legt Directories fest, in denen nach Header-Dateien
                     zu suchen ist. Mehrere Such-Directories sind dabei
                     mit Semikolon oder Doppelpunkt zu trennen.
                     Environment-Variablen muss immer $ vorangestellt werden.
        -o outmkfile legt Namen des automatisch zu generierenden Makefiles
                     fest. Ist diese Option nicht angegeben, so wird dieses
                     Makefile auf stdout (Standardausgabe) geschrieben.
        -l           Nur lokale Header-Dateien beruecksichtigen; mit <...>
                     geklammerte Header-Dateien werden einfach ueberlesen.
        -v           Header-Datei-Namen mit vollem Pfad ausgeben.
        -?           Usage-Information ausgeben.
        quelle(n)    legt die nach Header-Dateien zu durchsuchenden
                     Quellmodule fest; eine quelle ist immer anzugeben.
```

```
        Sind die Optionen -f oder -o mehrmals angegeben, so gilt letzte Angabe.
        Mehrere Angaben von -i bewirkt ein staendiges Hinzufuegen der
        Directories zur betreffenden Liste.
$
```

6.1 Einsatz des Makefile-Generators makemake

In diesem Kapitel werden zuerst einfache Aufrufformen von **makemake** gezeigt, bevor anschließend gezeigt wird, wie man einen **makemake**-Aufruf in einem Makefile integrieren könnte.

6.1.1 Einfache Aufrufformen von makemake

Hier werden einfache Aufrufformen von **makemake** gezeigt. Aus Gründen der Übersichtlichkeit wird **makemake** dabei zunächst immer nur mit einer Quell-Datei (*pass1.c*) aufgerufen.

Der nachfolgende Aufruf führt z.B. dazu, daß **makemake** den Abhängigkeitseintrag auf die Standardausgabe schreibt, wobei nur benutzerdefinierte Header-Dateien (Option **-l**) übernommen werden.

```
$ makemake -l pass1.c ⏎

#——————————— automatisch generiert ———————————
pass1.o : pass1.c \
          pass1.h \
          global.h \
          fehler.h \
          symb_tab.h
$
```

Der nachfolgende Aufruf resultiert in einer Fehlermeldung, da **makemake** im working directory keine Header-Datei *stdio.h* finden kann.

```
$ makemake pass1.c ⏎

#——————————— automatisch generiert ———————————
pass1.o : pass1.c
Datei 'stdio.h' aus 'pass1.c' nicht gefunden
$
```

Um dem Programm **makemake** die Include-Directories mitzuteilen, in denen es nach Header-Dateien suchen soll, muß die Option **-i** verwendet werden. Voreinstellung ist, daß **makemake** nur im working directory sucht. Wird die Option **-i** verwendet, so wird nur in den dort angegebenen Directories nach Header-Dateien gesucht; in diesem Fall muß also auch das working directory explizit angegeben werden. Soll in mehreren Include-Directories gesucht werden, so kann dies **makemake** auf zwei verschiedene Arten mitgeteilt werden:

1. Option **-i** wird mehrmals angegeben oder
2. bei einer **-i**-Option werden die einzelnen Include-Directories nacheinander aufgezählt; in diesem Fall müssen sie mit Doppelpunkt[1] voneinander getrennt sein.

```
$ makemake -i.:/usr/include:/usr/include/sys pass1.c ⏎

#——————— automatisch generiert ———————
pass1.o : pass1.c \
          stdio.h \
          limits.h \
          float.h \
          ctype.h \
          pass1.h \
          global.h \
          fehler.h \
          symb_tab.h
$
```

Include-Directories können aber auch über Environment-Variablen nach **-i** angegeben werden. Environment-Variablen müssen dabei immer mit einem vorangestellten **$** gekennzeichnet werden.

```
$ INC=/usr/include:/usr/include/sys ⏎
$ makemake -i.:$INC pass1.c ⏎

#——————— automatisch generiert ———————
pass1.o : pass1.c \
          stdio.h \
          limits.h \
          float.h \
          ctype.h \
          pass1.h \
          global.h \
          fehler.h \
          symb_tab.h
$
```

Sollen die Pfade von Header-Dateien ins Makefile mit übernommen werden, so ist die Option **-v** anzugeben.

---

[1] Als Trennzeichen ist auch ein Semikolon (;) erlaubt. In UNIX sollten aber keine Semikolons als Trennzeichen verwendet werden, da dort das Semikolon eine Sonderbedeutung für die Shell (Kommandotrenner) hat.

```
$ makemake -v -i.:/usr/include:/usr/include/sys pass1.c ⏎
#—————————— automatisch generiert ——————————
pass1.o : pass1.c \
          /usr/include/stdio.h \
          /usr/include/limits.h \
          /usr/include/float.h \
          /usr/include/ctype.h \
          ./pass1.h \
          ./global.h \
          ./fehler.h \
          ./symb_tab.h
$
```

Die Angabe der Option **-o** *mkfile* bewirkt, daß die Ausgabe von **makemake** nicht auf die Standardausgabe (Bildschirm), sondern in die Datei *mkfile* geschrieben wird.

```
$ makemake -i.:/usr/include:/usr/include/sys pass1.c assemb.c symb_tab.c -l -o makfil2 ⏎
$ cat makfil2 ⏎
#—————————— automatisch generiert ——————————
pass1.o : pass1.c \
          pass1.h \
          global.h \
          fehler.h \
          symb_tab.h
assemb.o : assemb.c \
          global.h \
          fehler.h \
          pass1.h \
          pass2.h \
          symb_tab.h
symb_tab.o : symb_tab.c \
          symb_tab.h \
          global.h \
          fehler.h
$
```

Am vorherigen **makemake**-Aufruf ist erkennbar, daß Optionen in jeder beliebigen Reihenfolge angegeben werden können. Bei den beiden Optionen **-f** und **-o** ist nur zu beachten, daß die zuletzt gemachte Angabe immer die höchste Priorität hat. So würde z.B. der folgende Aufruf dazu führen, daß als Ausgabe-Makefile die Datei *makfil3* und nicht *makfil2* festgelegt würde.

makemake -i. -i/usr/include pass1.c assemb.c symb_tab.c -l -o makfil2 -o makfil3

Wird wie im vorherigen Aufruf mehrmals die Option **-i** angegeben, so werden alle bei den einzelnen **-i**-Optionen angegebenen Such-Directories in einer Liste gesammelt. Im folgenden soll gezeigt werden, wie man **makemake** aus Makefiles heraus aufrufen könnte.

6.1.2 Automatischer Aufruf von makemake im Makefile

Anhand unseres Assembler-Programms soll gezeigt werden, wie man **makemake** in einem Makefile integrieren könnte. Dazu muß zuerst ein Makefile erstellt werden, das den unveränderlichen Teil eines Makefiles enthält, wie z.B. Makrodefinitionen, Linker-Aufruf und Cleanup. Ein möglicher Inhalt eines solchen Makefile-Kopfes kann z.B. wie folgt aussehen:

```
$ cat mkfikopf⏎
#—— Makefile fuer das Assembler-Programm ——
#—————————————————————————————————————————

#...........Makro-Definitionen...................
CC    = cc
LD    = cc
OBJ1  = assemb.o pass1.o pass2.o symb_tab.o fehler.o
OBJ2  = assemb.o pass1.o pass2.o symb_ta2.o fehler.o
SRC   = ${OBJ1:.o=.c} symb_ta2.c
INC   = .:/usr/include:/usr/include/sys

#...........Suffix-Regel.........................
.c.obj:
    $(CC) -c $*.c

#...........Automatische Makefile-Generierung....
makemakefile:
    makemake -f mkfikopf -o makefile $(SRC) -i$(INC) -v
    - make assemb1
    - make assemb2

#...........Cleanup..............................
cleanup: cleanup1 cleanup2
cleanup1:
    rm ${OBJ1} assemb1
cleanup2:
    rm ${OBJ2} assemb2

#...........Linker-Teil..........................
assemb1: ${OBJ1}
    ${LD} -o $@ ${OBJ1}
assemb2: ${OBJ2}
    ${LD} -o $@ ${OBJ2}

$
```

Möchte man nun ein neues Makefile erstellen lassen, bevor die eigentliche Generierung der Assembler-Programme *assemb1* und *assemb2* stattfindet, so muß man nur

make -f mkfikopf

aufrufen.

```
$ make -f mkfikopf ⏎
    makemake -f mkfikopf -o makefile assemb.c pass1.c pass2.c symb_tab.c fehler.c symb_ta2.c -
i.:/usr/include:/usr/include/sys -v
    make assemb1
    cc -O -c assemb.c
assemb.c
    cc -O -c pass1.c
pass1.c
    cc -O -c pass2.c
pass2.c
    cc -O -c symb_tab.c
symb_tab.c
    cc -O -c fehler.c
fehler.c
    cc -o assemb1 assemb.o pass1.o pass2.o symb_tab.o fehler.o
    make assemb2
    cc -O -c symb_ta2.c
symb_ta2.c
    cc -o assemb2 assemb.o pass1.o pass2.o symb_ta2.o fehler.o
$
```

Obiger Aufruf führt dazu, daß zunächst

```
makemake -f mkfikopf -o makefile assemb.c pass1.c pass2.c symb_tab.c fehler.c symb_ta2.c -
i.:/usr/include:/usr/include/sys -v
```

aufgerufen wird, wodurch dann das folgende Makefile *makefile* erzeugt wird.

```
$ cat makefile ⏎
#—— Makefile fuer das Assembler-Programm ——
#—————————————————————————————————————————

#...........Makro-Definitionen...................................
CC    = cc
LD    = cc
OBJ1  = assemb.o pass1.o pass2.o symb_tab.o fehler.o
OBJ2  = assemb.o pass1.o pass2.o symb_ta2.o fehler.o
SRC   = ${OBJ1:.o=.c} symb_ta2.c
INC   = .:/usr/include:/usr/include/sys

#...........Suffix-Regel..........................................
.c.obj:
    $(CC) -c $*.c
```

```
#...........Automatische Makefile-Generierung....................
makemakefile:
    makemake -f mkfikopf -o makefile $(SRC) -i$(INC) -v
    - make assemb1
    - make assemb2
#...........Cleanup.............................................
cleanup: cleanup1 cleanup2
cleanup1:
    rm ${OBJ1} assemb1
cleanup2:
    rm ${OBJ2} assemb2
#...........Linker-Teil.........................................
assemb1: ${OBJ1}
    ${LD} -o $@ ${OBJ1}
assemb2: ${OBJ2}
    ${LD} -o $@ ${OBJ2}
#—————————— automatisch generiert ——————————
assemb.o : assemb.c \
        /usr/include/stdio.h \
        /usr/include/limits.h \
        /usr/include/float.h \
        /usr/include/string.h \
        /usr/include/memory.h \
        ./global.h \
        ./fehler.h \
        ./pass1.h \
        ./pass2.h \
        ./symb_tab.h

pass1.o : pass1.c \
        /usr/include/stdio.h \
        /usr/include/limits.h \
        /usr/include/float.h \
        /usr/include/ctype.h \
        ./pass1.h \
        ./global.h \
        ./fehler.h \
        ./symb_tab.h

pass2.o : pass2.c \
        /usr/include/stdio.h \
        /usr/include/limits.h \
        /usr/include/float.h \
        /usr/include/ctype.h \
        ./pass2.h \
```

```
                ./fehler.h \
                ./symb_tab.h
symb_tab.o : symb_tab.c \
                /usr/include/stdio.h \
                /usr/include/limits.h \
                /usr/include/float.h \
                /usr/include/string.h \
                /usr/include/memory.h \
                ./symb_tab.h \
                ./global.h \
                ./fehler.h
fehler.o : fehler.c \
                /usr/include/stdio.h \
                /usr/include/limits.h \
                /usr/include/float.h \
                ./fehler.h
symb_ta2.o : symb_ta2.c \
                /usr/include/stdio.h \
                /usr/include/limits.h \
                /usr/include/float.h \
                /usr/include/string.h \
                /usr/include/memory.h \
                ./symb_tab.h \
                ./global.h \
                ./fehler.h
$
```

Die darauf folgenden Aufrufe

make assemb1 und
make assemb2

verwenden dann dieses automatisch erzeugte Makefile. Mit diesem Makefile kann man nun weiterarbeiten, wie z.B.

```
$ touch pass1.h ⏎
$ make assemb1 assemb2 ⏎
    cc -O -c assemb.c
assemb.c
    cc -O -c pass1.c
pass1.c
    cc -o assemb1 assemb.o pass1.o pass2.o symb_tab.o fehler.o
    cc -o assemb2 assemb.o pass1.o pass2.o symb_ta2.o fehler.o
$
```

Ergeben sich neue Abhängigkeiten zwischen den einzelnen Modulen, so muß nur wieder

make -f mkfikopf

aufgerufen werden und es wird ein neues Makefile *makefile* erstellt, in dem diese neue Abhängigkeitsstruktur berücksichtigt ist.

6.2 Realisierung des Makefile-Generators makemake

Der Makefile-Generator **makemake** setzt sich aus fünf Modulen zusammen, deren Abhängigkeiten untereinander das nachfolgende Bild 6.1 zeigt:

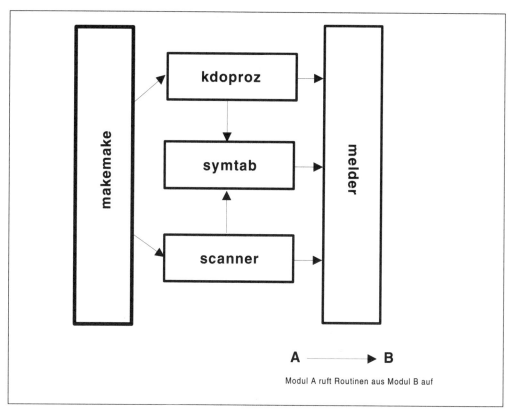

Bild 6.1 - Abhängigkeiten zwischen den einzelnen Modulen des Makefile-Generators **makemake**

Im einzelnen setzt sich **makemake** aus den im folgenden beschriebenen Dateien zusammen.

6.2.1 Globale Konstanten- und Typdefinitionen (in glob.h)

Die global gültigen Konstanten und Typen sind in der Datei *glob.h* definiert:

```
$ cat glob.h ⏎
/*========================================================================*/
/*                         g l o b . h                                    */
/*========================================================================
             enthaelt global gueltige Konstanten- und Typdefinitionen     */

#define TRENNZEICHEN    "/"
#define OBJ_SUFFIX      ".o"

#define MAX_INCLUDE     1000
#define MAX_QUELLEN     5000
#define STRING_LAENGE   1000

typedef enum { FALSE=0, TRUE=1 } bool;
$
```

Soll **makemake** auf MS-DOS benutzt werden, so müssen nur die beiden oben fett gedruckten Zeilen wie folgt ersetzt werden:

```
#define TRENNZEICHEN    "\\"
#define OBJ_SUFFIX      ".obj"
```

6.2.2 Kommandoprozessor (in kdoproz.h und kdoproz.c)

Der Kommandoprozessor ist für die Abarbeitung der angegebenen Kommandozeile zuständig. Dazu bietet das Modul *kdoproz* in der Datei *kdoproz.h* folgende Schnittstelle an:

```
$ cat kdoproz.h ⏎
/*========================================================================*/
/*                         k d o p r o z . h                              */
/*========================================================================
          Hierbei handelt es sich um den Kommandoprozessor, der die angegebene
          Kommandozeile abarbeitet und analysiert. Alle Kommandozeilen-Angaben
          werden dabei entsprechend aufbereitet in der zentralen Symboltabelle
          festgehalten. Dazu bietet dieses Modul globale Routine
          'kp_lies_kdo_zeile' an.                                         */
/*_____*/
extern void     kp_lies_kdo_zeile( int argc, char *argv[] );
/*_____
          arbeitet die einzelnen Argumente aus der Kommandozeile ab und
          traegt die entsprechenden Angaben in die zentrale Symboltabelle ein. */
$
```

Alle Kommandozeilen-Angaben werden von *kdoproz* entsprechend aufbereitet in der Symboltabelle eingetragen. Dazu ruft *kdoproz.c* immer die entsprechenden Routinen aus *symtab* auf. Die Realisierung dieses Moduls ist nachfolgend gezeigt:

```
$ cat kdoproz.c ⏎
/*========================================================================*/
/*                     k d o p r o z . c                         */
/*========================================================================
            Hierbei handelt es sich um den Kommandoprozessor, der die angegebene
            Kommandozeile abarbeitet und analysiert. Alle Kommandozeilen-Angaben
            werden dabei entsprechend aufbereitet in der zentralen Symboltabelle
            festgehalten. Dazu ruft dieses Modul die entsprechenden Routinen
            aus 'symtab.c' auf. Bei falschen oder fehlenden Angaben auf
            der Kommandozeile wird dies gemeldet und das Programm verlassen. Dazu
            ruft dieses Modul die meld_fehler aus dem Modul 'melder.c' auf.    */
#include <stdio.h>
#include <stdlib.h>
#include <string.h>
#include <ctype.h>
#include "glob.h"
#include "melder.h"
#include "symtab.h"
#include "kdoproz.h"

/*=============== Modul-lokale Variablen ===================================*/
static bool   quelle_vorhanden=FALSE; /* zeigt an, ob Quellen angegeben sind */
static bool   i_option=FALSE;   /* zeigt an, ob die Option -i angegeben wurde */
static char   fehlmeld[STRING_LAENGE]; /* wird Fehlermelds-Text zugewiesen   */

/*=============== Modul-lokale Routinen ====================================*/
/*_____*/
static void       speichere_name(char *von, char **nach)
/*_____
        stellt Speicherplatz zur Verfuegung, bevor es den String 'von'
        nach '*nach' kopiert und liefert die Adresse von '*nach'.       */
{
   if ( (*nach=malloc(strlen(von)+1)) == NULL)
      meld_fehler(FALSE, "Speicherplatzmangel");
   else
      strcpy(*nach, von);
}
/*_____*/
static void       include_angabe(char *name)
/*_____
        ermittelt die nach Option -i angegebenen Directories.
        Falls eine Variable angegeben ist, so muss diese immer mit einem
```

```
                    vorangestellten $ gekennzeichnet sein. Diese Routine liest dann den
                    Inhalt der entsprechenden Environment-Variable.                      */
{
   int    j, z=0;
   char *i_liste[MAX_INCLUDE];
   char  var_inhalt[STRING_LAENGE];
   char *inc_name,
        *zgr,
        *einzel_name = strtok(name, ":;");

      /* Alle nach -i angegebenen Directorynamen lesen und einzelnen im   */
      /* Array 'i_liste' ablegen.                                         */
      /* Unterschiedliche Namen sind dabei mit : oder ; voneinander getrennt. */
   while (einzel_name!=NULL) {
      speichere_name(einzel_name, &i_liste[z++]);
      einzel_name = strtok(NULL, ":;");
   }

      /* Inhalte von Environment-Variablen lesen                          */
   for (j=0 ; j<z ; j++) {
      if (i_liste[j][0] == '$') {
         if ( (zgr=getenv(&i_liste[j][1])) == NULL) {
            sprintf(fehlmeld, "Environment-Variable '%s' existiert nicht", &i_liste[j][1]);
            meld_fehler(FALSE, fehlmeld);
         } else {
            strcpy(var_inhalt, zgr);
            inc_name = strtok(var_inhalt, ":;");
            while (inc_name!=NULL) {
               st_uebernimm_include_dir(inc_name);
               inc_name = strtok(NULL, ":;");
            }
         }
      } else
         st_uebernimm_include_dir(i_liste[j]);
   }
}

/*=============== Modul-globale Routinen ==================================*/

/*_____*/
void          kp_lies_kdo_zeile( int argc, char *argv[] )
/*_____
          arbeitet die einzelnen Argumente aus der Kommandozeile ab.      */
{
   int i;
   char *argument,
        *dateiname;
   char  option;
```

```c
      /* Mindestens ein Argument (Quelle) muss immer angegeben sein */
   if (argc<2)
      meld_fehler(TRUE, "Zu wenig Argumente");

      /* Kommandozeilen-Argumente einzelnen durchlaufen */
   for (i=1 ; i<argc ; i++) {
      argument = argv[i];
      if (argument[0]=='-') {   /* Optionen beginnen immer mit '-' */
         if (argument[1]=='\0') { /* nach - fehlt das Options-Zeichen */
            sprintf(fehlmeld, "Nach - fehlt der Optionsname");
            meld_fehler(TRUE, fehlmeld);
         }
         option = tolower(argument[1]);
              /* Nach Optionen f, i und o muss Dateiname angegeben sein */
         if (option=='f' || option=='i' || option=='o') {
            if (argument[2]!='\0') {
               dateiname = &argument[2];
            } else if (++i<argc && argv[i][0]!='-') {
               dateiname = argv[i];
            } else {
               sprintf(fehlmeld, "Nach Option '%s' fehlt der Dateiname", argument);
               meld_fehler(TRUE, fehlmeld);
            }
         }
         switch (tolower(argument[1])) {
            case 'f': st_uebernimm_ein_makefile(dateiname);       break;
            case 'i': include_angabe(dateiname); i_option=TRUE;   break;
            case 'l': st_setze_nur_lokale_header(TRUE);           break;
            case 'o': st_uebernimm_aus_makefile(dateiname);       break;
            case 'v': st_setze_vollpfad(TRUE);                    break;
            case '?':
            case 'h': meld_fehler(TRUE, "");                      break;
            default:
               sprintf(fehlmeld, "Unerlaubte Option '%s'", argument);
               meld_fehler(TRUE, fehlmeld);
         }
      } else { /* beteiligte Quellen */
         quelle_vorhanden=TRUE;
         st_uebernimm_quelle(argument);
      }
   } /* end_for */
   if (quelle_vorhanden==FALSE) {
      sprintf(fehlmeld, "Eine Quelle muss mindestens angegeben sein...");
      meld_fehler(TRUE, fehlmeld);
   }
   if (i_option==FALSE)   /* Falls i-Option nicht angegeben, so wird work.dir. */
      st_uebernimm_include_dir(".");    /* nach Header-Dateien durchsucht      */
}
$
```

6.2.3 Datei-Scanner (in scanner.h und scanner.c)

Das Modul *scanner* ist unter anderem auch für das Kopieren eines eventuell angegebenen Eingabe-Makefiles in das Ausgabe-Makefile zuständig. Die wesentlich anspruchsvollere Aufgabe des Moduls liegt aber im Durchforsten aller Quellen nach Header-Dateien. Das Modul *scanner* bietet dazu folgende Schnittstelle in *scanner.h* an:

```
$ cat scanner.h ⏎
/*============================================================*/
/*                    s c a n n e r . h                       */
/*============================================================
        Dieses Modul ist zunaechst fuer das Kopieren eines eventuell
        angegebenen Eingabe-Makefiles in das Ausgabe-Makefile zustaendig.
        Die wesentlich anspruchsvolle Aufgabe dieses Moduls liegt aber im
        Durchforsten der Quellen nach Header-Dateien.
        Geschachtelte #include-Angaben werden dabei durch Rekursion
        abgearbeitet, wobei immer eine gefundene Header-Datei als
        Abhaengigkeit im Ausgabe-Makefile eingetragen wird.         */
/*_____*/
extern void   scan_dateien( void );
/*_____
        ruft zunaechst die entsprechenden Routinen aus der Symboltabelle auf,
        um so zu ermitteln, ob vollstaendige Pfadangaben fuer die Header-
        Dateien gewuenscht sind, und ob eventuell nur benutzerdefinierte
        Header-Dateien von Interesse sind.
        Danach oeffnet es die auf der Kommandozeile angegebene Ausgabe-Datei
        oder, wenn nicht angegeben, wird dafuer die Standardausgabe festgelegt.
        Danach liest diese Routine eine eventuell auf der Kommandozeile
        angegebene Eingabedatei und schreibt deren Inhalt in die Ausgabedatei.
        Dann beginnt diese Routine mit dem Durchforsten der angegebenen
        Quellen nach Header-Dateien. Findet es solche, so durchforstet
        es diese Header-Datei nach weiteren Header-Dateien, wobei es die
        gefundenen Header-Dateien als Abhaengigkeiten ins Ausgabe-Makefile
        schreibt.                                                    */
$
```

Um die auf der Kommandozeile gemachten Angaben zu erfahren, ruft dieses Modul entsprechende Routinen aus dem Modul *symtab* auf, das für die Verwaltung der Symboltabelle zuständig ist. Geschachtelte **#include**-Angaben werden von *scanner.c* durch Rekursion abgearbeitet, wobei immer eine gefundene Header-Datei als Abhängigkeit im Ausgabe-Makefile eingetragen wird.

```
$ cat scanner.c ⏎
/*============================================================*/
/*                    s c a n n e r . c                       */
/*============================================================
```

Dieses Modul ist zunaechst fuer das Kopieren eines eventuell
angegebenen Eingabe-Makefiles in das Ausgabe-Makefile zustaendig.
Die wesentlich anspruchsvolle Aufgabe dieses Moduls liegt aber im
Durchforsten der Quellen nach Header-Dateien.
Geschachtelte #include-Angaben werden dabei durch Rekursion
abgearbeitet, wobei immer eine gefundene Header-Datei als
Abhaengigkeit im Ausgabe-Makefile eingetragen wird.   */

```c
#include <stdio.h>
#include <stdlib.h>
#include <string.h>
#include <ctype.h>
#include "glob.h"
#include "melder.h"
#include "symtab.h"
#include "scanner.h"

/*=============== Modul-lokale Variablen ==================================*/

        /*---- Verkettete Liste fuer die Header-Dateien einer Quelle ----*/
typedef struct link_list {
    char            *name;
    struct link_list *naechst;
} link_list;
static link_list *start_link_list = NULL;

        /*---- Name und Dateizeiger von Ein- und Ausgabe-Makefile ----*/
static char *ein_makefile,
            *aus_makefile;
static FILE *ein_datei,
            *aus_datei;

        /*---- Dateizeiger fuer Quelldatei und Header-Dateien ----*/
static FILE *quell_datei;
static FILE *dz[8];

        /*---- Anzeige, ob volle Pfadangaben fuer Header-Dateien gewuenscht ----*/
static bool    vollpfad;
        /*---- Anzeige, ob nur benutzerdef. Header-Dateien in Makefile gewuenscht*/
static bool    nur_lokal_header;


/*=============== Modul-lokale Routinen =================================*/
/*_____*/
static bool        doppelt( char *name )
/*_____
        durchläuft die verkettete Liste von Header-Datei-Namen und prueft, ob
        'name' eventuell schon dort eingetragen ist. Wenn ja, so wird diese
        Routine ohne weitere Aktionen mit dem Rueckgabewert TRUE verlassen.
```

```
                Ist 'name' noch nicht in ketteter Liste vorhanden, so wird er dort
                eingetragen und der Rueckgabewert FALSE geliefert.                */
{
    link_list *zgr = start_link_list;

    while (zgr != NULL) {
        if (strcmp(zgr->name, name) == 0)
            return(TRUE);
        else
            zgr = zgr->naechst;
    }
    if ( (zgr=(link_list *)malloc(sizeof(link_list))) == NULL)
        meld_fehler(FALSE, "Speicherplatzmangel");
    if ( (zgr->name=malloc(strlen(name)+1)) == NULL)
        meld_fehler(FALSE, "Speicherplatzmangel");
    strcpy(zgr->name, name);
    zgr->naechst=start_link_list;
    start_link_list = zgr;
    return(FALSE);
}

/*_____*/
static void       loesche_link_list( void )
/*_____
        loescht eine vorhandene verkettete Liste. Wird immer dann aufgerufen,
        wenn eine Quelle vollstaendig abgearbeitet ist.                */
{
    link_list *zgr1 = start_link_list,
              *zgr2;
    while (zgr1 != NULL) {
        zgr2=zgr1->naechst;
        free(zgr1->name);
        free(zgr1);
        zgr1=zgr2;
    }
    start_link_list=NULL;
}

/*_____*/
static void       lies_datei( int      einrueck,
                              char     *quelle,
                              char     *inc_datei,
                              int      schachtelung )
/*_____
        durchforstet Header-Dateien nach weiteren Header-Dateien. Wird eine
        weitere Header-Datei gefunden, dann ruft sich diese Routine wieder
        selbst (rekursiv) auf, um zunaechst diese Header-Datei nach weiteren
        Header-Dateien zu durchforsten. Die uebergeordnete Header-Datei
```

Programm zur Makefile-Generierung   481

```
                  bleibt dabei geoeffnet; ihr Dateizeiger wird im Array 'dz'
                  festgehalten. Somit sind nur begrenzte #include-Rekursionen moeglich,
                  naemlich genau so viele, wie das jeweilige Betriebssystem an gleich-
                  zeitig offenen Dateien zulaesst.                              */
{
    int     i, j;
    bool    gefunden=FALSE;
    char    pfad[STRING_LAENGE];
    char    fehlmeld[STRING_LAENGE];
    char    zeile[STRING_LAENGE];
    char    *zgr;
    char    *inc_name;

    schachtelung++;    /* Schachtelungs-Ebene wird mit jedem Aufruf erhoeht. */

       /*—— Durchsuchen aller Include-Directories nach Namen 'inc_datei' ——*/
    for (i=1 ; i<=st_wieviele_inc_dir() ; i++) {
       strcpy(pfad, st_hole_inc_dir(i));
       strcat(pfad, TRENNZEICHEN);
       strcat(pfad, inc_datei);
       if (access(pfad, 0) != -1) {
          gefunden = TRUE;
          break;
       }
    }
    if (gefunden==FALSE) {
       sprintf(fehlmeld, "Datei '%s' aus '%s' nicht gefunden", inc_datei, quelle);
       meld_fehler(FALSE, fehlmeld);
    }
       /*—— Falls Header-Datei nicht zuvor bearbeitet wurde, dann bearbeiten ——*/
    if (doppelt(pfad) == FALSE) {
       if ( (dz[schachtelung]=fopen(pfad, "r")) == NULL) {
          sprintf(fehlmeld, "Kann Datei '%s' nicht zum Lesen eroeffnen", pfad);
          meld_fehler(FALSE, fehlmeld);
       }
       fprintf(aus_datei, " \\\n");    /* Fortsetzungszeichen ins Makefile schreiben*/
       for (i=1 ; i<=einrueck ; i++)
          fprintf(aus_datei, "  ");
       fprintf(aus_datei, "   %s", (vollpfad)?pfad:inc_datei);
       while (fgets(zeile, STRING_LAENGE, dz[schachtelung])) {
          if (zeile[0]=='#') {
             zgr=&zeile[1];
             while (isspace(*zgr))
                ++zgr;
             if (strncmp(zgr,"include",7) == 0) {
                zgr += 7;
                if (nur_lokal_header) {
```

```
                    if (strchr(zgr, '"') != NULL) {
                        inc_name=strtok(zgr, " \t\"");
                        lies_datei(einrueck, quelle, inc_name, ++schachtelung);
                          --schachtelung;
                    }
                } else {
                    inc_name=strtok(zgr, " \t\"<>");
                    lies_datei(einrueck, quelle, inc_name, ++schachtelung);
                      --schachtelung;
                }
            }
        }
    }
    fclose(dz[schachtelung]);
  }
}
/*=============== Modul-globale Routinen ==================================*/
/*_____*/
void            scan_dateien( void )
/*_____
            ruft zunaechst die entsprechenden Routinen aus der Symboltabelle auf,
            um so zu ermitteln, ob vollstaendige Pfadangaben fuer die Header-
            Dateien gewuenscht sind, und ob eventuell nur benutzerdefinierte
            Header-Dateien von Interesse sind.
            Danach oeffnet es die auf der Kommandozeile angegebene Ausgabe-Datei
            oder, wenn nicht angegeben, wird dafuer die stdout festgelegt.
            Danach liest diese Routine eine eventuell auf der Kommandozeile
            angegebene Eingabedatei und schreibt in die Ausgabedatei.
            Nun erst beginnt diese Routine mit dem Durchforsten der angegebenen
            Quellen nach Header-Dateien. Findet es solche, so ruft es die
            zum Durchforsten dieser Header-Datei die Routine 'lies_datei' auf.    */
{
    int   i;
    char  zeile[STRING_LAENGE];
    char  quelle[STRING_LAENGE];
    char  fehlmeld[STRING_LAENGE];
    char  obj_name[STRING_LAENGE];
    char  *zgr;
    char  *inc_name;

        /*--- Ermitteln, ob volle Pfadangaben fuer Header-Dateien gewuenscht ---*/
    vollpfad = st_hole_vollpfad();
        /*--- Ermitteln, ob nur benutzerdef. Header in Makefile gewuenscht ---*/
    nur_lokal_header = st_hole_nur_lokale_header();

        /*--- Ausgabe-Makefile festlegen ---*/
    if ( (aus_makefile=st_hole_aus_makefile()) != NULL) {
```

```c
      if ( (aus_datei=fopen(aus_makefile, "w")) == NULL ) {
         sprintf(fehlmeld, "Kann Datei '%s' nicht zum Schreiben eroeffnen", aus_makefile);
         meld_fehler(FALSE, fehlmeld);
      }
   } else
      aus_datei = stdout;

   /*—— Eingabe-Makefile oeffnen und nach Ausgabe-Makefile kopieren ——*/
   if ( (ein_makefile=st_hole_ein_makefile()) != NULL) {
      if ( (ein_datei=fopen(ein_makefile, "r")) == NULL) {
         sprintf(fehlmeld, "Kann Datei '%s' nicht zum Lesen eroeffnen", ein_makefile);
         meld_fehler(FALSE, fehlmeld);
      }
      while (fgets(zeile, STRING_LAENGE, ein_datei))
         fprintf(aus_datei, "%s", zeile);
      fclose(ein_datei);
   }

   fprintf(aus_datei, "\n#———————— automatisch generiert ————————\n");
   for (i=1 ; i<=st_wieviele_quellen() ; i++) {
      strcpy(quelle, st_hole_quelle(i));
      if ( (quell_datei=fopen(quelle, "r")) == NULL) {
         sprintf(fehlmeld, "Kann Datei '%s' nicht zum Lesen eroeffnen", quelle);
         meld_fehler(FALSE, fehlmeld);
      }
      strcpy(obj_name, quelle);
      zgr = strrchr(obj_name, '.');
      strcpy(zgr, OBJ_SUFFIX);
      fprintf(aus_datei, "%s : %s", obj_name, quelle);
      while (fgets(zeile, STRING_LAENGE, quell_datei)) {
         if (zeile[0]=='#') {
            zgr=&zeile[1];
            while (isspace(*zgr))
               ++zgr;
            if (strncmp(zgr,"include",7) == 0) {
               zgr += 7;
               if (nur_lokal_header) {
                  if (strchr(zgr, '"') != NULL) {
                     inc_name=strtok(zgr, " \t\"");
                     lies_datei(strlen(obj_name), quelle, inc_name, 0);
                  }
               } else {
                  inc_name=strtok(zgr, " \t\"<>");
                  lies_datei(strlen(obj_name), quelle, inc_name, 0);
               }
            }
         }
```

```
            }
            fprintf(aus_datei, "\n\n");
            loesche_link_list();
            fclose(quell_datei);
        }
    }
$
```

6.2.4 Symboltabelle (in symtab.h und symtab.c)

Dieses Modul ist für die Verwaltung der zentralen Symboltabelle zuständig. Es bietet dazu Routinen an, mit denen Informationen (von Modul *kdoproz*) in der Symboltabelle hinterlegt oder aber wieder aus der Symboltabelle (von Modul *scanner*) erfragt werden können. Das Modul *symtab* bietet dazu die folgenden globalen Routinen an:

```
$ cat symtab.h ⏎
/*===========================================================================*/
/*                    s y m t a b . h                                        */
/*===========================================================================
            zentrale Symboltabelle, welche die von 'kdoproz.c' gelieferten Daten
            speichert, und auf Anforderung dem Modul 'scanner.c' wieder zur
            Verfuegung stellt.                                              */


/*================ Routinen zum Schreiben in die Symboltablle =============*/

/*_____*/
extern void   st_setze_vollpfad( bool wert );
/*_____
            haelt fest, ob volle Pfadangaben fuer Header-Dateien im Makefile
            erwuenscht sind (wert=TRUE) oder nicht (wert=FALSE)             */

/*_____*/
extern void   st_setze_nur_lokale_header( bool wert );
/*_____
            haelt fest, ob nur benutzerdef. Header-Dateien ins Makefile zu
            uebernehmen sind (wert=TRUE) oder nicht (wert=FALSE)            */

/*_____*/
extern void   st_uebernimm_ein_makefile( char *name );
/*_____
            haelt den Namen des Eingabe-Makefiles 'name' fest.              */

/*_____*/
extern void   st_uebernimm_aus_makefile( char *name );
/*_____
            haelt den Namen des Ausgabe-Makefiles 'name' fest.              */
```

```
/*————————————————————————————————————————————*/
extern void  st_uebernimm_include_dir( char *name );
/*————————————————————————————————

    hiermit wird ein Include-Directory in der Symboltabelle eingetragen.
    Sind mehrere Include-Directories vorhanden, so muss diese Routine mehrmals
    aufgerufen werden.                                                      */
/*————————————————————————————————————————————*/
extern void  st_uebernimm_quelle( char *name );
/*————————————————————————————————

    hiermit wird eine Quelle in der Symboltabelle eingetragen.
    Sind mehrere Quellen vorhanden, so muss diese Routine mehrmals
    aufgerufen werden.                                                      */
/*================ Routinen zum Lesen aus der Symboltablle ================*/
/*————————————————————————————————————————————*/
extern bool  st_hole_vollpfad( void );
/*————————————————————————————————

    liefert die Info, ob volle Pfadangaben fuer Header-Dateien im Makefile
    erwuenscht sind (TRUE) oder nicht (FALSE).                              */
/*————————————————————————————————————————————*/
extern bool  st_hole_nur_lokale_header( void );
/*————————————————————————————————

    liefert die Info, ob nur benutzerdef. Header-Dateien ins Makefile zu
    uebernehemen sind (TRUE) oder nicht (FALSE).                            */
/*————————————————————————————————————————————*/
extern char *st_hole_ein_makefile( void );
/*————————————————————————————————

    liefert den in Symboltabelle eingetragenen Namen des Eingabe-Makefiles  */
/*————————————————————————————————————————————*/
extern char *st_hole_aus_makefile( void );
/*————————————————————————————————

    liefert den in Symboltabelle eingetragenen Namen des Ausgabe-Makefiles  */
/*————————————————————————————————————————————*/
extern int   st_wieviele_inc_dir( void );
/*————————————————————————————————

    liefert die Anzahl der in Symboltabelle hinterlegten Include-Directories */
/*————————————————————————————————————————————*/
extern char *st_hole_inc_dir( int nr );
/*————————————————————————————————

    liefert das an Stelle 'nr' in Symboltab. eingetragene Include-Directory */
/*————————————————————————————————————————————*/
extern int   st_wieviele_quellen( void );
/*————————————————————————————————

    liefert die Anzahl der in Symboltabelle hinterlegten Quellen-Namen      */
```

```
/*---------------------------------------------------------------------*/
extern char *st_hole_quelle( int nr );
/*---------------------------------------------------------------------
        liefert den an Stelle 'nr' in Symboltab. eingetragenen Wuellen-Namen    */
$
```

Die Realisierung dieses Moduls ist nachfolgend gegeben:

```
$ cat symtab.c ⏎
/*============================================================================*/
/*                      s y m t a b . c                                       */
/*============================================================================
        zentrale Symboltabelle, welche die von 'kdoproz.c' gelieferten Daten
        speichert, und auf Anforderung dem Modul 'scanner.c' wieder zur
        Verfuegung stellt.                                                    */
#include <stdio.h>
#include <stdlib.h>
#include "glob.h"
#include "melder.h"
#include "symtab.h"
/*================ Modul-lokale Variablen ===================================*/
      /*--- Namen von Ein- und Ausgabe-Makefile ---*/
static char *ein_makefile = NULL;
static char *aus_makefile = NULL;
      /*--- Listen aller Include-Directories und Quellen ---*/
static char *include_dir[MAX_INCLUDE] = {NULL, };
static char *quellen[MAX_QUELLEN] = {NULL, };
      /*--- Anzahl von Include-Directories und Quellen ---*/
static int  inc_zaehl=0;
static int  quell_zaehl=0;
      /*--- Anzeige, ob volle Pfadangaben fuer Header-Dateien gewuenscht ---*/
static bool vollpfad = FALSE;
      /*--- Anzeige, ob nur benutzerdef. Header-Dateien in Makefile gewuenscht*/
static bool lokale_header = FALSE;
/*================ Modul-lokale Routinen ====================================*/
/*---------------------------------------------------------------------*/
static void       speichere_name(char *von, char **nach)
/*---------------------------------------------------------------------
        stellt Speicherplatz zur Verfuegung, bevor es den String 'von'
        nach '*nach' kopiert und liefert die Adresse von '*nach'.            */
{
   if ( (*nach=malloc(strlen(von)+1)) == NULL )
      meld_fehler(FALSE, "Speicherplatzmangel");
```

```c
    else
        strcpy(*nach, von);
}
/*=============== Modul-globale Routinen ====================================*/
/*_____*/
void             st_setze_vollpfad( bool wert )
/*_____*/
{   vollpfad=wert;
}
/*_____*/
void             st_setze_nur_lokale_header( bool wert )
/*_____*/
{   lokale_header=wert;
}
/*_____*/
void             st_uebernimm_ein_makefile( char *name )
/*_____*/
{   speichere_name(name, &ein_makefile);
}
/*_____*/
void             st_uebernimm_aus_makefile( char *name )
/*_____*/
{   speichere_name(name, &aus_makefile);
}
/*_____*/
void             st_uebernimm_include_dir( char *name )
/*_____*/
{   speichere_name(name, &include_dir[++inc_zaehl]);
}
/*_____*/
void             st_uebernimm_quelle( char *name )
/*_____*/
{   speichere_name(name, &quellen[++quell_zaehl]);
}
/*_____*/
char *           st_hole_ein_makefile( void )
/*_____*/
{   return (ein_makefile);
}
/*_____*/
char *           st_hole_aus_makefile( void )
/*_____*/
{   return (aus_makefile);
}
```

```
/*_____*/
bool            st_hole_nur_lokale_header( void )
/*_____*/
{   return(lokale_header);
}

/*_____*/
bool            st_hole_vollpfad( void )
/*_____*/
{   return(vollpfad);
}

/*_____*/
int             st_wieviele_inc_dir( void )
/*_____*/
{   return( inc_zaehl );
}

/*_____*/
char *          st_hole_inc_dir( int nr )
/*_____*/
{   return( include_dir[nr] );
}

/*_____*/
int             st_wieviele_quellen( void )
/*_____*/
{   return( quell_zaehl );
}

/*_____*/
char *          st_hole_quelle( int nr )
/*_____*/
{   return( quellen[nr] );
}
$
```

6.2.5 Fehler-Melder (in melder.h und melder.c)

Das Modul *melder* ist die zentrale Stelle, die für die Ausgabe von Fehlermeldungen zuständig ist. Dieses Modul ist neben der Ausgabe einer usage-Information noch für die Ausgabe von Fehlermeldungen zuständig. Dazu bietet es eine globale Routine an, die jedes andere Modul aufruft, wenn es eine Fehlermeldung ausgeben möchte. Jeder Aufruf dieser Fehlermeldungs-Routine führt zum Programmabbruch. Das Modul *melder* bietet in *melder.h* folgende Schnittstelle an:

```
$ cat melder.h ⏎
/*============================================================================*/
/*                    m e l d e r . h                                      */
/*============================================================================
        Dieses Modul ist neben der Ausgabe einer usage-Information noch
        fuer die Ausgabe von Fehlermeldungen zustaendig.
        Dazu bietet es eine globale Routine 'meld_fehler' an.
        Jede Fehlermeldung fuehrt zum Programmabbruch.               */
/*_____*/
extern void     meld_fehler( bool usage_ausgabe, char *string );
/*_____
        gibt zunaechst eine usage-Information aus, wenn der Parameter
        'usage_ausgabe' TRUE ist. Danach gibt es den Parameter 'string' auf
        stderr aus und beendet dann das Programm mit exit(1).        */
$
```

Die Realisierung des Moduls *melder* ist nachfolgend gegeben:

```
$ cat melder.c ⏎
/*============================================================================*/
/*                    m e l d e r . c                                      */
/*============================================================================
        Dieses Modul ist neben der Ausgabe einer usage-Information noch
        fuer die Ausgabe von Fehlermeldungen zustaendig.
        Dazu bietet es eine globale Routine 'meld_fehler' an.
        Jede Fehlermeldung fuehrt zum Programmabbruch.               */
#include <stdio.h>
#include "glob.h"
#include "melder.h"

/*=============== Modul-lokale Variablen =================================*/
static char *usage_meld[] = {
"",
"Usage: makemake [-f mkfile] [-i includes] [-o outmkfile] [-l] [-v] quelle(n)",
"        -f mkfile    legt das zu uebernehmende Makefile fest.",
"                     in Datei mkfile sollte der Makefile-Kopf stehen,",
"                     wie z.B. Makrodefinitionen oder Linker-Aufrufe.",
"        -i includes  legt Directories fest, in denen nach Header-Dateien",
"                     zu suchen ist. Mehrere Such-Directories sind dabei",
"                     mit Semikolon oder Doppelpunkt zu trennen. ",
"                     Environment-Variablen muss immer $ vorangestellt werden.",
"        -o outmkfile legt Namen des automatisch zu generierenden Makefiles",
"                     fest. Ist diese Option nicht angegeben, so wird dieses",
"                     Makefile auf stdout (Standardausgabe) geschrieben.",
"        -l           Nur lokale Header-Dateien beruecksichtigen; mit <...>",
"                     geklammerte Header-Dateien werden einfach ueberlesen.",
"        -v           Header-Datei-Namen mit vollem Pfad ausgeben.",
```

```
"         -?          Usage-Information ausgeben.",
"         quelle(n)   legt die nach Header-Dateien zu durchsuchenden",
"                     Quellmodule fest; eine quelle ist immer anzugeben.",
"  Sind die Optionen -f oder -o mehrmals angegeben, so gilt letzte Angabe.",
"  Mehrere Angaben von -i bewirkt ein staendiges Hinzufuegen der",
"  Directories zur betreffenden Liste.",
NULL
};

/*================ Modul-lokale Routinen ==================================*/

/*_____*/
static void         usage( void )
/*_____
        durchlaeuft das Array usage_meld und gibt nacheinander die dort
        gespeicherten Strings aus.                                      */
{
  int i=0;
  while (usage_meld[i] != NULL)
     fprintf(stderr, "%s\n", usage_meld[i++]);
}

/*================ Modul-globale Routinen =================================*/

/*_____*/
void         meld_fehler( bool usage_ausgabe, char *string )
/*_____
        gibt zunaechst eine usage-Information aus, wenn der Parameter
        'usage_ausgabe' TRUE ist. Danach gibt es den Parameter 'string' auf
        stderr aus und beendet dann das Programm mit exit(1).           */
{
    fprintf(stderr, "%s\n", string);
    if (usage_ausgabe)
       usage();
    exit(1);
}
$
```

6.2.6 Das Hauptmodul makemake.c

Vom Hauptmodul *makemake.c* aus wird zunächst eine Routine aus Modul *kdoproz* (zum Abarbeiten der Kommandozeile) und dann eine Routine aus dem Modul *scanner* (zum Erstellen des Makefiles) aufgerufen:

```
$ cat makemake.c ⏎
/*========================================================================*/
/*                      m a k e m a k e . c                            */
/*========================================================================
        Hauptmodul: Von hier aus werden die entsprechenden Routinen zur
                    Abarbeitung der Kommandozeile und zum Scannen der Dateien
                    nach Header-Dateien aufgerufen.                      */

#include <stdio.h>
#include "kdoproz.h"
#include "scanner.h"

/*_____*/
void            main( int argc, char *argv[] )
/*_____*/
{
   kp_lies_kdo_zeile(argc, argv);
   scan_dateien();
   exit(0);
}
$
```

6.2.7 Das Makefile zur Generierung von makemake

Das nachfolgende Makefile für die Generierung des Makefile-Generators **makemake** wurde für das UNIX-**make** geschrieben. Es sollte aber keinerlei Schwierigkeiten bereiten, dieses Makefile so umzuschreiben, damit es für Borland-**make** oder Microsoft-**nmake** geeignet ist.

```
$ cat makefile ⏎
#—— Makefile fuer Makefile-Generator makemake ——
#————————————————————————————————————————————————

#...........Makro-Definitionen...................
CC  = cc
LD  = cc
OBJ = makemake.o kdoproz.o scanner.o symtab.o melder.o

#...........Linker-Teil..........................
makemake: ${OBJ}
    ${LD} -o $@ ${OBJ}

#...........Abhaengigkeiten......................
makemake.o : makemake.c kdoproz.h scanner.h
kdoproz.o  : kdoproz.c glob.h melder.h symtab.h kdoproz.h
scanner.o  : scanner.c glob.h melder.h symtab.h scanner.h
symtab.o   : symtab.c glob.h melder.h symtab.h
```

```
melder.o    : melder.c glob.h melder.h

#...........Cleanup.............................................
cleanup:
    rm ${OBJ}

$
```

Dieser Makefile-Generator **makemake** erkennt zwar geschachtelte **#include**-Angaben, aber es soll nicht verschwiegen werden, daß **makemake** bei bedingten Kompilierungs-Angaben wie **#if**, **#ifdef** oder **#ifndef** alle in den entsprechenden Dateien angegebenen Header-Dateien als Abhängigkeiten im Makefile einträgt, obwohl einige von diesen Abhängigkeiten bei einem speziellen Compiler-Aufruf eventuell gar nicht bestehen.

Im Anhang finden Sie eine Gegenüberstellung aller drei hier vorgestellten **make**-Varianten, bevor kurze Zusammenfassungen zu allen drei **make**-Varianten und zu einigen für die Softwareentwicklung unter UNIX wichtigen Tools (wie Bibliothekar **ar**, Assembler **as**, C-Compiler **cc**, Linker **ld**, usw.) gegeben werden.

Anhang A
Gegenüberstellung von UNIX-make, Borland-make und Microsoft-nmake

Eigenschaft	UNIX-make	Borland-make	Microsoft-nmake
Abhängigkeitsbeschreibung			
:: erlaubt	x	-	x
gleiches Ziel öfters	x	-	x
Kommandozeilen			
beginnen mit	Tab	Blank, Tab	Blank, Tab
Bibliotheks-Objekte			
explizit benennen	x	-	-
Makros			
benutzerdefiniert	x	x	x
vordefiniert	x	-	x
intern	x	x	x
Suffix-Regeln			
benutzerdefiniert	x	x	x
vordefiniert	x	-	x
mit nur einem Suffix	x	-	-
Inline-Dateien	-	x	x
Direktiven	-	x	x
Konfigurationsdatei	-	*BUILTINS.MAK*	*TOOLS.INI*

Anhang B
Kommandoreferenz

ar	Erstellen und Pflegen von Archiv-Bibliotheken (UNIX)

Aufrufsyntax

ar [–**V**] *schlüssel* [*posname*] *archiv_datei* [*datei(en)*]

Beschreibung

Das Kommando **ar** ermöglicht, mehrere Dateien in einer sogenannten Archiv-Bibliothek (*archiv_datei*) unterzubringen. Ebenso können mit **ar** neue Dateien in einer bereits erstellten Archiv-Bibliothek aufgenommen oder wieder aus ihr entfernt werden.

Eine Archiv-Datei enthält am Anfang eine sogenannte Symboltabelle, welche Informationen über die im Archiv enthaltenen Dateien bereitstellt, um einen möglichst effizienten Zugriff auf die jeweiligen Dateien durch den Linker **ld** zu ermöglichen. Eine Symboltabelle wird nur dann von **ar** erstellt, wenn sich wenigstens eine Objektdatei im Archiv befindet.

Die Angaben auf der Kommandozeile bedeuten im einzelnen:

-V	bewirkt die Ausgabe der Versionsnummer von **ar** auf die Standardfehlerausgabe.
schlüssel	legt die in einem Archiv durchzuführende Operation fest.
posname	ist der Name einer Datei aus dem Archiv. Hiermit kann eine Position innerhalb eines Archivs festgelegt werden.
archiv_datei	ist der Name des entsprechenden Archivs.
datei(en)	legt die zu bearbeitenden Dateien fest.

Schlüssel-Angabe

Ein *schlüssel* setzt sich aus zwei Teilen zusammen:

funktion	legt die auszuführende Aktion fest. *funktion* muß immer angegeben sein, wobei davor ein - (Querstrich) stehen kann oder auch nicht.
zusatz	läßt Zusatzangaben zu der auszuführenden Aktion zu.

funktion

d (d*elete*) löscht die angegebenen *datei(en)* aus dem Archiv *archiv_datei*.

r (r*eplace*) ersetzt im Archiv die angegebenen *datei(en)*. Wenn nach **r** der *zusatz* **u** angegeben ist, so werden nur die Dateien im Archiv ersetzt, die seit ihrer letzten Archivierung verändert wurden. Ist nach **r** einer der *zusätze* **a** oder **b** oder **i** angegeben, so muß der *posname* angegeben sein; in diesem Fall werden neue Dateien nach (**a**) bzw. vor (**b**,**i**) *posname* eingefügt. In allen anderen Fällen werden neue Dateien am Ende des Archivs aufgenommen.

q (q*uickly*) hängt die angegebenen *datei(en)* am Ende des Archivs an. Hierbei wird nicht geprüft, ob von den angegebenen *datei(en)* bereits welche im Archiv vorhanden sind.

t (t*able*) gibt ein Inhaltsverzeichnis für das Archiv *archiv_datei* aus. Sind keine *datei(en)* angegeben, so wird ein Inhaltsverzeichnis für das gesamte Archiv ausgegeben. Sind *datei(en)* angegeben, so werden nur diese, falls im Archiv vorhanden, aufgelistet.

p (p*rint*) gibt die angegebenen *datei(en)* aus dem Archiv *archiv_datei* aus.

m (m*ove*) verlagert die angegebenen *datei(en)* an das Ende des Archivs *archiv_datei*. Ist nach **m** einer der *zusätze* **a** oder **b** oder **i** angegeben, so muß der *posname* angegeben sein; in diesem Fall werden die Dateien nicht am Archivende, sondern nach (**a**) bzw. vor (**b**,**i**) *posname* eingefügt.

x (e*xtract*) extrahiert die angegebenen *datei(en)* aus dem Archiv. Sind keine *datei(en)* angegeben, so werden alle Dateien aus dem Archiv extrahiert. Extrahieren bedeutet hier, daß die entsprechenden Dateien aus dem Archiv in das working directory kopiert werden. Der Inhalt des Archivs wird bei dieser Option niemals verändert.

zusatz

v (*verbose*) Normalerweise gibt **ar** keine speziellen Meldungen aus. Diese *zusatz*-Angabe bewirkt, daß beim Erzeugen eines neuen Archivs für jede betroffene Datei eine kurze Information ausgegeben wird. Wird **v** bei der *funktion* **t** angegeben, so wird eine umfangreichere Information zu den entsprechenden Dateien ausgegeben. Wird **v** bei der *funktion* **x** angegeben, so wird für jede extrahierte Datei deren Name gemeldet.

c (c*reate*) unterdrückt die Meldung, die normalerweise beim Anlegen eines Archivs ausgegeben wird.

l   (local) veranlaßt **ar** temporäre Dateien nicht in */tmp*, sondern im working directory abzulegen. Diese Option ist veraltet, da das neue **ar** keine temporären Dateien mehr anlegt.

s   (*symbol table*) bewirkt, daß die Symboltabelle für ein Archiv neu erstellt wird, selbst wenn **ar** nicht mit einem Kommando aufgerufen wird, das den Inhalt des Archivs ändert. Diese Option ist nützlich zur Wiederherstellung der Symboltabelle, wenn diese zuvor mit **strip** entfernt wurde.

u   (*update*) Wenn **u** mit der *funktion* **r** verwendet wird, so werden nur die Dateien ersetzt, die seit ihrer letzten Archivierung modifiziert wurden.

a   (*after*) wenn **a** zusammen mit einer der *funktionen* **r** oder **m** angegeben wird, so werden die *datei(en)* nach der mit *posname* spezifizierten Datei im Archiv eingefügt.

b   (*before*) wenn **b** zusammen mit einer der *funktionen* **r** oder **m** angegeben wird, so werden die *datei(en)* vor der mit *posname* spezifizierten Datei im Archiv eingefügt.

i   (*insert*) wenn **i** zusammen mit einer der *funktionen* **r** oder **m** angegeben wird, so werden die *datei(en)* vor der mit *posname* spezifizierten Datei im Archiv eingefügt.

Hinweise

Wenn bei *datei(en)* dieselbe Datei zweimal angegeben ist, kann sie auch zweimal im Archiv aufgenommen werden.

Archiv-Dateien sollten immer das Suffix *.a* haben.

Das Kommando **ar** bewirkt keine nennenswerte Speicherplatzeinsparungen, da die entsprechenden Dateien nicht komprimiert werden.

Manche UNIX-Systeme (wie z.B. XENIX) fordern, daß eine Archiv-Datei zuerst dem Kommando **ranlib** vorgelegt werden muß, bevor sie von **ld** bearbeitet werden kann.

Zur Erstellung und Pflege von Archiven können auch die beiden Kommandos **tar** und **cpio** verwendet werden. Es ist aber wichtig zu wissen, daß alle drei Kommandos verschiedene Archiv-Formate benutzen, und somit ein einmal erstelltes Archiv auch nur wieder mit dem gleichen Kommando bearbeitet werden kann.

Typische Anwendungen

▶ Das Kommando **ar** wird verwendet, um eine Archiv-Bibliothek von kompilierten C-Funktionen anzulegen, die dem Linker **ld** zum Einbinden der benötigten Funktionen vorgelegt wird. **ld** wird zwar automatisch von **cc** aufgerufen, kann jedoch auch direkt aufgerufen werden.

▶ **ar** kann auch verwendet werden, um miteinander verwandte Text-Dateien (wie z.B. C-Quellprogramme oder Briefe) in einem Archiv unterzubringen. Dies führt zu einer erheblichen Reduzierung der Dateien in einem Directory und dient so der Übersichtlichkeit.
▶ **ar** wird häufig auch verwendet, wenn eine große Zahl von Dateien kopiert werden muß. In diesem Fall werden alle zu kopierenden Dateien zunächst in einem Archiv abgelegt, bevor das gesamte Archiv kopiert wird.

Beispiele

```
$ ar -qv libgraphik.a linie.o kreis.o bogen.o rahmen.o⏎
ar: creating libgraphik.a
q - linie.o
q - kreis.o
q - bogen.o
q - rahmen.o
$
```

Mit obigen Kommando wird eine Archiv-Datei *libgraphik.a* erstellt, die vier Objektdateien enthält. Die Angabe von **q** bewirkt, daß die angegebenen Dateien am Ende des Archivs eingefügt werden. Der Zusatz **v** veranlaßt die Ausgabe aller Namen der Dateien, die im Archiv aufgenommen werden.

```
ar -q libgraphik.a punkt.o
```

Die Objektdatei *punkt.o* wird am Archivende eingefügt, ohne daß geprüft wird, ob diese Datei bereits im Archiv vorhanden ist oder nicht.

```
ar d libgraphik.a rahmen.o
```

Die Datei *rahmen.o* wird aus dem Archiv *libgraphik.a* entfernt.

```
ar -r libgraphik.a kreis.o
```

Die Datei *kreis.o* im Archiv wird durch eine neues *kreis.o* ersetzt.

```
$ ar -t libgraphik.a⏎
linie.o
kreis.o
bogen.o
punkt.o
$
```

Es wird der Inhalt der Archiv-Datei *libgraphik.a* aufgelistet.

```
ar -x libgraphik.a linie.o
```

Die Datei *linie.o* wird aus der Archiv-Datei *libgraphik.a* in das working directory kopiert. Der Inhalt der Archiv-Datei bleibt bei diesem Aufruf unverändert.

```
ar -t /lib/libc.a | sort | pg
```

Mit diesem Aufruf kann man sich alle C-Bibliotheksfunktionen auflisten lassen.

as	Assembler (UNIX)

Aufrufsyntax

as [*option(en)*] *assembler-programm*

Beschreibung

as assembliert Assembler-Quellprogramme und erstellt daraus Objektdateien.

Optionen

-o *objdatei*	(**o**utput) Name der zu erstellenden Objektdatei soll *objdatei* sein. Voreinstellung ist, daß der Name der Objektdatei aus dem Namen des Quellprogramms gebildet wird, indem ein eventuell vorhandenes Suffix *.s* entfernt wird, bevor das Suffix *.o* angehängt wird.
-n	(**n**o *optimize*) Optimierung für lange/kurze Adressen ausschalten. Voreinstellung ist, daß die Optimierung eingeschaltet ist.
-m	(**m**4) Vor Assemblierung das Assembler-Quellprogramm dem Makroprozessor **m4** vorlegen.
-R	(**R**emove) Assembler-Programm nach dem Assemblieren entfernen.
-dl	veraltete Option; keine Information über Zeilennummern in die Objektdatei schreiben.
-T	veraltete Assembler-Anweisungen akzeptieren.
-V	(**V**ersion) Versionsnummer des Assemblers auf Standardfehlerausgabe (*stderr*) ausgeben.
-Y [md].*dir*	Makroprozessor m4 (**m**) und/oder die Datei der vordefinierten Makros (**d**) im Directory *dir* und nicht im voreingestellten Directory suchen.

Temporäre Dateien

Die Voreinstellung ist, daß **as** seine temporären Dateien im Directory */var/tmp* anlegt. Mit dem Setzen der Environment-Variable *TMPDIR* kann dies geändert werden.

cc	C-Compiler (UNIX)

Aufrufsyntax

cc [*option(en)*] *datei(en)*

Beschreibung

cc ist das Kommando zum Aufruf des C-Compilers. Es erzeugt ausführbare Programme, indem es die angegebenen *datei(en)* kompiliert bzw. assembliert, bevor es dann den Linker **ld** aufruft, um die entsprechenden Objektdateien zu einem ausführbaren Programm zusammenbinden zu lassen. Die Voreinstellung ist, daß **cc** das erzeugte Programm in einer Datei mit dem Namen *a.out* ablegt. Als *datei(en)* akzeptiert **cc** eine ganze Reihe von Dateitypen, die **cc** dabei über das Suffix klassifiziert:

Suffix	Dateityp
.c	C-Quellprogramm Ein C-Quellprogramm wird dabei zunächst in eine Objektdatei übersetzt, wobei für den Namen der Objektdatei das Suffix *.c* durch *.o* ersetzt wird. Falls nur ein C-Quellprogramm beim **cc**-Aufruf angegeben ist, so wird die *.o*-Datei sofort gelinkt und dann gelöscht.
.s	Assembler-Quellprogramm Ein Assembler-Quellprogramm wird dabei zunächst assembliert und daraus dann eine Objektdatei erstellt, wobei für den Namen der Objektdatei das Suffix *.s* durch *.o* ersetzt wird. Falls nur ein Assembler-Quellprogramm beim **cc**-Aufruf angegeben ist, so wird die *.o*-Datei sofort gelinkt und dann gelöscht.
.i	Vom Präprozessor vorverarbeitetes C-Quellprogramm Ein solches vorverarbeitetes C-Quellprogramm wird dabei zunächst in eine Objektdatei übersetzt, wobei für den Namen der Objektdatei das Suffix *.i* durch *.o* ersetzt wird. Falls nur eine *.i*-Datei beim **cc**-Aufruf angegeben ist, so wird die *.o*-Datei sofort gelinkt und dann gelöscht.
andere Suffixe	Dateien, deren Namen weder mit *.c*, *.s* noch mit *.i* enden (wie z.B. Objektdateien mit Suffix *.o* oder Bibliotheken mit Suffix *.a*), werden von **cc** solange ignoriert, bis alle auf der Kommandozeile angegebenen Quellprogramme kompiliert oder assembliert sind. Erst dann übergibt **cc** alle gerade generierten Objektdateien zusammen mit diesen explizit auf der Kommandozeile erwähnten Objekt- und Bibliotheksdateien an den Linker **ld**, damit dieser sie alle zu einem ausführbaren Programm zusammenbindet.

cc legt normalerweise seine übersetzten Dateien im working directory ab. Deshalb ist es wichtig, daß das working directory nicht schreibgeschützt ist.

Optionen

Da **cc** auf den einzelnen Systemen auch die unterschiedlichsten Optionen anbietet, werden hier nur die wichtigsten Optionen vorgestellt, die auch auf den meisten

Systemen gültig sind. Um spezielle für ein System angebotene Optionen zu erfahren, wird man fast immer auf die mitgelieferte Dokumentation zurückgreifen müssen.

-c (*compile only*) die angegebenen Quellprogramme nur kompilieren und nicht linken. In diesem Fall werden die erzeugten *.o*-Dateien nicht gelöscht.

-C (*Comment*) veranlaßt den Präprozessor, alle Kommentarzeilen an den Compiler weiterzuleiten. Ausnahme sind dabei Kommentare, die in Zeilen mit Präprozessor-Anweisungen stehen.

-D*name*[=*string*] (*Define*) definiert den Namen *name* für den Präprozessor, so als ob dieser Name mit **#define** in jedem Quellprogramm definiert wäre. Falls nur **-D***name* angegeben ist, so entspricht dies der Angabe **-D***name***=1**.

-E die angegebenen Quellprogramme werden nur durch den Präprozessor geschickt und das Ergebnis wird auf der Standardausgabe ausgegeben.

-g Debug-Information in die Objektdateien schreiben; dies ist notwendig, wenn späteres Debuggen gewünscht ist.

-I*directory* (*Include-directory*) Präprozessor soll zuerst in *directory* nach Header-Dateien suchen, bevor er in den voreingestellten Directories nach Header-Dateien sucht.

-l*name* (*library*) in der Bibliothek **lib***name***.so** oder **lib***name***.a** nach »unresolved references« suchen.

-o *name* (*output*) Normalerweise erzeugt **cc** eine Datei mit den Namen *a.out*. Wird ein anderer Name *name* für die von **cc** erzeugte Datei gewünscht, so ist dies mit dieser Option möglich.

-O (*Optimize*) Optimierer bei der Kompilierung einschalten. Diese Option hat keine Auswirkung auf *.s*-Dateien.

-p (*profiling*) fügt in den Objektdateien zusätzlichen Profiling-Code hinzu. Der Profiling-Code zählt mit, wie oft die einzelnen Funktionen aufgerufen werden und schreibt diese Information in die Datei *mon.out*. Mit Hilfe des Kommandos **prof** kann daraus dann nach dem Programmlauf eine lesbare Protokolldatei generiert werden, die angibt, wieoft die einzelnen Funktionen aufgerufen wurden.

-P (*Preprocessor*) Die angegebenen C-Dateien werden nur vom Präprozessor bearbeitet. Das Ergebnis wird in Dateien mit dem Suffix *.i* abgelegt. Die Ausgabe enthält anders als bei Option **-E** keinerlei Präprozessor-Anweisungen.

-S	Die angegebenen C-Dateien werden übersetzt, jedoch nicht assembliert oder gelinkt. Die dabei erzeugten Assembler-Programme werden in Dateien mit dem Suffix *.s* abgelegt.
-U*name*	(**U***ndefine*) Definition des Namens *name* für den Präprozessor aufheben, so als ob die Definition für *name* **#undef** in jedem Quellprogramm aufgehoben worden wäre. Falls derselbe Name sowohl in einer **-D** als auch einer **-U** Option erwähnt ist, so hat **-U** eine höhere Priorität.
-X*z*	bestimmt den Grad der Übereinstimmung mit dem ANSI-C-Standard. Für *z* muß eines der folgenden Zeichen angegeben werden: **t** (transition, Übergangsmodus) Der Compiler verhält sich dabei wie unter System V.3 (Kernighan & Ritchie konform). Bei allen Sprachelementen, die in der alten und neuen Sprachversion eine unterschiedliche Bedeutung haben, gibt der Compiler eine Warnung aus. In diesen Fällen wird die alte Bedeutung verwendet. **a** (ANSI) Der Compiler gibt den ANSI-konformen Konstrukten den Vorzug. Bei Sprachelementen, die in der alten und neuen Sprachversion eine unterschiedliche Bedeutung haben, gibt der Compiler eine Warnung aus. **c** (conformance, voll ANSI) Der Compiler verhält sich vollständig ANSI-konform. Die C-Programme dürfen dabei nur die nach ANSI definierten Sprachkonstrukte und Bibliotheksfunktionen verwenden.

ld	Linker (UNIX)

Aufrufsyntax

ld [*option(en)*] *datei(en)*

Beschreibung

ld ist der UNIX-Linker, der mehrere Objektdateien zu einem ausführbaren Programm zusammenbindet. Objektdateien erkennt **ld** am Suffix *.o*. Archiv-Bibliotheken, in denen der Linker **ld** nach »unresolved references« suchen soll, erkennt er am Suffix *.a*. Falls eine der angegebenen *datei(en)* weder das *.o*- noch das *.a*-Suffix hat, so nimmt **ld** an, daß es sich hierbei um eine Archiv-Bibliothek oder um eine Textdatei, die Link-Editor-Direktiven enthält, handelt.

Die Voreinstellung ist, daß **ld** das erzeugte Programm in einer Datei mit dem Namen *a.out* ablegt, wenn keine Fehler aufgetreten sind, ansonsten bricht **ld** mit einer Fehlermeldung ab. Explizit auf der Kommandozeile angegebene Bibliotheken werden nur nach »unresolved references« durchsucht, die aus zuvor angegebenen Objektdateien resultieren. Allgemein gilt, daß man alle Objektdateien vor den Bibliotheken auf der Kommandozeile angeben sollte.

Optionen

Da **ld** auf den einzelnen Systemen auch die unterschiedlichsten Optionen anbietet, werden hier nur die wichtigsten Optionen vorgestellt, die auch auf den meisten Systemen gültig sind. Um spezielle für ein System angebotene Optionen zu erfahren, wird man fast immer auf die mitgelieferte Dokumentation zurückgreifen müssen.

-e *startsymbol*	(**e**ntry) Die Adresse des Symbols *startsymbol* soll die Startadresse für das erzeugte ausführbare Programm sein.
-l*name*	(**l**ibrary) in der Bibliothek **lib***name*.**so** oder **lib***name*.**a** nach »unresolved references« suchen.
-L *directory*	(**L**ibrary) **ld** sucht Bibliotheken zuerst im *directory*, bevor es in den vorgegebenen Directories sucht. Diese Option **-L** muß unbedingt vor der Option **-l** auf der Kommandozeile angegeben sein.
-m	(**m***ap*) gibt eine Tabelle mit Speicherzuordnung oder eine Liste der E/A-Abschnitte auf der Standardausgabe aus.
-o *name*	(**o**utput) Normalerweise erzeugt **ld** eine Datei mit den Namen *a.out*. Wird ein anderer Name *name* für das von **ld** erzeugte Programm gewünscht, so ist dies mit dieser Option möglich.
-s	(**s**trip) entfernt Zeilennummern-Einträge und Symboltabellen-Information bei der Generierung des ausführbaren Programms.
-t	schaltet die Warnung zu mehrfach definierten Symbolen, die nicht die gleiche Größe aufweisen, aus.
-u *symbolname*	(**u**ndefine) bewirkt, daß *symbolname* als undefiniertes Symbol in der Symboltabelle eingetragen wird. Dies ist beim auschließlichen Laden einer Bibliothek nützlich, da die Symboltabelle anfänglich leer ist und mindestens eine »unresolved reference« benötigt wird, um **ld** zu zwingen, Funktionen aus einer Bibliothek in das Programm zu übernehmen. Diese Option muß unbedingt vor dem entsprechenden Bibliotheksnamen auf der Kommandozeile angegeben sein.
-V	(**V**ersion) bewirkt die Ausgabe der Versionsnummer von **ld**.

Hinweise

Da **ld** automatisch von **cc** aufgerufen, nachdem **cc** alle C- und Assembler-Programme assembliert bzw. kompiliert hat, wird meist **cc** zur Erzeugung eines ausführbaren Programms verwendet.

make	Borland-make (MS-DOS)

Kurze Beschreibung

Wenn **make** aufgerufen wird, dann sucht es zunächst im working directory und dann im Directory, in dem sich das **make**-Programm befindet, nach einer Datei mit dem Namen *BUILTINS.MAK*. Findet es diese, so liest es deren Inhalt und sucht dann im working directory nach einer Datei mit dem Namen *MAKEFILE.* oder *MAKEFILE.MAK*. Ist eine solche Datei vorhanden, so betrachtet **make** diese Datei als das Makefile, das es dann auch bearbeitet. Findet **make** keine dieser drei Dateien *MAKEFILE.*, *MAKEFILE.MAK* oder *BUILTINS.MAK* und es wurde nicht mit der Option **-f** aufgerufen, dann bricht **make** mit einer Fehlermeldung ab.

Aufrufsyntax

make [*option(en)*] [*ziel(e)*]

Sind beim **make**-Aufruf *ziel(e)* angegeben, so generiert **make** zunächst immer alle von diesen Zielen abhängigen Objekte, bevor es die jeweiligen Ziele selbst generiert. Sind keine *ziel(e)* angegeben, so generiert **make** nur das zuerst im Makefile angegebene Ziel, wobei es zuerst alle davon abhängigen Objekte generiert.

Ein Ziel wird grundsätzlich nur dann von **make** neu generiert, wenn eines der Objekte, von denen dieses Ziel abhängig ist, neuer als das Ziel selbst ist.

Optionen

-? oder -h   (**h**elp) Kurzbeschreibung zur make-Aufrufsyntax ausgeben. Voreingestellte Optionen sind dabei mit einem nachfolgenden + gekennzeichnet.

-a   (**a**utodepend) Automatische Abhängigkeitsüberprüfung durch make einschalten; kann auch mit **.autodepend** im Makefile festgelegt werden.

-B   Generierung von Zielen in jedem Fall (unabhängig von Zeitmarken) durchführen.

-D*makro*   (**D**efine) Definiert das Makro *makro* (entspricht der Angabe -D*makro*=1).

-D*makro=string*	(**D**efine) Definiert das Makro *makro*, indem es diesem den *string* zuweist. *string* darf keine Leer- oder Tabulatorzeichen enthalten, wenn er nicht mit ".." geklammert wird.
-f*datei*	(**f**ile) *datei* als Makefile benutzen. Wenn *datei* nicht existiert, so wird die Datei *datei.mak* (falls existent) als Makefile genommen.
-i	(**i**gnore errors) Alle eventuell auftretenden Fehler ignorieren; kann auch mit **.ignore** im Makefile festgelegt werden.
-I*pfad*	(**I**nclude) Suchpfad für Header-Dateien auf *pfad* festlegen; weiterhin wird aber zuerst im working directory nach Header-Dateien gesucht.
-K	(**K**eep) Von make angelegte temporäre Dateien werden nicht gelöscht. Alle von make angelegten temporären Dateien haben Namen der Form **MAKE***nnnn*.**$$$**, wobei *nnnn* von 0000 bis 9999 reicht.
-n	(**n**o execute) Anzeigen, aber nicht Ausführen der erforderlichen Generierungs-Schritte.
-s	(**s**ilent) Automatische Anzeige der Kommandozeilen vor Ausführung ausschalten; kann auch mit **.silent** im Makefile festgelegt werden.
-S	(**S**wap) make bei der Ausführung von Kommandozeilen aus dem Makefile auslagern; sehr nützlich bei Hauptspeicher-Engpässen.
-U*makro*	(**U**ndefine) Makro *makro* löschen.
-W	(**W**rite) Default-Einstellung von make auf die beim momentanen make-Aufruf angegebenen Optionen ändern. Außer **-f**, **-D** und **-U** sind dabei alle Optionen erlaubt. Ausschalten erfolgt, indem direkt hinter den entsprechenden Optionen ein Minuszeichen angegeben wird.

Allgemeine Regeln für ein Makefile

Leerzeilen im Makefile werden von make ignoriert

Kommentare im Makefile beginnen mit # und erstrecken sich dann bis Zeilenende

Das Zeilen-Fortsetzungszeichen \ im Makefile

Wird am Ende einer Zeile das Fortsetzungszeichen \ angegeben, so hängt **make** die nachfolgende Zeile an die momentane Zeile an.

Abhängigkeitsangaben umfassen Abhängigkeitsbeschreibung und Kommandozeilen

Eine Abhängigkeitsangabe setzt sich sich aus zwei Komponenten zusammen:
Abhängigkeitsbeschreibung und den
dazugehörigen Kommandozeilen

Abhängigkeitsbeschreibung

▶ Eine Abhängigkeitsbeschreibung muß immer vollständig in einer Zeile angegeben sein:
ziel : objekt1 objekt2 ....
Eine solche Zeile beschreibt, von welchen *objekten* das *ziel* abhängig ist.
▶ Unter Verwendung des Fortsetzungszeichens \ kann eine Abhängigkeitsbeschreibung auch über mehrere Zeilen erstreckt werden.
▶ Das *ziel* muß immer immer am Anfang einer Zeile stehen, also in der 1. Spalte beginnen.
▶ Das *ziel* muß mit Doppelpunkt von den *objekten* getrennt sein, wobei vor oder nach dem Doppelpunkt mindestens ein Leerzeichen angegeben sein muß.
▶ *objekte* müssen mit Leer- oder Tabulatorzeichen voneinander getrennt angegeben werden.
▶ Es sind auch Abhängigkeitsbeschreibungen erlaubt, bei denen nur das *ziel* (mit Doppelpunkt) ohne *objekte* angegeben ist. Dies bedeutet dann, daß die zugehörigen Kommandozeilen bei Anforderung immer ausgeführt werden.
▶ In einer Abhängigkeitsbeschreibung darf auch mehr als ein *ziel* angegeben werden.
▶ Ein gleiches *ziel* darf nicht mehrmals in einem Makefile angegeben werden.
▶ Rechts vom Doppelpunkt darf auch das Metazeichen * für Dateinamen-Expandierung angegeben werden. Es hat dann die gleiche Bedeutung wie auf DOS-Ebene.

Dazugehörigen Kommandozeilen

Um ein *ziel* zu generieren, führt **make** die zur Abhängigkeitsbeschreibung angegebenen Kommandozeilen aus. Für die Kommandozeilen gilt folgendes:

▶ Kommandozeilen müssen direkt der Abhängigkeitsbeschreibung folgen.
▶ Kommandozeilen sind immer mit Leer- oder Tabulatorzeichen einzurücken.
▶ Zu einer Abhängigkeitsbeschreibung können auch mehrere Kommandozeilen angegeben werden. Die Kommandozeilen sind dann direkt untereinander anzugeben.
▶ Die folgenden DOS-Kommandos werden mit einer Kopie von COMMAND.COM ausgeführt:

bbreak	cd	chdir	cls	copy	ctty	date
del	dir	echo	erase	for	md	mkdir
path	prompt	rd	rem	ren	rename	rmdir
set	time	type	ver	verify	vol	

Für andere Programme und Kommandos verwendet **make** den DOS-Suchalgorithmus.

▶ Batch-Betrieb für Programme durch Klammerung von Argumenten mit {... } ist möglich.
Borland-**make** bietet die Möglichkeit, für Kommandos, die die Angabe von mehreren Dateien auf der Kommandozeile zulassen, die betroffenen Dateinamen in einer Liste sammeln zu lassen, bevor dann das Kommando mit dieser Dateinamen-Liste aufgerufen wird. In Kommandozeilen, bei denen die Dateinamen zu sammeln sind, bevor das entsprechende Kommando aufzurufen ist, müssen die Dateinamen mit {.. } geklammert werden:
kommando {dateiname(n) } ... Rest der Kommandozeile
Es ist zu beachten, daß vor } immer mindestens ein Leer- oder Tabulatorzeichen angegeben ist, da dies das Trennzeichen für eventuell weitere Namen ist.

▶ Angabe von Inline-Dateien mit @
Unter Borland-**make** ist es möglich, Inhalte von Dateien als Argumente für eine Kommandozeile einsetzen zu lassen. Dazu muß die entsprechende Datei mit einem vorangestellten @ auf der Kommandozeile angegeben werden.

▶ Mit dem Operator << kann die Standardeingabe für ein Programm ins Makefile umgelenkt werden. Dazu muß die folgende Syntax eingehalten werden:
progname ..... <<zeichen
....
zu lesende Eingabe
....
zeichen
Bevor **make** das Programm *progname* startet, schreibt es die *zu lesende Eingabe* in eine temporäre Datei. Die *zu lesende Eingabe* erstreckt sich dabei bis zu einer Zeile, die nur *zeichen* enthält. Danach erst ruft **make** das Programm *progname* auf, wobei es die Standardeingabe mit < in die gerade erzeugte temporäre Datei umlenkt. Für *zeichen* darf außer # und \ jedes beliebige Zeichen verwendet werden.

▶ Mit dem Operator && können Argumente für ein Programm aus dem Makefile gelesen werden. Dazu muß die folgende Syntax eingehalten werden:
progname ..... &&zeichen
....
Argumente für Programm progname
....
zeichen
Bevor **make** das Programm *progname* startet, schreibt es die *Argumente für Programm progname* in eine temporäre Datei. Die zu lesenden Argumente erstrecken sich dabei bis zu einer Zeile, die nur *zeichen* enthält. Danach erst ruft **make** das Programm *progname* auf, wobei es den Inhalt der gerade erzeugten temporären Datei in die Kommandozeile kopiert. Dazu muß entsprechend der Konvention für Inline-Dateien vor && das Zeichen @ angegeben werden. Für *zeichen* darf außer # und \ jedes beliebige Zeichen verwendet werden.

- ▶ @ am Anfang einer Kommadozeile schaltet die automatische Ausgabe dieser Kommandozeile durch **make** vor der Ausführung aus. Dies gilt nicht für die Option **-n**.
- ▶ – (Minuszeichen) am Anfang einer Kommadozeile schaltet den automatischen **make**-Abbruch bei Auftreten eines Fehlers in dieser Kommandozeile ab.
- ▶ -*n* am Anfang einer Kommandozeile bewirkt nur dann einen **make**-Abbruch, wenn exit-Status größer als *n* ist.

Makros

Definition von eigenen Makros

Eine Definition eines Makros erfolgt mit folgender Angabe im Makefile:
makroname = string
Damit wird dem *makronamen* der nach dem = angegebene *string* zugeordnet. Der *makroname* muß dabei in der 1. Spalte beginnen.

Die Definition eines Makros erstreckt sich dabei vom Zeilenanfang bis zum Zeilenende bzw. bis zum Start eines Kommentars (#).

Links und rechts vom = müssen keine Leer- oder Tabulatorzeichen angegeben werden; sind aber doch welche angegeben, so werden diese ignoriert.

Zum *string* gehören alle Zeichen vom ersten bis zum letzten relevanten Zeichen. Relevant bedeutet hier: Zeichen, die keine Leer- oder Tabulatorzeichen sind.

Bei der Vergabe von Makronamen sollten Buchstaben (keine Umlaute oder ß), Ziffern und Unterstriche (_) verwendet werden, obwohl auch andere Zeichen erlaubt sind.

Wird bei einer Makrodefinition am Zeilenende ein Fortsetzungszeichen \ angegeben, so setzt **make** beim Zusammenfügen sowohl für alle direkt davor stehenden Leer- und Tabulatorzeichen genauso ein Leerzeichen ein, wie für alle am Anfang der nächsten Zeile stehenden Leer- und Tabulatorzeichen.

Zugriff auf Makros

Zugriff auf den Inhalt eines Makros erfolgt mit: **$(***makroname***)**. Hierfür wird dann der zugehörige *string* aus der Makrodefinition eingesetzt.

Wird in einer Abhängigkeitsbeschreibung auf ein Makro zugegriffen, bevor es definiert ist, so wird dort der Leerstring eingesetzt. Wird dagegen in einer Kommandozeile auf ein Makro zugegriffen, das erst später definiert ist, so wird bereits dort der erst später definierte *string* eingesetzt.

Ist ein Makro mehrmals definiert, so gilt immer die zuletzt angegebene Definition.

Zugriff auf leere oder undefinierte Makros liefert Leerstring.

Zugriff auf andere Makros ist bei Makrodefinition erlaubt.

make

Bei einem Makrozugriff können Teilstrings aus dem Makro-String durch eine neue Zeichenkette ersetzt werden. Dazu muß **$(***makroname:alt=neu***)** angegeben werden. Jedes Vorkommen des Strings *alt* wird dann durch *neu* ersetzt.

Vordefinierte Makros

__MSDOS__   ist unter MS-DOS mit 1 gesetzt.

__MAKE__   enthält die aktuelle **make**-Version als hexadezimale Zahl.

Interne Makros

$d(*makro***)**	Testet, ob *makro* definiert ist.
$<	Name des aktuellen Ziels (vollständiger Pfadname).
$*	Name des aktuellen Ziels (vollständiger Pfadname) ohne Suffix.
$:	Pfadname (ohne Dateiname) des aktuellen Ziels.
$.	Dateiname (ohne Pfad) des aktuellen Ziels.
$&	Dateiname (ohne Pfad) des aktuellen Ziels ohne Suffix.

Makrodefinitionen auf der Kommandozeile unter Verwendung der Option -D

Makrodefinitionen können **make** auch über die Kommandozeile mitgeteilt werden. Dazu ist die entsprechende Makrodefinition mit **-D***makro* (entspricht **-D***makro***=1**) oder **-D***makro***=***string* als ein Argument beim Aufruf anzugeben.

Makrodefinitionen über DOS-Variablen

Auf den Inhalt von Variablen aus der DOS-Umgebung kann man im Makefile zugreifen, indem man einen Makrozugriff mit **$(***variable***)** angibt.

Prioritäten für Makrodefinitionen

Gültigkeit hat immer die zuletzt von **make** gelesene Makrodefinition:
1. Makrodefinition im Makefile | höchste Priorität
2. Makrodefinition in *BUILTINS.MAK* |
3. Makrodefinition auf der Kommandozeile |
4. Makrodefinition ÜBER DOS-Variablen | niedrigste Priorität

Suffix-Regeln

Definition von Suffix-Regeln

Eine Suffix-Regel ist grundsätzlich wie folgt aufgebaut:

```
.von.nach:
    kommandozeilen
```

Zunächst legt eine solche Regel fest, welche Suffix-Abhängigkeiten gelten, nämlich daß Dateien mit dem Suffix *.nach* immer aus Dateien mit dem Suffix *.von* generiert werden. Die dazu notwendigen Generierungsschritte werden dabei über die *kommandozeilen* festgelegt.

.von muß dabei immer am Anfang (in der 1.Spalte) einer Zeile stehen. Die *kommandozeilen* sind optional. Sind welche angegeben, dann müssen diese immer mit mindestens einem Leer- oder Tabulatorzeichen eingerückt sein.

Interne Makros in Suffix-Regeln

$*	Name des aktuellen Ziels (vollständiger Pfadname) ohne Suffix.
$<	Name des aktuellen Ziels (vollständiger Pfadname) mit Suffix des Objekts.
$:	Pfad des aktuellen Ziels ohne Dateinamen.
$.	Dateiname des aktuellen Ziels mit Suffix des Objekts.
$&	Dateiname des aktuellen Ziels ohne Suffix

Suffix-Regeln werden auf Abhängigkeitsangaben ohne Kommandozeilen angewendet

Kann auf einen Abhängigkeitseintrag ohne Kommandozeilen eine Suffix-Regel angewendet werden, dann ist das entsprechende Ziel nicht nur von den explizit benannten Objekten, sondern auch noch von dem aus dem Zielnamen implizit abgeleiteten Objektnamen abhängig.

Suffix-Regeln werden nicht auf Abhängigkeitsangaben mit Kommandozeilen angewendet

Suffix-Regeln werden auch auf nicht im Makefile angegebene Ziele angewendet

Man kann auch Suffix-Regeln auf Ziele anwenden lassen, die nicht explizit im Makefile angegeben sind. Dazu müssen die entsprechenden Ziele auf der Kommandozeile beim **make**-Aufruf angegeben werden:

make *ziel1 ziel2* ....

Reihenfolge der Suffix-Regeln legt die Priorität fest

Wenn mehrere Suffix-Regeln für Ziele mit dem gleichen Suffix existieren, dann hat immer die zuerst angegebene Suffix-Regel den Vorrang.

Suffix-Regeln ohne Kommandozeilen

Es ist auch möglich, Suffix-Regeln zu definieren, bei denen keine Kommandozeilen angegeben sind. Dies bedeutet dann, daß keinerlei Generierung durch diese Suffix-Regel vorgenommen wird.

Direktiven im Makefile

Alle Direktiven müssen am Anfang einer Zeile (in der 1. Spalte) beginnen. Bei Direktiven, die mit einem ! beginnen, muß jedoch nur ! in der 1. Spalte stehen.

Punkt-Direktiven

.silent (.nosilent)
Automatische Anzeige der Kommandozeilen (nicht) ausschalten; hat höhere Priorität als **-s**.

.ignore (.noignore)
Fehler im Makefile (nicht) ignorieren; hat höhere Priorität als **-i**.

.autodepend (.noautodepend)
Abhängigkeitsprüfung (nicht) einschalten; hat höhere Priorität als **-a**.

.swap (.noswap)
make bei Ausführung von Kommandos (nicht) automatisch ein- und auslagern; hat höhere Priorität als **-S**.

.PATH.*suffix=pfad*
Suchpfad für Dateien mit *suffix* auf *pfad* festlegen.

Direktiven zur bedingten Ausführung

!if *ausdruck*
[*zeilen*]
!endif

!if *ausdruck*
[*zeilen*]
!else
[*zeilen*]
!endif

!if *ausdruck*
[*zeilen*]
!elif *ausdruck*
[*zeilen*]
!elif ....
....
[**!else**
[*zeilen*]]
!endif

Für die *zeilen* können beliebig viele Zeilen angegeben werden, in denen folgendes enthalten sein darf:

- Makrodefinitionen
- Abhängigkeits-Angaben (explizite-Regeln)
- Suffix-Regeln (implizite Regeln)
- Direktiven

Eine bedingte Direktive bildet einen Block, der mit **!if** *ausdruck* und **!endif** zu klammern ist. Da in einem solchen Block wiederum bedingte Direktiven angegeben werden dürfen, ist eine beliebig tiefe Schachtelung von bedingten Direktiven möglich.

Bei den Direktiven **!if** und **!elif** können der Programmiersprache C entsprechende ganzzahlige Ausdrücke angegeben werden. Liefert die Auswertung eines solchen Ausdrucks den Wert 0, dann interpretiert dies **make** als FALSE, während jeder andere Wert als TRUE gewertet wird. In den Ausdrücken dürfen dabei alle Konstruktionen eingesetzt werden, die ganze Zahlen liefern, wie z.B. auch:

$d(*makro***)** liefert TRUE, wenn *makro* definiert ist und ansonsten FALSE.

$(*makro***)** liefert den entsprechenden numerischen Wert, wenn *makro* eine ganze Zahl ist. Ist das *makro* nicht definiert oder leer, so liefert diese Angabe 0 (FALSE). Enthält *makro* etwas anderes als eine ganze Zahl, dann meldet **make** einen Fehler.

Löschen von Makrodefinitionen mit !undef

!undef *makroname*
in einem Makefile bewirkt, daß die Definition des Makros *makroname* gelöscht wird.

Einkopieren anderer Dateien mit !include

!include "*datei*"
in einem Makefile bewirkt, daß **make** *datei* liest und somit als Teil des Makefiles betrachtet.

Abbruch und Ausgabe einer eigenen Fehlermeldung mit !error

!error *fehlermeldung*
bewirkt die Ausgabe von *fehlermeldung*, bevor **make** sich beendet.

Die Datei BUILTINS.MAK

Bevor **make** mit der Abarbeitung eines Makefiles beginnt, sucht es immer zuerst im working directory nach einer Datei mit dem Namen *builtins.mak*. Findet es dort diese Datei nicht, dann sucht es nach *builtins.mak* im Directory, in dem sich *make.exe* befindet. Findet es in einem dieser beiden Directories diese Datei *builtins.mak*, dann liest es deren Inhalt und beginnt erst dann mit der Bearbeitung des eigentlichen Makefiles.

Somit wird automatisch sichergestellt, daß der Inhalt von *builtins.mak* Bestandteil jedes Makefiles ist.

make	Programmgenerator make (UNIX)

Aufrufsyntax

make [**-f** *mfile*] [**-bdeiknprstq**] [*ziel(e)*]

Wird **make** ohne die Angabe von **-f** *mfile* aufgerufen, dann sucht es im working directory eine Datei mit dem Namen *makefile*, *Makefile*, *s.makefile* oder *s.Makefile*. Ist eine solche Datei vorhanden, so betrachtet **make** diese Datei als das Makefile, das es dann bearbeitet.

Sind beim **make**-Aufruf *ziel(e)* angegeben, so generiert **make** zunächst immer alle von diesen Zielen abhängigen Objekte, bevor es die jeweiligen Ziele selbst generiert. Sind keine *ziel(e)* angegeben, so generiert **make** nur das zuerst im Makefile angegebene Ziel, wobei es natürlich zuerst wieder alle davon abhängigen Objekte generiert.

Ein Ziel wird grundsätzlich nur dann von **make** neu generiert, wenn eines der Objekte, von denen dieses Ziel abhängig ist, neuer als das Ziel selbst ist.

Optionen

-b   Kompatibilitäts-Modus für alte Makefile einschalten. Diese Option ist meist automatisch gesetzt (in **MAKEFLAGS**).

-d   (*debug mode*) Debug-Modus einschalten.

-e   (*environment*) Priorität von Shell-Variablen über die von Makrodefinitionen in Makefiles stellen.

-f *mfile*   (*file*) Datei *mfile* als Makefile benutzen. Mehrfache Angabe von **-f** *mfile* ist dabei auch erlaubt. **make** arbeitet dann die einzelnen *mfiles* nacheinander ab. Wird für *mfile* ein Querstrich - angegeben, so liest **make** die Spezifikationen für ein Makefile von der Standardeingabe.

-i   (*ignore errors*) Alle eventuell auftretenden Fehler ignorieren; kann auch mit .*IGNORE*: im Makefile festgelegt werden.

-k   Generierung des aktuellen Ziels beim Auftreten eines Fehlers zwar abbrechen, aber mit der Generierung des nächsten Ziels, das von momentan behandelten Ziel unabhängig ist, fortfahren.

-n   (*no execute*) Anzeigen, aber nicht Ausführen der erforderlichen Generierungs-Schritte. Sogar Zeilen, die mit @ beginnen werden dabei angezeigt.

-p   (**p**rint) Alle für diesen **make**-Lauf gültigen Makrodefinitionen, Abhängigkeitsbeschreibungen mit zugehörigen Kommandozeilen und Suffix-Regeln ausgeben.

-q   (**q**uestion) Anzeigen über exit-Status, ob Ziele auf den neuesten Stand sind (exit-Status 0) oder erst generiert werden müßten (exit-Status ungleich 0).

-r   (**r**emove suffix rules) Alle vordefinierten Suffix-Regeln ausschalten.

-s   (**s**ilent) Automatische Anzeige der Kommandozeilen vor Ausführung ausschalten; kann auch mit .SILENT: im Makefile festgelegt werden.

-t   (**t**ouch) Ohne Generierung die Zeitmarken der Ziele mit **touch** auf die aktuelle Zeit setzen.

Allgemeine Regeln für ein Makefile

Leerzeilen im Makefile werden ignoriert

Es ist darauf zu achten, daß Zeilen nicht irgendein Zeichen, wie z.B. Tabulatorzeichen enthalten, denn in diesem Fall handelt es sich nicht mehr um eine Leerzeile.

Kommentare im Makefile beginnen mit # und erstrecken sich dann bis Zeilenende

Das Zeilen-Fortsetzungszeichen \ im Makefile

Wird am Ende einer Zeile das Fortsetzungszeichen \ angegeben, so hängt **make** die nachfolgende Zeile an die momentane Zeile an, wobei es alle direkt vor dem \ stehenden und alle am Anfang der nächsten Zeile stehenden Leer- und Tabulatorzeichen durch ein Leerzeichen ersetzt. In Kommentaren ist die Sonderbedeutung von \ ausgeschaltet.

Abhängigkeitsangaben umfassen Abhängigkeitsbeschreibung und Kommandozeilen

Eine Abhängigkeitsangabe setzt sich sich aus 2 Komponenten zusammen:
Abhängigkeitsbeschreibung und den
dazugehörigen Kommandozeilen

Abhängigkeitsbeschreibung

Für die Abhängigkeitsbeschreibung gilt folgendes:

▶ Eine Abhängigkeitsbeschreibung muß immer vollständig in einer Zeile angegeben sein:
  ziel : objekt1 objekt2 ....

Eine solche Zeile beschreibt, von welchen *objekten* das *ziel* abhängig ist.
▶ Vor dem *ziel* darf niemals ein Tabulatorzeichen angegeben sein und es muß mit einfachen oder doppelten Doppelpunkt von den *objekten* getrennt sein.
▶ Die einzelnen *objekte* müssen mit Leer- oder Tabulatorzeichen voneinander getrennt sein.
▶ Es sind auch Abhängigkeitsbeschreibungen erlaubt, bei denen nur das *ziel* (mit Doppelpunkt) ohne *objekte* angegeben ist. Fehlende Abhängigkeiten in einer Abhängigkeitsbeschreibung bedeutet, daß die zugehörigen Kommandozeilen bei Anforderung immer ausgeführt werden.
▶ Mehrere Abhängigkeitsbeschreibungen können zwar das gleiche *ziel* haben, aber es dürfen dann bei der Angabe eines einfachen Doppelpunkts nur bei einer Abhängigkeitsbeschreibung dieser *ziel*-Gruppe Kommandozeilen angegeben sein.
▶ Will man für die verschiedenen *objekte*, von denen ein *ziel* abhängig ist, unterschiedliche Kommandos ausführen lassen, so muß der doppelte Doppelpunkt :: in den jeweiligen Abhängigkeitsbeschreibungen verwendet werden.
▶ In einer Abhängigkeitsbeschreibung darf auch mehr als ein *ziel* angegeben werden.
▶ Unter Verwendung des Fortsetzungszeichens \ kann eine Abhängigkeitsbeschreibung auch über mehrere Zeilen erstreckt werden.

Dazugehörigen Kommandozeilen

Um ein *ziel* zu generieren, führt **make** die zur Abhängigkeitsbeschreibung angegebenen Kommandozeilen aus. Für die Kommandozeilen gilt folgendes:

▶ Kommandozeilen müssen direkt der Abhängigkeitsbeschreibung folgen.
▶ Kommandozeilen sind mit Tabulatorzeichen einzurücken.
▶ Zu einer Abhängigkeitsbeschreibung können auch mehr als eine Kommandozeile angegeben werden. Die Kommandozeilen sind dann direkt untereinander anzugeben und immer mit Tabulatorzeichen einzurücken.
▶ Eine Abhängigkeitsbeschreibung und die dazugehörigen Kommandozeilen können auch in einer Zeile angegeben werden, wenn sie mit Semikolon voneinander getrennt sind:
ziel : *objekt1 objekt2* ... ; *kdozeile1*; *kdozeile2* ....
▶ Für jede Kommandozeile wird eine eigene Subshell gestartet.
▶ Mehrere Kommandos in einer Zeile sind mit Semikolon zu trennen.
▶ Mehrere Kommandos können mit Semikolon und Fortsetzungszeichen \ zu einer Zeile zusammengefaßt werden. Shell-Kommandos, die zur Ablaufsteuerung eines Shell-Skripts verwendet werden (**if**, **for**, **while**, ..), erstrecken sich meist über mehrere Zeilen. Werden solche Kommandos in Makefiles verwendet, dann müssen Semikolons und das Zeilen-Fortsetzungszeichen \ verwendet werden, um sie von der Shell als eine Kommandozeile interpretieren zu lassen.
▶ Auf Shell-Variablen kann in einer Kommandozeile zugegriffen werden, indem dem Namen der betreffenden Shell-Vaariablen ein $$ (doppeltes $) vorangestellt wird.
▶ @ am Anfang einer Kommadozeile schaltet die automatische Ausgabe dieser Kommandozeile vor seiner Ausführung aus. Dies gilt nicht für die Option **-n**.

- – (Querstrich) am Anfang einer Kommadozeile schaltet den automatischen **make**-Abbruch bei Auftreten eines Fehlers in dieser Kommandozeile ab.
- Über die Variable **SHELL** kann die Shell festgelegt werden, die **make** zur Ausführung der Kommandozeilen verwenden soll. Soll z.B. die C-Shell benutzt werden, so könnte
SHELL = /bin/csh
im Makefile angegeben werden. Voreingestellt ist meist die Bourne-Shell.

Makros

Definition von eigenen Makros

Eine Definition eines Makros erfolgt mit:
makroname = *string*
Damit wird dem *makronamen* der nach dem = angegebene *string* zugeordnet.

Die Definition eines Makros erstreckt sich dabei vom Zeilenanfang bis zum Zeilenende bzw. bis zum Start eines Kommentars (#). Eine solche Zeile, die eine Makrodefinition enthält, darf niemals mit einem Tabulatorzeichen beginnen.

Während alle links und rechts vom = angegebenen Leer- oder Tabulatorzeichen ignoriert werden, gilt dies nicht für Leer- oder Tabulatorzeichen am Ende einer Makrodefinition. Diese sind genauso Bestandteil des *string* wie eventuell angegebene Anführungszeichen oder Apostrophe. Bei der Vergabe von Makronamen sollten Buchstaben (keine Umlaute oder ß), Ziffern und Unterstriche (_) verwendet werden, selbst dann, wenn andere Zeichen auch erlaubt sind.

Wird am Ende einer Zeile, die eine Makrodefinition enthält, ein Fortsetzungszeichen \ angegeben, so setzt **make** beim Zusammenfügen hierfür genau ein Leerzeichen ein und entfernt in der Folgezeile alle am Anfang stehenden Leer- und Tabulatorzeichen.

Zugriff auf Makros mit $(*makroname***) oder ${***makroname***}**

Auf den Wert (*string*) eines Makronamens kann zugegriffen werden, indem der Makroname mit runden oder geschweiften Klammern umgeben wird und dieser Klammerung dann ein $ vorangestellt wird:

$(*makroname*) oder
${*makroname*}

Hierfür wird dann der zugehörige *string* aus der Makrodefinition eingesetzt. Bei Makronamen, die nur aus einem Zeichen bestehen, ist die Angabe von runden bzw. geschweiften Klammern beim Zugriff nicht erforderlich. Wird in einer Abhängigkeitsbeschreibung auf ein Makro zugegriffen, bevor es definiert ist, so wird dort der Leerstring und nicht der *string* aus der späteren Makrodefinition eingesetzt.

Wird dagegen in einer Kommandozeile auf ein Makro zugegriffen, das erst später definiert ist, so wird bereits dort der erst später definierte *string* eingesetzt.

Vorsicht ist geboten, wenn ein Makro mehrmals definiert wird. In diesem Fall gilt immer die zuletzt angegebene Definition. Der zuletzt definierte *string* wird bei allen, auch bei den zuvor angegebenen Zugriffen auf dieses Makro eingesetzt.

Zugriff auf leere oder undefinierte Makros liefert Leerstring

Ist in einer Makrodefinition nach dem = kein *string* angegeben, dann wird einem solchen Makro der Leerstring zugewiesen. Das gleiche passiert auch, wenn auf ein Makro zugegriffen wird, dessen Name nirgends definiert ist.

Zugriff auf andere Makros ist bei Makrodefinition erlaubt

Im *string* einer Makrodefinition darf auch auf andere Makros zugegriffen werden. Diese Makros müssen dabei nicht unbedingt vorher, sondern können auch danach definiert sein.

Die rekursive Definition von Makros ist nicht erlaubt. **make** erkennt solche rekursiven Definitionen und meldet einen Fehler.

Selbstdefinierte Makrodefinitionen werden nicht vererbt

Jeder Aufruf von **make** bewirkt, daß eine neue Subshell gestartet wird. Dies bedeutet unter anderem, daß bei einem rekursiven **make**-Aufruf die Makrodefinitionen aus dem übergeordneten **make** nicht an eine solche neue **make**-Subshell weitergereicht werden.

Somit muß jeder rekursive **make**-Aufruf selbst dafür sorgen, daß veränderte oder neu definierte Makros der entsprechenden **make**-Subshell bekannt gemacht werden. Dies läßt sich am leichtesten durch die Angabe der entsprechenden Makrodefinitionen auf der Kommandozeile des rekursiven **make**-Aufrufs erreichen.

String-Substitution bei einem Makrozugriff

String-Substitution bedeutet, daß bei einem Makrozugriff die Suffixe von Wörtern aus dem Makro-String durch eine neue Zeichenkette ersetzt werden können. Dazu muß folgende Konstruktion angegeben werden:

${*makroname:altsuffix=neusuffix*}

Der String *altsuffix* wird dabei überall dort durch *neusuffix* ersetzt, wo *altsuffix* ein Leer-, Tabulator- oder Neuezeile-Zeichen folgt. Bei der String-Substitution darf die Angabe von *neusuffix* auch weggelassen werden. Es wird dann hierfür der Leerstring angenommen. *altsuffix* muß dagegen immer angegeben sein.

Vordefinierte Makros

```
AR = ar
ARFLAGS = rv
AS = as
```

```
ASFLAGS =
CC = cc
CFLAGS = -O
F77 = f77
F77FLAGS =
GET = get
GFLAGS =
LD = ld
LDFLAGS =
LEX = lex
LFLAGS =
MAKE = make
MAKEFLAGS = b
YACC = yacc
YFLAGS =
$ = $
```

Interne Makros

$@ Name des aktuellen Ziels

Für das Makro $@ setzt **make** immer das Ziel aus der aktuellen Abhängigkeitsbeschreibung ein. Eine Ausnahme bilden dabei Bibliotheks-Angaben, wo für $@ der Bibliotheks-Name eingesetzt wird. $@ kann auch in Suffix-Regeln benutzt werden.

$$@ Name des aktuellen Ziels in einer Abhängigkeitsbeschreibung

Für das Makro $$@ setzt **make** genau wie bei $@ immer das momentane Ziel der aktuellen Abhängigkeitsbeschreibung ein. Die Verwendung von $$@ ist allerdings nur auf der rechten Seite von Abhängigkeitsbeschreibungen und nicht in Kommandozeilen erlaubt. In Suffix-Regeln darf $$@ benutzt werden.

$* Name des aktuellen Ziels ohne Suffix

Für das Makro $* setzt **make** immer das momentane Ziel aus der aktuellen Abhängigkeitsbeschreibung ein. Anders als bei $@ wird hierbei jedoch ein eventuell vorhandenes Suffix (wie z.B. *.o, .c, .a,* usw.) entfernt. $* darf nicht in Abhängigkeitsbeschreibungen, sondern nur in den zugehörigen Kommandozeilen oder in Suffix-Regeln verwendet werden.

$? Namen von neueren *objekten*

Für das Makro $? setzt **make** aus der aktuellen Abhängigkeitsbeschreibung immer die *objekte* der rechten Seite ein, die neuer als das momentane Ziel sind. $? darf nicht in einer Abhängigkeitsbeschreibung, sondern nur in den zugehörigen Kommandozeilen benutzt werden. In Suffix-Regeln darf $? nicht benutzt werden.

$< Name eines neueren *objekts* entsprechend den Suffix-Regeln

Das interne Makro $< darf nur in Suffix-Regeln oder beim speziellen Ziel .DEFAULT benutzt werden. Dieses Makro $< enthält ähnlich dem Makro $? immer die Namen von neueren Objekten zu einem veralteten Ziel.

$% Name einer Objektdatei aus einer Bibliothek

Um Objektdateien aus Bibliotheken zu benennen, muß folgende Syntax verwendet werden:

bibliotheksname(objektdatei)

Während das Makro $@ in diesem Fall den *bibliotheksname* liefert, liefert das Makro $% den Namen der entsprechenden *objektdatei* aus der Bibliothek. $% kann sowohl in normalen Abhängigkeitsangaben als auch in Suffix-Regeln verwendet werden.

Die Modifikatoren D und F für interne Makros

Bei allen internen Makros außer $?[1] können noch zusätzlich die beiden sogenannten Modifikatoren **D** und **F** angegeben werden. Ihre Angabe bewirkt, daß ähnlich den Kommandos **dirname** und **basename** von einem Pfadnamen entweder nur der Directorypfad (**D**) oder der Dateiname (**F**) genommen wird. Erlaubte und sinnvolle Anwendungen dieser Modifikatoren wären somit:

- Für den Zugriff auf den Basisnamen: ${@F}, $${@F}, ${*F}, ${<F}
- Für den Zugriff auf den Directorypfad: ${@D}, $${@D}, ${*D}, ${<D}

Makrodefinitionen auf der Kommandozeile

Makrodefinitionen können **make** auch über die Kommandozeile mitgeteilt werden. Dazu ist die entsprechende Makrodefinition als ein Argument beim **make**-Aufruf anzugeben.

Makrodefinitionen über Shell-Variablen

Auch über Shell-Variablen kann eine Makrodefinition einem Makefile mitgeteilt werden. Man muß dabei nur beachten, daß ein Zugriff auf den Inhalt einer solchen Shell-Variablen nicht wie in der Shell mit $*variable*, sondern mit ${*variable*} oder $(*variable*)[2] erfolgen muß. Um sicherzustellen, daß eine Shell-Variable in der für **make** gestarteten Subshell verfügbar ist, existieren zwei Möglichkeiten:

Exportieren von Shell-Variablen

Um den Wert einer Shell-Variablen einer Subshell zur Verfügung zu stellen, muß man in der Bourne- und Korn-Shell diese zuvor mit dem Kommando **export** exportieren. In

---

[1] Manche **make**-Versionen lassen die Verwendung der Modifikatoren **D** und **F** jedoch auch für das Makro $? zu.
[2] Besteht der Name der *variable* nur aus einem Zeichen, so ist auch der Zugriff mit $$*variable* gestattet.

der C-Shell mußte man der Shell-Variablen mit **setenv** den entsprechenden *string* zuweisen.

Zuweisungen an Shell-Variablen direkt vor make

Bei einem Aufruf eines Kommandos ist es erlaubt, unmittelbar vor dem Kommandonamen Zuweisungen an Shell-Variablen vorzunehmen. Solche Zuweisungen an Shell-Variablen gelten dann nur für die Dauer der Subshell, die durch diesen Aufruf gestartet wird. Diese Form der Übergabe von Shell-Variablen an Makefiles ist jedoch nur in der Bourne- und Korn-Shell erlaubt.

Prioritäten für Makrodefinitionen

Die Priorität der einzelnen Makrodefinitionen untereinander (von niedrigsten bis zur höchsten) ist:

1. Vordefinierte Makros.
2. Über Shell-Variablen definierte Makros.
3. Selbstdefinierte Makros.
4. Auf Kommandozeile als Argumente angegebene Makrodefinitionen.

Wird **make** dagegen mit der Option **-e** aufgerufen, so gelten folgende Prioritäten (von niedrigsten bis zur höchsten):

1. Vordefinierte Makros.
2. **Selbstdefinierte Makros.**
3. **Über Shell-Variablen definierte Makros.**
4. Auf Kommandozeile als Argumente angegebene Makrodefinitionen.

Spezielle Makros

VPATH

Einige **make**-Versionen lassen die Angabe von Pfaden zu, in denen **make** nach Dateien suchen soll. Dazu bieten diese Versionen das Makro *VPATH* an, über das der Benutzer alle seine gewünschten Suchpfade festlegen kann. Sollen mehrere Suchpfade in *VPATH* angegeben werden, so müssen sie mit Doppelpunkt voneinander getrennt werden.

SHELL

Über dieses spezielle Makro **SHELL** kann der Benutzer festlegen, von welcher Shell seine im Makefile angegebenen Kommandozeilen auszuführen sind. Will er z.B. die C-Shell in seinem Makefile benutzen, so muß er die folgende Zeile angeben:

```
SHELL = /bin/csh
```

Wird keine solche Angabe in einem Makefile gemacht, so liegt meist folgende Default-Einstellung vor:

SHELL = /bin/sh

MAKE

Statt **make** in einem Makefile explizit aufzurufen, empfiehlt es sich, das vordefinierte Makro **MAKE** zu verwenden. Der Vorteil eines rekursiven **make**-Aufrufs unter Verwendung des Makros **MAKE** ist, daß **make** hierbei mit den gleichen Optionen aufgerufen wird, die beim ursprünglichen **make**-Aufruf auf der Kommandozeile angegeben wurden. Wenn z.B. **make** mit der Option **-n** aufgerufen wird, so wird auch bei allen rekursiven **make**-Aufrufen (über **$(MAKE)**) im Makefile die Option **-n** verwendet.

Bei neueren **make**-Versionen werden die auf der ursprünglichen Kommandozeile angegebenen Optionen auch bei einem expliziten **make**-Aufruf im Makefile übernommen.

MAKEFLAGS (MFLAGS)

Neben dem Makro **MAKE** ist von den meisten **make**-Versionen noch das Makro **MAKEFLAGS** bzw. unter BSD-Unix das Makro **MFLAGS** vordefiniert. Dieses vordefinierte Makro enthält immer die Optionen des aktuellen **make**-Aufrufs. Die Optionen **-f**, **-p** und **-r** werden niemals in die Makros **MAKE**, **MAKEFLAGS** bzw. **MFLAGS** übernommen.

Suffix-Regeln

Bestimmte Dateinamen erfordern immer die gleichen Generierungsschritte. So ist z.B. für C-Programmdateien (Suffix *.c*) immer ein Aufruf des C-Compilers notwendig, um daraus eine Objektdatei (Suffix *.o*) generieren zu lassen. Für solche fest vorgegebenen Generierungsschritte sind von **make** sogenannte Suffix-Regeln vordefiniert, wie z.B.

```
.c.o:
    $(CC) $(CFLAGS) -c $<
```

Falls nun für eine Objektdatei keine explizite Generierungs-Regel im Makefile vorgegeben ist, dann verwendet **make** seine vordefinierten Suffix-Regeln, und kann so selbst die erforderlichen Generierungsschritte ermitteln.

Eine Suffix-Regel kann auch vom Benutzer definiert werden und ist grundsätzlich wie folgt aufgebaut:

```
.von.nach:
    kommandozeilen
```

Eine solche Regel legt fest, welche Suffix-Abhängigkeiten gelten, nämlich daß Dateien mit dem Suffix *.nach* immer aus Dateien mit dem Suffix *.von* generiert werden. Die dazu notwendigen Generierungsschritte werden dabei über die *kommandozeilen* festgelegt. Bei den meisten **make**-Versionen können auch Suffix-Regeln definiert werden, bei denen nur ein Suffix (anstelle von zwei) angegeben ist. Anstelle von

.von.nach:

wird dann nur

.von:

angegeben. *.nach* wird also hierbei nicht angegeben. Ein solches nicht angegebenes Suffix bezeichnet man oft auch als Null-Suffix. So ist z.B. für C-Programme von den meisten **make**-Versionen die folgende Suffix-Regel vordefiniert:

```
.c:
    $(CC) $(CFLAGS) $< $(LDFLAGS) -o $@
```

Solche Suffix-Regeln sind besonders dann von Vorteil, wenn sich Programme aus nur einem Modul zusammensetzen, da sie festlegen wie z.B. *prog* aus *prog.c* zu generieren ist. Ruft man z.B. **make** *prog* auf, dann ruft **make** auch ohne Vorhandensein eines Makefiles folgendes auf:

cc -O *prog.c* **-o** *prog*

Kompilieren und Linken wird also, da die Option **-c** nicht vorhanden ist, mit einem **cc**-Aufruf durchgeführt.

SCCS-Dateien lassen sich immer daran erkennen, daß sie mit dem Präfix *s.* beginnen. Suffixe, die sich auf SCCS-Dateien beziehen, werden in **make** immer durch ein Anhängen des Zeichens ~ (Tilde-Zeichen) an das Suffix gekennzeichnet.

Vordefinierte Suffix-Regeln

Von **make** sind meist die folgenden Suffix-Regeln vordefiniert:

```
.c    .c~   .f    .f~   .sh   .sh~
.c.o  .c.a  .c~.o .c~.c .c~.a
.f.o  .f.a  .f~.o .f~.f .f~.a
.h~.h .s.o  .s~.o .s~.s .s~.a  .sh~.sh
.l.o  .l.c  .l~.o .l~.l .l~.c
.y.o  .y.c  .y~.o .y~.y .y~.c
```

Um sich alle für einen **make**-Lauf vordefinierten Suffix-Regeln ausgeben zu lassen, kann man z.B. aufrufen:

make -pf - 2>/dev/null </dev/null

Um alle vordefinierten Suffix-Regeln auszuschalten, muß beim **make**-Aufruf die Option **-r** angegeben werden. Sind nur einzelne Suffix-Regeln auszuschalten, so kann dies mit folgender Angabe im Makefile erfolgen:

```
.von.nach:    ;
```

Das spezielle Ziel .SUFFIXES

Alle für **make** relevanten Suffixe müssen nach dem speziellen Ziel .SUFFIXES angegeben sein. Die Default-Einstellung für .SUFFIXES ist:

.SUFFIXES: .o .c .c~ .y .y~ .l .l~ .s .s~ .sh .sh~ .h .h~ .f .f~

Die Reihenfolge der Suffix-Angaben legt dabei ihre Priorität für **make** fest. Möchte der Benutzer eigene Suffixe mit zugehörigen Suffix-Regeln definieren, so muß er diese neuen Suffixe in seinem Makefile nach *.SUFFIXES:* angeben. Diese werden dann zu den bereits definierten Suffixen hinzugefügt. Um alle von **make** vordefinierten Suffix-Regeln auszuschalten, muß der Benutzer zunächst nur

.SUFFIXES:

ohne irgendwelche Suffixe angeben. Danach kann er dann mit einer neuen Angabe

.SUFFIXES: ......

die Suffixe festlegen, die für diesen **make**-Lauf relevant sein sollen, und für die er eigene Suffix-Regeln im Makefile definiert hat.

Bibliotheken

Wenn ein Ziel oder ein Objekt in einer Abhängigkeitsbeschreibung runde Klammern enthält, wie z.B.

bibliotheksname(objektdatei)

so nimmt **make** an, daß es sich hierbei um eine Archiv-Bibliothek handelt, wobei der in Klammern angegebene Name eine Objektdatei aus der Bibliothek benennt. Suffix-Regeln, wie

.suffix.**a**:

beziehen sich immer auf Bibliotheken, wobei *.suffix* das Suffix des Objekts ist, aus dem die Objektdatei in der Bibliothek generiert werden soll. Dabei muß *.suffix* immer verschieden von dem Suffix der Objektdatei aus der Bibliothek sein. Deshalb kann z.B. *bibl(objdatei.o)* niemals direkt von *objdatei.o* abhängig sein.

Eine typische Angabe für Bibliotheken in Makefiles ist daher z.B. die folgende:

```
bibl: bibl(objdatei1.o) bibl(objdatei2.o) bibl(objdatei.o)
    @echo "bibl ist nun auf dem neuesten Stand."
.c.a:
    $(CC) -c $(CFLAGS) $<
    $(AR) $(ARFLAGS) $@   $*.o
    rm -f $*.o
```

Bei diesem Beispiel wäre die Angabe der Suffix-Regel *.c.a* sogar überflüßig, da diese Suffix-Regel bereits von **make** vordefiniert ist. Bei einigen **make**-Versionen können auch doppelte Klammern angegeben werden, um ein Objektmodul (anstelle einer ganzen Objektdatei) aus einer Bibliothek zu benennen:

bibliothek((*objektmodul*))

Spezielle Zielangaben

.DEFAULT:
Verwendet man in einem Makefile Dateien, für deren Generierung weder explizit Kommandos angegeben sind noch irgendwelche Suffix-Regeln existieren, so führt **make** beim Fehlen einer solchen Datei immer die nach dem speziellen Ziel *.DEFAULT:* angegebenen Kommandos zur Generierung der betreffenden Datei aus.

.IGNORE:
Normalerweise bricht **make** beim Auftreten eines Fehlers sofort die ganze Generierung ab. Soll **make** aber grundsätzlich alle auftretenden Fehler ignorieren, so muß man folgende Zeile in einem Makefile angeben:

`.IGNORE:`

Das gleiche erreicht man auch, wenn man beim **make**-Aufruf die Option **-i** angibt.

.PRECIOUS:
Wenn die Generierung eines Programms mit der *intr*- oder *quit*-Taste abgebrochen wird, dann entfernt **make** immer zuerst das aktuelle Ziel, bevor es die Generierung abbricht. Wenn nun bestimmte Ziele beim Auftreten eines Fehlers nicht zu löschen sind, so muß man im Makefile die entsprechenden Zielnamen mit

`.PRECIOUS:` *ziel1 ziel2* ....

angeben. Eine solche Angabe kann an einer beliebigen Stelle im Makefile stehen und bewirkt, daß **make** diese Ziele *ziel1 ziel2* .... und alle davon abhängigen Ziele nicht entfernt, bevor es den **make**-Lauf abbricht.

.SILENT:
Das vollständige Ausschalten der automatischen Ausgabe von Kommandos vor ihrer Ausführung erreicht man durch die folgende Angabe in einem Makefile:

`.SILENT:`

In diesem Fall ist dann für dieses Makefile die automatische Ausgabe durch **make** immer ausgeschaltet. Das gleiche erreicht man auch, wenn man beim **make**-Aufruf die Option **-s** angibt.

.SUFFIXES:
siehe vorher unter dem Eintrag »*Das spezielle Ziel .SUFFIXES:*«.

include-Anweisung

Eine Angabe wie

include *datei*

in einem Makefile bewirkt, daß **make** an dieser Stelle den Inhalt von *datei* liest und somit als Teil des Makefiles betrachtet. Das Schlüsselwort **include** muß dabei ganz am Anfang der Zeile stehen und es muß durch mindestens ein Leer- oder Tabulatorzeichen von *datei* getrennt sein.

Einige **make**-Versionen lassen auch die Angabe von mehreren Dateien zu, welche dann durch Leer- oder Tabulatorzeichen voneinander getrennt sein müssen.

Besonderheiten

- Dateinamen, die die Sonderzeichen =, :, oder @ enthalten, kann **make** nicht bearbeiten.
- Builtin-Kommandos der Shell, wie z.B. **cd** haben nur Auswirkung in der Kommandozeile, in der sie aufgerufen werden, und nicht in nachfolgenden Kommandozeilen, da **make** für jede Kommandozeile eine eigene Subshell startet.
- Die Angabe von mehreren Objektdateien aus einer Bibliothek in Klammern, wie z.B. *bibl(odatei.o odatei2.o odatei3.o)*, ist nicht erlaubt. In diesem Fall muß jede Objektdatei aus der Bibliothek einzeln benannt werden, wie z.B. *bibl(odatei.o) bibl(odatei2.o) bibl(odatei3.o)*.
- Abhängigkeits-Einträge wie
  bibl(linie.o): linie.o
  werden nicht richtig von **make** abgearbeitet; siehe unter Eintrag »*Bibliotheken*«.
- Eine String-Substitution wie z.B. *${makro:.o=.c~}* funktioniert nicht.

nmake	Microsoft-nmake (MS-DOS)

Aufrufsyntax

nmake [option(en)] [makrodefinition(en)] [ziel(e)]

makrodefinition(en) auf der Kommandozeile werden weiter unten beschrieben.

Falls *ziel(e)* angegeben sind, dann generiert **nmake** nur diese betreffenden *ziel(e)*. Sind keine *ziel(e)* angegeben, dann generiert **nmake** nur das erste im Makefile angegebene Ziel.

Ein Ziel wird grundsätzlich nur dann von **nmake** neu generiert, wenn eines der Objekte, von denen dieses Ziel abhängig ist, neuer als das Ziel selbst ist.

nmake hält sich immer an die folgende Reihenfolge:

1. Wenn die Option **-f** *mkdatei* angegeben ist, dann sucht **nmake** im working directory bzw. im entsprechend angegebenen Directory nach einem Makefile mit dem nach **-f** angegebenen Namen. Falls es diesen Namen nicht findet, bricht **nmake** mit einer Fehlermeldung ab.

2. Falls die Option **-f** nicht angegeben ist, sucht **nmake** im working directory nach einer Datei mit dem Namen *MAKEFILE*.

3. Falls keine Datei *MAKEFILE* existiert, dann versucht **nmake** die auf der Kommandozeilen angegebenen *ziel(e)* selbst zu generieren, indem es die vordefinierten Suffix-Regeln oder die vom Benutzer in der Datei *TOOLS.INI* definierten Suffix-Regeln heranzieht.

4. Falls keine Datei *MAKEFILE* existiert und der Benutzer auch keine zu generierenden *ziel(e)* auf der Kommandozeile angegeben hat, dann bricht **nmake** mit einer Fehlermeldung ab.

Optionen

Einer **nmake**-Option muß grundsätzlich immer ein Slash (/) oder ein Querstrich (-) vorangestellt werden. Die Option selbst darf sowohl klein- als auch großgeschrieben angegeben werden. Mit der Präprozessor-Direktive **!CMDSWITCHES** können einige der nachfolgenden Kommandozeilen-Optionen auch im Makefile oder in der Datei *TOOLS.INI* gesetzt werden.

-?   Kurzbeschreibung zur nmake-Aufrufsyntax ausgeben.

-a   (**a**ll) Generierung von Zielen in jedem Fall (unabhängig von Zeitmarken) durchführen.

-b   Generierung von Zielen auch bei gleichen Zeitmarken durchführen.

-c   Die voreingestellten Ausgaben von nmake, wie Copyright-Meldung, nicht-fatale Fehlermeldungen oder Warnungen unterdrücken.

-d   (**d**ebug) Debug-Modus einschalten: Zu jedem Ziel und den davon abhängigen Objekten die Zeitmarken mit anzeigen.

-e   (**e**nvironment) Priorität von DOS-Variablen über die von Makrodefinitionen in Makefiles stellen.

-f *mfile*   (**f**ile) Datei *mfile* als Makefile benutzen. Mehrfache Angabe von **-f** *mfile* ist dabei auch erlaubt. nmake arbeitet dann die einzelnen *mfile*s nacheinander ab. Wird für *mfile* ein Querstrich **-** angegeben, so liest nmake die Spezifikationen für ein Makefile von der Standardeingabe.

-help   QuickHelp-Programm aufrufen.

-i   (**i**gnore errors) Alle eventuell auftretenden Fehler ignorieren. Das Ignorieren von fehlerhaften Kommandos ab einer bestimmten Stelle in einem Makefile kann mit *.IGNORE:* oder **!CMDSWITCHES** erreicht werden. Falls zugleich die Optionen **-i** und **-k** gesetzt sind, dann hat **-i** eine höhere Priorität.

-k	Generierung des aktuellen Ziels beim Auftreten eines Fehlers zwar abbrechen, aber mit der Generierung des nächsten Ziels, das von momentan behandelten Ziel unabhängig ist, fortfahren. Falls zugleich die Optionen **-i** und **-k** gesetzt sind, dann hat **-i** eine höhere Priorität.
-m	nmake bei der Ausführung von Kommandozeilen auslagern und danach wieder einlagern; sehr nützlich bei Hauptspeicher-Engpässen.
-n	(**n**o *execute*) Anzeigen, aber nicht Ausführen der erforderlichen Generierungs-Schritte. Sogar Zeilen, die mit @ beginnen werden dabei angezeigt.
-nologo	Ausgabe der Copyright-Meldung von nmake unterdrücken.
-p	(**p***rint*) Alle für diesen nmake-Lauf gültigen Makrodefinitionen, Suffix-Regeln und Abhängigkeitsbeschreibungen mit zugehörigen Kommandozeilen ausgeben.
-q	(**q***uestion*) Anzeigen über exit-Status, ob Ziele auf den neuesten Stand sind (exit-Status 0) oder erst generiert werden müßten (exit-Status verschieden von 0).
-r	(**r***emove suffix rules*) Alle vordefinierten Makros und Suffix-Regeln und auch alle in *TOOLS.INI* definierten Makros und Suffix-Regeln ausschalten.
-s	(**s***ilent*) Automatische Anzeige der Kommandozeilen vor Ausführung ausschalten. Das Ausschalten der automatischen Anzeige von Kommandos ab einer bestimmten Stelle in einem Makefile kann mit *.SILENT:* oder **!CMDSWITCHES** erreicht werden.
-t	(**t***ouch*) Ohne Generierung die Zeitmarken der betroffenen Ziele auf die aktuelle Zeit setzen.
-v	Alle Makros bei rekursiven nmake-Aufrufen vererben
-x *datei*	Alle Fehler- und Diagnosemeldungen von nmake nicht am Bildschirm ausgeben, sondern in die Datei *datei* schreiben.

Aufruf von nmake mit Kommandodateien

Bei **nmake** ist es möglich, Inhalte von Dateien als Argumente für eine Kommandozeile einsetzen zu lassen. Solche Dateien werden Kommando- oder Response-Dateien genannt. Die Verwendung von Response-Dateien wird insbesondere dann notwendig, wenn Kommandozeilen für das Betriebssystem MS-DOS[3] zu lang sind.

---

[3] Kommandozeile dürfen in MS-DOS maximal 128 lang sein.

Auf der Kommandozeile wird eine Response-Datei mit einem vorangestellten @ spezifiziert, so daß dann **nmake** wie folgt aufgerufen werden kann:

nmake @*kdodatei*

nmake liest den Inhalt dieser Datei und betrachtet ihn als Bestandteil der Kommandozeile. Vor und nach @*kdodatei* können dabei weitere Kommandozeilen-Angaben stehen, wie z.B. Optionen oder zu generierende Ziele.

Bevor **nmake** den Inhalt von *kdodatei* als Bestandteil der Kommandozeile übernimmt, ersetzt es alle Neuezeile-Zeichen durch Leerzeichen. Beim Erstellen einer Kommandodatei ist vor allen Dingen zu beachten, daß Makrodefinitionen, die Leer- oder Tabulatorzeichen beinhalten, mit Anführungszeichen ".." zu umgeben sind.

Allgemeine Regeln für ein Makefile

Leerzeilen im Makefile werden ignoriert

Kommentare im Makefile beginnen mit # und erstrecken sich dann bis Zeilenende

Das Zeilen-Fortsetzungszeichen \ im Makefile

Wird am Ende einer Zeile das Fortsetzungszeichen \ angegeben, so hängt **nmake** die nachfolgende Zeile an die momentane Zeile an, wobei es für \ ein Leerzeichen einsetzt und alle am Anfang der nächsten Zeile stehenden Leer- und Tabulatorzeichen entfernt. In Kommentaren ist die Sonderbedeutung des Fortsetzungszeichen \ ausgeschaltet.

Abhängigkeits-Angaben umfassen Abhängigkeitsbeschreibung und Kommandozeilen

Eine Abhängigkeits-Angabe setzt sich sich aus zwei Komponenten zusammen:
Abhängigkeitsbeschreibung und den
dazugehörigen Kommandozeilen

Abhängigkeitsbeschreibung

Für die Abhängigkeitsbeschreibung gilt folgendes:

- Eine Abhängigkeitsbeschreibung muß immer vollständig in einer Zeile angegeben sein:
  ziel : objekt1 objekt2 ....
  Eine solche Zeile beschreibt, von welchen *objekten* das *ziel* abhängig ist.
- Unter Verwendung des Fortsetzungszeichens \ kann eine Abhängigkeitsbeschreibung auch über mehrere Zeilen erstreckt werden.
- Das *ziel* muß immer am Anfang einer Zeile stehen, also in der 1. Spalte beginnen.

- Das *ziel* muß mit Doppelpunkt von den *objekten* getrennt sein. Dabei dürfen vor und nach dem Doppelpunkt Leer- oder Tabulatorzeichen angegeben sein. Eine Ausnahme sind dabei Ziele, die nur aus einem Zeichen bestehen; in diesem Fall muß vor dem Doppelpunkt ein Leer- oder Tabulatorzeichen stehen, da sonst **nmake** dies fälschlicherweise als Laufwerks-Bezeichnung interpretiert.
- Die einzelnen *objekte* müssen mit Leer- oder Tabulatorzeichen voneinander getrennt angegeben werden.
- Es sind auch Abhängigkeitsbeschreibungen erlaubt, bei denen nur das *ziel* (mit Doppelpunkt) ohne *objekte* angegeben ist. Dies bedeutet dann, daß die zugehörigen Kommandozeilen bei Anforderung immer ausgeführt werden.
- Eine Abhängigkeitsbeschreibung und eine dazugehörige Kommandozeile können auch in einer Zeile angegeben werden, wenn sie mit Semikolon voneinander getrennt sind:
  ziel : objekt1 objekt2 ... ; kdozeile1
  Diese Form der Angabe ist immer erlaubt, unabhängig davon, ob weitere Kommandozeilen zu einer Abhängigkeitsbeschreibung angegeben sind, oder nicht.
- Mehrere Abhängigkeitsbeschreibungen können zwar das gleiche *ziel* haben, aber es dürfen dann nur bei einer Abhängigkeitsbeschreibung dieser *ziel*-Gruppe Kommandozeilen angegeben sein.
- Will man für die verschiedenen *objekte*, von denen ein *ziel* abhängig ist, unterschiedliche Kommandos ausführen lassen, so muß der doppelte Doppelpunkt :: in der Abhängigkeitsbeschreibung verwendet werden. Wird nämlich der einfache Doppelpunkt angegeben, dann dürfen zwar auch mehrere gleichnamige *ziele* angegeben werden, aber Kommandozeilen dürfen nur bei einem *ziel* angegeben sein. Wenn in einer Abhängigkeitsbeschreibung ein doppelter Doppelpunkt :: angegeben ist, so darf dieses *ziel* nicht in einer anderen Abhängigkeitsbeschreibung mit einem einfachen Doppelpunkt : angegeben werden.
- In einer Abhängigkeitsbeschreibung muß immer mindestens ein *ziel* angegeben sein. Es darf jedoch auch mehr als ein *ziel* angegeben sein. Sind mehrere *ziele* angegeben, so müssen diese mit Leer- oder Tabulatorzeichen voneinander getrennt sein.
- Ziel- und Objektnamen sind case-insensitiv und dürfen maximal 256 Zeichen lang sein.
- Rechts und links vom Doppelpunkt dürfen auch die Metazeichen * und ? für Dateinamen-Expandierung angegeben werden. Sie haben dabei dann die gleiche Bedeutung wie auf DOS-Ebene.
- Überlange Dateinamen müssen mit "..." geklammert werden.
- Es ist es möglich, Suchpfade anzugeben, in denen **nmake** nach einem Objekt auf der rechten Seite einer Abhängigkeitsbeschreibung suchen soll, falls es dieses Objekt nicht im working directory findet. Dazu müssen die betreffenden Such-Directories mit {..} geklammert dem jeweiligen Objektnamen vorangestellt werden:
  {directory[[;directory] ..]}objektname
  Mehrere Suchdirectories in {..} sind mit Semikolon zu trennen. Leer- und Tabulatorzeichen sind dabei innerhalb von {..} nicht erlaubt.

Dazugehörigen Kommandozeilen

Um ein *ziel* zu generieren, führt **nmake** die zur Abhängigkeitsbeschreibung angegebenen Kommandozeilen aus. Für die Kommandozeilen gilt folgendes:

- Kommandozeilen müssen direkt der Abhängigkeitsbeschreibung folgen. Dazwischen dürfen keine Leerzeilen angegeben sein.
- Kommandozeilen sind mit Leer- oder Tabulatorzeichen einzurücken.
- Zu einer Abhängigkeitsbeschreibung können auch mehr als eine Kommandozeile angegeben werden. Die Kommandozeilen sind dann nacheinander anzugeben, wobei dazwischen auch Leerzeilen erlaubt sind. **nmake** führt diese dann nacheinander aus.
- @ am Anfang einer Kommandozeile schaltet die automatische Ausgabe dieser Kommandozeile durch **nmake** vor seiner Ausführung aus. Dies gilt nicht für Option **-n**.
- – (Querstrich) am Anfang einer Kommadozeile schaltet den automatischen **nmake**-Abbruch bei Auftreten eines Fehlers in dieser Kommandozeile ab.
- *-n* am Anfang einer Kommandozeile bewirkt nur dann einen **nmake**-Abbruch, wenn exit-Status dieser Kommandozeile größer als *n* ist.
- ! (Ausrufezeichen) am Anfang einer Kommandozeile bewirkt, daß diese Kommandozeile für jedes Objekt auf der rechten Seite einzeln aufgerufen wird, wenn in der Kommandozeile auf eines der beiden internen Makros $** (alle Objekte der rechten Seite) oder $? (alle neueren Objekte der rechten Seite) zugegriffen wird.
- Wird in einer Kommandozeile **%s** angegeben, so setzt **nmake** hierfür das erste Objekt der rechten Seite aus der Abhängigkeitsbeschreibung ein.
  Es ist sogar möglich, nur Teile des vollständigen Namens vom ersten Objekts in einer Kommandozeile einsetzen zu lassen. Dazu steht die folgende Syntax zur Verfügung:
  %|[*modifikator*]F

Für *modifikator* können dabei keiner, einer oder mehrere der folgenden Buchstaben angegeben werden:

Modifikator	Liefert vom ersten Objektnamen
d	Laufwerk (*drive*)
p	Pfad (*path*)
f	Basisname (*file*)
e	Suffix (*extension*)
kein Buchstabe	Vollständiger Name

Wird das Prozentzeichen als wirkliches Zeichen in einer Kommandozeile benötigt, so muß ein doppeltes Prozentzeichen %% angegeben werden.

Angabe von Response-Dateien mit @

Bei **nmake** ist möglich, Inhalte von Dateien als Argumente für eine Kommandozeile einsetzen zu lassen. Solche Dateien werden Response-Dateien (oder auch Kommandodateien) genannt. Response-Dateien sind vor allen Dingen dann notwendig, wenn Kommandozeilen für das Betriebssystem MS-DOS zu lang sind. Bei einer Kommandozeile im Makefile wird eine Response-Datei immer mit einem vorangestellten @ gekennzeichnet.

Angabe von Inline-Dateien mit <<

Syntax für Inline-Dateien

Um in einem Makefile mit Inline-Dateien zu arbeiten, muß die folgende Syntax verwendet werden:

```
... <<[dateiname]      [4]
...
text
...
<<[KEEP|NOKEEP]        [5]
```

nmake schreibt zunächst den *text* in die Datei *dateiname*, wobei der Inhalt einer eventuell bereits existierenden Datei *dateiname* überschrieben wird. Danach erst setzt es den Namen der gerade erzeugten Inline-Datei *dateiname* in die Kommandozeile ein.

Wird kein Dateiname nach << angegeben, so wählt **nmake** selbst einen Dateinamen und legt diese Inline-Datei in das Directory, welches in der DOS-Variablen *TMP* angegeben ist. Ist *TMP* nicht definiert, so legt **nmake** diese Inline-Datei in das working directory.

Wird eine Inline-Angabe mit << oder <<**NOKEEP** abgeschlossen, so löscht **nmake** die erzeugte Inline-Datei nach der Abarbeitung des Makefiles wieder. Nur wenn <<**KEEP** angegeben ist, wird die erzeugte Inline-Datei nicht gelöscht.

Ausschalten von Neuezeile-Zeichen mit ^ bei Kommando-Angaben in einem Makro

Wenn mehrere Kommandozeilen für eine Inline-Datei, die als Batch-Datei dienen soll, über ein Makro definiert werden sollen, so muß die Sonderbedeutung des Neuezeile-Zeichens zwar bei der Makro-Definition ausgeschaltet werden, aber beim Aufruf des Makros muß dieses Neuezeile-Zeichen als Kommandoabschluß noch vorhanden sein. Dies erreicht man dadurch, daß man bei der Makrodefinition unmittelbar vor jedem Neuezeile-Zeichen das Zeichen ^ angibt.

---

[4] << darf, da es sich um eine Kommandozeile handelt, niemals ganz am Anfang (in der 1. Spalte) einer Zeile stehen.

[5] Das abschließende << muß am Anfang einer Zeile stehen.

Angabe von mehreren Inline-Dateien in einer Kommandozeile

In einer Kommandozeile können auch mehr als eine Inline-Datei angegeben werden. Der direkt nach der Kommandozeile angegebene Text (bis zum ersten abschließenden <<) wird dann in die erste Inline-Datei kopiert. Der unmittelbar nach dem ersten abschließenden << angegebene Text (bis zum zweiten abschließenden <<) wird in die zweite Inline-Datei kopiert, usw.

Verwendung von Inline-Dateiinhalten als Kommandozeilen-Argumente mit @<<

Normalerweise wird der Name einer von **nmake** erzeugten Inline-Datei einfach in der Kommandozeile eingesetzt. Will man aber den Inhalt einer Inline-Datei als Argumente auf der Kommandozeile benutzen, so muß nicht <<, sondern @<< angegeben werden, wie z.B.

```
assembl.exe:    $(OBJ1)
        echo $@ wird nun gelinkt........
        link @<<
            assemb.obj+pass1.obj+pass2.obj+fehler.obj+symb_tab.obj,
            assembl.exe;
<<
```

Makros

Definition von eigenen Makros

Eine Definition eines Makros erfolgt mit:

makroname = string

Damit wird dem *makronamen* der nach dem = angegebene *string* zugeordnet.

Die Definition eines Makros erstreckt sich dabei vom Zeilenanfang bis zum Zeilenende bzw. bis zum Start eines Kommentars (#).

Links und rechts vom = müssen keine Leer- oder Tabulatorzeichen angegeben werden; sind aber doch welche angegeben, so werden diese ignoriert.

Zum *string* gehören alle Zeichen vom ersten relevanten Zeichen bis zum Zeilenende bzw. bis zum Start eines Kommentars. Relevant bedeutet hier: Zeichen, die keine Leer- oder Tabulatorzeichen sind.

Damit **nmake** eine Makrodefinition von einer Kommandozeile unterscheiden kann, darf eine Zeile, die eine Makrodefinition enthält, niemals mit einem Leer- oder Tabulatorzeichen beginnen.

Bei der Vergabe von Makronamen sind Buchstaben (keine Umlaute oder ß), Ziffern und Unterstriche (_) erlaubt. Makronamen können bis zu 1024 Zeichen lang sein. Klein- und Großbuchstaben werden von **nmake** unterschieden.

Wird am Ende einer Zeile, die eine Makrodefinition enthält, ein Fortsetzungszeichen \ angegeben, so setzt **nmake** beim Zusammenfügen hierfür genau ein Leerzeichen ein und entfernt in der Folgezeile alle am Anfang stehenden Leer- und Tabulatorzeichen.

Einige Zeichen haben eine Sonderbedeutung für **nmake**. So wird z.B. mit # ein Kommentar eingeleitet. Wenn nun ein solches Zeichen Teil eines Strings in einer Makrodefinition sein soll, so muß seine Sonderbedeutung dort ausgeschaltet werden. Dies geschieht für die einzelnen Zeichen auf unterschiedliche Art:

- Kommentarzeichen # kann durch Voranstellen von ^ ausgeschaltet werden.
- root directory kann am Ende einer Kommandozeile mit ^\ oder \# angegeben werden.
- Sonderbedeutung von $ kann durch $$ ausgeschaltet werden.

Zugriff auf Makros mit $(*makroname***)**

Auf den Wert (*string*) eines Makronamens kann zugegriffen werden, indem der Makroname mit runden Klammern umgeben wird und dieser Klammerung dann ein $ vorangestellt wird:

$(*makroname*)

Hierfür wird dann der zugehörige *string* aus der Makrodefinition eingesetzt.

Bei Makronamen, die nur aus einem Zeichen bestehen, ist die Angabe von runden Klammern beim Zugriff nicht erforderlich.

Wird in einer Abhängigkeitsbeschreibung auf ein Makro zugegriffen, bevor es definiert ist, so wird dort der Leerstring und nicht der *string* aus der späteren Makrodefinition eingesetzt. Wird dagegen in einer Kommandozeile auf ein Makro zugegriffen, das erst später definiert ist, so wird bereits dort der erst später definierte *string* eingesetzt.

Zugriff auf leere oder undefinierte Makros liefert Leerstring.

Zugriff auf andere Makros ist bei Makrodefinition erlaubt.

Die rekursive Definition von Makros ist nicht erlaubt.

String-Substitution bei einem Makrozugriff

String-Substitution bedeutet, daß bei einem Makrozugriff Teilstrings eines Makros durch neue Strings ersetzt werden können. Dazu muß folgende Konstruktion angegeben werden:

$(*makroname*:*alt*=*neu*)

Der String *alt* wird dabei dann überall durch den String *neu* ersetzt.

Der String *neu* nach dem = darf auch weggelassen werden. Es wird dann hierfür der Leerstring angenommen.

Der zu ersetzende String *alt* vor dem = muß immer angegeben sein. Dabei können auch Leer- oder Tabulatorzeichen angegeben werden. Diese werden dann als Teil des zu ersetzenden Strings betrachtet.

Es ist auch möglich, über String-Substitution Neuezeile-Zeichen in einem Makrostring unterzubringen. Hat man z.B. die folgende Makrodefinition vorgegeben:

```
OBJS = eins.obj zwei.obj drei.obj
```

dann wird mit der folgenden Angabe

```
$(OBJS: = +^
)
```

jedes Leerzeichen in *OBJS* durch ein Leerzeichen, dem ein Pluszeichen und dann ein Neuezeile-Zeichen folgt, ersetzt, so daß hieraus folgendes resultiert:

```
eins.obj +
zwei.obj +
drei.obj
```

Das Zeichen ^ bewirkt nämlich, daß **nmake** das Neuezeile-Zeichen als einfaches Zeichen interpretiert.

Vordefinierte Makros

Kommando-Makros

AS = ml	Microsoft Macro Assembler
BC = bc	Microsoft Basic Compiler
CC = cl	Microsoft C Compiler
COBOL = cobol	Microsoft COBOL Compiler
CPP = cl	Microsoft C++ Compiler
CXX = cl	Microsoft C++ Compiler
FOR = fl	Microsoft FORTRAN Compiler
PASCAL = pl	Microsoft PASCAL Compiler
RC = rc	Microsoft Resource Compiler

Options-Makros

Für jedes vordefinierte Kommando-Makro existiert zusätzlich noch ein Makro für die entsprechenden Optionen. Diese Makros werden automatisch in den vordefinierten Suffix-Regeln benutzt. In der Voreinstellung sind Makros nicht definiert. Um Optionen für die einzelnen Kommandoaufrufe festzulegen, sollte der Benutzer diese vordefinierten Makronamen einsetzen.

AFLAGS	Optionen für den Microsoft Macro Assembler
BFLAGS	Optionen für den Microsoft Basic Compiler
CFLAGS	Optionen für den Microsoft C Compiler

COBFLAGS	Optionen für den Microsoft COBOL Compiler
CPPFLAGS	Optionen für den Microsoft C++ Compiler
CXXFLAGS	Optionen für den Microsoft C++ Compiler
FFLAGS	Optionen für den Microsoft FORTRAN Compiler
PFLAGS	Optionen für den Microsoft PASCAL Compiler
RFLAGS	Optionen für den Microsoft Resource Compiler

Interne Makros

$@ Name des aktuellen Ziels (vollständiger Pfadname)
Für das Makro $@ setzt **nmake** immer den vollen Pfadnamen des momentanen Ziels aus der aktuellen Abhängigkeitsbeschreibung ein. Statt $@ kann auch $(@) angegeben werden.

$$@ Name des aktuellen Ziels (voller Pfadname) in einer Abhängigkeitsbeschreibung
Für das Makro $$@ setzt **nmake** genau wie bei $@ immer das momentane Ziel der aktuellen Abhängigkeitsbeschreibung ein. $$@ darf allerdings nur in einer Abhängigkeitsbeschreibung und nicht wie $@ in den zugehörigen Kommandozeilen angegeben werden. Statt $$@ kann auch $($@) angegeben werden.

$* Name des aktuellen Ziels (voller Pfadname) ohne Suffix
Für das Makro $* setzt **nmake** immer das momentane Ziel aus der aktuellen Abhängigkeitsbeschreibung ein. Anders als bei $@ wird hierbei jedoch ein eventuell vorhandenes Suffix (wie z.B. .obj, .exe, .txt, usw.) entfernt. Statt $* kann auch $(*) angegeben werden.

$? Namen von allen neueren objekten
Für das Makro $? setzt **nmake** aus der aktuellen Abhängigkeitsbeschreibung immer alle die *objekte* von der rechten Seite ein, die neuer als das Ziel sind. $? darf nicht in einer Abhängigkeitsbeschreibung, sondern nur in den zugehörigen Kommandozeilen benutzt werden. Statt $? kann auch $(?) angegeben werden.

$ Namen von allen Objekten auf der rechten Seite**
Für das Makro $** setzt **nmake** aus der aktuellen Abhängigkeitsbeschreibung immer alle *objekte* der rechten Seite ein. Statt $** kann auch $(**) angegeben werden.

$< Name eines neueren objekts entsprechend den Suffix-Regeln
Das interne Makro $< darf nur in Suffix-Regeln benutzt werden. Dieses Makro $< enthält ähnlich dem Makro $? immer die Namen von neueren Objekten zu einem veralteten Ziel.

String-Substitution bei den internen Makros

String-Substitution kann auch bis auf eine Ausnahme, nämlich $$@, auf alle internen Makros angewendet werden, wie z.B.:

```
assemb.obj:   $(@:.obj=.c) global.h pass1.h pass2.h symb_tab.h fehler.h
    cl -c  $(@:.obj=.c)
```

Ein solcher Eintrag wird von **nmake** wie folgt expandiert:

```
assemb.obj:   assemb.c global.h pass1.h pass2.h symb_tab.h fehler.h
    cl -c assemb.c
```

Die Modifikatoren D, B, F und R für interne Makros

Bei allen internen Makros können noch zusätzlich die Modifikatoren **D**, **B**, **F** und **R** angehängt werden, wenn von den entsprechenden Dateinamen nur Teilstrings benötigt werden. Bei Verwendung eines dieser Modifikatoren muß der Makroname und der Modifikator mit runden Klammern umgeben werden.

Modifikator	Liefert den Teilstring
D	Laufwerk und Pfadname ohne den Basisnamen
B	Basisnamen ohne Extension
F	Basisnamen mit Extension
R	Laufwerk und Pfadname mit Basisnamen ohne Extension

Makrodefinitionen auf der Kommandozeile

Makrodefinitionen können **nmake** auch über die Kommandozeile mitgeteilt werden. Dazu ist die entsprechende Makrodefinition als ein Argument beim **nmake**-Aufruf anzugeben.

Makrodefinitionen über DOS-Variablen

Auf den Inhalt von Variablen aus der DOS-Umgebung kann man im Makefile zugreifen, indem man einen Makrozugriff mit **$(**variable**)** angibt. Zu beachten sind hierbei die folgenden Punkte:

- Namen von DOS-Variablen sind immer groß geschrieben
- Explizite Makrodefinitionen im Makefile haben höhere Priorität als DOS-Variablen
  Eine gleichnamige Makrodefinition hat zwar höhere Priorität, ändert aber niemals den Inhalt einer DOS-Variablen.
- Makrodefinitionen in einem Makefile generieren keine DOS-Variablen
  Soll in einem Makefile eine DOS-Variable erzeugt werden, so muß dies mit dem **SET**-Kommando geschehen.
- Makrodefinitionen und DOS-Variablen in einem Makefile sind verschieden
  Mit einem **SET** in einem Makefile kann nicht ein Makro verändert werden. Dazu muß eine Makrodefinition angegeben werden.
- Ein **SET** im Makefile hat keine Auswirkung auf übergeordnete DOS-Umgebung
  Wird in einem Makefile eine DOS-Variable mit **SET** generiert, so existiert diese DOS-Variable nur für den Rest des Makefiles. Nach dem **nmake**-Aufruf sind solche lokal erzeugten DOS-Variablen nicht mehr verfügbar.

▶ **$ in einer DOS-Variable wird bei Verwendung als Makro als Makrozugriff interpretiert**
Wenn im Inhalt einer DOS-Variablen das Dollarzeichen **$** vorkommt, so wird dies als Makrozugriff von **nmake** interpretiert, wenn diese DOS-Variable als Makro verwendet wird.

Prioritäten für Makrodefinitionen

Für Makrodefinitionen gelten folgende Prioritäten (von niedrigsten bis zur höchsten):

1. Vordefinierte Makros.
2. Makrodefinitionen in der Datei *TOOLS.INI*.
3. Über DOS-Variablen definierte Makros.
4. Makrodefinitionen im Makefile.
5. Auf Kommandozeile als Argumente angegebene Makrodefinitionen.

Wird **nmake** dagegen mit der Option **-e** aufgerufen, so gelten folgende Prioritäten (von niedrigsten bis zur höchsten):

1. Vordefinierte Makros.
2. Makrodefinitionen in der Datei *TOOLS.INI*.
3. **Makrodefinitionen im Makefile.**
4. **Über DOS-Variablen definierte Makros.**
5. Auf Kommandozeile als Argumente angegebene Makrodefinitionen.

Spezielle Makros

MAKE
enthält immer den Programmnamen des **make**-Programms, das ausgeführt wird, wenn **nmake** aufgerufen wird. Vordefiniert ist dieses Makro wie folgt:
MAKE = NMAKE
Rekursive Aufrufe sollte man grundsätzlich über einen Zugriff auf dieses Makro durchführen.

MAKEFLAGS
enthält immer die Optionen des aktuellen **nmake**-Aufrufs. Dieses Makro wird bei einem rekursiven **nmake**-Aufruf immer automatisch übergeben. **MAKEFLAGS** kann niemals explizit in einem Makefile umdefiniert werden. Um die Optionen **-d**, **-i**, **-n** und **-s** in einem Makefile zu setzen, muß die Präprozessor-Direktive **!CMDSWITCHES** verwendet werden.

MAKEDIR
enthält immer das Directory, aus dem **nmake** aufgerufen wurde.

Suffix-Regeln

Allgemeines zu Suffix-Regeln

Definition von Suffix-Regeln

Eine Suffix-Regel ist grundsätzlich wie folgt aufgebaut:

```
.von.nach:
    kommandozeilen
```

Zunächst legt eine solche Regel fest, welche Suffix-Abhängigkeiten gelten, nämlich daß Dateien mit dem Suffix *.nach* immer aus Dateien mit dem Suffix *.von* generiert werden. Die dazu notwendigen Generierungsschritte werden dabei über die *kommandozeilen* festgelegt.

Allgemein sind die folgenden Regeln beim Aufstellen von eigenen Suffix-Regeln zu beachten:

- *.von* muß am Anfang der Zeile (in der 1. Spalte) stehen.
- Unmittelbar vor und nach dem Doppelpunkt können beliebig viele Leer- oder Tabulatorzeichen stehen.
- Für *von* und *nach* könnten auch Zugriffe auf Makros, die entsprechende Suffixe enthalten, angegeben werden.
- Eine Suffix-Regel wird immer nur dann von **nmake** benutzt, wenn ein Objekt der rechten Seite und ein davon abhängiges Ziel den gleichen Basisnamen haben.
- Die Suffixe *.von* und *.nach* aus einer Suffix-Regel müssen in der *.SUFFIXES:*-Liste vorhanden sein. Eintragen in diese Liste kann man sie mit
  ```
  .SUFFIXES: .von .nach
  ```

Das interne Makro $<

Das interne Makro $< darf nur in Suffix-Regeln benutzt werden. Dieses Makro $< enthält ähnlich dem Makro $? immer die Namen von neueren Objekten zu einem veralteten Ziel.

Angabe von Suchpfaden in Suffix-Regeln

nmake sucht nur im working directory nach Dateien mit den Suffixen *.von* und *.nach*. Möchte man aber erreichen, daß **nmake** auch in einem anderem Directory nach Dateien mit diesen Suffixen sucht, so muß man die folgende Form der Angabe bei der Definition einer Suffix-Regel wählen:

```
{vonpfad}.von{nachpfad}.nach:
    kommandozeilen
```

Grundsätzlich sind bei dieser Form der Angabe die folgenden Regeln zu beachten:

▶ Wenn {vonpfad} angegeben ist, so muß immer auch {nachpfad} angegeben sein, und umgekehrt.
▶ Um das working directory als Suchpfad festzulegen, muß {.} oder {} angegeben werden.
▶ Für jedes der beiden Suffixe kann jeweils nur ein Suchpfad angegeben werden. Um mehrere Suchpfade für ein Suffix festzulegen, müßte für jeden einzelnen Suchpfad eine eigene Suffix-Regel definiert werden.
▶ Für *vonpfad* und *nachpfad* könnten auch Zugriffe auf Makros, die entsprechende Suchpfade enthalten, angegeben werden.
▶ Damit eine solche Suffix-Regel von **nmake** auf eine Abhängigkeitsbeschreibung angewendet wird, muß das *vonpfad*-Directory dem Directory entsprechen, das für das entsprechende Objekt auf der rechten Seite spezifiziert wurde. Das gleiche gilt für das *nachpfad*-Directory und dem Ziel-Directory aus der Abhängigkeitsbeschreibung. So würde z.B. die folgende Suffix-Regel

```
{\bin}.exe{\objekte}.obj:
    ........
```

nicht auf die folgende Abhängigkeitsangabe angewendet:

```
prog.exe: prog.obj
    ........
```

Vordefinierte Suffix-Regeln

Die über .SUFFIXES: vordefinierten Suffixe

Anhand der nachfolgend angegebenen Suffixe kann **nmake** erkennen, um welche Art von Datei es sich handelt, und dann die erforderlichen Generierungen dazu durchführen:

.exe	Ausführbares Programm
.obj	Objektdatei
.asm	Assembler-Programmdatei
.c	C-Programmdatei
.cpp	C++-Programmdatei
.cxx	C++-Programmdatei
.bas	BASIC-Programmdatei
.cbl	COBOL-Programmdatei
.for	FORTRAN-Programmdatei
.pas	PASCAL-Programmdatei
.res	Vom Microsoft-Resource-Compiler übersetzte Dateien
.rc	Dateien für Microsoft-Resource-Compiler

Für **nmake** ist *.SUFFIXES:* somit wie folgt vordefiniert:

```
.SUFFIXES: .exe .obj .asm .c .cpp .cxx .bas .cbl .for .pas .res .rc
```

Für nmake vordefinierte Suffix-Regeln

Regel	Dazu angegebenes Kommando	Kommando (bei Default-Wert für vordef. Makros)
.asm.exe	$(AS) $(AFLAGS) $*.asm	ML $*.ASM
.asm.obj	$(AS) $(AFLAGS) /c $*.asm	ML /c $*.ASM
.c.exe	$(CC) $(CFLAGS) $*.c	CL $*.C
.c.obj	$(CC) $(CFLAGS) /c $*.c	CL /c $*.C
.cpp.exe	$(CPP) $(CPPFLAGS) $*.cpp	CL $*.CPP
.cpp.obj	$(CPP) $(CPPFLAGS) /c $*.cpp	CL /c $*.CPP
.cxx.exe	$(CXX) $(CXXFLAGS) $*.cxx	CL $*.CXX
.cxx.obj	$(CXX) $(CXXFLAGS) /c $*.cxx	CL /c $*.CXX
.bas.obj	$(BC) $(BFLAGS) $*.bas;	BC $*.BAS;
.cbl.exe	$(COBOL) $(COBFLAGS) $*.cbl, $*.exe;	COBOL $*.CBL, $*.EXE;
.cbl.obj	$(COBOL) $(COBFLAGS) $*.cbl;	COBOL $*.CBL;
.for.exe	$(FOR) $(FFLAGS) $*.for	FL $*.FOR
.for.obj	$(FOR) /c $(FFLAGS) $*.for	FL /c $*.FOR
.pas.exe	$(PASCAL) $(PFLAGS) $*.pas	PL $*.PAS
.pas.obj	$(PASCAL) /c $(PFLAGS) $*.pas	PL /c $*.PAS
.rc.res	$(RC) $(RFLAGS) /r $*	RC /r $*

Da bei allen vordefinierten Suffix-Regeln von den vordefinierten Makros Gebrauch gemacht wird, kann der Benutzer durch Umdefinieren dieser Makros die vordefinierten Suffix-Regeln seinen eigenen Bedürfnissen anpassen.

Abarbeitung der Suffix-Regeln durch nmake

Suffix-Regeln werden nicht auf Abhängigkeitsangaben mit Kommandozeilen angewendet

Suffix-Regeln werden auf Abhängigkeitsbeschreibungen ohne Kommandozeilen angewendet

Kann auf einen Abhängigkeitseintrag ohne Kommandozeilen eine Suffix-Regel angewendet werden, dann ist das entsprechende Ziel nicht nur von den explizit benannten Objekten, sondern auch von dem aus dem Zielnamen implizit abgeleiteten Objektnamen abhängig.

Suffix-Regel werden nur auf Suffixe aus der .SUFFIXES:-Liste angewendet

Suffix-Regeln werden auch auf nicht im Makefile angegebene Ziele angewendet

Man kann Suffix-Regeln auch auf Ziele anwenden lassen, die nicht explizit im Makefile angegeben sind. Dazu müssen die entsprechenden Ziele auf der Kommandozeile beim **nmake**-Aufruf angegeben werden:

nmake *ziel1 ziel2* ....

Prioritäten der Suffix-Regeln werden über .SUFFIXES: festgelegt

Die Reihenfolge der Suffix-Angaben nach *.SUFFIXES:* legt die Prioritäten der einzelnen Suffix-Regeln fest:

`.SUFFIXES: .exe .obj .asm .c .cpp .cxx .bas .cbl .for .pas .res .rc`

Diese vordefinierte Angabe legt fest, daß **nmake** zuerst nach einer Datei mit Suffix *.asm*, dann nach einer Datei mit Suffix *.c*, dann nach einer Datei mit Suffix *.cpp*, usw. sucht. Wird eine Datei mit einem entsprechenden Suffix gefunden, so wird auf diese die betreffende Suffix-Regel angewendet.

Prioritäten der einzelnen Gruppen von Suffix-Regeln

Wenn eine gleiche Suffix-Regel mehrmals vorhanden ist, wie z.B. als vordefinierte und als benutzerdefinierte Suffix-Regel, dann hält sich **nmake** an die folgende Priorität (höchste zuerst):

1. **Benutzerdefinierte Suffix-Regeln im Makefile**
   Wenn mehrere gleiche Suffix-Regeln vom Benutzer definiert wurden, so gilt die letzte Suffix-Regel.
2. **Benutzerdefinierte Suffix-Regeln in der Datei TOOLS.INI**
   Wenn mehrere gleiche Suffix-Regeln in *TOOLS.INI* definiert sind, so gilt die letzte Suffix-Regel.
3. **Vordefinierte Suffix-Regeln**

Ausschalten von allen vordefinierten Suffix-Regeln

Vordefinierte Suffix-Regeln können auf zwei verschiedene Arten ausgeschaltet werden:
- Angabe einer leeren *.SUFFIXES:*-Liste.
- Angabe der Option **-r** beim **nmake**-Aufruf.

Ausschalten von einzelnen Suffix-Regeln

Um einzelne vordefinierte Suffix-Regeln auszuschalten, muß man die betreffenden Suffix-Regeln durch Angabe eines Semikolons explizit ausschalten:

`.von.nach: ;`

Direktiven

Punkt-Direktiven

Punkt-Direktiven müssen immer am Anfang einer Zeile (in 1. Spalte beginnend) stehen. Nach dem Namen einer Punkt-Direktiven, der immer groß geschrieben sein muß,

muß immer ein Doppelpunkt (:) stehen, wobei vor und nach diesem Doppelpunkt beliebig viele Leer- oder Tabulatorzeichen stehen dürfen. Punkt-Direktiven dürfen niemals in einer Abhängigkeitsangabe angegeben sein. **nmake** kennt folgende Punkt-Direktiven:

.IGNORE:
Ab hier soll **nmake** alle auftretenden Fehler im Makefile ignorieren.

.PRECIOUS:
Wenn die Generierung eines Programms mit der *Ctrl-C* oder *Ctrl-BREAK* abgebrochen wird, dann entfernt **nmake** im Normalfall zuerst das aktuelle Ziel, bevor es die Generierung abbricht. Soll **nmake** bestimmte Ziele beim Auftreten eines Fehlers nicht löschen, so muß man im Makefile diese mit

.PRECIOUS: *ziel1 ziel2* ....

angeben. Wenn eine solche Angabe auch an einer beliebigen Stelle im Makefile stehen kann, so hat sie aber doch immer Auswirkung auf das ganze Makefile. Werden mehrere *.PRECIOUS:*-Angaben in einem Makefile gemacht, so werden alle dort angegebenen Ziele zu einer Liste zusammengefaßt.

.SILENT:
Ab hier soll im Makefile die automatische Anzeige von Kommandozeilen vor ihrer Ausführung durch **nmake** ausgeschaltet werden.

.SUFFIXES: .....
legt eine Liste von Suffixen, die für Suffix-Regeln relevant sind, und deren Prioritäten untereinander fest; siehe auch vorher bei Suffix-Regeln.

Präprozessor-Direktiven

Präprozessor-Direktiven müssen immer mit einem Ausrufezeichen (!) beginnen, das in der 1. Spalte einer Zeile stehen muß. Diesem Ausrufezeichen dürfen dann beliebig viele Leer- oder Tabulatorzeichen folgen, bevor das eigentliche Schlüsselwort angegeben ist.

Allen Präprozessor-Direktiven ist gemeinsam, daß sie vor der eigentlichen Abarbeitung des entsprechenden Makefiles von **nmake** ausgewertet werden.

Präprozessor-Direktiven zur bedingten Ausführung

Die Direktiven **!IF**, **!IFDEF**, **!IFNDEF**, **!ELSE**, **!ELSEIF**, **!ELSEIFDEF**, **!ELSEIFNDEF** und **!ENDIF** zur bedingten Ausführung entsprechen in etwa den fast gleichnamigen Präprozessor-Anweisungen in der Programmiersprache C. Mit diesen Direktiven ist es möglich, abhängig von einer Bedingung Teile eines Makefiles bei einem **nmake**-Aufruf ein- oder auszuschalten. Es existieren mehrere Möglichkeiten für den Einsatz der bedingten Direktiven in einem Makefile (eine mit [...] geklammerte Angabe ist dabei optional]:

!IF *ausdruck*
[*zeilen*]
!ENDIF
Die angegebenen *zeilen* werden nur dann von **nmake** bearbeitet, wenn *ausdruck* TRUE ist, also einen von 0 verschiedenen Wert liefert.

!IF *ausdruck*
[*zeilen1*]
!ELSE
[*zeilen2*]
!ENDIF
zeilen1 werden nur dann von **nmake** bearbeitet, wenn *ausdruck* TRUE ist, also einen von 0 verschiedenen Wert liefert, ansonsten werden die *zeilen2* bearbeitet.

!IF *ausdruck1*
[*zeilen1*]
!ELSEIF *ausdruck*
[*zeilen2*]
!ELSEIF ....
....
[**!ELSE**
[*zeilenx*]]
!ENDIF
zeilen1 werden nur dann von **nmake** bearbeitet, wenn *ausdruck1* TRUE ist, also einen von 0 verschiedenen Wert liefert, ansonsten wird geprüft, ob der *ausdruck2* TRUE ist. Wenn ja, dann werden die *zeilen2* bearbeitet, ansonsten wird in einer solchen **if**-Kaskade der *ausdruck3* geprüft, usw. Nur wenn alle *ausdrücke* FALSE liefern, werden die *zeilenx* bearbeitet.

!IFDEF *makroname*
[*zeilen*]
!ENDIF
Die angegebenen *zeilen* werden nur dann von **nmake** bearbeitet, wenn der *makroname* definiert ist.

!IFNDEF *makroname*
[*zeilen*]
!ENDIF
Die angegebenen *zeilen* werden nur dann von **nmake** bearbeitet, wenn der *makroname* **nicht** definiert ist.

!IFDEF *makroname*
[*zeilen1*]
!ELSE
[*zeilen2*]
!ENDIF

zeilen1 werden nur dann von **nmake** bearbeitet, wenn *makroname* definiert ist, ansonsten werden die *zeilen2* bearbeitet.

!IFNDEF *makroname*
[*zeilen1*]
!ELSE
[*zeilen2*]
!ENDIF

zeilen1 werden nur dann von **nmake** bearbeitet, wenn *makroname* **nicht** definiert ist, ansonsten werden die *zeilen2* bearbeitet.

!IFDEF *makroname*   (oder: **!IFNDEF** *makroname*)
[*zeilen1*]
!ELSEIFDEF *makroname*   (oder: **!ELSEIFNDEF** *makroname*)
[*zeile2*]
!ELSEIFDEF *makroname*   (oder: **!ELSEIFNDEF** *makroname*)
....
[**!ELSE**
[*zeilenx*]]
!ENDIF

Unter Verwendung der beiden Direktiven **!ELSEIFDEF** und **!ELSEIFNDEF** können wieder **if**-Kaskaden aufgebaut werden.

Für die *zeilen* können dabei beliebig viele Zeilen angegeben werden, in denen folgendes enthalten sein darf:

- Makrodefinitionen
- Abhängigkeits-Angaben (explizite-Regeln)
- Suffix-Regeln (implizite Regeln)
- Direktiven

Eine bedingte Direktive bildet einen Block, der mit **!IF** (**!IFDEF**, **!IFNDEF**) und **!ENDIF** zu klammern ist. Da in einem solchen Block wiederum bedingte Direktiven angegeben werden dürfen, ist eine beliebig tiefe Schachtelung von bedingten Direktiven möglich.

Bei den Direktiven **!IF** und **!ELSEIF** können der Programmiersprache C entsprechende ganzzahlige Ausdrücke angegeben werden. Liefert die Auswertung eines solchen Ausdrucks den Wert 0, dann interpretiert dies **nmake** als FALSE, während jeder andere Wert als TRUE gewertet wird. In den Ausdrücken dürfen dabei alle Konstruktionen eingesetzt werden, die ganze Zahlen aus dem Bereich -2147483648 bis 2147483647 (Zahlenbereich für **signed long int**) liefern, wie z.B.:

DEFINED(*makroname***)**
liefert 1 (TRUE), wenn *makroname* definiert ist und ansonsten 0 (FALSE).

DEFINED(*makroname1***) && DEFINED(***makroname2***)**
liefert 1 (TRUE), wenn *makroname1* und *makroname2* definiert sind und ansonsten 0 (FALSE).

EXIST(*pfad***)**
liefert 1 (TRUE), wenn der *pfad* im Betriebssystem existiert und ansonsten 0 (FALSE).

$(*makroname***)**
liefert den entsprechenden numerischen Wert, wenn *makroname* eine ganze Zahl ist. Ist das Makro *makroname* nicht definiert oder leer oder enthält es einen nicht numerischen Wert, dann meldet **nmake** einen Fehler.

235
liefert den dezimalen Wert 235.

0235
wird als oktale Konstante interpretiert, da es entsprechend C-Konvention mit 0 beginnt. Diese Angabe entspricht der dezimalen Zahl 157 (=2*64+3*8+5*1).

0xa24
wird als hexadezimale Konstante interpretiert, da es entsprechend C-Konvention mit 0x beginnt. Diese Angabe entspricht der dezimalen Zahl 2596 (=10*256+2*16+4*1).

Neben diesen Angaben sind noch von in C her bekannten Operatoren in einem Ausdruck erlaubt, wie z.B. 3+6*5.

Für die Operatoren gelten dabei die gleiche Prioritäten wie in C. Ist bei einem Ausdruck eine andere Auswertungs-Reihenfolge erwünscht, so müssen Klammern verwendet werden, wie z.B. (4+5)*3 liefert als Ergebnis 27 (9*3), während 4+5*3 den Wert 19 (4+15) liefert.

Um Strings zu vergleichen, können die beiden Operatoren == und != verwendet werden. Die Strings müssen dabei mit Anführungszeichen ".." geklammert sein.

Löschen von Makrodefinitionen mit !UNDEF

!UNDEF *makroname*

in einem Makefile bewirkt, daß die Definition des Makros *makroname* gelöscht wird. Ein nachfolgender Zugriff mit $(*makroname*) liefert dann den Leerstring. Ist der bei **!UNDEF** angegebene *makroname* nicht definiert, so hat diese Direktive keine Auswirkung.

Einkopieren anderer Dateien mit !INCLUDE

!INCLUDE *datei*   oder
!INCLUDE *"datei"*

in einem Makefile bewirkt, daß **nmake** an dieser Stelle den Inhalt von *datei* liest und somit als Teil des Makefiles betrachtet. Ist bei *datei* ein Pfad mitangegeben, dann liest **nmake** die Datei im entsprechenden Pfad. Wenn bei *datei* kein Pfad angegeben ist, sucht **nmake** nur im working directory nach der Datei *datei*. Soll **nmake** auch in anderen Directories nach der Datei *datei* suchen, so müßte der Dateiname bei **!INCLUDE** in spitzen Klammern eingeschlossen werden:

!INCLUDE <*datei*>

In diesem Fall sucht **nmake** in allen Directories, die im Makro **INCLUDE** angegeben sind, nach einer Datei mit dem Namen *datei*. Wenn das Makro **INCLUDE** nicht explizit vom Benutzer definiert wird, so wird es implizit von **nmake** definiert, nämlich über die DOS-Umgebungsvariable **INCLUDE**.

Abbruch und Ausgabe einer eigenen Fehlermeldung mit !ERROR

!ERROR *fehlermeldung*

bewirkt die Ausgabe von *fehlermeldung* (ohne die führenden Leer- oder Tabulatorzeichen). Danach beendet sich **nmake**.

Ausgabe einer eigenen Meldung mit !MESSAGE

Trifft **nmake** bei der Abarbeitung des Makefiles auf eine Zeile der folgenden Form:

!MESSAGE *meldung*

dann gibt es die hierbei angegebene *meldung* (ohne die führenden Leer- oder Tabulatorzeichen) aus. Anders als bei **!ERROR** beendet sich hierbei **nmake** nicht, sondern fährt mit der Abarbeitung des Makefiles fort.

Ein-/Ausschalten von nmake-Optionen in einem Makefile mit !CMDSWITCHES

Sollen in einem Makefile ab einer bestimmten Stelle gewisse Kommandozeilen-Optionen eingeschaltet werden, so erreicht man dies mit:

!CMDSWITCHES   +*opt* +*opt* ....

Um gewisse Kommandozeilen-Optionen ab einer bestimmten Stelle in einem Makefile auszuschalten, kann folgende Angabe verwendet werden:

!CMDSWITCHES   -*opt* -*opt* ....

Bei der Aufzählung der einzelnen Optionen nach **!CMDSWITCHES** müssen diese immer mit Leer- oder Tabulatorzeichen voneinander getrennt sein.

Die einzelne Optionen können hierbei entweder klein- oder großgeschrieben sein.

Mit einer **!CMDSWITCHES**-Angabe ist es nur möglich, Optionen ein- oder auszuschalten. Sollen gleichzeitig Optionen ein- und ausgeschaltet werden, müssen dazu zwei getrennte **!CMDSWITCHES**-Zeilen angegeben werden.

In der Datei *TOOLS.INI* können außer den Optionen **/F, /HELP, /NOLOGO, /X** und **/?** alle anderen Optionen mit **!CMDSWITCHES** ein- bzw. ausgeschaltet werden.

In einem Makefile können dagegen nur die Optionen **D, I, N** und **S** über **!CMDSWITCHES** ein- bzw. ausgeschaltet werden.

Falls **!CMDSWITCHES** in einer Abhängigkeitsangabe verwendet wird, so hat diese Direktive erst bei der Abarbeitung der nächsten Abhängigkeitsangabe Auswirkung auf **nmake**.

Eine **!CMDSWITCHES**-Angabe hat immer Auswirkung auf den Inhalt des vordefinierten Makros **MAKEFLAGS**.

Ausführen eines Programms durch den Präprozessor mit [ ]

Soll ein Programm oder Kommando vom Präprozessor ausgeführt werden, und dann der von dieser Ausführung gelieferte exit-Wert für eine bedingte Abarbeitung des Makefiles benutzt werden, so muß das auszuführende Programm oder Kommando dabei in eckigen Klammern angegeben werden:

[*programm*]

Der Präprozessor führt dann das *programm* aus und setzt hierfür den durch die *programm*-Ausführung gelieferten exit-Wert ein. Somit kann ein solcher exit-Wert in den Ausdrücken der Präprozessor-Direktiven **!IF** oder **!ELSEIF** verwendet werden.

In den eckigen Klammern [..] dürfen auch Makros angegeben werden. **nmake** expandiert dann diese Makros, bevor es das betreffende Kommando ausführt.

Die Datei TOOLS.INI

Bevor **nmake** mit der Abarbeitung eines Makefiles beginnt, sucht es immer zuerst im working directory nach einer Datei mit dem Namen *TOOLS.INI*. Findet es eine solche Datei nicht im working directory, dann sucht es nach *TOOLS.INI* im Directory, das über die DOS-Variable **INIT** festgelegt ist. Findet es in einem dieser beiden Directories diese Datei *TOOLS.INI*, dann liest es deren Inhalt und beginnt erst dann mit der Bearbeitung des eigentlichen Makefiles. Somit wird automatisch sichergestellt, daß der Inhalt von *TOOLS.INI* Bestandteil jedes Makefiles ist. Nur wenn die Option **-r** beim **nmake**-Aufruf angegeben ist, ignoriert **nmake** den Inhalt von *TOOLS.INI*.

In *TOOLS.INI* muß den für **nmake** relevanten Angaben immer die Zeile

[NMAKE]

voranstehen, wobei beim String *NMAKE* anstelle von Großbuchstaben auch Kleinbuchstaben verwendet werden dürften.

Wenn in *TOOLS.INI* Makros oder Suffix-Regeln definiert werden, so können diese jederzeit durch neue Definitionen im eigentlichen Makefile ersetzt werden.

In *TOOLS.INI* können außer den Optionen **/F**, **/HELP**, **/NOLOGO**, **/X** und **/?** alle anderen Optionen mit **!CMDSWITCHES** ein- bzw. ausgeschaltet werden.

Kommentare in *TOOLS.INI* können immer nur in einer eigenen Zeile angegeben werden. Der Beginn eines Kommentars kann dabei nicht nur mit **#**, sondern auch mit einem Semikolon (**;**) angezeigt werden.

Exit-Werte von nmake

nmake gibt bei seiner Beendigung immer einen exit-Status an das Betriebssystem oder das aufrufende Programm zurück:

exit-Wert	Bedeutung
0	kein Fehler während **nmake**-Ausführung aufgetreten.
1	Option **-k** war für **nmake**-Lauf gesetzt und die geforderte Generierung konnte nicht vollständig durchgeführt werden.
2	Programmfehler. Mögliche Gründe sind: - Syntaxfehler im Makefile - Fehler bei Ausführung eines Kommandos im Makefile - Abbruch durch Benutzer mit *Ctrl-C* oder *Ctrl-BREAK*
4	Systemfehler (out of memory)
255	**-q** war für **nmake**-Lauf gesetzt und Ziel ist nicht auf neuestem Stand.

nm	Symboltabelle einer Objektdatei ausgeben (UNIX)

Aufrufsyntax

nm `[option(en)]  datei(en)`

Beschreibung

Das Kommando **nm** (*name mapper*) gibt die Symboltabelle einer Objektdatei aus. Zu Objektdateien gehören auch ausführbare Programme oder Bibliotheken.

Optionen

- **-o** (*o*ctal) Offset und Größe eines Symbols in Oktal- anstatt in Dezimalform anzeigen.

- **-x** (*hex*a) Offset und Größe eines Symbols in Hexadezimal- anstatt in Dezimalform anzeigen.

- **-h** (*h*eader) Keine Tabellenüberschrift ausgeben.

- **-v** (*v*alue) Externe Symbole vor der Ausgabe nach ihrem Offset (Wert) sortieren.

- **-n** (*n*ame) Externe Symbole vor der Ausgabe nach ihrem Namen sortieren.

- **-e** (*e*xternal) Nur externe und statische Symbole anzeigen. Veraltete Option, da die Symboltabelle ab System V.4 nur noch externe und statische Symbole enthält. Die automatischen Symbole sind dort in den Informationen für den Debugger, die mit **cc -g** erzeugt werden, enthalten.

- **-f** (*f*ull) Vollständige Information ausgeben. Dies ist die Voreinstellung.

- **-u** (*u*ndefined symbols) Nur undefinierte Symbole anzeigen.

- **-r** den Namen der Objektdatei oder des Archivs vor jeder Zeile ausgeben.

- **-p** (*p*arsable) Leicht analysierbare kurze Ausgabe erstellen.
  Vor jedem Symbolnamen wird das Offset (oder Leerzeichen, wenn nicht vorhanden) und einer der folgenden Buchstaben angegeben:
  U für undefiniert
  N für ohne Typ
  D für Datenobjekt
  T für Textobjekt
  S für Segment
  F für Datei (file)
  Hat das Symbol das Attribut lokal, wird statt **N** das kleine **n** angegeben.

- **-V** (*V*ersion) bewirkt die Ausgabe der Versionsnummer von **nm**.

- **-T** Symbolnamen, die zu lang sind, werden entsprechend der Spaltenbreite abgeschnitten und mit einem * am Ende gekennzeichnet, um so eine schön formatierte Ausgabe zu erhalten. Da in System V.4 die Symbolnamen am Ende angegeben sind, ist diese Option dort weitgehend überflüssig.

Die einzelnen Optionen können in jeder Reihenfolge und Kombination angegeben werden, und sie können auch an jeder beliebiger Stelle in der Kommandozeile erscheinen. Wenn Optionen angegeben sind, die sich widersprechen (wie z.B. **nm -v -n**), hat die zuerst angegebene Option Vorrang und die zweite wird ignoriert.

touch	Ändern des Zugriffs- und Modifikations-Zeitstempels für Dateien

Aufrufsyntax

touch [-**amc**]   [*mmtthhmm*[*jj*]]   *datei(en)*

Beschreibung

Mit dem Kommando **touch** können die im inode eingetragenen Zugriffs- und Modifikations-Zeitstempel für Dateien direkt geändert werden.

Die Zeitangabe [*mmtthhmm*[*jj*]] legt die einzutragende Zeit fest: zuerst Monatszahl (*mm*), dann Tag (*tt*), dann Stunde (*hh*) und schließlich Minute (*mm*); Jahresangabe (*jj*) ist auch noch möglich, allerdings nicht gefordert. Fehlt die Zeitangabe, so wird die momentane Uhrzeit und das heutige Datum verwendet.

Wenn eine der angegebenen *datei(en)* nicht existiert, so wird sie von **touch** angelegt, allerdings nur, wenn nicht die Option **-c** angegeben ist.

Optionen

-a	Ändern des Zugriffs-Zeitstempel
-m	Ändern des Modifikations-Zeitstempel
-c	Wenn eine der angegebenen *datei(en)* nicht existiert, so wird sie nicht angelegt; Voreinstellung ist: Anlegen einer nicht existierenden *datei*. Ist keine Option angegeben, so werden beide Zeitstempel geändert.

Stichwortverzeichnis

! (nmake) 363
!CMDSWITCHES (nmake) 408
!elif (Borland) 275
!else (Borland) 275
!ELSE (nmake) 399
!ELSEIF (nmake) 399
!ELSEIFDEF (nmake) 399
!ELSEIFNDEF (nmake) 399
!endif (Borland) 275
!ENDIF (nmake) 399
!error (Borland) 280
!ERROR (nmake) 407
!if (Borland) 275
!IF (nmake) 399
!IFDEF (nmake) 399
!IFNDEF (nmake) 399
!include (Borland) 279
!INCLUDE (nmake) 406
!MESSAGE (nmake) 407
!UNDEF (nmake) 405
51
(Borland) 221
(nmake) 315
$ 70
$$ 88
$$@ 79, 109
$$@ (nmake) 345
$% 80
$& (Borland) 247, 266
$(makro) 66
$(makro) (Borland) 236
$(makro) (nmake) 329
$* 79, 109
$* (Borland) 246, 265
$* (nmake) 345
$** (nmake) 347
$. (Borland) 247, 266
$: (Borland) 247, 266
$< 80, 108, 109
$< (Borland) 245, 266
$< (nmake) 348, 376
$? 80
$? (nmake) 347
$@ 77, 109
$@ (nmake) 345

${makro} 236
${makro} 66
$d (Borland) 240, 244
%s (nmake) 367
&& (Borland) 255
(Borland) 285
* 86
- 96
- (Borland) 259
- (nmake) 362
-@ 98
-@ (Borland) 261
-n (Borland) 260
-n (nmake) 363
.a Suffix 124
.asm Suffix 113, 380
.asm.o Suffix-Regel 113
.asm~.asm Suffix-Regel 133
.autodepend (Borland) 271, 286
.bas Suffix 380
.c Suffix 109, 113, 380
.c Suffix-Regel 113
.c.a Suffix-Regel 124
.c.o Suffix-Regel 110
.c~ Suffix 109
.c~ Suffix-Regel 131
.c~.a Suffix-Regel 131
.c~.c Suffix-Regel 130, 131
.c~.o Suffix-Regel 129, 131
.cbl Suffix 380
.cpp Suffix 380
.cxx Suffix 380
.e Suffix 112
.exe Suffix 380
.f Suffix 109, 114
.f Suffix-Regel 114
.f.a Suffix-Regel 124
.f.o Suffix-Regel 111, 112
.f~ Suffix 109
.f~ Suffix-Regel 132
.f~.a Suffix-Regel 132
.f~.f Suffix-Regel 132
.f~.o Suffix-Regel 132
.for Suffix 380
.h Suffix 110

.h~ Suffix 110
.h~.h Suffix-Regel 131
.IGNORE 99, 161
.IGNORE (Borland) 261, 271, 285
.IGNORE (nmake) 365, 397
.l Suffix 109, 114, 117
.l.c Suffix-Regel 114
.l.o Suffix-Regel 117
.l~ Suffix 109
.l~.c Suffix-Regel 133
.l~.l Suffix-Regel 133
.l~.o Suffix-Regel 133
.noautodepend (Borland) 271
.noignore (Borland) 271
.nosilent (Borland) 270
.noswap (Borland) 273, 286
.o Suffix 109
.obj Suffix 380
.p Suffix 112, 114
.p Suffix-Regel 114
.p.a Suffix-Regel 124
.p.o Suffix-Regel 112
.pas Suffix 380
.PATH... (Borland) 274
.PATH.suffix (Borland) 274
.PRECIOUS (nmake) 397
.r Suffix 112
.rc Suffix 380
.res Suffix 380
.s Suffix 109, 112
.s.o Suffix-Regel 112
.s~ Suffix 109
.s~.a Suffix-Regel 132
.s~.o Suffix-Regel 132
.s~.s Suffix-Regel 132
.sh Suffix 110
.sh Suffix-Regel 134
.sh~ Suffix 110
.sh~ Suffix-Regel 134
.sh~.sh Suffix-Regel 134
.SILENT 95, 160
.SILENT (Borland) 258, 270, 285
.SILENT (nmake) 361, 398
.SUFFIXES 142, 149
 –, Leeres 149
 –, Leeres (nmake) 390
.SUFFIXES (nmake) 376, 380, 383, 385, 390
.swap (Borland) 273, 286
.y Suffix 109, 115, 117
.y.c Suffix-Regel 115
.y.o Suffix-Regel 117
.y~ Suffix 109
.y~.c Suffix-Regel 133

.y~.o Suffix-Regel 133
.y~.y Suffix-Regel 133
:: (nmake) 371
<< (Borland) 255
<< (nmake) 355
? 86
@ 95, 160
@ (Borland) 254, 258
@ (nmake) 354, 361, 416, 423
@- 98
@- (Borland) 261
[] 86
\ 53, 67, 92, 103
\ (Borland) 223, 237, 250, 263
\ (nmake) 317, 330, 353, 369
^ (nmake) 332, 358
{..} (Borland) 251
{} (nmake) 371, 445

A

Abbruch mit eigener Fehlermeldung (Borland) 280
Abbruch mit eigener Fehlermeldung (nmake) 407
Abhängigkeit (Borland) 262
Abhängigkeit (nmake) 369
Abhängigkeit 102
 –, Direkte 53
 –, Direkte (Borland) 222
 –, Direkte (nmake) 316
 –, Indirekte 53
 –, Indirekte (Borland) 222
 –, Indirekte (nmake) 316
Abhängigkeitsbaum 45
Abhängigkeitsbeschreibung 51, 102
Abhängigkeitsbeschreibung (Borland) 221, 262
Abhängigkeitsbeschreibung (nmake) 315, 369
Abhängigkeitsüberprüfung, Automatische (Borland) 271, 285
AFLAGS (nmake) 336
ALGOL 17
AR 69
 – Suffix-Regel 120, 131
Archiv-Bibliothek 120
ARFLAGS 69
AS (nmake) 334
AS 70
 – Suffix-Regel 112, 132
ASFLAGS 70
Assembler 14
 – Suffix-Regel 112, 132

Stichwortverzeichnis

Assembler-Programm 24
- potenz.asm 43
- sum.asm 25
Aufruf von make 55
Aufruf von make (Borland) 224
Aufruf von nmake 319
Ausgabe einer Meldung (nmake) 407
Ausschalten von vordefinierten Suffix-
   Regeln 151
Ausschalten von vordefinierten Suffix-
   Regeln (nmake) 390
Automatische Abhängigkeitsüberprüfung
   (Borland) 271, 285
Automatische Makefile-
   Generierung 89, 208
Automatisches Ein-/Auslagern
   (Borland) 273, 286
Automatisches Ein-/Auslagern
   (nmake) 420

B
B (nmake) 349
BASIC 16
Batch-Betrieb (Borland) 251
Baum
- Suffix- 116
BC (nmake) 334
Bedingte Direktiven (Borland) 275
Bedingte Direktiven (nmake) 399
Bedingte Kompilierung 184
Bedingte Kompilierung (Borland) 298
Bedingte Kompilierung (nmake) 446
Beispiel, Assembler-Programm 24
BFLAGS (nmake) 336
Bibliothek 120
- Suffix-Regel 131
Bottom-Up 23
Builtin-Kommandos 95
Builtins.mak (Borland) 288

C
C-Compiler, Suffix-Regel 110, 131
CC (nmake) 334
CC 70
- Suffix-Regel 110, 131
CFLAGS 70
CFLAGS (nmake) 336
COBFLAGS (nmake) 336
COBOL 16
COBOL (nmake) 334
CPP (nmake) 334
CPPFLAGS (nmake) 336
CXX (nmake) 334

CXXFLAGS (nmake) 336

D
D 81, 178, 211
D (nmake) 349, 441
Datei
- builtins.mak (Borland) 288
- Inline (Borland) 254
- Inline (nmake) 355
- Lange Namen (nmake) 370
- Synchronisations- 171
- Synchronisations- (nmake) 433
- Response (nmake) 354, 423
- TOOLS.INI (nmake) 424
Dateinamen-Expandierung 86
Dateinamen-Expandierung (Borland) 250
Dateinamen-Expandierung (nmake) 353
DEFAULT 165
Default Suffix-Regeln 109
DEFINED (nmake) 401
Definition von Makros 64
Definition von Makros (Borland) 235
Definition von Makros (nmake) 328
Directory, Such- (nmake) 371, 445
Direkte Abhängigkeit 53
Direkte Abhängigkeit (Borland) 222
Direkte Abhängigkeit (nmake) 316
Direktive (Borland) 269, 270
Direktive (nmake) 396, 397
Direktive
- !CMDSWITCHES (nmake) 408
- !elif (Borland) 275
- !else (Borland) 275
- !ELSE (nmake) 399
- !ELSEIF (nmake) 399
- !ELSEIFDEF (nmake) 399
- !ELSEIFNDEF (nmake) 399
- !endif (Borland) 275
- !ENDIF (nmake) 399
- !error (Borland) 280
- !ERROR (nmake) 407
- !if (Borland) 275
- !IF (nmake) 399
- !IFDEF (nmake) 399
- !IFNDEF (nmake) 399
- !include (Borland) 279
- !INCLUDE (nmake) 406
- !MESSAGE (nmake) 407
- !UNDEF (nmake) 405
- .autodepend (Borland) 271, 286
- .ignore (Borland) 271, 285
- .IGNORE (nmake) 397
- .noautodepend (Borland) 271

- .noignore (Borland) 271
- .nosilent (Borland) 270
- .noswap (Borland) 273
- .PATH.suffix (Borland) 274
- .PRECIOUS (nmake) 397
- .silent (Borland) 270, 285
- .SILENT (nmake) 398
- .swap (Borland) 273, 286
- Abbruch mit eigener Fehlermeldung (Borland) 280
- Abbruch mit eigener Fehlermeldung (nmake) 407
- Ausgabe einer Meldung (nmake) 407
- Bedingte (Borland) 275
- Bedingte (nmake) 399
- Einkopieren von Dateien (Borland) 279
- Einkopieren von Dateien (nmake) 406
- Optionen ein-/auschalten (nmake) 408
- Präprozessor- (nmake) 398
- Punkt- (Borland) 270
- Punkt- (nmake) 397

Doppelpunkt
- doppelter 104, 129
- doppelter (nmake) 371

DOS-Variable
- Makro (Borland) 239
- Makro (nmake) 337

E

Ein-/Auslagern von make (Borland) 274
Einkopieren von Dateien (Borland) 279
Einkopieren von Dateien (nmake) 406
Entwurf
- Bottom-Up 23
- Modularer 23
- Top-Down 23

Ersetzen von vordefinierten Suffix-Regeln 149
Erzwingen einer Generierung 189
Erzwingen einer Generierung (Borland) 302
Erzwingen einer Generierung (nmake) 450
EXIST (nmake) 401

F

F 81, 178, 211
F (nmake) 349, 441
F77 70
- Suffix-Regel 111
F77FLAGS 70
Fc,Suffix-Regel 111
Fehlermeldungen von make 60, 202

Fehlermeldungen von make (Borland) 231, 306
Fehlermeldungen von nmake 324, 457
Ff7, Suffix-Regel 132
FFLAGS (nmake) 336
FOR (nmake) 335
Force rebuild 189
FORTRAN 17
FORTRAN-Compiler
- Suffix-Regel 111, 132

Fortsetzungszeichen \ 53, 67, 92, 103
Fortsetzungszeichen \ (Borland) 223, 237, 250, 263
Fortsetzungszeichen \ (nmake) 317, 330, 353, 369
FRC 190

G

Generierung
- Erzwingen 189
- Erzwingen (Borland) 302
- Erzwingen (nmake) 450
- Makefile- 208

Generierung eines Makefiles 89
GET 70
GFLAGS 70
GNU make 216

H

Header-Dateien, Pfadname (Borland) 287
Höhere Sprache 17

I

Ignorieren von Fehlern 98, 99, 160, 161
Ignorieren von Fehlern (Borland) 261, 271, 285
Ignorieren von Fehlern (nmake) 365, 366, 397, 416, 417
Imake 216
Implizite Regeln (Borland) 263
Include-Anweisung 201, 215
Indirekte Abhängigkeit 53
Indirekte Abhängigkeit (Borland) 222
Indirekte Abhängigkeit (nmake) 316
Information Hiding 20
Inline-Datei (Borland) 254
Inline-Datei (nmake) 355
Installation 170
Installation (nmake) 431
Interne Makros 77
Interne Makros (Borland) 244

Interne Makros (nmake) 344

K
Kommando-Makro (nmake) 334
Kommandos
- Builtin- 95
- in Makros (nmake) 358
Kommandozeile 52, 54, 84, 85
- \ (Borland) 250
- \ (nmake) 353
- Fortsetzungszeichen \ (Borland) 250
- Fortsetzungszeichen \ (nmake) 353
- Makro 71
- Makro (Borland) 239, 286
- Makro (nmake) 336
Kommandozeile (Borland) 222, 224, 248, 249
Kommandozeile (nmake) 316, 318, 351, 352
Kommentar 51
Kommentar (Borland) 221
Kommentar (nmake) 315
Kompilierung
- Bedingte 184
- Bedingte (Borland) 298
- Bedingte (nmake) 446
Konfigurations-Management 167, 291
Konfigurations-Management (nmake) 428
Konflikte mit vordefinierten
 Suffix-Regeln 153

L
Lange Dateinamen (nmake) 370
LD 70
LDFLAGS 70
Leeres .SUFFIXES 149
Leeres .SUFFIXES (nmake) 390
Leeres Makro 66
Leeres Makro (Borland) 236
Leeres Makro (nmake) 329
Leerzeichen (Borland) 249
Leerzeilen 51
Leerzeilen (Borland) 221
Leerzeilen (nmake) 315
LEX 70, 115
- Suffix-Regel 114, 133
LFLAGS 70

M
Make 70, 176, 215
- Aufruf 55
- Aufruf (Borland) 224
- Batch-Betrieb (Borland) 251
- Builtin-Kommandos 95
- Dateinamen-Expandierung

 (Borland) 287
- Dateinamen-Expandierung 86
- Default-Einstellung ändern
 (Borland) 250
- exit-Status 162
- Fehlermeldungen 60, 202
- Fehlermeldungen (Borland) 231, 306
- Makro 62
- Makro (Borland) 233
- Option -? (Borland) 281
- Option -a (Borland) 272, 285
- Option -b 163
- Option -B (Borland) 286, 302
- Option -d 163
- Option -D (Borland) 239, 286
- Option -e 74, 161
- Option -f 91, 135, 155
- Option -f (Borland) 281
- Option -h (Borland) 281
- Option -i 98, 160
- Option -i (Borland) 261, 271, 285, 287
- Option -k 99, 161
- Option -K (Borland) 257, 287
- Option -M 208
- Option -n 58, 158
- Option -n (Borland) 228, 283
- Option -p 135, 162
- Option -q 162
- Option -r 151, 161
- Option -s 58, 95, 160
- Option -s (Borland) 228, 258, 270, 274,
- Option -t 162
- Option -U (Borland) 286
- Option -W (Borland) 287
- Rekursiv 173
- Rekursiv (Borland) 294
- Shell-Variable 88
- String-Substitution 75, 211
- String-Substitution (Borland) 241
- Voreinstellungen 135
MAKE (nmake) 438
Makedepend 216
MAKEDIR (nmake) 438
Makefile 50
- Automatische Generierung 89
Makefile (Borland) 220
Makefile (nmake) 314
Makefile-Generierung 208
MAKEFLAGS 70, 176, 215
MAKEFLAGS (nmake) 438
Makro 62, 63
- $ 70
- $$@ 79, 109
- $$@ (nmake) 345

- $% 80
- $& (Borland) 247, 266
- $* 79, 109
- $* (Borland) 246, 265
- $* (nmake) 345
- $** (nmake) 347
- $. (Borland) 247, 266
- $: (Borland) 247, 266
- $< 80, 108, 109
- $< (Borland) 245, 266
- $< (nmake) 348, 376
- $? 80
- $? (nmake) 347
- $@ 77, 109
- $@ (nmake) 345
- $d (Borland) 240, 244
- -Name 65
- -Name (Borland) 235
- -Name (nmake) 328
- .PATH... (Borland) 274
- \ 67
- \ (Borland) 237
- \ (nmake) 330
- ^ (nmake) 332
- AFLAGS (nmake) 336
- AR 69
- ARFLAGS 69
- AS 70
- AS (nmake) 334
- ASFLAGS 70
- BC (nmake) 334
- BFLAGS (nmake) 336
- CC 70
- CC (nmake) 334
- CFLAGS 70
- CFLAGS (nmake) 336
- COBFLAGS (nmake) 336
- COBOL (nmake) 334
- CPP (nmake) 334
- CPPFLAGS (nmake) 336
- CXX (nmake) 334
- CXXFLAGS (nmake) 336
- Definition 64
- Definition (nmake) 328
- Definition löschen (nmake) 405
- DOS-Variable (Borland) 239
- DOS-Variable (nmake) 337
- F77 70
- F77FLAGS 70
- FFLAGS (nmake) 336
- FOR (nmake) 335
- Fortsetzungszeichen \ 67
- Fortsetzungszeichen \ (Borland) 237
- Fortsetzungszeichen \ (nmake) 330

- GET 70
- GFLAGS 70
- Interne 77
- Interne (Borland) 244
- Interne (nmake) 344
- Kommando- (nmake) 334
- Kommandos (nmake) 358
- Kommandozeile 71
- Kommandozeile (Borland) 239, 286
- Kommandozeile (nmake) 336
- LD 70
- LDFLAGS 70
- Leeres 66
- Leeres (Borland) 236
- Leeres (nmake) 329
- LEX 70
- LFLAGS 70
- MAKE 70, 176, 215
- MAKE (nmake) 438
- MAKEDIR (nmake) 438
- MAKEFLAGS 70, 176, 215
- MAKEFLAGS (nmake) 438
- MFLAGS 176, 215
- Modifikator B (nmake) 349
- Modifikator D 81, 178, 211
- Modifikator D (nmake) 349, 441
- Modifikator F 81, 178, 211
- Modifikator F (nmake) 349, 441
- Modifikator R (nmake) 349
- Options- (nmake) 335
- PASCAL (nmake) 335
- PFLAGS (nmake) 336
- Priorität 73
- Priorität (Borland) 239
- Priorität (nmake) 339
- RC (nmake) 335
- Rekursiv (nmake) 332
- Rekursiv \ 69
- RFLAGS (nmake) 336
- Selbstdefiniert 63
- Selbstdefiniert (Borland) 233
- Selbstdefiniert (nmake) 326
- SHELL 101
- Shell-Variable 72
- Sonderzeichen ausschalten (nmake) 332
- Undefiniert 66
- Undefiniert (Borland) 236
- Undefiniert (nmake) 329
- Vordefiniert 69
- Vordefiniert (Borland) 244
- Vordefiniert (nmake) 334
- VPATH 131, 180, 214
- YACC 70

- YFLAGS 70
- Zugriff auf 66
- Zugriff auf (Borland) 236
- Zugriff auf (nmake) 329

Makro (Borland) 233
- Definition (Borland) 235

Makro (nmake) 326
Makro-Assembler, Suffix-Regel 133
Makroname 65
Makroname (Borland) 235
Makroname (nmake) 328
Makros vererben (nmake) 421
Management, Konfigurations- 167, 291
Management, Konfigurations- (nmake) 428
Markfile 134
Maschinenorientierte Sprachen 14
Maschinensprache 14
Masm, Suffix-Regel 133
Metazeichen * (Borland) 250
Metazeichen * (nmake) 353
Metazeichen * ? [ ] 86
MFLAGS 176, 215
Modifikator B (nmake) 349
Modifikator D 81, 178, 211
Modifikator D (nmake) 349, 441
Modifikator F 81, 178, 211
Modifikator F (nmake) 349, 441
Modifikator R (nmake) 349
MODULA-2 18
Modularer Entwurf 23
Modultechnik 19

N

Namen von Makros 65
Namen von Makros (Borland) 235
Namen von Makros (nmake) 328
Neuezeile-Zeichen (nmake) 358
Nmake 217
- .IGNORE 365, 397
- .PRECIOUS 397
- .SILENT 398
- ^ 358
- {} 371, 445
- Aufruf 319
- Dateinamen-Expandierung 353
- DEFINED 401
- Direktiven 396
- EXIST 401
- exit-Status 418
- Fehlermeldungen 324, 457
- lange Dateinamen 370
- Makro 326
- Option -? 410

- Option -a 419, 450
- Option -b 420
- Option -c 423
- Option -d 421
- Option -e 341, 417
- Option -f 411
- Option -help 411
- Option -i 365, 397, 416
- Option -k 366, 417
- Option -m 420
- Option -n 323, 413
- Option -nologo 423
- Option -p 391, 418
- Option -q 418
- Option -r 389, 390, 417
- Option -s 322, 361, 398, 416
- Option -t 418
- Option -v 421, 440
- Option -x 422
- Präprozessor-Direktiven 398
- Punkt-Direktiven 397
- Rekursiv 434
- Sonderzeichen ausschalten 332
- String-Substitution 342, 348
- Voreinstellungen 391

Null-Suffix 113, 213

O

Operator
- && (Borland) 255
- << (Borland) 255

Option
- -? (Borland) 281
- -? (nmake) 410
- -a (Borland) 272, 285
- -a (nmake) 419, 450
- -b 163
- -B (Borland) 286, 302
- -b (nmake) 420
- -c (nmake) 423
- -d 163
- -D (Borland) 239, 286
- -d (nmake) 421
- -e 74, 161
- -e (nmake) 341, 417
- Ein-/Auschalten im Makefile (nmake) 408
- -f 91, 135, 155
- -f (Borland) 281
- -f (nmake) 411
- -h (Borland) 281
- -help (nmake) 411
- -i 98, 160

- -i (Borland) 261, 271, 285, 287
- -i (nmake) 365, 397, 416
- -k 99, 161
- -K (Borland) 257, 287
- -k (nmake) 366, 417
- -M 208
- -m (nmake) 420
- -n 58, 158
- -n (Borland) 228, 283
- -n (nmake) 323, 413
- -nologo (nmake) 423
- -p 135, 162
- -p (nmake) 391, 418
- -q 162
- -q (nmake) 418
- -r 151, 161
- -r (nmake) 389, 390, 417
- -s 58, 95, 160
- -s (Borland) 228, 258, 270, 274, 285, 286
- -s (nmake) 322, 361, 398, 416
- -t 162
- -t (nmake) 418
- -U (Borland) 286
- -v (nmake) 421, 440
- -W (Borland) 287
- -x (nmake) 422

Options-Makro (nmake) 335

P

PASCAL 18
PASCAL (nmake) 335
PASCAL-Compiler, Suffix-Regel 112
Pc, Suffix-Regel 112
Pfade für Dateien (Borland) 274
Pfadname für Header-Dateien (Borland) 287
PFLAGS (nmake) 336
Potenz.asm 43
Präfix, s. 129
Präprozessor-Direktiven (nmake) 398
PRECIOUS 164
Priorität
- Suffix-Regel 142
- Suffix-Regel (Borland) 268
- Suffix-Regel (nmake) 385
Priorität von Suffix-Regeln (nmake) 389
Prioritäten von Makrodefinitionen 73
Prioritäten von Makrodefinitionen (Borland) 239
Prioritäten von Makrodefinitionen (nmake) 339
Problemorientierte Sprache 17

Programm
- potenz.asm 43
- sum.asm 25
Programmiersprache
- siehe Sprache 17
Prozedurtechnik 18
Pseudoziel 168
- FRC 190
Pseudoziel (Borland) 292
Pseudoziel (nmake) 429
Punkt-Direktiven (Borland) 270
Punkt-Direktiven (nmake) 397
Punkt-Direktive
- .autodepend (Borland) 271, 286
- .ignore (Borland) 271, 285
- .IGNORE (nmake) 397
- .noautodepend (Borland) 271
- .noignore (Borland) 271
- .nosilent (Borland) 270
- .noswap (Borland) 273
- .PATH.suffix (Borland) 274
- .PRECIOUS (nmake) 397
- .silent (Borland) 270, 285
- .SILENT (nmake) 398
- .swap (Borland) 273, 286

R

R (nmake) 349
RC (nmake) 335
RCS 129, 134
- Suffix-Regel 129, 134
Regeln
- Implizite (Borland) 263
- Suffix- 104, 109
- Suffix- (Borland) 263
- Suffix- (nmake) 371, 379
Rekursive make-Aufrufe 173
Rekursive make-Aufrufe (Borland) 294
Rekursive Makros 69
Rekursive Makros (nmake) 332
Rekursive nmake-Aufrufe 434
Response-Datei (nmake) 354, 423
RFLAGS (nmake) 336

S

S. Präfix 129
SCCS 129
- Suffix-Regel 129
Schrittweise Verfeinerung 23
Selbstdefinierte Suffix-Regel 147
SHELL 101

Shell-Metazeichen 86
Shell-Programmierung 92
Shell-Skripts, Suffix-Regel 134
Shell-Variable 88
   – Makro 72
Sonderzeichen ausschalten (nmake) 332
Sprache
   – Assembler 14
   – höhere 17
   – Maschinen- 14
   – maschinenorientiert 14
   – problemorientiert 17
String-Substitution 75, 211
String-Substitution (Borland) 241
String-Substitution (nmake) 342, 348
Subroutinentechnik 15
Suchpfade (nmake) 371, 445
Suffix
   – ,v 134
   – .a 124
   – .asm 113
   – .asm 380
   – .bas 380
   – .c 109, 113
   – .c 380
   – .c~ 109
   – .cbl 380
   – .cpp 380
   – .cxx 380
   – .e 112
   – .exe 380
   – .f 109, 114
   – .f~ 109
   – .for 380
   – .h 110
   – .h~ 110
   – .l 109, 114, 117
   – .l~ 109
   – .o 109
   – .obj 380
   – .p 112, 114
   – .pas 380
   – .r 112
   – .rc 380
   – .res 380
   – .s 109, 112
   – .s~ 109
   – .sh 110
   – .sh~ 110
   – .y 109, 115, 117
   – .y~ 109
   – Null- 113, 213
Suffix-Baum 116
Suffix-Regeln (Borland) 263

Suffix-Regeln (nmake) 371, 379
Suffix-Regel
   – .asm.o 113
   – .asm~.asm 133
   – .c 113
   – .c.a 124
   – .c.o 110
   – .c~ 131
   – .c~.a 131
   – .c~.c 130, 131
   – .c~.o 129, 131
   – .f 114
   – .f.a 124
   – .f.o 111, 112
   – .f~ 132
   – .f~.a 132
   – .f~.f 132
   – .f~.o 132
   – .h~.h 131
   – .l.c 114
   – .l.o 117
   – .l~.c 133
   – .l~.l 133
   – .l~.o 133
   – .p 114
   – .p.a 124
   – .p.o 112
   – .s.o 112
   – .s~.a 132
   – .s~.o 132
   – .s~.s 132
   – .sh 134
   – .sh~ 134
   – .sh~.sh 134
   – .y.c 115
   – .y.o 117
   – .y~.c 133
   – .y~.o 133
   – .y~.y 133
   – ar 120, 131
   – as 112, 132
   – Assembler 112, 132
   – Ausschalten von 151
   – Ausschalten von (nmake) 390
   – Bibliothek 131
   – C-Compiler 110, 131
   – cc 110, 131
   – Default- 109
   – Ersetzen von 149
   – f77 111, 132
   – fc 111
   – FORTRAN-Compiler 111, 132
   – Konflikte 153
   – lex 114, 133

- Liste aller (nmake) 135, 391
- Makro-Assembler 133
- markfile 134
- masm 133
- PASCAL-Compiler 112
- pc 112
- Priorität 142
- Priorität (Borland) 268
- Priorität (nmake) 385, 389
- RCS 129, 134
- SCCS 129
- Selbstdefiniert 147
- Shell-Skripts 134
- Vordefiniert 109
- Vordefiniert (nmake) 379
- yacc 114, 133

Sum.asm 25
Synchronistations-Datei 171
Synchronistations-Datei (nmake) 433

T

Tabulatorzeichen 52, 85
Tabulatorzeichen (Borland) 222, 249
Tabulatorzeichen (nmake) 316, 352
Target 51, 102
Target (Borland) 221, 263
Target (nmake) 315, 369
Technik
- Modul- 19
- Prozedur- 18
- Subroutinen- 15
- Unterprogramm- 15

Time stamp 52, 59
Time stamp (Borland) 222, 229
Time stamp (nmake) 316
TOOLS.INI (nmake) 424
Top-down 23
Touch 59
Touch (Borland) 229

U

Undefinierte Makros 66
Undefinierte Makros (Borland) 236

Undefinierte Makros (nmake) 329
Unterprogrammtechnik 15

V

Verfeinerung, Schrittweise 23
Vordefinierte Makros 69
Vordefinierte Makros (Borland) 244
Vordefinierte Makros (nmake) 334
Vordefinierte Suffix-Regel (nmake) 379
Vordefinierte Suffix-Regel 109
- Ausschalten 151
- Ausschalten (nmake) 390
- Ersetzen 149
- Konflikte 153

Voreinstellungen für make 135
Voreinstellungen für nmake 391
VPATH 131, 180, 214

Y

YACC 70, 115
- Suffix-Regel 114, 133

YFLAGS 70

Z

Zeilen
- Fortsetzungszeichen \ 53
- Fortsetzungszeichen \
  (Borland) 223, 263
- Fortsetzungszeichen \
  (nmake) 317, 369

Zeitmarken 52, 59
Zeitmarken (Borland) 222, 229
Zeitmarken (nmake) 316
Ziel 51, 102
- Pseudo- 168
- Pseudo- (Borland) 292
- Pseudo- (nmake) 429

Ziel (Borland) 221, 263
Ziel (nmake) 315, 369
Zugriff auf Makros 66
Zugriff auf Makros (Borland) 236
Zugriff auf Makros (nmake) 329